Wagner Bull

AIKIDO
O Caminho da Sabedoria
10ª Edição Revista, Atualizada e Ampliada

DOBUN
HISTÓRIA E CULTURA

EDITORA PENSAMENTO
São Paulo

Copyright © Wagner José Bull.

Todos os direitos reservados. Nenhuma parte deste livro pode ser reproduzida ou usada de qualquer forma ou por qualquer meio, eletrônico ou mecânico, inclusive fotocópias, gravações ou sistema de armazenamento em banco de dados, sem permissão por escrito, exceto nos casos de trechos curtos citados em resenhas críticas ou artigos de revistas.

Diagramação e arte: Luciano de Noeme

É proibida a reprodução de qualquer parte deste livro, inclusive dos desenhos e ilustrações, sem o prévio consentimento por escrito do autor, sob pena de haver incidência nos direitos autorais protegidos por lei. Por outro lado, coloca-se o autor à disposição de qualquer outro escritor idôneo, que queira divulgar a arte, gratuitamente, para ajudá-lo.

Esta atitude visa proteger os leitores para que não recebam informações distorcidas sobre o Aikido, que além de atrapalharem o desenvolvimento da arte no mundo, pouco auxiliarão os praticantes no progresso de seus conhecimentos.

As técnicas contidas neste livro destinam-se apenas a informar o leitor, constituindo um guia para o praticante que deve treinar sob a orientação de um mestre habilitado, competente e responsável.

O autor, bem como a Editora, não se responsabilizam por quaisquer usos indevidos das técnicas e conceitos descritos nesta obra. Apesar de serem técnicas básicas seu treinamento inadequado e sem orientação pode levar a graves lesões e até a morte, pois contêm elementos de risco que são usados nos golpes avançados de defesa pessoal. O Aikido é derivado do *Aiki Jujutsu* que foi criado para ser usado nas antigas batalhas do Japão antigo.

Quem desejar treinar a arte poderá se informar no endereço constante no final do livro.

O primeiro número à esquerda indica a edição, ou reedição, desta obra. A primeira dezena à direita indica o ano em que esta edição, ou reedição, foi publicada.

Edição
11-12-13-14-15-16-17-18-19

Ano
04-05-06-07-08-09-10-11-12

Direitos reservados
EDITORA PENSAMENTO-CULTRIX LTDA.
Rua Dr. Mário Vicente, 368 – 04270-000 – São Paulo, SP
Fone: 6166-9000 – Fax: 6166-9008
E-mail: pensamento@cultrix.com.br
http://www.pensamento-cultrix.com.br

Impresso em nossas oficinas gráficas.

DOBUN

正勝吾勝御親心に合気して
すくい活かすは
おのが身魂ぞ

O Fundador Morihei Ueshiba ao lado de uma inscrição em uma pedra próxima ao Aiki Jinja em Iwama, em 1960, contendo um dos seus *"Dobun"*:
(Tradução do japonês)

*"A verdadeira vitória
é a vitória sobre si mesmo.
Una-se com o Grande Espírito Criador.
A redenção está localizada bem
no fundo de você mesmo."*

> *O ideal da elite guerreira governante do Japão antigo era o "Bun Bu Ryo Do", ou seja, a marcialidade e a cultura deveriam ser cultivados em conjunto para dar equilíbrio e harmonia ao samurai.*
> *"Dobun" refere-se aos escritos sobre esta cultura de um caminho particular.*

Ô Sensei ostentando no peito a medalha de honra que ganhou do governo japonês.

"AIKI"
na caligrafia do antigo Doshu Kishomaru Ueshiba.

Doshu Kishomaru Ueshiba, filho e herdeiro do Fundador, e o responsável pela expansão e disseminação do Aikido por todo o mundo.

財団法人 合気会 証明書

```
　　　　　　　姫体第 1 8 号　　　　7. 合気道創始者　植芝 盛平（1883～1969）
　　　　　　　　　　　　　　　　　　　　　　　　（昭和35年11月3日（1960年）日
　　　　　証　　明　　書　　　　　　　　　本国政府より合気道創始の功績により紫綬
　　　　　　　　　　　　　　　　　　　　　　　褒章を受章，昭和44年4月26日（1969年）
1. 名　　称　　財団法人 合 気 会　　　　　　に正五位勲三等瑞宝章を授与された）

2. 代 表 者　　理事長　植芝 吉祥丸　・　8. 備　　考　　本会以外に日本国文部省によつて許可され
　　　　　　　　　　　　　　　　　　　　　　　た合気道に関する公益法人は存在しない。
3. 所 在 地　　東京都新宿区若松町102番地

4. 目　　的　　合気に因り，心身の錬成と合気道の普及　　上記を証明します。
　　　　　　　　発展を図り，もつて体育の発展に寄与す
　　　　　　　　ることを目的とする。　　　　　　　　昭和52年3月3日

5. 設立年月日　　日本国文部省により，昭和15年4月30
　　　　　　　　日（1940年）財団法人皇武会として許可　　　　　　文　　　部　　　省
　　　　　　　　され，昭和23年2月9日（1948年）
　　　　　　　　財団法人合気会と改称した。

6. 事業内容
　　　　　1　合気による心身の錬磨
　　　　　2　合気に関する講演会及び講習会の開催
　　　　　3　道場の設置経営
　　　　　4　合気に関する図書の刊行
　　　　　5　その他前条の目的を達成するために必
　　　　　　　要な事業
```

CERTIFICADO

I. Denominação: Aiki-Kai, Inc.
II. Representante Geral: Diretor presidente Kishomaru Ueshiba.
III. Localização: 102 Wakamatsu-cho, Shinjuku, Tokyo.
IV. Objetivos: Cultivar a mente e o corpo de acordo com o princípio de Aiki, e propagar e desenvolver Aikido, assim contribuindo para o treinamento físico do público em geral.
V. História: autorizado pelo Ministério da Educação para incorporar e operar sob a designação de Kobu-Kai em 30 de abril de 1940. Redesignado como Aiki-Kai em 23 de fevereiro de 1948.
VI. Atividades:
1. Cultivar mente e corpo de acordo com o princípio de Aiki.
2. Apresentar palestras e manter classes de Aikido.
3. Fundar e administrar academias de Aikido.
4. Publicar materiais referentes a Aikido.
5. Executar outras tarefas julgadas necessárias para atingir os objetivos citados no artigo IV.
VII. Fundador: Morihei Ueshiba. (Morihei Ueshiba foi condecorado em 3 de novembro de 1960 com a medalha *"Purple Ribbon"* pelo Ministério da Educação, em consideração pelos relevantes serviços prestados como fundador de Aikido)
VIII. Observação: não existe nenhuma outra organização, certificada pelo Ministério da Educação e Cultura do Japão, para gerir as atividades ligadas ao Aikido.

Este certificado foi exarado em 3 de março de 1961.
Ministério da Educação e Cultura do Japão

O Instituto Takemussu foi reconhecido oficialmente pelo Aikikai Hombu Dojo e realiza exames de promoção de faixas em nome desta tradicional instituição japonesa, presidido pelo mestre Wagner Bull, 6º Dan. Acima, certificado de reconhecimento do Aikikai Hombu Dojo pelo Ministério da Educação e Cultura do Japão. (Fonte: Aikido, técnicas básicas -Marco Natali - Ediouro - Editora Tecnoprint, 1985)

*Moriteru Ueshiba,
neto do Fundador e atual Doshu*

Índice

Prefácio	*12*
Sobre Este Volume	*13*
Introdução	*18*
Oomoto Kyo, a Escola Espiritual do Fundador do Aikido e Deguchi	*53*
Entrevista com o Autor na Revista Combat Sport	*67*
A Violência e o Aikido	*75*
ARTIGOS	*81*
O MAIS DIFÍCIL TRABALHO DE HÉRCULES	*82*
AIKIDO, UM CAMINHO PARA O SÉCULO XXI	*85*
TIGRE OU TARTARUGA?	*87*
A IMPORTÂNCIA DA FILOSOFIA	*92*
A ILUMINAÇÃO	*93*
A BUSCA DO EIXO	*95*
A ALQUIMIA	*97*
A SABEDORIA DO BUDÔ	*98*
A SAÚDE É O ESTADO NATURAL	*100*
A SALVAÇÃO PELA VIRTUDE	*102*
O MEIO DE CAMPO	*104*
OS CICLOS EVOLUTIVOS	*106*
AIKI: O AMOR UNIVERSAL	*108*
AIKIDO E BUDÔ	*110*
A VITÓRIA	*112*
A VIDA	*114*
A PSICOLOGIA	*116*
MENTE, CORPO E ESPÍRITO	*118*
A NÃO-RESISTÊNCIA	*120*
SENTINDO-SE BEM	*122*
UMA ESCOLA DE VIDA	*124*
AS LEIS DA EVOLUÇÃO	*126*
AS CHAVES PARA A ILUMINAÇÃO	*127*
TODOS PODEM PRATICAR O AIKIDO	*129*
UKE: UM ATO DE AMOR	*131*
O SEGREDO TÉCNICO DO AIKIDO	*133*
BALAS FURAM FAIXAS, MAS NÃO TRAZEM TRANQUILIDADE	*135*
INORI	*137*
HARA: O CENTRO	*139*
FUGIR, ENFRENTAR OU ADAPTAR-SE	*141*
A INTUIÇÃO	*143*
E A VIDA CONTINUA	*145*
LIÇÕES PARA A VIDA	*148*
KAMAE	*150*
INTELIGÊNCIA PARA A VIDA	*152*
A ESPADA JAPONESA	*154*
INTEGRANDO DIFERENTES CULTURAS	*156*
O PODER DO UNIVERSO	*158*
MUDANDO VELHOS HÁBITOS	*160*
MESTRES DO DESEQUILÍBRIO	*162*
MEDITAÇÃO E O AIKIDO	*165*
NOSSOS MEDOS	*167*
O ASPECTO INDIVIDUAL	*169*

O SENTIMENTO DE CULPA 171
AIKIDO E O CONTROLE REMOTO 173
O SOFRIMENTO INDISPENSÁVEL 175
O PODER DA IMAGINAÇÃO 177
O PAPEL DO MESTRE 179
NIPPON BUDOKAN 181
NÃO IMPORTA COMO 183
ZEN E AIKIDO 185
ZAZEN 187
UM TREINAMENTO PARA A VIDA 189
O KI E A "RESPIRAÇÃO" 191
SENTIMENTO E FORMA 193
REIHO E AIKIDO 195
O CAMINHO ESPIRITUAL DE MORIHEI UESHIBA 197
O MOVIMENTO 199
DESPERTANDO PARA A REALIDADE 201
DECISÕES TOMADAS SOB A RAIVA 203
OS BENEFÍCIOS DA PRÁTICA DO AIKIDO 205
AIKIDO DEVE SER PRATICADO COM NATURALIDADE 206
O GRANDE PATRÃO 207
O PODER DO TENKAN 208
O VERDADEIRO AIKIDO 210
SEGUINDO AS LEIS DO UNIVERSO 211
A VIOLÊNCIA NÃO É O CAMINHO 212
TREINAMENTO PARA A VIDA 213
A GRATIDÃO É FUNDAMENTAL NA VIDA 214
AINDA HÁ TEMPO 215
A ESSÊNCIA INDIVIDUAL 217
A IMPORTÂNCIA DA APARÊNCIA 219
A IMPORTÂNCIA DE SEGUIR O CORAÇÃO 221
A ARTE DE VIVER BEM 223
A ESCOLHA DO MESTRE DE AIKIDO 224
AIKIDO E "AIKIDOS" 226
AS INFLUÊNCIAS DE NOSSO COTIDIANO NO TREINAMENTO. COMO MUDAR ISSO? 228
AS COISAS IMPORTANTES DA VIDA 230
OS CAMINHOS MARCIAIS E O LADO DE FORA 232
O EGO 234
AIKIDO EXPLOSIVO 236
A Defesa Pessoal Propriamente Dita 239
Textos Dourados que os Instrutores do Instituto Takemussu Leram 251
Parábolas do Caminho 267
Nascimento da Fundação Kobukai 274
Entrevista Fantástica com o Fundador do Aikido 276
Kenjiro Kasuga, o Pioneiro Desconhecido 287
Entrevista com Yamada Sensei 289
Para ser um Bom Instrutor 296
Entrevista com Sensei Tamura 298
Palavras de Tamura Sensei - 8º Dan 304
Os Conflitos São Pertinentes ao Aikido e Não Uma Incoerência 306
On Ko Shi Shin (A saga do autor na História do Aikido brasileiro) 309
Meus Velhos Companheiros de Armas 459
Aikido e Nacionalismo 460
O Aikido na América Latina 466
Conclusão 483
Bibliografia Específica 485
Apêndice 490
Sede Central do Instituto Takemussu 493
Aikido Today Magazine & Aikido Journal 495
Outros 2 Volumes desta série que completam esta obra 496

Prefácio

Prof. Nelson Requena, o mais graduado aikidoísta da Venezuela. Líder do Aikikai nesse país, um dos fundadores da F.L.A. (Federação Latino-americana de Aikido).

A primeira vez que tive a oportunidade de ter em minhas mãos um exemplar do livro: "Aikido- O Caminho da Sabedoria", foi na sala de repouso do New York Aikikai no ano de 1992, durante o tempo que passei como *"Uchideshi"* (aluno interno), neste famoso centro de Aikido da América. Era um livro, manuseado, desgastado, evidentemente havia sido lido por grande número de alunos entre os muitos que passam por este Dojo todos os meses. Chamou-me a atenção sua diagramação e o conteúdo ainda que tivesse sido editado em português, idioma o qual confesso eu nunca havia estudado. Impressionou-me a forma tão precisa no qual o texto era apresentado bem como as ilustrações, que acabei ficando com ele (na qualidade de empréstimo, por suposto, durante todo o tempo em que fiquei em Nova York).

Em meus tempos livres, eu o lia com avidez, e descobria coisas muito interessantes sobre as técnicas que praticava, no dia-a-dia do *Dojo*, e reflexões sobre as atitudes, posições do corpo de *Nague*, com respeito a *Uke*, a importância do aquecimento preliminar, a boa respiração, a oxigenação sanguínea e a dosagem correta da energia feita pelo corpo durante a prática. Não faltavam nos livros as excelentes referência sobre os diferentes estilos de artes marciais japonesas, chinesas, orientais e outras como o boxe e lutas greco-romanas. Aí comecei a apreciar a qualidade de investigação constante e perseverante de Wagner Bull Sensei, experimentado aikidoísta e que teve o Karatê como a sua primeira arte marcial. Esta impressão sobre o *"Caminho da Sabedoria"*, levou-me a fazer uma comparação positiva com outro texto chamado, *"Aikido e a Esfera Dinâmica"*, de Ratti e Westbrook, lido anteriormente por mim, quando me iniciei na prática do Aikido, e que considerei como um verdadeiro tratado de artes marciais. *"Aikido - O Caminho da Sabedoria"*, supera em detalhes, imagens, histórias, testemunhos, consultas bibliográficas e recomendações a qualquer outro texto sobre Aikido até agora editado na América Latina.

Wagner Bull Sensei, motivado pela imensa massa de estudantes de Aikido, nos nos últimos 10 anos, que vem aumentando a cada dia na América Latina, sob a liderança principal de Yoshimitsu Yamada *Shihan*, um dos representantes máximos do Aikido em todas as Américas, e discípulo do Fundador *Ô Sensei* Morihei Ueshiba, gera agora esta 10ª edição revisada e ampliada, a qual recomendo para todos aqueles praticantes e instrutores de Aikido e artes marciais, como um guia prático de consulta em suas buscas constantes de informações verdadeiras e seguras.

Caracas, 17 de março de 2003

Nelson Requena

Sobre Este Volume

A palavra *"Dobun"* significa ensinamentos escritos, registros deixados pelo Fundador Morihei Ueshiba, é portanto uma compilação dos elementos que criaram o Aikido. A primeira vez que foram publicados foi em fevereiro de 1974. Uma tradução da palavra seria *"Do"* (Caminho), *"Bun"* (escritos). *"Dobun"* seria portanto, "escritos sobre o Caminho".

"Dobun" originalmente é o que *Ô Sensei* escreveu ou o que ele falou explicando o Aikido e que ficou anotado de forma escrita. O *Dobun* veio diretamente do Kojiki, que é o livro básico da religião xintoísta e da Oomoto Kyo, que *Ô Sensei* estudou. O *Dobun* é entendido como a essência, não somente do Aikido, mas também como a explicação da própria criação do mundo. Assim, este último volume da obra *"Aikido - o Caminho da Sabedoria"* consta de artigos e relatos relacionados com o Aikido e que pretendemos neste livro trazer ao leitor de forma inteligível para a cultura ocidental e especialmente para os que entendem a língua portuguesa. Ousamos colocar no título esta palavra *"Dobun"*, porque nos pareceu ser o termo que melhor descreveria nosso propósito ao escrever este terceiro volume. Este livro pode ser lido em capítulos e sem uma seqüência lógica em leituras rápidas, pois a maioria são textos com início e fim em si mesmos.

No primeiro volume desta obra, tratou-se principalmente de assuntos relacionados à compreensão intelectual, daí ele ter recebido o nome de "A Teoria". Neste livro será abordado aspectos históricos e a relação contemporânea entre a vida do Fundador do Aikido e a história do Japão, e em seguida relacionando-as com a história do Aikido no Brasil, bem como artigos complementares.

Valorizando ainda mais o conteúdo, foram aqui introduzidas técnicas do *"Jujutsu"* japonês, que fazem parte da maioria dos cursos de defesa pessoal, que o praticante de Aikido poderá facilmente fazer visto que os princípios em que elas se baseiam são os que se treinam diariamente no dojo, e que são muito úteis para ilustrar as aulas e enriquer o conhecimento técnico e prático do leitor. Há outro ponto forte neste volume que é uma coletânea dos artigos curtos que o autor escreveu desde 1997 para o Jornal *"São Paulo Shimbum"*, o mais tradicional da colônia japonesa no Brasil, que contém mais de 1 milhão e meio de pessoas, e que foram e são muito apreciados pelos leitores do jornal, e que ajudaram a conscientizar os nipônicos radicados no Brasil e seus descendentes de que o Aikido é realmente uma arte marcial de alto nível e que representa os ideais e propostas mais tradicionais da cultura japonesa. Estes artigos tratam de pontos importantes dentro do treinamento do Aikido e têm a vantagem de por serem curtos, poderem ser lidos antes de dormir, ou em algum momento de folga, o que podem fazer com que este volume possa se tornar um livro de cabeceira que vai enriquecer enormemente os conhecimentos do leitor, sobre os principais aspectos tratados neste Caminho e também na maioria das artes marciais tradicionais.

O longo capítulo sobre a história do Japão é muito importante para se compreender a própria história do Fundador do Aikido, que evidentemente se justifica em função dos acontecimentos que estiveram à sua volta desde o final do século passado até seu falecimento em 1969 e que ajudará o leitor a compreender os fatos e ter assim uma condição mais embasada para emitir seus julgamentos. O mesmo se pode dizer sobre a história do Aikido no Brasil, onde se procurou descrever como a arte evoluiu no Brasil, registrando os principais personagens, o que fizeram, reunindo fotos históricas e sendo o primeiro trabalho extenso sobre este assunto, mostrando claramente as razões e a evolução do Instituto Takemussu dentro do panorama das organizações e mestres de Aikido desta terra descoberta por portugueses, mas que principalmente em São Paulo e no Paraná contém certamente um importante pedaço do Japão, que claramente se mostra na rua pela inúmeras fisionomias orientais que encontramos ao cruzar com os transeuntes, pela influência do Japão na culinária, na tecnologia, e mais recentemente, na religião e na filosofia.

Um agradecimento especial, vai ao casal Lígia e Fernando Sanchez, que ensinam Aikido em São José dos Campos no Instituto Takemussu - Michi Dojo, pela paciência e dedicação em escolher os artigos do jornal *São Paulo Shimbum* evitando repetições, redigitando-os, e principalmente pelo amor que demonstraram ao Aikido e ao Instituto Takemussu ao executarem esta tarefa. A eles, o autor manifesta aqui seus profundos agradecimentos. Muito obrigado!

São Paulo, 23 de fevereiro de 2003

Lígia e Fernando Sanchez

Yamada Sensei na exuberância de seus 50 anos.

HINKAKU
Graça, integridade, dignidade.

Existe uma idéia falsa de que no Aikido somente são promovidas para altos graus pessoas nascidas no Japão. "Hinkaku" (idoneidade e dignidade) não é característica apenas de pessoas nascidas no Japão. Existem vários praticantes ocidentais como o autor que conseguiram 6º e até o 7º Dan sem mesmo sequer falar japonês. Se bem que no passado houvesse um certo nacionalismo, hoje em dia isto não mais existe. Se alguém trabalha em prol do Aikido e é uma pessoa realmente devotada à arte, ele se torna equiparado e considerado da mesma forma que os demais praticantes nascidos no Japão. O Aikido é um caminho de vida e portanto não basta uma pessoa ser apenas um bom lutador de práticas marciais, é preciso que desenvolva sua personalidade, caráter, liderança e em sua vida mostre que segue as leis do Universo.

> *"A mesma água do rio que bebe a vaca, bebe a serpente. A primeira produz leite, a segunda, veneno."*
>
> Sabedoria Japonesa

Introdução

Aikido é *Ô Sensei* Morihei Ueshiba, ele é a tradição. Qualquer coisa fora dele pode ser muito boa, até melhor, mas não é Aikido Tradicional. Assim no Instituto Takemussu entendemos que o mais importante é estudarmos tudo o que pudermos sobre ele. Hoje, o que dispomos são seus escritos e o que ele transmitiu a seus alunos diretos, a maioria *Shihan*, e que temos acesso quando participamos de seus seminários. Mas os *Shihan* não sabem tudo. O autor percebeu que a maioria destes mestres com quem teve contato tem conhecimentos parciais, que embora de aprendizagem fundamental, não são completos, e assim é importante ler tudo o que existe disponível sobre o Fundador para que possa ser entendido e assim absorvermos mais desta tradição. Neste contexto é obrigatório se conhecer o ambiente em que ele nasceu e viveu, os fatos históricos, para que possamos entender melhor o que existia atrás de suas palavras, ou seja, a essência, para, compreendendo-a, adaptar à nossa cultura, corpo e personalidade. Assim, vamos fazer um relato histórico e cultural sobre o Japão, baseado nos escritos de Osvaldo Peralva que viveu, de 1974 a 1982, domiciliado no Japão:

O Japão, a segunda maior potência econômica dentre os países capitalistas, ainda a uma respeitável distância dos Estados Unidos, passou a disputar o segundo lugar no mundo deste 1980, quando seu Produto Nacional Bruto (PNB) ultrapassou a barreira do trilhão de dólares. Naquele ano, pela primeira vez, produziu mais automóveis e mais aço do que os norte-americanos, apesar de não possuir, dentro de suas fronteiras, minério de ferro nem carvão coqueificável.

A geografia não o favorece. Seu território, de 372.050 quilômetros quadrados, é menor

Morihei Ueshiba, 1938.

sessenta vezes que a da URSS, 26 vezes que o da China Popular, 25 vezes que o dos EUA e 23 vezes que o do Brasil. Além disso, é extremamente fragmentado em 3.922 ilhas e ilhotas, embora haja quatro principais que respondem pela grande maioria da área: Honshu, no centro, com 227.413 quilômetros quadrados, onde se situa a capital, Tóquio; Hokkaido, ao norte, com 78.034 quilômetros quadrados; Kyushu, com 36.554 quilômetros quadrados; e Shikoku, com 18.256 quilômetros quadrados, ambas ao sul. Existe ainda o chamado Território ao Norte, com 4.996 quilômetros quadrados, constituído de ilhas ocupadas pelos soviéticos: Etorofu, Kunashiri, Habomai e Shikotan. No total, o Japão ocupa menos de 0,3% das terras do planeta.

Situado na Ásia, no Extremo Oriente, tem como vizinhos mais próximos a Coréia, a leste, 100 quilômetros distante da ilha de Kyushu, e a URSS, ficando a Sibéria soviética a 300 quilômetros da ilha de Hokkaido. Esse território se alonga na direção norte-leste e sul-oeste, formando um arco côncavo voltado para o Mar do Japão, que o separa do continente asiático, e um arco convexo voltado para o Oceano Pacífico. As montanhas, quase sempre eriçadas de vulcões, ocupam 71% da área total, restando 29% de bacias e planícies. Desse modo, o espaço para a agropecuária e para a construção de moradias é bastante limitado, fazendo com que os 123 milhões de habitantes, a sétima nação mais populosa do mundo, tenham de importar pratica-mente tudo de que necessitam para se alimentar (são auto-suficientes somente em arroz) e de viver em condições de pouco conforto habitacional. A densidade populacional é de 329 pessoas por quilômetro quadrado, superada pelas de Bangladesh (685), Coréia do Sul (418) e Holanda (355), sendo igual à da Bélgica (325). Na China popular, é de 110; nos EUA, 26; no Brasil, 16.

Há mais de 150 grandes vulcões no Japão, o que representa cerca de um déci-mo de todos os que se acham em atividade no globo. O mais famoso deles, o Monte Fuji, perto de Tóquio, de onde pode ser visto nos dias mais claros, é ponto de atração turística, figurando em cartões-postais. É o pico mais elevado do país e se acha ador-mecido. Os terremotos e tufões são freqüentes.

A despeito dos fatores adversos, os cidadãos nipônicos gozam de elevado pa-drão de vida. Como a população japonesa é praticamente a metade da dos EUA, sua renda é cerca de apenas 7% inferior à dos norte-americanos e ligeiramente superior à da Dinamarca, Suécia e Alemanha Ocidental. Isso explica em boa parte a longevidade dos japoneses, cuja expectativa de vida está em torno de 75,2 anos para os homens e 80,9 anos para as mulheres.

A população japonesa é bastante homogênea, com pequenos grupos raciais no extremo norte (ainus) e no extremo sul (ryukyuanos), grupos sociais marginalizados, como os burakumins (etas e hinins), e minorias nacionais, como os coreanos (678 mil habitantes), os chineses (85 mil) e os filipinos (19 mil), todos alvo de discriminações. O número total de estrangeiros residentes no Japão é significativo, incluindo muitos brasileiros filhos de japoneses que emigraram para o Brasil no começo do século XX e que seus descendentes voltam para lá trabalhar, incluindo refugiados indochineses, além de tailandeses, paquistaneses e outros cidadãos asiáticos que entraram com visto de turista e trabalham ilegalmente. A palavra "Japão" é uma corruptela de Nihon ou Nippon, que significa "Sol Nascente". Entre os residentes, encontram-se alguns de raça branca, oriundos dos EUA e da Europa, tratados com deferência. Segundo um especialista nipônico, seus patrícios sofrem de um duplo complexo: de superioridade

Quando tinha 42 anos, houve a passagem do seu treinamento que até então era uma arte ("Jitsu") para um caminho ("Do") quando teve uma revelação divina. Assim que ele consolidou estas técnicas ele foi até o templo de Kumano para agradecimentos aos Kami.

em relação aos povos subdesenvolvidos e de inferioridade em face dos povos mais adiantados. Eis os dados atuais sobre o Japão (2002):
Nome oficial: *Nippon*.
Capital: *Tokyo*.
Língua oficial: *Nihongo*.
Moeda: *Yen (¥)*. US$ 1,00 = ¥ 122,00
Área: 377.746 km².
Arquipélago: 4 grandes ilhas (Honshu, Kyushu, Shikoku Hokkaido) e 6.848 pequenas ilhas.
Densidade demográfica: 339,8 pessoas por km² (1999).
Sistema de Governo: Democrático Parlamentarista.
Primeiro Ministro (2002): Junichiro Koizumi.
Distritos administrativos:
47 Províncias.
População: 126.686 milhões (1999).
homens: 61.972 milhões - mulheres: 64.714 milhões.
PIB: Total: US$ 3.104,7 bilhões (1999).
Renda Per Capita: US$ 24.500 (1999).
Estimativa de Vida: homens 77 anos (1998) - mulheres 84 anos (1998).
Calendário: Ano de 2002 equivale ao 140º Ano da Era Heisei no calendário japonês.

Feriados Nacionais:
1º de janeiro - *Shogatsu* (Ano Novo)
15 de janeiro - *Seijin no Hi* (Festa da Maioridade/Dia do adulto)
11 de fevereiro - *Kenkoku Kinenbi* (Dia da fundação do Estado)
20 de março - *Shunbun no Hi* (Equinócio da Primavera)
29 de abril- *Midori no Hi* (Dia do verde/Aniversário do Imperador Showa)
03 de maio - *Kenpô Kinenbi* (Dia da Constituição)
05 de maio - *Kodomo no Hi* (Dia das Crianças)
20 de julho - *Umi no Hi* (Dia do Mar)
15 de setembro - *Keirô no Hi* (Dia de respeito ao Idoso)
23 de setembro - *Shubun no Hi* (Equinócio do Outono)
10 de outubro - *Taiiku no Hi* (Dia do Esporte e da Saúde)
03 de novembro - *Bunka no Hi* (Dia da Cultura)
23 de novembro - *Kinrô Kansha no Hi* (Dia de Ações de Graças)
23 de dezembro - *Tennô Tanjôbi* (Aniversário do Imperador)

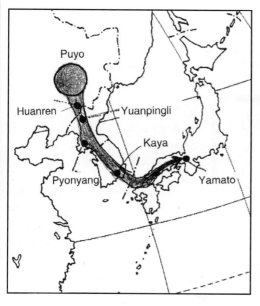

Existe uma teoria, baseada em escavações arqueológicas bastante confiáveis, que a dinastia Yamato que formou o atual povo japonês era descendente de uma raça de guerreiros eqüestres. No período Yayoi, entre 334 a.C. a 300 d.C., a raça Puyo que era de cavaleiros descendentes dos Citas (povo oriundo da atual região onde se encontra o Iraque) e viviam na bacia do rio Songhuanjiang, moveram-se para leste, fugindo de conflitos e construíram sua capital onde hoje é a província Jilin na China, para estabelecer o reino de Kokuryo, aproximadamente na passagem do período de a.C. para d.C. No século V, eles se moveram para sudeste, chegando no Japão conforme a rota descrita no mapa ao lado.

Na opinião do autor, certamente o povo Yamato veio da China e incorporou em sua cultura o espírito guerreiro dos mongóis.

A dinastia Yamato e seu sistema de classes foi estabelecido em uma lei pelo imperador Tenbu, no ano 684 d.C. O nome *"Tenno"* e as oito classes foram estabelecidas baseadas no taoísmo da China. *Tenno* é a classe principal. *Mahito* é o topo da burocracia. As demais classes eram *Asomi, Sukune, Imiki, Mishinoshi, Omi, Muraji* e *Inaki*. É difícil saber quando o Xintoísmo japonês nasceu e como estabelecer a relação entre as artes marciais e o Xintoísmo, embora seja comumente aceito que o Xintoísmo é uma religião que existia no Japão desde que a raça Yamato foi formada no arquipélago japonês. Na verdade é mais lógico pensar que, embora mais de uma raça tivesse emigrado para o arquipélago japonês, elas foram todas unificadas pela dinastia Yamato.

Xintoísmo similar ao japonês existe na península coreana e há algumas evidências de que ele foi influenciado por outras culturas. A família de Jimmu vivia no noroeste da ilha Kyushu e era chamada a família Hyuga, e provavelmente era parte do povo chamado Puyo mencionado acima. Jimmu venceu alguns opositores e tornou-se o primeiro imperador e passou como o fundador da dinastia Yamato. Como o leitor pode ver, o Japão de certa forma dois mil anos atrás, lembrava o Brasil, onde havia índios mas que foi conquistado pelos portugueses, estabelecendo uma nacionalidade brasileira e a religião passou a ser a dos conquistadores, bem como a cultura e a forma de lutar.

Imagem de um guerreiro cita.

(Fonte: Aikido and Chinese Martial Arts - Tetsutaka Sugawara e Lujian Xing)

Curiosidades:
- o arquipélago japonês é um pouco maior que o Reino Unido, um nono do território indiano e um vigésimo quinto da área dos Estados Unidos. Ao todo, o Japão representa menos de 0,4% da população mundial.
- Honshu representa cerca de 60% da área total do país.
- Tóquio, Osaka e Nagoya possuem 44% da população total do Japão.

O Hino Japonês:
Kimi ga yo wa, Chiyo ni yachiyo ni Sazare ishi no, Iwao to nari te Koke no musu IDade.

Muitas pessoas que não conhecem o *"Budô"* e o espírito japonês ficam intrigadas: como uma nação com tantas dificuldades pode ter tanta influência mundial? A prática do Aikido pode ensinar ao leitor, como fez ao autor, as razões, os instrumentos e a competência deste povo para aplicar em sua vida, em todos os aspectos, e o principal é que os japoneses têm em sua cultura a máxima de sempre irem a favor das forças naturais, se adaptando às situações e procurando um máximo de resultado com um mínimo de esforço. O Aikido é de certa forma um reflexo deste espírito em suas técnicas e filosofia.

O povo japones é, constantemente, motivo de debates e contradições. Alguns arqueólogos afirmam que o povo japonês começou a se formar há cem mil anos, quando o Japão ainda fazia parte do continente asiático, sendo ligado de ponta a ponta a ele, e não como um arquipélago. Porém, estudos mais recentes indicam que a provável origem do povo japonês tenha sido durante a era glacial, de dez a trinta mil anos atrás, quando o povo começou a migrar para o arquipélago por um estreito com a Coréia, formado de gelo. A prova mais concreta que data a origem do povo de dez a trinta mil anos foi a descoberta de um objeto de pedra lascada preta, encontrado por um jovem, em 1949, na província de Gumma, seguido de várias outras descobertas deste tipo, nos territórios de Hokkaido e Kyushu. Era a ponta de uma lança incrustada em terra vermelha. Esta terra era constituída basicamente de cinzas vulcânicas, do período neolítico (Idade da Pedra Polida). Por isso, sabemos que quando os vulcões estavam em plena atividade, o Japão já era habitado. Estas são as principais provas que nos levam a crer que a origem do povo é mesmo datada dessa época.

A partir daí, os arqueólogos e antropólogos costumam supor que ambos os extremos norte e sul do Japão eram ligados ao continente asiático, tese comprovada pelo fato de haver fósseis de animais primitivos desta época, como rinocerontes e elefantes, semelhantes aos comumente encontrados no continente asiático, encontrados nas proximidades dos portos do norte e do sul do Japão. A separação do arquipélago só veio a ocorrer mais tarde, devido a depressões geológicas, que separou e afastou o Japão do resto da Ásia, transformando-o em um arquipélago formado por quatro ilhas principais (Shikoku e Hokkaido) e várias outras ilhas menores.

A origem certa dos primeiros povos é desconhecida, mas sabe-se que o povo

Hiragana

O *Hiragana* foi criado por um monge budista chamado Kukai, que viveu entre 774 a 835 d.C. e é considerado o mais redondo sistema silábico do *Kana*. O *Hiragana* é bem simples e abriu as portas para que as mulheres pudessem escrever, já que as mulheres eram consideradas incapazes de escrever os caracteres chineses. A principal função do *Hiragana* é expressar as palavras japonesas que não são expressadas pelo *Kanji*. O *Hiragana* por ser tão simples de se aprender diante das outras escritas é a primeira escrita que as crianças aprendem.

あ a	か ka	さ sa	た ta	な na	は ha/wa	ま ma	や ya	ら ra	わ wa		が ga	ざ za	だ da	ば ba	ぱ pa
い i	き ki	し shi	ち chi	に ni	ひ hi	み mi		り ri			ぎ gi	じ ji	ぢ di	び bi	ぴ pi
う u	く ku	す su	つ tsu	ぬ nu	ふ hu/fu	む mu	ゆ yu	る ru			ぐ gu	ず zu	づ du	ぶ bu	ぷ pu
え e	け ke	せ se	て te	ね ne	へ he	め me		れ re			げ ge	ぜ ze	で de	べ be	ぺ pe
お o	こ ko	そ so	と to	の no	ほ ho	も mo	よ yo	ろ ro	を wo/o	ん n	ご go	ぞ zo	ど do	ぼ bo	ぽ po

Katakana

O *Katakana* foi criado durante o período Nara por Kibino Makibi e, inicialmente, era usado primordialmente pelos homens. É usado principalmente para palavras vindas de outros países (na época, Holanda, Portugal e China, mas hoje é usado para palavras norte-americanas, devido à boa relação entre os dois países). Resumindo de uma forma bem simples, o *Katakana* é um alfabeto criado devido à invasão de estrangeiros ao país, criando um alfabeto que conseguisse adaptar palavras de outros povos para a fonética japonesa.

ア a	カ ka	サ sa	タ ta	ナ na	ハ ha/wa	マ ma	ヤ ya	ラ ra	ワ wa		ガ ga	ザ za	ダ da	バ ba	パ pa
イ i	キ ki	シ shi	チ chi	ニ ni	ヒ hi	ミ mi		リ ri			ギ gi	ジ ji	ヂ di	ビ bi	ピ pi
ウ u	ク ku	ス su	ツ tsu	ヌ nu	フ hu/fu	ム mu	ユ yu	ル ru			グ gu	ズ zu	ヅ du	ブ bu	プ pu
エ e	ケ ke	セ se	テ te	ネ ne	ヘ he	メ me		レ re			ゲ ge	ゼ ze	デ de	ベ be	ペ pe
オ o	コ ko	ソ so	ト to	ノ no	ホ ho	モ mo	ヨ yo	ロ ro	ヲ wo/o	ン n	ゴ go	ゾ zo	ド do	ボ bo	ポ po

Kanji

Não dá para definir ao certo em que época foi desenvolvida a escrita com os ideogramas conhecidos como *Kanji*. Mas é certo que tal forma de escrita chegou ao Japão trazida da China. Há registros oficiais que o uso do *Kanji* mais antigo foi achado em ossos de animais e em cascos de tartarugas na época do vigésimo segundo Imperador de Shan, aproximadamente em 1100 a.C. Existem seis categorias (chamadas "*Rikusho*") que foram usadas para formar os *Kanji* e podemos dizer que, hoje, o *Kanji* japonês é bem diferente do chinês. O *Kanji* que serve para representar uma idéia ou conceito possui mais de duas mil letras. Curiosidade: os seus "*Rikusho*" são: *Shokei* (pictografia), *Shiji* (ideografia simples), *Kai'i* (combinação ideográfica), *Keisei* (fonética ideográfica), *Tenchu* (derivado) e *Kashaku* (empréstimos fonéticos).

Construção do *Kanji*

Objeto	Pictograma	*Kanji*

雨 — *Chuva*

日 — *Sol*

牛 — *Boi*

Reconstrução de uma casa dos tempos Yayoi Shiki, em torno de 300 anos antes de Cristo. Observar as duas hastes no teto da casa, símbolo xintô.

japonês formou-se do cruzamento de algumas raças divergentes do continente asiático. Os primeiros habitantes vieram do continente sul-asiático (OceaniaMongólia) para o Japão talvez de modo acidental, devido às correntes marítimas. Uma outra parte dos imigrantes veio da Indonésia (Indonésia) e de grande parte do norte do continente asiático e chegaram ao arquipélago japonês pela península coreana (Tungus). Estes últimos pareciam ser mais avançados e já utilizavam alguns instrumentos. Todos estes povos se misturaram com os *Ainu* (nativos da região norte do Japão) e formaram o povo mestiço japonês. Porém, mesmo com tanta mistura de cores e raças, o povo japonês acabou se tornando um povo homogêneo, tornando o japonês uma raça étnica com características próprias e marcantes.

Esse povo era, nos primórdios de sua existência, nômade, ou seja, não habitava uma área fixa, migrando sempre que se esgotavam os recursos daquele local. Nota-se também que os vestígios remanescentes do período, datam de dez a trinta mil anos atrás, ou seja, da mesma época dos vestígios de pedra lascada, e não apresentam marcas do conhecimento de manipulação do barro. Porém, já conheciam o uso do fogo e utilizavam-se de armas como lanças para a caça de animais, apesar de ainda desconhecerem o arco e flecha.

Devido ao fato do Japão ter ficado isolado do resto do mundo, já que naquela época embarcação alguma podia desbravar tanto o mar a ponto de encontrar o território japonês, a evolução do povo foi ocorrendo sem contato com o exterior.

Isso fez com que o povo japonês continuasse a viver no modo de vida Paleolítico, enquanto o resto do mundo desfrutava das invenções e descobertas do período Neolítico. Porém, vagarosamente, o povo japonês começou a progredir, alcançando a muito custo novas técnicas e descobertas. Foi então que o povo japonês começou a conhecer as técnicas da pedra polida e do artesanato com o barro. Vestígios

O templo Horyu-Ji, o mais antigo do Japão.

de conchas, que formam os sambaquis, falam-nos mais sobre como vivia o povo japonês naquele tempo. É sabido que a pesca já era atividade comum entre os japoneses, e o uso de flechas já era conhecido, não apenas na pesca (onde também já era empregado o uso de arpões e anzóis rudimentares), mas também na caça de animais terrestres, tais como veados e javalis. Os potes de barro já eram utilizados como "panelas" primitivas, para o preparo de alimentos esquentados no fogo, e para depósito e conservação dos alimentos. Aliás, uma grande característica desses potes era que eles continham marcas de cordas, para dar aos vasos um efeito de decoração, algumas vezes até exagerada, tornando-se uma característica cultural da época. A esse tipo de artesanato deu-se o nome de "estilo Jomon", termo que vem comumente sendo empregado pelos estudiosos para designar essa época da evolução japonesa. Logo, o Neolítico no Japão recebeu o nome de "Jomon", dado pelos arqueólogos.

Lentamente o povo japonês começou a abandonar a cultura nômade e a formar residências temporárias, constituídas de elementos primitivos tais como madeira e palha. As casas possuíam formas quadriláteras, com cantos arredondados, uma forma de arquitetura que continuou sendo usada mesmo após anos de evolução.

Mesmo assim, os japoneses ainda não haviam dominado as técnicas da agricultura e domesticação de animais, sobrevivendo apenas da caça, pesca e colheita de frutos.

Nessa época não havia diferenciação entre classes e níveis sociais, que se tornariam grandes marcos da história posteriormente, mas apenas um sentimento pluralista: todos trabalhavam em grupos, sem distinção, e eram enterrados da mesma forma, sem separação por classe ou grupo social. Era uma sociedade que ainda não cultuava seus antepassados, a prática do xintoísmo que mais tarde se tornaria comum no Japão, mas viviam em grupos definidos por seus parentescos, quase como tribos hereditárias ou clãs. Mas, mesmo sem práticas xintoístas, essas tribos já cultuavam alguns deuses primitivos e acreditavam em certos tipos de magia. Isso devido ao grande medo que eles nutriam pelos mistérios da natureza, e aos animais mais fortes que o homem. Já era, naquela época, muito comum o culto a elementos simples da natureza, como rochas, árvores, montanhas e similares, cultura que ainda permaneceu, por vários séculos, sendo absorvida pelo xintoísmo. A produção social, incipiente, não permitia divisão entre pobres e ricos. Os primitivos habitantes, os *ainu*, de pele branca, provinham do Cáucaso, como os europeus. Eles viviam nas quatro principais ilhas nipônicas, mas foram sendo dominados pelos japoneses, de origem mongólica, e empurrados para o norte, para a ilha de Hokkaido, através dos séculos. A miscigenação e a assimilação cultural virtualmente extinguiram os *ainu*. É o primeiro caso de uma raça branca dominada e discriminada por uma raça de cor.

Nos séculos III e II antes de Cristo, surgiu uma sociedade agrícola ao norte de Kyushu (ao sul do arquipélago), sob a influência da avançada civilização da Ásia continental. A cerâmica Jomon foi suplantada pela do tipo *Yayoi*. Através da península coreana, onde a dinastia Han estabelecera a cultura chinesa, inclusive em ideogramas, que são os caracteres denominados *Kanji*, ou seja, *letras de Kan*, nome do império chinês de então. Antes disso, os japoneses não tinham língua escrita. Para completar esses ideogramas com expressões da própria língua falada, o japonês (que nada tem a ver com o chinês falado) criou dois silabários de aproximadamente cinquenta caracteres cada, imitados do *Kanji*: *Hiragana* e *Katakana*. Hoje em dia o *Katakana* serve especialmente para reproduzir sons de palavras estrangeiras. A língua japonesa só é falada por uma raça, a raça de Yamato, e não tem parentesco com outras línguas, mas pertence, por sua estrutura, ao grupo uralo-altáico, como o coreano e o mongol. A raça que veio a predominar no Japão resultou de uma invasão mongol da parte sul e central do arquipélago, através da Coréia, no primeiro século da arte cristã. Os invasores organizaram-se em pequenos clãs e, nos dois séculos seguintes, o clã de Yamato, cujo nome vem da planície onde se instalou, impôs-se aos demais, sobre eles exercendo sua suserania e acabou se tornando o verdadeiro povo japonês. Vem daí a expressão de Morihei Ueshiba, que o verdadeiro espírito japones é o *"Yamato Tamashii"*. Em fins do século IV de nossa era, o clã Yamato enviou tropas expedicionárias para o sul da Coréia. Após derrotar um pequeno Estado coreano chamado Mimana, essas forças avançaram para Pekche, Silla e Koguryo. O regime de Yamato aumentou seu poderio ao criar uma monarquia absoluta (o monarca era chamado de *Okimi* ou *Tennô*, em chinês). Durante a primeira metade do século VI, o Budismo, o Confucionismo, a ciência do vaticínio, o calendário e a medicina, considerados avançadíssimos, foram trazidos da China ao Japão. Numerosos professores chineses e coreanos visitaram esse país. A certa altura, o budismo, de origem indiana, entrou em conflito com o Xintoísmo, prevalecente no Japão desde muitos séculos antes. Mas, devido à crença de que política e Xintoísmo eram uma só coisa e inseparáveis sob o regime do imperador, Budismo e Xintoísmo passaram a coexistir até os dias atuais.

O Xintoísmo é uma religião politeísta. *Xintô* significa "o caminho dos deuses". Os xintoístas acreditavam (ou acreditam) que todos os fenômenos naturais eram de caráter anímico e que cada pessoa ou coisa constituía, em si mesma, manifestação do divino. Cada coisa possuía um espírito, mas não havia a concepção de uma alma imortal nem a especulação filosófica sobre a vida e a morte. Entre as divindades estava *Amaterasu Omikami*, a Deusa do Sol, da qual descendiam diretamen-

As classes sociais no Japão feudal. Em primeiro lugar os Samurai, em segundo os artesãos, depois os agricultores e por último os comerciantes.

te os imperadores nipônicos. Após a Segunda Guerra Mundial, o imperador Hirohito negou sua própria divindade, proclamando-se mortal como qualquer cidadão.

O Aikido, como foi minuciosamente esclarecido no primeiro volume desta obra, é fundamentalmente um treinamento que leva o indivíduo a compreender as leis da Natureza. Segundo a mitologia xintoísta, o Deus de origem é *Amenominaka Nushi no Kami*, e dele derivaram os dois deuses *Kami Mussubi no Kami* e *Takami Mussubi no Kami*, semelhantes ao Yin e Yang da filosofia taoísta.

O Budismo, fundado na Índia por Sidarta Gautama, o Buda, meio milênio antes de Cristo, é um sistema ético e religioso, que prega a conquista do mais elevado conhecimento e, por esse meio, escapando aos ciclos dos nascimentos e mortes, se chega ao *Nirvana*. Teve muitas variantes em toda Ásia, inclusive no Japão, onde foi introduzido através da península coreana em 538 de nossa era. O fator mais relevante na rápida difusão do budismo entre as camadas mais baixas da população foi um certo sincretismo, que mesclou as deidades do xintô com as do panteão budista.

O Cristianismo só chegou ao Japão em 1549, levado por São Francisco Xavier. Teve rápida aceitação, difundindo-se pelo país, mas depois começou a inspirar desconfiança de que fosse uma ponta de lança de potências européias, sendo banido em 1639. Já antes os cristãos vinham sendo perseguidos e, em 1597, foram crucificados 26 deles em Nagasaki, depois de terem feito uma viagem de um mês, a pé, descalços, em pleno inverno, a partir de Kyoto, e haverem sofrido mutilação da orelha esquerda. Quando o Japão abriu as portas ao mundo, no início do regime Meiji, na segunda metade do século XIX, muitos missionários protestantes foram dos EUA para o Japão. Após a Segunda Guerra Mundial, o Cristianismo voltou a crescer entre os japoneses, existindo hoje ali cerca de 1 milhão de praticantes, católicos e protestantes.

São Francisco Xavier

27

O crisântemo de 16 pétalas, emblema da família imperial. A bandeira nacional do Japão é chamada "Hi no Maru", significa "Bola do Sol". Eles eram adoradores do sol desde tempos remotos, assim seu país veio sendo designado "Hi no Moto" ou Nippon, que quer dizer "Terra do Sol". O Hino Nacional japonês é conhecido como Ki Mi Ga Yo e diz mais ou menos o seguinte: "Que a monarquia do Imperador dure por milhares e milhares de gerações até que o pedregulho venha se tornar em rochedo e os musgos venham a cobri-lo."

Afora isso, há numerosas seitas. Não raro, os japoneses professam mais de uma. Isso explica por que o número de adeptos, apurado em recenseamento, é cerca de 180 milhões de pessoas, enquanto a população é de pouco mais de 120 milhões.

Durante longo tempo, os japoneses tiveram duas capitais – numa reinava o imperador; na outra, governava o xogum (comandante-em-chefe). Assim, em 794, a corte de Kammu se transferiu para Kyoto, onde o Palácio Imperial permaneceu até a Restauração Meiji. Mas em 1192, após as guerras internas em que derrotou a família Taira, o xogun Yoritomo Minamoto estabeleceu em Kamakura a primeira ditadura com suas tropas naquela cidade e fixou seus inspetores nas proximidades, em Rokuhara.

Surgiu então a classe dos guerreiros (*samurai*), resultante da necessidade que tinham os clãs locais e os proprietários de terra de se armar para sufocar as rebeliões camponesas, assegurar a coleta de impostos territoriais e defender-se de eventuais invasões dos clãs vizinhos.

O regime se baseava no sistema *Gokenin* (vassalos): estes serviam aos senhores em troca da garantia de manter suas posses e receber recompensa pelos serviços prestados. Yasutoki Hojo, espécie de regente de xogunato, instituiu o código feudal *Shikimoku*, relativo aos direitos e deveres dos vassalos. Essa ditadura durou um século e meio.

No período seguinte, denominado *Muromachi*, os samurai se tornaram a classe mais poderosa do país. Depois veio a fase das dinastias do norte e do sul. Em 1600 irrompeu a guerra civil, da qual emergiu vitorioso Ieyasu Tokugawa, que estabeleceu novo governo em Edo (atual Tóquio), fez-se nomear xogum e completou a unificação do país, iniciada por Nobunaga Oda e Hideyoshi Toyotomi, que infligiram completa derrota aos barões feudais, os *Daimyo*, senhores da guerra locais.

A fim de consolidar o feudalismo, estruturando-o, o xogunato dividiu a população em quatro classes: samurai, camponeses e os dois *Chonin* (artesãos e comerciantes). Inferiores a esse nível somente os *Eta* e *Hinin*, espécie de intocáveis, marginais da sociedade.

Durante mais de 700 anos, o Japão foi dirigido, política e administrativamente, pelos samurai, uma classe de elite, cujo exemplo e padrões de comportamento foram talvez mais importantes para a organização da sociedade japonesa e a definição do perfil do homem nipônico do que sua atuação política e administrativa. Os samurai são geralmente vistos como guerreiros e considerados como militares, o que, de fato, era sua função tradicional. Porém, mais do que isso, eram um tipo de homem de elite, formado à base de um *ethos* extremamente apurado. Sua habilitação transcendia os limites da ciência e das artes marciais, assim como dos ofícios administrativos, espraiando-se para horizontes tão amplos quanto os da literatura, da artesania, das be-

Imperador Meiji

las-artes, da meditação. Não havia limites ao escopo das atividades do samurai e seu ideal era o do homem perfeito.

A sociedade feudal tinha como base a economia natural, centrada na agricultura. O sistema de propriedade pública da terra se desmoronava. Mas, a partir de fins do século XVII, a produção agrícola, o comércio e a indústria experimentaram notável crescimento, assim como a mineração de cobre, prata e ouro. As grandes minas e fábricas eram postas sob a administração direta e monopolística do governo dos *xogum* e *daimyo. Daimyo*, que se traduz por "grande nome", é o senhor de um território sob o regime feudalista.

O desenvolvimento da economia monetária e da produção mercantil deu origem a uma nova classe social, os proprietários, e abriu caminho para novo sistema de produção, o capitalismo. Nessa época começaram a ser formadas as fortunas das famílias Mitsui, Konoike e outras.

Esse governo promoveu relações diplomáticas com países estrangeiros, dentre os quais Holanda, Portugal e Espanha, e estreitou-as com Filipinas, China, Coréia, Camboja e Vietnã. Mas em 1639, após a revolta camponesa de Shimabara, de inspiração cristã, Tokugawa baniu o cristianismo, a exemplo de Hideyoshi Toyotomi, quarenta anos antes, e proibiu a entrada de todos os estrangeiros, exceto holandeses e chineses. Esse auto-isolamento prolongou-se por mais de dois séculos e causou estagnação na vida política, econômica e cultural do país.

Sob a pressão das contradições internas, de natureza econômico-social, e das pressões externas, o governo Tokugawa afinal decidiu-se a sair do isolamento. Concluiu em 1858 tratados de amizade e comércio com EUA, Holanda, Rússia, Inglaterra e França, abrindo ao comércio externo, no ano seguinte, alguns portos, como os de Kanagawa e Nagasaki.

Desde o início do século XIX, irromperam freqüentes revoltas camponesas e urbanas contra o xogunato. A essas manifestações passaram a aderir, mais tarde, intelectuais e samurai. Em 1866 os clãs Satsuma e Choshu criaram uma liga, a qual

No centro acima, o Fundador como soldado voluntário do exército japonês na guerra contra a Rússia, quando se destacou no front.

29

O Fundador tinha muitos amigos no alto comando militar das forças do exército imperial japonês. Na foto cartas que recebeu do Marechal-almirante Masaru Hataki, General Toshiname Maeda e seu grande aluno, amigo e patrono Almirante Isamu Takeshita que era amigo também do presidente Roosevelt.

fez causa comum com os nobres que em Kyoto serviam ao imperador. No final do ano seguinte, o xogun Yoshinobu voluntariamente entregou ao imperador o poder que lhe havia sido usurpado, pois reinava mas não governava.

Em 1868, os opositores à restauração do poder imperial se rebelaram de armas nas mãos, mas foram derrotados nas batalhas de Fushimi e Toba, nos arredores de Kyoto. Terminou assim o regime de Tokugawa, que havia durado mais de dois séculos e meio. O governo imperial mudou o nome da era – que passou a ser Era Meiji – e a capital do país se transferiu para Edo, redenominada de Tóquio. Empreendeu-se aí a modernização do Japão.

O desenvolvimento do Japão tem como fundamento a adoção de duas culturas estrangeiras. Primeiramente, a chinesa, a partir do século VI; depois, a ocidental, desde meados do século XIX. Esta última divide-se em duas etapas: a primeira vai até o final da Segunda Guerra Mundial, e a segunda imediatamente após a derrota na guerra, com a rendição incondicional e a ocupação estrangeira, em 1945, ponto de partida para a reconstrução e a expansão econômica de 1955.

Nos setes séculos do período feudal (1192-1868), a sociedade permaneceu sob a influência cultural da China, mas desenvolveu sensíveis traços culturais próprios. A idéia, bastante difundida, de que os japoneses são meros imitadores não corresponde à realidade. Mesmo nos tempos recentes, afirmava-se por vezes que onde se lia *made in Japan* devia-se ler *copied in Japan*. Edwin O. Reischauer, antigo lente de línguas do Extremo Oriente na Univer-

Foto de uma das dezenas de destruições de templos Omoto que o governo militar japonês impôs contra esta religião à qual pertencia o Fundador. Em 12 de fevereiro de 1921, 200 policiais deram uma batida na sede central da Omoto e os líderes foram presos e Onisaburo Degushi também, sob a acusação de violação da lei de imprensa e "lèse majestè", e os templos foram destruídos. Libertados, reconstruíram a organização mas em 8 de dezembro de 1935 novamente houve uma repressão, esta extremamente violenta, todos os líderes foram presos, somente o Fundador foi poupado devido ao fato de ter alunos militares, entre eles o chefe de polícia e amigo pessoal Kin'ya Fujita, de Osaka.

30

Edifício da Dieta, a sede do Parlamento japonês.

sidade de Harvard e antigo embaixador no Japão, diz que seu isolamento geográfico não impediu de mostrar traços distintivos de cultura, e acrescenta:

"Tomemos, por exemplo, coisas tão básicas como a arquitetura doméstica e a maneira pela qual os japoneses vivem em casa. As esteiras de espessa palha no chão, as janelas de papel que se deslocam em lugar das paredes internas, a estrutura aberta, arejada, de toda a casa, o recesso para objetos de arte, o braseiro de carvão vegetal, a tina de banho, em madeira e ferro, tão peculiar, e o lugar para o banho no dia-a-dia, como meio de repouso ao fim de uma jornada de trabalho, no inverno, a fim de restaurar a sensação de tepidez e bem estar – tudo isso e muitos outros aspectos simples, porém fundamentais, do lar e do cotidiano das pessoas são exclusivos do Japão e constituem mostras de uma cultura extremamente distinta, e não de simples imitação."

Desse modo, em meados do século XIX, o Japão pôde responder ao desafio das potências européias, que tinham feito sua Revolução Industrial, de forma muito diferente da China e seus satélites culturais, como Coréia e Vietnã, e se tornou a única nação não-ocidental a conseguir a modernização e industrialização antes de 1945.

O primeiro contato dos japoneses com os ocidentais ocorreu nos séculos XVI e XVII, através da entrada no país de missões católicas, sobretudo jesuítas, e comerciantes portugueses, espanhóis, holandeses e ingleses. Era a época das guerras civis (1467-1603) no território nipônico e das atividades comerciais do Japão na China e no Sudeste Asiático.

Os japoneses aprenderam rapidamente a arte de construir armas de fogo, navios para viagens de longo curso e a ciência da navegação nos oceanos. Mas o xogunato de Tokugawa, estabelecido em 1603, tendo unificado todo o Japão, deu prioridade política à segurança interna e proibiu o cristianismo, suspeito de ser a vanguarda das potências coloniais e inspirador das revoltas dos dissidentes políticos.

Em 1639, a fim de expulsar por completo o cristianismo, fechou as portas do país ao estrangeiro, com exceção dos holandeses e chineses, a quem se permitia entrar no porto de Nagasaki, sob estritas condições, para fazer o comércio. Quaisquer outros estrangeiros, mesmo quando forçados por tufões a buscar abrigo na costa japonesa, eram passados pelas armas. Popularizou-se a exortação *"Honrar o imperador, expulsar os bárbaros"*.

O isolamento deixou o Japão em grande atraso, sobretudo no terreno militar, em fase das nações ocidentais. Os japoneses compreenderam isso quando uma esquadra britânica bombardeou Kagoshima, capital de Satsuma, em 1863, como represália pela morte de um inglês por indisciplinados guerreiros de Satsuma. No ano seguinte,

Foto durante a 2ª Guerra Mundial. O Fundador que tinha muitos alunos e amigos militares foi convidado especial para visitar a base de guerra Mikasa, por volta de 1941. Nesta época tinha 57 anos.

navios de guerra americanos, ingleses, franceses e holandeses bombardearam Shimonoseki em represália pelo ataque de Choshu a navios mercantes ocidentais. Os jovens aristocratas de Satsuma e Choshu viram como seus domínios se achavam desamparados em face do poderio naval ocidental, e empreenderam a modernização de suas forças de terra e mar. Os altos burocratas chineses, que detinham o poder no sistema dinástico, não se sentiram pessoalmente atingidos, no caso de derrota militar da China pelos "bárbaros ocidentais". Essa deve ter sido a reação em 1839-1842 e em 1856, quando seu país foi subjugado e humilhado pela Inglaterra, e logo depois pela França nas duas guerras do ópio, forçado a fazer-lhe vexatórias concessões.

Os samurai japoneses, ao contrário, reconhecendo o atraso em que se achavam perante a tecnologia militar ocidental e considerando-se responsáveis pela defesa da independência nacional, voltaram-se para o *Rangaku* – aprendizado do holandês e, através desta língua, estudo da ciência, da tecnologia e dos conhecimentos do Ocidente. Isso se tornou a prioridade nacional entre 1854 e 1868.

Recorde-se que, no século XII, estabeleceu-se no Japão a dualidade de poderes. Paralelamente ao governo imperial de Kyoto, já debilitado, e constituiu-se em Kamakura, na parte oriental do país, um xogunato – governo militar dos samurai, conhecido como *Bakufu*. Assim, em vez da administração centralizada, um sistema feudal, com distribuição regional de poderes, através dos *Daimyo*.

Apesar dessa dispersão política, o Japão conseguiu repelir uma invasão dos mongóis, no século XIII. E as revoltas internas, que chegaram a durar dois séculos, terminaram com a dominação do xogunato dos Tokagawa, no século XVII. Utilizando as armas de fogo provenientes da Europa e a técnica de edificação de castelos, com fossos profundos, altos muros de pedra, torres elevadas, o *Bakufu* dos Tokugawa venceu os cerca de 250 *Daimyo*, unificou o Japão e o isolou do resto do mundo. Esse isolamento era chamado de *Sakoku*.

Em 1867, o jovem imperador Mutsuhito, com apenas 15 anos de idade, assumiu oficialmente a chefia do governo, do qual foi alijado Tokugawa. No ano seguinte iniciou-se a Era Meiji, com o imperador orientado por um grupo de estadistas.

A família imperial. Da esquerda para a direita: imperador Hirohito, princípe-herdeiro Akihito, princesa Michiko e a imperatriz Nagako.

A era Meiji (1868-1912) representa um dos períodos mais notáveis da história das nações. Sob o reinado do imperador Meiji, o Japão realizou em apenas algumas décadas o que levou séculos para se desenvolver no Ocidente - a criação de uma nação moderna com indústrias modernas, instituições políticas modernas e um modelo moderno de sociedade. Nos primeiros anos de seu reinado, o imperador Meiji transferiu a capital imperial de Kyoto para Edo, sede do governo feudal anterior. A cidade foi rebatizada de Tóquio, que significa "Capital Oriental". Foi promulgada uma Constituição, que estabelecia um gabinete e uma legislatura bicameral. Foram abolidas as velhas classes nas quais a sociedade havia sido dividida durante a era feudal. O país inteiro lançou-se, com energia e entusiasmo, ao estudo e adoção da moderna civilização ocidental.

A Restauração Meiji assemelhou-se ao rompimento de um dique atrás do qual haviam se acumulado as energias e forças de séculos. A onda e o fermento provocados pela súbita liberação dessas energias se fizeram sentir no exterior. Antes do final do século XIX, o país envolveu-se na Guerra Sino-Japonesa de 1894-95, que terminou com a

Acima o imperador Hirohito e o Chefe do Gabinete Militar, General Hideki Tojo. Recentemente o autor descobriu que há fortes suspeitas de que foi ele quem ordenou o ataque a Pearl Harbour, Tojo havia sido também aluno do Fundador no tempo do Aiki Budô. Perdendo a Guerra ele foi enforcado pelos americanos. Na opinião do autor ele era um grande patriota, embora não concordando com sua belicosidade. Tivessem os japoneses ganho a Guerra, certamente ele seria um herói.

Imperador Hirohito em trajes xintoístas que decidiu renunciar à sua divindade.

vitória do Japão. Uma das conseqüências da guerra, por parte do Japão, foi a separação de Taiwan da China. Dez anos depois, na Guerra Russo-Japonesa de 1904-05, o Japão saiu vitorioso mais uma vez, conquistando a ilha Sakalina do Sul, que havia sido cedida à Rússia em 1875 em troca das Ilhas Kurilas, e teve reconhecido seu interesse especial na Manchúria. Após ter excluído outras potências de exercer qualquer influência sobre a Coréia, o Japão primeiro tornou a Coréia seu protetorado em 1905 e depois anexou-a em 1910.

O imperador Meiji, cujo governo ilustrado e construtivo ajudou a conduzir a nação durante as décadas dinâmicas de transformação, morreu um 1912, antes da eclosão da Primeira Guerra Mundial. No final dessa guerra, na qual o Japão entrou sob as clausulas da Aliança Anglo-Japonesa de 1902, o país foi reconhecido como uma das grandes potências do mundo. O imperador Taisho, que sucedeu o imperador Meiji, foi sucedido, por seu turno, pelo imperador Hirohito em 1926, e começou a era Showa.

Essa era iniciou-se em uma atmosfera promissora. As indústrias da nação continuavam a crescer e a vida política parecia estar bem enraizada no governo parlamentar. Entretanto, novos fatores começavam a exercer uma influência perturbadora. A depressão mundial desestabilizou a vida econômica da nação. Enfraqueceu a confiança do povo nos partidos políticos após a exposição de uma série de escândalos. Extremistas exploraram a situação e a facção militar aproveitou a oportunidade oferecida então pela confusão do momento. A influência dos partidos políticos caiu verticalmente. Após o Incidente de Lugouqiao, que levou à eclosão da guerra com a China, os partidos foram forçados a se unir em torno de uma plataforma única de cooperação no esforço de guerra. No final, eles foram dissolvidos e em seu lugar foi montado um partido de unidade nacional. Com as funções da Dieta reduzidas a pouco mais do que as de uma marionete, não poderia haver nenhuma obstrução parlamentar à corrente dos acontecimentos, que finalmente levou à

Foto da visita do rei da Mongólia ao Templo das Artes do Imperador. Ueshiba está no canto direito. (1940)

Foto na época da guerra usando o uniforme militar típico, provavelmente devido à organização paramilitar formado pela Oomoto Kyo.

eclosão da Guerra do Pacífico, em 1941.

Efetivamente, em 1876 as grandes potências já haviam repartido entre si o mundo subdesenvolvido, ocupando 100% do território da Austrália, 56,8% da Polinésia, 51,5% da Ásia, 27,5% da América e 10,8% da África. Em 1900 essa ocupação apresentava os seguintes índices: Austrália, 100%; Polinésia, 98%; África, 90,4%; Ásia, 56,6% e América, 27,2%.

Naquele ano de 1876, a Inglaterra ocupava um território colonial de 22,5 milhões de quilômetros quadrados. A Rússia, 17 milhões de quilômetros quadrados e a França, 900 mil quilômetros quadrados. A Alemanha, os Estados Unidos e o Japão não tinham colônias. Somem-se a isso as duas visitas, sem convite, de uma expedição naval norte-americana, sob o comando do comodoro Matthew C. Perry, ao porto japonês de Uraga (1853-1854), e se compreenderá melhor a preocupação japonesa.

Sob o signo de "*Fukoku Kyohei*", isto é, "um país rico, um forte exército", desenvolveu-se o Japão. Inicialmente, o Estado não só dava subsídios aos particulares que se lançavam no caminho da industrialização, como também ele próprio fundava empresas. Na década de 70, construiu a primeira ferrovia, ligando Tóquio ao porto de Yokohama; em 1872, criou empresas telegráficas, abriu novas minas de carvão, fundou estações experimentais agrícolas, fábricas-modelo de cimento, papel, vidro, estaleiros navais e fundições de ferro, além de importar equipamentos estrangeiros e técnicos para mecanização das produções de seda e tecidos de algodão.

Em 1896 o governo criou a siderúrgica Yawata Iron Works sobretudo por razões militares. Várias empresas particulares foram depois estimuladas a produzir aço e ferro, mediante subsídios, tarifas protecionistas, isenções de pagamento de renda por muitos anos etc. Mas a Yawata Iron Works continuou, até 1933, a produzir 60% de todo o ferro-gusa do país. Em 1934, fundiu-se com seis consórcios, formando a Japan Iron Manufacturing Company, com o capital social de 360 milhões de ienes, dos quais 284 milhões pertenciam ao Estado. Essa empresa produzia mais da metade do aço e quase todo o ferro-gusa do país.

A presença estatal na siderúrgica era conseqüência de evidente interesse militar, pois o governo preferia ir transferindo à iniciativa privada seus empreendimentos econômicos e ir atraindo particulares para as atividades industriais e financeiras. Assim, a família Mitsui, dona de uma agência financeira no período Tokugawa, ganhou imensa fortuna atuando, na Era Meiji, em assuntos monetários do governo. Em 1876 fundou o Banco Mitsui, com depósito superior a 9 milhões de ienes, metade do governo, e 2,2 milhões de pesos de prata mexicanos.

Yataro Iwasaki fundou a Casa Comercial Mitsubishi com os navios que o governo lhe doou. Yataro (1834-1885), ex-vassalo do senhorio de Tosa, obtivera o monopólio do transporte durante a expedição contra Formosa em 1874. A ele foram encomendados os treze navios do governo que participaram da expedição, finda a qual continuaram em mãos dele. Praticamente uma doação.

Influenciado pelo Ocidente, no século XIX, sobre os méritos da iniciativa privada, o Estado vendia suas propriedades a preço baixos, para atrair compradores. Elas foram adquiridas por grandes capitalistas que gozavam dos favores oficiais e se mostravam bons administradores. Em 1880 promulgou-se um decreto sobre a venda de propriedade do governo, o que acelerou a privatização das empresas. Antes, em 1870, a mina de carvão de Takashima tinha sido vendida pelo preço nominal a Shojiro Goto (1838-1897), outro ex-vassalo do senhorio de Tosa. Pouco depois era revendida à Mitsubishi. As onze principais empresas estatais foram assim transferidas para o domínio de Mitsui, Mitsubishi, Kawasaki, Furukawa e Asano.

De todo modo, Japão, Alemanha e mesmo os EUA chegaram atrasados na divisão de colônias e esferas de influência. É certo que os EUA, à semelhança da Rússia, expandiram-se principalmente à custa de vizinhos, que iam incorporando a seu território, mediante pressões, compra ou guerra de conquista. Mas o fato é que, em 1924, quando eclodiu a Primeira Guerra Mundial, a Inglaterra se expandia por um território colonial de 33,5 milhões de quilômetros quadrados, onde o sol nunca se punha e onde havia 393,5 milhões de habitantes. A Rússia ocupava 17,4 milhões de quilômetros quadrados, com 33,2 milhões de habitantes; a França se estendia por 10,6 milhões de quilômetros quadrados, com 55,5 milhões de pessoas.

Dos adventícios, registra-se a Alemanha, que já tinha avançado sobre a África, ocupando 2,9 milhões de quilômetros quadrados, com 12,3 milhões de habitantes; os EUA com 300 mil quilômetros quadrados e 9,7 milhões de habitantes; e o Japão, com igual área, 300 mil quilômetros quadrados e 19,2 milhões de habitantes. Evidentemente esse desequilíbrio não despertava o conformismo das potências imperialistas menos aquinhoadas. Era fatal que tratassem de uma redistribuição, a ferro e fogo, mediante escaramuças, guerras locais e finalmente guerras mundiais.

Mesmo antes, em 1874, como já se mencionou, os japoneses enviaram uma expedição punitiva à Ilha Formosa, dependente da China, para castigar nativos que tinham assassinado marinheiros vindos das Ilhas Ryukyu. Os chineses foram forçados a pagar uma indenização, reconhecendo assim a reivindicação nipônica de plena soberania sobre as Ryukyu.

Dois anos mais tarde, mediante uma demonstração naval de força, obrigou o rei da Coréia a abrir as portas do país ao intercâmbio com o estrangeiro e assinar um tratado concedendo privilégios especiais aos japoneses. Em 1894, o Japão provocou uma guerra com a Chi-

Foto do Fundador de uniforme militar com seus alunos em frente o templo Maisho Koku Shimbuden em 1942 com 59 anos de idade.

Na foto o Fundador recebendo o apoio do Almirante Takeshita que com sua ajuda permitiu que a escola do Fundador então um Dojo provincial se tornasse uma escola nacional.

na sobre o controle da Coréia. Os japoneses conquistaram facilmente a Coréia, destruíram as forças navais chinesas, invadiram o sul da Manchúria e capturaram o porto de Wei-haiwei no próprio território chinês. No Tratado de Paz, em 1895, a China concordou em pagar grande indenização ao Japão, reconhecendo a completa independência da Coréia e cedendo aos japoneses a rica Ilha de Formosa e as estratégicas Ilhas dos Pescadores, entre Formosa e a costa chinesa, e a Península de Liaotung na ponta meridional da Manchúria.

Por outro lado, entre 1894 e 1899, foram abolidos os direitos de extraterritorialidade das potências ocidentais de ter os seus cidadãos julgados por elas próprias, na Ásia, e não pelas leis nativas. O Japão foi o primeiro país asiático a se libertar da extraterritorialidade. E em 1911 recuperou a autonomia tarifária, de que não gozava desde os tempos do regime Tokugawa. As potências ocidentais, vendo no Japão um concorrente cada vez mais forte, obrigaram-no a devolver à China a Península de Liaotung, embora elas próprias, em 1898, abocanhassem pedaços do território chinês. A própria Península de Liaotung, devolvida pelos japoneses, foi tomada pelos russos, com a fortaleza de Port Arthur. Eles obtiveram também a concessão para construir ferrovias em território chinês, estendendo uma linha norte da Manchúria e enviando tropas para defendê-la. Em seguida a Manchúria do norte foi ocupada militarmente pelos russos, que pouco a pouco se aproximavam da Coréia.

Nesses avanços, o governo do Czar chocou-se com os interesses japoneses, que tinham pretensões, como se viu, sobre a Coréia e a Manchúria. O desdobramento da situação levou ao ataque nipônico à fortaleza de Port Arthur, então em mãos dos russos, em janeiro de 1904, sem declaração de guerra. A frota russa, que guarnecia o porto, sofreu duras perdas. Assim começou o conflito nipo-russo no qual o Fundador do Aikido participou lutando bravamente.

O Exército czarista, mal-armado e mal-instruído, num país sacudido pela primeira revolução soviética, sofria uma derrota após outra. Os japoneses cercaram e logo tomaram a fortaleza de Port Arthur. Depois de infligir sucessivas derrotas ao Exército czarista, destroçaram-no perto de Mukden. De seus 300 mil homens, contaram-se 120 mil baixas, entre mortos, feridos e prisioneiros. Pouco depois sobreveio o desastre da frota russa no Estreito de Tsushima. Enviada do Mar Báltico em socorro de Port Arthur, sofreu uma catástrofe: das 22 belonaves, treze foram postas a pique e destruídas, e quatro caíram em mãos dos japoneses.

A Rússia teve de firmar, em 1905, uma paz ignominiosa, cedendo ao Japão metade da Ilha Sakhalina e Port Arthur. Em 1906 o governo japonês fundou a ferrovia do sul da Manchúria, e em 1910 anexou a Coréia. Em 1911, estabeleceu novo tratado de comércio com a Inglaterra, a Alemanha e os EUA. Em 1912, o imperador Meiji faleceu, subindo ao trono o imperador Yoshihito, que inaugurou a Era Taisho.

Em 1914, o Japão participou da Primeira Guerra Mundial, tomando posição contra a Alemanha, ao lado da Inglaterra.

Sem maiores interesses na Europa, o Japão aproveitou o conflito para se apropriar das colônias germânicas no Oriente – Tsingtao, na China, e as ilhas Marianas, Carolinas e Marshall, no Pacífico norte, as quais foram, mais tarde, no Tratado de Paz, deixadas com os japoneses, sob mandato. Enquanto o resto do mundo se preocupava com a Europa, o Japão tratava de obter mais concessões da China, apresentando-lhe, em 1915, as "21 Reivindicações", que teriam praticamente convertido esse país em colônia nipônica.

O governo republicano chinês resistiu às mais drásticas das exigências, mas mesmo assim o Japão conseguiu concessões econômicas valiosas durante os anos de guerra. A situação bélica interrompeu o contato dos cotonifícios ingleses e fábricas do continente europeu com os mercados da Ásia. Os homens de negócios japoneses aproveitaram para penetrar em mercados que até então eram exclusivos dos europeus.

A guerra trouxe ao Japão uma prosperidade sem precedente e um prestígio político que corria paralelo à expansão de seu império. Na Conferência de Paz de Versalhes, em 1919, tomou assento à mesa como um dos Cinco Grandes, e foi reconhecido como potência militar e industrial. No Conselho da Liga das Nações, ali criada, passou a ocupar um lugar de membro permanente. Apenas, devido à intransigência do representante da Austrália, Mr. Hugles, a delegação japonesa não conseguiu introduzir no texto do documento da Liga uma declaração do princípio de igualdade racial.

Ainda no verão de 1918, o Japão embarcou numa aventura militar, com a intervenção na bacia do Rio Amur, conhecida como expedição siberiana. Os líderes civis e militares nipônicos, interessados na China e na Sibéria oriental, viam com preocupação que os bolcheviques, tendo tomado o poder na Rússia, ficavam mais próximos da Manchúria e da Coréia. Além disso, já no outono de 1917 circulou a informação de que o governo provisório russo tinha consentido em abrir aos investimentos norte-americanos as áreas da Província Marítima, da península de Kamchatka e da Ilha Sakhalina. Os japoneses achavam que, se os russos permitiam a estrangeiros a exploração econômica de territórios no Extremo Oriente, eles deviam ser os primeiros, até por questão de proximidade, a penetrar nesse campo. Mas o governo receava despertar animosidade nos EUA com uma ação unilateral, e um dos principais partidos da Dieta (Parlamento), o Kenseikai, se opôs à intervenção.

Por fim, o Japão foi convidado a fazer parte de uma ação coletiva de forças aliadas – Inglaterra e EUA, das quais era de longe o maior participante – com a finalidade de resgatar tropas tchecoslovacas em dificuldades ao longo da Estrada de Ferro Transiberiana, dos Urais ao Oceano Pacífico. Mas os tchecos se safaram por seus próprios meios, e os

Foto do Fundador com 50 anos e os soldados subordinados do Almirante Takeshita.

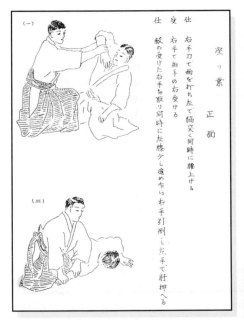

Página original do livro "Budo Renshu" quando inicia a exposição das técnicas. Ele foi escrito em 1933 e distribuído apenas para os alunos mais próximos do Fundador na época. Posteriormente foi feita uma tradução para o inglês. A técnica demonstrada é Ikyo e Ô Sensei diz que a primeira coisa que a pessoa que defende deve fazer é aplicar um atemi para que o atacante bloqueie e a técnica possa ser iniciada. Em seguida o Fundador recomenda um segundo atemi na lateral do corpo. Muitos praticantes atuais pensam que Aikido é uma técnica apenas defensiva, passiva. Quem pensa assim ainda não entendeu a essência desta arte. Aikido busca a harmonia e para realizar tal mister ora apresenta uma ação passiva, "Yin", ora ativa, "Yang", conforme necessário. O Fundador esotericamente dizia: "Se o inimigo ataca com fogo responda com água. Se ataca com água, use o fogo."

Takako Kunigoshi executando técnica em Shigemi Yonekawa em 1935. Ela foi a aluna do Fundador que fez desenhos acima para memorizar as técnicas que este gostou e acabou sendo o seu primeiro livro chamado "Budô Renshu".

contingentes japoneses permaneceram em solo russo até 1922, muito depois que as outras tropas estrangeiras haviam evacuado a Sibéria, e continuaram no norte de Sakhalina até 1925. Em certos momentos, envolveram-se mesmo na guerra civil russa, ajudando líderes cossacos. A nação estava dividida, porém, entre os que apoiavam o expansionismo militar e os que aspiravam a um desenvolvimento pacífico, através do intercâmbio comercial com outros países.

A vitória das principais democracias ocidentais – Grã-Bretanha, França e EUA – na guerra de 1914-1918, de que tanto se beneficiou o Japão, muito influiu na mentalidade dos homens de negócios nipônicos. Agora prefeririam um regime político mais aberto e se manifestavam contra os altos impostos para financiar os orçamentos naval e militar. Tendia a crer que seria mais vantajoso obter concessões no estrangeiro por meios diplomáticos e expandir a economia mediante as exportações comerciais do que prosseguir na expansão colonial por meio da guerra e das conquistas territoriais.

Já vimos que em 1922 o Japão retirou da Sibéria seus derradeiros contigentes. No inverno de 1921-1922, na Conferência de Washington, concordou com os EUA e as principais potências européias em reconhecer a integridade territorial da China e renunciar à política de tirar fatias do "melão chinês". Também concordou com os demais membros dos Cinco. Grandes em limitar suas respectivas forças navais. A proporção em navios de linha ficou estabelecida assim: cinco para a Inglaterra e os EUA, três para o Japão e 1,67 para a França e a Itália. Essa proporção daria ao Japão a definitiva supremacia dentro de suas próprias águas, mas confinava sua frota ao Pacífico ocidental.

Os líderes econômicos japoneses preconizaram, pois, a suspensão do expansionismo colonial e proclamaram o direito de limitar e mesmo reduzir o estabelecimento militar nacional. Mas, de 1927 a 1929, o gabinete do barão Tanaka, general do Exército e líder do partido Seiyukai, procurou reverter essa tendência. Usou tropas japonesas no norte da China para bloquear o avanço do novo governo nacionalista chinês: contudo, acabou tendo de retirar essas tropas. Seus sucessores voltaram à política da diplomacia e da expansão comercial.

A seguinte década de 30 experimentou uma reviravolta na vida do Japão. Os governantes civis e os líderes econômicos, interessados na via pacífica do desenvolvimento, foram sendo superados pelos fanáticos nacionalistas e militaristas.

O mundo marchava para uma crise de vastas proporções, desencadeada com a Grande depressão de 1929 nos EUA, tendo como epicentro o *crash* na Bolsa de Nova Iork. Os mercados estrangeiros do Japão foram drasticamente reduzidos, enquanto a população – de apenas 30 milhões no início da era Meiji, em 1868 – chegava a 65 milhões em 1930. Os problemas em geral se agravavam. E os grupos terroristas nipônicos achavam que eles poderiam ser resolvidos através das guerras de conquistas, como no passado recente.

Toda uma população dedicada ao culto à personalidade do imperador, considerando uma glória morrer por ele, uma oficialidade militar e naval inconformada com a prevalência dos civis na vida pública, inclusive dos comerciantes (que eram a camada mais baixa da sociedade, no regime feudal, acima apenas dos intocáveis *eta* e *hinin*), tudo isso se conjugava para favorecer os partidários do uso da força. A tentação totalitária se expressava de vários modos, inclusive na criação de um corpo especial de polícia, já em 1928, sob as leis de preservação da paz para descobrir "pensamentos perigosos".

Os movimentos fascista, hitlerista e bolchevique, na Itália, Alemanha e URSS, além de outros países, se incumbiram de detratar as democracias liberais como superadas, fracas, apodrecidas. Na Itália e na URSS, onde regimes totalitários já se achavam no poder, a iniciativa privada ou ficava subordinada ao estado ou ia sendo liquidada. Também no Japão, que no início da Era Meiji construía fábricas e usinas e as transferia a preços módicos a empresários particulares, o capitalismo de Estado, no sentido da propriedade pública, foi se reanimando.

O recenseamento da riqueza nacional em 1930 indicava que os governos federal e províncias tinham propriedades avaliadas em apenas 18 bilhões de ienes, em proporção semelhante à dos EUA. E 40% do total dessas propriedades públicas constituíam em terras e florestas, e o restante, em edifícios públicos, navios e a ferrovia.

Mas, com o irrompimento das hostilidades sino-japonesas em 1937, o Estado começou a investir amplamente e a intervir diretamente no controle da empresa industrial. Dezenas de companhias foram fundadas, e em fins de 1938 o Ministério das Finanças tinha participação acionária em cerca de uma dúzia de companhias comerciais e industriais, somando um bilhão de ienes. Eram companhias *holdings* que controlavam, além da Japan Iron Manufacturing Company, a estrada de ferro da Manchúria

40

Em 1946 foi promulgada a nova constituição e o Japão iniciou a sua marcha rumo à democratização, é claro, sob o olhar vigilante das tropas americanas de Ocupação.

(South Manchuria Railway) e outras formadas para explorar os recursos dessa região e da China do norte.

Em meio a tudo isso, os militares tomaram os freios nos dentes. O ponto de retorno entre a tendência liberalizante da década de 20 e o curso reacionário dos anos 30 aconteceu logo em 1931, quando algumas forças militares, sem aprovação ou sequer conhecimento do governo civil, iniciaram sua guerra particular de expansão territorial. Em setembro, unidades do exército nipônico estacionadas na Manchúria para proteger a estrada de ferro e outros interesses japoneses ocuparam toda a Manchúria, com o pífio pretexto de que tropas chinesas tinham tentado bombardear a ferrovia. Enquanto isso, forças navais nipônicas desembarcavam em Shangai, na China central. Após uma luta sangrenta, apossaram-se de partes dessa cidade-chave e de alguns territórios em redor. Nos começos de 1932, a Manchúria foi transformada no Estado-fantoche do "Mandchukuo". A Liga das Nações e os EUA viram com profundo desagrado essa brusca agressão militar. Mas não foram além das manifestações verbais. Em resposta às críticas, o Japão se retirou da Liga das Nações. O Exército sentiu suas teses coroadas de êxito. A um pequeno custo militar, e com perda temporária de exportações para a China, devido a boicotes, o Exército acabou colocando sob o controle do Japão uma vasta área, rica em recursos naturais e habitada por 30 milhões de laboriosos chineses. Era parte da criação de um império econômico autossuficiente, capaz de tornar o Japão invulnerável a um ataque econômico ou militar. O êxito de tal empreendimento desarmou os críticos do militarismo. E o governo minimizou o acontecimento, denominando a conquista de "incidente mandchuriano".

Os militares e ultranacionalistas proclamaram que os militares, e não o governo civil, representavam a verdadeira vontade imperial. Já então o Exército e a Marinha mantinham considerável independência em face do Gabinete. Com base numa

41

Ô Sensei e sua esposa Hatsu em Iwama por volta de 1960.

decisão tomada em 1895 e sancionada pelo imperador em 1900, exigiam que os ministros dessas duas forças fossem oficiais superiores da ativa, sujeitos à disciplina e só nomeados com aprovação do alto comando da respectiva Força. Isso permitia às Forças Armadas derrubar Gabinetes ou impedir que um líder que não fosse do seu agrado assumisse o cargo de primeiro-ministro, simplesmente recusando que oficiais qualificados aceitassem pastas no governo. Essa norma foi abolida muitos anos depois, mas voltou a vigorar em 1936, quando os militares se achavam em marcha batida para o assalto ao poder. O primeiro-ministro Tsuyoshi Inukai, que tomou posse em dezembro de 1931, tentou usar o prestígio da Casa Imperial para barrar o avanço dos militares. Mas Hirohito, que assumiu o trono em 1926, dando ao seu reino o título de Era Showa (Paz Luminosa), não revelou personalidade forte, comando firme para enquadrar as Forças Armadas e conduzir o país por um caminho pacífico e luminoso. Os conselheiros da Corte, por seu lado, temiam concitá-lo a uma atitude de confronto com os chefes militares, na suposição de que eles pudessem até destroná-lo.

Hirohito (1901-1989) visitou a Europa em 1921, tornando-se o primeiro príncipe herdeiro a viajar para o exterior. Desde cedo, à semelhança de nosso imperador Pedro II, adquiriu um *hobby* científico. Revelou bastante interesse pela biologia marinha, tema de numerosos escritos seus. Com essa personalidade, não era de esperar que conseguisse disciplinar os militares, os quais passaram a dominar a vida do Japão, a partir da década de 30.

Em 1932, oficiais da Marinha colocaram-se na vanguarda das ações extremistas, e no mês de maio o premiê Inukai foi assassinado em meio a um ataque terrorista. O objetivo maior era a proclamação da lei marcial, que não foi alcançado. Mas o Exército logo anunciou que não aceitaria um gabinete chefiado por líder partidário. Para contornar a situação, o príncipe Saionji sugeriu o nome de um almirante da reserva, Makoto Saito, para primeiro-ministro. O Parlamento, acuado, converteu-se em mero clube de debates. A pregação doutrinária de sentido imperialista e militarista intensificou-se. Um general de nome Araki e seus colegas falavam em "crise nacional", dando a entender que a guerra era iminente e despertando o fervor nacionalista do povo. Estimulava-se o preconceito contra os estrangeiros, apontando todos eles como possíveis espiões.

O velho ódio contra a Rússia começou a ser dirigido também contra ingleses e norte-americanos. Na década anterior, uma lei do Congresso dos EUA proibiu a imigração de japoneses e outros asiáticos, por motivos raciais. O episódio, sem dúvida revoltante, era invocado com freqüência. Ao mesmo tempo, os líderes japoneses condenavam a existência de colônias asiáticas em mãos de potências européias, e falavam em libertá-las da opressão da raça branca.

Dentro do país, as coisas que não eram do agrado dos militares passaram a ser qualificadas de antijaponesas e, em alguns casos, reprimidas. Salões de dança, golfe e outros esportes de origem ocidental, tudo era condenado, enquanto os sinais e avisos de tráfico e de ferrovias, habitualmente bilíngües, foram refeitos, com a supressão das indicações em inglês.

Os militaristas incitaram também uma campanha de caça às bruxas, atingindo todas as pessoas que, por palavras ou atos, fossem interpretadas como culpadas de lesa-majestade. Educadores liberais foram forçados a renunciar, e estadistas alijados da vida pública. Até as duas grandes universidades imperiais, a de Tóquio e a de Kyoto, que sempre gozaram de elevado prestígio e liberdade acadêmica, foram condenadas por abrigar professores "vermelhos" e submetidas a expurgos. Em 1933 um grupo de professores liberais foi afastado da faculdade de Direito de Kyoto, e dois anos mais tarde o professor Tatsukushi Mínobe, grande autoridade em direito constitucional e membro da Câmara dos Nobres, foi forçado a se aposentar da Universidade de Tóquio, em condições desonrosas, por haver descrito o imperador como "órgão" do Estado, quando o imperador era tido antes como a corporificação divina do estado. Foi neste clima, que a religião *Oomoto* praticada pelo Fundador, foi perseguida, e teve seus templos queimados e seus líderes presos e perseguidos.

Os ultranacionalistas exploravam em todos os detalhes qualquer deslize ou exemplo de corrupção no Parlamento, amplificando os escândalos para desacreditar o governo democrático. Mesmo assim, nas eleições gerais de fevereiro de 1936, o eleitorado apoiou os candidatos mais liberais, indicando forte suporte ao governo parlamentar. Militares extremistas, desesperados com esse resultado, apelaram para o banditismo. Na madrugada de 26 de fevereiro, um grupo de jovens oficiais de um regimento de Tóquio, que estava de partida para a Manchúria, revoltou-se. À frente de soldados bem armados, penetrou na casa de líderes políticos e os massacrou. O príncipe Saionji escapou à fúria dos assassinos. O premiê Keisuke Okada também, porque os assassinos atiraram, por equívoco, em seu cunhado. Mas o general Watanabe,

Logo depois da guerra, Hikitsuchi Sensei conta que um dia atendeu ao telefone. Era o Fundador que disse: "Venha comigo, criei um novo Budô para trazer conciliação e harmonia." A arte espiritual do Aikido, amadurecida pela experiência do Fundador com os horrores da guerra, estava pronta para ser ensinada ao mundo como uma ponte para o mundo espiritual, um caminho de paz e iluminação.

inspetor-geral de educação militar, Takanashi, o venerável e competente ministro da fazenda, e o almirante Saito, guardião do Selo Privado e um dos mais próximos conselheiros do imperador, foram todos massacrados. Os conspiradores esperavam apoderar-se do governo e chegaram a manter sob seu domínio o centro de Tóquio, em desafio a todos os pedidos e ameaças. Em poucos dias foram persuadidos a capitular diante da esmagadora superioridade militar das forças fiéis ao trono, que dessa vez atuou com determinação. Os líderes da revolta foram executados, mas pouco a pouco os militaristas e os nacionalistas extremados se aproximavam de sua meta.

Ainda em 1936, o Japão assinou com a Alemanha nacional-socialista um pacto anticomunista, denominado Pacto Anti-Komintern, subscrito no ano seguinte também pela Itália fascista. Estava plantada a semente para o começo da Segunda Guerra Mundial que começou na Europa em setembro de 1939. Em 1940 o Japão instalou em Nankin um governo títere. Em 1941 o general Hideki Tojo tornou-se o primeiro ministro e queria guerra com os EUA por uma questão de prestígio. O Almirante Yamamoto que comandou o ataque a Pearl Harbour queria dissuadi-lo desta ilusão. Acontece que Tojo nunca havia saído do Japão e Yamamoto, que era da marinha, conhecia o mundo e tinha sido adido naval em Washington de 1926 a 1928 e conhecia a riqueza e o poder deste país e sabia que se provocasse os EUA estaria provocando sua própria perda. Mas Tojo, orgulhoso, não se deixou vencer por tais argumentos. Hitler temia os EUA e fazia de tudo para mantê-los fora da guerra, e Roosevelt sabia que se a Europa caísse em mãos totalitárias, no final os EUA teriam o mesmo fim, assim queria entrar na guerra e é bem provável que tenha de certa forma induzido o ataque a Pearl Harbor pelos japoneses.

O resultado é conhecido, e os EUA acabaram ocupando o Japão e impedindo que as artes marciais fossem praticadas, entre elas o Aikido, conforme se contou no primeiro volume desta obra, *"A Teoria"*. O Fundador havia se retirado para Iwama no interior, e deixou nas mãos de seu filho Kishomaru a condução do movimento do Aikido.

Kishomaru, embora jovem, conseguiu com muita habilidade contornar a situação difícil politicamente devido às restrições impostas pelas tropas de ocupação. Principalmente em Tóquio passou a divulgar o Aikido de uma maneira mais suave, juntamente com Kisaburo Osawa e Koichi Tohei, introduzindo modificações nas técnicas e tornando-as mais adaptáveis a todos que desejassem praticá-la, inclusive para pessoas de mais idade, mais como uma prática aparentemente inofensiva e sem aspectos marciais. O autor não tem certeza dos reais motivos, se isto foi feito para ajudar a resolver o problema com os americanos ou se foi porque o Fundador devido a idade treinava de uma forma mais suave, ou se porque, por ser um intelectual, tivesse preferido praticar algo sem muita marcialidade. O fato é que em Tóquio o Aikido passou a ser uma prática mais redonda, mais suave e sem se preocupar muito com a marcialidade, contrariamente ao que ocorria no interior, nos *Dojo* dirigidos pelos alunos diretos do Fundador quando ele era mais jovem, como Saito Sensei, Shirata Sensei, Iwata Sensei, Mochizuki Sensei, Tomiki Sensei e mesmo Shioda Sensei, embora este, no começo da década de 50, abrisse um *Dojo* em Tóquio, apoiado por banqueiros. O maioria dos *Shihan* japoneses que ensinam no Ocidente são da década de 50, exatamente deste período, como Tamura Sensei, Yamada Sensei, Chiba Sensei, Yamaguchi Sensei, Sugano Sensei, Saotome Sensei, Asai Sensei, embora todos eles tenham praticado um pouco com o Fundador, que visitava com freqüência Tóquio e depois retornava para Iwama, sendo que nesta época o Fundador, já com pelo menos 70 anos, provavelmente já havia perdido o vigor marcial. Na prática isto causou uma certa diferença entre os antigos praticantes que teve reflexos na década de 60, 70 e atualmente. Muita gente pensa que o Aikido originalmente era praticado de forma suave, sem preocupações com o aspecto da defesa pessoal. O autor discorda diametralmente desta maneira de pensar, e entende que sem marcialidade, não pode existir efetivo treinamento marcial no Aikido. Existem basicamente dois tipos de Aikido atualmente. Um, que alguns resolverarm chamar de *"Takemussu Aiki"*, que tenta praticar da forma que o Fundador fazia quando era jovem e voltado para os aspectos espirituais, no qual Saito Sensei é a pessoa mais conhecida, embora existam outros mestres famosos conhecidos do público na mesma linha, como Abe Sensei, Isoyama Sensei, Sunadomari Sensei, Hikitsuchi Sensei, e principalmente aqueles que foram alunos diretos do Fundador por mais tempo. Quando o autor visitou Saito Sensei em Iwama este fez severas críticas ao Aikido praticado em Tóquio, dizendo textualmente que Tóquio estaria "matando o Aikido", e disse isto na presença de mais três testemunhas, que ouviram claramente o que traduziu. Na oportunidade, estava o aluno do autor, "Yamadinha", que acompanhava nossa delegação na ocasião, e que hoje dirige o *Dojo* do Instituto Takemussu em Peruíbe, no litoral de São Paulo. Embora se saiba que havia outras razões fora do Aikido que levaram a uma animosidade de Saito Sensei com o *Doshu* Kishomaru, a verdade é que atualmente na maioria dos *Dojo* do Japão que praticam o "Aikido Moderno", se vê pessoas de graus *Nidan* e *Sandan* praticando movimentos com posturas erradas, sem *"Kokyu"* e sem aquela marcialidade que os praticantes de outras artes marciais estão acostumados a ver corriqueiramente. O autor não tem dúvida de que as pessoas que praticam Aikido daquela forma, são incapazes de se defender de um ataque real. Felizmente, o Instituto Takemussu não seguiu esta linha moderna, embora esteja ligado ao Aikikai de Tóquio e seja seu representante oficial. Procuramos praticar a arte, como se disse no prefácio, o mais próximo possível na forma ensinada pelo Fundador do Aikido, dentro da linha tradicional do "*Takemussu Aiki*". Apesar das inúmeras influências de vários mestres sobre o autor, neste particular foi muito importante os três anos e meio que o autor treinou com Massanao Ueno, que viveu no Brasil na década de 80, conforme explicado anteriormente, e que era pastor xintoísta e aluno de Toshinobu Suzuki no Japão, também outro pastor xintoísta, que praticava Takemussu Aikido na sua forma mais pura. Ueno Sensei ensinou Takemussu Aikido para o autor e lhe concedeu o grau de *Nidan* nesta arte, abrindo-lhe os olhos para ver a diferença entre o Aikido moderno e o tradicional. Esta percepção e conhecimento lhe permitiu com o passar dos anos selecionar e escolher aquelas formas de treinamento e técnicas mais herdadas do Aikido do Fundador, que era cheio de *Kokyu* e *Mussubi* (conexão), e posturas impecáveis em termos marciais, separando o "joio do trigo". Devido a ser pastor xintoísta, também Ueno Sensei traduziu para o autor os verdadeiros significados dos termos xintoístas, ensinando-lhe um vocabulário que lhe permitiu entender os textos escritos pelo Fundador muitas vezes incompreensíveis, inclusive para muitos mestres japoneses, que sofreram verdadeira lavagem cerebral das tradições japonesas em busca dos ideais e culturas americanas no pós-guerra. Nesta altura é importante lembrar ao leitor que o Aikikai é uma grande organização que engloba todos estes professores acima citados, de Saito Sensei a Osawa Sensei. Desde praticantes do Aikido moderno, mais suave, até outros muito marciais e fortes como Arikawa Sensei que ainda hoje com mais de 70 anos dá aulas no *Dojo* Central em Tóquio, é ainda temido por todos ao treinar com ele, devido a sua técnica muito poderosa. Outro que ensina no Aikikai e é também bastante marcial é Tada Sensei.

Grupos dissidentes que se separaram do Aikikai procuram atualmente confundir o nome Aikikai com Aikido moderno para desprestigiar a organização dizendo-a patrocinadora de algo não-marcial. Isto é um sofisma. Embora o Aikido moderno seja praticado no Aikikai, muitas escolas que treinam o Aikido tradicional como o *Dojo* de Iwama e o próprio Instituto Takemussu, são filiados a ela, e esta congrega mais de 60% de toda população aikidoísta mundial. É preciso pois ficar claro que Aikikai é uma marca, Aikido Moderno e Aikido Tradicional (*Takemussu Aiki*) são formas, estilos de se praticar o Aikido e que as técnicas e informações que serão apresentadas neste livro, são em sua grande maioria originadas do Takemussu Aiki, o Aikido Tradicional.

Voltando a formação das técnicas do Aikido, como já foi mencionado anteriormente, embora o *Aiki Jujutsu* já existisse em suas origens na família Genji através de Sadazumi Shinnou, o sexto príncipe do Imperador Seiwa e o primeiro filho de Shinnou, Tsunemoto foi quem continuou com a transmissão na família nas gerações sucessivas, mas efetivamente ele se desenvolveu através do trabalho de Yoshimitsu Saburo Shinra, o filho mais jovem de Minamoto no Yoshiie, quando observou como uma aranha capturava um inseto maior que ela em sua teia. Seu filho, Yoshikyo, mudou-se para Takeda na província de Kai, e assim passou a usar o nome de Takeda. E dali por diante a arte passou de geração em geração de forma secreta e nunca ensinada a pessoas fora deste clã. Em 1574, Kunitsugu Takeda estabeleceu-se em Aizu, e assim a arte passou a ser considerada como uma propriedade de Aizu, como "*Aizu Otome Waza*" (técnicas secretas do clã Aizu). Na era Meiji (1868-1912) a última geração da família Takeda, através de Sokaku, decidiu revelar os seus segredos para o público. Dentre os alunos de Takeda, destacaram-se Kodo Horikawa, Takuma Hisa, entre tantos outros, mas o mais famoso foi Morihei Ueshiba, que embora não tenha recebido o *"Menkyo Kaiden"* (proficiência na arte) como Hisa, introduziu uma série de inovações na arte, e inclusive modificando-lhe os objetivos, criando o Aikido em 1942. O Aikido desenvolveu-se rapidamente pelo mundo depois da Segunda Guerra Mundial, e suas técnicas estão baseadas em princípios naturais. Não se puxa ou empurrra o oponente quando ele nos puxa ou empurra, e nem tampouco deve-se forçar qualque movimento que vá contra a intenção ou a força do nosso atacante. Isto significa que quando somos empurrados devemos nos unir com a energia de nosso atacante, agindo na mesma forma quando puxados, e somente depois desta ação, chamada de *"Aiki"* ou *"Kokyu"*, é que devemos iniciar a nossa técnica. A palavra "Aikido", vem do conceito de se unir com a *"Ki"* de nosso atacante, com sua intenção, com sua energia, com seu ponto de vista, e por isto pode ser praticado por todas as pessoas independentemente do tamanho, força, idade ou sexo. Talvez por isto tenha se popularizado tão rapidamente. Entretando, no Aikido não existem competições, as pessoas assumem ora o papel de atacante (Uke) e ora o papel de defensor (Nague). Embora nesta prática exista sempre a possibilidade de surgir o desejo de se ser superior ao outro, devido a uma fraqueza de espírito e ao sentimento de inferioridade que as pessoas têm em maior ou menor grau, deve-se procurar evitar este tipo de disputa, mantendo-se a mente serena e não competitiva para que se possa aprender a técnica. É por isto que o Aikido é conhecido e chamado como um "Caminho que leva à harmonia", pois o objetivo principal não é derrotar o inimigo, mas se harmonizar com ele, somando forças.

O objetivo do Aikido é ensinar a liderar ou ser liderado, mas de forma que em qualquer situação nosso potencial possa ser desenvolvido em harmonia. E paradoxalmente, embora seja uma luta, é no fundo um treinamento para se conseguir a paz. As técnicas do Aikido envolvem aproximadamente 150 técnicas básicas que se combinadas com as posições de pé, *"Tachi Waza"*, sentado, *"Suari Waza"*, de controle, *"Osae Waza"*, de projeção, *"Nague Waza"*, e suas variações, podem chegar a milhares ou ao infinito. No entanto, se o praticante aprender as técnicas básicas, pode fazer qualquer outra técnica que não tenha feito anteriormente visto que são todas derivadas destas bases, *"Kihon Waza"*. Muitos professores japoneses acham que as técnicas do Aikido originaram-se no *Tai Jutsu*. O autor deste livro discorda pois entende que tudo começou com a arte da esgrima, onde desenvolver o máximo a percepção era fundamental e os espadachins perceberam que se pudessem, quando as espadas se tocassem, controlar o *Hara* do adversário devido à conexão, a luta estaria definida neste momento. Por esta razão é que os movimentos do Aikido se baseiam exatamente na forma com que o espadachim se move e maneja seu sabre.

Desde que as técnicas envolvem alongamentos musculares e contrações elas ajudam na saúde e no funcionamento interno dos órgãos e, ao se repetir as técnicas por centenas de vezes durante cada treino, o corpo vai ficando muito forte, mas sem perder a flexibilidade, servindo como prevenção para doenças e aumentando a longevidade. Nas técnicas de Aikido utiliza-se a percepção dos pontos fracos, físicos e psicológicos do atacante, para produzir um máximo de eficiência com um mínimo de esforço. Quando atacamos um ponto fraco psicológico, aproveitamos a sua distração ou lhe causamos uma dor, através de um golpe traumático (*atemi*), e quando atacamos seu ponto fraco físico, provocamos seu desequilíbrio para podermos aplicar uma técnica com maior facilidade visto que nesta situação é difícil uma pessoa resistir a nossa intenção em levá-lo para onde quer. Ao se praticar o Aikido é muito importante se perder aquela necessidade do Ego de se "estar sempre por cima", e não permitir que seu companheiro de treino domine. É através desta troca de posições, ora "vencendo", ora "perdendo", usando uma linguagem imprópria dentro do espírito do Aikido, mas que as pessoas competitivas vão entender, é que os praticantes vão mutuamente se ajudando a aprender as técnicas.

Em um estágio mais à frente é importante aprender a executar os movimentos com o estado mental correto e não perder o equilíbrio enquanto concentrando o corpo, a mente e nossa energia em um só ponto, gerando o *"Kokyu Ryoku"*. É por isto que se diz que através do Aikido pode-se desenvolver um poder espiritual forte, mas ao mesmo tempo capaz de produzir harmonia, e não conflito destrutivo. Neste sentido, a prática correta do Aikido é um poderoso instrumento educativo para ensinar os praticantes a viverem em sociedade de forma que não necessitem renunciar a seus desejos e planos individuais para poderem integrar-se a ela. Pelo contrário, as técnicas do Aikido treinam a mente, as emoções e o corpo a se integrarem no meio ambiente onde estejam vivendo. Ao se iniciar na prática do Aikido tradicional como se ensina no Instituto Takemussu, procura-se primeiramente focalizar no treino sólido, onde os praticantes devem segurar firmemente seus companheiros de treino para que possam aprender a forma correta de mover o corpo. O Aikido moderno tende a permitir que desde o início os praticantes treinem a forma fluida, o *"Ki no Nagare"*, mas isto na visão do autor é um erro, porque treinando apenas da forma fluida o aikidoísta, usando da cooperação de seu parceiro, estará despreparado para enfrentar um atacante feroz e determinado em atingi-lo e dominá-lo. Segundo Saito Sensei que treinou durante 20 anos diretamente com o Fundador, ele afirma que treinar *"Ki no Nagare"* no início era algo não permitido. As pessoas quando praticam a forma sólida aprendem como lidar progressivamente com ataques mais fortes. Se o companheiro de treino não consegue se mover, então deve-se diminuir a força, até chegar em seu limite, e desta forma na medida que ele for conseguindo se mover, gradativamente vai se aumentando a dificuldade. É importante se praticar sempre no limite de cada um. Por esta razão o Uke (parceiro) de treino no Aikido é na verdade o professor, pois é ele que dosa o treino. Quando o Uke ajuda o Nague, ele, embora possa fazer as técnicas fluidas e lindas para a audiência ou para fotos, em nada lhe está ajudando. É por isto que o autor sempre diz em suas aulas: *"Lembrem-se, quem lhe elogia é seu inimigo e quem lhe critica é seu mestre"*. Uma outra grande deficiência que se constata em muito *Dojo* de Aikido em todo o mundo é a falta dos *atemi* (golpes traumáticos) nos pontos vitais (*Kyushu Jutsu*) durante a prática nas aberturas (*Suki*) oferecidas durante execução das técnicas. O *atemi* deve ser usado para enfraquecer ou neutralizar um ataque para criar situações favoráveis na execução da técnica, além de ensinar os praticantes a não permitirem aberturas na guarda. Na visão do Instituto Takemussu, aqueles "professores" que dizem que usar o *atemi* é se estar indo contra o espírito do Aikido, é porque não entenderam os conceitos do Aikido criados por Morihei Ueshiba, que já em 1935 em seu livro *Budo Renshu*, feito com desenhos, mostrava explicitamente que mesmo ao iniciar uma técnica, Nague tem que atacar com um *atemi* a cabeça de Uke, e quando este bloqueia então a técnica nasce. Este ensinamento, na visão do autor, é a chave que muitos praticantes de Aikido desconhecem, e que vem enfraquecendo o Aikido como arte marcial no mundo. "*O Aikido começa onde o Karatê termina*", dizia um antigo mestre de artes marciais que o autor conheceu no Paraná e era amigo de Horiê Sensei (ver volume I desta obra, "*A Teoria*").

Sem o *atemi*, as técnicas básicas de Aikido não fazem sentido e acabam se tornando uma coreografia de uma dança. Que, se faz bem para a saúde por movimentar o corpo, dar flexibilidade e se treinar harmonia, perde totalmente a sua marcialidade, e ao fazer isto, o que é pior, deixa de servir como uma treinamento real para a vida, em suas situações críticas quando nosso adversário quer de todas as formas encontrar um ponto fraco em nossas defesas, sejam elas quais forem, para nos destruir. Segundo Saito Sensei e outros mestres tradicionais, o Fundador do Aikido começava suas aulas sempre com "*Tai no Henka*", e com exercícios de "*Morotetori Kokyu Ho*", e terminava com "*Suari Waza Kokyu Ho*". Este é o padrão recomendado em todos os *Dojo* afiliados ao Instituto Takemussu. A prática de "*Tai No Henka*", constitue a base dos movimentos de "*Tenkan*", principalmente nas técnicas que levam à posição "*Ura*" (atrás), e os dois exercícios de "*Kokyu Ho*" são fundamentais para o desenvolvimento da percepção do "*Kokyu*" e do "*Mussubi*" (união), que ensinam como coordenar todas as partes de nosso corpo em um esforço conjunto e aplicá-las na técnica sobre o atacante, além de se aprender a estender o *Ki* e criar e usar as alavancas corretas em nosso favor, localizando o fulcro e nosso centro de gravidade nos locais corretos. É importante no Aikido abrir e esticar os dedos da mão para estender o *Ki* através dos braços e assim aprender a fazer as técnicas sem usar a força apenas dos ombros, ou dos músculos do braço e antebraço. Ao se abrir as mãos quando agarrados, deixa-se nossos pulsos mais grossos e nos dá uma vantagem deixando-os mais difíceis de agarrar.

Quando treinamos corretamente, o *Ki* desenvolver-se-á naturalmente, embora seja importante na visão do autor treinar os exercícios que Tohei Sensei ensinava de percepção do centro levando em conta seus quatro princípios que aprendeu provavelmente com Tempo Takamura, no *Tempukai*. Treinar o "*Orenaite*" ajuda bastante a aprender a manter o braço conectado com o *Hara*, possibilitando cortar sem usar os ombros, e isto é fundamental para se praticar Aikido de alto nível.

Uma vez que a pessoa aprenda a usar o *Ki*, ele pode ser movido para qualquer lugar do corpo que se deseja, e inclusive para partes do corpo do nosso atacante. O Fundador considerava a prática de *Ikyo* como importante para treinar o movimento do corpo, ensinando "*Ateru*" (pressão), que é fundamental no Aikido e que muitos praticantes não conhecem. Os grandes mestres não usam agarramentos ao executarem suas técnicas mas "*Ateru*". *Nikyo* e *Sankyo* fortalecem os músculos e articulações e ensinam a dirigir o *Ki* de forma espiralítica para fora e para dentro do atacante, possibilitando a aplicação do conceito de "*Meguri*", que junto com "*Ateru*", eram o diferencial que Yamaguchi Sensei fazia, e que o autor veio a compreender bem mais tarde, inspirado nos contatos que teve com Massafumi Sakanashi Sensei. Outro importante conceito no Aikido e no *Budô* já mencionado é "*Namba*", onde o corpo deve ficar sempre de frente e unido, movendo-se o braço e perna do mesmo lado, sempre juntos e o corpo com base e relaxado. Também o praticante de Aikido deve aprender bem como entrar e girar, "*Irimi*" e "*Tenkan*".

Todas as posturas do Aikido devem ser naturais (*Shizentai*), para que também o sejam os movimentos delas decorrentes. A postura natural é simplesmente ficar de pé com o corpo todo confortavelmente equilibrado, e desta forma lhe permitir se mover para qualquer direção. No momento que uma técnica acontece, assume-se a postura de "*Sankakutai*", onde o corpo se torna similar a uma pirâmide de base triangular, e ao girar se transforma em uma esfera.

Morihei Ueshiba desenvolveu o Aikido basicamente dentro do que aprendeu de *Daito Ryu Aiki Jujutsu*, principalmente o princípio do "*Aiki*", incorporando-o em todos os movimentos de sua arte. Os movimentos do Aikido são singulares e podem lembrar o triângulo, o círculo e o quadrado. É preciso se ter em conta que se um método de treinamento estiver errado, mesmo anos de treino não levarão a lugar algum. Não basta apenas praticar os movimentos, é necessário tomar consciência da finalidade para a qual eles são praticados, para isto não basta ficar lendo livros e procurando explicações apenas com os professores. Faz parte do treinamento a cuidadosa observação de como o corpo se move durante as técnicas, e perceber as razões pelas quais se deve agir desta ou daquela forma que elas sugerem. Evidentemente que a percepção da energia "*Ki*" no Aikido é crucial, porque ela é a origem do poder neste caminho marcial. Os japoneses dizem que é muito difícil arranjar uma palavra no Ocidente que possa definir "*Ki*". O autor acha que a melhor explicação verbal para "*Ki*" é: "*a energia ativa, cinética, que faz mover todas as coisas no Universo ou o potencial para este mesmo objetivo.*"

Concluindo esta introdução às técnicas propriamente ditas que virão a seguir, é interessante se ter presente o que o Fundador do Aikido, Morihei Ueshiba, disse em seu livro *Budo Renshu*, sobre o treinamento, para que o leitor tenha em mente quais eram efetivamente as razões que o levaram a sugerir que estas técnicas fossem praticadas:

"Bu" é derivado da própria substância de Deus e é um componente maior espiritual da Verdade, bondade e beleza entre as coisas que foram usadas para fundar o Japão. "Bujutsu" nasceu no Caminho Imperial e tem suas bases na sinceridade expressa pelo "Kotodama", que vem na união ("Aiki") entre o homem e as centenas de deuses ("Kami"). Entretanto a mente sincera que vive com a verdade que nós chamamos o "espírito Yamato" (Yamato Tamashii), pode ser conseguida através do treinamento do corpo. Tentando unir o corpo com este espírito e princípio, cuja unidade é atingida através da sinceridade, é que as artes marciais (bujutsu), têm o seu propósito, procurando formar um homem sincero e verdadeiro, e graças a esta formação não apresenta sequer uma pequena abertura entre o seu corpo, suas ações e seu espírito. Desde que o homem nasce é que vive rodeado de problemas e dificuldades. Entretanto, se você treinar de uma forma que cada encontro, surgido na execução de uma técnica for encarado como uma situação de uma grande crise de vida ou morte, então seu treinamento será um verdadeiro treinamento austero mas transformador (Shugyo).

Após todos estes anos de ensino no Instituto Takemussu, o autor já teve provas suficientes e o acompanhamento de tantos exemplos em centenas de pessoas, que pode afirmar que, quem praticar as técnicas demonstradas nesta obra nos volumes 1 e 2 (*A Teoria* e *A Técnica*) fazendo-as com disciplina e interesse, depois de alguns anos terá recebido enormes benefícios em sua vida, sejam eles físicos, emocionais, mentais ou espirituais e secundariamente terá se tornado um excelente artista marcial.

Aikido - a Arte da Paz

O Aikido foi praticado pelo escritor Paulo Coelho, escritor muito conhecido no Brasil e no mundo e que serve como um bom testemunho para quem conhece suas obras. Abaixo um texto extraído de seu site:

"Das poucas artes marciais que pratiquei em minha vida, a que mais me seduziu foi o Aikido. Criado pelo japonês Morihei Ueshiba (1883-1969), a palavra quer dizer "A arte (ou o caminho) da paz." Lembro-me de passar noites a fio com meus companheiros, aprendendo a lutar de tal maneira que toda a energia negativa do adversário fosse dirigida contra ele mesmo. Ueshiba, que é conhecido pelos praticantes de Aikido como "O Grande Mestre", deixou uma série de práticas filosóficas em suas conferências, poesias e conversas com discípulos; a seguir, alguns de seus principais ensinamentos.

Onde começa a arte da paz - O Aikido

A arte da paz começa em você; trabalhe para conseguir com que ela permaneça ao seu lado. Todo mundo possui um espírito que pode se aperfeiçoar, um corpo que pode ser treinado, e um caminho a seguir.

Você está aqui para cumprir estas três metas, e para isso são necessárias duas coisas: manter a tranqüilidade, e praticar a Arte em cada coisa que fizer. Nenhum de nós precisa de dinheiro, poder ou status para praticar a a Arte; neste exato momento você está com os seus pés no Paraíso, e deve treinar agora.

O Universo e o Homem

Tudo no Universo vem da mesma fonte. Esta fonte, que chamamos de vida, contém o nosso passado, o presente, e o futuro. Na medida que o homem caminha adiante, ele pode desintegrar ou harmonizar a energia vital. O mal nasce no momento em que passamos a acreditar que é apenas nosso aquilo que pertence a todos; isso provoca soberba, desejos inúteis, e raiva. Mas aquele que não é possuído pelas coisas, termina sendo dono de tudo.

O homem e a as oito forças

Para praticar a Arte da Paz, é preciso, em algum momento, mergulhar alternadamente nas oito forças opostas que sustentam o Universo:
Movimento e Inércia
Solidez e Adaptação,
Contração e Distensão,
Unificação e Divisão.
Isso está presente em tudo, da vastidão do espaço à menor das plantas; cada coisa traz em si uma reserva gigantesca da energia universal, que pode ser usada para o bem de todos.

O crescimento constante

A vida é desenvolvimento. Para atingir isso, suba as montanhas altas e desça até os vales profundos de sua alma. Inspire e sinta que está sugando para dentro de si tudo o que existe nos céus e na Terra. Expire e sinta que o ar que sai do seu corpo carrega a semente da fecundidade, e irá fazer a humanidade ser mais verdadeira, melhor, e mais bela.

A respiração infinita

Tudo que existe acima e abaixo, também existe dentro de você. E tudo respira; quando você perceber isso, irá também compreender a Arte da Paz. Aqueles que a praticam, sabem que são guerreiros protetores da Mãe Natureza, e em cada respiração estão colocando dentro de si o sol e a lua, o paraíso e o mundo, a maré alta e a maré baixa, a primavera e o inverno, o verão e o outono.

Todo o aprendizado do homem pode ser resumido na maneira como respira conscientemente. Cada vez que faz isso, compartilha da energia poderosa que sustenta a Criação.

A atenção consciente

Faça com que cada dia seja realmente novo, vestindo-se com as bênçãos do Paraíso, banhando-se em sabedoria e amor, e colocando-se sob a proteção da Mãe Natureza. Aprenda dos sábios, dos livros sagrados, mas não esqueça que cada montanha, rio, planta, ou árvore, também tem algo para lhe ensinar."

Mônica, Cristina, Lígia, Eva e Claudia Osawa. Não importando idade, raça, condição física, limitações, cultura ou sexo, a prática do Aikido traz harmonia e felicidade a seus adeptos.

Oomoto Kyo, a Escola Espiritual do Fundador do Aikido e Deguchi

No mundo atual, o Aikido está se tornando cada vez mais conhecido. O que não é tão bem conhecido é que o Fundador do Aikido, Morihei Ueshiba, foi um discípulo de Onisaburo Deguchi, co-fundador da Oomoto. Uma fase inicial do desenvolvimento do Aikido foi realizada nos centros da Oomoto em Kameoka e Ayabe. A explicação abaixo foi extraída de um texto de Joel Brozovsky traduzido por Marcelo Ghelman que o autor fez questão de reproduzir neste livro, por estar descrito em um site do movimento Aizen Kai, mostra a visão da Oomoto sobre o Aikido. No entendimento do autor esta leitura é importante, embora constando de fatos já descritos no volume 1 desta obra, para que fique definitivamente claro aos praticantes desta arte, a direta ligação do Aikido com a religião xintoísta da qual a Oomoto deriva a maioria de seus ensinamentos:

O que é Aikido?

Aikido é uma arte marcial. Ele foi descrito como uma combinação de todas as artes marciais japonesas tradicionais, em conjunto com um profundo ensinamento espiritual. O dicionário Webster's define a palavra "marcial" como "relacionado com guerra", mas o termo arte marcial neste caso é usado um tanto equivocadamente. Apesar de as raízes de todas as artes marciais se reportarem às disciplinas de treinamento de guerreiros, nem todas as artes marciais se relacionam diretamente com guerra ou disputas. Aikido poderia ser chamado uma arte de defesa pessoal (apesar de este não ser seu objetivo principal), mas em Aikido nunca há lutas. Aikido é diferente de, por exemplo, Judô ou Karatê, no sentido de não ser um esporte competitivo. Em Judô e Karatê existe uma espécie de "batalha" ou disputa que normalmente termina com um vencedor e um perdedor. Mas em Aikido não existe batalha ou disputa. Vitória e derrota não são relevantes para a prática de Aikido. Quando dois parceiros praticam Aikido, eles não combatem, mas trabalham juntos para ajudar um ao outro a aprender a arte. O objetivo do Aikido, como se diz, é harmonia com o universo.

Pensamento da Oomoto:
"Coloque sua consciência no caminho dos "Kami" e isto será um meio para você crescer, ampliar e expandir todos os aspectos de sua vida."

Morihei Ueshiba

Tanabe, onde está agora a Prefeitura Wakayama, foi onde Morihei Ueshiba nasceu. Ainda pequeno ele demonstrou um interesse incomum por estudos espirituais, começando aos sete anos a receber ensinamentos em uma série de santuários e templos. O jovem Morihei viu diversas vezes seu pai ser espancado por um bando de valentões, capangas de um adversário político. Isto deixou uma profunda impressão no menino que, apesar de fisicamente pequeno, resolveu se tornar forte o bastante para enfrentar os desordeiros. Ueshiba se esforçava constantemente para fortalecer seu corpo e aprender artes marciais. Diversas vezes esteve gravemente doente, mas a cada vez, com tenaz determinação, recuperava suas forças novamente. Estudou vários estilos de Judo e Kendo (luta com espada), constantemente procurando mestres que pudessem ensinar mais a ele.

Onisaburo quando jovem trabalhando na agricultura.

Aos vinte anos se tornou um soldado e serviu na guerra da Manchúria. No treinamento militar demonstrou uma força inacreditável, freqüentemente carregando os fardos pesados de dois ou três outros soldados durante as marchas.

Ao ser liberado das forças armadas aos 27 anos, Morihei se tornou um pioneiro, estabelecendo-se numa fazenda numa região erma no norte da ilha de Hokkaido. Devido ao seu zelo, força e senso de justiça, ele se tornou um líder popular da região. Apesar de muito bem-sucedido, a vida no campo não podia satisfazê-lo completamente, já que se dedicava cada vez mais ao seu treinamento em artes marciais, gastando suas economias em lições.

Sua permanência em Hokkaido durou nove anos, até que seu velho pai em Wakayama ficou gravemente doente. Morihei começou imediatamente a jornada de volta para casa, mas no caminho ouviu falar sobre Onisaburo Deguchi e a Oomoto e, querendo fazer tudo o que lhe era possível para salvar seu pai, decidiu ir primeiro a Ayabe para encontrar-se com Onisaburo. Ueshiba ficou profundamente impressionado com seu encontro com Onisaburo.

Diante da morte de seu pai, a quem era tão devotado, Ueshiba decidiu dedicar-se

Onisaburo jovem.

Onisaburo na época em que se associou a Nao Deguchi.

inteiramente a uma busca aos segredos do corpo e espírito. Seus terrenos, sua casa e todas as suas posses em Hokkaido, ele deu a seu professor de artes marciais. Após um período de prática ascética, mudou-se com sua família para Ayabe em 1919 para aprender com Onisaburo.

Os ensinamentos eram profundos, lidando com princípios do universo e o conceito de Deus, a realidade dos mundos espiritual e físico, regras da vida humana, etc. Como um discípulo de Onisaburo, Ueshiba se tornou um modelo. Ele se entregou completamente à disciplina severa, com a convicção de que o estudo dedicado sob a direção de Onisaburo o levaria a um entendimento esotérico que com o tempo o permitiria dominar as artes marciais. Ele nunca negligenciou suas obrigações: participando das orações comunitárias diárias, dos treinamentos e exercícios em grupo, além do estudo de todo o conjunto da literatura da Oomoto.

Aventura na Mongólia

Na Oomoto, severamente limitado pela perseguição por parte do regime militarista japonês, Onisaburo julgou que poderia divulgar melhor sua mensagem de amor universal fora dos limites nacionais do Japão. Conseqüentemente, em 1924 ele empreendeu uma viagem missionária ao continente asiático para fundar, junto com novas religiões locais, um movimento baseado no amor universal. Ele convidou Ueshiba e dois outros seguidores para ir com ele. Ueshiba, então com 41 anos, aproveitou a chance de estar ao lado de Onisaburo numa aventura para testar seus métodos de combate recentemente idealizados.

A expedição foi certamente cheia de aventura, milagres e mistério. Mas, devido a problemas internos na China, a expedição gastou a maior parte do seu tempo fugindo e finalmente foi detida na fronteira sul da Mongólia. No fim, um exército inimigo os capturou e somente uma mensagem, literalmente de última hora, do consulado japonês os salvou do pelotão de fuzilamento. O audacioso empreendimento chegou então a um fim.

Na Mongólia, Ueshiba se encontrou diversas vezes em perigo de morte, mas a cada vez teve sucesso ao se defender, sem o uso de armas. Por exemplo, uma vez recebeu um tiro de pistola a curta distância. Mais tarde ele descreveu o incidente:

"Eu realmente senti o impacto da bala e, um momento depois, pulei em direção ao pistoleiro e derrubei-o, tomando-lhe a pistola. Mas o fato de que eu não fui morto mostra que foi seu pensamento que me acertou (um tipo de bala espiritual) antes que ele pudesse agir."

Foto durante expedição na Mongólia. Morihei Ueshiba é o último a direita.

Suas experiências na Mongólia com Onisaburo certamente deram a Ueshiba várias ocasiões para testar seus admiráveis poderes. Retornando a Ayabe, oportunamente continuou a assombrar os espectadores. Como um voluntário para ajudar a construir um parque público em Ayabe, usando o misterioso poder de *Kotodama*, o espírito das palavras, como foi ensinado a ele por Onisaburo, uma vez desenraizou uma árvore de 15 centímetros de diâmetro e moveu uma pedra que dez homens juntos tinham falhado ao tentar. Ele disse:

"Baseado naquelas experiências, estou convencido de que o homem tem uma extraordinária força espiritual residindo em sua alma".

Sua autodisciplina permaneceu severa mesmo após seu retorno a Ayabe. Sua fama se espalhou por todo o país, em parte por causa da ampla divulgação de seus talentos por Onisaburo. Foi dito: "Ayabe tem Ueshiba, um grande virtuoso das artes marciais". Veteranos autoconfiantes das artes marciais foram a ele para observá-lo, receber instruções ou desafiá-lo. Mas nenhum conseguiu derrotar Ueshiba.

Uma vez, na primavera de 1925, um oficial da marinha, professor de esgrima japonesa foi ao encontro de Ueshiba. Durante o embate o oficial, vez após vez, atacou Ueshiba com sua espada de madeira, mas cada vez Ueshiba evitava facilmente que a espada o acertasse. Finalmente o oficial, totalmente exausto, teve que desistir sem tocar Ueshiba ao menos uma vez. Depois Ueshiba disse que sentiu cada golpe da espada um momento antes de acontecer. Deste modo ele pôde facilmente desviar-se do caminho da arma.

Algum tempo depois desta experiência, ele estava caminhando sozinho no jardim e, sob um caquizeiro, teve uma experiência totalmente nova. Ele a descreveu mais tarde:

"Eu senti como se o universo de repente tremesse e um es-

Foto da expedição fracassada na Mongólia. Existe fortes suspeitas que o Governo Imperial Japonês induziu Deguchi a ir para a Mongólia para abrir caminho com a religião e permitir posteriormente uma aceitação cultural de uma invasão do exército nipônico, provocando uma anexação. Ueshiba é o segundo da direita para a esquerda.

pírito dourado saiu da terra, envolveu meu corpo e o transformou num corpo dourado. Ao mesmo tempo minha alma e meu corpo se tornaram luz. Eu pude entender o murmúrio dos pássaros e estava claramente consciente do espírito de Deus, o Criador do universo. Naquele momento eu recebi iluminação: a fonte das artes marciais é amor divino - o espírito da proteção do amor para todos os seres. Lágrimas de alegria ilimitadas fluíram pela minha face.

Depois disso eu senti como se o mundo inteiro fosse minha casa e o sol, a lua e as estrelas pertencessem a mim. Eu fiquei livre de todos os desejos, não apenas de prestígio, fama e posses, mas também do desejo de ser forte. Eu compreendi que arte marcial não é derrotar um oponente pela força... O treino de artes marciais é para receber o amor de Deus, que é o que cria, protege e nutre tudo na natureza, e tornálo próprio - pratique isto em sua própria alma e corpo."

Divulgando o Aikido

Em 1926, com sólida recomendação de diversas pessoas altamente consideradas no Japão, além da bênção de Onisaburo, Ueshiba se mudou para Tóquio para se dedicar a ensinar Aikido. Apesar de se recusar a fazer propaganda, sua fama e seu corpo de discípulos cresceu rapidamente. Ele estava bastante preocupado em evitar que o poder do Aikido fosse mal utilizado. Aceitava como discípulos apenas aqueles com recomendações de personalidades de projeção. Dois anos depois, na ocasião de um grande festival em Ayabe para celebrar o rápido crescimento do movimento Oomoto, Ueshiba conduziu uma apresentação no santuário em dedicação a Deus. Anos depois, um dos espectadores a descreveu assim:

"Cinco ou seis discípulos armados com espadas ou lanças de madeira atacaram Ueshiba simultaneamente de todos os lados, mas todos eles eram rapidamente arremessados ao ar sobre sua cabeça. Suas manobras eram tão rápidas que as armas nem mesmo tocavam seu traje, apesar de seus movimentos estarem um tanto restritos devido ao kimono cerimonial."

Naquela época Ueshiba ainda ensinava sua arte sob o nome Kobu Budô (Divina Arte Marcial de Guerreiros), mas Onisaburo aconselhou-o a mudar o nome de Kobu para Aiki. Aiki é a energia do amor, ou espírito divino. Finalmente o nome se tornou Aikido, o caminho do amor ou espírito divino.

Em 1932 a Oomoto fundou a Associação de Propagação de Artes Marciais Japonesas (Dai Nihon Budoh Senyoh-kai), com Onisaburo como presidente honorário e Ueshiba como presidente. Um ano depois sua sede foi transferida para Takeda, 40 quilômetros a oeste de Ayabe, onde um grande salão de treinamento foi instalado com Ueshiba como encarregado.

O co-líder espiritual da Oomoto, Hidemaru Deguchi, foi um fervoroso discípulo de Aikido e trabalhou como conselheiro e, mais tarde, presidente da Associação. Depois disto o Aikido se espalhou pelo país como os raios do sol nascente. A reputação de Ueshiba continuou a crescer. Mas, logo após, em 1935, veio o Segundo Incidente Oomoto e, entre outras coisas, a associação de artes marciais deixou de existir. Possivelmente por causa de sua grande fama (detalhes no volume I - A Teoria), Ueshiba conseguiu evitar a prisão. Ele voltou a Tóquio onde continuou a ensinar

Masahisa Goi Sensei era amigo do Fundador e tinha um movimento filosófico que se identificava com o Aikido. No final de sua vida Ô Sensei se relacionava muito com líderes religiosos e filósofos humanistas.

Aikido, mas a Segunda Guerra Mundial, que explodiu na Ásia em 1941, levou embora os estudantes e várias escolas de artes marciais tiveram que fechar. Ueshiba mudou-se para o campo na Prefeitura de Ibaraki, a nordeste de Tóquio, onde ele pode combinar suas duas atividades favoritas: agricultura e artes marciais.

Após a guerra, as forças armadas de ocupação dos Estados Unidos proibiram qualquer tipo de instrução em artes marciais por vários anos. Em 1948, três semanas após a morte de Onisaburo Deguchi, a Associação Aiki (Aikikai) recebeu permissão para recomeçar.

Depois da guerra, o Aikikai assumiu uma atitude menos elitista, visando trazer o Aikido ao público em geral. Ele se tornou popular, não apenas no Japão, mas também no exterior. Eventos espetaculares ajudaram a espalhar sua reputação. Por exemplo, em 1953, Koichi Tohei, um discípulo de Ueshiba, participou de um campeonato nacional de Judo nos Estados Unidos. Instigado pelos participantes, ele defrontou-se com um ataque simultâneo de cinco mestres de Judô americanos a quem ele não tinha enfrentado previamente. A facilidade com que ele derrubou todos os cinco causou sensação, atraindo bastante atenção ao valor do Aikido.

Em 1969, o virtuoso Ueshiba chegou ao final de sua vida, aos 86 anos. Mesmo nos últimos anos sua maravilhosa arte nunca fraquejou, com a velocidade inacreditável de seus movimentos e sua vitalidade despertando admiração em todos os espectadores.

Com suas próprias palavras, Ueshiba descreve a essência de sua arte:

"O segredo do Aikido é harmonizarmo-nos com o movimento do Universo e integrarmo-nos com ele. Aquele que atinge o segredo do Aikido tem o Universo dentro de si e pode dizer, "eu sou o Universo."

"Eu nunca sou derrotado, não importa quão rápido o oponente ataque, não porque minha técnica seja mais rápida que a do atacante. Não é uma questão de velocidade, na verdade. A batalha está terminada antes mesmo de começar."

"Quando alguém tenta investir contra mim, o próprio Universo, esta pessoa deve quebrar a harmonia universal. Por esta razão, no momento em que decidiu lutar contra mim, já perdeu."

Suas descrições do Aikido podem parecer muito simples e grandiosas. Porém, só após treinamento dedicado e prática de Aikido pode alguém entender com-

Onisaburo Deguchi, confortavelmente instalado, dita para escribas trechos de seu livro "Histórias do Mundo Espiritual".

pletamente e acreditar na verdade.

"*Arte marcial real é um ato de amor, é o trabalho de dar vida a todos os seres, não matar ou lutar contra outra pessoa. Amor é Deus protegendo tudas as coisas. Sem ele nada poderia existir. Aikido é a realização do amor.*

Portanto, disputar tecnicamente, ganhar ou perder, não é arte marcial real. Arte marcial real não conhece derrota. "Nunca ser derrotado" significa "Nunca lutar". Vitória é purificar o espírito de desarmonia de seu interior. Isto é, realizar plenamente aquilo para o qual você está aqui. Isto não é mera teoria. Pratique isto. Então você vai reconhecer o grande poder da unidade com a natureza."

Com Aikido você aprende, não teoricamente, mas com experiência corporal real, a verdade universal de que o atacante sempre tem uma desvantagem e, conseqüentemente, perde.

Existem muitas teorias bonitas, muito sábias, verdadeiras e úteis - mas se você não aprender a verdade através de experiência pessoal, restam apenas bonitas teorias. Aikido oferece um caminho concreto para experimentar pessoalmente a verdade.

A Oomoto é uma "nova" religião japonesa, com fundamento na cultura tradicional do Japão, com ritual xintoísta, cujos ensinamentos universalistas demonstram, entretanto, alto respeito pelas religiões de todos os povos.

A Oomoto nasceu com a missão de intervir na passagem deste mundo para uma nova época de justa paz mundial regida por um amor divino. No quadro dessa missão a Oomoto patrocina atividades em favor da paz mundial, da colaboração entre religiões, do Esperanto, da federação mundial e da ecologia, complementando seus esforços no sentido de instigar os seres humanos a purificar seus corações segundo o plano divino.

A Oomoto mantém a prática das artes tradicionais japonesas como uma das maneiras de purificar o coração. O nome Oomoto escreve-se em japonês, com dois caracteres, que significam, respectivamente, "Grande Origem".

O livro *"70 Anos da Religião Oomoto"* e os outros dão exemplos específicos do período de fundação da religião. Conforme foi mencionado no primeiro volume desta obra, "A Teoria", é um fato conhecido que a religião Oomoto é uma seita inaugurada por uma viúva de Fukuchiyama, chamada Nao Deguchi, que havia vivido em Ayabe. Sua sincera expressão da mensagem de Deus, enquanto atuava como uma espécie de médium, atraiu muitos seguidores e foi a base da fé que efetivamente deu credibilidade à futura nova religião. Em janeiro de 1892, numa perigosa encruzilhada na história da nação, socialmente e em termos da segurança do dia-a-dia (isso foi pouco antes da Guerra Sino-Japonesa de 1896 e no primeiro florescer da sociedade capitalista no país), essa mulher escreveu uma inspirada e apaixonada convocação para a "mudança e reconstrução desse mundo". Como essa velha mulher era iletrada, é considerado surpreendente que ela tenha começado de repente a escrever sua mensagem em símbolos silábicos hiragana, isto é, foneticamente, sem o uso dos caracteres ideográficos chineses. Ela escrevia como que automaticamente ou mecanicamente, de maneira estenográfica. Sua mensagem original começou assim (embora ela não a tenha escrito na maneira lógica como foi feito abaixo):

"Através do cosmos (os 3.000 mundos), as flores da ameixeira florescem de repente, é a chegada do Deus do Nordeste. Começando com o florescer da ameixeira, termina com o do pinheiro. Um paraíso se forma na terra. Sem o suporte do Senhor (Kami), como poderia o mundo continuar? O presente é a época dos animais, dos demônios, a época dos poderosos. O mundo se tornou o mundo dos animais. Enganado pelas forças do mal (literalmente: deuses maus), o mundo está na era da escuridão e os olhos estão fechados. O mundo não pode continuar a existir desse modo, então Deus vai aparecer ante nós para mudar e reconstruir o universo. Estejam preparados! Este mundo será completamente renovado..."

Onisaburo na caverna participando de um filme sobre sua vida em uma cena no monte Takakuma.

Nessa época, Nao estava sob forte influência do movimento religioso *"Konkokyo"* (fundado em 1859 por Bunjiro Kawate, de Okayama), mas ao mesmo tempo estava insatisfeita. Ela parecia estar aguardando pelo aparecimento de uma pes-

Deguchi, o escritor.

soa verdadeiramente inspirada; alguém que pudesse espalhar mais além sua intenção genuína *"Shinshi"* (ou intenção sagrada, também *shin'i*). Então, por acaso, apareceu Kisaburo Ueda, conhecido mais tarde como Onisaburo Deguchi.

Segundo estudiosos que pesquisaram profundamente a vida de Onisaburo Deguchi que o autor pesquisou, dizem que existem poucas personalidades famosas que foram tão mal compreendidas pelo público em geral, para o melhor ou para o pior, quanto o Mestre Onisaburo Deguchi. Mesmo hoje, quando livros tão impressionantes quanto *"70 Anos da Religião Omoto"*, em dois volumes e 2.200 páginas e *"O Gigante, Onisaburo Deguchi"*, de Kyotaro Deguchi ou *"Explorando o Japão"*, do Professor Tadao Umezao da Universidade de Kyoto, descrevem acuradamente este mestre, ainda permanece um resíduo de preconceito como se ele tivesse sido um fundador de um daqueles estranhos novos cultos e o renegam sem realmente conhecer qualquer coisa sobre sua vida. Contudo, embora tenha atraído algumas centenas de milhares de seguidores, não se pode negar que ele realmente tinha um lado não ortodoxo de seu comportamento que fez com que algumas pessoas o considerassem uma fraude, ou algum tipo de monstro, ou pessoa perigosa. Especificamente, havia uma atmosfera quase opressiva causada por sua aparência não convencional (superior). O misterioso sentimento de revelação inspirada que pairava sobre ele e a heresia que exalava de seu comportamento arrogante, tudo isso misturado a uma postura cheia de segredos confundia as pessoas. Esses atributos eram infelizmente tão marcantes na imagem que causava nas pessoas, que suas excelentes qualidades acabaram sendo negligenciadas na avaliação geral sobre o mesmo. Durante o Primeiro Incidente Oomoto em 1921 e o Segundo Incidente Oomoto em 1935, ele foi perseguido e reprimido pelo governo, e mesmo antes, havia encontrado resistência no interior do grupo de antigos fundadores associado a sua predecessora, Nao. Analisando a história, conclui-se que tudo isso parece ter sido o resultado de mal-entendidos sobre seu verdadeiro caráter e habilida-

A eloqüência e o carisma de Deguchi discursando.

Caligrafia artística de Deguchi.

de. Evidentemente que o Fundador do Aikido, que era um homem extraordinário, jamais se deixaria levar e seguir tão de perto, e apoiar de forma tão intensa uma pessoa se não encontrasse nela valor de caráter e real espiritualidade. Afinal, toda a grande espiritualidade do Aikido, seus elevados valores éticos e de caráter, certamente foi muito influenciada pelos ensinamentos de Deguchi.

O autor acredita que na verdade, Onisaburo Deguchi era um homem de visão e de extraordinário discernimento, um planejador estratégico de grande competência e habilidade de organização, com um impulso obstinado para promover sua causa.

Deixando de lado sua grandeza como pessoa religiosa, como foi mencionado ele se destacava pela "cultura do espírito", teologia, filosofia e arte, e além disso era uma pessoa energética de grande habilidade para a administração e os negócios e assim a religião Oomoto prosperou enormemente sob sua influência.

Eis como o *site* da Oomoto fala sobre a história e propósitos desta religião:

No 25º ano da era Meiji (1892), o Deus Ushitora, ou Deus *Kunitokotachi*, Deus Ancestral da Terra, possuiu a Fundadora Nao Deguchi, declarando a "destruição e reconstrução de todos os mundos" e, até a ascensão da Fundadora ao Céu, no 7º ano da era *Taishoo* (1918), fê-la escrever a *Escrita Sagrada* (*Ofudesaki*) com profecias e advertências ao mundo (dez milhares de cadernos de 20 folhas). No 31º ano da era Meiji (1898), o Co-fundador Onisaburo Deguchi, conduzido

Onisaburo Deguchi, era um intelectual, escritor, místico, líder, artista, profeta, revolucionário... um gênio.

Onisaburo e outros membros da seita Oomoto durante o julgamento. Ô Sensei foi o único que não foi preso, provavelmente devido a sua amizade com os militares, talvez até com interferência do próprio gabinete de Primeiro-Ministro Hideki Tojo, que segundo alguns, foi seu aluno.

por um espírito divino ao Monte Takakuma, em sua localidade natal, viveu uma semana de ascese espiritual, recebeu força divina de clarividência sobre o passado, o presente e o futuro dos três mundos: material, obscuro e Divino, e viu sua missão de salvação do mundo. No 32º ano da era Meiji (1899), em obediência a uma ordem de Deus, Onisaburo entrou na Oomoto, casou-se com Sumiko Deguchi, a quinta filha da Fundadora e, juntamente com a Fundadora, elaborou o fundamento da Oomoto.

A partir do 6º ano da era Taishoo (1917) foi publicada a *Escrita Sagrada* (*Fudesaki*) da Fundadora, sob o título "*Revelações Divinas*" (em sete volumes). No 10º ano da mesma era (1921) começou a sair a coleção sobre a salvação do mundo: "*Contos do Mundo espiritual*" (ao todo 81 livros dos 83 volumes), cujo conteúdo foi ditado por Onisaburo, que o viu e ouviu por ocasião de sua visão no Monte Takakuma.

No 8º ano da mesma era Meiji (1919) foi adquirido o terreno das ruínas do castelo de Kameoka. Localizaram ali

Onisaburo durante o processo fazendo sinal com as mãos de que era inocente.

Onisaburo com os netos.

o centro refletor do "reino de anjos missionários; o local de divulgação dos ensinamentos divinos (Ten'on-kyoo) ; a terra do início, foi destinada ao centro de espelhação do "reino dos seres celestiais": ofícios divinos e festivais (Baishoo-en); dessa maneira fixou-se o par de grandes santuários da Oomoto.

Com a conversão de Onisaburo à Oomoto, logo a organização missionária ergueu-se de um salto, e a instância estatal não pôde deixar passar desapercebido o seu poder de influência. No 10º ano do período Taishoo (1921) a Oomoto sofreu a primeira perseguição (o Primeiro Caso-Oomoto) e principalmente no 10º ano da era Showa (1935) a segunda perseguição (o Segundo Caso-Oomoto) da potência estatal que tinha por fim "exterminar a Oomoto deste mundo".

No 20º ano da era Shoowa (1945), com a sentença de "inocência", o Segundo Caso-Oomoto foi totalmente encerrado. No ano seguinte, 21º da era Shoowa (1946), a Oomoto pôs-se novamente em atividade com o nome de Aizen-en. Em seguida, no 27º ano (1952), Naohi Deguchi (a primeira filha de Onisaburo e Sumiko), herdou o posto de 3ª Guia Espiritual, ressuscitou o nome Oomoto e, juntamente com Hidemaru Deguchi, seu Guia Adjunto, empenhou-se na reforma do coração humano e na realização da eterna paz mundial.

Desde o 2º ano da era Heisei (1990), Kiyoko Deguchi (a terceira filha de Naohi e Hidemaru) prossegue como a Quarta Guia. No 4º ano desta era Heisei (1992) a Oomoto comemora o seu centenário de fundação, e no Baishoo-en, Ayabe, concluiu-se a construção do Templo "Choosei-den", onde são cultuados os Deuses ancestrais do Céu e da Terra.

Com base nos cem anos de sua história, a causa divina da Oomoto caminha agora ao encontro de um novo século.

O Mestre Onisaburo Deguchi ensinou que "todas as religiões surgem do único Deus e têm uma origem comum" e advogou que era a nobre causa da humanidade

Deguchi no final de sua vida quando criou o nome "Aikido" e disse para Morihei Ueshiba usá-lo.

Onisaburo Deguchi era um homem admirável. Carismático, inteligente, humano, escritor, místico e um artista que produziu obras-primas, um líder. Conhecendo-o pode-se entender como o Fundador do Aikido deixou-se influenciar tão grandemente por ele. No fundo, de forma indireta, em Deguchi estão as raízes essenciais do caminho do Aikido. Takeda contribuiu com a parte física, técnica, e Onisaburo com a parte espiritual, a emoção e a humanidade que fizeram nascer o caminho do Aikido, este maravilhoso legado para o século XXI, que pode conduzir seus praticantes para a Iluminação e encontro com Deus e a conseqüente felicidade e alegria decorrente.

realizar o ideal da paz mundial vivendo na alegria fazendo o trabalho de Deus.

O espírito de Jinrui Aizen, "Amor e Fraternidade Universais", significa envolver todos os seres do universo com Amor vindo de Deus, o que quer dizer, erradicar os males sociais e suas causas, tais como o egoísmo humano e a opressão do mais forte sobre o mais fraco.

Confirmando os princípios "todas as religiões surgem da mesma origem" e "O Mundo é Um", o Jinrui Aizenkai promoveu o movimento inter-religioso. O mundo de amor e fraternidade que esta associação está almejando implica não apenas num mundo sem guerras, mas também num mundo no qual todos os seres vivos coexistam alegremente e harmoniosamente, incluindo todos os grupos e tipos de pessoas, pássaros, animais, insetos, peixes, plantas e árvores, removendo as hostilidades fundamentais entre religiões e raças.

Princípios básicos preconizados pela Oomoto (Aizen Kai)

1. O mundo é um e todos os homens são naturalmente irmãos.
2. Guerra e violência devem ser tornados impossíveis.
3. Males sociais e suas causas, tais como o egoísmo ou a opressão do mais forte sobre o mais fraco, devem ser erradicados.
4. Aprender a respeitar toda a humanidade e viver na alegria do trabalho.
5. Aprender a amar a natureza e proteger a vida e a saúde.
6. Respeitar todas as culturas nativas, enquanto empenhar-se pela compreensão e troca internacional.
7. Decidir-se a realizar o ideal da paz mundial, baseada em uma compreensão da origem comum de todas as religiões e no amor e fraternidade universais.

A universalidade e o desejo de fazer do mundo uma grande família preconizado pelo Fundador do Aikido provavelmente foi influência da religião Oomoto que pregava um estudo do Esperanto de forma que todos pudessem se entender e buscar a paz e a harmonia. As incrições nesta pedra nesta língua dizem tudo:
"Um Deus, um mundo, uma língua universal."
Deguchi fez um poema:
"A sagrada religião do amor e da irmandade de acordo com a vontade de Deus irá se espalhar por todo o mundo através do Esperanto."

Na visão do autor ele quase acertou pois na verdade os ensinamentos essenciais da Oomoto Kyo acabaram sendo ensinados ao mundo em escala, não pelo Esperanto, mas através da linguagem de "coração para coração", de forma direta pela prática do Aikido, que hoje se espalha por todo o mundo e cresce de forma intensa.

Coerentemente com sua filosofia de que Deus, a Grande Origem (Oomoto) é a mesma em todas as religiões e o que existe de diferente são os rituais, vestimentas e aspectos culturais secundários, a Oomoto realiza eventos, cultos, procissões, convidando autoridades eclesiásticas de outras religiões permitindo que juntas façam as coisas respeitando a individualidade e a cultura de cada um. Este pensamento muito bonito e coerente com a Natureza foi introduzido no Aikido. Por isto o Aikikai tolera que professores com técnicas e abordagens tão diferentes façam parte de uma mesma sigla: o Aikikai Hombu Dojo. Yamada Sensei manifestou esta atitude quando o autor dele se aproximou pela primeira vez e pediu para ser seu aluno, dizendo que via o Aikido de uma forma mais vinculada com o xintoísmo e com seu aspecto religioso-espiritual quando comparava com a forma que a arte era treinada em seu dojo em Nova York. Sua resposta foi: "Desde que você me respeite e saiba fazer as técnicas como eu faço e desde que quando eu for fazer seminários no Brasil eu perceba que seus alunos consigam reproduzir meus movimentos como eu os ensino, faça como quiser. Eu respeito as individualidades." A mesma filosofia adotamos no Instituto Takemussu depois que a pessoa aprende a base e fica faixa preta. Cada um é livre para praticar e ensinar o Aikido como quiser mas todos devem conhecer o currículo e o programa técnico e este deve ser o padrão por ocasião dos exames de faixas. Assim, mantém-se a unidade em torno dos princípios, mas dá-se a liberdade para que cada um expresse sua forma particular em suas ações.

Entrevista com o Autor na Revista Combat Sport

(setembro - 1999)

Professor Wagner Büll, de onde veio seu interesse pelo Aikido e como foi seu início?

Sempre gostei de ver arte marcial, luta, essa prática toda... Mas onde eu morava, no interior do Paraná, não havia academia interessante e meus pais tinham receio que eu me machucasse. Formalmente, não tive oportunidade de praticar nada até os 17 anos.

Quando entrei na Universidade de Curitiba, aos 18 anos, comecei a treinar Boxe e a fazer musculação, por 1 ano. E por mais 2 anos treinei Judô e Karatê com um bom professor do estilo Wado-Ryu.

Um dia, um de meus companheiros de quarto, praticante de Karatê, disse que vira uma "luta" sensacional que se chamava Aikido. Eu também quis ver... e me apaixonei!

Em 1968 ingressei na academia do Major Jorge Dirceu Van Zuit, que ensinava também na Polícia e era especialista em defesa pessoal. Apesar da pequena constituição física, o professor Zuit era muito "liso" e difícil de ser agarrado. Isso me impressionava. Ele havia aprendido um pouco de Aikido com um japonês chamado Noritaka (que estivera no Paraná e depois voltara ao Japão).

Treinei com o professor Van Zuit por 2 anos e nosso grande enfoque era a defesa pessoal. Era comum eu me cortar com facas nas demonstrações que dávamos com essa arma e com bastões.

Infelizmente, devido a um problema cardíaco congênito, o professor Zuit teve que interromper sua prática. Não sei se eu era o melhor, mas era seu aluno mais entusiasta. Faixa marron ainda, fiquei administrando a academia. Nessa ocasião conheci o professor Horie, 5º Dan, do Japão, que estava passando uma temporada no Paraná. Ele me viu ensinando aquele grupo de alunos, sozinho, com aquela vontade de acertar e resolveu me ensinar privativamente por um mês. Aí eu vi o que era verdadeiramente o Aikido de alto nível e passei a ter um modelo a seguir.

Em fins de 1971 formei-me em Engenharia Civil e, deixando a academia nas mãos do falecido professor Fumio e do prof. Van Zuit que retornou aos treinos, vim para São Paulo fazer pós graduação na USP. Passei a procurar o pessoal que treinava Aikido e me decepcionei: os instrutores nem de longe apresentavam o nível do Professor Horie. Sabendo que este estava em São Paulo, fui procurá-lo e treinei com ele mais 3 meses.

Sempre viajando muito, o professor Horie veio a falecer numa pescaria no Rio de Janeiro. Foi um choque para mim! Não havia com quem eu pudesse continuar aprendendo! Soube de um bom professor, Nakatami, 3º *Dan*, residente no Rio de Janeiro, mas eu não podia deixar São Paulo. Tive que parar os treinamentos por um ano. Depois desse tempo, decidi que tinha que continuar e passei a treinar com o professor Ono que havia aprendido Aikido aqui mesmo no Brasil e, sem apresentar técnicas muitos refinadas, tinha um grande espírito de harmonia com a arte. Foi com ele que eu comecei a transferir a aplicação prática do Aikido para a vida cotidiana.

O professor Ono, a despeito da política que sempre existiu no meio de qualquer arte marcial, mantinha-se alheio a esse tipo de conflito. Ele era supervisionado pelo professor Kawai, que era o responsável formal pelo Aikido no Brasil.

Naquele tempo, as informações eram escassas. Nem a bibliografia havia. Quem não falasse japonês ficava alheio a tudo porque os japoneses fechavam-se num círculo próprio. Posteriormente vim a saber que, na verdade, o professor Kawai não havia praticado Aikido no Japão, e sim *Aiki Jujutsu* – uma arte da qual o Aikido extraiu boa parte de suas técnicas, mas de espírito e objetivos diferentes.

Quanto ao professor Ono, gostaria de dizer que embora tivesse sido aluno do professor Kawai, cada qual caminhava por uma direção, assim suas técnicas eram diferentes, seus alunos eram diferentes, seus pensamentos eram diferentes... Por uma questão de, creio eu, fidelidade, continuam juntos até hoje, mas suas escolas são distintas.

Qual a diferença entre o Aikido Takemussu e o das outras organizações?

Não existe Aikido Takemussu, mas sim, Aikido do Instituto Takemussu. Não somos um estilo, mas uma maneira de praticar de forma mais próxima à que o Fundador praticava, ou pelo menos acreditamos nisso e cabe ao público julgar.

As artes marciais em geral não se organizam democraticamente, de maneira horizontal, mas sim de maneira vertical, num sistema feudal. Em toda organização há um líder e a organização segue a orientação desse líder. O que existe de diferente entre o Instituto Takemussu, a FEPAI do professor Nishida, a União Aikikai do professor Kawai e as outras organizações, como a do professor Shikanai, reside no enfoque de cada liderança. Fica difícil para mim dizer no que eu difiro dos outros, mas eu posso dizer o que nós, do Instituto Takemussu, procuramos primordialmente, 3 coisas: Primeiro: que o Aikido do Brasil alcance nível internacional. Isso

No Aikido se busca copiar as mesmas curvas e movimentos encontrados na natureza.

Ao se praticar Aikido é fundamental estudar e compreender a Natureza. Nada mais agradável do que em uma manhã de Maio, levantar bem cedo e treinar junto das árvores, das águas, das flores.

Wagner Bull e Prof. Carlos Eduardo Dutra

conseguimos. Onde nossos faixas pretas vão (seminários em Nova York, Japão) são respeitados. Estamos conscientes de que praticamos um nível internacional de Aikido (não estou dizendo que os outros grupos não praticam também); Segundo: que o Aikido seja eficiente como arte marcial. Se um praticante de outra modalidade quiser nos fazer uma visita, irá constatar que nosso treinamento é tão firme e puxado quanto o treinamento de *Taekwondo* ou *Kick Boxing*, por exemplo. Estamos buscando ser uma arte marcial que realmente funcione para defesa pessoal, se necessário; Terceiro: hoje, aos 50 anos de idade, o que mais me interessa é que o Aikido do Instituto Takemussu seja praticado como o Fundador queria que sua arte fosse. O Fundador usou uma arte marcial para ligar-se a Deus, num caminho de iluminação espiritual. No Instituto Takemussu tudo o que fazemos tem uma razão de ser. Fazemos um trabalho de ligação entre o homem, Deus e a Natureza. O Instituto não é uma simples academia, é um lugar onde as pessoas vêm para melhorar como seres humanos, através da prática de uma arte marcial e de uma defesa pessoal. Não excluímos ninguém desde que os que venham queiram se aperfeiçoar como seres humanos.

Essas são as três grandes linhas do trabalho do Instituto Takemussu: praticar um Aikido de alto nível, praticar um Aikido que seja também defesa pessoal e praticar um Aikido que seja um caminho de iluminação espiritual.

O Aikido se associa a alguma religião, quando o senhor fala de Deus...

Hoje eu acredito que o Aikido seja mesmo um tipo de religião mas eu não gosto de usar esta palavra porque ela está desgastada devido ao fato de que algumas pessoas de mau caráter usam a fé e a confiança do povo com fins comerciais. Falo da verdadeira religião, aquela que une o homem ao Criador. Sem dogmas, sem intermediários, conexão direta com Deus. Quem difundiu o Aikido de certa forma disfarçou esse ponto para não provocar restrições com relação a outras religiões. Mas não é uma religião excludente: você pode ser católico, espírita, protestante... praticando Aikido você acaba compreendendo melhor a sua própria religião. E mesmo sem acreditar em

Hibi Shoshin
O aikidoísta deve manter o espírito do iniciante por toda a vida.

Deus, você pode sentir Deus na Natureza!
A verdade universal é uma só, mas cada religião ou filosofia tenta explicá-la de uma forma. O Aikido é uma dessas formas. No Aikido você encontra a verdade através de uma prática física. Você se religa a Deus e à Natureza.

Sendo descendente de alemães... como conciliou o seu pensamento com o pensamento oriental?

Devemos lembrar que durante a guerra os alemães tiveram os japoneses como aliados. Esse fato é significativo pelo seguinte: o alemão é um povo essencialmente lógico e racional, além de muito disciplinado: o japonês é um povo essencialmente intuitivo, além de muito disciplinado. Ora, aliando-se as duas tendências de pensamento chegamos a uma fusão perfeita. Dá-se o famoso equilíbrio que o Aikido prega...

Um grande número de praticantes de Aikido é constituído por profissionais liberais. Como empresário e engenheiro o senhor tem toda uma vida de trabalho profissional além da família. Como concilia tudo isso com a responsabilidade de dirigir uma organização como o Instituto Takemussu? Por que não permaneceu somente como mais um praticante?

Quem estuda, gradua-se, assume responsabilidades, empresaria, administra um grande grupo de pessoas – ou uma grande família – não vai conseguir fazer isso na base da força, da opressão. Para ser um líder, o indivíduo tem que somar as expectativas ao redor, de uma maneira harmônica e construtiva. É disso que um empresário, um gerente, um diretor, um presidente – e um pai de família – precisam. Estão em posição de liderança. O Aikido ensina a desenvolver um outro tipo de força que não a força bruta. Por isso é que o antecessor do Aikido, o *Aiki Jujutsu*, já era praticado pela elite do Japão. Quem está no alto da escala social não precisa mais lutar para vencer, já venceu. Precisa encontrar sua harmonia interior e conciliá-la com a sua liderança. Isso o Aikido ensina.

Foi por isso que o senhor fundou o Instituto Takemussu e está à frente do trabalho?

Você começa a ensinar, constituir família, criar laços com as pessoas e sentir que é gratificante trabalhar em grupo, passar seus conhecimentos, manter uma troca entre aluno e professor. Desenvolver o Aikido passou a ser uma espécie de *"hobby"* para mim. A coisa foi crescendo, tomando vulto e chegou num ponto em que o Aikido toma, digamos, 1/3 do meu tempo, no dia-a-dia. Por que eu iria desistir disso? O benefício interno que o Aikido me dá, a experiência, em termos de liderança mesmo, acaba me ajudando na vida profissional.

Quanto à vida familiar não existe conflito. Aliás, meus filhos praticam também o Aikido e isso nos une ainda mais, faz minha esposa aceitar meus compromissos

Wagner Bull e Prof. Sergio Ricardo Coronel

para com o Aikido. E depois, agora está fácil para mim conduzir o Instituto porque posso delegar tarefas a pessoas altamente competentes. Na verdade, hoje sou mais um consultor. Dou aulas de 1 hora e meia três vezes por semana: o resto está sendo feito pelos meus alunos.

E esse é meu grande orgulho: desenvolvi um trabalho e formei pessoas capazes de levá-lo adiante. Não seria exagero dizer que dentro de uns 10 anos, só com as pessoas que integram o Instituto, o Aikido será uma das maiores e mais importantes artes marciais do Brasil.

Seus eventos são muito bem sucedidos. Qual o segredo?

Esses eventos são fruto de 10 anos de trabalho. Hoje tenho muitas pessoas que me apóiam e quando faço um evento, é para dar superávit.

Quando comecei o Instituto Takemussu eu colocava dinheiro do meu bolso. Até uns 4 anos de funcionamento, o Instituto era financeiramente deficitário. Essa época passou e o Instituto começou a se equilibrar. Eu poderia ter maior rendimento financeiro se me dedicasse a outra atividade, mas investir na obra em que eu investi foi investir no meu crescimento interior e isso não tem preço.

Hoje – e já há algum tempo – o Instituto dá superávit. Isso foi mais uma conquista nossa. O Aikido no Brasil sempre foi amador. O Instituto Takemussu acabou com o amadorismo. As pessoas que vêm aprender no Instituto, saem e dão suas aulas e ganham seu dinheiro, o que representa uma receita importante no orçamento delas. Estamos profissionalizando o Aikido. Todos os nossos eventos são pagos porque qualquer negócio que não tenha lucro financeiro, mais dia, menos dia, acaba.

Assim é o mundo. Sei que se eu morrer hoje, o Instituto Takemussu continuará da mesma forma porque conta com pessoas dinâmicas, líderes interessados em seguir a linha já traçada.

Dos seus primeiros dias no Aikido, até hoje, o que o Aikido produziu em sua vida?

Não tenho condições de avaliar isso. Dificilmente se consegue avaliar a si mesmo. Escuto o que os outros dizem e o que dizem é que sou uma pessoas completamente diferente do que era quando comecei a praticar Aikido. O que eu percebo claramente é que, quando eu era jovem, as coisas eram bem mais difíceis para mim, era difícil me relacionar com as pessoas, eu tinha que fazer muito esforço para conseguir as coisas. Hoje tudo se tornou fácil, não tenho dificuldade em me relacionar com as pessoas. Não sei se em função da idade ou do Aikido. Acredito que o Aikido tenha muito a ver com isso. O fato de se estar praticando uma arte que prima pela busca do "homem interior" faz com que se adquira um mais alto grau de autoconhecimento.

O estudo, a pesquisa, a auto-análise faz com que mudemos para melhor. Tenho certeza de que o Aikido mudou completamente a minha vida para melhor!

O senhor pratica um Aikido expancionista?

Veja bem, essa é uma posição perigosa: não devemos confundir "crescer" com "inchar". São coisas diferentes. Queremos expandir o Instituto Takemussu ao máximo que pudermos, mas dentro de nossa disciplina, de nossa metodologia, de nossa proposta. Disso não abrimos mão. O grande erro de muita gente é abrir uma academia, encher de gente, dar faixas pretas por aí e achar que com isso está expandindo... Isso é um erro grave que nunca cometemos nem vamos cometer!

Como então é feita a seleção das pessoas?

Essa seleção é feita por mim. Antes de delegar tecnicamente um cargo, interessa-me observar o caráter, a moral, a autenticidade da pessoa. Técnica se adquire com o tempo. Quero ver se a pessoa é séria, tem boa conduta, está identificada com os interesses do Instituto. Quem quiser treinar, pode treinar. Se der um passo em falso, está fora. Não fazemos discriminação, mas exigimos honestidade.

Eu faço distinção entre professor e praticante. Conheço excelentes praticantes que não sabem ensinar e conheço gente que não tem tanta habilidade mas tem muitos alunos. Para ser dono de uma academia, a pessoa tem que ter carisma, saber se comunicar. No fundo, ninguém ensina arte marcial a ninguém: cada um descobre por si, treinando muito. Diretrizes são mostradas, mas a descoberta é individual. Eu costumo brincar com meus alunos e lhes digo: aqui eu sou o orientador, o organizador da festa: preparo o salão, a orquestra, as mesas... mas dançar é vocês que vão ter que dançar!

O senhor tem muitos seguidores, como vê os que partem para outras organizações?

Uma coisa posso lhe dizer com toda a segurança: foram pouquíssimas as pessoas – de 1 a 2% - que deixaram o Instituto Takemussu. O mundo é composto por pessoas diferentes e cada qual tem sua maneira de pensar. Eu acho que as pessoas que entraram no Instituto Takemussu e saíram não analisaram bem onde estavam entrando. Talvez tivessem uma expectativa diferente. Mas torno a frisar: nosso índice de evasão é tão pequeno justamente porque dizemos o que estamos fazendo, divulgamos! Quem chega aqui sabe o que vai encontrar. Ou não entra. Eu diria que centenas, milhares até de pessoas podem ter vindo ver nosso Aikido e se foram, mas as que ficaram não saíram mais. Quem fica um ano, não vai mais embora. Isso é muito gratificante!

Em quantos estados brasileiros o Instituto Takemussu está representado? Em termos de academias, empresas, clubes...

Temos *Dojo* em Portugal e nos estados brasileiros estamos em São Paulo, Paraná, Santa Catarina, Rio de Janeiro, Minas Gerais, Bahia, Alagoas, Mato Grosso, Roraima, Goiás e Brasília. O Instituto Takemussu deve estar com cerca de 3.000 praticantes em 80 academias.

Ocorre o seguinte: muitas pessoas que dirigem *Dojo* são proprietários de academias de outras artes marciais (até musculação) e nos procuram para implantar o Aikido. Mas estamos criando um critério seletivo porque o grande problema é que o Aikido não pode ser praticado como uma modalidade qualquer. O Instituto tem que selecionar aquelas pessoas que se voltem para trabalhar o lado interior dos praticantes, buscando uma transformação e evolução espiritual, que sintam conosco uma identificação de interesses e objetivos. Por exemplo, não dá para praticar Aikido – ou ensiná-lo, é claro – num local onde ao lado se desenvolve uma ruidosa aula de aeróbica! A idéia é entrar no *Dojo* como se estivesse entrando num templo, num recinto sagrado e não num parque de diversões. Tudo tem que ser feito com alegria sim, mas também com muita seriedade e disciplina. Por isso evitamos academias com atividades como dança de salão. Pode-se e deve-se procurar o profissionalismo e ganhar dinheiro com o Aikido, mas jamais banalizar ou prostituir a arte!

O objetivo de um Dojo de Aikido é ter a missão de melhorar o mundo tendo nos praticantes pessoas melhores, que sigam as leis naturais. Compensações financeiras devem acontecer decorrentes do cumprimento deste objetivo. Jamais alguém deve abrir um Dojo de Aikido apenas porque precisa ganhar dinheiro. Aikido ensina o amor e este não pode ser pago, e sim dado de coração, e a retribuição deve vir sob a forma de gratidão e junto com um pagamento.

Tenchi Nague. Foto executada na residência do autor por volta de 1994.
Uke:
Sérgio Ricardo Coronel.

A Violência e o Aikido

Desde que nasceu a humanidade vive cheia de violência. Ela é usada para esmagar, destruir e eliminar o adversário, e quando o objetivo é atingido em relação a um indivíduo, vai-se em busca de um outro. O mundo é visto como cheio de divisões irreconciliáveis entre amigo e inimigo, entre bom e mau, entre opressor e oprimido. Ao longo dos séculos as religiões vêm ensinando o amor e a compaixão, a tolerância, e o respeito à vida, porém o ciclo de violência, não diminuiu e podemos vê-la por todos os cantos. Basta lermos qualquer jornal para encontrar guerras, crimes, roubos, em todas as partes do mundo, em todas as cidades, em todos os bairros, e se analisarmos a questão com bastante honestidade, inclusive em todos os lares. Quase todas as pessoas a quem perguntamos se a violência é boa responderão certamente que não é. Ora, se quase todos dizem que não gostam e não desejam a violência, por que ela continua? É preciso encontrar algumas respostas satisfatórias para o problema e se possível sugerir uma solução prática.

O autor acredita que a raiz do problema se encontra no fato de que as pessoas são intrinsecamente diferentes umas das outras e não percebem isto.

Segundo os cientistas, não existe ninguém no mundo exatamente igual a outro, geneticamente falando. Ora, por que então as pessoas pensam que mentalmente, psicologicamente e espiritualmente todas são iguais? A resposta está no que em psicologia chama-se "projeção". Pensamos que os outros pensam e sentem como nós, e esquecemos o fato óbvio de que isto não é sempre necessariamente verdadeiro. Portanto, em nosso contato interpessoal poderemos julgar erroneamente as pessoas e assim criarmos sentimentos e opiniões desfavoráveis a respeito delas e muitas vezes gerando conflitos injustificáveis. É necessário que o homem maduro entenda de uma vez por todas que as pessoas têm sempre objetivos, desejos e opiniões diferentes sobre as mesmas questões. Deus tudo criou, e a realidade para o divino é uma só, porém cada indivíduo vê a mesma coisa de acordo com seus olhos, sua mente, suas experiências, seus preconceitos e sua cultura. "Iluminar-se", como dizem os orientais, não é nada mais do que deixar de ver as coisas através de nossa ótica egoísta e passar a enxergar a realidade como ela realmente é, "absoluta". Existe uma estória *Zen* muito famosa de 4 cegos que foram conduzidos próximos a um elefante e lhes foi pedido que descrevessem o animal. O que pegou na tromba disse que ele se parecia com uma jibóia, o que pegou na pata, disse que se parecia com uma árvore, o que pegou nas presas, disse que era um coral pontiagudo com pessoas no outro lado, e o que pegou na cauda disse que era um animal flexível e longo como um chicote.

Esta estória engraçada na verdade se repete diariamente conosco em nosso relacionamento com as pessoas e com as situações com as quais nos defrontamos, e acabamos manifestando opiniões, comportamentos e reações errôneas em função de igual interpretação dos fatos que nos apresentam. Somente Deus e os iluminados têm a visão da totalidade, os demais homens vivem convictos de certezas que na verdade são ilusões baseadas em percepções limitadas. Muitas vezes, como Dom Quixote, acabamos perseguindo moinhos de vento, acreditando estarmos combatendo inimigos gigantescos e mortais.

Diante do acima exposto chegaremos à conclusão que as pessoas comuns vão sempre achar que o outro está errado em relação a qualquer observação que faça desde que seja diferente da sua, e pior, vai estar convicto disso, e disposto até a reagir usando a violência se a parte contrária desejar fazer com que atue de maneira diversa do que pensa. E mesmo que determinada opinião seja idêntica em relação a algo, isto não significa que será coincidente nas demais questões.

Portanto, fica claro que as pessoas em seus relacionamentos terão sempre motivos de sobra para brigar e usar a violência, diante de um fato do qual tenham visão diferente, mas deverão trabalhar em conjunto se quiserem ter sucesso e serem felizes.

Como poderemos agir para evitar o conflito e eventualmente a sua conseqüente violência?

Teoricamente temos apenas 5 alternativas:

a) Sendo tolerante e aceitando o desejo alheio, gerando violência interna em si.
b) Sendo agressivo e impôr pela força gerando violência no outro.
c) Tentar dialeticamente convencer o outro a ver as coisas de nosso modo.
d) Que ambos os indivíduos se tornem iluminados, e percebam a verdade.
e) Arranjar uma forma de que ambos façam o que desejam sem imposição.

As duas primeiras possibilidades geram violência, a primeira é a dos ditadores e a segunda a dos pacifistas, que se frustram. A terceira hipótese é boa a curto e médio prazo, mas a longo prazo, a tendência é o indivíduo voltar a pensar segundo suas próprias experiências, e se considerado enganado, sentirá ódio e buscará a vingança no futuro usando da própria violência. A quarta possibilidade é a ideal, porém é

KOKI
*Desafiar a si mesmo.
No Aikido não se tem o objetivo de desafiar as pessoas para vencê-las, mas sim a nós mesmos, superando nossas limitações, medos e ignorância.*

teórica, raramente na história encontramos pessoas iluminadas, portanto não pode ser levado em consideração se pretendemos arranjar uma forma prática de resolver o problema que possa ser usada pela maioria das pessoas.

Assim, somente a quinta alternativa é a que, praticamente falando, pode evitar a violência trazendo a paz e a realização individual.

Freqüentemente, pessoas que praticam artes marciais como o Karatê, o Judô, o *Kick Boxing*, o Taekwondo entre outras, procuram o autor em seu *Dojo* de Aikido para treinar e este pergunta a eles quais as razões que os levaram a vir treinar o Aikido, uma vez que eles já estão treinando outras artes marciais. A maioria deles está interessada em conhecer mais a filosofia e o lado espiritual que existe atrás da prática das artes marciais, e sentem que praticando Aikido poderá conhecer este importante aspecto para sua formação como "*budoka*".

Pelo fato do Aikido não ter competições, pode ser praticado como se o adepto estivesse em um templo para reflexão e busca do autoconhecimento, visto não existir em nenhum momento a necessidade de vencer um adversário. A idéia do Aikido é vencer os preconceitos, o receio e o medo, bem como conhecer melhor como somos e aos nossos interlocutores e assim nos adaptando, levar uma vida mais harmônica, produtiva e feliz. Evidentemente que o Aikido, por ser um caminho de vida que usa as técnicas do antigo *Daito Ryu Aiki Jujutsu* que era uma arte marcial da elite do clã Aizu no Japão, oferece enormes benefícios complementares aos praticantes de outras artes marciais. Os karatecas e praticantes de *Kick boxing*, por exemplo, podem aprender a cair em qualquer situação, e as torções, bem como os rolamentos ajudam enormemente a reforçar as articulações e dar flexibilidade e velocidade. Para os praticantes de Judô e lutas de contato, ensina a noção de distância ideal de combate, e como perceber e atingir pontos vitais que podem ajudar a execução de uma técnica eficiente necessária em caso de defesa pessoal. A prática do Aikido oferece ainda um importante aspecto aos praticantes, que é o desenvolvimento social. Grandes amizades são feitas e desenvolvidas no ambiente do *Dojo*. No lugar de enfatizar a vitória através da derrota do adversário, ou competidor, o Aikido ensina na teoria e na prática a tornar o seu oponente um sócio, um colaborador e ambos ganharem. Fica fácil assim entender como esta filosofia de vida pode ser muito útil no mundo moderno, no trabalho, e nas relações sociais, onde o "jogo de cintura", a tolerância, a percepção são tão importantes para alguém ter sucesso e respeito e assim se sentir feliz. Hoje, ser um bom gerente implica basicamente em saber administrar conflitos, e esta é a grande competência do Aikido.

Alguns dizem que o Aikido é um arte elitista, e que a maioria de seus praticantes são pessoas com cursos universitários e bem posicionadas na vida. Se é verdade que nos *Dojo* de Aikido dificilmente são encontradas pessoas com pouca cultura, por outro lado eles estão abertos para todas as pessoas de bons princípios e caráter. Porém é verdade que dificilmente alguém com más intenções, anti-social, ou com personalidade briguenta e competitiva, permanece nos *Dojo* de Aikido, que são verdadeiros templos para o aperfeiçoamento individual e social. É bom lembrar que o Aikido cresceu muito na última década no Brasil, e infelizmente existem pessoas ensinando a arte sem autorização, clandestinamente, em função da fiscalização ser difícil devido ao tamanho do país. Por isto, antes de entrar em um *Dojo*, o interessado deve saber se o responsável pelo grupo efetivamente recebeu esta delegação de uma organização séria, ou se seu mestre que lhe autorizou a ensinar, realmente era um *Shihan* (pessoa com 6º grau, ou acima). Como não existem competições que permitiriam comparações, fica fácil para alguém ensinar Aikido em um lugar onde não existam pessoas que conheçam a arte corretamente. Basta comprar uma faixa preta, e se dizer "Mestre" e com isto muitas pessoas podem ser enganadas. A Confederação Brasileira de Aikido - Instituto Takemussu - Brazil Aikikai, não é a única organização idônea no Brasil, há outras, mas certamente pode ser procurada para confirmar informações e denunciar professores clandestinos que deturpam o trabalho sério que vem sendo feito para desenvolvimento desta arte no país. Um bom professor de Aikido é sempre uma pessoa culta, de excelente caráter e tem uma técnica bonita, mas também deve ser eficiente em termos marciais. Muita gente no Brasil ainda faz *"ballet"* e diz que é Aikido.

Um bom teste para se fazer com alguém que diz que ensina *"aikido"* é segurar-lhe os pulsos fortemente e pedir para ele derrubá-lo sem aplicar um *atemi* (soco). Se ele não for capaz, certamente ainda não aprendeu o básico na arte. Dificilmente alguém com nível inferior a 3º *Dan* faixa preta, tem condições de ensinar corretamente sem a supervisão de um mestre habilitado.

Quando se pensa em Judô ou Aikido, imagina-se imediatamente alguém derrubando outra pessoa sem fazer força. Como é possível uma pessoa mais fraca conseguir derrubar uma pessoa mais forte? O segredo foi contado em um antigo tratado de arte marcial chamado *"Ryuko-no-Maki"*, que diz:

"Se o inimigo vem contra mim eu o recebo, se ele se afasta eu o deixo ir. Frente a frente com seu opositor nós entramos em harmonia com ele. Cinco mais cinco são dez, dois mais oito são dez, um mais nove são dez".

Isto tudo mostra a essência da harmonia. Explicando melhor este princípio *"Wa"* ou *"Aiki"*, como se diz no Aikido, que norteou todas as artes marciais de desequilíbrio no Japão, expressado em termos modernos se diria que é o princípio da "suavidade". O Judô tradicional, que ensinava a não usar a força, como o Aikido atualmente, pode ser definido como o "Caminho Suave". O antigo *Jujutsu* originou-se como um método de defesa entre os homens que mais tarde evoluiu como uma arte refinada visando desenvolver nos praticantes uma atitude de formação moral e de doutrina de vida. Esta foi a proposta do grande educador japonês Jigoro Kano, o fundador do Judô, e não simplesmente ganhar medalhas de ouro. O princípio da suavidade ensina que os praticantes não devem ir contra a força do oponente, mas sim com ela, mantendo uma postura firme, sem perder seu equilíbrio físico, psicológico, moral e mental. Se alguém nos ataca com uma força equivalente a 50 Kg e se juntarmos a ela, na mesma direção, com mais nossos 50 Kg teremos uma força

"Wa"

Harmonia - é uma razão suficiente para praticar o Aikido buscar este aspecto junto com a pureza, a simplicidade e o respeito. É a essência de Niguimitama.

de 100Kg à nossa disposição para usarmos como quisermos, se desenvolvermos a capacidade de conduzi-la. Se através do treinamento persistente, disciplinado, com um bom professor, aprendemos a manter nosso equilíbrio quando juntarmos as forças, podendo dirigir e conduzir nosso adversário para onde desejarmos, aproveitando a nosso favor sua própria força.

ESTE É O GRANDE SEGREDO DO JUDÔ E DO AIKIDO.

Existe, no entanto, outro aspecto importante que é o momento em que fazemos a junção com nosso oponente. Basicamente existem três momentos possíveis para entrar-se no adversário mecanicamente. O primeiro, quando o oponente inicia a técnica; o segundo quando ele termina e o terceiro quando o defensor inicia uma técnica e é bloqueado. Com o treinamento adequado pode-se aprender a pressentir o momento correto de entrar e sempre em sintonia com o agressor, fazendo o que o Aikido se chama de *"Kokyu"*, o *"timing"* correto. Sem conhecer o *Kokyu*, não há como entender o princípio da não-resistência na

TANDO
Busca pelo Caminho

prática e o aikidoísta ou judoca não conseguirá aplicar sua técnica com eficiência e sem fazer força. Os japoneses e os orientais em geral descreviam a força de uma pessoa em termos de *"Ki"* (espírito, percepção, energia vital). Assim, a energia vem do espírito e o movimento do corpo é afetado pela vontade. Issai-Chozan, um antigo espadachim dizia:

"O espírito carrega a mente e controla o corpo".

Através de nosso *"Ki"* (percepção), podemos detectar o movimento de alguém que nos ataca e, no momento correto, podemos nos unir a ele aplicando nosso próprio movimento ao do adversário, conduzindo-o em um movimento circular que sai de nosso próprio *Hara* (centro de gravidade no abdômen). Uma experiência muito fácil para se entender a verdade deste princípio é quando tentamos pegar um pernilongo ou uma mosca. Se esperarmos ela pousar em alguma coisa fica difícil, pois ao nos aproximarmos ela voa. Mas, se tentarmos pegar o inseto em pleno vôo, percebemos a trajetória que ela vai percorrer e fazendo nossa mão percorrer este caminho, fica bem mais fácil. Assim, conclui-se que o *"know how"* diferencial do Judô e do Aikido consiste basicamente em conseguir se adaptar ao ritmo de nosso adversário, ou agressor. Infelizmente no próprio Judô moderno a preocupação com este aspecto superior da arte foi negligenciado em função da vitória nas competições, que passaram a se dividir em categorias por pesos. Os praticantes de Judô e Jiu Jitsu atualmente em geral procuram desenvolver mais a força, o vigor físico e a velocidade em busca das medalhas de ouro olímpicas, no lugar de praticar o desenvolvimento da percepção e do *"timing"*, em que reside o verdadeiro espírito das artes "suaves". Se por um lado, em termos práticos esta ênfase na parte física realmente consegue vitórias que deixam os esportistas e patriotas, orgulhosos de seu país, felizes, sentindo-se "vencedores", com relação à formação de um ser humano mais sociável e mais adaptável às situações do cotidiano, deixa a desejar. Felizes são os alunos de Judô, que têm um professor que valoriza as tradições ensinadas por Jigoro Kano, baseadas no *"Wa"* (*Aiki*). O Aikido não introduziu competições em sua prática e assim é ainda uma arte ideal, para que

Koufuku
(Felicidade)
Ela depende do coração e não da razão, embora esta tenha os meios para satisfazer o primeiro. Inverter a ordem a afugenta.

este importante aspecto da cultura japonesa possa ainda ser praticado. Acredito que praticantes de Judô podem se beneficiar bastante tecnicamente praticando o Aikido, que manteve-se fiel ao *"Wa"*, que é muito difícil de ser dominado. Mas, uma vez com ele, pode-se praticar a arte com eficiência até o fim da vida. Muitos principiantes de Aikido querem vencer pessoas mais fortes, com alguns meses de treino. Isto é impossível. Dominar o princípio do *"Aiki"* leva muito tempo e, sem dúvida, necessita da presença de um bom professor que conheça esta essência. Há muitos bons professores de Judô no país que também sabem este segredo, o iniciante interessado deve ter paciência e procurar realmente o *Dojo* adequado pois nem sempre aquele que se diz professor de Judô realmente o é. Não se deve começar a praticar Aikido em um local, simplesmente porque existe lá uma placa com este nome, e porque o "professor" usa uma faixa preta na cintura. É necessário investigar o professor, a linha a que ele pertence, o tempo que ele pratica, e principalmente saber quem foi seu professor. Um *Shihan* (mestre máximo) responsável, jamais promove ou designa pessoas para ensinar sem que estas estejam perfeitamente capacitadas.

O verdadeiro Irimi é um avançar em direção ao ataque tão próximo da linha central quanto possível para evitar que o atacante possa manobrar. Um antigo ditado japonês dizia: "Deixe o inimigo cortar sua pele e corte seu osso."

Artigos

HOTEI
Um dos deuses da sorte, está sempre disposto a atos de boa vontade, até carregando pessoas.

O Mais Difícil Trabalho de Hércules

O texto abaixo teve origem no instrutor Constantino Dellis, e o autor fez questão de fazê-lo constar neste livro. Afinal, Costa é grego. Na foto acima ele projeta seu aluno Marcelinho em um Kotegaeshi.

Desde quando abri meu Dojo em Sorocaba, sempre tive em mente praticar a arte do Aikido como um caminho para o auto-conhecimento e iluminação espiritual. Abaixo segue um texto desenvolvido por meu aluno Dr. Marco Antonio Bonadia que nos faz refletir sobre nossos verdadeiros inimigos e as soluções que a Prática Marcial nos dá:

"Você com certeza já ouviu falar nos doze trabalhos de Hércules. Personagem da mitologia grega, Hércules foi um grande guerreiro, filho de Zeus, o maior dos Deuses, e de uma mortal, Alcmena. O pai dotou-o de uma força prodigiosa que iria torná-lo um herói invencível. Hera, mulher de Zeus, que sempre procurava se vingar, de um jeito ou de outro das aventuras extraconjugais do marido, dotou o herói de um gênio irascível, incontrolável, explosivo, destruidor. Num de seus acessos de raiva, Hércules, descontrolado, matou sua mulher e os filhos. Foi então condenado pelos Deuses a realizar doze trabalhos dificílimos, e só depois disso dariam a ele o perdão pelo crime terrível que tinha cometido.

O primeiro desses trabalhos foi a caçada ao Leão de Neméia. Era uma fera terrível, que amedrontava a população da vizinhança, e não se podia fazer nada para matá-lo pois flechas, punhais e espadas não conseguiam penetrar sua pele, que era invulnerável. O leão morava numa gruta funda e escura e, ao aproximar-se, Hércules viu os restos mortais de muitos valorosos guerreiros que já tinham sido derrotados pelo monstro. Lanças e espadas de todos os tipos quebradas pelo choque contra a pele indestrutível juncavam o chão.

O herói não vacilou e nem se amedrontou. Aproximou-se da caverna e quando a fera saiu e o atacou, Hércules não lutou contra ele e nem tentou atingi-lo: apenas abriu os braços e envolveu a fera apertando-o tão fortemente que ele morreu sufocado. Hércules então retirou a pele do leão e passou a lutar nas batalhas envolvido nela, *usando-a como escudo, o que lhe garantiu sempre uma proteção contra flechas, espadas e lanças do inimigo.*

Essa história, como as outras das diversas mitologias, guarda um ensinamento precioso. O leão representa as forças agressivas e as necessidades instintivas que todos temos dentro de nós.

Essas forças não podem ser destruídas porque fazem parte da nossa constituição psíquica. Mas elas podem nos destruir, se a gente não souber lidar com elas.
Uma situação básica, talvez a mais básica da existência, e que ocorre com os animais de um modo geral, incluindo aí os seres humanos, é a reação de ataque e defesa. Quando um animal qualquer é atacado ou ameaçado, desencadeiam-se reações orgânicas muito semelhantes, seja ele um ratinho, um imenso elefante ou um ser humano. Através de um complicado mecanismo comandado pelo cérebro, é lançada na circulação uma substância chamada adrenalina. Como conseqüência, a musculatura se contrai para preparar o animal para uma movimentação rápida; aumenta o nível de glicose no sangue porque ele pode precisar de um combustível extra; sua pupila se dilata para que veja melhor; o coração acelera para que o sangue chegue mais rápido a qualquer parte do corpo e os vasos sanguíneos se contraem para evitar perdas desnecessárias de sangue se houver luta; a respiração acelera, melhorando a oxigenação do organismo e pronto: o indivíduo está pronto para atacar ou para fugir se o oponente for maior e mais forte. É como se um carro a 40 km/h fosse repentinamente acelerado a 130 km/h para atravessar um terreno acidentado. Por isso é que, uma vez passado o perigo, tudo volta ao normal. A adrenalina baixa e todas aquelas alterações regridem, com o indivíduo se acalmando e se recuperando. Essa reação de medo/ agressividade é a base de todas as nossas emoções. Quando somos ameaçados, sentimos medo e procuramos nos defender atacando ou fugindo, não importa qual nossa condição social ou até mesmo se somos seres humanos ou animais inferiores.

Quanto mais poder temos em nossas posições, quanto mais seguros estamos nelas, quanto menos queremos mudar, quanto mais difícil foi chegar a esse ponto, mais medo temos de perder o que conseguimos e mais nos sentimos amedrontados ou agressivos quando algo ou alguém nos ameaça.

Imagine que você é um atleta que fez um duríssimo trabalho de preparação para participar de um campeonato mundial. Esse trabalho consumiu tempo, dedicação e muito sacrifício. Aí, um belo dia você vem dirigindo calmamente quando o motorista à sua frente freia bruscamente e você bate levemente em sua traseira devido àquela manobra intempestiva. Você desce e agride violentamente com palavras o motorista imprudente, embora este seja um homem franzino e idoso e não um vigoroso atleta como você.

O que se observa nessa reação? Por baixo dessa agressividade se encontra o medo de ver todo o seu sacrificado trabalho perdido por causa da imperícia de um motorista, num acidente banal daqueles que acontecem às centenas nas grandes cidades. Por baixo de cada demonstração de raiva, de agressividade, existe o medo. Quer ver? Interrompa sua leitura por alguns momentos e lembre da última vez que você teve raiva, daquelas enormes que nos deixam fora de controle. Lembrou? Agora pergunte a si mesmo: do que você tinha medo? Ficou com raiva do seu filho porque pegou o carro sem avisar? Será que você não ficou com medo de que ele se ferisse em uma batida? Raiva daquele colega de trabalho que apontou um erro em seu relatório?

Será que não foi medo de perder uma promoção? Seu amigo lhe disse umas verdades e você ficou irritadíssimo? Será que você não ficou com medo de encarar, de reconhecer a sua parte má, essa escura e desconhecida que todos temos? Essa parte que, como o leão de Neméia da história de Hércules, mora nas cavernas escuras do nosso inconsciente?

O que temos que fazer é aquilo que Hércules fez com o leão. É ir ao encontro dessas forças de braços abertos, reconhecê-las como nossas, entrar em contato com elas e depois dominá-las usando nossa inteligência e nosso discernimento, colocando-as a nosso favor, fazendo com que elas trabalhem para nós. Medo e Raiva: um encobrindo o outro, andando tão próximos que muitas vezes se confundem e parecem ser a mesma coisa. A fúria injustificada, o julgamento precipitado e injusto, a agressão gratuita são frutos de um desconhecimento das feras que habitam sua mente, que lá são colocadas e alimentadas pelas frustrações, pelos conflitos, pelo stress do nosso dia-a-dia.

Devemos lutar sempre com elas, assim como Hércules lutou contra o seu leão: enfrentando-as de frente, com a coragem, a força e a determinação que o treinamento austero e disciplinado nos traz, tendo sempre em mente um dos ensinamentos de Ô Sensei:

"A prática do Aikido tem por princípio o autoconhecimento".

Pois é através da busca do autoconhecimento que iremos identificar com clareza e lutar com todas as nossas forças contra o maior, mais feroz e mais real inimigo, que somos nós mesmos. É por isso que o primeiro trabalho que Hércules teve que fazer foi dominar o leão. Só depois é que empreendeu as outras tarefas que resgatariam seu crime perante os Deuses. E o homem, enquanto não dominar seus instintos agressivos, não estará pronto para as outras tarefas da sua vida."

O Aikido entrou em meu sangue e a transfusão foi feita por meu professor Wagner Bull e tento aqui em Sorocaba, no Kokoro Dojo, reproduzir o seu trabalho feito em São Paulo e no Brasil.

Constantino Dellis, Sandan e Fukushidoin, aluno direto do autor, e um dos principais líderes do Instituto Takemussu e do Brazil Aikikai. Construiu em Sorocaba-SP, um dos mais bonitos Dojo de Aikido do mundo, que é um orgulho para o Aikido brasileiro, fruto de seu grande amor pela arte, associado a sua capacidade como empreendedor. É um dos alunos do Instituto Takemussu que mais lembram o autor no que tange às técnicas de Aiki em 2003 e é atualmente um modelo para todos os demais alunos neste sentido. É o Dojo-cho do Kokoro Dojo. Entre seus alunos destacam-se os instrutores Eduardo Pellegrini, Douglas, Marcelinho, Marcos Bonadia, Marcos Paulo, Letícia Gomes, por enquanto.

AIKIDO, UM CAMINHO PARA O SÉCULO XXI

O Aikido é um caminho marcial criado em 1942, alicerçado no *Aiki Jujutsu* e no Xintoísmo, o primeiro com mil anos de existência e o segundo tão antigo quanto o povo japonês. A arte foi feita para inspirar. O Instituto Takemussu, apoiado pela Confederação Brasileira de Aikido e filiado ao Aikikai de Tóquio, localizado no bairro de Shinjuku, é um dos principais centros do país e vem divulgando e ensinando este rico aspecto da cultura japonesa. Recebe a orientação internacional do mestre Yoshimitsu Yamada, 8º *Dan*, que foi aluno direto do criador do Aikido. Esta arte, à primeira vista, é imediatamente associada aos samurais, aos monges e à refinada cultura japonesa.

Nos seus 15 anos de existência no Brasil, o Instituto Takemussu vem ensinando aos amantes dos caminhos (*Do*), as idéias de Morihei Ueshiba, o "Kaiso" (fundador), através de centenas de publicações, livros, programas de televisão, jornais e demonstrações práticas abertas ao público, fazendo com que as pessoas interessadas, ávidas por compreender melhor o que significa o "*Budô*" (Caminho Marcial), se tornem verdadeiros amantes desta importante arte criada no Japão. Com uma filosofia de vida tão importante para o mundo moderno, e de aplicação para toda a humanidade nos dias conturbados de hoje, a proposta do Aikido é oferecer aos interessados uma coletânea de todas as situações de conflito por que passam no seu dia-a-dia, e ensiná-las a resolver estes problemas que vêm se agravando em função do aumento populacional e da mistura de raças e culturas, além das idéias trazidas pela globalização e que atingem a todos, indiscriminadamente.

Na verdade, enganam-se aqueles que pensam que as idéias do Aikido são apenas um mosaico privilegiado para lutadores, religiosos, ou estudantes da cultura japonesa. A arte é uma forma de penetrar em todas as frestas da vida humana, fazendo-nos refletir sobre o porquê de nossos sentimentos, pensamentos, dúvidas e relações pessoais, e muito mais do que isto, oferece ao praticante a oportunidade de resgatar algo que a rotina diária insiste em roubar, ou seja, a magia de viver! O Aikido é simples, e ao mesmo tempo complexo. Complexo pela enorme quantidade de técnicas, idéias e filosofias que engloba, mas simples e pessoal como deve ser tudo aquilo que nos fala direto ao coração.

Neste mundo moderno, onde a preocupação de quase todos está voltada para ganhar dinheiro, posição social, prazer e poder, os homens acabam, lentamente, perdendo a ética e passando a se comportar como irracionais, deixando de cultivar o lado humano, as boas maneiras, a tolerância e o amor, no qual o "*Kokoro*" (coração) deve ser o centro das ações. As pessoas, por perderem sua sensibilidade, concentrando-se apenas na mente racional, esquecem-se que na vida há instantes simples, sem qualquer glória, desinteressados, mas todavia cheios do mais genuíno e puro prazer. Muitas das questões que julgamos complicadíssimas, podem ser facilmente resolvidas pelo Aikido, que mostra o caminho da naturalidade e da espontaneidade. O homem moderno necessita voltar às suas origens e descobrir a profundidade que existe na

Douglas Barbosa Dias, executando Shiho Nague em um Gashuku geral.

simplicidade, ou como se engana ao imaginar que ao tentar resolver seus problemas de forma simples possa ser confundido com uma ação superficial. A vida é uma soma de instantes, é dinâmica na troca de energias e de luz, e mesmo um capitalista, egoísta e racional, traz no coração uma saudade, uma necessidade de voltar a se integrar com seus irmãos e com a natureza, pois a felicidade é amor, é irmandade, é troca, e principalmente, calor humano.

Praticar Aikido é integrar-se com a força vital, o "*Ki*", que impregna toda as coisas vivas; é integrar-se com as energias físicas, emocionais e mentais que nos envolvem em todos os momentos. É necessário termos a compreensão de que não é apenas com os bons acontecimentos e com amor que existe o progresso, mas que são os sofrimentos e os reveses que realmente nos ensinam e educam para viver mais conscientemente, mais sentimentalmente e, principalmente, que apenas através do amor para com todos os seres e coisas da natureza, o homem pode realmente encontrar seu caminho. O Aikido pode ser a porta.

Luis Ricardo Silva era Sandan de Karatê quando no começo da década de 90 decidiu aprender Aikido com o autor. Morava em Juiz de Fora mas a distância não foi obstáculo que o impedisse de estudar o que ele colocou como seu Budô ideal. Através de muitas viagens e estadias com enorme sacrifício, acabou aprendendo a arte e no ano 2003 foi promovido a Sandan e é o Presidente da Federação Mineira de Aikido e já formou vários faixas pretas de excelente nível.

Tigre ou Tartaruga?
(artigo escrito pelo autor na revista Kiai)

Muitos aikidoístas pensam que porque são rápidos e têm bons movimentos, são superiores. Esquecem que os parâmetros que formam uma pessoa sábia e talvez ocupante de uma posição mais alta na hierarquia da vida, envolve muitas outras qualidades. Principalmente os jovens cometem o erro em valorizar certos aspectos que em determinado momento parecem ser os mais importantes. A experiência da vida ensina que não é assim, cada um é rei naquela missão que a natureza lhe deu e é único. A iluminação consiste em ver as pessoas e as situações considerando todos os aspectos, evitando julgamentos relativos.

Outro dia, um aluno de um outro *Dojo* não ligado ao Instituto Takemussu, perguntou-me:

"*Sensei*, eu já pratico há 2 anos o Aikido e ainda sou faixa amarela, no entanto eu e meu amigo entramos no *Dojo*, na mesma época, e ele já é faixa azul. Acho que meu professor está me perseguindo e não me promoveu porque o outro lhe "puxa o saco" e lhe dá presentes. O senhor diz em seus livros e artigos, que não existe competição no Aikido, e no entanto eu me sinto "por baixo", pois, claramente, ele ganhou de mim, e convenceu meu professor que é melhor que eu, e por isso recebeu as promoções. Na verdade, portanto, eu competi com ele e perdi!"

Este depoimento, a meu ver, acontece não somente nas academias de Aikido, mas em todas as organizações humanas, seja nas empresas, nas escolas ou em outros grupos. Este problema, em ver o outro progredindo e indo na frente da gente, pode trazer tanto descontentamento que achei importante escrever um artigo sobre o assunto tentando trazer luz à questão.

Luta ou conflito, pode ser entendido com poder se chocando com poder. Muita gente pensa que *Budô* é ser atacado por alguém, ou atacá-lo e vencê-lo. Nada pode estar mais errado do que isto, e é este conceito errado sobre o Aikido e o *Budô* em geral, que trouxe o sentimento negativo neste aluno que me procurou, aliado a um outro problema mais grave que é a falta de percepção da realidade. O Aikido é uma arte marcial que procura ficar totalmente ligada ao conceito de *Budô*, cujo ideograma chinês é composto de dois significados: o primeiro é a "arma contundente" e o outro é "parar". Ou seja, o objetivo do *Budô*, e do Aikido, é parar a arma, parar a agressão.

Isto significa que a essência das artes marciais com o sufixo "*Do*" em seus nomes, como *Judô, Aikido, Karatê-Dô* e *Kendô*, é ensinar o praticante a não procurar

Hikitsuchi Sensei, à esquerda, tinha muita facilidade para aprender artes marciais, persistiu no treinamento e o Fundador acabou promovendo-o para 10º Dan e é um exemplo raro. No entanto, o Fundador mesmo não conseguiu o diploma de mestre "Menkyo Kaiden" de seu Prof. Takeda, como Takuma Hisa, por exemplo, que também foi inicialmente aluno do Fundador. Ô Sensei, no entanto, persistiu até o final da sua vida buscando lentamente, mas em constante progresso, e acabou se tornando um dos maiores budokas do Japão, e foi o criador do Aikido, arte que possui a essência do Budô. Na experiência de professor do autor, ele tem percebido que os principais instrutores de Aikido atualmente foram pessoas que tiveram dificuldades iniciais mas que perseveraram de forma disciplinada. Lastimavelmente parece que uma boa parte dos que têm grande facilidade de aprender, se satisfazem com a superficialidade e desistem depois de certo tempo, fazendo com que seus esforços e dedicação do professor acabassem sendo inúteis e desperdiçados e a maioria aparenta não ter consciência de que facilidade para algo indica que devem persistir no que fazem principalmente se sentirem que gostam do que estão fazendo. Muitos não têm consciência da missão que o Universo deu a cada um. O importante não é o progresso rápido mas não se ficar estagnado ou se contentar com aspectos gerais, superficiais. A maestria exige aprofundamento. Assim, quando gostamos de algo, isto significa que aquilo faz parte de nossa natureza e é nosso dever persistir para eliminar os obstáculos impeditivos de realizarmos nossa missão e jamais devemos cair no erro de abandonar sonhos devido a dificuldades iniciais ou ao progresso lento.

causar o sentimento de derrota em seu oponente, nem tampouco destrui-lo, mas tentar conseguir arranjar uma forma de transformar seu sentimento agressivo, portanto destrutivo, em algo positivo, construtivo, e fazê-lo perceber que, ao querer derrotar seu oponente estará na verdade contrariando uma lei do Universo, portanto divina. Neste sentido, o *Budô* se assemelha a religião, que quer ensinar o homem que está fora das leis de Deus, a voltar para o "Paraíso". Por esta razão é que invariavelmente todos os grandes praticantes de *Budô*, ao envelhecerem acabam por se tornarem religiosos, ou filósofos, pois com o tempo percebem a profundidade e a essência de seus caminhos *"Do"* e acabam se voltando para o lado espiritual. Existem várias formas de explicar o que constitui o *Budô*, mas ninguém poderá negar, se entendeu, o que a arte significa, que o objetivo da prática é trazer o espírito de paz e harmonia, e isto significa interagir com as outras pessoas, sem usar da violência.

Infelizmente algumas artes marciais não conseguiram evitar que as competições que foram introduzidas em seus ensinamentos, deixassem de influenciar os alunos no sentido de quererem vencer os outros, como um esporte comum, e assim valorizarem o "ego" através da vitória sobre os semelhantes. Este espírito "desportivo", esta necessidade de vencer o outro para se sentir bem e sua valorização, é a primeira das causas que fez o aluno me procurar reclamando do fato de seu antigo professor não tê-lo promovido. "*Aiki*", de Aikido, significa unir energias, unir esforços, procurando harmonia com poderes opostos. Esta é a origem das técnicas de Aikido, e é neste princípio que todas elas estão embasadas. Se alguém pratica Aikido, e sente prazer em vencer, ou derrotar o outro, certamente ainda não entendeu nada, ou está sendo mal orientado. O que a maioria das pessoas aprende em competições e a habilidade comparativa e relativa, em se derrotar os outros, cujas forças ou habilidades em determinada situação ou época são mais fortes. Mas é realmente importante saber quem é melhor ou pior em determinado aspecto? Seria o treinamento em artes marciais somente uma questão de ensinar as pessoas a vencer em determinado aspecto?

Nós aikidoístas achamos que não. Entendemos que a ênfase nas artes marciais deve ser para melhorar as habilidades que a natureza nos deu, e procurarmos compreender melhor a nós próprios e aos demais seres do planeta, para que possamos somar nossas energias e competências com os demais e assim, em um trabalho cooperativo ambos se beneficiarem com esta sociedade. Pode-se dizer que o Aikido é uma caminho para ensinar as pessoas a aprenderem a trabalhar em sociedade que não se estaria muito longe de seu propósito.

Vamos observar a natureza. Poderia uma tartaruga competir com um tigre? Acredito que meditar sobre estes dois oponentes tão diferentes, portanto extremados, nos ajudariam a deter comparações mais sutis. Se formos criar uma competição em quem ganha uma corrida, ou quem teria mais força, certamente a tartaruga perderia. Porém, se formos criar uma competição para ver quem suporta mais tempo debaixo da água, ou quem vive mais tempo, certamente ganharia a tartaruga. Assim, toma-se claro que em competições o conceito de vitória depende das regras, e portanto é relativo. Não tem qualquer valor individual. O que a tartaruga pode fazer é treinar para cada dia poder ser uma tartaruga melhor, nadar mais rápido, tentar se locomover na terra mais rápido, entre outras habilidades, para que possa sobreviver melhor como tartaruga. O mesmo se passa com o tigre, o que ele pode fazer é cada dia desenvolver melhor suas condições de tigre, ou seja, tornar-se um tigre com todas as potencialidades que lhe foram dadas pela natureza e não "poluído" devido a doenças do corpo por condicionamentos e toxinas que o levem a agir fora da realidade. Acredito que isto explica a primeira razão da insatisfação do aluno de outro Dojo que me procurou. Vamos agora à segunda questão:

"Por que razão uma tartaruga decidiria competir com um tigre, se não tem sentido esta competição?" A razão está no fato desta tartaruga hipotética estar com seu cérebro deturpado, doente, pois não estaria vendo a realidade, que ela como tartaruga, não necessita vencer o tigre por razão nenhuma. Se colocarmos um tigre recém-nascido junto com pessoas o tempo todo que lhe tratem carinhosamente e que lhe seja dado todo o alimento e sexo que necessitar, certamente ele perderá sua verdadeira natureza e não mais se adapta-

A tartaruga vai sempre perder para o tigre em solo firme em uma corrida, mas debaixo da água ela é a campeã. Cada ser humano tem um ponto alto e um baixo por isto, a competição será sempre injusta, pois as pessoas são diferentes e com potenciais diversos. A única disputa justa é aquela do indivíduo consigo próprio, tentando superar suas limitações.

89

José Ortega começou a treinar Aikido com mais de 60 anos. Era duro e tinha enorme dificuldade em fazer as quedas. Mas com sua tenacidade e orgulho de espanhol tradicional, venceu todas as barreiras e dificuldades, e chegou a faixa preta com bom nível técnico antes dos 70 anos e de quebra acabou escrevendo um livro sobre Aikido. Era um entusiasta e uma legenda no Instituto Takemussu e foi muito querido por todos. Quiz o Universo alguns meses depois de seu exame, que recebesse seu certificado de Shodan, concedido pelo Doshu no Japão, no mundo dos deuses. Pois em outubro de 2002 desencarnou, e hoje permanece na memória dos que o conheceram como o "Kami da Alegria".

rá na floresta. Perderá sua essência por uma educação e comportamento errado.

Esta mesma escuridão acontece nos seres humanos. Por falta de boa educação, percepção e visão interior, as pessoas não conhecem suas verdadeiras naturezas, e assim não se dão valor, e vão no lugar de valorizar suas capacidades, querer copiar outras pessoas, achando que elas é que são o modelo, quando na verdade o verdadeiro modelo é o espírito pelo qual o Universo moldou seu corpo. E mais, para provar isto para si próprias têm necessidade de derrotar as pessoas que admiram em seus próprios domínios para se sentirem seguras.

Esta é a grande escuridão em que vive a maioria das pessoas, e é um ponto fundamental para ela a "Iluminação", para que possa viver em paz e feliz. Esta qualidade é a outra condição que o *Budô*, como o Aikido pretendem desenvolver nos praticantes.

Voltando a esta pessoa que me procurou. Na verdade o que acontecia é que ela não se conhecia, e também não conhecia seu amigo. Ela era uma tartaruga, e seu amigo um tigre. No lugar de procurar desenvolver seus aspectos positivos, e assim conseguir suas promoções, tentou desenvolver as qualidades que ela não tinha por sua própria natureza, e evidentemente não conseguiu, ficando para trás nas promoções. Ou seja, no lugar de como tartaruga, procurar nadar melhor, e mais profundo para capturar melhores comidas, ela tentou vencer o tigre treinando subir em árvores. Não é da Natureza da tartaruga subir em árvores, este não é um aspecto importante para ela, como o é para o tigre.

No Aikido - e eu falo isto com segurança, aquele praticado aqui no Instituto Takemussu, as promoções são feitas de acordo com o progresso individual de cada um, não existe um padrão a ser perseguido. Cada um será promovido na medida em que evoluir dentro de suas condições. Ou seja, fazendo uma metáfora, uma tartaruga ganharia uma faixa, quando nadar melhor, por exemplo, mas como tartaruga. Se a tartaruga conseguisse correr digamos 1 cm a mais por minuto, isto seria considerado um grande progresso. Evidentemente que o mesmo critério seria muito diferente para um tigre. Assim, nos Dojo do Instituto Takemussu e em geral em todos os bons dojo de Aikido, treinam crianças, velhos, atletas, sedentários, e praticantes competentes em artes marciais, e cada um é tratado de acordo com sua natureza absoluta, jamais fazemos comparações, pois como se explicou, elas não são naturais. A competição, se é que ela deva existir, é da pessoa com ela mesma. Este é o critério que o verdadeiro professor de Aikido deve ter ao julgar seus alunos.

No entanto, existem muitas pseudo-academias onde se diz que se ensina *Budô* e a competição "per si" é estimulada. Na verdade, isto não acontece. Mesmo no caso do Aikido existem pessoas que estão ensinando a arte de forma deturpada. É muito importante à pessoa ao praticar qualquer *Budô*, que procure saber antes de se matricular em uma academia (*Dojo*), quem é o professor, sua experiência, a que grupo está ligado, de onde aprendeu sua arte. Não é porque alguém coloca uma placa na frente de uma academia dizendo que ensina *Budô*, que isto seja verdadeiro. Da mesma forma que existem médicos charlatães, pastores vigaristas, profissionais incompetentes, também o mesmo ocorre nas artes marciais. No caso do Aikido, é muito importante que o chefe do Dojo seja alguém que tenha recebido a transmissão da arte de um professor que tenha tido contato direto com o Fundador do Aikido, ou que tenha recebido permissão para ensinar de um professor que o tenha sido, e esta pessoa deve ter reconhecimento nacional e internacional comprovado. Também é necessário que se observe os alunos nas academias em que se deseja ingressar, e que se converse com eles, e verifique se estão conscientes do verdadeiro espírito da arte. Muitos pseudo-professores exibem diplomas que foram comprados ou conseguidos com bajulações, ou favores, e não através de competência, como se deveria. Infelizmente existem organizações de artes marciais cujo propósito é apenas ganhar dinheiro, e explorar a boa vontade e a credulidade das pessoas. Muito cuidado, portanto, na escolha.

Seigo Yamaguchi, relativamente falando, era um mestre extraordinário, bastava tocar nele para se perder o equilíbrio. No entanto, não tinha o "Kokyu Ryoku" de Shioda Sensei, o carisma de Tohei Sensei, a espiritualidade de Hikitsuchi Sensei, a liderança de Kishomaru Sensei e assim por diante. Todos têm uma abundância e uma carência, portanto, ninguém pode criticar a fraqueza de outro e por isso achar-se superior. O rio não critica a montanha por estar parada e a montanha não critica o rio por estar aos seus pés. Na maioria das vezes uma virtude implica necessariamente em um defeito. A média reside no caminho do meio termo por onde tudo oscila. Logo, devemos desfrutar das virtudes das pessoas e sermos tolerantes e nos precavermos com os seus defeitos sem querermos mudá-los. A natureza sabe o que e por que faz. Tudo nesta vida tem um propósito. O que cada um pode fazer é diariamente aperfeiçoar seus talentos e jamais querer ser igual a outro que lhe é diferente e que tem outra missão a realizar na grande natureza, o "Daishizen".

Uma boa academia de Aikido, atualmente, uma vez que a arte é relativamente nova, está sempre reconhecida por uma federação internacional e deve ter em sua presidência, alguém que foi aluno direto do Fundador ou que dele tenha aprendido e portanto recebeu a tradição "de coração para coração". O ambiente interno do *Dojo* é extremamente marcial, mas sente-se um clima de harmonia, disciplina, amizade e cooperação entre todos. O professor é respeitado pelos alunos, não apenas como um excelente artista marcial, mas também por sentirem os alunos que é uma pessoa madura, e capaz de dar bons conselhos. Aikido sem maturidade em um professor da arte, ou maturidade sem competência marcial, são claros sinais de incompetência e de indicação de que o *Dojo* não é adequado.

A IMPORTÂNCIA DA FILOSOFIA

O Aikido, antes de ser uma técnica, é acima de tudo, uma filosofia. Este *Budô*, bem definido, foi arquitetado tendo como base uma filosofia, ou a maneira como os seus criadores percebiam o mundo com tudo o que os cercava, entendendo como se a energia *"Ki"* permeasse tudo o que existe na Natureza, e o objetivo da prática seria se harmonizar com esta energia. Portanto, podemos dizer que a técnica é a forma visível desse entendimento. Mas, isto não se faz sem um conhecimento muito grande e profundo do ser humano, das suas ações, dos seus impulsos e das suas mínimas reações, pois é o corpo o instrumento de que dispomos para sentimentos e emoções.

Ter uma técnica eficiente, implica em desenvolver essas habilidades motoras no sentido de maximizar todas as suas possibilidades. Nosso corpo "fala" através de nossos gestos e posturas, e seria preciso levá-las em conta, acrescentando o fato de que a nossa memória é muscular e se expressa nos mínimos gestos. Podemos conhecer bastante sobre o passado das pessoas observando como se movem, como seguram objetos, e como reagem a forças contrárias. Assim, o controle das emoções, mantendo o corpo relaxado, é fundamental para que a coordenação física flua sem o impedimento das contrações musculares oriundas das tensões emocionais, diminuindo a sensibilidade e a capacidade dos músculos. O medo, a raiva, a inveja, o ciúme, o ódio, a avareza, a gula, a preguiça, têm que ser conscientizados e erradicados para que, efetivamente, possamos potencializar ao máximo nossa capacidade física. Assim, os precursores dos Caminhos Marciais do Japão, fizeram um sério estudo sobre as energias sutis e manifestas do universo e como elas influenciam o ser humano, observando-o como uma integração entre o espírito e a matéria, e neste sentido se aproximaram da religião.

Invariavelmente o sufixo *"Do"* (caminho) foi acrescentado ao nome de suas artes, pois ficou claro que tinha o mesmo sentido das filosofias para o crescimento humano e das religiões. Por esta razão, a verdadeira maestria de um caminho marcial acontece quando a vida do praticante se apresenta como um exercício diário dessa filosofia, e uma expressão genuína dela. O objetivo da prática é buscar uma vida plena, feliz e realizada; e dominar a arte é ser um exemplo vivo desta possibilidade. Portanto, é muito importante, para quem se interessar por artes marciais, procurar sempre um bom professor e um bom Dojo, pois infelizmente, ainda existem no Brasil muitos instrutores que não enxergaram a importância da origem filosófica nos Caminhos Marciais.

Eduardo Alves de Paula, que é também cantor, é instrutor em seu Dojo Tada Ima. Na foto executando Shiho Nague.

A ILUMINAÇÃO

Muitas pessoas e religiões afirmam que existem o Bem e o Mal, os Anjos e os Demônios. A vida espiritual se resume, pensando desta forma, em uma luta contínua entre duas forças, uma construtiva e evolutiva, que conduz ao Paraíso, e outra destrutiva e regressiva que conduz ao Inferno. Esta maneira de pensar, tipicamente ocidental, estruturou toda a forma de organização do mundo atual. Por esta razão vivemos com tantos problemas, com tanta tensão e com tanta incompreensão, pois esta mentalidade incorpora a idéia de conflito constante. A proposta de iluminação de algumas artes semelhantes ao xintoísmo japonês, é de que vejamos o mundo (*Daishizen*) como perfeito. O mal não existe, está em nossa mente, e é assim rotulado todas as vezes que as forças negativas começam a atuar em nossa vida. É necessário que mudemos nossa visão sobre aquilo que chamamos de "Mal".

Quando algo não ocorre como esperamos, seja um fracasso financeiro, a perda de um amor ou uma doença, temos que ter a visão ampla de que na verdade este fato é uma reação do universo a alguma ação nossa. Se pegarmos um martelo e começarmos a bater em nossa cabeça, é claro que vamos sentir dor. Se investirmos em um projeto errado, ele vai fracassar e nos gerar perdas. Porém, é fundamental termos consciência de que é exatamente este prejuízo que vai fazer com que procuremos outro projeto, que poderá melhor atender às nossas expectativas. O mal é uma correção, e neste sentido, transforma-se em um bem. O remédio é sempre amargo. Quando queremos praticar esportes ou passear ao ar livre e chove, achamos que a chuva é um Mal, mas esquecemos de ver que sem a chuva ficaríamos com o ar poluído, faltaria água, e as colheitas não viriam abundantemente, trazendo fome e morte. O Agricultor e o pessoal da Companhia de Distribuição de Águas, certamente acham que a chuva é um Bem! Portanto, o Universo é perfeito, pois tudo é um bem, e o mal parece existir apenas porque não estamos sendo capazes de nos iluminar e ver as coisas em sua totalidade e, assim, compreender a perfeição que existe em tudo o que nos cerca. Quando vemos o mal, na verdade estamos julgando mal, tendo uma visão parcial da situação. Na verdade, a humanidade está vitimada pelo egoísmo e pela culpa, vivendo como se estivesse com os olhos fechados ou em uma sala escura, sem qualquer luz.

O grande tema para a reflexão em busca da perfeição e da iluminação é aprender a ver tudo como um BEM e, assim, o MAL desaparecerá imediatamente. Quando acharmos que alguém é mau, ou que está agindo de forma errada, devemos ser empáticos, nos colocar em seu lugar e nos perguntar: se estivéssemos em seu lugar não estaríamos agindo desta mesma forma? Temos que ter consciência de que mesmo as pessoas que mentem e que enganam, provavelmente não sabem que não estão agindo corretamente, e se conseguirmos olhar bem no fundo delas perceberemos que, na maioria dos casos, as intenções eram boas.

Assim, não devemos odiar as pessoas que parecem que nos estão fazendo mal, e sim, devemos ensiná-las, confortá-las e, se necessário, puni-las, sem agir com ódio, mas com o sincero desejo de ajudá-las a ver seus próprios erros, e fazê-las enxergar a luz. Se respondermos às provocações com insultos e injúrias não conseguiremos eliminar o mal e, simplesmente, vamos ampliá-lo. O caminho espiritual do artista marcial deve começar, portanto, com o domínio de suas emoções. Temos que aprender a relaxar diante de uma agressão verbal emocionada, da mesma forma que fazemos durante os treinos, quando alguém nos ataca fisicamente com vigor. É necessário aprender a não reagir contra as forças e sim absorvê-las, processá-las em nosso interior e redirecioná-las de forma positiva, buscando, empaticamente, harmonizar nossas expectativas, opiniões e desejos, com os de nosso interlocutor ou oponente. É claro que, muitas vezes, temos que usar um tom de voz mais forte, ou mesmo provocar uma certa dor em nosso oponente, se ele for muito agressivo. É o que chamamos de *"atemi"*, ou golpes em pontos vitais. Mas esta ação não deve jamais estar embutida do desejo de vingança, inveja, revide ou orgulho. Se usarmos o *"atemi"*, este deve ser feito como por um médico, que bate nas nádegas do recém nascido para que este passe a usar o pulmão, ou seja, para dar a vida, para construir. Esta é a idéia existente no Budô: *"Katsujinken"* e *"Satsujinken"*. A primeira é uma espada usada para dar a vida, e a segunda, que é uma lâmina tão afiada quanto a outra, é usada para matar e destruir. Uma é a arma dos iluminados e a outra dos pobres de espírito, ignorantes e que pensam, erroneamente, que dominando os outros pela força encontrarão o caminho para a prosperidade e felicidade. Jesus Cristo disse, sabiamente: "Se existe alguém superior entre vós, que o seja para servir".

Esta é a grande verdade. Se formos inteligentes, espertos e competentes, e conseguirmos a liderança em um clube, um cargo público importante ou a presidência de uma empresa, temos que usar este cargo, esta condição que o Universo nos deu, para servir aos outros e jamais para abusar de nossos semelhantes. Quem pensa que pode usar da força para conseguir as coisas, fatalmente será conduzido a uma grande derrota e a um grande fracasso. Temos que respeitar as leis do Universo, as expectativas, o desejo e a natureza das pessoas com as quais nos relacionamos e, harmonizando tudo o que queremos, produzir a harmonia. Esta proposta é um dos legados das antigas tradições espirituais do Japão.

Eva Coldibelli, 22, aplicando Koshi Nague em Cristina Godoy, 59.

Sidney Coldibelli arremessando Márcio Akama em Kata Guruma.

A BUSCA DO EIXO

Quando praticamos alguma atividade física, dificilmente temos quem nos ensine que os movimentos devem partir de nosso centro. Mas, basta olhar um jogador de tênis ou uma bailarina em movimento, para ficar claro que os braços e pernas giram em torno de um eixo que passa pelo centro da cabeça do praticante. Por esta razão os grandes atletas têm sempre uma postura elegante e firmemente enraizada quando se locomovem. E se isto é importante para o corpo, também o é para todos os aspectos da existência humana. Somos afetados por este aspecto na forma como pensamos e sentimos, como dirigimos nosso carro, como realizamos nossas tarefas no trabalho, como fazemos amor, e na forma pela qual nos relacionamos com o mundo espiritual. Hoje, diante das inúmeras opções que temos no cotidiano, a capacidade de centrar-se faz com que retornemos ao nosso "self" verdadeiro, nos libertando da pesada influência que nos bombardeia através da mídia e da pressão social, nos conduzindo a um lugar estável, de onde podemos decidir as coisas com a tranqüilidade e segurança de que a decisão vem realmente de nós, e não de preconceitos ou pré condicionamentos.

Quando nos centramos, unimos todas as partes que possuímos e que estavam trabalhando de maneira desordenada. Um exemplo claro deste aspecto, foi o que ocorreu na chamada revolução sexual no começo da década de 70, onde milhões de pessoas passaram a acreditar que seria possível ter uma vida sexual sadia, simplesmente conectando os órgãos genitais com o cérebro, deixando de lado o coração. Houve uma desvalorização do casamento, do romantismo, uma exacerbação do erotismo, da proliferação da pornografia, numa busca exagerada do prazer sexual, conseguido através do interesse ou do dinheiro. Isto criou um sistema descentralizado, que acabou gerando indivíduos insatisfeitos e que, no final do processo, passaram a buscar o fim da depressão que surgiu como decorrência deste erro, da disseminação das drogas, do desrespeito aos valores, e até mesmo da violência. Foi a época da grande procura por gurus indianos, dos homens de cabelos compridos, da alienação, da disseminação das drogas por todo mundo. Estes fatores acabaram levando muita gente a tentar resolver a questão pelo sadismo, através do clima de violência em que vivemos desde o final dos anos 80, e que estamos ainda testemunhando, em processo crescente.

A energia genital, o centro emocional e o cérebro, necessitam estar centrados para gerar um equilíbrio sadio no indivíduo. A pessoa nervosa, com a energia concentrada nos olhos, mandíbulas, garganta, ombros e peito, se torna uma arma destrutiva, e está pronta para disparar seu gatilho nas pessoas com quem se relaciona. É necessário buscar o centro, trazer as energias para o "Hara", respirando profundamente e relaxando o corpo. Esta atitude, imediatamente, faz com que a parte superior do corpo relaxe e a energia desça, centralizando o indivíduo, acalmando-o e colocando-o em harmonia, evitando que ele dirija sua energia negativa para seus interlocutores de forma física, verbal ou mental. Centrar-se, é a pedra basilar no treinamento marcial. É a primeira coisa que deve ser ensinada a um praticante no seu primeiro dia no dojo. Tudo que se faz durante o treino deve ser feito de forma centrada, desde o sentar-se em "Seiza", até os espiralíticos movimentos das técnicas. A busca do eixo é

95

constante. Este eixo, que passa por nosso "hara" e pelo topo da cabeça, é a ligação do homem com o Céu e com a Terra, de que falavam os alquimistas. O Centro junta o passado e o futuro, o longe e o perto, as coisas de fora e as coisas de dentro. É um lugar seguro de onde podemos expandir, e depois retornar com firmeza e estabilidade. É preciso respirar sempre o mais profundamente possível, a partir do "hara", e não apenas com a parte superior do peito, como pessoas despreparadas o fazem. Esta atitude gera a respiração, não somente do ar atmosférico, mas também o grande "Kokyo" (respiração) com o "Ki" (energia) da Natureza.

Por esta razão, Morihei Ueshiba dizia que devemos nos sentir como se fôssemos o centro do Universo. O Hara, centrado com nosso coração e nosso cérebro, deve armazenar e distribuir a energia para todas as nossas extremidades, como nos pés e nas mãos, e em nossas ações cotidianas. Assim, nas aulas, ao ser atacado, o praticante deve, primeiramente, relaxar completamente, sentindo o "Hará", e em segundo lugar colocar sua atenção na energia do atacante que vem em sua direção, para absorvê-la, redirecionando-a para onde desejar, de forma construtiva e controlada. Ao sermos atacados por alguém, é bem mais fácil contra-atacarmos em uma atitude destrutiva, como faziam as artes marciais primitivas. Nisto está a grande modernidade do treinamento que visa o autoconhecimento e a harmonização dos opostos, e seu valor para o homem moderno. Isto no entanto, é o que faz este tipo de treinamento tão difícil de ser aprendido, pois exige a habilidade, a percepção, a graça e o "timing" corretos, para se conseguir transformar através da absorção e controle, mesmo um ataque violento, em quase uma dança cheia de harmonia. Na grande maioria das artes marciais, existe pouca escolha diante de um ataque. Deve-se contra-atacar e destruir o oponente, visto que os métodos e as técnicas foram projetados para provocar sérios danos físicos nos agressores.

No entanto, no Caminho da Harmonia busca-se, principalmente, dar ao praticante a escolha de poder controlar o indivíduo relaxando a agressão, e transformar o atacante ou agressor, em um amigo ou colaborador. Este caminho é longo e difícil, mas uma vez dominado, mostra-se como uma extraordinária ferramenta para se viver bem e produtivamente na sociedade.

Luis Eduardo Machado aplicando Kotegaeshi em Ademir Norio Alikawa, o pai da Giovana.

A revanche de Alicawa, agora como Nague, aplicando Shiho Nague em Luis Eduardo Machado, o "Machadinho", que em 2003 está vivendo na Inglaterra.

A ALQUIMIA

Uma vez, Morihei Ueshiba disse a seus alunos, em seu Dojo: "Venham amanhã cedo às 5 horas e eu vou lhes ensinar os segredos da minha arte".

No dia seguinte, na hora marcada, os veteranos chegaram ansiosos, esperando que o grande mestre lhes ensinasse o segredo que os tornaria guerreiros imbatíveis como o mestre, podendo assim enfrentar vários adversários, ou imobilizar alguém apenas com um dedo. Assim que chegaram, *Ô Sensei* disse aos alunos para que se sentassem, e começou a expor os grande segredos do Caminho da Harmonia pelas Artes Marciais. Usando símbolos, metáforas e associações, Ueshiba discorreu sobre diversos temas como a criação do Universo, o poder dos sons espirituais "kotodama", a união entre a água e o fogo em suas formas mais sutis, e a necessidade imperiosa dos seres humanos de acalmarem o espírito e os sentidos para poderem retornar à fonte. Depois de quase uma hora de explanações, respirou profundamente e disse: "Estes são os segredos da Arte". Fez então uma reverência diante do altar do dojo e, saudando os presentes, retirou-se. Os alunos se entreolharam, boquiabertos e decepcionados. Pensaram que o Mestre lhes ensinaria alguma técnica física secreta, algum golpe mortal em região vital, ou alguma palavra mágica, mas nenhuma técnica havia sido mostrada, nada de concreto, pensaram eles, que pudesse ser utilizado na prática da defesa pessoal. Infelizmente, eles não haviam compreendido a grande mensagem do mestre; sua intenção não fora ensinar simples técnicas marciais, mas sim, mostrar a essência da vida e do universo, pois ele sabia que sem compreender essa essência, as suas técnicas se tornariam sem vida e, portanto, ineficientes. Morihei ensinava que o Budô é uma função dos "Kami", a alquimia divina entre o fogo (Ka) e a água (Mi), que são os elementos básicos de qualquer tradição esotérica, tanto no Ocidente como no Oriente. Na Cabala, isto está escrito no selo de Salomão, o cristianismo o mostra na Cruz, professando que a humanidade deve renascer da água e do fogo. Como os judeus e cristãos, Morihei acreditava que cada ser humano é um filho de Deus. A alma humana seria composta de dois principais aspectos, o "Kon" - alma superior, e o "Haku" - a alma inferior ou espírito terreno que morre com o corpo. O Elemento "Kon", representa nossa natureza superior e semelhante a Deus, e o elemento "Haku" é a fonte de nossas paixões superficiais e de nossos instintos irracionais, desviados dos comandos do universo. Morihei acreditava que a função do Budo Superior é controlar o "Haku" do agressor com o "Kon" elevado, que traz harmonia e atividade construtiva, o "Takemussu". O objetivo da prática é servir de ponte entre os três reinos: do manifesto, do oculto e do divino. No treinamento, devemos começar com o manifesto, aprendendo a estrutura adequada das técnicas e, somente depois, começamos a aceitar os poderes ocultos do "Ki" e do "Kokyu". O último estágio consiste em penetrar, ainda mais profundamente nos dois reinos, e descobrir que na realidade as técnicas são sacramentos, ferramentas que passam a ser a expressão de uma graça, harmonia e felicidade interior.

Rafael Attie executando Kata Guruma.

A SABEDORIA DO BUDÔ

Rafael Silva fazendo Kokyu Nague em Thomas Moeller, 4º Dan, em uma visita ao Instituto Takemussu. Thomas foi um aluno no passado bem próximo de Kawai Sensei e posteriormente recebeu o 4º Dan diretamente de Yamada Sensei, depois que a ele se afiliou no começo da década de 90. Por ser professor de inglês, foi o tradutor de Yamada Sensei em muitos seminários e reuniões aqui no Brasil.

Podemos dizer que as artes marciais tradicionais japonesas não fazem parte do conhecimento especializado da ciência moderna, pois pertencem, muito mais, à sabedoria que os grandes sábios da humanidade condensaram, e que faz parte do conhecimento inicial das grandes tradições esotéricas. Para entender este tipo de conhecimento, não é suficiente uma leitura externa, sendo necessário introduzir-se na linguagem interna dos símbolos e imagens e escutar, atentamente, o grande mestre que é a Natureza. A metodologia, e mesmo o processo de compreensão destes conhecimentos, diferem enormemente dos métodos de conhecimento usados por nossa civilização. Este tipo de informação não possui universidades, nem tampouco escolas que possam ensiná-la. Podem existir livros que nos empurrem para este estudo, que nos estimulem a ir atrás, que nos ajudem a abrir os olhos da percepção diante das distintas dimensões da realidade, mas jamais a transmissão da verdade. Muitas pessoas repetem palavras que ouviram de sábios, como se fossem um gravador e, embora estas informações sejam sábias e belas, sem terem sidos experimentadas em sua própria vida são estéreis e sem consistência real, vívidas ou conscientes. A sabedoria do Budô, não é algo que possa ser compreendido intelectualmente, mas através de experiências, às vezes prazerosas e às vezes dolorosas, sentidas em sua totalidade e em conjunto com nosso corpo, emoções e mente; sentidas na interação direta das coisas que estejam a nossa volta, em seus movimentos mutantes, ensinando a valorizar o "aqui e agora!" É a consciência real e global de nosso ser, modo de pensar, sentir e em nossa própria ação. O primeiro passo para se chegar a este tipo de conhecimento é a indução, a partir da observação atenta da Natureza e da Vida, começando sempre por aquilo que esteja mais perto de nós, o mais íntimo. Sem conhecermos o que se passa dentro de nós, jamais compreenderemos o conhecimento da verdade e da sabedoria. Os mitos contam como os deuses, temerosos de que os mortais chegassem a conhecer a verdade e assim se tornassem como eles, a esconderam, e não foi em cavernas ocultas, e nem nas profundezas dos mares, ou na imensidão do espaço, pois cedo ou tarde todos os mortais acabariam lá chegando e descobrindo a verdade. Inteligentemente, colocaram a verdade onde os mortais menos pensariam em procurar, ou seja, neles mesmos! Compreender a ordem do Universo e a sabedoria do bem viver, é impossível e inútil quando buscadas através de livros. É necessário desenvolver nossa percepção e enxergar o que se passa em nossa volta. Nessa observação estão envolvidos, não apenas nossos sentidos externos como a visão, a audição e o tato, mas também os internos, cujas manifestações chamamos intuição ou "sentimentos". A Natureza realiza, a todo instante, milhares de demonstrações gratuitas, e diante de nossos olhos, a única coisa a fazer é observá-las com atenção e curiosidade.

Em sendo assim, por que então não conseguimos perceber esta maravilhosa fonte de conhecimentos e de informações, que está tão facilmente a nossa disposição? A resposta é: porque estamos poluídos em nossos sentidos, em nossa mente e em nosso corpo. Ingerimos comidas e bebidas inadequadas, fomos emocionalmente condicionados com preconceitos que resultam em neuroses, e nos ensinaram teorias sem validade para a vida, portanto, estéreis. A saída é purificar nossa mente, nossas emoções e nosso corpo, procurando adotar uma dieta mais natural; deixar o coração participar mais das nossas decisões, e mudar nossa maneira de pensar, indo mais de acordo com nossa própria observação da vida, no lugar de nos deixarmos levar por idéias de filósofos e pensadores, que na maioria dos casos, foram "gente chata e neurótica".

A prática de um Caminho Marcial aproxima o homem da natureza, ao reproduzir os movimentos corporais e seguindo suas leis naturais e harmônicas. Através do suor, remove as toxinas e as tensões musculares, verdadeiros "armazéns" de neuroses e conflitos, e nos faz refletir sobre a forma de resolver os problemas, nos ensinando uma cultura real e vital. Praticar um Budô tradicional é buscar vida, é aproximar-se de Deus e da verdadeira felicidade.

Yamada Sensei e seu carisma natural, sempre muito querido, e algumas das alunas do Instituto Takemussu: Mônica Morita, Inês, Eva, Yamada Sensei, Suzana e Carla. Foto de outubro de 2002.

A SAUDE É O ESTADO NATURAL

Major Ronaldo Barbosa França, oficial da Aeronáutica e introdutor do Instituto Takemussu em Recife, em seu exame de Shodan, no Dojo Central do Instituto Takemussu em meados da década de 90.

Hoje estava lendo o livro de um amigo chamado Santiago Portilla, que alertava de algo muito sério e que quero transmitir aos leitores.

Quando olhamos para a natureza e observamos as plantas e os animais selvagens, verificamos claramente como existe saúde abundante na Terra. Esta quantidade imensa de animais e vegetais, nasce, cresce, se reproduz e morre, seguindo o ciclo da vida e gozando de perfeita saúde. Também nós, deveríamos ter esta fantástica possibilidade, visto que o padrão estabelecido pelas leis universais instintivamente percebidas, é a preponderância da saúde, do bem estar e do constante vigor. Esta verdade tem sido comprovada pelos cientistas e por aqueles que decidem investigar a vida, seja no reino animal ou vegetal. Os dados estatísticos são irrefutáveis: os seres humanos são, apenas, cerca de 6 bilhões em toda a terra, e quando comparados com os demais seres vivos, chegamos à quase certeza de que 99,9% da vida é saudável. O grande doente é o homem! Qual então é este segredo fantástico, que faz com que os bichos e as plantas possam gozar de perfeita saúde, enquanto nós humanos necessitamos de tantos hospitais, farmácias, médicos e "curandeiros"? A resposta é muito simples: os demais seres vivos seguem seu instinto natural, o que os conduz a corrigir imediatamente alguma ação ou comportamento que lhes venha a danificar a saúde, enquanto o homem não. O meio ambiente onde vivem os outros seres vivos também não é equilibrado, e está constantemente em mutação. A diferença é que quando o animal ou o vegetal sentem que algo está errado, o corrigem imediatamente; já o homem não, pois usa sua "razão" e vontade para fazer aquilo que, no momento, seu consciente entende que é o correto, e não o que sua natureza interior lhe indica. É evidente que na natureza ocorrem acidentes devido aos fenômenos naturais, tais como terremotos, secas ou inundações que impedem a sobrevivência dos seres no ambiente afetado. Eventualmente, eles não podem alterar esta condição, mas esta é a exceção. Via de regra, natureza é saúde e bem-estar para todos. Fomos criados para viver bem, com disposição, com vigor total e cheios de "Ki". Quando completamos o ciclo vital, morremos. Porém, isso deve ocorrer de forma saudável, por morte natural. Onde estão os animais doentes? Será que vamos encontrar facilmente lobos com artrite ou câncer, águias míopes, baleias com hipertensão, lagartos com pedras nos rins, ou macacas com cólicas menstruais? Tais imagens podem parecer engraçadas, mas o fato é que a não existência destes absurdos mostra a importância de refletirmos sobre o assunto, com a máxima seriedade. Infelizmente, devido ao descaso com que o homem trata o meio ambiente, é exatamente o contrário o que vem acontecendo. Os homens, além de atentarem contra sua própria natureza, obrigam os animais a se submeterem a condições adversas e contrárias aos seus comandos instintivos. Temos que reconhecer que antes do homem poluir o meio ambiente, os animais respiravam de forma adequada, alimentando-se deste precioso nutriente para sua plenitude. Ao escolherem sua comida, os animais procuram a mais adequada a sua espécie, e consomem apenas a quantidade necessária, sem extravagâncias ou excessos. Os animais jamais deixam de executar exercícios diários, de contração e de alongamento, mantendo sua flexibilidade, e não se acomodam escolhendo formas de comportamento que lhes poupe exercitar os músculos e demais partes do corpo. Finalmente, um animal jamais vai morar em um local inadequado às suas necessidades, evitando lugares que apresentam perigos e vibrações negativas para sua sobrevivência. A onça faz sua casa na selva, o crocodilo no pântano, a águia nas montanhas e lugares altos, o castor junto ao rio. Os animais pressentem o perigo ao redor, instantaneamente, e em muitos casos, com grande antecipação. Há aves que vão do hemisfério sul para o hemisfério norte todos os anos para se protegerem do frio adverso, entre outras condições, que certamente a razão e a ciência contemporânea, nem sequer imaginam que existem.

Precisamos prestar mais atenção à natureza e à sua radiante vitalidade, manifestada na energia vital (Ki), que se apresenta claramente nos seres vivos e nas radiações que, até mesmo os sentidos humanos "poluídos", podem sentir. Perceber o ambiente inadequado, o alimento inadequado e a necessidade de exercícios adequados, é condição fundamental para podermos gozar de perfeita saúde e vitalidade.

A prática marcial saudável, ajuda enormemente neste aspecto, ao resgatar no ser humano sua condição instintiva que a razão, a comodidade e o progresso científico vêm trazendo, mostrando-se como um caminho para a Sabedoria e para a Felicidade.

As "Super Poderosas" re-encarnações de Izanami: Mônica Morita, Cristina Godoy, Lígia Narazzaki, Eva Coldibelli e Claudia Osawa.

A SALVAÇÃO PELA VIRTUDE

Márcio Satio Miura, Sandan, em 1995, uma das legendas do Instituto Takemussu e um dos principais e mais próximos alunos do mestre Wagner Bull, jogando o cardiologista Fernando Sant'Anna, Sandan, e hoje (2003) Diretor-Técnico da Federação de Aikido do Estado do Rio de janeiro que segue a orientação do Instituto Takemussu, tem seu dojo em Cabo Frio - RJ.

As ruas são perigosas, há quadrilhas e ladrões por todas as partes. Grades e portas com fechaduras especiais são colocadas nas casas, o povo não confia em seus líderes políticos. As leis não são cumpridas, encontram-se juizes corruptos, os conflitos e as brigas aumentam a cada dia. As riquezas ficam concentradas nas mãos dos poderosos, e a música contemporânea é barulhenta e colérica. Infelizmente, somente os filhos dos ricos conseguem estudar em boas escolas, os diplomatas e os exércitos estão constantemente mudando as fronteiras, há insegurança e incerteza por toda a parte. Isto parece a constatação do que encontramos diariamente nos jornais e nos noticiários de TV, não é mesmo? Pois bem, isto aconteceu na China 2.500 anos atrás, no ano 500 a.C. Os nobres, desesperados para manter o poder, acreditavam que a resposta para todos os seus problemas estava em consolidar este poder, aumentar os impostos e impor severas penalidades a quem infringisse a lei. Diante deste quadro desesperador, religiões surgiam por toda parte, alguns ansiavam por salvação do mundo espiritual e outros pensavam apenas em salvar a si mesmos, ou explorar os incautos nos quais acreditavam. Eram tempos cheios de tensão e desesperança onde reinavam as crises. Neste momento crítico, um dos homens mais notáveis da história apareceu e apresentou uma solução, ao concluir que de nada adiantaria toda a legislação, as promessas políticas, os programa sociais e o despertar do fervor religioso sem a presença de um elemento fundamental: "A virtude". Ele se chamava Confúcio e considerava a virtude como a suprema força do Universo. Ele dizia que, "se um indivíduo fosse virtuoso, poderia transformar sua família, sua comunidade, sua nação e o mundo." Ensinou que a virtude estava à disposição de todos, independentemente da posição social, e que uma vez incorporada à alma, tornando-se uma opção de comportamento e maneira de viver, tudo em seu caminho poderia ser transformado. Ele ensinava que quem desejasse mudar a sociedade, primeiramente deveria olhar para dentro de si. Para ele, o mais poderoso agente revolucionário disponível era a virtude pessoal. Ele explicou que quem seguisse o caminho da virtude, seguiria a senda do verdadeiro poder pessoal. Confúcio ensinava que os grandes princípios deveriam ser aprendidos observando-se a Natureza. Verificar e constatar a harmonia que existe entre o Céu e a Terra, entre o Trovão e as Montanhas, a forma pela qual o fogo responde ao vento, como a água flui pelas encostas, como as árvores relacionam-se entre si na floresta, tudo em perfeita ordem e harmonia naturais. Pedia para que as pessoas observassem mais o coração, antes de tomar decisões apenas baseadas na lógica, na vantagem, no custo/benefício, como se diz atualmente. Ele dizia: "Se uma pessoa afasta sua mente do amor pelo mundo exclusivamente material, e a aplica sinceramente ao amor pela virtude; se nas relações com os amigos suas palavras são sinceras, ainda que os homens digam que esta pessoa não é sábia, eu certamente direi que o é." Este grande sábio influenciou enormemente os povos asiáticos, desde a China até o Japão. As artes marciais do Japão estão alicerçadas no Bushido, e este impregnado das bases Confucionistas. Praticar as artes marciais tradicionais é também, de certa forma, cultivar a idéia da virtude e da sabedoria em seguir as leis naturais. A maioria das artes marciais é vista pelo grande público como instrumento para se usar em brigas e lutas, algo rude e violento. Na realidade, o Budô tem por objetivo ser um caminho para a virtude, para a harmonia e para a paz absoluta na Terra, passando a ter o mesmo objetivo das religiões e das filosofias autênticas, como o Confucionismo, e que pretendem transformar as ações humanas voltadas para o bem-estar comum, e não apenas para o benefício exclusivamente individual, como tem tendência a fazer o homem moderno, que fica impregnado de idéias materialistas em busca da fama, do dinheiro e do poder. Como conseqüência, temos a situação atual que vivemos. Devemos procurar educar nossos filhos, nossos jovens e a nós mesmos, para a busca da virtude. Esta pode ser adquirida em Caminhos Marciais Filosóficos. Ao se praticar com esse intuito, fica claro que não pode existir realização sem *Makoto* (a sinceridade), e que não pode haver desarmonia onde existe o espírito de harmonia. Quando se pensa em ver o mundo como um conjunto de relações entre poderes, a guerra e a luta se tornam inevitáveis todas as vezes que ocorre um desequilíbrio, seja econômico, militar ou cultural. O verdadeiro poder reside na incorporação das forças em torno de um eixo, em se tolerar as diferenças incorporando-as a um processo onde todas as partes sintam-se beneficiadas. Este é o estado de plenitude que o indivíduo pode sentir nos momentos em que percebe a grande unidade que existe em torno de uma Força Maior, que algumas culturas chamam de Deus, Força Vital ou Leis da Natureza. Esta é a única forma de encarar o mundo e seus conflitos, e conseguir ter sempre uma visão otimista, positiva e construtiva do presente e do futuro. Esta verdade está escrita nos corações de todos os homens. Infelizmente, alguns, por cegueira educacional ou ambição exagerada, deixam de percebê-la. Desta forma, escapa-lhes a felicidade que o Universo permite desfrutar àqueles que buscam uma existência pacífica, produtiva e cheia de amor por cada dia, com o coração cheio de gratidão por estarem vivos.

Marcos Rogério Galvão aplicando Sokumen Irimi Nague em Márcio Aurélio Teixeira que conseguiu se tornar faixa preta mesmo tendo um sério problema no pé que o obrigava a mancar devido a um acidente motociclístico.

103

O MEIO DE CAMPO

O domínio do Centro é a princípio fundamental em qualquer arte marcial, esporte ou estratégia política. Qualquer que seja o campo do *Budô*, ninguém irá muito longe sem escutar o termo "linha central" ou sem ter que pensar sobre sua existência. Os principiantes, diante da insistência dos grandes mestres sobre este assunto, ficam intrigados e curiosos, por não perceberem este importante aspecto, somente revelado após um longo período de treino. Perguntem a um técnico de futebol qual a importância do domínio do meio de campo, ou seja, do centro do campo, e a resposta virá imediata: "é fundamental!". É difícil compreender e usar a linha central porque a "Linha Central" é um assunto que envolve não somente o corpo mas, principalmente, a mente, pois sua percepção plena é subjetiva. Quando observamos grandes mestres, com graus elevados, ou mesmo praticantes avançados, nos parece que os movimentos são os mesmos, mas na verdade, são todos muito diferentes, pois a intenção que cada um coloca em sua técnica é diversa, tal qual suas percepções. Os principiantes cometem grande erro quando, por conseguirem fazer os movimentos similares aos mestres, pensam que já sabem o que o mestre sabe. Os movimentos com espadas ajudam a compreender a linha central, pois sendo o *bokken* (espada de madeira) uma linha reta, onde toda a energia se concentra em um plano, ao se subir, descer, e executar movimentos diagonais com a mesma, pode-se desenvolver rapidamente a percepção da linha central. A rigor, ela passa por nosso centro, no *Hara*, e fica em um mesmo plano, que vai de um ponto entre os olhos na testa, e passa pelo umbigo, sendo que a linha de força de nosso peso também está ali contida. Evidentemente, esta é uma descrição simplificada e, somente a experiência do cotidiano dos treinos, pode efetivamente determinar onde está essa linha. Quando uma pessoa fica de pé, bem equilibrada, a Linha Central repousa por sobre o centro vertical de seu corpo. A espinha e a linha de gravitação estão sobrepostas sobre a Linha Central, o que é uma situação normal. Entretanto, quando alguém olha para cima ou para baixo, ou gira o seu pescoço para observar algo, a Linha Central enfraquece. Isto significa que a Linha Central depende de vários fatores: nível e direção dos olhos, atenção, consciência, coordenação corporal etc. A Linha de Centro é variável e delicada. Durante os treinos, aprendemos a perceber a nossa linha central e a da pessoa que nos ataca, e tentamos controlá-la assumindo o controle do movimento, fazendo com que ele se torne parte de nosso próprio corpo e, conseqüentemente, traz a harmonia, o "*Aiki*". É importante lembrar, que sem o corpo estar perfeitamente relaxado é impossível se perceber a linha central, pois as tensões existentes em vários pontos do corpo criam centros desequilibrantes, gerando momentos desequilibrantes e fazendo o praticante perder a estabilidade. Podemos notar que as pessoas, em geral, possuem maus hábitos, quando observamos suas ações corporais relativas à linha central. Por este motivo existem tantas pessoas com dores nas costas. Muitos movimentos e técnicas ocidentais têm sido desenvolvidos visando corrigir este problema, como o "*Rolfing*" e a "*RPG*". Estes maus hábitos são, muitas vezes, formados por aspectos culturais, como acontece quando os ocidentais utilizam garfo e faca para comer, seus cotovelos se afastam e suas axilas ficam abertas; ou quando escrevem, dobram a coluna; ou como quando se "desmancham" nos sofás. Os mestres orientais dizem, que para aprender arte marcial se tem que ser capaz de comer com "*Hashi*" (palitinho). A maioria dos movimentos deve ser feita usando o corpo exatamente como quando se utiliza o *Hashi*. Aqueles que não conseguem utilizar o *Hashi,* jamais se tornarão mestres do *Budô* japonês, pois não perceberão o centro, nem como evitar

104

que a força do *Hara* suba para os ombros. Uma boa técnica para se tomar consciência do corpo, é dividi-lo em partes e ir observando cada uma. Podemos relaxar completamente o corpo, como se fôssemos um boneco de pano, e ir percebendo o efeito que a força que alguém nos aplica produz em nosso corpo, e assim ir buscando a estrutura resistente da linha central. Por exemplo, quando se levanta um braço, pode-se perceber que ele está dividido, no mínimo, em duas partes: a parte mais baixa e a mais alta. Sente-se o braço muito mais pesado que anteriormente. Então, podemos tirar toda a força de nossos braços e joelhos, e colocar todas as partes que se encontram independentes, juntas em um momento, em uma recomposição harmoniosa, criando o domínio da linha central. Se alguém fizer isso para assumir a posição básica de "*Hamni*", entenderá o seu significado e ficará surpreso ao sentir-se mais forte e com os sentidos mais claros. Evidentemente, esta percepção é algo que se passa internamente e somente pode ser percebida pelo olho treinado do mestre, pois principiantes não a notam. No fundo, o que distingue um praticante de alto nível de outro de menor, é exatamente o domínio deste estado de relaxamento e concentração de forças na linha central que os principiantes não notam, porque somente vêem a parte exterior da técnica. Treinando sempre com o espírito de busca da linha central, o praticante poderá usar integral e harmoniosamente o seu corpo, e então mostrará movimentos circulares, harmoniosos, e extremamente poderosos, todos originários no *Hara*, nosso centro vital. Esta é a explicação do porquê alguns artistas marciais acreditarem que necessitam treinamento mental, espiritual ou religioso pois, para relaxarmos, necessitamos eliminar nossas contradições e neuroses, e acalmar o nosso espírito. Quando pensamos criamos tensões, por isto o Zen, que nega a lógica para a solução dos problemas do mundo, é tão apreciado no *Budô*.

Descartes disse: "Penso, logo existo". Os budocas entendem: "eu paro de pensar e assim percebo que existo". Não apenas os ocidentais, mas também os atuais japoneses, cresceram com a filosofia e as idéias cartesianas, e este fato encheu os consultórios dos psicanalistas. Através da prática dos *Budô* tradicionais, se pode retornar à condição original dada pela natureza, cheia de espontaneidade e flexibilidade tanto física, quanto espiritual.

Osmar Cunha, o primeiro aluno do Instituto Takemussu em Santos, o grande veterano da Baixada Santista. Aplicando Kokyu Nague em Ney Tamotsu Kubo, em seu Dojo em Santos.

OS CICLOS EVOLUTIVOS

Tudo na vida se desenvolve em ciclos espiralíticos, e isto é claramente ensinado nas técnicas de movimentos centrífugos (Nague Waza), e centrípetos (Katame Waza). A lei dos ciclos (Kokyu) nos mostra, que ao se chegar a um pólo extremo deve-se inverter a tendência e iniciar um mesmo movimento no sentido oposto partindo, porém, de um patamar mais alto. Quando alguém conclui um curso superior depois de muitos anos de estudos, chega ao final de uma etapa evolutiva. Deve então ingressar no mercado de trabalho, procurando um emprego com humildade, reiniciando um processo de aprendizado, semelhante a quando entrou na escola primária, mas agora em um nível mais elevado. Se assim fizer, terá toda a energia do universo ao seu favor.

A abertura de empregos para recém-formados, a falta de grandes responsabilidades familiares, o apoio da família e a expectativa de um futuro mais promissor, são os agentes que "empurram" o indivíduo para o alto fazendo-o, dia-a-dia, realizar coisas práticas e, assim, ganhar o respeito da sociedade e ser recompensado com altos salários ou muitos clientes. Infelizmente, muitas pessoas que não compreenderam a lei da ciclicidade, se apegaram aos ciclos anteriores não querendo ir adiante. Quantas pessoas concluem a faculdade, ou mesmo um curso de pós-graduação e sob o pretexto de se aperfeiçoarem, vão fazer outra faculdade, ou outro curso, deixando de procurar o mercado de trabalho. Estes estão contrariando as leis evolutivas naturais, e aí vai acontecer que no lugar de recomeçar de um plano mais elevado, imediatamente o futuro vai reservar exatamente o contrário para eles. Ao não aceitar as leis do "Kokyu" evolutivo, a pessoa perde o ponto limite do ciclo anterior e as forças naturais passam a trabalhar contra ela. A família, ao ver a pessoa envelhecer e não produzir, começa a negar-lhe apoio; por não ter capacidade de ganhar dinheiro, o indivíduo não constitui família e seus amigos, que evoluíram, passam a ter outros interesses, deixando-o de lado e, de repente, mesmo possuidor de muito mais conhecimento teórico, a pessoa começa a se sentir deslocada, frustrada, e acaba se vendo no lado oposto, por haver regredido. Já está velho para ser aceito como um estagiário, mas não tem conhecimentos práticos para assumir uma função de acordo com sua idade e status intelectual; acaba desistindo dos cursos, sendo obrigado a reiniciar tudo, ou então vai procurar um lugar para dar aulas, e aceitar um salário indigno de suas aptidões e sonhos. Em outras palavras: retorna ao patamar mais baixo e se frustra. Ou seja, quando não percebemos o ponto limite de quando o "Kokyu" inverte sua polaridade, acabamos fracassando, pois "remamos contra a maré" não seguindo o ritmo de "Kannagara" (a corrente do Rio da Vida). O homem que entendeu o "Do" (Caminho) é aquele que segue caminhando, que flui com a corrente da vida, é aquele que vem e vai.

Tudo na vida tem em seu interior os germes do desenvolvimento e da destruição. É necessário nos sintonizarmos corretamente com o "ritmo" do Universo se quisermos permanecer integrados nele, e sermos felizes e realizados. Todos os fenômenos são efêmeros, não podemos nos apegar a nada neste mundo. Temos que saber ganhar as coisas, saber mantê-las, mas também saber largá-las quando é chegada a hora. Assim deve ser com nossos filhos, com o dinheiro, com tudo na vida. No verão tudo se dilata, no inverno tudo se contrai, na primavera começa a expansão, e no outono começa a contração. Nisto se concentra todo o pensamento chinês sabiamente contido no "I Ching" (O livro das Mutações), que vem orientando pessoas há milênios com suas pérolas de sabedoria. Praticando-se técnicas com movimentos centrífugos e centrípetos, além de melhorar a saúde física, os praticantes vão incorporando em suas mentes e emoções, as leis dos ciclos evolutivos, e passarão a "economizar," quando for o caso, e "gastar" quando chegada a hora. Nunca me esqueço da lição que um japonês agricultor me deu uma vez no interior do Paraná. Querendo me mostrar a importância dos ciclos e do desapego na hora correta, pegou um monte de geléia e colocou na mão, dizendo: "Suponhamos que eu não esteja satisfeito com o que minha mão pode pegar e eu coloque mais geléia em cima dela, veja o que ocorre! A geléia caiu no chão, pois a mão não continha o excesso. Disse depois: "Se eu quiser outra geléia, tenho que jogar esta fora, e pegar outra, e pior vai ser se eu ficar com medo de perder esta que já está em minha mão e decidir segurá-la firme". E ao fazer isto apertou as mãos e a geléia saiu inteirinha pelos dedos.

Não vamos exagerar em nossas expectativas, nem nos apegar a nossas realizações, pois ambas as atitudes podem ser a causa de nossa infelicidade e fracasso.

Erich Marinelli quando ingressou no Instituto Takemussu, tinha cabelos negros. Piloto de helicóptero, sempre muito dedicado e leal ao Prof. Wagner Bull, viveu nos EUA quando treinou com Yamada Sensei e outros grandes mestres. Foto da ocasião do seu exame de Takemussu Yudansha. O sorriso de Alexandre Bull, na foto, mostra a satisfação em ver a energia que Erich sempre fez questão de colocar em seu Aikido. Ele tem ajudado muito nas traduções de artigos do inglês para deleite dos associados do Instituto Takemussu.

AIKI: O AMOR UNIVERSAL

Morihei Ueshiba dizia que sua arte seria a manifestação das obras do amor. O amor é a força que agrega e que junta todas as coisas do universo. O universo é a origem básica de todos os nascimentos e contém um poder infinito que alimenta as coisas geradas, permitindo que elas cresçam e se desenvolvam, gerando um ciclo vital. Assim são as estações do ano, os seres humanos, as plantas, os fenômenos naturais, as empresas, seus produtos, os regimes políticos, e qualquer coisa existente que possamos perceber e observar o seu desenvolvimento. O nome *Aiki* foi dado às múltiplas leis do Universo, oriundas do Amor, e que governam a vida em todas as manifestações que surgem da terra. O Amor (*Aiki*), neste caso, não é apenas aquela emoção que sentimos no peito quando encontramos alguém do sexo oposto que admiramos ou desejamos, ou aquilo que sentimos por nossos pais ou filhos, mas a força que une e junta todas as coisas do universo. É uma verdadeira energia centrípeta que, como a gravidade, agrega em torno de um centro tudo o que por perto dela passa. As formas e forças universais estão presentes no corpo humano. Temos que aprender a observar muito bem o que se passa em nosso corpo, pois nele estão os princípios do equilíbrio e do amor, que a tudo protege. Basta recebermos um pequeno corte na pele, para vermos como as forças universais trabalham, competente e instantaneamente, para restabelecer a harmonia e a estabilidade, recompondo perfeitamente o ferimento em alguns dias. O universo se apresenta de milhares de formas, mas todas expressam o mesmo equilíbrio dinâmico entre si, trocando todas estas formas e suas energias, interagindo. Por exemplo: o oxigênio gerado pelas plantas entra na atmosfera, os seres humanos o absorvem, gerando o gás carbônico que, por sua vez, é aproveitado pelas plantas junto com a energia solar e os minerais da terra, como uma das fontes para gerar novamente o oxigênio, formando um ciclo perfeito. Todo o processo é uma malha extremamente diversificada e complexa onde, milagrosamente, cada uma de suas partes tem uma missão a cumprir e o faz, gerando a beleza que é a Grande Natureza (*Daishizen*) da qual fazemos parte. Porém, temos que ter consciência de que tudo provém de uma só fonte criadora, e de que todas as coisas são uma expressão do amor universal, do "Aiki". Esta fonte única é Deus. Muitas pessoas não acreditam em Deus porque lhes foi ensinado que este é um velho barbudo espetacularmente poderoso e bondoso, mas que de vez em quando se torna rigoroso e vingativo. Esta é uma compreensão infantil, que os homens inteligentes evidentemente não vão aceitar. Daí surgiram o materialismo e a descrença. O trabalho do ser humano é sintonizar com o Deus autêntico, e compreender a pulsação do ritmo universal (*Kokyu*). Às forças que provocam estes ritmos os japoneses, antigos xintoístas, chamaram de "*Kami*". Purificar o corpo, a mente e as emoções, através da prática diária, nos leva a perceber a presença constante das energias divinas que nos envolvem e dirigem nossa vida. E nesta percepção, a consciência de Deus e o sentimento religioso aparecem, inexoravelmente. O princípio do Aiki deveria ser ensinado em todas as religiões como um exercício para ajudar na compreensão de seus ensinamentos, e nas artes marciais o praticante deveria se esforçar através de seu treinamento (*Shugyo*), e sentir o coração do Universo que dá nascimento à harmonia e ao equilíbrio perfeito. Só então a verdadeira beleza poderá ser realmente enxergada e compreendida, e a vida passará a ser experimentada como uma expressão estética, uma obra de arte, uma manifestação de Deus. O princípio do Aiki, quando praticado neste nível, passa a ser um ensinamento dos *"Kami"*; são as leis da harmonia e do equilíbrio em todos os elementos e na criação da vida na terra, e cujo objetivo é juntar-se ao universo e disseminar o seu amor, em todas as ações no período vital. Morihei Ueshiba dizia que sua prática marcial era *"Ban Yu Ai Go"*, o que significa que a missão dessa prática é amar e proteger todas as coisas; que para se estudar a Arte é necessário estudar a criação e o movimento deste universo, os princípios das forças que o criaram, o fluxo e a função da energia da natureza, o movimento das galáxias. O *"Ki"* é a essência desta energia criadora, o elemento supremo que a tudo permeia e que obriga todas as coisas a obedecerem às leis universais. Assim, a grande força do ser humano está no amor, no "Aiki". E como podemos gerar esta atração centrípeta? A resposta está no esvaziamento dos desejos e pretensões individuais, abrindo mão de nosso egoísmo. Sem ter presente este princípio, nosso poder ficará limitado e primitivo, pois estaremos aprimorando apenas a nossa força física, que na realidade não passa de uma força menor. Por esta razão é necessário esvaziar a nossa personalidade do egoísmo, promovendo amor, respeito e confiança. Nesta condição de vazio, não haverá mais obstáculos entre o nosso propósito e o do Universo, e a energia *"Ki"* poderá fluir livremente em um só *"Kokyu"*, gerando o poderoso *"Kokyu Ryoku"*. Esta grande verdade foi expressada nas palavras do Fundador (*Kaiso*): "Não sou eu quem controla a energia de minhas técnicas, pois apenas produzo o vazio servindo como um condutor do poderoso *"Ki"* universal. Espiritualmente falando, quando pensamos que somos livres porque podemos ir e fazer o que queremos, estamos vivendo uma ilusão, pois nossos desejos e intenções acabam nos aprisionando. A verdadeira liberdade é o vazio, pois neste estado permitimos que o universo flua dentro de nós e nos tornamos um só com *"Takama Hara"* (O universo que tudo envolve). Estamos no universo e somos o universo. Infelizmente, ficamos cegos pelo egoísmo, por nossos complexos e descuido com a saúde, o que nos faz ver, de forma distorcida, que estamos dele separados. As leis da natureza surgiram por intermédio do amor e da harmonia, e é absolutamente necessário que todas as pessoas pratiquem estas coisas bem no íntimo do coração.

Cláudia Osawa, Nidan, a mulher pioneira a conseguir um Aikido de bom nível no Instituto Takemussu, sendo capaz de atacar e ser atacada por homens vigorosos e graças a sua excelente técnica, a força física não faz diferença, sendo uma prova viva de que é possível às mulheres enfrentarem pessoas mais fortes sem problemas.

AIKIDO E BUDÔ

As artes marciais japonesas, assim como a cerimônia do Chá, a Ikebana, a poesia japonesa e o teatro, são formas originais da cultura física e espiritual cujas raízes se encontram no Bushido, um código de honra e de comportamento atribuído aos antigos samurais. Assim como na civilização ocidental o crescimento ocorreu devido às influências das culturas gregas, romanas e do cristianismo, as artes marciais seguiram um caminho peculiar de desenvolvimento no Japão, que durou quase vinte séculos de história, incorporando as filosofias orientais como o Budismo, o Xintoísmo, o Confucionismo, a filosofia Zen e a arte das estratégias de guerra. A origem das artes marciais está nas técnicas de combate usadas nos campos de batalha que foram se refinando através das batalhas de vida ou morte. Pouco a pouco estas artes adquiriram a estética e o conceito dos valores peculiarmente japoneses, alcançando uma dimensão espiritual. No final do período Tokugawa (séculos XVIII-XIX), uma época de paz, a classe dirigente samurai agregou as artes marciais às necessidades do desenvolvimento físico, mental e pessoal, transformando definitivamente as antigas técnicas de combate, produzindo as diversas artes marciais clássicas que vemos hoje em dia e que serviam antigamente mais como meio de defesa pessoal. Foi também neste período que o Bushido se tornou definitivamente o guia para a conduta dos samurais. Na medida que o Japão partiu para uma maior integração com o Ocidente, se modernizando na era Meiji (Séculos XIX e XX), estas artes marciais clássicas que haviam sobrevivido em todo o país foram reformadas por alguns praticantes brilhantes. Estes homens elevaram o treinamento destas práticas de artes marciais para "treinamentos para a vida". Daí ter sido agregado em seus nomes a palavra "Do", que significa caminho de vida, como por exemplo: o Judô, o Kendo, o Kyudo, o Shorinji Kempo, Naginata, Jukendo, o Karatê-Do e mais recentemente o Aikido. Com a democratização ocorrida depois da Segunda Guerra Mundial, o espírito do novo tempo se refletiu também nos "Caminhos Marciais". Hoje no Japão, estes caminhos marciais são amados e praticados por mais de 5 milhões de japoneses em diversas organizações, e as técnicas foram adaptadas de forma a servirem a um processo educativo, permitindo entrar em uma nova fase de crescimento por meio de desenvolvimento pessoal. O crescimento equilibrado da mente e do corpo, a honestidade, a disciplina, a paciência, o decoro, o autocontrole, o espírito calmo e a retidão de comportamento, são valores espirituais que os japoneses têm conservado, e que possuem origem nos princípios das artes marciais. No Japão os caminhos marciais são matéria obrigatória como parte da educação física regular em escolas e universidades, contribuindo para um desenvolvimento equilibrado dos jovens profissionais. Estes caminhos acabaram sendo levados para o exterior através do intercâmbio internacional, e atualmente cerca de trinta milhões de pessoas em todo o mundo os praticam, indiferentemente da raça, crença ou religião, o que contribui para a paz e a amizade mundiais.

O Aikido foi criado por volta de 1930 por Morihei Ueshiba (1883 – 1969) e reconhecido oficialmente pelo governo japonês na década de 40. O Aikikai é a principal organização envolvida no desenvolvimento e popularização desta arte. Além de ter se popularizado como um caminho de crescimento e desenvolvimento da personalidade, e de ter reconhecida sua eficiência em manter uma boa saúde, esta arte marcial mostra como viver com mais segurança e harmonia entre as pessoas de nosso relacionamento, preenchendo o vazio espiritual que existe na vida moderna, excessivamente voltada para o consumo. Com o desenvolvimento internacional da arte, cujos valores humanos são comuns a todos os povos, este magnífico caminho marcial está se transformando em um patrimônio da humanidade e, culturalmente se integrando a todos os povos, vem contribuindo para a paz, a prosperidade, e um melhor relacionamento entre as pessoas. Dentro da globalização e da grande dimensão humana a que se propõe, o Aikido tem possibilidade de exercer importante papel educacional e de promover o desenvolvimento individual no século que se inicia. Não existem equipes competitivas dentro da arte, pois este caminho visa não alimentar o desejo de vencer os demais seres, mas sim um sentimento de superioridade, dando ênfase ao desenvolvimento da personalidade interior (Kokoro), através do treinamento intensivo e contínuo. Seus princípios e técnicas permitem parar a agressão sem machucar ou destruir o adversário. A idéia é compreender as leis da Natureza, e não ir contra elas, dispensando a força bruta, o que a torna a "Arte marcial do Amor", que aspira a unificação do indivíduo com todo o Universo. Como os valores contemporâneos dão ênfase ao respeito à vida humana, o Aikido encaixa-se perfeitamente no pensamento mundial atual, e é isto que o torna popular em todo o mundo. E o que é impressionante, é que qualquer pessoa pode praticar esta arte: crianças, homens, mulheres, idosos, e pessoas com limitações físicas. Assim, a arte se torna, realmente, uma senda apropriada a seguir nestes tempos modernos, onde todos estão preocupados em melhorar a qualidade de vida e atingir uma maior integração social, com a compreensão da personalidade e das tendências naturais.

Ney Tamotsu Kubo, Sandan, que começou a praticar Aikido com Nelson Wagner dos Santos, seu cunhado. Sem nunca ter praticado artes marciais anteriormente, graças a uma disciplina oriental digna de um samurai, acabou se tornando um dos alunos mais técnicos do Instituto Takemussu. É hoje o Dojo-cho do Shugyo Dojo, famoso por seus alunos que treinam com muita marcialidade e vigor. Kubo é o responsável por este resultado.

A VITÓRIA

Todos queremos ser vitoriosos, porém poucos se sentem como tal quando não vêem suas expectativas e projetos se concretizarem a curto prazo. A principal razão dos insucessos reais é que seus protagonistas não persistem, e não focalizam a atenção no objeto de seus desejos. Por mais que alguém queira atingir um objetivo, se não iniciar ações convergentes para o alvo a ser atingido, este nunca será alcançado. Para cumprir com a missão consignada pelo Universo, basta seguir dentro do projeto divino para, invariavelmente, atendê-lo. A maioria das pessoas que não atinge a vitória em sua vida, e conseqüentemente o sucesso, não o faz porque não se esforça ou trabalha, e ao contrário, dispersa suas energias fazendo coisas diversas daquelas que contribuiriam para que a meta proposta fosse atingida. É muito importante que cada um compreenda a importância de treinar a mente, para não se perder em pensamentos inúteis, que consomem nossa energia e dispersam nossa capacidade intelectual na busca das soluções que vão definir o êxito de nossas realizações. É necessário sermos otimistas, e usar os erros e os fracassos apenas como experiência positiva para evitar repeti-los, e jamais para ficarmos recordando situações frustrantes do passado, que somente nos geram "KI" negativo, e sentimentos desagradáveis que levam a neuroses, doenças e rancores.

É muito importante que mantenhamos a mente sempre com idéias positivas, otimistas, e aprendamos a "bater na madeira" e esquecer rapidamente toda idéia destrutiva, negativa ou dispersiva de nossos objetivos que, eventualmente, venha a aparecer em nosso consciente. O Sucesso e a Vitória não são algo que vem de fora para dentro, mas sim algo que sai de dentro para fora. Somos nós os construtores e os únicos responsáveis por tudo o que ocorre a longo prazo em nossa vida. É claro que os acidentes podem ocorrer, e daí necessitamos dos parentes e dos amigos para nos ajudar nestas situações emergenciais, mas temos que ter claramente a idéia de que a longo prazo, o que predomina é a lógica e a verdade. Não devemos ficar esperando as coisas chegarem até nós para nos prepararmos para desfrutá-las, mas sim estarmos com o espírito pronto, e ir aproveitando as oportunidades que o mundo nos traz, assim que apareçam. Evidentemente, temos que tomar medidas práticas em nossas ações, exercendo as cinco funções básicas na administração de qualquer empreendimento, conforme é ensinado nas escolas de administração, ou seja, prever, planejar, comandar, coordenar e controlar. A mente corretamente focalizada e alegre, o planejamento correto e a administração construtiva, são fatores primordiais para o êxito ou o fracasso. É claro que é necessário se esforçar e trabalhar muito naquilo que se deseja, e para isto é importante se envolver em coisas que realmente temos prazer em fazer, e não somente porque nos parecem rentáveis, ou materialmente interessantes à primeira vista, por uma razão muito simples: não conseguiremos ser realmente produtivos se não tivermos nosso coração e nosso corpo trabalhando em conjunto com nossa mente. Sem termos prazer efetivo em fazer, a longo prazo jamais teremos a alegria e a energia necessárias para buscar o objetivo traçado. Não se pode desanimar nos primeiros fracassos. É necessário persistir. Mesmo que apesar de todos os esforços nossos objetivos não sejam atingidos, temos que ficar otimistas e tentar buscar as alternativas para sair da dificuldade, retomando o rumo do crescimento. É preciso ser persistente e disciplinado. Não podemos jamais nos deixar influenciar pelas más notícias econômicas e históricas vindas dos meios de comunicação, boatos e maus exemplos. Temos que acreditar na força e na capacidade de realização que a Natureza nos deu, para que atinjamos a meta que nos foi por ela consignada no nascimento.

Portanto, Morihei Ueshiba estava certo quando disse que "a pessoa realmente vitoriosa é aquela que consegue vencer, antes de tudo, a si mesma, às suas fraquezas e tentações". Temos que eliminar os pensamentos negativos de nossa mente; temos que acreditar que somos corajosos e ousados; temos que nos conscientizar de que temos ao nosso lado o Universo inteiro, e quem a nós se opor o terá como adversário. Existem pessoas que, diante das primeiras dificuldades, desistem de seus objetivos. Tal atitude é extremamente errada. A dificuldade inicial tem que ser entendida como um professor e como um estímulo, um desafio, não só para que nos esforcemos para superá-la e sigamos avante em nosso projeto, mas também para condicionarmos nosso espírito, dando-lhe um reforço positivo de que diante de obstáculos nossa força de vontade, o otimismo e nosso esforço, serão sempre dispositivos capazes de superá-los. Nada resiste ao trabalho disciplinado e feito de acordo com nossas tendências naturais. Para aqueles que seguem as leis da natureza, a vitória e o sucesso chegarão, mas desde que mantenham a confiança e acreditem que aqui estão para serem felizes, alegres, e realizados.

KATSU
(Vencer)

Masakatsu Agatsu vem do Kojiki, onde está descrito um "Kami" chamado "Ame no Ohomimi no Mikoto, também chamado Masakatsu Agatsu Kachihayahi Ame no Ohomimi no Mikoto. "Ame no", significa " relativo aos céus" e "Mikoto " significa: "Ser Divino". "Ohomimi" significa "que tem grandes orelhas." "Ma" é uma forma antiga para "Me" (olhos), e "Sa" significa "direção" , ou seja a direção na qual os olhos estão olhando. "Massa" significa, profecia correta. Então "Masakatsu" significa "vencer corrretamente." "Gatsu"! significa também vencer. Assim, a frase "Masakatsu Agatsu" significa etimologicamente "Uma vitória verdadeira, eu venço". Em outras palavras Ô Sensei queria dizer que a vitória deve ser limpa, de acordo com a vontade dos Deuses.

MASAKATSU AGATSU

A VIDA

Uma forma de ver a vida é aquela na qual o indivíduo toma consciência de que faz parte da *"Daishizen"* (Grande Natureza) e que, portanto, tem o Universo infinito dentro de si. Morihei Ueshiba disse: "Eu sou o Universo". Sócrates afirmou: "Conhece a ti mesmo e conhecerás o Universo". Assim, o praticante se deixa levar pela intuição, que é desenvolvida através da prática constante dos movimentos e técnicas, e para ser conduzido pela Sabedoria Infinita, procura viver sem temor, inveja, insegurança, ódio, melancolia e sentimentos menores. A vida deve ser vivida com "Aiki" (Amor), alegria, sabedoria, saúde, sentimento de gratidão e a certeza de um futuro promissor. Neste caminho, é importante não deixar que idéias oriundas de falsidades criadas pela mente, nos façam procurar caminhos contrários às leis do universo, pois ao fazermos isto, passamos a remar contra a correnteza de "Kanagara" (O Rio da Vida). Temos que prestar muita atenção em nosso cotidiano, no que está se passando em nossa mente. Quando temos pensamentos negativos ao progresso, à solidariedade e à empatia, isto significa que deixamos uma força destrutiva ingressar em nossa vida. A mente é muito poderosa, porque produz "Ki" (energia), e esta energia pode movimentar nossos músculos no sentido de construir uma realidade material, distanciada daquela que a Grande Natureza espera de nós e que nos trará decepções, doenças, infelicidades e tristezas. A prática contínua da arte é, neste sentido, muito importante pois dia a dia, através do suor que sai de nosso corpo liberando as toxinas e as tensões, devido ao relaxamento que as técnicas exigem do praticante, possibilita que bons pensamentos sejam gerados, e com isto a vida melhora em todos os sentidos pois podemos ser mais produtivos e mais harmônicos a cada dia. As pessoas materialistas, que não percebem que é a energia "Ki", gerada pela mente, que produz o mundo, não têm como encontrar a felicidade. Há também aqueles que acreditam em algo superior, mas de forma confusa, não tendo uma correta compreensão do "Do" (Caminho). Infelizmente, estes são a grande maioria, pois acham que existe um conflito entre "Deus e o Diabo", entre o bem e o mal. Na verdade, "Deus" é sempre bom e construtivo, e busca a evolução e as coisas positivas. Quando pensamos que algo ruim nos aconteceu, um negócio não deu certo, um casamento falhou, um filho nos decepcionou ou ficamos doentes, na verdade isto se trata apenas de um processo de correção, um remédio que o "Daishizen" nos dá para que voltemos a seu caminho "Do". Assim, devemos ver aquilo que saiu errado como um sinal de alarme, um aviso para que tomemos consciência do erro e passemos a mudar de comportamento. O homem sábio é aquele que cultiva sempre o sentimento de "Kansha" (gratidão) por tudo que lhe acontece, pois sabe que no fundo tudo está sendo feito pelo Universo para que seja mais feliz e mais completo. Por tanto, não devemos fugir de nossas responsabilidades, mas sim, devemos assumir nossos erros e trabalhar para corrigi-los para que estes não se repitam, pois ao contrário nunca sairemos do estágio em que nos encontramos, com as impurezas "Tsumi" (culpas) e "Kegare", imperfeições que podem ser corrigidas. Cada povo, de acordo com sua cultura, dá a esta infinita e absoluta força um nome. Uns chamam de Jeová, outros de Buda, Alá, Jesus, Krishna, Tupi, Odin, Zeus e uma infinidade de outros nomes, mas no fundo revelam apenas que as pessoas mais perceptivas de um povo, em determinada época de sua história, perceberam a existência desta grande força e passaram a falar desta para os demais, dizendo que se todos acreditassem neste poder os problemas se acabariam. Nestas circunstâncias, as pessoas seguem a um líder, mas por não sentirem de imediato o mesmo que este sentiu, criam uma crença que depende da fé e não da experiência, gerando distorções que podem ser encontradas em todas as religiões formais existentes atualmente, e que no fundo não resolvem o problema real das pessoas. Não basta acreditar; é preciso sentir. Apenas ter fé, não é suficiente. Ela deve ser comprovada através da experiência. Neste sentido, a prática marcial possibilita experimentar a religiosidade, a revelação, a iluminação e a percepção desta grande força existente em todas as pessoas, que tudo pode e que tudo realiza, chamada "divina", e que existe em cada um de nós. Sem dúvida alguma, este tipo de prática é uma ferramenta que poderia ser utilizada por todas as religiões e seus líderes para ajudar os fiéis a perceberem aquilo que lhes foi revelado. Não adianta modificar apenas o mundo material; ele é o resultado da qualidade de nosso "Ki", pois fomos nós que o fizemos e temos na verdade que purificá-lo e transformá-lo para que, renovado, reconstrua nossa vida e realidade de acordo com os preceitos da Força Maior. É fundamental deixarmos de viver apenas em função dos cinco sentidos, e levarmos em conta nossa mente e nossa intuição para percebermos os aspectos sutis, que no fundo nos fazem realmente ser o que somos. Deixemos de ser seguidores ignorantes. Busquemos a consciência daquilo que realmente somos e da Força Maior que governa nossos passos. Isto é o legado da tradição do "Do", que os sábios e santos japoneses deixaram para o mundo e que, infelizmente, em nossos dias está tão malcompreendido, sendo visto apenas como técnicas de defesa pessoal.

Frederico Abdalla começou a treinar com Nelson Wagner dos Santos, e recebeu seu Shodan sob Ney Tamotsu Kubo. Viajou para os Estados Unidos e treinou também com grandes mestres naquele país. Atualmente (2003) treina no Shugyo Dojo em Santos.

A PSICOLOGIA

Através de sua história, o homem sempre buscou recursos para entender alguns dos comportamentos que lhe causam angústia, dúvidas e sofrimentos. Desde os primórdios, o homem constrói ídolos, adora pedras e lugares que lhe causam assombro, temor e curiosidade. De certa maneira percebemos, intuitivamente, que existe algo grandioso, desconhecido, muito mais poderoso e ao qual nossas forças não podem se equiparar. Naturalmente, tentamos associar a esta concepção e sentimento mítico, as nossas inquietações mais profundas e dolorosas. Basicamente, o homem do Ocidente procurou o contato com esta força, primeiramente através da religião, depois pela filosofia, e mais modernamente em uma variação das duas, através da psicologia e psicoterapia. No caso da religião, a razão é deixada de lado, e através da fé, o praticante segue vários rituais ou procedimentos, de acordo com a cultura religiosa em que foi educado, e confia que esta força maior vai resolver seus problemas. É um processo que visa atuar no coração. A filosofia vai para o caminho da razão, das ciências, e através da reflexão o homem tenta compreender o universo, estudar suas leis, a si próprio, e assim, julgando entender os acontecimentos que ocorrem dentro e fora dele, passa a ser mais tolerante e corajoso diante dos aparentes enigmas, tendo sempre uma explicação que satisfaz seu intelecto e o aquieta.

No início do século XX surgiu a psicologia, que tentou conjugar o caminho da razão e da emoção, a princípio com Freud e Jung, e posteriormente também trabalhando o corpo, com Reich e outros. Enquanto ciência de comportamento, a psicologia entende que o homem é dotado de uma estrutura de emoções, sentimentos, medos, fantasias, dúvidas, formas de pensar e reagir, que compõem o seu psiquismo. A psicoterapia é um tipo de tratamento que atende tanto às pessoas que buscam um conhecimento de si mesmas, como também àquelas que, do ponto de vista psiquiátrico, encontram-se doentes. Em linhas gerais, psicoterapia é um processo de autoconhecimento aprofundado, que tem a finalidade básica de ajudar o indivíduo a lidar melhor com as questões emocionais mais conflituosas. A intenção básica do trabalho é a de propiciar uma reorganização de seu mundo interior, de forma a sentir-se mais integrado do ponto de vista emocional e com mais poder de ação sobre o meio que o cerca.

A psicoterapia não elimina os problemas da vida de ninguém, nem os protege de futuras dificuldades ou frustrações. Partindo-se do pressuposto de que tudo o que se torna conhecido para a pessoa a seu próprio respeito, torna-se menos assustador e menos ameaçador, a psicoterapia ajuda a pessoa a trilhar um caminho individual de autoconhecimento com mais facilidade. Este é o discurso e a crença dos psicólogos. Ainda que a psicologia possa realmente amenizar os problemas das pessoas me parece que, na verdade, sua grande contribuição é muito mais propor ao indivíduo que comece a prestar atenção, desenvolver o "Zanshin", como se diz nas artes marciais, em seus movimentos externos e internos, sejam eles mentais, físicos ou emocionais.

Quando falamos em sentimentos, emoções e dificuldades, falamos de algo que é elaborado, distinta e exclusivamente, por cada pessoa. Cada indivíduo tem seus próprios sentimentos e impressões da realidade e, assim sendo, fica muito difícil criar uma regra geral, uma ciência como a matemática ou a geometria. Daí a necessidade do psicólogo, que funciona como um "Ego" auxiliar, em ficar íntimo da pessoa, ajudá-la a entender sua dinâmica interior e a relação com o meio externo, induzindo-a a pensar e a interpretar seus sentimentos. O psicólogo deve ter uma grande percepção de si e um grande controle sobre as causas que provocam seus sentimentos, ou poderá se deixar levar pela emotividade da pessoa a quem trata e acabar dando interpretações pessoais baseadas em sua própria realidade, história e preconceitos, vindo a empatia a ajudar a ver o problema da pessoa que busca sua ajuda. A psicoterapia não trabalha diretamente em relações de causa e efeito como a física por exemplo, mas trabalha considerando a interpretação emocional que cada pessoa faz dos fatos de sua história de vida. Falamos de sentimentos mais profundos e desconhecidos que determinam as ações de cada um e das marcas afetivas que cada acontecimento deixa em nossas vidas, caracterizando a vivência particular. A psicoterapia deve criar não só a adequação social do indivíduo, mas deve também habilitá-lo, prioritariamente, a utilizar seus recursos pessoais de forma a que se sinta satisfeito, podendo lidar melhor com a realidade externa. Na psicoterapia se lida com as limitações e possibilidades através do autoconhecimento.

Como se pode ver, o psicólogo que pratica artes marciais tradicionais poderia ser muito ajudado em sua tarefa pois, bem no fundo, o Budô não deixa de ser uma grande psicoterapia. O grande trabalho se inicia pelo corpo, seguindo a linha reichiana, em uma primeira instância, trabalhando com o "Ki" que é um conceito similar ao da "bioenergia". O praticante é obrigado a alongar seus músculos, e a relaxar através das torções e quedas em seus treinamentos diários. Isto reduz a tensão muscular e, conseqüentemente, a emocional, facilitando o processo terapêutico. A interação que existe com os demais companheiros de treino, ajuda a diminuir o medo do relacionamento e a timidez, aumentando a comunicação. E por fim, pelo fato da prática dos "Kata" (movimentos) exigirem contínua observação do corpo, do estado emocional e o uso da atitude mental correta, a verdade é que a arte acaba sendo um potencializador da capacidade de auto-observação "insight", que é basilar no auto conhecimento através da psicologia. Os psicólogos e seus pacientes, teriam suas tarefas facilitadas se praticassem as artes marciais tradicionais japonesas. Bem no fundo, acredito que seus fundadores, no passado, tinham por objetivo dar aos praticantes os mesmos benefícios da psicoterapia, ou seja, propiciar auto conhecimento, maturidade, sabedoria, saúde e melhorar as relações com seus semelhantes.

Rodrigo Alves de Oliveira é aluno do Shugyo Dojo e instrutor em Santos.

MENTE, CORPO E ESPÍRITO

Se alguém deseja conhecer o Espírito dos Caminhos Marciais, terá que se entregar ao que os samurais chamavam de *musha shugyo* – *a* senda do aperfeiçoamento do guerreiro, com o espírito de "Hibi Shoshin" (atitude de principiante). Para isso, é necessário freqüentar um bom dojo e aprender tudo o que o mestre tem para ensinar, com humildade, respeito, lealdade, disciplina, dedicação e amor pela arte. Deve haver confiança total do aluno no mestre, que somente deve procurar outro, quando o mestre, por concluir que nada mais tem a ensinar ao "deshi", o envia para outro mestre, com mais conhecimentos. No Brasil, é muito comum as pessoas entrarem em um dojo, praticarem por certo tempo e mudarem para outro dojo, e depois outro, sem criar qualquer vínculo.

Assim, acabam não aprendendo nada e perdem seu tempo, pois uma vez escolhido o dojo e o mestre, deve-se confiar integralmente, ter persistência e seguir avante, através dos anos. Daí a importância de se escolher bem o dojo e o mestre onde se vai praticar um Budô. Somente assim os iniciantes vão adquirir algo que lhes irá enriquecer o espírito, a mente, e principalmente sua técnica. Esta era a lição dos antigos samurais, que com toda a humildade, sem se acanhar em revelar limitações que se impunham ser corrigidas, perseguiam sua meta de aperfeiçoamento, enfrentando muitas vezes perigos mortais, uma vez que era muito freqüente que os mestres procurados testassem de forma rigorosa, sem piedade, a coragem e a técnica que aqueles guerreiros, em busca de aperfeiçoamento, diziam possuir. Hoje, as coisas já não são tão dramáticas, mas nem por isto este espírito de dedicação e de busca deve ser esquecido. A busca deve unir a prática continua (Shugyo), com a cultura e a leitura, seguindo o caminho da elite samurai antiga que soube reunir a habilidade de lutar com a arte de escrever, talento esse que os japoneses chamavam *Bun Bu Ryodo* (a união da espada com a pena).

Dessa forma, para aprender o aluno deve vencer os obstáculos que a vida lhe traz, com um mínimo de desgaste pessoal e desmistificar a morte vendo-a como um fato inexorável, para que se possa dar o devido valor à vida.

Muitas pessoas, ao analisarem as artes marciais, cometem o erro de classificá-las com conclusões falsas e superficiais sobre a origem e a eficiência de cada escola. É necessário conhecer o seu devido valor como meio para se alcançar determinados objetivos, seja na busca da evolução espiritual (*Budô*) ou priorizando a eficiência em combate (*bugei*). Isto exige tempo e dedicação, sendo a única maneira de se evitar frustrações nas pessoas que, por falta de maiores conhecimentos, praticaram artes marciais que visavam a evolução espiritual, deixando-as insatisfeitas por falta de ações mais combativas, enquanto outras, praticando estilos que priorizavam eficiência em combate, se queixavam de não lhes serem ensinados fundamentos filosóficos.

Por esta razão é muito importante que a pratica seja um caminho de vida, uma filosofia, mas também que seja eficiente como defesa pessoal. Muitas se esquecem de um ou outro aspecto. Neste particular temos que, além de prepararmos nosso corpo nos exercitando sempre no limite de nossas condições, é necessário preparar o espírito para o confronto, se este for inevitável, e mesmo neste caso, temos que buscar uma solução final que traga harmonia, e que nosso agressor possa se tornar um colaborador no final do processo. Transformar o inimigo em colaborador, acredito, é a verdadeira vitória. Inicialmente, temos que treinar a mente e as emoções, vencendo a nós mesmos; devemos combater nossos inimigos internos, nossos medos, nossas culpas, nossos maus hábitos, identificando cada atitude inadequada através da observação constante de nossas reações e comportamentos, trazendo nossos conflitos para a consciência, fazendo-os dissipar. Em seguida, temos que aprender que em um combate frente a vários adversários, devemos nos manter aparentemente imóveis para podermos ser móveis, pois a verdadeira mobilidade ocorre quando estamos conectados a tudo, e nos movemos em conjunto com o todo. Para isto temos que aquietar a mente e o espírito, pois se nos movemos sem levar em conta a totalidade, acabamos mostrando onde vamos ficar no próximo instante, aparecendo um "*suki*", uma abertura, onde os agressores conseguirão nos atingir, pois saberão onde estaremos nos próximos segundos. É como acontece quando vamos capturar um pernilongo em pleno vôo: examinando sua trajetória, dirigimos nossa mão um pouco mais adiante e o atingimos. Daí a necessidade de se ficar imóvel em combate, pois na imobilidade está a verdadeira movimentação, escondendo nossas intenções. Assim, na verdade nos movimentamos sempre instantaneamente. Somente assim, praticamos a mobilidade conseguida com a imobilidade, que embora parada, a tudo acompanha. Este é o verdadeiro espírito de "Fudoshin". Uma vez dominada esta capacidade no Dojo, ela passa a ser aplicada também no cotidiano, modificando o comportamento daqueles que se prendem mentalmente a fatos que já estão se transformando em passado. É muito importante viver o presente em uma atitude, como dizem os japoneses "Tada Ima", pois somente o presente existe, o passado já ocorreu, e o futuro é uma ilusão. Treinar o espírito do Budô é aprender a viver a vida em toda sua plenitude, no "aqui e agora", e estar preparado para o futuro com o corpo, as emoções, a mente, e o espírito.

Felisberto Conde é amigo particular do autor e seu antigo aluno dos tempos do dojo da Rua Jussara. É um dos instrutores mais influentes e respeitados no Instituto Takemussu. Advogado, policial, lidera os Dojo Agatsu e é membro do Conselho de Ética. Possui uma técnica muito eficiente como defesa pessoal e é um dos responsáveis pela formação técnica dos instrutores do curso Takemussu Policial.

A NÃO-RESISTÊNCIA

Existem três formas de vivermos neste mundo: forma ativa, forma passiva e forma neutra. Assim como na eletricidade existe o elétron, o próton e o nêutron, também os seres humanos podem se posicionar destas três formas, diante da vida e dos fenômenos do Universo.

A questão principal é sabermos qual atitude devemos tomar diante de uma determinada situação, e para isto podemos optar por nossa vontade, usando a mente, ou então "escutarmos o universo" e agirmos de acordo com as forças e comandos que vierem da percepção das leis universais. Este é o caminho proposto pelas artes marciais que seguem o caminho da "não-resistência".

Quando paramos de lutar contra distúrbios de nosso ambiente, passamos a perdoar e compreender ainda mais ao próximo, nos colocando em seu lugar e, enfaticamente, passamos a compreender as razões que o levaram a tomar aquela atitude aparentemente agressiva e odiosa contra nossa pessoa. De modo similar, quando passamos a entender as coisas ruins que nos acontecem, como a doença, o fracasso financeiro ou uma briga, como sendo uma reação do universo a algum comportamento inadequado de nossa parte, agradecendo ao pseudo-infortúnio que nos causa dor ou desapontamento, entendendo-o como uma alerta para que corrijamos nosso rumo, a

Sérgio Ricardo Coronel, Sandan, outra legenda do Instituto Takemussu, quase como o Miura e Cid Ribeiro, foi um dos primeiros alunos, começando a treinar quando era um garoto de 15 anos. Desenvolveu uma movimentação muito bonita e é um modelo copiado por muitos, principalmente ao executar as quedas. É um instrutor muito requisitado, suas aulas no Dojo Central sempre são lotadas de ávidos alunos interessados nos detalhes que pacientemente explica em suas aulas. Ele é testemunho de praticamente todos os eventos importantes que aconteceram no Instituto, sendo um dos Uke favoritos do Shihan Wagner Bull.

enfermidade e o problema desaparecem com rapidez quase milagrosa. Aqui se encaixam também as palavras ditas por Jesus Cristo, que disse para não resistirmos ao mal, e para que orássemos para os que nos maltratassem e nos perseguissem. Não se trata de masoquismo, ou de fraqueza, mas de entender que agindo desta forma, o homem estará sendo capaz de ver os fenômenos do universo de uma forma global, e ficará tranqüilo em seu coração, gerando uma energia "Ki" positiva dentro de si, atraindo saúde, bem-estar, riqueza e felicidade.

É muito importante aprendermos a perdoar, pois ao fazermos isto estaremos demonstrando que temos dentro de nós o sentimento da totalidade, do "Do", do "Tao", ou a "Graça de Deus". Para o Universo, Deus, tudo e todos têm seu lugar e valor nesta Terra. Não importa como denominamos culturalmente a atitude e o conhecimento oriundos desta sabedoria maior; o que realmente conta é nossa atitude e reação com o exterior. Outro dia eu estava conversando com um mestre de artes marciais do oriente, e ele disse-me que na China, a filosofia ensina que as pessoas devem filosofar olhando para o universo e observando a natureza, e que esta energia e conhecimento que vêm de fora provocam uma transformação no indivíduo, dando-lhe sabedoria, e que no ocidente, as pessoas geram a energia em si, focada na mente, para entender o desconhecido. Esta atitude mental desconectada do meio ambiente em função de nossa ignorância, nos leva a presunção e ao falso conhecimento que nos conduzem a agir contra as forças universais, dando como resultado, na maioria das vezes, fracasso e desilusão.

Temos que usar a "não-resistência" e, como a água, nos integramos com as coisas antes de agir. Se desejarmos ser felizes, construtivos e positivos, termos muitos amigos e gente que nos ame, temos que perdoar nosso próximo. Se vivêssemos em um mundo onde vigorasse uma lei de que todo erro tem que ser punido e castigado, jamais nos perdoaríamos ou seríamos perdoados. Nós contribuímos para a morte de seres vivos vegetais e animais todas as vezes que fazemos uma refeição, e se a cada matança os contribuintes fossem castigados também com a morte, então todos seríamos castigados com ela. É preciso entender que certas coisas, que contrariam nossos interesses imediatos, existem no universo para que ele possa funcionar bem, como um todo harmônico e que, no final, nossos próprios interesses maiores sejam atendidos. Portanto, como não nos culpamos por comer e matar animais para nossa sobrevivência, assim também temos que entender e perdoar os nossos semelhantes quando agem de forma que não gostamos, visando seus próprios interesses.

Se desejamos realmente praticar um caminho que leve à harmonia com a energia "Ki", existente em todas as coisas vivas e em tudo o que se movimenta, e que tem potencial para ação como o vazio, temos que ter em mente a mesma forma de agir do universo e a sua "mentalidade". Se entendemos algo como mau e ruim, é porque no fundo estamos suscitando em nossa mente vibrações do Mal e do Erro. O universo é construtivo, positivo, não age jamais para nos prejudicar. Por isto Jesus disse: "Não julgueis para não serdes julgados". Quando vemos o erro em outras pessoas, internamente estamos nós com a mesma intenção. É preciso desenvolver a tolerância e a paciência para viver bem. Como disse um professor de artes marciais uma vez: "Se quiseres procurar erros e defeitos em seu mestre e amigos, ficarás sem mestre e sem amigos". Critique, fale mal, semeie o ódio e colherás inimizades e isolamento. Seja positivo e tolerante, e colherás amizade, amor, afeto e serás feliz!

SENTINDO-SE BEM

Quando estamos com nosso amor-próprio elevado, interagimos com nossos semelhantes com mais eficiência. A maioria das pessoas prefere e se sente feliz estando próxima de pessoas felizes. Se alguém entra em uma sala e a "ilumina" com seu entusiasmo, positividade e alegria, automaticamente esta energia afeta a todos os presentes. Por outro lado, se o recém-chegado vem cabisbaixo e com mau humor, imediatamente o ambiente se torna "pesado". Nós temos a tendência de sermos levados à variação de humor por ação de outras pessoas. Evidentemente, isto não deixa de ser uma grande fraqueza de espírito, pois desta forma mostramos não ter autonomia sobre nossos próprios sentimentos e ações. Alternativamente podemos, através da elevação da consciência e da percepção, ficar alertas a estas pequenas influências energéticas, e não nos deixarmos influenciar, assumindo uma postura de donos de nós mesmos e deixando expressar apenas aquilo que somos; não agimos como um espelho, refletindo o humor de nossos interlocutores, ou pessoas próximas.

Se formos capazes de nos livrar desta tendência a reagirmos a estímulos externos com reações idênticas, estaremos adquirindo grande poder pessoal. A maioria dos grandes homens que conheço tem esta competência. Apesar de muitos nascerem com esta característica, ela também pode ser adquirida através do treinamento adequado. Para que tenhamos autocontrole, é necessário que aprendamos a não deixar que a energia que venha do exterior, o "Ki" externo, entre em contato com nosso "Ki" interno.

Ser eficiente no Budô e na vida, implica em sabermos recusar e agregar, de acordo com nosso interesse e conveniência. Necessitamos exercitar nossa habilidade de escolher e transformar atitudes negativas em positivas. Outras pessoas podem tentar nos trazer otimismo ou pessimismo, mas devemos ser capazes de entrar em contato com estas energias e transformá-las, de acordo com a nossa natureza, interesses e propósitos. Dentro do Budô, este desenvolvimento pessoal é realizado através de relaxamento do corpo e posicionamento no centro da ação. Isto implica em manter a coluna reta, o peso assentado no ponto central abaixo do umbigo, as pernas ligeiramente dobradas e relaxadas, e se soltar o ar preso nos pulmões. Esta conduta levará a um sentimento de concentração e domínio de si mesmo. Nas aulas, esta condição é repetida dezenas de vezes. Um parceiro nos ataca com um soco, ou um agarramento que lembra uma agressão e, pressentindo o ataque que pode nos machucar, tentamos ficar centrados e calmos, soltando o ar levemente pela boca e nos posicionando em um ângulo onde podemos desviar do ataque, nos juntarmos a ele e redirecioná-lo, permanecendo em alerta.

São os três famosos estágios do Budô: o Maai, (a distância adequada), o Deai (o contato) e o Zanshin (a atenção permanente). Por analogia, todas as vezes que nos encontramos com uma pessoa podemos, em uma primeira fase, mantê-la a uma "distância" psicológica que não nos afete, e em seguida nos centramos e soltamos o ar, estabelecendo o contato e passando a controlar a situação, redirecionando a energia de forma positiva. A necessidade de melhorar é algo natural; todos desejamos progredir, seja como indivíduo, seja como espécie, neste imenso universo. Quando nos sentirmos com mau humor, devemos repetir a postura acima mencionada e verificar, em nossa volta, se existe alguém que esteja necessitando de ajuda, e nos oferecemos para ajudar. A recompensa que recebemos quando colaboramos com alguém, quando participamos de algo espontaneamente, sem nenhum interesse imediato, temos a base para um profundo sentimento de alegria e de bem-estar. Contudo, se quisermos receber algo em retorno, então a coisa não funciona. Quando nos sentirmos mal, poderemos lembrar que sempre existirão pessoas que estão em uma situação muito pior que a nossa, e que se estivessem como estamos, estariam felizes. Leiamos os jornais e as notícias do dia e veremos que reclamamos por ingratidão. Nós, que estamos, lendo este texto, somos privilegiados quando comparados com bilhões de pessoas que neste exato momento estão doentes, subnutridas, com fome e em estado de perigo e miséria.

Esta mesma atitude desinteressada e a capacidade de se doar, são o grande segredo para se conseguir eficiência nas técnicas de Budo. Se quando alguém atacar o budoca ele pensar em subjugar o oponente, a técnica não funcionará. É necessário que ele busque a harmonia com o outro, e somente assim poderá controlar o agressor, suave e eficientemente.

Fernando Sant'Anna, hoje um dos mais respeitados angioplastas do país, começou a treinar no Instituto Takemussu no começo da década de 90. Homem de grande disciplina, força de vontade e carisma, intercalava seus treinos de Aikido no intervalo entre plantões que fazia nos hospitais. Era comum ele aparecer de madrugada na casa de seus colegas, arrancando-os da cama com sua motivação para ir treinarem com ele no Dojo Central. Adquiriu uma técnica precisa, a ponto de se tornar Sandan e Diretor-Técnico da Federação de Aikido do Estado do Rio de Janeiro. O autor lhe tem enorme carinho e respeito por seu caráter, idoneidade, profissionalismo e total dedicação em tudo o que ele se propõe a fazer e por isso ele é uma pessoa de tanto sucesso. Um pai de família com filhos e esposa maravilhosos. Um exemplo de aikidoísta. Orgulho de seu professor e seus companheiros. Tem Dojo em Cabo Frio - RJ.

UMA ESCOLA DE VIDA

Somos uma composição física, emocional e mental, que está em constante interação, uma influenciando a outra em um jogo que pode tornar-se consciente.Nisto está a iluminação espiritual. Somos a soma das experiências vividas até o presente instante, e este então é o momento de poder mudar. As técnicas corporais dos Caminhos Marciais tornam este somatório de experiências cada vez mais consciente e, através disso, podemos mudar a nossa programação corporal e mental, aperfeiçoar e desenvolver um estado de auto-observação constante e de aprender como interagir melhor com o meio que nos cerca. Começamos pelo que está mais próximo, pelo que nos é mais fácil observar, que é o nosso corpo, a respiração, nossos movimentos, a facilidade ou dificuldade ao adotar uma posição física. As regiões do corpo onde sentimos prazer ou desconforto, nos trazem respostas sobre nossa relação com o mundo e nossa atitude diante da própria vida. Ao observarmos melhor o nosso corpo, iniciamos o processo de autoconhecimento, aprendemos a escutar as mensagens gravadas nos músculos, nos órgãos, articulações e em cada uma das nossas células. Atingimos, assim, a nossa memória corporal e descobrimos que o nosso corpo possui inteligência e consciência próprias, e que é influenciado pelo que sentimos, pelo que pensamos e pela nossa atitude diante da vida. Assim, vamos moldando, esculpindo, recriando o nosso corpo, nossas emoções e nossa mente de forma mais saudável, que nos traga firmeza, bem-estar, conforto e prazer. A Filosofia Oriental afirma, que na matéria existe consciência e que na consciência existe matéria. Quando praticamos um Budô, temos quer pensar junto com o corpo. Buscamos a inteligência que está escondida no corpo, que é a verdadeira essência do ser humano, a consciência de quem somos. Este é o ponto de partida para encontrar a verdadeira identidade. Para isto, praticam-se movimentos marciais de defesa pessoal, que é um conjunto de técnicas altamente instigante e desafiador, e que pode exigir muito no plano físico, mas que não é um fim em si mesmo como muitos imaginam. Porém, é preciso ter cuidado, pois se pode dedicar uma vida inteira à prática deste Caminho, mas nem por isso estar praticando a essência da arte. Isso ocorre atualmente com muitos caminhos marciais, principalmente aqueles que introduziram competições, e nos quais os mestres se esqueceram de continuar ensinando sua tradição. O que faz a grande diferença é a atitude que está por trás dos exercícios. Com a atitude correta, vem uma série de coisas: alinhamento, inteligência corporal, respiração consciente, despertar das experiências do corpo sutil, consciência e desenvolvimento do poder do Hara e do "Kokyu Ryoku" (a energia poderosa que se pode mostrar nas técnicas), enfim, uma transformação do organismo, nas emoções e na mente em um processo que poderíamos chamar de alquimia interna. Esta consciência deve ser levada para as tarefas do cotidiano, e neste sentido, ao realizarmos nosso trabalho, seja ele qual for, se o espírito for correto, estaremos praticando um caminho espiritual, e o trabalho passa a ser sagrado. Constrói-se o corpo novo com uma mente nova, perdendo a identificação com o "antigo", vinculado a couraças de tensão muscular, idéias erradas e sentimentos negativos neuróticos. O praticante terá que construir um corpo novo, célula por célula, fibra por fibra, em sua memória emocional, física e mental. Usando esse novo corpo como instrumento, e com a mente menos preconceituosa, ele poderá avançar a passos largos em direção à meta do autoconhecimento e da harmonização com o universo. E é claro que

124

para isto ele precisa ter muita disposição, força de vontade, disciplina, tolerância e receber uma boa orientação. É necessário se ter muito cuidado e saber exatamente o que se faz ao praticar um caminho marcial, pois se não for assim, corre-se o risco de que o egoísmo vaidoso cresça em proporção direta ao aumento da força ou da flexibilidade. Muitos praticantes caem neste erro, perdendo o espírito do Hibi Shoshin (espírito do iniciante). O poder que se dá ao praticante, visa aniquilar o egoísmo e o individualismo, fortalecendo o espírito do mesmo para que possa colocar os demais seres e coisas do Universo em sua vida, de forma cooperativa e integrada. A prática errônea pode provocar grande mal neste e nos demais, pois este poder sobre si próprio pode ser usado nos amigos e parceiros, e levar a comportamentos negativos, apenas para seu único e próprio interesse. Fazer técnicas plásticas, redondas e bonitas não é sinal seguro de domínio. Se fosse assim, todos os contorcionistas circenses, ginastas olímpicos ou dançarinos, seriam pessoas altamente espiritualizadas. É necessário, desde o princípio, buscar um coração limpo e atitudes de honestidade, bondade, justiça e, principalmente, o senso ético. A sensação que se percebe ao praticar por muitos anos, é a de que o indivíduo houvesse ficado durante muito tempo no escuro, e saísse repentinamente à luz do dia. A atenção acaba se localizando apenas no momento presente; uma nova realidade se nos revela e novas sensações são descobertas. A conexão com a fonte da existência (o "*Do*") fica firmemente restabelecida. A aula constitui uma disciplina prática e viva, de modo que o propósito dos mestres autênticos, ao apresentar as técnicas marciais dos samurais, está muito longe de querer gerar uma imagem estereotipada de apenas técnicas de defesa pessoal, ou da idéia enraizada em nossa cultura de que o faixa preta é alguém "bom de briga". Conhecer estas técnicas antigas e compreender corretamente suas noções e princípios fundamentais, significa permitir ao espírito criativo a possibilidade de adaptar os segredos ocultos nas mesmas, para a realidade de nosso dia-a-dia. Neste sentido, os Budô tradicionais são, verdadeiramente, uma "Escola para a vida".

Carlos Cirto Martins e Geraldo Luiz Garcia, o primeiro ao lado do autor e o segundo de Yamada Sensei. Ambos ensinam no Instituto Takemussu de Niterói - RJ. Na foto também alunos deste Dojo.

AS LEIS DA EVOLUÇÃO

Heráclito, filósofo grego, disse: "Você não se banhará duas vezes no mesmo rio, nem beberás duas vezes da mesma água". Assim, deixou para a humanidade ocidental a máxima de que tudo muda e nada permanece. Esta é a lei do movimento incessante, a força vibratória (o "Kokyu") que impulsiona tudo a mudar. Por esta razão, nada permanece estático, e o processo de transformação é permanente.

O Ocidente, do século XX, com seus conceitos racionais oriundos dos cientistas dos séculos passados, foi surpreendido pelas descobertas científicas onde nada é absoluto; como disse Einstein: "tudo é relativo". Talvez a ênfase oriental nos processos intuitivos para se perceber a realidade, tenha chamado tanto a atenção, principalmente, a partir da década de 60. Fala-se, inclusive, em uma "Nova Era", um mundo mais sensitivo. Livros começam a aparecer sobre como administrar empresas por processos intuitivos. Começa-se a valorizar outro tipo de inteligência, que se denominou "QI Emocional". Certamente, vamos ingressar no próximo milênio com uma maneira bem diferente daquela que nossos avós tinham de encarar a vida. Estamos dando adeus às certezas científicas e acreditando que, como disse Shakespeare, "Há mais coisas entre o Céu e a Terra do que sonha nossa vã filosofia". À nossa realidade, através da experiência e da prática, vai se impondo a necessidade de nos preocuparmos mais em como as coisas mudam do que como elas são. Da visão linear do mundo, passamos para uma espiral cíclica ascendente ou descendente. Tal visão é de conhecimento do xintoísmo japonês há mais de 2.000 anos, sendo simbolizada pelos papeizinhos dobrados, que vemos pendurados nas cordas quando visitamos lugares considerados sagrados.

O Budô japonês tenta, através de sua prática, fazer com que os praticantes tomem consciência destes movimentos universais, primeiramente em seu próprio corpo, com as técnicas espiralíticas realizadas com os parceiros e, posteriormente, com a transmissão desta percepção e conhecimento para seus familiares, amigos, para as coisas, e para todo o meio em que vive, fazendo-o perceber a realidade.

Buda disse que a grande causa do sofrimento humano seria o apego. E o cerne da questão é exatamente este: se tudo muda e nos apegamos a algo querendo transformar esta relação em algo permanente, certamente vamos ser levados a uma situação irreal e, portanto, à dor. Desta feita, é preciso compreender, por todos os poros, que a vida é algo que vai mudando com o passar do tempo, que ela está num contínuo movimento de transformação. Mais importante ainda, é se conscientizar que estas mudanças são evolutivas.

O praticante aprende a aceitar aquilo que a Grande Natureza (Daishizen) nos oferece, e a aceitar que tudo o que ocorre, mesmo que aparentemente possa ser algo ruim, na maioria das vezes não o é, e mais à frente perceberemos que o fato pseudo-ruim aconteceu para que pudéssemos viver de uma forma melhor, em uma etapa superior mais produtiva, real e feliz.

AITE
(a mão oposta)
No caso do Aikido, "Aite" é o adversário. Quando estamos sozinhos, "aite" é nossa falta de vontade, nosso orgulho, nossos inimigos internos. Se rejeitarmos "aite", estaremos rejeitando uma parte de nós mesmos, por isso o Aikido trabalha com a harmonia entre o atacante e o atacado.

AS CHAVES PARA A ILUMINAÇÃO

Os estudiosos em esoterismo, sabem da importância da trindade para se compreender como funcionam os fenômenos e as leis da Natureza. Conhecer como funcionam estas "chaves" para os mistérios do Universo, pode ser uma ferramenta de grande utilidade para melhor compreender e viver a Grande Ordem, e abrir as portas para a Verdade. Evidentemente, estas "chaves" são como uma vara de pescar, são meios e não fins. O que importa é a incorporação do conhecimento que se pode alcançar através delas, o "peixe". A Realidade, também chamada Verdade, é única, mas se manifesta de várias formas, dependendo da maneira pela qual a percebemos.Desta feita, ao tentarmos compreender as Leis Universais, podemos pensar em modelos que nos ajudam a trazê-las para a consciência, bem como facilitar a transmissão para outras pessoas. A chave da Unidade, de que tudo é uma coisa só e uma só energia, nos permite perceber que não existem contradições e que tudo interage. A chave da Polaridade, dividindo o universo em opostos, In e Yo, possibilita que dividamos os fenômenos em duas forças antagônicas, mas que vão se complementar devido à chave da Unidade. Também nos chama a atenção para as fases da transformação da energia. Por isto o "I Ching" parte de uma linha cheia e uma interrompida para iniciar o estudo das situações presentes e futuras, visto que as coisas acontecem dentro de uma determinada seqüência; e seu livro estar sendo usado durante milênios como oráculo e conselheiro para a tomada de decisões. Verificamos a polaridade da luz entre escuridão e claridade, as folhas e as raízes das árvores, o Céu e a Terra, o Fogo e a Água, o positivo e o negativo. No aprendizado das técnicas das artes marciais, esta percepção é fundamental para se compreender as forças centrífugas e centrípetas, que permitem a execução de técnicas de projeção e controle, e que governam todo o movimento dos "Waza" (técnicas), e do direcionamento da energia "Ki". A chave da "Trindade", nos permite diversificar ainda mais. Lao Tse disse que no princípio havia o 1 que se dividiu em 2 e estes formaram o 3, e daí mil coisas foram criadas. Desta maneira, podemos ver os fenômenos do Universo sempre divididos em 3 forças, em 3 planos em movimento. O símbolo do xintoísmo que observamos nos templos e nas calçadas do bairro da Liberdade, têm exatamente este significado, da mesma maneira que a Igreja Católica mantém o mistério do Pai, do Filho e do Espírito Santo, os 3 formando um só ser, "Deus", que representa a chave da Unidade. O Princípio do Sangen explica o mistério da vida. No xintoísmo "Sangen" significa os três elementos (triângulo, círculo e quadrado), que constituem a base de todas as formas de existência. Esses símbolos básicos, tanto explicam o sentido como guiam o destino da vida humana. Podemos ver Sangen atuar em vários níveis. Na cosmologia Shinto, o triângulo, o círculo e o quadrado são relacionados com transformação de energia, da seguinte maneira: O triângulo simboliza o estado gasoso; o gás se torna líquido, que é simbolizado pelo círculo; e o líquido se transforma em sólido, que é simbolizado pelo quadrado. O triângulo, o círculo e o quadrado também representam missão, vida e destino e são espelhados nas técnicas marciais. O triângulo é a missão da pessoa, ou uma direção na vida. É similar à posição inicial (Hamni) e o movimento de avanço (Irimi) de uma técnica de artes marciais. O círculo é a vida da pessoa, o movimento dinâmico das energias, nos movimentos espirais da técnica. O quadrado representa o destino, o resultado da vida da pessoa, bem como o final da técnica, a imobilização (osae waza). Também pode o quadrado representar a Quarta chave, que permite a percepção da combinação de 2 polaridades. Os gregos usaram este modelo para explicar a natureza, quando diziam que tudo era resultado da combinação entre 4 forças: fogo, água, terra e ar. A divisão do clima em 4 estações, Primavera, Verão, Outono e Inverno, possibilita a percepção clara desta chave, que pode se aplicar a todos os fenômenos. Tudo é um grande "Kokyu" (respiração), um grande ciclo. Dessa maneira, pode-se ver como o triângulo, o círculo e o quadrado operam, nos vários níveis. No Shinto e nas artes marciais, praticamos *Missogi* de maneira a "limpar", e assim, alterar o curso de nossa vida. Eis abaixo uma tabela que mostra exemplos da trindade como vêem os xintoístas:

Gás	Líquido	Sólido
Missão	Vida	Destino
Futuro	Presente	Passado
Espada	Jóia	Espelho
Estrelas	Lua	Sol
Sal	Água	Arroz
Intelecto	Emocional	Desejo
Sistema Nervoso	Sistema Circulatório	Sistema Digestivo
Sankaku no Irimi	*En no Irimi*	*Chokusen no Irimi*
Verdade	Virtude	Beleza

É muito importante entender que as chaves, na verdade, são modelos criados pela mente para tentar explicar a criação e a Natureza, mas não podem ser entendidas como leis. Na verdade, são apenas uma tentativa da mente humana em tentar facilitar a compreensão das leis de Deus e do Universo, que bem no fundo não podem ser compreendidas e intelectualizadas, como ensinam os mestres "Zen", mas podem ajudar as pessoas que gostam de refletir e querem atingir a sabedoria. Por isto, todas as escolas e religiões as usam em profusão. Com esta consciência, elas são extremamente úteis.

Começo do Dojo Agatsu no Brooklyn, na rua Alexandre Dumas, em São Paulo: Felisberto, Alexandre Barros, Suzana Iha, Gilberto Nagel, Fernando Penteado, Ricardo Avedissian, entre outros atuais históricos do Instituto Takemussu.

TODOS PODEM PRATICAR O AIKIDO

O Aikido pode ser estudado e praticado por pessoas de qualquer idade, independentemente de sua condição física. Entre os alunos do Instituto Takemussu encontram-se filósofos, médicos, engenheiros, enfermeiras, secretárias, policiais, advogados, vendedores, office-boys, donas de casa, crianças, pessoas com deficiências físicas, avôs, padeiros, gráficos, psicólogos, professores etc. O *Dojo* é um verdadeiro universo de gente de todas as idades, profissões e status social. A motivação para o treinamento destas pessoas vai, desde o exercício físico ou defesa pessoal, até a busca pela iluminação e sabedoria.

Treinar sem competições, permite o contato entre as pessoas de uma forma interativa, mas jamais violenta, e por esta razão, o *Dojo* (academia) acaba se tornando um local muito agradável, de encontro com pessoas amigas e fraternas. Nele, cada um procura ajudar o outro a encontrar seus objetivos, sem a intenção de uma pessoa superar a outra. O objetivo é que cada um vença a si mesmo. Vencendo suas preguiças, seus medos, suas neuroses, suas idéias errôneas e seus preconceitos, cada estudante tem controle do nível que quer atingir na arte.

Aqueles que querem ser muito fortes como praticantes de defesa pessoal, mantêm um ritmo mais duro fisicamente. Os que estão atrás da parte energética e filosófica, podem seguir em um ritmo mais lento, de acordo com suas vontades. Porém, o professor, no Instituto Takemussu, vai sempre tentar levar as pessoas a treinarem dentro de seus limites máximos, não admitindo acomodações.

Desta maneira, sempre haverá progresso, e todas as pessoas que iniciam a prática, e continuam nela depois de 6 meses, já se sentem muito beneficiadas pelo que receberam através do treinamento. Uma das coisas mais difíceis para os principiantes superarem é o sentimento errôneo de que, porque no princípio eles não conseguem acompanhar o ritmo dos alunos mais avançados, devem se sentir diminuídos ou "inferiores".

Aikido é o treinamento da capacidade de ser humilde. Eliminar a vaidade é o primeiro objetivo de quem quer atingir a sabedoria, podendo ser um fator importante na seqüência natural de nosso amadurecimento como seres humanos, porque ele nos ensina a adaptar nossas condições ao meio em que vivemos. A prática estimula a percepção do tato, gravidade, equilíbrio, posição postural, pressão arterial, visão, audição, cheiro, calor, energia, tempo, espaço e, principalmente, o desenvolvimento da intuição. A prática da arte nos ensina a reagir apropriadamente diante de situações inesperadas de uma maneira positiva, não conflitante, onde haja benefício no contato físico, e não destruição e violência, nos ajudando a ter uma defesa pessoal global e eficiente, mantendo a calma e o equilíbrio. Acabamos tendo uma resposta automática para todas as ameaças que nos atingem, sejam físicas, mentais ou espirituais, visando nossa proteção individual.

Assim que o indivíduo comum vai envelhecendo e amadurecendo, a capacidade de controlar suas ações com a mente vai aumentando, e acaba criando um sistema de defesa diferente e separado do corpo. Se o corpo não evoluir junto com este desenvolvimento mental, ficando retardado, mente e corpo podem ficar separados, levando o indivíduo a sentimentos de ansiedade e insegurança. O treinamento vai levar o indivíduo a integrar seus sistemas de defesa naturais sob o ponto de vista físico, psicológico e mental.

Sugano Sensei, aluno direto do Fundador do Aikido, em seminário realizado em São Paulo em 1998, encantou a todos os aikidoístas brasileiros com sua personalidade simples, mas profundamente impregnada do amor do Aikido. Sua serenidade e sua postura, foram modelo para a prática futura de todos os que participaram do evento. Sugano Sensei enfatizou o aspecto marcial da arte, voltada para um caminho de iluminação espiritual. Segundo ele, Morihei Ueshiba sempre dizia que este era um caminho de purificação (Missogui), e que o praticante deveria ficar na "*Ame no Ukihashi*", ou seja, na ponte que liga o Céu à Terra. Em outras palavras, devemos praticar a arte como um caminho, como uma ponte, que nos levará à perfeição.

Carlos Villablanca, um dos pioneiros do Instituto Takemussu. Um dos líderes do movimento "Nova Acrópole". Responsável pela introdução do Aikido do Instituto Takemussu em Brasília.

UKE: UM ATO DE AMOR

Meu aluno e amigo Sidney Coldibelli, escreveu este artigo depois de um "insight" que teve em um treino. Nele mostra claramente a visão das artes marciais que possuía Morihei Ueshiba.

"Desde os tempos mais remotos, o amor tem sido tema de poemas, canções, alegrias e tragédias. Alguns acham que é a força que move o mundo e que mantém as pessoas vivas. Outros acham que é uma loucura, uma perda da razão que prejudica, quando não destrói vidas.

Mas o que é o amor? Uma reação química, uma atração eletromagnética, um impulso sexual, uma insanidade? Renato Russo, líder da banda Legião Urbana, utilizou-se de versos de Luiz de Camões, para tentar definir o amor.

"O amor é o fogo que arde sem se ver,
É ferida que dói e não se sente,
É um contentamento descontente,
É dor que desatina sem doer.
Ainda que eu falasse a língua dos homens,
Que eu falasse a língua dos anjos,
Sem amor, eu nada seria."

O Novo Dicionário Aurélio da Língua Portuguesa usa 68 linhas para tentar definir o amor em suas mais variadas formas de expressão verbal, indo desde o sentimento que predispõe alguém a desejar o bem de outrem, passando pelo amor carnal, pelo amor a uma causa, afeição, amizade, carinho, ternura entre outros. Aqueles que se dedicam à prática do Aikido durante um certo período, começam a perceber que muitas definições dadas pelo Mestre Aurélio se encaixam na prática diária. A amizade, o carinho, a afeição, o amor a uma causa e o sentimento que predispõe a desejar o bem de seus colegas praticantes, e por extensão, dos não praticantes também, refletem o sentido do amor, que começa a tomar corpo dentro de nós e a se fazer sentir a cada dia de prática.

Mas até aí, nada demais, pois vamos encontrar estes sentimentos entre pessoas que se reúnem em grupos de estudos, em igrejas, em cultos e em muitas outras concentrações de pessoas. Portanto, dentro desta linha de raciocínio, nada de mais acontece com quem pratica o Aikido. Será verdade? Não! Na minha opinião, o praticante de Aikido aprende uma forma de amor muito mais profunda e nobre do que se aprende em outros lugares e na vida diária. Há o amor da entrega. E como se aprende isto? Sendo um bom Uke. Mas o que é o Uke, senão aquele que aparentemente "apanha" o tempo todo? Aí é que está o erro no raciocínio. O Uke não apanha. Ele se entrega. Um bom Uke se doa totalmente para que o Nague possa realizar suas técnicas com perfeição. Ele cai e se levanta novamente pronto a cair de novo. Tudo para que o Nague possa se desenvolver. E não é só. Para que o Nague possa desenvolver uma boa técnica, o Uke tem que atacá-lo com força e determinação, ou seja, entregar-se de corpo e alma a uma tarefa que ele sabe que acabará com ele de novo no chão, humilhado e vencido. Esta é a forma que treinamos no Instituto Takemussu, o que faz nosso Aikido ser marcial, mas ao mesmo tempo profundamente solidário.

Humilhado e vencido não. Realizado e vencedor, pois através da sua entrega, ele pôde fazer com que mais uma pessoa pudesse desenvolver sua técnica com perfeição.

Mas não basta atacar com firmeza, para ser um bom Uke. Faz-se também necessário que, quando do contato do Nague, ele entenda que um processo começa a surgir e sinta o que o Nague pretende fazer com ele, para acompanhá-lo. Sim, harmonizar-se com ele, sentir suas intenções, torcer seu corpo e abdicar de sua vontade de reagir e de fazer o que deseja, para que a técnica possa surgir para encantar os olhos de quem assiste. É um gesto de aparente submissão, mas que o mantém no controle da situação, pois se ele conseguir se harmonizar de forma perfeita com o Nague, sempre perceberá a chance de conseguir inverter o processo e contra-atacar (Kaeshi Waza), e o movimento vai se perpetuando ao longo do tempo com uma série de ataques e contra-ataques que levarão ao infinito.

No Aikido, quando ataca, o Uke pode ser entendido como o "fogo alquímico" e o Nague como a "água". Todavia, quando os dois se encontram, Uke se transmuta em água e me parece ser neste processo de transmutação, a verdadeira essência do amor, pois só o amor tem este poder de apaziguar e de transformar o fogo da paixão em água da sabedoria. Lembre-se de que a água sempre procura o caminho mais fácil para seguir, sempre se acomoda em qualquer tipo de recipiente e consegue, também, ser sólida e ser gasosa. Portanto, ser um bom Uke é dedicar-se à causa do amor. Não o amor piegas dos folhetins e das novelas, mas uma espécie nobre de amor. O amor da doação incondicional."

Yamada Sensei, o autor e os líderes do Instituto Takemussu de Minas Gerais, Luis Ricardo Silva e José Otávio F. do Amaral, em seminário em São Paulo em outubro de 2002.

O SEGREDO TÉCNICO DO AIKIDO

Quando se pensa em Judô ou Aikido, imagina-se imediatamente alguém derrubando outra pessoa sem fazer força. Como é possível uma pessoa mais fraca conseguir derrubar uma outra mais forte? O segredo foi contado em um antigo tratado de Arte Marcial chamado "Ryuko-no-Maki" que diz: "Se o inimigo vem contra mim eu o recebo, se ele se afasta eu o deixo ir. Frente a frente com meu opositor entro em harmonia com ele. Cinco mais cinco são dez, dois mais oito são dez, e um mais nove são dez". Isto tudo mostra a essência da harmonia. Este é o princípio "Wa" ou "Aiki", como se diz no Aikido, que norteou todas as artes marciais de desequilíbrio do Japão e que, expressado em termos modernos, significa o princípio da "Suavidade". O Judo tradicional, que ensinava a não usar força, como hoje o faz o Aikido, pode ser definido como o "Caminho Suave". O antigo Jujutsu originou-se como um método de defesa entre os homens, mas evoluiu como uma arte refinada, visando desenvolver nos praticantes uma atitude de formação moral e de doutrina de vida. Esta foi a proposta do grande educador japonês Jigoro Kano, o fundador do Judo, e não simplesmente a de ganhar medalhas de ouro. O princípio da "suavidade" ensina que os praticantes não devem ir contra a força do oponente, mas sim junto dela, mantendo uma postura firme, sem perder seu equilíbrio físico, psicológico, moral e mental. Se alguém nos ataca com uma força equivalente a 50 kg, e se nos juntamos a ela na mesma direção com mais os nossos 50 kg, teremos uma força de 100 kg à nossa disposição, para usarmos como quisermos, se tivermos desenvolvido a capacidade para conduzi-la. Se através do treinamento persistente e disciplinado, aprendermos a manter nosso equilíbrio quando juntamos as forças, podemos dirigir e conduzir nosso adversário, aproveitando a nosso favor sua própria força. Este é o grande segredo do Judô e do Aikido. Existe, no entanto, outro aspecto importante, que é o momento em que fazemos a junção com nosso oponente. Basicamente, existem três momentos possíveis para entrar-se no adversário: o primeiro, quando o oponente inicia sua técnica; o segundo quando ele termina; e o terceiro quando o defensor inicia uma técnica e é bloqueado. Com o treinamento adequado pode-se aprender a pressentir o momento correto de entrar e manter a sintonia com o agressor, encontrando o "Kokyu", o "timing" correto. Sem conhecer Kokyu, não há como entender o princípio da não resistência na prática, e o praticante não conseguirá aplicar sua técnica com eficiência e sem o uso da força. Os orientais descreviam a força de uma pessoa em termos de "Ki", (espírito-percepção-energia vital). Assim, a energia vem do espírito, e o movimento do corpo é afetado pela vontade. Issai-Chozan, um antigo espadachim, dizia: "O espírito carrega a mente e controla o corpo". Através de nosso "Ki" podemos detectar o movimento de alguém que nos ataca, e no momento correto, nos unirmos a ele aplicando nosso próprio movimento, conduzindo-o em um movimento circular que sai de nosso Hara (centro de gravidade no abdômen). Um exemplo muito fácil para se entender a verdade deste princípio, é tentar pegar um pernilongo ou uma mosca. Se esperarmos ele sentar em alguma coisa, ficará difícil, pois ao nos aproximarmos ele voará. Mas, se tentarmos pegar o inseto em pleno vôo, percebendo a trajetória que ele vai percorrer e fazendo nossa mão percorrer este caminho, ficará bem mais fácil. Assim, concluímos que o "know how" diferencial do Judô e do

Aikido, consiste, basicamente, em conseguir adaptar-se ao ritmo do adversário ou agressor. Infelizmente, no próprio Judô moderno a preocupação com este aspecto superior da arte foi negligenciada em função da vitória nas competições. Os praticantes, em geral, procuram desenvolver mais a força, o vigor físico e a velocidade, em busca das medalhas olímpicas de ouro, no lugar de praticar o desenvolvimento da percepção e do "timing", em que reside o verdadeiro espírito das artes "suaves". Se por um lado, em termos práticos, esta ênfase na parte física realmente consegue vitórias que deixam os esportistas e patriotas orgulhosos de seu país, felizes, sentindo-se "vencedores", em termos de formação de um ser humano mais sociável e mais adaptável às situações do cotidiano, deixa a desejar. Felizes são os alunos de Judo, que têm um professor que valoriza as tradições ensinadas por Jigoro Kano, baseadas no "Wa" (Aiki). O Aikido não introduziu competições em sua prática, e assim é ainda uma arte ideal, para que este importante aspecto da cultura japonesa, possa ser praticado. Acredito que praticantes de Judô podem se beneficiar bastante praticando Aikido, que se manteve fiel ao "Wa"(Aiki), o qual é muito difícil de ser dominado, mas uma vez com ele, pode-se praticar a arte com eficiência até o fim da vida. Muitos principiantes de Aikido querem vencer pessoas mais fortes, com alguns meses de treino. Isto é impossível, pois dominar o princípio do "Aiki" leva muito tempo. Portanto, o segredo é que o iniciante seja interessado, tenha paciência e procure realmente um dojo adequado. Nem sempre, aquele que se diz professor, conhece realmente a arte. No Brasil, possuir uma faixa preta não significa garantia de competência. Nem sempre um ganhador de competições, é um bom professor. Muitas vezes, pessoas dotadas pela natureza com força, elasticidade e velocidade, vencem outras com técnica apurada. Afinal, uma tartaruga jamais correrá tão rápido como um tigre, não importa o quanto ela pratique exercícios de velocidade. É claro que ela pode subir em uma moto e vencer. Mas tudo na vida tem limites, e o principal, é o conhecimento de que a vitória é sempre relativa. A capacidade de um homem não pode ser medida em uma simples competição. É importante lembrar que o vencedor de hoje poderá ser o derrotado de amanhã.

Sérgio Ricardo Coronel fazendo Jiu Waza no Dojo Central, tendo como Uke Alexandre Sallum Bull e Luciano Noeme, mostrando um Aikido alegre, fluido e descontraído, como queria o Fundador do Aikido que a arte fosse praticada.

BALAS FURAM FAIXAS,
MAS NÃO TRAZEM TRANQÜILIDADE

Freqüentemente, muitas pessoas procuram o Instituto Takemussu querendo praticar Aikido, visando aprender a lutar e a dominar as técnicas circulares e torções que não são encontradas em outras práticas. Quando a eles se pergunta por que querem aprender a lutar, respondem que querem tornar-se artistas marciais perfeitos e que sentem que o Aikido poderá complementar uma falha que possuem na modalidade que praticam, como aprender a cair, aprender as torções ou as técnicas circulares. Eu, normalmente, decepciono estes indivíduos pois lhes digo que estiveram perdendo seu tempo, e que se eles realmente estivessem interessados em aprender a arte-marcial mais eficiente, deveriam no mínimo começar pelo tiro ao alvo, ou então aprender a dirigir aviões de combate, ou conduzir mísseis intercontinentais. Procedendo assim, realmente estariam aprendendo o que existe de mais sofisticado e mais moderno em termos de artes marciais.

As técnicas de Aikido, quando encaradas como arte marcial, são totalmente superadas e antiquadas, pois basearam-se em técnicas guerreiras do ano 1000, durante a época feudal no Japão. Não vivemos mais este tempo de espadas e armadura. A arte da guerra mudou muito e a tecnologia substitui a destreza física. E neste sentido, falo também que o Judô, o Karatê, o Kendo e tantas outras "artes marciais", estão totalmente superadas como técnicas de guerra.

A palavra marcial implica em "militarismo". Os antigos samurais praticavam o "bujutsu", arte marcial, para defender seus clãs, seus senhores feudais e os interesses destes grupos. O interesse do bujutsu era permitir eficiência nos campos de batalha usando as armas de então, o katana, a lança, o arco, a faca etc.

Com o final do feudalismo no Japão foi criada uma situação ideal para o nascimento do "Budô". Usando as técnicas físicas, o budo aspirava ser uma senda rigorosa para o desenvolvimento espiritual e moral. Por esta razão, o Budô passou a ser praticado não somente pelos guerreiros, mas também pelas pessoas que nada tinham a ver com militarismo. As artes guerreiras passaram a ser praticadas para o desenvolvimento físico, emocional, mental e espiritual. Neste conceito é que foram criadas todas as artes marciais que possuem a sílaba "Do". Significam o treinamento de um caminho, uma filosofia. "Do" tem a mesma escrita que significa "tao", a perfeição, ou "Deus".

É claro que o Aikido pode ser usando como defesa pessoal em determinadas situações, como em uma briga de rua. Porém, a experiência me ensinou que o mais eficiente dos faixas pretas se torna indefeso diante de um revolver em mãos hábeis. Infelizmente, existe uma tendência destes "Caminhos Marciais" se tornarem esportes, pois eles perderam a origem para a qual foram criados. Os Caminhos Marciais vêm se tornando esportes, transformando-se em jogos e pouco diferem do futebol, do boxe ou da natação. É claro que possuem os benefícios da educação moral e física que os esportes propiciam, tais como: saber perder, saber ganhar, controlar a agressão, ensinar o espírito de equipe e desenvolver a "garra". Mas não podem ir fundo numa transformação interna do indivíduo, como vão os Caminhos Marciais. Por esta razão, o Aikido Tradicional refuta todo e qualquer tipo de competição. O homem Ocidental é educado para a competição. Assim, basta receber um desafio para empenhar-se ao máximo atrás de uma "vitória". Os caminhos marciais, ao se transformarem em esporte, certamente terão um crescimento mais rápido, pois o espírito dos brasileiros e das nações do Ocidente está preparado para receber qualquer tipo de jogo ou disputa. Porém, esta popularidade tem um preço alto, que é a perda da possibilidade de colocar o indivíduo em um nível espiritual mais elevado e mais profundo. A verdadeira competição é a competição da vida, que não é um jogo, mas sim uma luta de vida ou morte onde os mais hábeis viverão e os mais fracos sucumbirão. O objetivo do Aikido é tornar o homem forte e prepará-lo para lutar com técnicas harmoniosas, democráticas, políticas, de maneira a vencer sem destruir o inimigo e pelo contrário, transformar seu agressor e competidor em colaborador. Este é o significado do Aikido, um caminho para "juntar energias". Para tornar o conflito algo construtivo para os participantes e, conseqüentemente, para a humanidade, o homem deve entrar em sintonia com a Natureza e trabalhar em conjunto com ela, produzindo bens mais úteis para si e para a sociedade.

Os esportes competitivos têm um valor importante no sistema educacional, recreativo e até mesmo como mecanismo de relaxamento das tensões sociais provocadas pelas diferenças econômicas, culturais e sociais. Porém, é importante lembrar que o "Do" (Caminho) nada tem a ver com arte marcial ou esporte, e é algo muito profundo. Na verdade, os Caminhos Marciais têm por propósito realizar uma verdadeira reeducação do indivíduo, fazendo com que ele viva mais de acordo com a essência que recebeu do universo ou de Deus, e que lhe determinou uma missão. Se o homem não descobrir qual é esta missão e como realizá-la, jamais será feliz, não importa quanto dinheiro, cultura ou posição social possua. A felicidade e a realização, somente podem ser alcançadas quando o indivíduo se encontra dentro do plano para o qual foi criado. Aí sim, dentro deste plano, se tiver sucesso será também rico, famoso e culto, e terá dentro do peito um sentimento de alegria, de realização, e estará de "de bem com a vida", como se diz.

Aikido é uma arte marcial? Não. Apesar de ser derivado do *Aiki Jujutsu*, Aikido é um Caminho Marcial, uma filosofia de vida e uma reeducação global do indivíduo. Infelizmente, não são todas as pessoas que entendem esta mensagem e, neste caso, continuam dando ponta-pés em tábuas, estragando suas mãos, levando pancadas, danificando seus corpos e de seus companheiros de treino. Inteligentes foram os americanos que, percebendo o que aqui relato, criaram o *Full Contact*. Nele, utilizam luvas protetoras nos pés e nas mãos, transformando os esportes marciais em algo semelhante ao Boxe, praticado dentro de um ringue, com regras definidas.

Nague: Marcelo Leonel da Silva - Instituto Takemussu Itapetininga

É preciso ter claro o objetivo ao iniciar-se a prática de uma arte marcial. Saber se o objetivo é a realização de uma transformação interior através do treinamento de técnicas de combate ou não. A resposta pode ser o Aikido.

INORI

Um provérbio Zen diz:

"Se você estiver na beira de um precipício de 800 metros, como você dará um passo à frente?"

Através dos Caminhos Marciais deveríamos aprende a ir além de nossos limites atuais, e atingirmos, continuadamente, novos níveis superando as dificuldades e limitações. É necessário ao homem que queira progredir, a consciência de que não importando o quão rico, ou sábio, ou saudável seja, se o indivíduo pára de tentar melhorar, o progresso imediatamente se interrompe, e em um momento seguinte começa a regredir. É necessário sempre querer avançar um pouco mais em tudo o que fazemos. No dia-a-dia da prática dos Caminhos Marciais, aprendemos que é importante manter nosso corpo relaxado e centrado em nosso "tanden", um ponto situado a aproximadamente 5 cm abaixo do umbigo, que é o centro de nosso "Hara", a alma do homem, como visto pelo Budô. Permanecer neste estado de total percepção do universo, e estar atento a qualquer tipo de ataque, é ficar na condição de "Inori", a mente que está unida com o Céu e com a Terra, sendo seu corpo a ponte de união. A atitude de "Inori" corresponde a como o ser humano deve manter seu corpo, sua mente e suas emoções, quando pretende se comunicar com o divino, funcionando seu corpo como uma antena que capta os desígnios da Natureza, ou de Deus. Neste caso a prática se torna uma forma de oração em movimento. O movimento deve ser concentrado e conectado com a força vital universal "Ki", para que as técnicas funcionem como defesa pessoal e sejam eficientes. Esta prática leva a harmonia entre o corpo, a mente e o espírito, trazendo a maturidade, o relaxamento e a paz de espírito. Na antiga arte da prática de espadas, a atitude "Kurai", tem o mesmo objetivo. O Kanji de "Kurai" significa "um homem na posição vertical, de pé". A espada deve ser usada como uma parte de seu próprio corpo e não como um objeto em separado. Na posição de "Kurai Dachi", deve-se absorver a energia do oponente, e assim penetrar em sua guarda vindo de uma posição vertical. Este é o significado de "Ikyo", o primeiro princípio, na prática do Aikido, sendo esta técnica a mesma versão de "Kurai Dachi", porém de mãos vazias, sem armas.

Nas técnicas de Aikido é fundamental que o praticante avance na mesma direção de seu oponente, dando a impressão de que vai haver choque, mas isto não ocorre em função da utilização do "Kokyu", em combinação com o movimento de "Irimi Tenkan", girando o quadril usando o princípio do círculo. Outro aspecto importante retirado da arte da espada é "Kasumi", ou seja, deixa-se o agressor nos atacar fazendo-o pensar que terá nos atingido, e usando o "timing adequado", no último momento desviamos de seu ataque e o atingimos pelo flanco desviando-nos do corte de sua lâmina, ao mesmo tempo em que controlamos o seu centro.

Para poder manifestar toda a sua energia e poder, é necessário que o praticante aprenda a mover o seu corpo como uma unidade centrada e dirigida por seu "tanden". Todas as partes do corpo devem estar sincronizadas como um perfeito relógio. A extensão da energia "Ki", não deve ser feita apenas através dos braços, mas para todas as direções, e saindo por todas as partes do corpo, como se ele fosse um sol emitindo raios para todos os lados de forma esférica. Um ponto importante que muitos praticantes desconhecem, é que a máxima extensão de energia somente ocorre quando os braços estão ligeiramente dobrados fazendo um arco. O Ki do Hara conecta diretamente aos cotovelos, indo para os pulsos e depois para os dedos. Os ombros devem ser mantidos para trás e relaxados para baixo, com o peito aberto. Os ombros, os pulsos, e todas as juntas do corpo devem estar livres para se moverem em qualquer direção que o movimento ou a técnica, exigirem em determinado instante. Quando o corpo de uma pessoa está solto, relaxado e flexível, só então é possível se ter controle da mente e das emoções. Daí a grande importância da prática para a vida diária, pois nos ensina a controlar nossos instintos primitivos de agressão, e nos possibilita tomar a decisão certa, na hora certa, evitando muitos dissabores trazidos por atitudes tomadas com "a cabeça quente".

Desta forma, a arte constitui um principio que todas as religiões, filosofias, e ciências contêm, e assim pode ajudar a resolver os problemas ideológicos do mundo. Através de movimentos práticos que exigem capacidade de julgamento, razão e capacidade de agir instantaneamente, ensina o respeito para com próximo, e que a flexibilidade e a adaptabilidade, predominam sobre a teimosia e a tentativa de conseguir as coisas pela força, "na marra", e principalmente, esta fantástica arte marcial, ensina os homens a viverem a vida baseada na harmonia e na ordem natural das coisas da forma que foram criadas pela Grande Natureza. Esta era a forma de viver proposta pelos antigos japoneses, que infelizmente, o Japão moderno está deixando de lado, em troca dos valores estadunidenses, estruturados no consumismo, e na exploração dos mais fracos pelos mais fortes, impondo sua política através de armas atômicas, obrigando o mundo a aceitar a sua moeda, sem questionar seu lastro, deixando sua economia frágil, e dependente da boa vontade do Banco Central Americano. Aliás, com a globalização, com o término da guerra fria e com o fracasso da URSS, todos os países do mundo estão nesta situação. Ou dançam com os americanos, ou a alternativa é a fome e o subdesenvolvimento. Como não há alternativa no momento, temos que aceitar a situação, mas isto não significa que devemos renegar os grandes ensinamentos espirituais que nossos antepassados nos legaram, como é a tradição japonesa, e acharmos que cultura e religião devam ser substituídas por *rock and roll*, sanduíches, carros modernos, glamour, programas de televisão e filmes "enlatados".

Inori
(Comunicar-se com os Kami)

A palavra "Inori" é composta de dois ideogramas: no "Kotodama" "I", que significa o centro, a vontade, e do ideograma "nori" que significa cavalgar. A idéia é cavalgar nosso centro ficando na ponte que liga o Céu e a Terra (Ame no Ukihashi). Por esta razão que os japoneses usam esta palavra para rezar, que seria conectar-se com o Tao (Deus). Neste sentido a prática do Aikido é uma oração viva.

Prof. Constantino Dellis do Instituto Takemussu de Sorocaba e seu assistente Eduardo Pellegrini, ambos portadores do símbolo "Peito Amarelo", como praticantes da elite do Instituto Takemussu.

HARA: O CENTRO

Haragei
(a arte de cultivar o Hara)

Quando no Brasil necessitamos dizer o que se passa em nosso interior, usamos a expressão "Abrir nosso coração". Um japonês, na mesma situação, diria "Abrir seu Hara". Para o japonês, o centro do "Self", a alma do indivíduo, está em sua barriga. Por esta razão, quando alguém, no passado, queria se livrar de uma grande culpa, demonstrar coragem ou dar uma última demonstração de lealdade, fazia o "Hara Kiri" (cortar o abdômen). O "Hara" tem componentes físicos e de origem emocional. O "Rikishi", como é chamado o lutador de Sumô, representa o protótipo somático ideal dos heróis japoneses, pois possui as pernas grossas, os ombros caídos, e um centro massivo, similar à forma de uma pirâmide. Este modelo é copiado por todas as artes japonesas, cujos praticantes procuram mover-se a partir dos quadris, de seus "Hara", que representam as bases universais para seus deslocamentos e origem de suas forças. O sucesso do lutador de Sumo depende de sua capacidade em manter o corpo centrado e liderar o centro de seu oponente. De certa forma, todos os caminhos marciais japoneses estão alicerçados nesta idéia, e assim todos respeitam o conceito de "Hara", o que faz com que o treinamento das artes marciais japonesas passe, invariavelmente, pelo controle e pelo fortalecimento, explorando a força dos quadris e da cintura. Daí o treinamento do "Shikko", onde a pessoa se desloca pelo tatami, andando ajoelhado, prática esta muito difícil no começo e que pode provocar contusões se não for praticada corretamente, mas que é fundamental para fortalecer e dar flexibilidade ao quadril, potencializando o "Hara". Como resultado, a cintura fica macia e flexível, e a barriga dura. As artes marciais colocam toda sua percepção de equilíbrio, controle da respiração e da gravidade, em um ponto localizado a alguns centímetros abaixo do umbigo. Este é o centro do "Self". No pensamento japonês, o "Hara" é um meio de comunicação, uma forma não verbal de transmitir os sentimentos, as motivações e as intenções. Ele é o radar do artista marcial, que "pensa" com seu hara e nele absorve as informações que chegam, sendo capaz, inclusive, de influenciar outras pessoas. Estranho? Nem tanto, principalmente para nós que sentimos um nó na barriga quando estamos ansiosos, com medo, ou quando estamos assumindo uma posição de coragem.

O americano diz, quando alguém demonstra firmeza: "He has guts" (ele tem estômago, tripas). No fundo é a mesma idéia, pois os seres humanos são todos iguais, tirando a cor da pele e a aparência externa, e assim sentimos todos as mesmas coisas. Por esta razão os filmes e livros produzidos no Ocidente fazem sucesso no Oriente, e vice-versa. O que ocorreu no Japão foi que se observou a importância desta parte do corpo que fica em nossa barriga, muito mais do que a cabeça, como fizemos aqui no Ocidente. Olhem na figura do volume 1, *A Teoria*, na página 202, e veremos duas imagens. A primeira da escultura do "Pensador", criada por Rodin, e a outra de um mestre Zen em meditação. Claramente se observa na primeira, a concentração do espírito na cabeça, trazendo soluções particularizadas, locais e, na maioria das vezes, contrárias ao meio ambiente. No caso da figura do meditador, fica claro a centralização no "hara", trazendo uma perspectiva de integralização do indivíduo com suas partes e com o seu redor, proporcionando "insights" muito mais harmônicos com a natureza. Deste enfoque, se pode compreender toda a evolução da cultura do Ocidente e do Oriente. Uma esboça soluções geniais, porém localizadas, incompletas, que a longo prazo acabam trazendo distorções. A outra, parte do princípio de idéias integradas com o todo e, portando, duradouras.

No mundo moderno em que vivemos nem sempre podemos resolver tudo com o "Hara", pois temos que trabalhar com computadores, fazer contas, resolver problemas matemáticos. Contudo, não podemos esquecer, para que possamos ser felizes e integrados, de que tudo o que fizermos deverá estar em harmonia dentro de nosso grande centro, o qual conduz nossos sentimentos, atitudes mentais integradas e a vitalidade de nossa vida psicológica.

Nague: Satie Fucatu
Uke: Luciano Noeme

FUGIR, ENFRENTAR OU ADAPTAR-SE

Muitas são as razões que podem levar uma pessoa a se interessar pela prática das artes marciais. Pode ser para melhorar a saúde, perder a barriga, fazer amigos, praticar uma arte e, muitas vezes, pela necessidade de se ajustar às exigências do dia-a-dia. A competitividade do mundo moderno, as insinuações cada vez mais agressivas da mídia, a poluição visual, sonora e cultural, a violência urbana e o desrespeito flagrante aos princípios mais fundamentais da moral e da ética, tem levado o homem moderno a uma ânsia existencial que gera medo, angústia, hipertensão etc. Os primeiros e mais expressivos atos de obediência do homem são para seus instintos. Se a situação é de alto risco e o enfrentamento é desigual, o instinto de sobrevivência aponta para a fuga. Se o enfrentamento é possível, pelo menos em nível de igualdade, o brio do homem comum aponta para a luta, para o enfrentamento. E se não se pode fugir, e tampouco enfrentar? O homem não treinado, ou parte para entrega, desistindo, ou para a adaptação contrariada, e assim fica tenso, neurótico, doente e infeliz.

Nosso organismo reage a fatores externos (calor, frio, som, odores etc), e a fatores internos, principalmente aqueles ligados ao emocional, (carinho, afeto, inveja, medo etc), e estas reações fazem deflagrar todo um esquema especial de "segurança" para garantir a nossa "plena integridade" como pessoas. Este esquema é saudável enquanto persiste a "agressão", e pernicioso se continua após esta cessar. Alguns destes fatores são passíveis de eliminação imediata. Por exemplo: mudar de um bairro mais poluído, para outro menos poluído, ou de uma cidade mais fria para uma mais quente. Em geral, o homem tem mais domínio sobre os fatores externos que internos, sendo que estes tendem a permanecer causando angústia, insegurança e doença. Por outro lado, a competitividade do mundo moderno, com todas suas implicações mercadológicas, tem provocado um estado quase que permanente de "alerta" nas pessoas. Fugir de uma profissão ou de um ofício é, atualmente, muito difícil. O homem moderno está tão enraizado e associado à sua profissão que, dificilmente, consegue romper este elo.

Assim é, que diversas correntes doutrinárias, sejam elas ligadas a religiões ou não, têm se preocupado com a questão da adaptabilidade do homem, cada uma a seu modo.Há pessoas que se adaptam com mais facilidade às exigências do cotidiano e outras nem tanto. Para estas, o estresse funciona como mecanismo regulador e abastecedor. Não há nada de mau nisso. O problema é que há pessoas que não conseguem se livrar do estresse, mesmo estando em condições externas razoavelmente normais. Entregar-se é o mesmo que zerar as nossas energias físicas, intelectuais e morais, sendo o próprio suicídio da personalidade. Adaptar-se, de forma contrariada, é admitir a provisoriedade do destino, e é também um caminho para a tensão e a infelicidade. O correto seria estar consciente do processo, gerar a adaptação em uma primeira fase e a recondução das contingências na segunda, assumindo a pessoa a liderança do processo. A mente é fluida, e por isso assume formas determinadas pelo nosso próprio eu. Nos convertemos naquilo em que nos concentramos. Se nos fixarmos em imagens boas e positivas, seremos felizes, e se nos concentrarmos no ressentimento, na inveja e no ódio, seremos infelizes. Assim, desde o primeiro momento se ensina ao praticante a fixar a mente onde deseja permanecer. É impossível fazer uma técnica, projetando ou imobilizando algum oponente, sem sermos capazes de fixarmos nossa mente no ponto mais fraco e vulnerável do adversário, e lá unirmos as nossas energias físicas, mentais e emocionais. Todo nosso "Ki" deve ser focalizado onde pensamos. Repetindo esta maneira de realizar as técnicas, em todas as aulas e treinos, centenas, milhares de vezes, nossa mente vai ficando treinada em mudar sua maneira de pensar rapidamente e, esquecendo o passado, focalizar o presente, abandonando os remorsos e as contrariedades.

Quando alguém nos ataca temos que perceber a intenção, o "Ki" e a mente do adversário, e nos alinharmos com ele, adaptando para depois redirecionarmos a sua força de acordo com nossa vontade, sem entrar em conflito com o mesmo. Para isto é necessário que o praticante aprenda a, instantaneamente, mudar sua mente e suas emoções, e o treinamento diário acaba levando a este domínio.

Aí está a grande chave para conseguir adaptar-se de forma positiva às situações, em vez de se adaptar de forma contrariada, sufocando nossos desejos e vontades, como fazem os homens comuns.O treinamento permite nos adaptar às situações, redirecionando-as conforme nossa maneira de ver as coisas, mas levando em conta o meio ambiente e as energias que se relacionam conosco. Em outras palavras, aprendemos a lidar com as situações de forma construtiva para ambas as partes. O resultado é que o conflito é transformado em união, sem estresse, fazendo nascer a alegria e a cooperação.

Prof. Ney Tamotsu Kubo, Instituto Takemussu de Santos, e Rodrigo, seu aluno.

A INTUIÇÃO

A intuição e o instinto são características que recebemos da Natureza. Não é possível que um médico ou um engenheiro, sejam capazes de medir através de instrumentos estes dotes. Pelo contrário, os cientistas e os engenheiros têm a tendência de ignorar estas qualidades, e mesmo ridicularizar as pessoas que têm intuição forte e se recusam a fazer coisas aparentemente lógicas e racionais, por um aviso contrário que vem de seus interiores.

Nossa cultura machista ensina que homem não deve ter medo.O medo, na verdade, é um maravilhoso sistema de alarme que possuímos para nossa autopreservação, bem como para nossa defesa pessoal. Ele nos avisa quando estamos perto de situações perigosas, e pode nos salvar de problemas sérios, nos fazendo agir instintivamente. É a aceitação do alto valor do medo que permite que os alpinistas consigam escalar as montanhas com sucesso, ao marinheiro sobreviver no mar e ao pedestre sobreviver nas ruas. O medo e a inteligência são os principais fatores que permitiram ao homem sobreviver como espécie até aqui.

Portanto, é um erro tentar suprimir o medo; ao contrário, devemos aprender a respeitá-lo e com inteligência colocá-lo ao nosso trabalho no dia-a-dia, em todas as nossas atividades. É famosa a frase: "O cemitério está cheio de valentes enterrados por medrosos". Não estamos aqui dizendo que ter medo é sempre bom, mas sim, que é necessário ter medo para se poder realizar bem as coisas. A questão fundamental é perceber quando o medo é fundamentado e quando é uma fantasia. A prática de um Caminho Marcial desenvolve e exige a sensibilidade, e esta se encontra diretamente ligada à intuição. Não temos que procurar onde está a intuição para nos ajudar a resolver determinada questão; ela sempre está conosco. Porém, é necessário aprender a ouvi-la e não sufocá-la com argumentos lógicos e racionais. Diante de um confronto, automaticamente, intuímos se ele é perigoso ou não.

As vítimas dos assaltos, freqüentemente, dizem: "Pois é, eu tive um sentimento, uma má impressão para que eu não passasse por aquela rua. Por que eu insisti?" - ou então, "Eu sonhei que seria assaltada. Por que não acreditei?". Nestes casos as vítimas tiveram a intuição, mas não escutaram a sirene, o medo. Prestar atenção em todos estes sinais interiores e realmente lhes dar valor, é talvez, uma das maiores dificuldades para se tornar um mestre.

Em técnicas de "Ushiro Waza", onde o atacante agarra o outro por trás de forma sutil e em seguida lhe desfere um golpe na cabeça, o praticante pode pressentir o momento do ataque mesmo estando de costas, e assim desenvolver seus olhos na intuição, virando-se e redirecionando o ataque. Ninguém se torna faixa preta em uma escola tradicional sem desenvolver esta habilidade. A sensibilidade é entendida como a capacidade que o praticante tem de perceber o "Ki" emitido pelo agressor, e captar sua atitude agressiva com sua "antena interior".

Uma estória de caminhos marciais ilustra bastante a importância deste aspecto: Um mestre, ao envelhecer, queria escolher seu sucessor. Assim, chamou seus três melhores alunos e disse ao primeiro para que fosse em um desfiladeiro para pegar uma flor que nascia somente lá. O primeiro foi ao local, encontrou a flor e a apanhou. Neste momento apareceram dez guerreiros que o atacaram. Com sua grande destreza ele venceu a todos, mas vieram outros vinte e ele os derrotou; e aí vieram cinqüenta, e o mataram. Vendo que o aluno não retornava, o mestre mandou o segundo discípulo. Este seguiu exatamente o mesmo caminho do primeiro, apareceram os guerreiros e este, contrariamente ao outro, os foi derrotando, até que eles saíram correndo. Feliz e orgulhoso, ele retornou com a flor e a entregou ao mestre relando-lhe a estória, mas o mestre não ficou satisfeito e enviou o terceiro. Este, ao se aproximar do desfiladeiro, parou, ficou alguns minutos olhando fixamente para o lugar, e subitamente fez meia volta e retornou.

Chegando sem a flor, procurou o mestre e disse: "Mestre, se o senhor realmente quer aquela flor, é melhor reunirmos um batalhão de pessoas armadas, pois lá está cheio de perigos, e é melhor que nos preparemos bem antes de entrar lá". E o mestre o escolheu como seu sucessor.

Não importa quão poderoso poderemos ser, sempre acabará existindo uma força superior à nossa, que nos destruirá. O homem realmente imbatível, não é aquele que é muito forte e poderoso, mas aquele que consegue pressentir as dificuldades e se prepara adequadamente para elas. Devemos treinar para perceber as coisas, desenvolvendo a intuição, a sensibilidade e o "Ki", para sermos verdadeiramente vencedores na vida.

Paulo Teixeira Batista, introdutor do Aikido do Instituto Takemussu em Rondônia.

E A VIDA CONTINUA

Claúdio Ribeiro executando Kokyu Nague.

Nos dias atuais, a globalização, a televisão e a internet, diariamente nos assolam com uma enxurrada de notícias negativas, governos corruptos, inflação, desemprego, assaltos, guerras raciais, enfim, tumultos por todas as partes e de toda natureza. A Economia no Brasil não vai bem, pois além do desemprego, as contas públicas apresentam pagamentos de serviços de juros internos e externos a valores altíssimos, nunca antes vistos em nossa história. O Brasil deve, aproximadamente, 500 bilhões de dólares, ou seja, nós brasileiros devemos. Para se ter uma idéia de quanto é este dinheiro, eu fiz a seguinte conta: Um carro novo custa cerca de dez mil dólares, e tem cerca de 6 metros de comprimento. Se dividirmos a dívida total pelo valor de cada carro, chegaremos a 50 milhões de carros novos. O raio da terra tem cerca de 6.400 Km, isto significa que para se dar uma volta total na Terra teríamos que percorrer cerca de 40 mil km. Vejam que coisa incrível: com o dinheiro da dívida poderíamos comprar 50 milhões de carros novos e se os colocássemos em uma fila, um atrás do outro, seguindo a linha do Equador, poderíamos dar 7,5 (sete voltas e meia) voltas de carros pela Terra. Eis uma visualização de nossa dívida. É impossível pagar isto. Só de juros gastamos cerca de 100 bilhões de dólares anuais, ou seja, 10 milhões de carros anuais, quase duas voltas de carros enfileirados em torno da Terra. Às vezes eu pergunto a um tio meu, que é economista, e ele diz: "Ora Wagner, a dívida brasileira não é para ser paga, desde que continuemos pagando parte dos juros, os credores ficarão satisfeitos!". Para quem sempre pagou suas contas em dia, é difícil aceitar esta idéia. Nos resta o pensamento do caloteiro, como consolo para as más projeções, que esta idéia enseja para o futuro de nossos filhos, de que devemos esquecer a dívida, ou melhor, ignorá-la, e seguir em frente; "venha lá o que vier", pois não há outro remédio. Mas, e se a cobrança vier mais forte, através dos cortes nos programas sociais e de obras de infra-estrutura para aumentar o superávit primário e sobrar dinheiro para pagar os juros? A sensação que tenho é que estamos na mesma condição de meus bisavôs imigrantes, quando vieram trabalhar em São Paulo nas fazendas de café, quando recebiam dinheiro emprestado e no final do ano, após a colheita e venda do produto, deviam ainda mais aos donos do capital. Emprestar o que as pessoas não podem pagar, é uma forma bem antiga de se escravizar pessoas honestas sem a necessidade de usar o chicote.

A outra alternativa que se apresenta é que um novo governo de esquerda, vitorioso nas eleições, pode querer uma moratória, e aí como vamos ficar em um país, como o nosso, que tem tanta dependência do exterior? Viraremos uma Rússia e quem quiser crescer terá que formar ou entrar em uma máfia, ou cair na marginalidade, como está acontecendo naquele país? Se formos pessoas boas e respeitosas a Deus, só nos resta buscar em nosso interior, através da espiritualidade, um tranqüilizante para tanta incerteza lógica. As religiões têm como proposta a gratidão e satisfação pelas coisas estarem como estão, criando uma mentalidade constante de agradecimento por tudo. No fundo, bem no fundo, eu e você não poderemos mudar este quadro de exploração do homem pelo homem. A história mostra que isto é inevitável, a alternativa é explorar ou ser explorado; as idéias de igualdade, liberdade e fraternidade são para os poderosos. Os que não o são, só podem conseguir estas condições olhando para dentro, e somente podemos encontrar consolo após compreender esta situação com a religião, a filosofia e a psicologia.

Lembro que Cristo disse:

"Daí a César o que é de César e a Deus o que é de Deus".

Ou seja, nem Cristo nos disse como nos livrarmos do tributo a César. Então ao povo, de fato, só resta buscar na espiritualidade a tranqüilidade, pois é a única forma possível. Afinal, o que é a espiritualidade se não a vontade de Deus, dos Kami e dos Budas? O Xintoísmo, base da espiritualidade japonesa, diz que o ser humano é filho dos Kami e pode se tornar um deles, mesmo antes de morrer, bastando se purificar, visto que temos uma natureza divina.

O treinamento de um Caminho Marcial propõe que, ao se exercitar com a prática contínua, livrando-se das toxinas, das tensões e dos pensamentos distorcidos, estar-se-ia praticando uma purificação, "Missogui", e assim chegar-se-ia cada vez mais perto de "Mitama" (o espírito dos Kami). O cristianismo diz para se confiar em Deus e aguardar o Juízo Final, onde a Justiça Divina finalmente chegará, e enquanto ela não chega, elogia a humildade e o desprendimento dos bens materiais, contrariamente à idéia da formação de uma máfia. Propõe aceitar o "status quo", e se voltar para o interior da Alma, embora os líderes religiosos nem sempre pensem assim, visto o poder material de muitas igrejas cristãs.

A idéia de purificação dos sentidos e da mente é expresso na frase que se repete nas cerimônias xintoístas: "Harae Tamae, Kyome Tamae, Rokkon Shojo" ou seja: livremo-nos dos erros, das culpas, e purifiquemos os nossos cinco sentidos e nossa mente. Existe um conceito muito importante no Xintoísmo que é Tada Ima, que significa, "aqui e agora". No Xintô o tempo é visto como um movimento contínuo da vida em cada instante. O tempo nunca retorna; ele flui sempre para frente. Em cada segundo, minuto, hora e dia, devemos procurar fazer o melhor em nossas ações, para vivermos mais e revelar a natureza divina que carregamos em nós. Por isto, no Xintoísmo, as pessoas são chamadas "mikoto mochi" (pessoa que carrega a essência divina). Agindo desta forma, nossa produtividade, criatividade e capacidade para enfrentar as dificuldades, ficarão maiores a cada momento. A coragem, a sabedoria, a energia e a saúde, necessárias para vencer as dificuldades, estão na própria natureza, em "Ohmitama". No nosso dia-a-dia, temos que procurar purificar nosso "Ki", que é a energia vital, e que move todas as nossas ações.

O Universo começou com Ki, e tudo o que existe está dele impregnado. O seu estado de humor, as suas decisões, a sua disposição, a sua criatividade, a sua coragem e a sua vontade, vão depender de seu Ki. Desta maneira, é muito importante nos exercitarmos diariamente para nos livrarmos do "Ki" negativo, das tensões, das doenças, das idéias erradas e dos sentimentos negativos, purificando e buscando o Ki bom e positivo. Os caminhos marciais mostram, através de sua prática diária, uma maneira de se purificar o Ki e de se unir com os Kami. Basicamente é este o caminho da espiritualidade do Extremo Oriente, com algumas variações de acordo com a religião ou filosofia. Ou seja, como não se pode mudar o esquema de poder dos fortes explorando os fracos, propõe uma espiritualização para as expectativas materiais.

Portanto, o mundo é o mesmo no espaço e no tempo, na idade antiga, na moderna, no Brasil e no Japão. Assim, procurar desenvolver a nossa espiritualidade é a única maneira para vivermos felizes e despreocupados, sem ficarmos angustiados com as dificuldades futuras. A prática de um Caminho Marcial fortalece nosso Ki e nos leva a viver o momento presente, a exercitar nosso corpo, ter pensamentos positivos e otimistas e procurar melhorar o relacionamento com nossos semelhantes, pois isto ajuda muito a fortalecer nosso "armazém" de Ki positivo.

Não vamos nos entregar às más notícias, pois elas serão sempre inevitáveis; tomemos conhecimento delas, mas pensemos que assim como existem as más coisas, ao mesmo tempo existem as boas. Por outro lado, quem sabe meu tio talvez esteja certo, a dívida exista, mas não para ser paga, e talvez um calote não seja algo tão terrível assim. Vamos acreditar que o dono do galinheiro não vai querer matar a galinha de exaustão e assim acabar a produção dos ovos. É melhor acreditar que, independentemente do partido que vença as eleições, surgirá uma fórmula para que o país continue progredindo, e se isto não acontecer, que vamos estar fortes e preparados para o que der e vier e, assim, tudo estará bem.

Sendo filhos dos Kami, eles nos indicarão uma maneira de viver bem. "Vamos em frente que atrás vem mais gente". Vamos pensar como os ingleses: "The King is dead, God save the Queen", e não se esqueça de pagar o aluguel, as contas e principalmente os impostos, pois os países desenvolvidos necessitam manter suas rendas "per capita" altas. E a vida continua!

O autor e Claúdio Ribeiro, Nidan de Aikido e 4º Dan de Tae Kwon Do. Introdutor do Aikido do Instituto Takemussu em Itapetininga - SP.

147

LIÇÕES PARA A VIDA

Estava lendo um escrito de Shakespeare sobre a Vida, e não pude deixar de notar a semelhança com os ensinamentos do Budô. Neste texto foi mostrado o que acontece depois de algum tempo de experiência de vida, quando aprendemos a diferença sutil entre dar a mão e acorrentar uma alma, e aí aprendemos que amar não significa apoiar-se, e que companhia nem sempre significa segurança. E isto sempre ocorre na relação mestre-aluno, "Sempai-Kohai". Algumas pessoas, porque ajudam outras, pensam que estas lhe devem gratidão, e por isto devem se tornar suas escravas, perdendo a liberdade. Quantos filhos e esposas, porque amam seus pais ou maridos, pensam que podem cobrar gratidão destes? É necessário aprender a nos livrar do apego às coisas que possuímos, pois elas são passageiras, queiramos ou não. As coisas vêm e vão, e temos que aceitar este fato como parte do "Kokyu" Universal. É necessário viver o "agora" "Tada Ima", pois temos que construir nossos caminhos pensando no momento presente, sabendo que o dia de amanhã é incerto demais para se fazer planos reais, e que o futuro tem o hábito de ser sempre bem diferente do que imaginamos. As pessoas que mais amamos na vida, na maioria das vezes, nos são tomadas muito depressa; assim, temos sempre que, ao nos relacionarmos com elas, usar de palavras amorosas desfrutando da alegria e do prazer em estar junto com estes nossos verdadeiros amigos, que mesmo a distância não é capaz de fazer com que os esqueçamos. O tempo não pára, e não podemos voltar atrás. Por isto, devemos procurar realizar todos os nossos atos com esmero, com entusiasmo e com o máximo de perfeição possível. De nada adianta ficarmos esperando apenas do Divino ou de outras pessoas, que venham resolver os nossos problemas.

Precisamos ter confiança no Universo, e seguir em frente com determinação e coragem. É muito importante respeitarmos nossos amigos, mas também nossos inimigos e as pessoas de quem não gostamos, pois muitas vezes aqueles que pensamos que nos dariam um chute quando fracassamos, acabam sendo exatamente aqueles que nos ajudam a projetar nosso retorno ao sucesso. Ou seja, é a ação da interação entre o In (forças negativas), que complementam o "Io", forças positivas, gerando a energia para o crescimento e a prosperidade. No caminho do "Do" temos que aprender a conhecer a nós mesmos e aos demais seres humanos através da observação constante do interior, bem como praticar a meditação constante em todos os nossos atos e sentimentos "Mokuso". É necessário compreender que, por mais bondosas e generosas que sejam as pessoas, os amigos, o chefe e o companheiro, eles sempre vão machucar nossos sentimentos de vez em quando, e temos que desenvolver em nós o sentimento de gratidão e tolerância, para poder perdoar estes momentos negativos e valorizar os positivos sempre cheios de amor, doação e amizade. Através da prática constante dos "Kata" no tatami e no dia-a-dia, devemos manter o espírito de coragem e disposição "Aramitama", para aprender a aceitar as derrotas com a cabeça erguida, como um adulto pleno, e não ficar lamentando o fracasso com desânimo e tristeza. Se olharmos os acontecimentos com grandeza, compreensão, empatia e tolerância, aprenderemos a conquistar a confiança das pessoas, com a consciência de que a riqueza material não é suficiente para dar o que necessitamos para sermos felizes, mas também a amizade, o respeito e o carinho de pessoas próximas, que nos admiram e amam. Quanto às nossas metas, devemos tê-las claramente voltadas para o desenvolvimento interior da personalidade e da maturidade para o controle das emoções negativas, pois ou você as domina ou será dominado por elas, e num instante podemos perder a confiança e o respeito que conquistamos com anos e anos de relacionamento leal e honesto. Sigamos o Universo e ele conspirará conosco. O Caminho do Aiki é um caminho de flexibilidade, de ajuste, de união e de amor, "AI". Saber ceder não é ser fraco ou não ter personalidade, mas sim, ter a sabedoria para entender que tudo tem dois lados, "Omote" e "Urá", e saber agir ora com uma ação ativa, "nague", ora com passiva "Uke", conforme as circunstâncias exigirem. Temos que aprender a respeitar nossos pais e os mais velhos, porque eles têm experiência e podemos aprender com seus erros e acertos. Em relação a nossos pais, temos muito mais deles em nós mesmos do que freqüentemente percebemos; somos os galhos, as folhas e as flores de uma árvore da qual nossos antepassados são as raízes. Não preservar e dar continuidade às nossas raízes é o caminho certo para um desenvolvimento desequilibrado e sem bases sólidas. Jesus disse: "Não julgueis para não serdes julgados", e isto é uma grande verdade. Temos que ser empáticos e fazer "Aiki" a todo o momento, diante dos comportamentos de outras pessoas que achamos inadequados, pois com a mesma severidade com que julgamos, em algum momento seremos condenados, ou por terceiros, ou por nossa própria consciência. Treinar os caminhos marciais, com o firme propósito de nos conhecermos melhor e aprender as leis do universo, é o caminho certo para a maturidade, para a sabedoria e, conseqüentemente, para a felicidade.

Nague: Roberto Matsuda

Uke: Claudia Osawa

KAMAE

Kamae, significa a postura que um praticante de arte marcial assume para se defender de um ataque. Espiritualmente, a palavra indica a atitude que devemos tomar diante de uma ameaça, a maneira pela qual nos preparamos para uma dificuldade e a nossa postura. Neste sentido, as artes marciais modernas praticadas como "DO", caminhos espirituais, procuram desenvolver uma postura que "feche o corpo", para que o ofensor nem sequer pense em atacar. Contrariamente, nas artes marciais antigas, que tinham por objetivo matar e destruir o oponente, em seus "Kamae" havia sempre uma abertura, onde o inimigo pudesse pensar em atacar, deixada propositadamente. O objetivo era oferecer uma isca, uma oportunidade ilusória, e se o ataque fosse desferido nesta direção, o agressor cairia em uma armadilha. Expondo uma determinada parte do corpo para ser atacada, o guerreiro de antemão saberia qual seria o alvo do inimigo e, assim, poderia planejar com antecedência a sua defesa perfeita e derrotar o agressor sem clemência.

Hoje, o objetivo dos caminhos marciais é evitar o conflito. A melhor maneira de vencer é ensinada como "vencer sem lutar". A atitude do guerreiro moderno é defensiva, e o combate é entendido como uma última alternativa, visando somente a defesa pessoal e de pessoas afins. Os guerreiros antigos deviam atacar, ou então provocar os seus inimigos, para que estes atacassem e assim iniciar-se-ia uma batalha onde eles sairiam vitoriosos. A defesa pessoal do samurai era sempre secundária em termos da proteção dos Clãs. Os interesses dos senhores feudais japoneses eram sempre colocados como prioritários em relação às suas próprias necessidades, e isto incluía o desejo de viver. O Samurai morreria pelo seu Clã se fosse necessário, e isto seria feito com honra. Por esta razão o "Kamae", das artes marciais antigas é diferente das modernas. Nas artes modernas, em suas posturas de defesa não se encontra um alvo disponível para ser atacado. Daí, nas competições, se presenciar ataques falsos, para que o oponente se distraia e abra sua guarda permitindo um novo ataque, agora real. Algo similar ocorre no Boxe, nos "Jabs", aqueles soquinhos curtos que são desferidos para que o outro abra a guarda e assim surja a oportunidade de se dar um direto, ou um cruzado, ou um gancho, que são geralmente os golpes que produzem o nocaute. Os praticantes dos Caminhos Marciais, por outro lado, treinam para eliminar todas as possíveis aberturas existentes em sua guarda e, assim, tornam-se tão protegidos que desestimulam qualquer ameaça. Esta mesma estratégia é usada pelos avisos que vemos nas casas: "Cuidado! Cachorro bravo!", ou nos carros-fortes que carregam a tradicional placa: "O motorista não tem a combinação do cofre!". É uma forma de desestimular o assalto, pois não permite sequer a possibilidade de um ataque. A Polícia Militar de São Paulo, teoricamente, tem esta prioridade, ou seja, a segurança preventiva, ostensiva, desestimulando os criminosos em suas ações, agindo antes do delito ocorrer. No Plano Internacional, as nações são obrigadas a manter um exército bem equipado, não para ir à guerra, mas para desestimular seus vizinhos a tentarem conquistar seus territórios. O Japão e a Europa, por exemplo, praticamente não têm um exército, ou grandes verbas destinadas às forças armadas, mas delegam esta função aos EUA que, depois da grande guerra, passaram a ser quem faz o "Kamae" para a maioria das nações, permitindo, desta forma, que eles sejam os novos senhores do mundo, e ditem sua política a todos os países. O Brasil, por exemplo, não tem um bom "Kamae", pois permitiu que os capitalistas estrangeiros e os especuladores internos emprestassem dinheiro à nação com juros absurdos. Isto fez com que nossas dívidas, externa e interna, atingissem níveis nunca antes imaginados. Atualmente, estamos gastando todo o valor de nossas exportações para pagar juros a especuladores. Como poderemos ser um povo livre e autônomo com um "Kamae" tão frágil como este? Os caminhos marciais têm a resposta; é necessário que cada brasileiro construa um "kamae" forte, que não assuma dívidas e que aumente sua capacidade de produção estudando, racionalizando seu trabalho e evitando desperdícios, e que cobre dos políticos uma renegociação desta enorme dívida, alargando prazos de pagamento e redução dos montantes, posto que foram pactuados em condições irreais em termos do mercado financeiro internacional. O Governo e os políticos não vão fazer isto se o povo não exigir. Vender nossas empresas ou emprestar ainda mais dinheiro externo para pagar os juros não vai resolver o problema, ao contrário, somente vai agravá-lo. Nossas grandes empresas e bancos serão controlados por estrangeiros, que vão estabelecer baixos salários, diminuir o preço de venda de nossas exportações, levando à má remuneração de todos os que produzem. Ficaremos sem o "pão e sem a padaria", e vamos ter que dar a "farinha para os porcos" ou vender a preços vis aos especuladores.

    O povo tem que se organizar e resistir ao ataque especulativo dos impostos, dos altos juros e da perda do comando da nossa economia. Se um empresário norte-americano consegue dinheiro a 8% ao ano, e assim tem vantagem e lucros empresariando projetos, por que o empreendedor brasileiro tem que pagar 30% como vem pagando? É evidente que quem tem dinheiro no Brasil vai continuar emprestando para o governo. Isto está produzindo a recessão e este enorme sofrimento. Isto é um absurdo, um crime contra o povo, e parece que a situação vai continuar sendo empurrada pela barriga através do discurso sofismático das autoridades, até o dia em que uma moratória inevitável for decretada, o caos se instalar no país e a proposta do regime de ditadura surgir como a única alternativa para manter a ordem, aí sim estaremos perdidos, pois ninguém poderá sequer reclamar. Já vimos este filme, parece que ele será reprisado, em nova versão, com novos atores, com Internet, com globalização, mas com o velho e esperto enredo.

"KAMAE", brasileiros! "KAMAE"!

Marco Aurélio Omena foi um pilar decisivo no estabelecimento do Instituto Takemussu de Alagoas. Foi o professor de Cícero Vergetti.

INTELIGÊNCIA PARA A VIDA

Gei
(Cultivo da habilidade)

A palavra "Bugei" é usada para classificar as artes marciais do Japão mas o sentido de "Gei" é o de cultivo de uma determinada habilidade. Este ideograma é composto de um radical mostrando uma planta e uma pessoa ajoelhando-se para cuidar dela. Assim como cuidamos de uma planta para que ela se mantenha e se desenvolva, assim também devemos fazer com nosso Aikido, cultivando-o. Por exemplo: Geisha, significa pessoa que cultiva as artes. Mingei, significa: arte folclórica - "Min" (pessoa comum). Os modernos praticantes do Bugei na verdade têm como guia as origens taoístas devotadas à idéia de que o homem deve buscar na vida harmonia com as forças do meio ambiente, sem afetação ou pretensão. Ou seja, o taoísmo trabalha a percepção. Adotando também a idéia confucionista mantém-se o respeito ao que está acima e abiaxo, através do dever, ou seja, usando-se a mente. O resultado do caráter do praticante de artes marciais é portanto uma boa combinação entre a mente e o coração.

Conta-se que, certa vez, dois ursos caíram numa armadilha e foram levados para um circo. Um deles, com certeza mais inteligente que o outro, aprendeu logo a se equilibrar na bola e andar no monociclo. O seu retrato começou a aparecer em cartazes e todo mundo o aplaudia: "Como é inteligente". O outro, burro, ficava amuado num canto e, por mais que o treinador fizesse promessas e ameaças, não dava sinais de entender. Chamaram o psicólogo do circo e o diagnóstico veio rápido: "É inútil insistir, o QI dele é muito baixo". Ficou abandonado em um canto, sem retratos e sem aplausos, urso burro e sem serventia. O tempo passou. Veio a crise econômica e o circo foi à falência. Concluíram que a coisa mais caridosa que se poderia fazer aos animais era devolvê-los à floresta de onde haviam sido tirados. E assim, os dois ursos fizeram a longa viagem de volta. Estranho que em meio à viagem o urso tido por burro pareceu ter acordado da letargia, como se estivesse reconhecendo os velhos lugares, odores familiares e, enquanto isto, seu amigo de QI alto brincava tristemente com a bola, último presente que recebeu. Por fim, chegaram na floresta e foram soltos. O urso burro sorriu, com aquele sorriso que os ursos entendem, deu um urro de prazer e abraçou aquele mundo lindo de que nunca se esquecera. O urso inteligente subiu na sua bola e começou o número que sabia tão bem. Era só o que sabia fazer, e começou a sentir fome e a comida não vinha. Foi então que ele entendeu, em meio às memórias de gritos de crianças, cheiro de pipoca, música de banda, saltos de trapézio e peixes mortos servidos na boca, que há uma inteligência que é boa para o circo, mas o problema é que ela não serve para viver.

Da mesma maneira que o urso de QI elevado, muitas pessoas, aparentemente brilhantes, passam a vida estudando livros, fazendo cursos, recebendo diplomas de doutor nisto, pós-graduação naquilo, e não se preocupam em aumentar sua capacidade para produzir bens e serviços. Conversar com uma pessoa destas, acaba sendo um monólogo; só ela fala, não pára um momento para saber se seu interlocutor tem algo interessante a lhe dizer. Elas sempre dizem entender de tudo, e estão sempre prontas a corrigir nossos "erros", com argumentos e teorias brilhantes. Um dia surge um problema real para resolver: seja uma conta a pagar, uma casa a construir, uma doença grave a tratar, ou mesmo a necessidade de que esta pessoa realize algo concreto e útil para si, para sua família ou mesmo para a sociedade. E aí aparece a verdade, ela não consegue fazer quase nada. Como o urso que aprendeu a brincar com a bola em um ambiente irreal do circo e ninguém o aplaudia na floresta, todos os diplomas e títulos de nada valem para satisfazer suas necessidades reais. Certamente, todos conhecemos pessoas assim! E se não tomarmos cuidado nós mesmos, às vezes, somos tentados a seguir este caminho errado.

Os Hindus chamam o mundo ilusório de Maya (ilusão). Muitas vezes, por termos dificuldade em nos sobressair no trabalho ou meio social, em vez de continuarmos lutando e persistindo naquilo que deveria ser nossa tarefa, desistimos, abandonamos tudo e vamos fazer um curso que nada tem a ver com nossa realidade, ou buscamos realizar algo diferente para chamar atenção sobre nós mesmos e "massagear o ego", impressionando os outros. Ou então, renunciamos a tudo o que fazemos, e até mudamos de cidade, de esposa, de trabalho ou de país. Grande erro! Não podemos fugir da realidade e nos enveredarmos em sonhos, pois ela nos segue implacavelmente, não importa para onde vamos. O caminho verdadeiro é, cada vez mais, tentarmos conhecer melhor sobre nosso negócio ou profissão. O único curso realmente indispensável, é aquele que nos dá a Universidade da Vida, através do trabalho, da luta pela sobrevivência, na formação e manutenção de nossa família, na geração e educação de nossos filhos, ajudando a dar nossa parcela de colaboração à sociedade em que vivemos.

Colocar nossas expectativas no futuro longínquo, como uma fuga, é caminho certo para a decepção e frustração. É necessário persistir nas derrotas. No Japão se diz: "Nana Korobi yaoki" (Caia sete vezes e levante oito). Muitas pessoas chegam a um Caminho Marcial cheias de esperança e, obviamente, alguns estão fugindo de sua vida real em busca de uma ilusão. Querem viver o mundo do Budô, para fugir da realidade que não aceitam; querem mentir para si próprias tentando ser samurais, fazer coisas milagrosas e derrotar inimigos com técnicas fantásticas. Estas são aquelas que, dentro de dois ou três meses, desistem. Têm vontade fraca e imaturidade. Ao começar uma prática, invariavelmente, são levadas pelo treinamento a olhar para dentro delas mesmas, a identificar e reconhecer suas fraquezas, e são convocadas a persistir, trabalhar muito, a vivenciar um "Shugyo" (treinamento austero) se quiserem ser faixa preta. É este esforço contínuo que não estão fazendo em sua vida, que lhes vai forjar uma personalidade forte, um corpo sadio, um coração corajoso e que lhes vai transformar em seres maduros.

Por isto, muitas vezes, com medo de serem obrigadas a se defrontarem com as suas realidades, fogem, perdendo uma oportunidade de ouro para se transformarem. Voltam para casa, ficam novamente deprimidas, e alguns dias depois, já iludidas, novamente vão atrás de outro "curso", de "outra arte", de outra fantasia, e nunca encontrarão a verdade. O Caminho do Budô é o caminho da vida, exige trabalho, persistência, amor e busca da realidade, da verdade, da sinceridade com os demais e, principalmente, conosco mesmos. É um encontro com a vida real, a descoberta de quem somos.

A ESPADA JAPONESA

Sempre ressalto aos meus alunos, a importância de se praticar as técnicas com os braços curvados da mesma forma que a espada japonesa, o "kataná", é construída. Afinal, quando a Natureza trabalha no plano horizontal, sempre faz curvas. A razão disto é que devido à ação da gravidade, para minimizar esforços ela procura sempre se livrar de flexões, e curva tudo o que é horizontal para, através do "efeito de arco", verticalizar os esforços. Por esta mesma razão a espada japonesa é curvada. Evidentemente que, para os esgrimistas japoneses, a espada ganha vida, tem espírito, e não se pode analisá-la apenas sob o ponto de vista meramente analítico e material, pois é capaz de dilacerar o que tenha à frente, ou secionar o que seja seu alvo. Há muita coisa para ser conhecida sobre a montagem das espadas e sobre os artífices que fizeram de seus componentes, verdadeiras obras de arte. Assim como nas artes marciais a mãos nuas, se usa as mãos e os pés para perfurar (Tsuki) e golpear, a espada tem poder de perfuração e de corte. O poder de perfuração que tem a espada japonesa, é uma herança direta da espada chinesa. Aliás, quase tudo no Japão antigo recebia influência da China: as vestimentas da moda, a filosofia de Confúcio e, como não podia deixar de ser, a espada. Naquela época, as espadas eram chamadas *"karatach"* (espada chinesa). As espadas mais usadas na China eram *"dão"*, de lâmina curva e de aumento de largura na ponta, sendo usadas, principalmente, nas guerras; e o *"gim"*, de uso palaciano, com lâmina de corte duplo. O nome *"gim"* deu origem ao nome *"Ken"* das espadas japonesas. A luta com a espada *"gim"* se caracterizava por golpes feitos somente com a ponta da lâmina ou a parte adjacente à mesma. Essa luta visava estocadas ou o corte de músculos, assim como incisões em tendões localizados e escolhidos com precisão. Fazia-se isso com movimentos de pouca amplitude e muita rapidez. Quando foram usadas no Japão, aí então importadas da Coréia e chamadas de *"korai tsurugi"*, essas lâminas tinham o formato da espada *"gim"*, isto é, com corte duplo e com seus dois fios se unindo na ponta. Os japoneses, mais familiarizados com o esgrima de menos estocadas e de movimentos mais amplos, sem as sinuosas evoluções dos chineses, dispensaram o corte duplo dotando suas lâminas com corte apenas de um lado e com uma ponta chanfrada e menor. Dessa forma, a ponta da lâmina foi convertida em uma de mais valia como finalização de cortes feitos com a parte mais larga da arma, do que para estocadas. Isso foi ficando assim até a invasão mongólica do solo nipônico. Naquela ocasião, frente a guerreiros que usavam armadura de couro com placas de metal, os japoneses viram que as diminutas pontas de suas espadas não tinham condição de penetrar na proteção usada pelos invasores. Então, passaram a fazer espadas que, além de mais resistentes, tinham pontas bem maiores, às quais davam o nome de *"okissaki"*; com elas conseguiam mais sucesso frente ao inimigo. A espada japonesa é a única no mundo que dispõe de lâminas em três variações de curvatura, ou seja, a curvatura feita perto do punho da arma, depois no meio da lâmina, e por último na parte mais próxima da ponta. Através da Física, se pode demonstrar a vantagem das espadas com lâminas curvas sobre as retilíneas. A lâmina reta, quando encontra um ponto de resistência, utiliza uma única área de toda a sua extensão. Ao contrário disso, uma espada curva, pelo seu movimento resvalante e sua forma, multiplica a área de corte da lâmina; tudo isso com muito menor esforço que no caso das espadas retas. Com a curva mais para a extremidade, a arma se torna ideal para combate a pé, ou seja, com sua parte reta no meio da espada a arma pode bloquear golpes recebidos, sem perigo de que a lâmina adversária resvale, atingindo o defensor. Por outro lado, sendo essa espada dotada de uma curvatura na porção do meio para a ponta, ela dá ao espadachim a economia de esforço para cortes, vantagem já mencionada com relação às lâminas retas. O modo de manejar a espada no Japão, é muito diferente da maneira ocidental de fazê-lo. Na maioria das vezes, segura-se a arma com as duas mãos, ficando a direita bem junto à copa e a esquerda na beira do punho. No Ocidente, durante a idade média, as espadas eram brandidas segurando-se também com ambas as mãos. Porém, isso se devia ao fato de, naquela época, serem elas muito pesadas. No Oriente o motivo é outro, sendo mais por uma questão mecânica. Para o espachim japonês a espada funciona como uma espécie de alavanca. A mão direita, segurando a arma perto do seu centro, fica sendo o "ponto de apoio"; a beirada do punho da espada passa a ser a parte dessa alavanca onde a mão esquerda exerce a "força de potência", ficando dessa maneira a ponta da lâmina convertida em "força de resistência". Os Budô tradicionais japoneses têm em seus movimentos, sempre a espada japonesa como referência básica para suas técnicas, daí ser importante para o praticante de um Budô, conhecer um pouco do manejo da mesma para poder entender melhor as bases da arte que pratica, como quem estuda Latim para entender melhor o idioma Português. Na posição de "tegatana", ou seja, braços semicurvos, as mãos são usadas como espada, sendo a parte baixa usada como lâmina que, em movimentos cortantes, empurra ou puxa o adversário, transmitindo energias centrífugas e centrípetas. Na parte de estocada, se usa a ponta dos dedos, dos pés, o punho fechado ou outras extremidades, quando se executam "atemi" (golpes traumáticos) em regiões vitais. O corpo deve ficar totalmente relaxado e centrado no "Hara" (centro de gravidade), de onde deve sair toda a energia que é expandida para as demais partes do corpo. Quem gosta de artes marciais japonesas não deve deixar de estudar e praticar com as espadas, pois são poderosas ferramentas para se desenvolver centralização, velocidade, domínio da linha central e uso da força global do corpo concentrada em um ponto ou trajetória.

Agnaldo José Vademar, introdutor do Aikido do Instituto Takemussu em Apiaí - SP, aluno de Claudio Ribeiro.

155

INTEGRANDO DIFERENTES CULTURAS

Quando o Conselho de Segurança da ONU, ou o FMI, tomam decisões que refletem os interesses ocidentais, elas são anunciadas ao mundo como resultado das aspirações de toda a comunidade mundial. A própria frase "comunidade mundial" passou a ser substituída pela palavra "mundo livre", e usada para conferir legitimidade global à ações que promovem os interesses dos Estados Unidos e de outras potências mundiais. Em qualquer pesquisa junto às populações não ocidentais, o FMI receberia uma esmagadora classificação negativa por praticamente todas as pessoas entrevistadas, com declarações de que seus objetivos seriam impor regras não democráticas de conduta econômica e política, tolhendo a liberdade. Por outro lado, é real que boa parte da cultura ocidental de fato difundiu-se para quase todos os países, e o dólar é a moeda referencial para se estabelecer preços internacionais. Entretanto, em suas bases, os conceitos do Ocidente diferem, fundamentalmente, dos que prevalecem em outras civilizações. As idéias ocidentais do individualismo, liberalismo, governo pela lei, democracia, livre mercado, direitos humanos e separação da igreja do Estado, têm pouca repercussão nas culturas islâmica, confuciana, japonesa, hindu, budista ou ortodoxa. Os esforços do Ocidente para propagar essas idéias acabaram produzindo uma reação contra o "Imperialismo" e uma forte reafirmação dos valores nativos de cada povo ou cultura. A própria noção de que pode existir uma civilização "universal", na verdade é algo imaginado por nós ocidentais, mas destoa completamente do particularismo da maioria das sociedades asiáticas, entre outras. A civilização Ocidental é moderna, e as orientais têm tentado se modernizar sem perder suas origens. Até hoje, o Japão foi plenamente bem-sucedido neste objetivo, mas perdeu suas tradições; a juventude se comporta de uma forma tal, que choca os antigos imigrantes brasileiros quando retornam à sua pátria descontentes por verem perdidos seus valores tradicionais. Parece que os japoneses brasileiros são mais japoneses que os nascidos nos últimos anos no país do Sol Nascente. A maioria das demais nações, no entanto, recusam a cultura ocidental, e a cada dia tentam adquirir a riqueza, a tecnologia, as qualificações, os equipamentos e as armas que fazem parte desta modernidade, tentando conciliá-las com sua cultura e valores tradicionais e, lentamente, vão se tornado mais preparadas belicamente. Como conseqüência, cada vez mais o ocidente terá que se adaptar a estas civilizações modernas não ocidentais que, em poder se aproximam do Ocidente, mas em valores e interesses diferem significativamente. Assim, para o futuro, nós ocidentais temos que nos preparar para compreender mais profundamente os pressupostos religiosos e filosóficos que formam o alicerce de outras civilizações, para poder entender como as pessoas, que delas se originam, vêem seus próprios interesses. Neste contexto, para a paz e o equilíbrio, será necessário um esforço para identificar elementos comuns entre a civilização ocidental e as demais. No futuro próximo, não haverá uma civilização ocidental universal, mas um mundo de diferentes civilizações, e cada qual precisará aprender a coexistir com as demais. Se não ocorrer uma melhor compreensão e tolerância entre uma cultura e outra, correremos o sério risco de sofrer conflitos sangrentos no futuro. As civilizações têm diferentes deuses e diferentes formas de relação entre os homens, os cidadãos e o Estado, pais e filhos, liberdade e autoridade, igualdade e hierarquia. Estas diferenças são produtos de séculos. Pessoas que vivem em São Paulo ou Nova Yorque, acostumadas a conviver com imigrantes de todas as partes do mundo, de certa forma já estão acostumadas a aceitar estas diferenças e até incorporá-las ao seu dia-a-dia. Exemplos significativos disto são a comida japonesa e a chinesa, que têm muitos de seus pratos incorporados à dieta do paulistano, bem como o vocabulário e o som das diversas línguas estrangeiras que fazem parte do cotidiano da cidade. Contudo, a situação é bem diferente em cidades que não receberam a imigração, e as pessoas que lá vivem terão que se integrar ao contexto cultural internacional futuramente. Diante desta necessidade, as filosofias orientais podem ajudar na construção de uma ponte entre a cultura ocidental e a japonesa, hindu e chinesa, pois para sua prática é necessário compreender as bases do pensamento oriental da harmonia dos opostos, o respeito à hierarquia, e a contemplação quase religiosa da natureza. Para a sabedoria milenar oriental, a flexibilidade física leva à mental, à tolerância, ao respeito ao próximo, procurando viver e deixar viver, e se possível em mútua cooperação. Certamente, estes são poderosos elementos educacionais na busca pela paz e harmonia neste novo século.

Foto de 1990. Kisaburo Osawa tendo a sua direita Kanai Sensei e a esquerda Yamada Sensei, que tinha por este mestre grande respeito. Uma vez Yamada Sensei disse ao autor: "Osawa Sensei foi como um pai para mim." Em uma crônica após sua morte, Yamada Sensei disse: "Osawa Sensei foi um grande mestre que atingiu o ponto perfeito de harmonia entre o corpo e a mente. Ele era um mestre do lado intelectual e marcial da arte. Dele eu aprendi que Aikido era um prazer e é assim que os alunos devem ser tratados para que possam continuar confiantes. Quando corrigia uma técnica, ele nunca dizia: "Não faça isto" ou "isto é errado", ele simplesmente sugeria: "Eu acho que assim seria melhor para você." Eu poderia falar muito ainda sobre ele assim como outras pessoas também, mas existe ainda um outro lado além de minha admiração e meu respeito... eu gostava muito dele!"

O PODER DO UNIVERSO

Como pode um pequeno e finito mortal, descrever o poder infinito do Universo? Naturalmente isto é impossível, pois seus poderes são tão grandes, que estão muito além da capacidade de entendimento de nossa mente. Porém, existe uma forma de nos comunicarmos com esta Força Criadora, de maneira que possamos ter uma idéia de seu poder inesgotável, que possamos realizar coisas que aos olhos humanos possam parecer impossíveis. Todos queremos ser felizes. A felicidade é uma necessidade básica do coração humano. Contudo, bem poucos parecem ser capazes de encontrá-la. Este é o grande problema da raça humana: conquistar dinheiro, educação, cultura, força, posição social. Quem já conseguiu atingir estes objetivos, sabe que nada disto é capaz de fazer um homem realmente feliz.

A felicidade, na verdade, é um estado da alma. O homem é feliz quando tem paz de espírito e um coração confiante, e isto nada tem a ver com conquistas e vitórias. Se formos capazes de achar o segredo para a paz e um coração confiante, então encontraremos a felicidade. Porém, para podermos descobrir estas características, temos que descobrir o grande obstáculo que nos impede de atingir este estado. E este obstáculo é nossa incapacidade em perceber as leis do universo que regem nossas vidas. Se não formos capazes de perceber o que nos impede de sermos felizes, jamais atingiremos a felicidade; é fundamental que tomemos consciência das coisas que estejam impedindo nosso contato com a fonte criativa universal. No Xintoísmo, esta barreira é chamada de "Tsumi", ou seja, "sujeira". Tsumi enfraquece nossa força de vontade, obscurece a consciência, nos faz viver uma vida dupla, nos tornando escravos de nós mesmos, corrompendo toda nossa personalidade e, no final, nos traz a morte. Assim, por cegueira e falta de percepção, vivemos nossa existência transgredindo as leis do Universo, que os religiosos chamam de Lei de Deus, Jeová, Alá, Kami, Budas etc, de acordo com sua cultura, mas que no fundo é uma coisa só. As guerras religiosas, são uma ignorância dos fiéis que não perceberam que falam de uma mesma coisa, usando linguagens diferentes. Tais religiões trabalham muito pouco o corpo e as emoções, o treinamento fica quase que concentrado na mente. Com a prática de um Caminho Marcial, todas as religiões poderiam beneficiar enormemente seus fiéis, que compreenderiam melhor seus ensinamentos.

É claro, se quisermos plantar e colher, temos que seguir as leis da agricultura. Temos que preparar o solo, usar sementes adequadas, escolher a época certa, irrigar, e dar o sol. Somente assim colheremos frutas deliciosas. Esta ordem não pode ser invertida. Se não conhecermos os princípios que regem as Leis Universais, e não os colocarmos em ação, jamais teremos o prazer da colheita farta e de boa qualidade. Assim também acontece no mundo espiritual, emocional e físico. Para tudo que fazemos nesta vida existe uma forma correta, que o Universo nos ensina através de suas leis, que estão dentro de nós mesmos, e que o "tsumi" nos impede de enxergar. Os Caminhos Marciais devem ser encarados como um caminho de iluminação espiritual visando eliminar o "Tsumi". As técnicas são movimentos que seguem as leis naturais. O praticante, com o passar do tempo, vai aprendendo a se movimentar sempre de acordo com as leis do Universo, e não com os comandos do "Tsumi". Sua mente vai deixando de lado as idéias erradas e não naturais, seu corpo vai se livrando das tensões e das limitações, ganhando liberdade, e as emoções contidas e não expressas vão lentamente se manifestando e, por fim, o praticante vai ganhando uma liberdade, uma consciência de si mesmo e dos outros, se aproximando da Felicidade.

Na verdade, todas as artes marciais, com raras exceções, acabaram se tornando "Caminhos Marciais" "Do", porque seus mestres e praticantes perceberam que, ao se treinar o corpo seguindo a energia "Ki" do Universo para fins marciais, acaba desenvolvendo o espírito. Quem quiser apenas aprender defesa pessoal não deve perder tempo em academias. Deve comprar uma boa arma e praticar tiro ao alvo, pois não existe ainda melhor forma do que esta para se defender de agressões físicas reais. Mas, quem quer ser um ser humano mais autêntico, mais saudável, mais útil à sociedade e, principalmente, mais feliz, deve praticar os Caminhos Marciais para chegar ao conhecimento dos poderes do Universo e, finalmente, atingir seus objetivos.

O Fundador, graças à sua técnica muito desenvolvida, derrubava as pessoas com um simples toque, e as imobilizava com um dedo.

MUDANDO VELHOS HÁBITOS

Reformular princípios e atitudes é uma proposta honesta, corajosa e avançada, pois significa transformar valores. Mas, para transformar valores, é necessário determinação em manter o "*Shugyo*" (treinamento austero), com a superação e a obstinação. Temos que eliminar de nossa memória as atitudes velhas e ultrapassadas, as neuroses, os medos, os comportamentos e opiniões erradas, nos livrando desta sujeira e realizando uma verdadeira limpeza, purificando nosso corpo, nossa mente e o espírito. Quase sempre é dolorosa a purificação, pois exige uma dura transformação interior e exterior , mas o resultado é uma nova personalidade, saudável e geradora de equilíbrio e harmonia.

Fatores como o excesso de peso, fumo, álcool, drogas ou uma vida indisciplinada, formam um conjunto destruidor que acaba nos levando às doenças e ao estresse. Este é o mal moderno e o principal responsável por grande perda de vidas preciosas em todos os escalões, no âmbito empresarial e familiar, e também pela perda de milhares de horas de trabalho, pois causa diminuição da capacidade individual produtiva atingindo, inclusive, o plano social, com o empobrecimento da sociedade. A arma mais poderosa no combate ao estresse é a tomada de consciência da existência deste mal e a firme e determinada disposição de eliminá-lo de nosso organismo. Para isso, será preciso, também, juntar uma força de vontade muito grande, e a certeza de que só desta forma a vida poderá realmente voltar ao seu ritmo normal, tanto no plano profissional quanto no pessoal.

Quando surgem os problemas, temos que aprender que não há necessidade de nos afligirmos por eles, pois eles sempre têm solução, e esta aparece desde que busquemos com serenidade e tranqüilidade. Os maiores responsáveis pela incapacidade ou morte de profissionais e executivos, são as doenças cardiovasculares . Devemos dar preferência aos alimentos naturais, aos cereais, vegetais, frutas e leguminosas, e diminuir o consumo de carne e gorduras, eliminando os excessos e cultivando a saudável sabedoria da moderação.

Não importa nossa idade, credo religioso, ou condição social. Precisamos apenas de coragem, princípios e valores, e se não os tivermos, é fundamental o seu resgate para nosso dia-a-dia.

Devemos sempre lembrar da frase de Oscar Wilde que diz: "*O único encanto do passado é que ele já passou*". Esta frase tem grandes ensinamentos para os que sofrem de medos e que por eles acabam se tornando fatalistas, achando que sempre vai ocorrer o pior, gerando grande estresse para si e para os que os cercam. Este espírito fatalista, pessimista, na verdade é um erro de aprendizagem que ocorreu durante a vida e que fica gravado na memória, trazendo reflexos condicionados que produzem comportamentos incompatíveis com nossa natureza, e que mesmo do ambiente social onde vivemos, trazem inadequação e conflitos externos e internos, com suas conseqüências indesejáveis. As pessoas, por falta de reflexão ou traumas psicológicos, julgam errado os acontecimentos que as cercam e, em aprendendo errado, também pensam que nada pode ser mudado em seu interior, achando que é impossível banir de sua mente os medos da consciência e formas de reagir diante das dificuldades. Por exemplo: alguém que foi mordido por um cão na infância pode pensar que todos os cães estão dispostos a mordê-lo novamente; ao ver cães por perto, vai sentir medo e tensão. E se foi alguém mais velho que o repreendeu, vai ficar a vida toda tensa diante de pessoas mais idosas? Que vida horrível terá ao ter que conviver com professores, chefes e superiores de qualquer natureza. Quando o indivíduo se conscientiza desta realidade e "reaprende", passa a reagir muito melhor diante do medo. Se os temores que as pessoas sentem se concretizassem, o mundo seria um caos repleto de acidentes e infortúnios. A realidade é bem outra. Portanto, devemos ser otimistas, como nos confirma cientificamente a estatística. O que os medos trazem são suores, calafrios, tremores e muita dor de cabeça, quase sempre desnecessários e, muito raramente, ocorrem as coisas ruins que imaginamos. O medo, nada mais é do que um fenômeno psicossomático absolutamente normal e comum no ser humano, e que se expressa como um reflexo intelectual carregado de emoção diante de um fato real ou imaginário, gerando o estresse. É fundamental sabermos separar o que deve ser levado a sério e o que é melhor desprezar. Um bom Caminho Marcial pode ajudar a eliminar o estresse e devolver a saúde. Nas práticas diárias, são realizados exercícios de respiração, alongamento e flexibilidade, mantendo-se sempre a coluna reta e uma postura bem colocada, o que ajuda a diminuir as famosas dores nas costas, que tanto dissabores trazem. Praticando as técnicas de forma disciplinada, as tensões vão sendo eliminadas e, como conseqüência, diminui a gula, ajudando a manter o peso mais baixo; e se a pessoa se empenhar efetivamente nos treinos, pode adquirir um corpo atlético e de boa aparência. Vivendo a experiência positiva de ser atacado por alguém a todo instante, e aprendendo que no lugar de sermos atingidos podemos aplicar uma técnica, controlando o atacante, dia após dia, vamos nos reeducando e entendendo que, diante de situações difíceis, podemos obter bons resultados. Isto nos dá segurança, um comportamento otimista e corajoso diante da vida, o que nos vai tornar mais saudáveis, alegres e certamente mais amorosos e felizes.

Membros do Dojo Agatsu liderado por Felizberto Conde.

MESTRES DO DESEQUILÍBRIO

Meu aluno e *uchideshi* Luciano Noeme, escreveu um excelente texto sobre a arte, que vem a seguir:

"A Física Quântica pode ser um interessante tema de estudo para a compreensão e confirmação científica dos princípios matemáticos do Aikido. A nível de partículas subatômicas, qualquer objeto, mesmo aparentemente estático a olho nu, na verdade está com suas moléculas vibrando em uma determinada freqüência que as mantêm coesas à sua massa. Transpondo esta análise para o movimento dinâmico em escala maior, tudo está em desequilíbrio e nada é uniforme, retilíneo, simétrico e idêntico. O fato de caminhar é um exemplo rotineiro de desequilíbrio: para nos locomovermos, o primeiro passo é um rompimento com o repouso da posição parada, no qual projetamos nosso peso em uma direção e, inconscientemente, ajustamos o equilíbrio para não cairmos, alternando a cada passo o peso com o movimento, graças a um delicado sistema neural que "nivela" o corpo em seu eixo. Daí a importância do alinhamento da coluna vertebral em toda sua extensão. Sem este sensível mecanismo de compensação, o menor movimento de um corpo, hipoteticamente parado e equilibrado, faria com que a gravidade o atraísse sistematicamente para o chão e despencasse até se harmonizar novamente com a pressão recebida.

Ida P. Rolf disse: "Movimento *é um termo cujos limites são quase indefiníveis. Isso também vale para a palavra* imobilidade. *Um pássaro pousado sobre uma bóia no mar aparentemente está imóvel. No entanto, sua necessidade de ajustamento contínuo às ondulações da maré mantêm seus músculos em constante mudança interna. No mundo não existe uma completa ausência de movimento.*"

No Aikido, matematicamente explicando, também não existem movimentos retilíneos, pois qualquer linha reta na verdade é um ponto na tangente de um círculo imaginário. Mediante a observação destas leis naturais, avaliamos o quanto nosso conceito tradicional de equilíbrio, geometria e estética são superficiais. Nada no Universo conhecido é simétrico ou idêntico a outro. (Os mestres de Ikebana conhecem profundamente esta verdade e por isso sempre deixam algum galhinho meio torto na composição geral e nunca repetem o mesmo arranjo floral). Para gerar movimento é sempre preciso gerar desequilíbrio de peso e transferir o ponto de gravidade no tempo e no espaço. Na verdade, nenhuma matéria está em equilíbrio total. Ainda que não existam instrumentos que meçam a freqüência oscilatória mínima dos átomos que compõe um objeto inanimado, sensorialmente compacto e impermeável, ou capazes de captar a vibração dispersa dos íons presentes nos gases, tudo está em constante mudança, tanto a nível micro quanto macroscópico.

Recentemente, foi descoberto que tanto a matéria quanto a cadeia de DNA são formados por espaços vazios e de condutores inócuos e isso faz lembrar um velho adágio: a roda só é útil porque tem um buraco no meio. Logo, a energia e a matéria, para o Aikido e a ciência moderna, passam a ser a mesma substância, só variando o grau de condensação e expansão dos seus componentes atômicos ($E=mc^2$). Voltando ao estudo do movimento, o requisito básico para se alcançar a maestria da técnica, paradoxalmente, é o autoaprendizado intuitivo e experimental das elementares leis regentes do desequilíbrio, amparadas matematicamente na Física (atrito, eixo de gravidade, alavanca, momentum, etc).

Mas, o fator principal para influenciar um corpo a longa distância ou com o menor contato possível, reside na maestria do próprio desequilíbrio interno e externo, no domínio da alternância de peso, respiração, expansão e contração, movimento e inércia. Munidos destas leis básicas do desequilíbrio físico, resta o aprendizado do seu complemento para abarcar o domínio técnico total, a ponto de ser desnecessário o uso de movimentos exagerados para influenciar no redirecionamento de uma força recebida e ou aplicada. Este complemento, imprescindível devido a sua poderosa influência, capaz de anular a resistência baseada em peso, força e velocidade, é o que compreende o aspecto sutil da mente e da sua interação com o cosmos. O método da indução mental também tem suas leis análogas às leis do desequilíbrio físico, e abrangem a ilusão de ótica e de ritmo, o domínio do tempo e do espaço. Entretanto, sem autocontrole é virtualmente impossível controlar e dirigir o outro.

Logo, quanto maior a consciência dos mecanismos do movimento em si mesmo, maior a capacidade em influenciar os mesmos mecanismos presentes em outros corpos, não importando a diferença de volume, massa ou velocidade. Praticando e estudando estes fundamentos, Kuzushi e Mussubi, desequilíbrio psicofísico e redirecionamento harmônico de energia, é que o praticante de Aikido consegue compreender o complexo e sofisticado sistema dos Kata, até alcançar o ponto da ação condicionada na qual espontaneamente "descobre", ao menor contato, o ponto e o ângulo ideal a ser atingido e o vazio a ser preenchido, para gerar ou absorver uma ação. Sokaku Takeda, a este respeito, dizia que *Aiki é a arte de vencer o inimigo com um simples olhar*. O estudo do Kuzushi, no Aikido, pode ser verificado na atitude do Uke que "acompanha" a técnica para compensar o desequilíbrio acentuado pelo Nague. Por isso, o Ukemi, no Aikido, é um meio de manter a integridade da estrutura humana, facilitando o treino físico regular que, conforme demonstrado, é primordialmente a arte de desequilibrar e canalizar energias.

O Aikido, ao seguir a Natureza, sempre cultivando e reciclando a energia estagnada e moldando novas formações, sem desperdiçar um único elétron, gera neste processo um sistema natural de purificação (de decantação com as posturas, de centrifugação e centripetação com os movimentos espiralados e de filtragem com a respiração e a catarse emocional resultantes do aquecimento dos órgãos internos) e, de forma gradual, ocorre o refinamento das energias emitidas e receptadas, a ponto de não haver separação entre sujeito e objeto. O observador torna-se o observado. Vale ressaltar que a evolução da qualidade vibratória resulta, finalmente, em uma mudança de dimensão existencial, ou seja, quanto mais potente o raio de ação de uma onda mental, mais longe sua irradiação irá alcançar e influir, tal qual o universo em constante expansão.

Na prática do Aikido, começamos aprimorando nossos cinco sentidos, mas acabamos percebendo que os sons mais altos são inaudíveis e as cores mais vibrantes são invisíveis. Então, surge o vislumbre de um mundo novo e maravilhoso, somente detectável por meio da desobstrução de um sexto sentido, uma espécie de radar sensorial instintivo, que se manifesta normalmente através do pensamento e da intuição em picos esporádicos. Com a descoberta do golpe mental, um novo passo é dado no caminho do Aikido. Os mestres, em seus ensinamentos, sempre salientam o fato de só terem compreendido melhor o mecanismo das técnicas à medida que a força física de sua juventude se exauria com o passar dos anos e era substituída por essa percepção extra-sensorial. Então, aprimoram esta fonte de poder infinitamente superior a contração muscular bruta e, em vez de treinarem golpes e Kata isolados, passam a praticar estratégias, a exemplo do espadachim Miyamoto Musashi e outros mestres que transcenderam suas artes. Surge mais tarde um novo dilema: como ensinar um fato tão óbvio e compartilhar sua descoberta pessoal com seus alunos e as pessoas de seu relacionamento? Experimente explicar verbalmente o ato de abrir e fechar as mãos e já irá encontrar uma barreira, então tente ensinar como manipular o Uke com o mínimo esforço e a tarefa se transforma em um desafio. E assim, de desequilíbrio em desequilíbrio, à custa de contradições eloqüentes e silêncios significativos, os mestres vão ensinando de forma paradoxal o que não pode ser ensinado.

"O Tao (Do) que pode ser expresso não é o verdadeiro Tao " - Lao Tsé

MEDITAÇÃO E O AIKIDO

Muito se fala em meditação, desde quando as filosofias e artes marciais passaram a interessar aos povos do Ocidente. É preciso, em primeiro lugar, deixar uma coisa bem clara: meditar como ensinam os orientais, não é refletir, nem tampouco relaxar e esquecer, muito pelo contrário meditar é, basicamente, prestar atenção.

Embora, através da meditação aumentemos nossa capacidade reflexiva e também atinjamos um estado de relaxamento bastante intenso e saudável, é muito importante compreender a diferença para se poder atingir os objetivos desejados. Refletir é concentrar o pensamento em determinado assunto, com o propósito de tirar idéias ou conclusões lógicas. Relaxar é diminuir a tensão, afrouxar-se física e mentalmente. Meditar, porém, é treinar a capacidade de prestar atenção em tudo o que fazemos e no que ocorre à nossa volta; é ampliar a consciência de nós mesmos e do universo, e por isto mesmo é um procedimento único com o fim definido de enriquecer a percepção.

Aumentar nossa percepção e consciência, significa aperfeiçoar a habilidade em se captar sutis manifestações ou alterações no ambiente, favorecendo o estabelecimento de um clima de empatia com os demais indivíduos já que, ao prestar atenção no que os outros estão fazendo ou dizendo, consegue-se captar melhor as imagens expostas e ocultas que estão sendo transmitidas, embutidas na comunicação e em suas ações. Enquanto treinamos a percepção meditando, automaticamente, inibimos a divagação de pensamentos que a todo o momento invadem nossa mente, e que produzem tensão muscular em nosso corpo. Ao criarmos uma obstrução aos pensamentos, mesmo que por alguns instantes, cessa a energia que contrai a musculatura, gerando relaxamento e bem-estar.

O Aikido é uma técnica de meditação em movimento.

O praticante necessita posicionar-se em um centro onde coloca todas as suas energias, segundo uma linha vertical que passa pelo centro da terra, por seu "Hara" (Centro energético) e vai, radialmente, da terra ao céu. Daí, ser importante realizar as técnicas com a coluna reta e com o corpo centrado.

Praticamente todas as técnicas orientais afirmam que, durante a meditação, a energia "Ki" flui da parte baixa do corpo pela coluna, indo em direção à cabeça e aumentando a percepção do praticante. Os próprios especialistas em coluna vertebral afirmam, que a coluna reta inibe a tendência depressiva e facilita a irrigação dos músculos. Isto é bem fácil de observar ao vermos uma pessoa deprimida e uma confiante, e observarmos a posição de suas colunas. Uma está curvada como um cabo de guarda-chuva e a outra ereta como um pinheiro jovem e cheio de vida. Existe uma correspondência entre a postura, o estado emocional e energético da pessoa. Se descuidarmos de nossa postura no dia-a-dia, as energias vão se concentrando em lugares indevidos e isto acaba alterando nosso humor, nossos pensamentos, nosso corpo e, por fim, alterando nossa maneira de viver. Por esta razão, nos Dojo se exige sempre movimentos circulares, centrados, com a base bem baixa, "os pés enraizados e a cabeça no Céu".

Depois que o iniciante aprende os movimentos básicos, um parceiro o ataca e ele consegue lidar com a situação com facilidade. Então coloca-se duas pessoas para atacá-lo, e quando ele encontra facilidade contra duas, então tem que enfrentar três, e assim sucessivamente. É fundamental, para que as técnicas possam ser feitas com eficiência, que o aikidoísta permaneça relaxado. O praticante, desta forma, se encontra sempre em situação de estado de alerta, pois um leve descuido fará com que ele seja atingido. Assim, ele se obriga a prestar atenção no que está acontecendo à sua volta. Morihei Ueshiba dizia: "trate um como se fossem muitos, e muitos como se fossem um". O código dos samurais dizia: "Eu não temo meus inimigos, mas apenas a minha distração". Ou seja, a todo instante o praticante tem que estar em constante estado de atenção ou de meditação.

Esta preocupação em estarmos sempre atentos a nós mesmos e a nosso exterior, é fundamental para que possamos progredir, espiritual e materialmente. Se não prestarmos atenção ao que se passa em nosso interior, em nossas reações no contato com nossos semelhantes, jamais adquiriremos autoconhecimento e amadurecimento. Por outro lado, se não percebermos as oportunidades que surgem diante de nossos olhos a todo momento, dificilmente descobriremos novos métodos, novas oportunidades, novas formas de produzir, ganhar e multiplicar o dinheiro.

NOSSOS MEDOS

Todos nós sentimos medo, e na verdade ele é algo positivo quando nos ajuda a sermos precavidos, e não tentarmos tomar decisões precipitadas, que podem nos levar ao fracasso. Neste sentido, o medo é algo muito importante, que nos foi dado pela Natureza para podermos viver com mais segurança. As pessoas podem conviver com seus medos por toda a vida, desde que eles não interfiram diretamente em sua felicidade. Quando os medos começam a impedir que tomemos as decisões de acordo com nosso coração e nossa mente, então é hora de começarmos a nos preocupar em tratar de eliminá-los. A imaginação é o que dá corpo ao medo. Quanto maior vemos o perigo, maior será o medo, e quanto menor o perigo, menor o medo. Por isto, é importante não tentarmos enfrentar diretamente o medo. Podemos recorrer à nossa razão nos perguntando o que ocorreria se o que tememos efetivamente acontecesse, e o que perderíamos com isso. A preocupação em querer vencer o medo apenas o fortalece, pois ele fica em nossa mente. Temos que compreender que nosso medo é da dor que "algo" pode nos causar. Por alguma razão, em nossa infância ou através de nossa herança genética, algum fato que não podíamos compreender causava grande terror, e esta sensação ficou gravada em nossa memória. Todas as vezes que o dia-a-dia apresenta sinais de que estas coisas "terríveis" possam nos acontecer, o medo sobrevém e calafrios, suores e palpitações surgem em nosso corpo. Sempre que tivermos oportunidade de repetir situações similares àquelas que nos causaram medo, devemos passar novamente por elas, pois o resultado poderá ser diferente do que ficou gravado em nossa memória, e servir como um antídoto eficiente. Como em um computador, se não podemos apagar os programas que não funcionam bem, podemos adaptá-los colocando outras informações e dados de forma que apresentem um resultado diferente e mais favorável. Por exemplo: uma pessoa que tem medo de falar em público cultiva este medo a partir da imaginação de que não conseguirá expor suas idéias e que, se o fizer, estará certamente exposta ao ridículo. A origem deste medo certamente remonta ao passado e reflete uma infância marcada por censuras contínuas, onde a criança não teve, por parte dos pais ou dos irmãos mais velhos, a oportunidade de ser ouvida e ter seus pontos de vista respeitados. Pessoas que têm este medo, normalmente, supervalorizam as outras e desenvolvem, com o passar dos anos, a idéia pessimista de que serão sempre derrotadas quando confrontadas com outras pessoas em sua luta diária. Temos que estar conscientes de que, no fundo, todos nós somos muito parecidos, e assim como temos as mesmas necessidades, também temos os mesmos medos, e que mesmo que alguns consigam esconder ou disfarçá-los, isto não significa que não estejam presentes. Como nossa imaginação é a produtora de nosso medo, devemos evitar nos fixarmos em pensamentos que tragam nosso medo à mente. O hábito de "bater na madeira" para afastar maus pensamentos, ou bater as mãos, ou soltar o ar rapidamente pela boca, ajuda a eliminá-los. Se temos medo de alguma coisa, o primeiro passo é aceitá-lo, devemos aprender a ser o que somos. Se temos medo de algo temos que aceitá-lo como parte de nós, mas que desejamos diminuí-lo e erradicá-lo. Se estamos com as mãos sujas, de nada adianta negar que elas estejam neste estado, mas sim, procurar uma torneira e lavá-las. A prática do Aikido ensina os indivíduos a relaxar e ficar atentos ao momento presente, e não deixar que a mente focalize uma recordação desagradável, e assim a imaginação não leva ao medo. Para uma pessoa ser capaz de se defender de um agressor, deve treinar a não ser atraído por qualquer pré-julgamento, e procurar confiar em suas habilidades desenvolvidas e inatas. Por outro lado, ao receber nos treinos um grande número de ataques e ter sido capaz de se livrar deles sem sofrer nenhum dano físico, vai gravando em sua memória um outro tipo de informação positiva de que não importa qual seja o ataque, haverá sempre uma saída possível. Muitos de nossos medos ficam gravados em nossa musculatura, deformando nossa postura e nos trazendo dores e tensões. Fazendo os rolamentos que o Aikido propõe, bem como recebendo as torções e pressões em várias partes do corpo, o mesmo vai se descontraindo e adquirindo flexibilidade e harmonia que, evidentemente, passam a refletir na parte emocional e mental, trazendo mais coragem, determinação e equilíbrio. Sentindo que somos capazes de controlar um agressor violento, naturalmente vamos desenvolver segurança e coragem. Daí o fato do treinamento para a guerra poder trazer a paz e a tranqüilidade. É natural temer o que não conhecemos, e também não termos medo de algo perigoso, mas que sabemos controlar. Aí está o valor prático do treinamento do Budô, para vencermos nossos temores e nossas angústias.

Alexandre, Douglas, Pellegrini, Prof. Costa, Bonadia, e seus pupilos que conduzem o Instituto Takemussu de Sorocaba, Kokoro Dojo.

O ASPECTO INDIVIDUAL

NO
(Talento e Habilidade)
No Ryoku é a capacidade de desenvolver a nossa habilidade naquilo que fazemos. Este polimento é um aspecto essencial da vida, a busca do aprimoramente é o que diferencia um faixa preta shodan de um mestre.

Um dos principais aspectos da Natureza e dos seres humanos como um todo, é procurar desenvolver um centro aglutinador de forças e fazer com que elas trabalhem em conjunto e harmonia. O trabalho começa com a percepção de nossas necessidades e das razões que nos levam a agir desta ou daquela forma, através de um aprendizado desenvolvido na cuidadosa observação de como movemos o corpo e de onde e para onde fluem nossas energias e potencialidades. Temos que, através do "Zanshin" (atenção constante) perceber como funcionam nossos centros físico, emocional e mental. A aceitação de nosso eu autêntico libera a energia que tantos de nós desviaram para manter a pessoa que realmente somos escondida em um lugar onde ninguém a possa ver, com medo de não sermos aceitos, gerando um sentimento de culpa ao se assumir o que realmente queremos fazer e ser. Muitas vezes, por não aceitarmos nosso corpo, nossa cultura ou nossos desejos, acabamos criando uma máscara, como um ator de teatro, e passamos a representar para os outros um personagem que na realidade não somos. Isto é um grande erro, pois o rótulo jamais poderá ser um substituto para o conteúdo. É fundamental, para o sucesso naquilo em que nos envolvemos e mesmo para a felicidade nesta terra, que percebamos quem somos e aceitemos esta condição. Por exemplo, na imigração japonesa para o Brasil, na primeira e na segunda geração, isto ocorreu com muitos "nisseis", que por verem a cultura e costumes, naquela época ainda estranhos aos brasileiros, serem ridicularizados, decidiam renegar tudo o que fosse nipônico, cometendo um grave erro. Quantos descendentes desconhecem totalmente os aspectos da maravilhosa e tradicional cultura japonesa devido a este fenômeno? Hoje, com o sucesso econômico do Japão, é "chic" comer "sashimi" ou praticar budismo, saber falar japonês e dizer-se adepto das coisas do Japão, mas isto é algo ocorrido nos últimos 20 anos. O ser humano, principalmente na infância, necessita ser sempre aceito pela sociedade, tendo suas inclinações e maneiras próprias respeitadas, e este é um trabalho da família e do meio educacional onde vive. Quando temos confiança em nós mesmos, em nosso eu verdadeiro e autêntico, conseguimos nos relacionar com nossos semelhantes, seja no âmbito social, familiar ou profissional, de forma real e profícua, passando a aceitar as pessoas tais como são, valorizando as diferenças e as considerando uma dádiva para o futuro e uma vantagem para poder construir algo que, sozinhos, não teríamos condição de fazer. Todos os que trabalham conosco e para nós, são seres humanos valiosos dotados de coração, mente, sentimentos e espírito. Infelizmente, muitos administradores de empresas vêm tratando as pessoas como seres compartimentalizados, como se fosse possível apenas contratarem os cérebros e seus corpos, exigindo que deixem de lado suas outras características. A idéia de que não se pode envolver assuntos pessoais com assuntos empresariais é totalmente falsa, posto que é ilusória. Quando um funcionário chega na empresa para trabalhar traz consigo seus problemas, suas soluções, suas necessidades, suas expectativas pessoais e familiares. Da mesma maneira que não se pode pedir a um funcionário que ele corte um pouco sua perna para se adaptar melhor à escrivaninha, também não podemos pedir que ele deixe de lado a sua maneira de resolver as coisas e sua forma particular de trabalhar. As pessoas não são máquinas que podem ser projetadas e programadas para trabalhar como desejamos. Ao cortarmos uma parte de alguém, o "sangramento" produzido pela amputação faz com que a pessoa passe a ficar fraca e improdutiva. Bem no fundo, os administradores que tentam robotizar seus funcionários, não aceitaram os seus próprios espíritos e almas e nem reconheceram as necessidades desses aspectos neles mesmos, de modo que não são capazes de aceitá-los em outras pessoas, no caso, seus funcionários. Categorizar as pessoas com rótulos, como: "ferramenteiro", "secretária", "assistente administrativo" etc., na verdade são maneiras fáceis de impedir a formação de vínculos e de manter as pessoas separadas umas das outras, de si próprias e de seus trabalhos. Esta padronização faz com que nos concentremos em uma parte do indivíduo e, assim, deixemos de ver a pessoa como um todo que, como nós, tem sentimentos, família, esperanças, sonhos e, especialmente, a vontade e a necessidade de realizar todo o seu potencial. Temos que realizar a nossa missão, para podermos ficar em equilíbrio com Daishizen, a Grande Natureza, e assim sermos felizes. O líder que lidera com o coração aberto, olha cuidadosamente para cada indivíduo, de modo que a singularidade e o valor de cada um possam ser apreciados. Sempre que a rotulação e a generalização invadirem o nosso pensamento, cometeremos erros. Temos que permanecer sempre atentos a este aspecto e procurar ver e aceitar as pessoas como elas realmente são, e não como gostaríamos que fossem. Quando designamos alguém para determinada função, temos que saber se realmente a pessoa em seu íntimo gosta de fazer aquele trabalho, ou estaremos fadados a ter serviços mal executados na empresa, colaboradores desmotivados e improdutivos. Temos que ter consciência de que quando um subordinado trabalha mal, em grande parte dos casos a culpa é nossa, que não soubemos avaliar corretamente suas habilidades, desejos e competências. Antes que possamos nos tornar empresários, gerentes, ou mais genericamente, "líderes", precisamos reconhecer que cada ser humano é único, e identificar o seu "Naohi" (essência individual divina). Ser um líder significa enxergar indivíduos e jamais grupos monolíticos de pessoas, sabendo orientá-los para que possam colocar suas habilidades individuais natas, dentro das necessidades e do propósito do grupo, criando harmonia, como um maestro dirigindo uma orquestra.

Nelson Wagner dos Santos, Sandan, foi o introdutor do Instituto Takemussu na Baixada Santista. Grande pesquisador, é uma fonte de informações sobre o Aikido.

O SENTIMENTO DE CULPA

Makoto
(Sinceridade)

Makoto é a maior virtude do aikidoísta que é ser verdadeiro consigo mesmo e com os demais. É sinceridade e honestidade, é ver as coisas como são. A melhor forma de lutar contra o sentimento de culpa é desenvolver a coragem de dizer sempre a verdade. É claro que, uma vez se conseguindo a firmeza de espírito, deve-se separar o mundo real, interior, e aquele do papel em que vivemos no dia-a-dia. A mentira e a dissimulação fazem parte do jogo da vida. O que não podemos de forma alguma é mentir para nós mesmos.

Jean Paul Sartre disse em um de seus textos: "O Inferno são os outros".

Em uma peça de teatro, uma pessoa morre e vai para o inferno; ao lá chegar não encontra chamas nem diabos com chifres, mas simplesmente as pessoas que não gosta e que sempre lhe criticaram.

E ele tem razão, a maioria das pessoas têm um medo enorme de serem criticadas, de serem desvalorizadas pelos outros e por isto se sentem inseguras. A base deste sentimento está no "sentimento de culpa" com o qual todos nós nascemos.

Por uma razão que ainda não se identificou, o bebê entende que dependendo de como agir receberá carinho, afeto e coisas boas e, em caso contrário, dor e sofrimento; fica condicionado de que as dores e sentimentos desagradáveis ocorrem por seu mau comportamento.

Este estado segue o bebê até tornar-se adulto, a ponto de que, qualquer crítica que a pessoa receba é entendida como uma falha, um comportamento mau, que faz com que passe a vivenciar os mesmos sentimentos desagradáveis que sentia nos tempos em que não compreendia as razões pelas quais sofria, dentro do útero materno, no nascimento, ou nos anos que imediatamente se seguiram.

Eu acredito que este é o chamado "pecado original" de que fala a Bíblia. Daí, os cristãos e judeus nos dizerem que todos nascemos em "pecado". Esta culpa nos traz a insegurança e poucos estão livres dela.

As pessoas, aparentemente confiantes e seguras, na verdade simplesmente disfarçam melhor. Não escapam pais, professores, chefes, nem colegas de trabalho. Grandes atores tremem antes das estréias e, só depois da primeira risada ou aplauso, e da certeza de que estão sendo aprovados em suas ações, começam a relaxar e partem tranqüilos e descontraídos para o resto do espetáculo.

A insegurança é o problema número um do ser humano. O mundo seria muito menos louco e agitado, as pessoas sendo menos neuróticas trabalhariam muito melhor e curtiriam muito mais a vida, se conseguissem ser mais seguras. Alguns acreditam que ganhando mais dinheiro, tendo fama, ou tendo uma aparência bonita, resolveriam o problema.

Ledo engano.

As pessoas necessitam ser aprovadas, elogiadas, reconhecidas e aceitas, para que se sintam seguras, deixando nos outros a possibilidade de atingirem este mister. Aí reside o grande erro da humanidade. Assim como em seus primeiros anos de vida,

Sunao
(Caráter verdadeiro)
Quando uma pessoa age sempre com "makoto", adquire o caráter de "Sunao". É um estado de ter os conhecimentos mas ao mesmo tempo não os ter, mesmo assim, sentir-se relaxado e integrado. Sente-se perfeita confiança ao se ser "Sunao", mas ao mesmo tempo também pode-se ter desconfiança. Quando chega-se neste ponto acabam os paradoxos e integram-se os dois pólos e o indivíduo vive feliz porque sente que tudo está certo.

sentiam prazer quando achavam que estavam agradando seus pais, agora pensam que somente quando recebem elogios dos outros é que serão aceitas por eles.

Isto é uma dificuldade simples de se entender, mas extremamente difícil de se livrar na prática, visto haver um condicionamento profundo em nosso cérebro de forma que críticas significam dor e insegurança, e elogios e aceitação o contrário. Basta alguém lançar uma crítica a algo que fazemos ou ao nosso comportamento, ou àquilo que somos, para desmoronarmos.

A maioria das pessoas necessita que lhes digam que são bonitas, inteligentes, capazes e virtuosas a todo o tempo para se sentirem confiantes e otimistas. A arte do elogio, passa a ser um poderoso instrumento de manipulação nas mãos de gente hábil.

Dentro deste quadro, um simples olhar, um sorriso ou um elogio, passam a ser indispensáveis para distribuirmos às pessoas com quem vivemos, para deixá-los intimamente bem e felizes, tão fracos e dependentes são a personalidade, a mente e os sentimentos da maioria das pessoas. Esta dependência da opinião do outro, é uma verdadeira escravidão que impede que sejamos autênticos, e nos obriga a fazer o que os outros aprovam e não aquilo o que realmente queremos. É fundamental aprendermos a receber a crítica apenas como sendo "a opinião do outro", e não como uma verdade inquestionável, tornando-se um botão de acionamento das memórias dolorosas de nossa tenra idade. Para sair deste "inferno", as pessoas devem aprender a relaxar diante da crítica, permanecendo em seu centro, buscando identificar em seu interior seus verdadeiros valores. Ao aprendermos a relaxar diante das agressões, observando-as e agindo conscientemente vamos, lentamente, aprendendo a não nos importarmos tanto com as críticas e com os elogios, adquirindo o autodomínio e a auto-estima, nos livrando do pecado original e passando a nos aceitar como realmente somos.

Seminário de Sugano Sensei no Rio de Janeiro em 1998, organizado pelo Instituto Takemussu, Hikari Dojo, quando Luis Claúdio Freitas da Silva era o líder das atividades desta instituição no Rio de Janeiro.

AIKIDO E O CONTROLE REMOTO

"NEN" - Conexões. Estar no estado de "Nen" é ficar perfeitamente em ressonância com as forças do Universo, com clareza total sobre todas as ilusões. Uma vez o aikidoísta livre das coisas que poluem sua mente, seu corpo e suas emoções, "sumi kiri", ele, como um rádio que ajusta a freqüência das ondas eletromagnéticas, integra-se no todo.

Certo dia eu estava assistindo televisão, confortavelmente deitado no sofá, quando decidi mudar de canal. Peguei o controle remoto e acionei o botão. Ao ver a nova imagem na tela percebi em minha mente a grandiosidade deste invento. Eu havia ficado praticamente imóvel, entre mim e o aparelho de televisão não havia nada visível, e à distância, sem tocá-lo, eu consegui comandá-lo. Este momento me fez ter um "insight", que passo agora a relatar.

Se formos estudar eletrônica, aprenderemos que na verdade houve uma conexão entre mim e o aparelho no momento em que mudei o canal, pois o dispositivo de controle remoto provoca ondas eletromagnéticas que saem de minha mão, atravessam o espaço que me separa do aparelho de televisão e acabam construindo um verdadeiro "braço" de energia que me permite "tocar" o aparelho e alterar seu funcionamento. Bem no fundo, houve um contato entre mim e o aparelho, com a diferença de que ele foi invisível, através de ondas, mas nem por isto irreal.

As filosofias e religiões orientais freqüentemente falam da "Sabedoria do Universo", da necessidade de adaptação a seus princípios e leis para que tenhamos uma vida saudável, alegre e profícua. O ser humano, como todos os demais seres e coisas que vemos, está inserido dentro do universo e seu grande espírito, que como um grande aparelho de controle remoto, automaticamente conectado com tudo e com todos, vai transmitindo a todo o instante comandos para que, diante das circunstâncias que ocorrem em nosso dia-a-dia, possamos tomar decisões corretas e sábias. Na verdade, queiramos ou não, todos os nossos órgãos são vivificados pelo "Ki" (força vital) do Universo. Basta o homem captar estes comandos para que seu organismo funcione corretamente e a sabedoria em suas ações passe a ser abundante. E por que, então, temos problemas, infelicidades e doenças?

A resposta é que temos em nosso cérebro uma parte que chamamos de mente consciente e que permite que tomemos decisões, contrariamente às ordens que recebemos de nosso "Grande Aparelho de Controle Remoto Universal". Uma parte de nós, inconsciente, está em perfeita sintonia com as leis do Universo, por exemplo: o coração bate normalmente e os cabelos e células se multiplicam em nosso corpo, sem nossa interferência, mas a respiração, que pode ser consciente ou inconsciente, e os movimentos dos grandes músculos, podem ser comandados por nossa mente consciente, e que nem sempre está em concordância com as Grandes Leis Universais. Mesmo que alguém esteja vivendo junto à Natureza em uma fazenda, comendo somente coisas naturais, se estiver emitindo vibrações de ciúme, inveja, tristeza, raiva ou de excessos em seus desejos, estes interferirão em sua sintonia com os comandos remotos do "Ki" (energia), que lhe são enviados pelo Universo. Por esta razão é fundamental que nós, seres humanos, passemos a agir como os demais seres vivos, que não usam tanto a consciência para desobedecer as leis e comandos universais, procurando sempre harmonizar com as forças ativas e passivas (Yin e Yang), cultivando o centro e permitindo a alternância entre as energias centrífugas e centrípetas, que formam o "Kokyu"(respiração) individual, para que este entre em ressonância com a da Criação. Assim, necessitamos saber quando devemos ser ativos e trabalhar, e também quando devemos ser passivos, tendo o devido repouso. Saber quando dar, produzindo e trabalhando, e quando receber, seja através de presentes, ofertas, ou mesmo ganhando nosso salário, ou tendo nossas faturas devidamente pagas quando prestamos serviços a terceiros. Aqueles que não conseguirem entrar em harmonia, em ressonância com a sabedoria e com os comandos do Universo no decorrer de sua vida, não saberão como agir corretamente na hora da tomada de decisões e acabarão tomando medidas erradas, resultando em um grande fracasso, e suas vidas sofrerão algum grave revés, seja físico, emocional, mental , moral ou financeiro.

GI
(habilidade)

O ideograma para "GI", contém dois elementos, o primeiro significando : "mão", e o segundo: "suporte". Assim significa habilidade, arte. Voltando à frase "Shingi Ittai", quando Ô Sensei dizia que havia correspondência biunívoca entre "Kokoro" ("Shin") e arte (Gi), isto tem uma importância muito grande em termos da prática do Aikido pois o fundador dizia que um verdadeiro artista expressa seu caráter em sua arte e ela somente será evidentemente boa, se seu caráter for limpo, correto, justo, e vice-versa. Embora encontremos pessoas aparentemente muito competentes em artes marciais, mas com caráter duvidoso, e isto possa parecer uma contradição , é importante lembrarmos que existe uma diferença entre arte e habilidade. Na primeira o espírito, a alma tem que estar envolvida, e a segunda é uma questão de muito treino ou de tendências naturais. Um espírito sutil poderá distinguir a diferença entre arte e habilidade. O ideograma "Gi", pode ser tambem pronunciado como "waza" em japonês e aparece em muitos termos técnicos de Aikido. Também é importante sabe que embora se use a palavra "Gi" para designar a roupa de treino, este ideograma nada tem a ver com ela, que neste caso tem a mesma escrita do "Gi" da palavra "quimono"(coisa para vestir). Isto ocorre devido à mudança eufônica na língua japonesa alterando o "G", por "K" quando as sílabas se juntam, como quando se diz "Kotegaeshi" e não "Kotekaeshi" embora seja "gaeshi" a pronúncia para se fazer uma ação reversa. Alem de "Gi" existem outros 2 ideogramas significando: "arte", ou seja: "Gei" e "Jutsu". "Gei" indica habilidade, talento natural, aprendizado, ou truque. "Jutsu" significa a arte mas como método, como em "Jujutsu" (método suave, arte suave). Já "Judô", significa, que a suavidade é usada como "michi", caminho espiritual daí se usar o mesmo ideograma que se usa no final de Aikido, Kendo, Xintô, etc, designando uma atividade que leva à espiritualidade. É na prática das técnicas, que devem ser repetidas milhares de vezes, como ensina os conceitos de Tanren e do Shugyo, que os segredos do Aikido são abertos para aqueles que os buscarem com disciplina, persistência e espírito construtivo dentro do conceito de harmonia e benefício mútuo que caracterizam o Aikido.

KIHONGI

GEI
(Talento, habilidade)

JUTSU
(Método, caminho)

Jutsu é escrito com um radical significando "caminho" junto com outro que foneticamente significa "torcido e colado". Significa um caminho tortuoso, difícil, ao qual alguém deve aderir.

O SOFRIMENTO INDISPENSÁVEL

Todos procuram o prazer, e tentam se livrar do sofrimento. Assim, quando um título como o deste artigo sugere que o sofrimento seja indispensável, muitos podem ficar perplexos e rejeitarem a afirmação. Principalmente para estes, que não aceitam este adjetivo, o presente artigo é fundamental, pois pode modificar a forma do indivíduo encarar a vida, seus problemas e suas dificuldades.

O aforismo esotérico que diz que "Quando o aluno está pronto o mestre aparece", é perfeitamente compreendido por todos que buscam os mistérios e métodos da evolução espiritual. Porém, muitas vezes o mestre não é uma pessoa, mas um episódio do dia-a-dia.

Para entender o título de nosso artigo basta que o leitor vá à porta de uma escola, observe certas mães e veja quem carrega as mochilas dos alunos. Na maioria das vezes é a mãe, que por um excesso de amor carrega a mochila do filho para poupá-lo do esforço, e quando chega à porta da escola a mãe tem que correr atrás dele para entregar-lhe a mochila, pois este, ávido em encontrar-se com seus colegas, acaba se esquecendo de que tem que levar seu material junto. Observe depois, que é a mãe quem segura o filho para dar-lhe um beijo de despedida, pois raramente o filho tem a iniciativa de beijar a mãe. Por que o filho não beija a mãe? Qualquer ser humano normal, ao separar-se de alguém, pelo menos por boas maneiras, se despede. Os enamorados beijam-se tão demoradamente nas despedidas, que às vezes é impossível saber se estão se encontrando ou se afastando.

Portanto, a conclusão óbvia é que o filho não procura beijar a mãe na despedida, porque não usufruiu tão prazerosamente de sua companhia, como o que acontece com os companheiros da escola. Em outras palavras, e aí está o problema sério da questão, o filho não reconheceu a ajuda que a mãe lhe deu, e portanto não sentiu "Kancha" (gratidão), aspecto este tão importante na vida.

Ajudar o filho é um ato nobre de amor do qual nenhuma mãe se furta, mas se não ficar claro na relação que a mãe está ajudando o filho porque gosta dele, ele pode entender que é obrigação dela, e daí não sentir a necessidade da gratidão. E assim, a situação acaba se perpetuando com a idéia de que o filho vai à escola para se divertir e estudar, mas quem deve carregar a mochila é a mãe. Esta é uma das melhores maneiras de ensinar a um filho a não assumir responsabilidades na vida por seus atos e obrigações. E o pior, aprendido este modelo, o filho começa a pensar que sua finalidade na vida é desfrutar dos prazeres, e que aos pais compete realizar as coisas desagradáveis e penosas que este prazer exige, causando uma profunda distorção em sua maneira de encarar a vida, pois certamente vai extrapolar esta exigência para as demais pessoas com as quais se relacionar.

Desta forma, o filho se transforma em um "filhinho de papai", e os pais deixam de desfrutar de horas de prazer e descanso, sacrificando-se pelos filhos, achando que estão lhe fazendo bem, quando na verdade, lhe trarão grande infelicidade no futuro.

Certamente, no futuro, o filho esperará da esposa servilismo similar, e a filha esperará de seu marido a mesma postura, levando a divórcios e filhos abandonados, educados sem a presença imprescindível da paternidade ou da maternidade. Desta forma, vai se organizando na mente da criança uma falta de ética, em que o respeito a quem o ajuda passa a não existir e a responsabilidade pelos próprios compromissos fica diluída. Quem não respeita a mãe, não vai respeitar o pai, o professor, as autoridades sociais ou qualquer ser vivente. Carregar a mochila do filho é poupar-lhe o sofrimento, e não permitir que o filho sofra, para que possa ter prazer, é um dos maiores erros que os pais cometem.

Sem o sofrimento, não pode existir o prazer, e isto precisa ficar bem claro, pois é uma lei na natureza, que um extremo sempre traz o outro. Buda enxergou este ponto, e ensinou as pessoas que se buscarem apenas o prazer terão, certamente, infelicidade e frustração.

A vida exige qualidade, ética, liberdade e responsabilidade. Ainda bem que nossa psique é plástica e os comportamentos podem ser mudados a qualquer momento, desde que estejamos realmente mobilizados para isto.

As pessoas que amamos podem ser ajudadas em suas dificuldades através de conselhos ou ações diretas, mas é fundamental que fique claro para elas, que a carga e a responsabilidade são delas, bem como as duras conseqüências que podem advir de um eventual mau desempenho.

Os professores, patrões e os líderes de grupos, devem ser como aquela mãe que entrega toda a mochila para o filho carregar, e depois de este se esforçar muito em carregar o peso e não conseguir, ela espera que ele se volte e diga: "Mãe, me ajuda?" Esta é a hora sagrada que Deus arrumou para a mãe realmente ensinar a seu filho que o ama, e que se ele quiser ser alguém na vida tem que se esforçar muito e saber respeitar e manter grandes amigos, pois sem a solidariedade e a cooperação mútua, pouco pode um homem realizar. "Felizes os que sofrem, pois estes serão consolados", disse Jesus no Sermão da Montanha, um de seus mais belos ensinamentos, e que está impregnado da filosofia oriental.

Prof. Nelson Requena e seus alunos, sempre com o calor humano abundante do Aikido venezuelano.

O PODER DA IMAGINAÇÃO

No Instituto Takemussu, damos muito valor ao primeiro exame de faixa preta que o praticante faz, o de "Shodan" (O primeiro degrau). Por ser efetivamente uma passagem da condição de praticante comum para especial, o exame é bastante difícil, e dura quase duas horas ininterruptas da prática de técnicas. Se ele não estiver muito bem preparado física e tecnicamente, não será aprovado.

Assim, os candidatos preparam-se muito bem antes de vir para o exame, e isto lhes gera uma grande expectativa. Num desses exames ocorreu um fato interessante e que me motivou a escrever o presente artigo: apesar do candidato, durante as aulas e práticas, ter demonstrado bom condicionamento físico, depois de quinze minutos de exame, parecia esgotado.

Desde o início do teste, o examinado vinha fazendo as técnicas bem lentamente, como que tentando poupar-se ao máximo. Após meia hora de exame, suas reações sugeriam que ele estava totalmente esgotado e que se continuasse, iria desmaiar ou ter algum problema sério, estando a ponto de desistir. Intrigado, comecei a perguntar-me sobre o que estaria ocorrendo, e observei que ele nem sequer estava suado. Aí ficou claro para mim que o problema estava em sua mente. Erroneamente, ele havia criado, desde o início, a imagem de que não conseguiria concluir o exame por cansaço e, com esta imagem mental iniciou o exame fazendo as técnicas bem devagar. Ou seja, sua própria mente havia lhe pregado uma peça.

Ao perceber isto, eu disse:

"Pare de se poupar, faça as técnicas em ritmo normal, e se você não agüentar o exame, paciência, você poderá fazer em outra oportunidade." E pedi que duas pessoas o atacassem ainda com mais vigor, e que realmente o atingissem caso ele não se movesse rápido. Então minhas suspeitas se confirmaram. Ao perceber que a possibilidade da reprovação estava admitida, a pressão psicológica parou ao mesmo tempo em que, diante da ameaça física, ele conseguiu aplicar as técnicas nos dois atacantes, concluindo o exame e sendo aprovado.

Certamente ele aprendeu uma grande lição que também foi aprendida por todos no Dojo: "o poder negativo de criarmos mentalmente imagens de derrota em nosso cérebro".

A Neurolinguística (PNL) já estudou bem este problema. Se pensarmos que estamos doentes, mesmo que não estejamos, para o cérebro, assim estaremos. A chave para a compreensão do problema, é que o cérebro não diferencia imagens reais de imagens abstratas. Tudo para ele é real.

Henry Ford disse: "Se você acha que pode, ou acha que não pode, em ambos os casos você tem razão". Ou seja, é você quem decide se consegue ou não realizar algo. Jesus disse: "A fé move montanhas".

Ao projetar na mente uma imagem de sucesso, seu cérebro, convocado a dar uma solução para qualquer problema, decidirá sempre por alternativas que o conduzam ao sucesso. Não há nada de sobrenatural ou de mágico nisso. Nosso cérebro é muito semelhante a um computador; diante de um problema as conexões entre os neurônios sugerem centenas de alternativas. Contudo, a escolha da melhor alternativa, contará sempre com a influência da imagem dominante que projetamos em nossa mente. Um atleta que decide ser campeão e passa a ver-se como tal, determina que o cérebro lhe dê sempre alternativas que o conduzam ao pódio. Se no entanto, ele decide simplesmente competir, o cérebro lhe dará apenas alternativas para a competição. Todos os pensamentos têm um correspondente eletroquímico, que faz com que determinados neurotransmissores sejam lançados na corrente sanguínea e na musculatura, produzindo assim um fato "físico", que pode ser uma doença, ou não. Os budistas crêem que a mente é fluida e que, por isso mesmo, assume formas determinadas pelo nosso próprio eu. Para eles, nós nos convertemos naquilo em que nos concentramos. Se nos fixarmos em imagens boas e positivas seremos felizes, e se nos concentrarmos nos ressentimentos, na inveja, no ódio e outros pensamentos negativos, seremos infelizes. Por isto, a pessoa otimista vive bem, e o pessimista vive mal, mesmo que estejam diante de situações e contingências iguais.

Ao praticar técnicas marciais, para se defender de um ataque, o praticante deve imediatamente perceber os dois lados do atacante, o lado agressivo (Yang), e o lado passivo (Yin). No instante do contato, deve unir os dois lados, Yang e Yin, com seus opostos existentes no atacante e assim, não somente controlar o oponente, mas evitar o conflito, pois integrar os opostos nada mais é do que se "encaixar", cessando imediatamente a agressão e gerando a harmonia. Desta feita, com o passar dos anos de treinamento, vai surgindo a sabedoria do "Aiki" no praticante, e este passa sempre a ver os dois lados de um problema, dando-lhe a percepção de que se existe algo ruim em uma situação, existe também um lado bom, e ao se concentrar neste, a pessoa pode conseguir resolver a situação aparentemente negativa, transformando-a em positiva, construtiva e otimista. A prática de um verdadeiro Caminho Marcial leva à consciência do todo, de Deus, e à percepção de que tudo o que ocorre na vida é decorrente de um processo de equilíbrio, e se tivermos algo bom, também teremos algo ruim, e vice-versa. Assim, em qualquer situação que nos encontremos, sempre poderemos nos sentir felizes pois, na verdade, estamos crescendo, evoluindo e progredindo. Tomar consciência de que a mente nos engana, obscurecendo o lado bom e nos fazendo ver apenas o lado ruim, bem como saber encontrar o lado positivo para se viver bem, é o grande segredo para a felicidade e para encontrarmos o verdadeiro Caminho, o "Do".

João, Mônica Morita e Luis Cintra.

O PAPEL DO MESTRE

Outro dia, vi em uma livraria um livro intitulado: "Aprenda Arte Marcial em 15 lições". A proposta era que a pessoa comprasse o livro e, sozinho, tentasse aprender os movimentos e técnicas ali ensinados. Eu não acredito que este livro vá muito longe. Na verdade eu desejo muita sorte àquelas pessoas que compram um vídeo, ou um livro de artes marciais, com o propósito de autodidaticamente aprender o que lá está ensinado, pois é mais fácil ganhar na loteria do que aprender artes marciais desta forma. Um professor competente é fundamental para que alguém possa aprender um Caminho Marcial. No entanto, a procura de um mestre ou mesmo de um bom professor, é algo extremamente difícil. Em primeiro lugar, porque leva muito tempo até que alguém adquira a maturidade, a sabedoria e a destreza técnica para conduzir pessoas, não sendo fácil encontrar alguém com estes atributos, e em segundo lugar, porque o fato de uma pessoa ingressar em um Dojo, não significa que o mestre o vai aceitar como seu discípulo e esteja disposto a ensinar-lhe o que sabe. É necessário que o discípulo mostre antes, dedicação, persistência, disciplina, generosidade, solidariedade com seus colegas, lealdade e respeito para com o mestre, e isto leva tempo para se constatar, pois depende da observação do desempenho do candidato no dia-a-dia. E mais, mesmo quando o mestre é encontrado e o aluno aceito, e assim ele tem uma pessoa em quem pode confiar e deixar-se guiar, é um grande erro achar que a jornada doravante será suave e sem muitos contratempos e esforços.

A razão é muito simples, um bom professor não vai ensinar as técnicas, mas sim, irá estimular o aluno a tentar repetir milhares de vezes as formas básicas, os "Kata", para através deste grande esforço em buscar a perfeição do movimento e da máxima eficiência, realizar um "Shugyo" (treinamento austero), fortalecendo seu corpo, sua postura, aprendendo a relaxar e usar seu "Hara" e, finalmente, descobrir o que existe por trás das mesmas, ou seja, os princípios gerais que, não somente governam as técnicas mas, também, toda a vida individual e do próprio Universo. Um bom professor, quando vê um aluno com dificuldade em alguma técnica, não o corrige de imediato, espera que o mesmo insista, que coloque todo seu esforço, por repetidos dias, e mesmo anos se necessário, até que por si só descubra o segredo. E, se eventualmente orienta, é porque percebe que no fundo, após longo treinamento, o corpo já está preparado para receber o conhecimento intelectual conscientizando o praticante do princípio que inconscientemente já foi percebido. O verdadeiro mestre não explica os segredos, sem que o aluno tenha antes se esforçado muito para descobri-lo, pois isto seria inútil, e pior, tiraria um poderoso estímulo para o mesmo prosseguir em seu treinamento.

Quando a hora chega, o mestre dá a explicação intelectual que o aluno, então preparado, consegue absorver e, assim, deixa de perder tempo precioso na busca do entendimento, pois nesta fase já desenvolveu o que era necessário para vencer a etapa anterior. Muitos alunos, precipitados, param de treinar por achar que o mestre não lhes ensina o que querem aprender, perdendo grande oportunidade.

Na verdade, ninguém pode ensinar nada a ninguém, sem que haja esforço por parte do aprendiz. A mente pode absorver rapidamente uma nova informação através da inteligência, mas as emoções e o corpo somente aprendem com a prática e o

179

exercício constantes. Para alguém que queira levantar pesos, de nada adianta explicar as técnicas de levantamento se a pessoa não tem músculos fortes e desenvolvidos, pois embora intelectualmente possa parecer que é possível entender as coisas, na verdade, somente quando experimentamos na prática os conhecimentos, é que realmente podemos compreendê-los.

O grande papel do mestre é o de supervisionar o treinamento do aprendiz e estar sempre presente no momento em que é necessária a explicação, bem como o de estimular os alunos a trabalharem em cima de seus corpos, emoções, mentes e espíritos, para que, com este esforço, se habilitem a entender os segredos dos "Caminhos", no momento correto, através de suas próprias experiências, e não apenas intelectualmente, permitindo que se tornem seres humanos melhores. De nada adianta ensinar algo verbalmente a alguém, se ele já não experimentou o fato em seus centros emocional e físico, pois a percepção seria vazia, parcial, e portanto falsa e ilusória. É o que os hindus chamam de "Maya" (ilusão).

Sábio o ditado popular que diz: "Na prática a teoria é outra".

Quando se ingressa no caminho das artes marciais, não se pode antecipar a visão de toda a jornada. Existem muitos obstáculos, e alguns deles estão muito longe da capacidade de entendimento do principiante, e às vezes até mesmo da dos praticantes adiantados. É necessário esperar o momento certo para passar o conhecimento. Nesta hora é que entra o mestre. A mesma coisa acontece com nossos filhos. Quando são pequenos e nos fazem perguntas sobre assuntos que somente vão entender quando se tornarem adultos, de nada vão adiantar as explicações, pois eles não estão ainda preparados para as receber.

Um dia meu filho, então com 9 anos, me perguntou o que era inflação e como ela ocorria. Como explicar-lhe o complexo mecanismo das leis da oferta e da procura, das leis da Economia, do intervencionismo estatal e político nas mesmas, a influência da taxas de juros nacionais e internacionais, a questão do câmbio etc.? Ele não tinha ainda as informações básicas para entender, e seria mera perda de tempo tentar explicar-lhe. Então, eu apenas disse: "Inflação é um aumento geral dos preços, quando você crescer e estiver na Universidade eu lhe explico". É claro que quando eu percebi, que aos 18 anos ele já havia entrado em contato com todos os aspectos que envolvem o fenômeno da inflação, eu lhe expliquei. Contudo, ele teve que esperar e estudar bastante para, através do tempo, sedimentar seus conhecimentos e sua compreensão, para somente aí estar preparado para receber a informação por completo.

O mesmo se passa com as artes marciais.

O mestre conduz os discípulos, mas nem sempre orientando o que deve ser feito. Muitas vezes ele senta e espera o desenvolvimento do praticante até chegar a hora certa de se lhe dar uma explicação, seja verbal ou física. Por esta razão, um bom mestre deve estar muito atento a seus alunos e perceber o momento exato para intervir em seu treinamento, como o que ocorre quando a galinha, que está chocando seus pintinhos, percebe que é chegada a hora destes nascerem, pois começam a bicar o ovo. O barulho que fazem é quase inaudível, mas ela o percebe, e também começa a bicar o ovo, para ajudar os pintinhos a nascerem. Os mestres japoneses chamam esta atitude de "Sottaku Dogi". Para ser genuinamente cumprida, requer a intimidade da relação especial entre o mestre e o aluno, sem a qual é impossível a transmissão do conhecimento de "coração para coração".

NIPPON BUDOKAN

KAN
O ideograma "KAN" (como em Budokan), é composto de dois caracteres, sendo o da esquerda representando bocas falando debaixo de um teto, e o da direita uma casa com vários andares. É a idéia de um prédio onde as pessoas se reúnem.

O ginásio "Budokan" é famoso e conhecido por todos os praticantes de artes marciais japoneses. Por uma decisão da 41ª Reunião da Dieta Nacional do Japão em 1962, o Nippon Budokan foi construído com recursos concedidos pelo Imperador japonês Showa, fundos do governo e doações do povo japonês. O local escolhido para sua construção foi o terreno onde, antigamente, se localizava o castelo de Edo, no atual parque de Kitanomaru. No dia 3 de outubro de 1964, a obra foi concluída e inaugurada. Desde que foi utilizado como local das competições olímpicas de Tóquio em 1964, o Budokan tem sido um centro das competições e do Budô e, ao mesmo tempo, funciona como sede de eventos variados que incluem cerimônias estatais, privadas, convenções e concertos musicais. Lembra muito o Ginásio do Ibirapuera em São Paulo, em termos de sua utilização, só que em esportes mais voltados para o Budô. Hoje em dia o Budokan é conhecido em todo o mundo como um centro internacional de eventos culturais. A concepção original do Budokan visava construir um grande prédio para ajudar a desenvolver as artes marciais, o Budô, que é um patrimônio nacional do Japão e de seu povo. O Budokan trabalha para desenvolver indivíduos, particularmente os jovens, na crença de que estes são os responsáveis e os elementos indispensáveis para o futuro da nação, e também procura integrar as pessoas, visando atingir um mundo pacífico. As artes marciais japonesas são um legado cultural desenvolvido ao longo da larga história do Japão. Atualmente, nove tipos diferentes de Budô moderno são praticados no Japão, tais como o Judô, o Aikido, o Kendo, o Kyudo, o Sumô, o Karatê, o Shorinji Kempo, o Naginata, o Jukendo e o Iaido. A Associação Japonesa de Budo é, atualmente, composta do Nippon Budokan e outros grupos que representam artes marciais. As artes marciais e a estratégia militar passaram por um desenvolvimento brusco durante a segunda metade do século XIV, onde foram desenvolvidos outros estilos que, posteriormente, fizeram aparecer muitas escolas. Até a segunda metade do período Edo (1603-1868), apenas as artes relacionadas com a espada, superavam o número de 500 escolas, tamanha a diversidade de estilos e fundadores. Se fosse agregado às escolas de arco e flecha e de Jujutsu, o número seria ainda maior. Por outro lado, as escolas reconhecidas pelas tradições orais e documentos antigos desde a fundação, englobavam ainda lutas com espada, com o corpo, lanças, alabardas e outras armas. Com o tempo, porém, estas escolas foram sintetizando seus ensinamentos até terem uma característica própria e, atualmente, cada escola ensina basicamente uma só arte. Paralelamente às escolas modernas, ainda existem, por todo o país, muitas outras que mantiveram intactos o espírito e os estilos dos antigos fundadores, que são conhecidas como Kobudô e que recebem ajuda do Budokan para serem preservadas. Os Budô modernos, com exceção do Aikido e do Iaido, são uma forma competitiva de esporte de combate que se pratica dentro de regras preestabelecidas, na qual foram eliminadas as técnicas mortais ou perigosas,

KAI
Refere-se a um grupo de pessoas, o ideograma tem um teto e uma boca aberta falando, é um grupo de pessoas que estão juntas, uma associação.

mas preservados os elementos espirituais da vontade de vencer que caracterizam as artes marciais tradicionais. Desta maneira, o Kobudô não é somente a origem do Aikido, do Judô, do Kendo etc., mas um precioso patrimônio e propriedade cultural do Japão. As artes marciais se caracterizam, em particular, pelo fato de que os praticantes perseguem o estabelecimento de um espírito firme, e buscam o aperfeiçoamento espiritual através do treinamento físico e no exercício continuo das técnicas. Nas artes marciais japonesas, a pessoa que ataca é um amigo, um companheiro que procura descobrir as falhas de quem é atacado e que, assim, o ajuda a corrigi-las, mostrando os pontos fracos e fortes. Desta maneira, quase que naturalmente, nasce entre os praticantes um sentimento de respeito e agradecimento, e se cultiva o espírito de respeitar a personalidade e a essência de cada indivíduo. Por fim, este fator acaba levando o indivíduo a respeitar a si mesmo e aos demais, aprendendo a desenvolver relações pacíficas e, em escala maior, ajudando a trazer a paz e evitar a guerra. No caso do Aikido, todos os anos, no ginásio do Budokan, é realizada uma demonstração gigantesca, com mais de dez mil participantes, com a presença dos principais mestres do Japão e suas academias, juntamente com convidados internacionais. O evento começa na parte da manhã e se estende até o final da tarde. O público chega e vai se acomodando nas arquibancadas superiores, com capacidade para 14.130 lugares sentados, num prédio de planta octogonal. É muito bonito ver o prédio de fora, pois seu grande teto, que não possui colunas no meio, tem linhas suaves e curvadas que lembram o monte Fuji, o símbolo do espírito japonês, e a cúpula dourada existente no meio produz uma imagem linda da típica arquitetura japonesa, que é harmônica com a natureza. No final do evento, o Doshu (chefe máximo) faz uma apresentação e um discurso de encerramento. Faço aqui um apelo às autoridades brasileiras para que se espelhem no valor que o Japão dá às artes marciais japonesas materializadas no Budokan, como um exemplo, e no lugar de apenas ficarem extasiadas com o progresso econômico do Japão e sua alta capacidade produtiva, procurem analisar as razões fundamentais nas quais este progresso ocorreu, e certamente concluirão que deverão incluir em seus orçamentos anuais, mais verbas para ajudar os brasileiros a cultivarem estes caminhos marciais que, no fundo, contém as bases do espírito japonês do qual nosso país tanto necessita para se tornar uma grande nação, e cujo cultivo está, hoje, restrito a mestres idealistas que, com muito sacrifício e esforço, conseguem levar avante o Budô Tupiniquim. O Budô pode ajudar muito na evolução do Brasil. Seria de grande proveito para nosso país, se o Budô fosse introduzido como matéria obrigatória nas escolas. Espero que este artigo motive algum político a fazer um projeto desta natureza.

RYU
O ideograma "RYU" tem do seu lado direito o ideograma "Kawa" que significa "Ryo", e do lado direito refere-se a idéia de uma cesta coberta que flue. Assim a idéia é de algo que vai fluindo com o tempo. "Ryu" refere-se aos ensinamentos, a tradição de uma escola. Quando se diz "Daito Ryu", esta se referindo à tradição do Daito Ryu, e "Daito Kan", refere-se ao local onde ela é treinada. Em resumo, "Kai" é um grupo de pessoas juntas, "Kan" o local onde elas praticam o motivo de estarem juntas, e "Ryu" é a tradição que elas seguem.

NÃO IMPORTA COMO

Recentemente li, numa matéria esportiva, um campeão de Judô dizer: "O importante é vencer, não importa como".

O Judô tem em seu nome o sufixo "Do", que significa "Caminho", "Perfeição". Grandes judocas do passado, vêm alertando quanto aos problemas que as competições e as medalhas trazem para o "Caminho da Suavidade", o Judô, criado pelo grande educador Jigoro Kano.

As competições são um poderoso instrumento para estimular e motivar as pessoas pois, tentando superar o sentimento de inferioridade e de culpa, a perspectiva de tornar-se um "vencedor", aplaudido e reverenciado por fãs e admiradores, leva as pessoas a trabalharem mais sobre si mesmas e a se esforçarem, o que as faz crescer, não só fisicamente, mas também em termos de participação grupal, tornando-se mais produtivos e úteis à sociedade. O desejo natural e primitivo do homem, de sentir-se "mais do que os outros", que nada mais é do que a realização de sua vaidade, pressiona o indivíduo a buscar a vitória.

Contudo, como nem sempre ele próprio tem força de vontade e disciplina para se tornar um vencedor, acaba projetando-se nos campeões, passando a ver a vitória dos outros como se fosse a sua. É o que a psicologia chama de "fenômeno da projeção". Muitos líderes usam este fenômeno para adquirir popularidade e fama. Infelizmente, a maioria das pessoas não tem percepção para perceber que quando seu time ganha, na verdade ele mesmo pouco está ganhando. Quem na verdade tem ganho real, pelo dinheiro ou prêmios ("bichos"), são os jogadores, os dirigentes, os donos dos contratos, as agências de publicidade e assim por diante. O pobre do torcedor fica todo satisfeito, achando-se um vencedor quando, na verdade, pouco fez para merecer esta vitória, pois não suou, não correu e não se esforçou. O que fez foi se rotular, como associado do time, fã do piloto ou do atleta.

Por esta razão, embora os esportes sejam benéficos para o corpo e para a saúde, ensinem a disciplina, garra e força de vontade, infelizmente, no aspecto espiritual não são uma boa alternativa e, portanto, não podem ser chamados de "Do" (Caminho). Ensinam o indivíduo a ser mais forte, mais competitivo, mais lutador e mais persistente, o que é muito bom.

Porém, os esportistas pagam um alto preço por isto, pois quanto mais competitiva for a pessoa, menos paz terá, maior dificuldade possuirá em termos de trabalhar em grupo, e maior será a dificuldade em negociar e tolerar, que são os pressupostos para se viver em paz e em tranqüilidade.

Obviamente, a sociedade necessita de pessoas que briguem, que lutem, que queiram vencer os outros, pois no mundo existem pessoas e grupos selvagens e demoníacos, e neste sentido o esporte é bom. Contudo, é muito importante que estas pessoas aprendam que, quando vencemos, devemos fazê-lo com ética, com justiça, com parcimônia e sem golpes baixos.

Em termos de busca do Caminho de Deus, a vitória deve ser perseguida, mas dentro de regras justas e claras. No contexto das leis divinas da Natureza, a maneira como se vence, respeitando as regras universais da ética e do respeito, é muito importante. E mais, quando alguém vence e se torna superior, não deve jamais usar sua posição para humilhar ou explorar os outros, mas sim para guiar e orientar os mais fracos e os que dele passam a depender.

Vale aqui repetir as palavras de Jesus em seus evangelhos:

"Se existir alguém superior entre vós, que o seja para servir!".

No dia em que os políticos e dirigentes entenderem o caminho dos "Do" que o Japão antigo cultivava, o espírito do Yamato Tamashii, realmente teremos um mundo justo, onde todos se ajudarão, em benefício comum, em uma grande cooperativa.

Se quisermos um mundo melhor, teremos que ensinar nossas crianças que vencer é preciso sim, mas a maneira de vencer é tão importante quanto.

A confraternização no bar do Acácio: Bala, Satie, Beth, André, Cristina, Paulinho, Fernando Penteado, Alexandre Barros, Ney Tamotsu, Emy Yoshida, Sidney Coldibelli, Rodrigo Alves, Marcio Satio Miura, Felizberto Conde, Cid H. Ribeiro, Frederico, França, Miguel, Coronel, Osmar e Ilídio.

ZEN E AIKIDO

Nem todos os praticantes de artes marciais, que usam a palavra "Zen", sabem o que ela significa. O Aikido tem sua base espiritual no xintoísmo, que nada tem a ver com o "Zen", que vem do budismo e que apesar de, aparentemente, buscarem o mesmo resultado, o método básico de treinamento é diferente. O xintoísmo é a religião autêntica do povo japonês, e tem por princípio a idéia de que o homem é um ser divino, um "kami", que necessita apenas ser purificado, limpo da sujeira, "tsumi", para que possa entrar em ressonância com sua divindade e brilhar como um espelho polido. Desta feita, o trabalho essencial no xintô é a purificação do homem, para que este possa perceber e viver plenamente, usando para isto, a água, jejuns, exercícios físicos, dietas e pensamentos corretos. O Zen veio da Índia, e foi aceito como uma ramificação do budismo, tendo sido trazido para a China por Bodhidarma, um monge budista que no Japão é conhecido como Daruma. No Zen se acredita que uma pessoa pode atingir a iluminação através da prática do "Zazen", sem a necessidade de estudar escrituras ou outras práticas. Nos mosteiros, o praticante senta-se em uma determinada posição, e fica diante de uma parede branca tentando atingir o estado de "mushin", ou seja, esvaziar completamente a mente. Acredita-se que, ao não pensar em nada, acabar-se-á permitindo que o verdadeiro pensamento e a percepção global, atinjam o indivíduo, livrando-o da grande quantidade de pensamentos que a todo instante invadem sua mente.

O Zen é, portanto, um estado de "ausência da mente", e é algo que não pode ser visto pelos olhos, mas que pode ser experimentado através do corpo. Ele foi aceito pelos samurais, na época de Kamakura (1192-1333), porque eles tinham que lidar com o fato de que poderiam morrer a qualquer hora. Assim, o desprendimento de si mesmo era fundamental para poder lutar sem medo ou hesitação. O ato de estar diante da morte gera grande energia nas pessoas, visto que o indivíduo se vê diante da idéia real de desaparecer como uma unidade e se integrar ao desconhecido, ao "Todo". Um praticante em estado de "Zen", aparenta não estar concentrado em nada, estar desinteressado ou dormindo com os olhos abertos. Apesar do "Zazen" ser uma forma, esta é estática. Mais tarde, na era Muromachi (1392-1573), o Zen foi ajustado à Cerimônia do Chá, ao drama Noh e às artes da espada, o "Ken Jutsu", começando a ser aceito e conhecido pela população em geral. As artes marciais necessitam que a mente do guerreiro esteja perfeitamente atenta e conectada com tudo o que existe em volta, pois nunca se sabe de onde pode vir um ataque. Ao buscar o estado de "MU" (vazio), exatamente por não estar pensando em nada, a mente fica alerta a qualquer alteração, não se distraindo e podendo, desta forma, reagir convenientemente. Dogen (1200-1253), que foi o fundador da seita Soto - do Zen Budismo Japonês, disse que a habilidade de uma pessoa conseguir atingir seus objetivos, depende do quanto ela

No Aikido se busca a imobilidade dentro do movimento.

estiver motivada e de sua força de vontade.

Assim, se uma pessoa tem "Ki"(energia) em sua força de vontade e em seu corpo, ela poderá chegar aonde quer, mesmo que não tenha tantas habilidades. O importante é manter-se com disciplina e firmeza diante do objetivo estabelecido. Isto é válido para as artes marciais, para os negócios e para qualquer tipo de estudo ou arte.

A maioria dos Caminhos Marciais não visa competir ou lutar. A luta é contra si mesmo, visando vencer os defeitos próprios. Seu ideal é o de que o homem não deve aderir a idéia da vitória ou da derrota. Ele deve manter sua mente clara, com coragem e resignação, para seguir o caminho que lhe aponta o Universo. A iluminação vem através da experiência, e não através do pensamento e da reflexão. Não é algo que alguém possa ensinar a outro, mas sim, deve ser descoberto através da prática constante. Este espírito é decididamente o mesmo do "Zen", com respeito à vida. Por esta razão, muitos fazem confusão e dizem que o Aikido é o "Zen" em movimento. Eles estão errados, pois o Aikido é uma arte genuinamente japonesa que, segundo o Fundador, engloba o conceito do Yamato-Tamashii, o espírito japonês de juntar as pessoas e coisas em cooperação.

Desta forma, desde o início, o praticante não é estimulado a "abandonar os pensamentos", pelo contrário, a idéia desde o primeiro dia é aumentar a percepção das pessoas. O praticante deve ficar alerta, mas esta condição é adquirida, obrigando-o a prestar atenção em mais coisas, e não apenas em uma. Por isto, o Fundador partia do conceito de "SU" (totalidade), e não de "MU" (Vazio), como faz o Zen.

No contato que tenho com praticantes de Iaido que seguem o Zen, freqüentemente eles afirmam que o treinamento do Aikido é similar ao seu. É verdade que o objetivo é o mesmo, qual seja, manter a mente flexível e alerta. Porém, a maneira de chegar a este estado é, diametralmente, oposta.

Uma vez, um pastor xintoísta me disse que esta era a razão pela qual as nações constituídas de pessoas que procuraram esvaziar a mente, ficavam pobres, enquanto o Japão tornava-se rico. Em sua explicação, ele afirmava que, de dez mil pessoas que praticam "esvaziar a mente", talvez apenas uma o consiga, e se torna um iluminado; mas os outros 9.999, ficarão alienados, desinteressados e pobres. Daí o espírito xintô de ensinar a agregar as coisas, as pessoas, em cooperação e respeito, dentro de um espírito comum, deixando os praticantes mais evoluídos e, mesmo que não atinjam o ápice espiritual, progridem interior e exteriormente.

Eliminar o orgulho de uma pessoa, sem que ela adquira antes a sabedoria, é algo muito perigoso. Se é bom eliminar a vaidade e a presunção que existem em nós, devido ao sentimento de inferioridade, por outro lado, se esta eliminação não for feita concomitantemente com a maturidade e o conhecimento de que todos temos uma missão a cumprir, poderemos transformar as pessoas em alienadas, desinteressadas e inúteis para a sociedade.

Por esta razão, os japoneses natos trabalham, mesmo quando estão em idade avançada. Eles sabem que devem cumprir os desígnios dos Céus. Nada pior para uma pessoa, que a aposentadoria com inatividade.

Praticar Aikido, é praticar o genuíno espírito japonês, ou seja: "tornar o indivíduo forte, trabalhando em conjunto, em cooperação e respeitando os comandos divinos naturais, vindos dos "Kami", que atuam em todos nós".

ZAZEN

ZEN
Um caminho oriundo do budismo. Ele tem em conta que não se deve confiar na palavra escrita e é uma transmissão especial independentemente de textos sagrados. Procura-se descobrir os truques da mente para nos iludir. A idéia do Zen é livrar-se das ilusões, ver a própria natureza e tornar-se um Buda. Basicamente o Zen despreza a lógica e na opinião do autor mostra uma outra "lógica": a do paradoxo.

Os caminhos para a vida nos indicam as formas de atingir a iluminação. Porém, existe um denominador comum em todas as religiões e filosofias existentes, que é a necessidade de "abrirmos os olhos" e vermos a realidade, sem as névoas da ilusão, que corrompem nossa forma de observar, julgar e que nos levam a marchar por um caminho não natural e de infelicidade. Afinal, do que trata a psicanálise e a filosofia, se não do desenvolvimento da capacidade de observação e conscientização de tudo que fazemos em nossas relações com o Universo? A idéia de purificar os sentidos para perceber a Natureza, prestando atenção em tudo à nossa volta, é uma idéia originária do Xintoísmo, e por conter em si a técnica de não focalizar a mente em apenas um objeto, muitas vezes é confundida com o "Zen". Mas é importante perceber que são coisas diferentes, apesar de buscarem o mesmo fim. A meditação do budismo impregnou a maioria das artes, filosofias e religiões japonesas, mesclando-se às idéias xintoístas. O Zen budismo propôs o "Zazen", que é uma tradição preciosa que chegou formalmente ao Japão, vinda da China, através dos monastérios Zen, desde os tempos de Buda. O fato do Xintoísmo ensinar ao povo japonês a necessidade da auto-análise e do aguçamento dos sentidos, fez com que a idéia importada da China, do Zen Budismo e suas técnicas, encontrassem terreno fértil no Japão. É importante que os praticantes saibam o que o Zen pretende, para poderem distingui-lo da idéia xintoísta, e com esta compreensão, entenderem o que existe por trás de outros caminhos, como o Iaido, o Kendo, a Ikebana, e até no Caminho da Cerimônia do Chá e do "Shodo", a arte da caligrafia que tem toda sua base espiritual no Zen. A palavra "Za" significa sentar, e "Zen" vem da palavra sânscrita "dhyana", que significa contemplar. Há uma estória interessante que é usada para motivar as pessoas a praticarem o Zazen: Uma pessoa viu um grande número de pessoas aguardando em uma fila e decidiu entrar nela, pois imaginou que poderia conseguir algo raro ali, visto haver tantas pessoas interessadas aguardando. Depois de muito tempo, percebeu que se tratava de um funeral. Se as pessoas apenas seguem as tradições, conselhos ou idéias, sem antes identificá-las como parte de suas reais necessidades, correm o risco de desperdiçarem seu tempo. É necessário abrir os olhos e se "iluminar". Mas, por que o Zazen propõe apenas ficar em quietude, sentar e contemplar? Pensar em quem somos, é praticar Zazen, mas ao pensar, automaticamente, poderemos ser induzidos por nossas idéias preconcebidas a um resultado falso e, assim, o Zazen concluiu que o melhor é não pensar. Em outras palavras, a única coisa em que alguém realmente não tem necessidade de pensar, é naquilo que realmente é, pois para isto basta perceber. Por esta razão, o famoso mestre Dogen disse: "Pense aquilo que você não pensa". Então, aparentemente, bastaria não pensar para se iluminar. A verdade, porém, é que a mente não é fácil de se controlar, pois ela está repleta de instintos, hábitos, pensamentos e julgamentos intelectuais, e estes não refletem a verdade, mas a ilusão, pois são registros do passado que afloram na mente, conturbando a percepção do momento presente. Na proposta do Zazen, ao se sentar quieta e tranqüilamente, se pode encontrar o verdadeiro "Eu", nossa essência, sem as nuvens e neblinas da ignorância que embaçam nossa consciência, e assim atingir a plenitude. Quando se consegue viver corretamente, com energia, com vitalidade, com sinceridade e alegria, o espírito do Zazen é alcançado. Existem basicamente quatro posições para se meditar: andando, parado em pé, sentado e deitado. A posição sentada é a mais tranqüila de todas. O método é simples e os antigos diziam: "Não pensar em nada, é o único treinamento para se tornar um Buda". Na tradição ocidental, o Céu é visualizado como um lugar secreto onde vive Deus, provavelmente no alto, sendo a Terra suja e pecadora. Entretanto, na tradição do extremo Oriente, a luz de Buda pode ser encontrada em todas as nossas ações, e Deus e o Céu estão aqui, no agora. Daruma disse: "Não estar preocupado com coisas exteriores, permanecendo sem qualquer inquietude interna, ficando a mente limpa como uma parede branca, é entrar no "Do" (Paraíso). É necessário entender, porém, que atingir o estado de conexão com Deus, não significa estar alheio às nossas obrigações e afazeres cotidianos. Na verdade, a vida exterior do praticante, em nada muda quando este se ilumina, e continua a fazer as mesmas coisas que fazia antes. O que se altera são a visão interior e o sentimento de tranqüilidade e felicidade decorrentes.

    A prática de alguns caminhos marciais, é a busca do estado de comunhão com Deus que o Zazen propõe, mas com técnicas diferentes e, em vez de sentar-se, executam-se técnicas marciais junto com um parceiro, não usando o pensamento lógico, mas deixando o movimento seguir segundo o fluxo do Universo. É vencer a grande batalha contra nossas fraquezas, tentando ser autêntico, verdadeiro e sincero. "A verdadeira vitória é aquela contra as nossas fraquezas, aqui e agora".

Ô Sensei Morihei Ueshiba

UM TREINAMENTO PARA A VIDA

SHOMETSU
*(Vida / Morte,
aparição/desaparecimento)*
Um princípio essencial na integração do corpo, da mente e do Universo é transcender qualquer medo de morrer ou viver, permanecendo-se consciente e alerta no "aqui e agora", fazendo com que o passado, o futuro e o presente se unifiquem na ação e no momento. O Aikido deve ser praticado em suas técnicas sempre desta forma.

Para termos sucesso na vida, é necessário interagir com um grande número de pessoas, de variadas e complexas personalidades e expectativas, dentro da idéia de entrar em harmonia com suas mentes, emoções e corpos. A idéia é que aprendamos a interagir com os nossos semelhantes e com o Universo, sem entrar em conflito. Para isto, temos que aprender a conhecer as outras pessoas e a nós mesmos, para que possamos realizar o que queremos sem prejudicar nossos semelhantes, e sem trazer sacrifícios para nossa vida. Conseguir isto parece ser um desafio enorme, em função da grande diversidade de pessoas no mundo. Inicialmente, temos que aceitar o fato de que somos capazes de realizar as mesmas coisas que os outros fazem, sejam boas ou más. Que somos todos capazes de ações de extrema crueldade e também de manifestar um amor incomensurável pelo próximo. Os seres humanos têm, em suas mentes e corações, os mesmos sentimentos. O que varia é apenas a percepção e a maneira de expressá-los. Quanto antes percebermos este fato, mais rapidamente poderemos eliminar as barreiras que nos impedem de nos relacionarmos sem conflito e com harmonia. Quando temos a ilusão de estarmos controlando uma situação, tudo passa a ter uma conotação diferente, pois sentimos nosso poder ativo. E quem não quer deter, pelo menos, o controle de sua própria vida? No entanto, é importante entender que, na verdade, ninguém tem controle de nada. O que se pode fazer é adaptar-se às forças que interagem com as nossas para que, harmonizando-nos com elas, consigamos conduzi-las para um bem comum. Na verdade, o que podemos fazer é simplesmente nos adaptarmos às situações e contingências à nossa volta. Saber seguir o fluxo natural das coisas, ajustando-se, confortavelmente, às mudanças sutis que ocorrem a cada instante, é a maneira pela qual uma pessoa bem ajustada, mantém o controle. Estar controlando significa: interagir mantendo o equilíbrio e os nossos centros emocionais, mentais e corporais, alinhados em uma linha paralela à força da gravidade. Uma vez perguntaram a Morihei Ueshiba: "Sensei, o senhor nunca perde seu centro?" E ele respondeu: "Sim, todo o tempo, mas o recupero tão rapidamente que ninguém percebe". A verdade é que não podemos ter controle sobre nada a não ser sobre nós mesmos e que, se conseguirmos isto, já teremos algo fantástico. Não importa em que situação nos encontrarmos, poderemos sempre arranjar uma forma de sair dela. Sábio é o provérbio popular que diz: "Para tudo existe uma saída, mas é preciso procurar". Evidentemente, algumas situações exigem mais esforço e dedicação que outras, mas são estas diferenças que tornam a vida interessante e nos afastam da monotonia. Algumas vezes temos o defeito de enxergar apenas o lado negativo das circunstâncias, o que pode nos levar para a armadilha do desespero e do pessimismo. Aprender a ver ambos os lados das situações, positivo e negativo, é a grande arma que temos para lidar, construtiva-

YASASHII
(Bondade com suavidade)
No Aikido se busca obter um corpo saudável e um grande poder marcial mas de forma suave, relaxada, flexível e sempre com a mentalidade de compaixão e bondade para com nosso atacante e desta forma realizando um treinamento de tomarmos consciência da nossa relação intrínseca de unidade com o Universo.

mente, com tudo o que nos ocorre. É certo, que tudo passa a ser uma questão de aumento da percepção. Existe uma estória antiga que dizia, que cada vez que um forasteiro chegava em uma cidade, havia um guardião, e quando perguntavam a ele se nesta cidade residiam pessoas boas ou más, ele perguntava: "Na cidade de onde você vem, as pessoas são boas ou más?". Se a pessoa respondia que vinha de uma cidade de gente ruim, ele dizia que as pessoas da cidade seriam más; e se a resposta fosse de que o visitante vinha de um local onde haviam pessoas boas, ele dizia que as pessoas que ali viviam eram boas. Ou seja, na verdade existem pessoas boas e más em todos os lugares, e é o nosso julgamento sobre a realidade, a nossa visão sobre as pessoas que nos dá a ilusão da possibilidade do julgamento do que é bom, e do que é mau. Quando ficamos irritados ou nervosos com o mau comportamento de alguém, devemos lembrar que também nós, às vezes, agimos daquela mesma maneira. Se queremos ser desculpados pelos outros, porque não podemos desculpar as faltas dos outros?. Por isto, disse Jesus: "Não julgueis para não serdes julgados". Portanto, precisamos aprender a olhar a vida com uma visão global, e assim desenvolvermos a tolerância e a compreensão, aproveitando os pontos positivos das situações para criarmos coisas construtivas e positivas, gerando harmonia, plenitude e felicidade.

Sugano Sensei e Alexandre Bull - New York Aikikai

O KI E A "RESPIRAÇÃO"

HARA
(Abdômen)
No Aikido é no Hara onde as energia físicas, psíquicas e espirituais são concentradas. É para onde dirigimos o Ki da respiração e o ponto originário de todos os movimentos e ações que se faz no Aikido. Quando colocamos nossa atenção neste ponto abaixo do umbigo, no centro de nosso abdômen, ficamos muito mais fortes. Uma vez que nesta região estão os maiores músculos do corpo e por ser aí o centro físico de nosso corpo, é fundamental dominar esta região, o Hara, para que se possa coordenar os movimentos da parte superior e inferior do corpo, bem como controlar as emoções e os pensamentos, esvaziando a mente de detalhes supérfluos.

Nenhuma teoria sobre a vida do universo é tão grande e completa quanto a que fala do "Ki". Ela chegou ao Japão através da Índia, onde a palavra, em sânscrito, era "Prana".

Prana é o poder supremo que recai sobre tudo o que é criado e que está sempre presente no homem. "Pra", significa primeira, e "Na", significa a menor unidade de força. Segundo a teoria, Prana é o sopro de Deus que criou o Universo, e que para ele, ao final será devolvido.

Assim, o "Ki" é o princípio vital, é a força dinâmica ou motora de todos os seres vivos, inclusive do homem. É a força que suporta o corpo e todas as suas energias impulsoras. É a morada da alma. O "Ki" se move por nosso corpo através de condutos, que os acupunturistas conhecem e estudam para a cura de diversas doenças.

A ciência da respiração tem sua base no controle desta, pois é através dela que ingressa em nosso corpo o "Ki", que fornece a energia para manter vivo tudo o que constitui nosso organismo, como o sangue, os músculos, a medula etc. Um ponto situado abaixo do umbigo, chamado "Saika no Item" (Ponto Um do abdômen), é o ponto central de distribuição da energia para todo o corpo, funcionando com maior intensidade em nossas extremidades. É o "Ki" que, mediante sua ação, nos permite abrir a boca, nos dá a visão, a audição, o olfato, o tato, além da consciência e do pensamento.

Por este motivo, é muito importante respirar bem, pois na saúde perfeita há um equilíbrio do "Ki". Quando existe má distribuição, a ruptura da harmonia provoca a doença. Muitas técnicas de torções, quando feitas com conhecimento, servem como meios de massagem para os músculos e articulações, e "desentopem" os canais onde a energia está estagnada, nos trazendo saúde e bem-estar.

A prática correta destas técnicas, produz a sensação agradabilíssima de relaxamento, flexibilidade e tranqüilidade emocional, que percebemos no término de um bom treino. Em todas elas, os praticantes devem absorver a energia "Ki", retirando-a do ar e acumulando-a no "Seika Tanden". Em seguida, devem descarregá-la no companheiro de treino, provocando um fluxo e refluxo energético, estimulando todas as partes do corpo e gerando um grande poder que pode ser usado em artes marciais de defesa pessoal. Ao mesmo tempo, trazem saúde, bem-estar e longevidade.

Muitos praticantes não gostam de receber as técnicas, preferindo sempre ser o "Nague" (aquele que aplica a técnica). Isto é um grande erro, uma vez que receber as torções e realizar as quedas circulares, harmoniosamente, é um extraordinário tratamento para se adquirir saúde, disposição e juventude.

Pessoas que começaram seu treinamento após os 40 anos, que eram duras e rígidas, e que o praticam há cerca de 5 ou 6 anos, perceberam que com a prática correta ficaram mais flexíveis, ágeis e fortes, aumentando muito a disposição para realizar as tarefas cotidianas.

Evidentemente, qualquer prática física traz benefícios similares, mas as técnicas marciais, por trabalharem constantemente nos canais por onde circula a energia "Ki", são perfeitas para atingir a finalidade preventiva de doenças, do envelhecimento precoce e da manutenção da boa saúde. Muitas pessoas pensam que o praticante de artes marciais está pensando apenas em aprender defesa pessoal, o que está muito longe da verdade. No Dojo, a maioria das pessoas vem buscar bem-estar físico, mental, psicológico e até mesmo espiritual.

Um artista marcial avançado, pode segurar uma pessoa no chão, não muito experiente em artes marciais, com apenas um dedo, pois através da percepção do "Ki", pode saber exatamente o ponto mais fraco do oponente, de forma que, com um mínimo de força consegue um grande poder de imobilização. Por não ser possível, até o momento, medir o "Ki" através de aparelhos, muitos ainda não acreditam em sua existência, e há pouco tempo a maioria dos médicos não acreditava neste conhecimento, quase tão antigo quanto a China.

Porém, com o reconhecimento da acupuntura, a medicina finalmente se dobrou a este conhecimento oriental. Quem pratica seriamente artes marciais, sabe que o "Ki" realmente existe, pois o utiliza no dia-a-dia.

Contudo, é necessário um alerta: algumas pessoas lêem um livro sobre "Ki" ou acupuntura, abrem consultórios para tratar as pessoas, e acabam enganando muita gente. Cuidado! Não se aprende a trabalhar com o "Ki" intelectualmente. É necessário um longo treinamento e experiência para que alguém possa, realmente, praticar tratamentos eficientes, e as artes marciais fazem parte disto.

Há muita "picaretagem" e charlatanismo por aí.

Não entregue seu corpo a qualquer um que se intitule "acupunturista" ou mestre de artes marciais. O conhecimento existe, mas poucos realmente o dominam.

A dificuldade em dominar o "Ki" depende de sensibilidade, e isto não se aprende em livros ou cursos rápidos, mas apenas com a prática constante. Antes de procurar este tipo de tratamento, veja a experiência de outros pacientes, informe-se se o profissional tem tradição e qual sua formação. O mesmo vale para as artes marciais.

Seminário de Fernando Mendes Sant'Anna no Hikari Dojo no Rio de Janeiro, sob supervisão do instrutor Sérgio Ribeiro. Fernando é diretor-técnico da Federação de Aikido do Estado do Rio de Janeiro.

SENTIMENTO E FORMA

Morihei Ueshiba, quando lhe pediam que explicasse o Aikido, freqüentemente repetia: "A única maneira que encontro para explicá-lo, é desenhar um triângulo, um círculo e um quadrado". Justamente as três proporções mais perfeitas em geometria.

Os judeus usavam dois triângulos como símbolo, o famoso "Selo de Salomão", sendo um triângulo com seu vértice voltado para cima simbolizando o fogo, o poder ativo, e outro com o vértice para baixo, simbolizando a água, o poder passivo. Os três lados do triângulo representam a trindade, presentes no símbolo do xintoísmo, nos mistérios do catolicismo e nas tradições religiosas. O triângulo representa a energia vital, o fluxo de "Ki".

O círculo é o emblema universal do infinito, da perfeição, daquilo que não tem começo nem fim, da eternidade. A natureza, ao interagir com suas forças, expressa sempre movimentos circulares, que evoluem para espirais e hélices no espaço. O círculo é o zero, o vazio que preenche todas as coisas e que tudo contém. Ele representa a dimensão líquida, fluida. Já o quadrado, é a estabilidade, a organização. Ele é a base do mundo físico composto de terra, ar, fogo e água. Representa a materialização, a parte visível das forças ocultas.

Estas três formas, no espaço se transformam na pirâmide, na esfera e no cubo. Na parte física das técnicas do Aikido, o triângulo representa o aikidoísta na posição de "Hamni" (meio corpo), o quadrado representa a unificação e o controle, e o círculo os movimentos circulares, que não utilizam força, o que caracteriza as técnicas (Waza) do Aikido. Graças ao círculo, as técnicas do Aikido podem ser executadas sem o uso exagerado da força muscular. O Fundador afirmava que devemos tratar nosso parceiro de treino com o máximo respeito, pois ele nos confia sua própria vida, permitindo que possamos com ele aprender, e assim temos que manejar este precioso ser com o máximo de zelo. Ele dizia: "Segurem seu parceiro como se fosse um bebê".

Estas três figuras geométricas são utilizadas também na tradição esotérica do Ocidente, como se pode verificar dos textos alquímicos que dizem: "A partir de um homem e de uma mulher, crie um círculo, um quadrado e um triângulo, e em seguida outro triângulo, e assim a pedra filosofal será obtida." Em outras palavras, se entendermos a função e a harmonia destas três figuras, compreenderemos o universo e adquiriremos a sabedoria.

Durante o treinamento do Aikido, os praticantes assumem a posição de defesa no momento do Maai (distância correta), transformando seus corpos em uma pirâmide de base triangular, que é de uma estabilidade notável. Quando o aikidoísta é atacado, tudo funciona como se dois triângulos estivessem se encontrando e formando um quadrado, e este é o momento do Deai (Encontro). Imediatamente após o contato, o Nague (praticante que executa a técnica), gira seu corpo a partir do Hara (Centro), descrevendo um movimento circular e conduzindo o Uke (o que recebe a técnica), que é projetado ou imobilizado, mantendo uma atitude de alerta denominada Zanshin (estado de atenção).

Assim, durante todo o tempo da prática, que dura cerca de uma hora e meia, o praticante vai, consciente e inconscientemente, trabalhando com estas três formas básicas e colocando-as em harmonia, gerando para si saúde, equilíbrio emocional e sabedoria. Não existem técnicas secretas no Aikido. As formas manifestas da arte são semelhantes às encontradas em muitas outras artes marciais. Porém, o que é diferente é o sentimento que existe ao executá-las. E como o sentimento varia de pessoa para pessoa, e de momento para momento, conclui-se que as técnicas sempre serão diferentes. Já numa idade avançada, durante as aulas, o Fundador Morihei, pedia para os alunos repetirem as diversas técnicas que fazia, mas para os alunos parecia que ele estava fazendo sempre o mesmo Ikyo (a 1ª técnica do Aikido). Entretanto, sempre que demonstrava a técnica, dizia: "Agora uma técnica nova". Por fim, um aluno, um tanto desconcertado, comentou: "Sensei, todas estas técnicas parecem ser a mesma". E Morihei retrucou energicamente: "Quando você puder perceber a diferença entre cada uma delas, então você compreenderá o segredo do Aikido!"

A chave para os segredos da arte está no interior de cada um. Se o seu coração for sincero, suas técnicas serão verdadeiras, mas para explorar estes tesouros precisamos seguir o caminho apropriado, dispor de veículos adequados para treinamento e de bons professores que nos indiquem a direção correta. Morihei falava das quatro virtudes, Aramitama, Niguimitama, Sachimitama e Kushimitama (bravura, sabedoria, empatia e amor). Aramitama é a primeira, pois devemos ser fortes e determinados para assumir um compromisso firme com a prática. A sabedoria é adquirida através da meditação e da reflexão. A empatia, e o desejo de juntar, surgem quando se procura o Aiki (união de energia). Quando a prática é firme e equilibrada, passamos a sentir uma forma de amor pelo nosso instrutor, pelos companheiros e pela arte, que acaba se estendendo para todas as criaturas. Daí se dizer que: "Aikido é Amor!"

O Aikido é uma arte marcial que faz muito bem às mulheres.

REIHO E AIKIDO

"Reiho" é uma palavra japonesa, muitas vezes traduzida como etiqueta, ou seja, uma forma apropriada de agir diante dos outros ou dos fatos.

Um autor disse certa vez que: "Por não termos o ouro, inventamos o dourado, que apesar de não ter a mesma consistência do primeiro, tem o mesmo brilho. Para substituir a bondade que nos falta inventamos a polidez, que apesar de não ser sincera tem a mesma aparência". Em outras palavras, a maioria entende a "boa educação", como uma forma de nos comportarmos de maneira a não entrarmos em confronto com os demais, ou seja, uma representação. Mesmo que não estejamos sentindo respeito e consideração por nosso interlocutor, diz o guia de boas maneiras que assim devemos proceder.

Por esta razão, é tão difícil desenvolver amizades sinceras e, muitas vezes, ganhar o respeito dos demais. Se falamos o que sentimos a quem se ofende com o que ouve, mesmo que isto seja a bem da honestidade e sinceridade, somos mal interpretados, e percebemos que a maioria das pessoas não tem preparo espiritual e emocional para valorizar a verdade.

Daí, os manuais de relações humanas ensinarem que devemos sorrir, evitar as críticas, e elogiar sempre que possível. Muito embora, na prática, este conselho seja útil, esta atitude não pode ocorrer dentro de um Dojo, onde o objetivo é transformar os indivíduos, removendo os sentimentos negativos, e desenvolver a tolerância e a empatia, buscando o ideal de Morihei Ueshiba, com sua máxima: "Masakatsu, Agatsu, Katsuhaiabi" (A verdadeira vitória, é aquela da verdade, aqui e agora!).

No Dojo de Aikido, o sentido de Reiho é expressar-se através de uma forma, sendo esta polida, mas manifestando não uma representação, e sim o respeito autêntico pelo companheiro de treino, e a consciência de que este é um caminho marcial, um treinamento para entendermos que somos todos filhos dos "Kami" (Deuses), e que, portanto, devemos viver em harmonia.

Seria uma utopia, não muito prática, querermos ser sinceros com todos os nossos fornecedores, patrões, empregados etc., porque muitos não têm, ainda, condições de entender que somente com a verdade é que poderemos nos realizar plenamente, mas devemos começar a buscar este ideal e ir modificando, a todo o tempo, este tipo de relacionamento vazio e formal.

Ao executarmos os movimentos do Aikido, desde o cumprimento inicial, passando pela técnica e indo até a reverência final, temos que expressar nossos sentimentos autênticos. Nosso pensamento move nosso sentimento e este move nosso "Ki" (energia), e somente depois é que os músculos são acionados, produzindo a forma e o movimento.

Desta maneira, é fundamental exercitar o sentimento, para podermos produzir as técnicas com perfeição. No dia-a-dia, estados mentais e sentimentos, acabam manifestados no nosso corpo. Eles aparecem nos olhos, no rosto, na postura e em todos os detalhes do comportamento. Se ficamos com medo, fúria, inveja, excitados ou frustrados, estes sentimentos influenciam enormemente nossa postura, atitude e ação. Na verdade, como alguém já disse, "o corpo fala".

Quando somos atacados com um soco, ou por uma espada, e este golpe passa raspando por nosso nariz, o tato não é ativado mas, mesmo assim, nosso cérebro responde imediatamente através de um ato reflexo, devido à percepção vinda dos olhos ou dos ouvidos, que aciona um estado imediato de prontidão para a ação. Se no entanto, nossa reação for de medo, a energia paralisa nosso corpo, e ficamos imóveis e indefesos. O medo acaba obstruindo o programa cerebral natural de reação a determinada agressão.

Por esta razão, para sermos bons lutadores temos que perder o medo da morte, e por isto a covardia é tão desprezada no exército e no mundo dos negócios. Dizem os antigos tratados de ensino de artes marciais que, para ser um mestre, é necessário ser capaz de perder o medo da morte, pois se estamos dispostos até a morrer, de nada mais teremos receio. Assim, se perdermos o medo de morrer, nada mais nos amedrontará e nada, além de nossa incapacidade natural, será colocado como um obstáculo, nos permitindo realizar nossa máxima competência em qualquer atividade.

Como os movimentos do corpo são uma expressão da mente, o primeiro passo no treinamento é aprender a colocar a mente em um estado adequado. No Aikido, qualquer grande mestre sabe relaxar e manter-se calmo em situações de "stress", e isto fica claro nas posturas relaxadas e sem tensão que demonstram, ao serem atacados com rapidez e violência. Relaxar não significa apenas retirar as tensões da musculatura. É necessário retirar da mente as idéias de conflito, e deixá-la com liberdade para ir para aonde queira, a qualquer instante. Se o praticante de artes marciais consegue esta liberdade, então ele pode, calmamente, perceber os movimentos e as intenções de seu atacante, concentrando o poder máximo de ação na direção mais adequada para conseguir realizar o máximo, com o mínimo de esforço. Isto é verdadeiro, tanto em cima do tatami, quanto nas relações com nossos amigos, nossa família, ou no árduo e complicado mundo dos negócios.

Praticar Aikido corretamente, é uma forma muito prática de maximizar nossos potenciais vitais de relacionamento humano e de trabalho. Portanto, é certo que a prática do Aikido nas empresas aumentaria a produção e os lucros, assim como faz com os indivíduos ao lhes trazer saúde, bem-estar e progresso material.

Visita do autor ao Dojo do Instituto Takemussu de Santos fundado por Nelson Wagner dos Santos, o Tenchin Dojo.

O CAMINHO ESPIRITUAL DE MORIHEI UESHIBA

Os leitores que desejarem se aprofundar na filosofia do Aikido se depararão com um desafio ao explorarem os escritos do fundador Morihei Ueshiba. A simbologia e as metáforas empregadas por ele têm origem nos textos Shinto, como o Kojiki e são, além disso, influenciadas pela religião Omoto e pelo co-fundador da mesma, Onisaburo Deguchi. Em nosso Dojo, no Instituto Takemussu, procuramos explicar nas aulas estas verdades, estudando o Xintoísmo. São abundantes, também, as referências ao Kotodama, uma crença Xintô incorporada à religião Oomoto que sustenta que as vibrações primordiais, antes das letras e dos sons, têm um valor intrínseco capaz de influenciar a realidade física. Os movimentos do Aikido são baseados em vibrações semelhantes às sonoras. O Fundador dizia que "O Aikido é o *Caminho* fundamentado no princípio do Universo como um sistema eterno e imutável." O *Grande Vazio* foi criado antes do nascimento do Som (Mantra) Universal "SU", a *Fonte Única Original* (Ichigem), nosso Deus progenitor. Acreditava o Fundador que a vida é a história dos atos de Deus desde os tempos dos deuses do Japão (kamis), e a prática do Aikido tem origem nesta história. O Aikido, para o fundador, é um *Caminho* de práticas ascéticas guiadas pela Divina Providência, ao mesmo tempo expressando o significado da Espada Divina (matsurugi) e sendo a manifestação da própria espada em si. Ele é a verdadeira arte marcial (bujutsu). As atividades do Universo são chamadas "takemussu aiki", nascem da Fonte Única Original e unem a água e o fogo, isto é, a pulsação entre o Céu e a Terra produzindo, assim, um único ritmo.

Quando a alma e o corpo de uma pessoa se interagem como uma inseparável união, através das atividades dos mantras "SU" e "U", deles decorre os sons "A, O, U, E, I" a partir do baixo abdômen (Hara), deixando emanar pela boca física, de forma natural e espontânea, expressando a ordem do Universo. Este modo é exatamente o mesmo que a manifestação das reações do conflito produzido pelo movimento da água e fogo, ou seja, a interação dos dois deuses, Takami Mussubi e Kami Mussubi, quando estes dançam, conquanto ascendem espiralmente para a direita e descendem espiralmente para a esquerda. Ou seja, no conflito entre as duas forças básicas do Universo, Yin e Yang, todos os fenômenos se manifestam surgindo em espirais, como no DNA. Se polirmos e aperfeiçoarmos esta ordem natural, ensinada através da prática dos mantras e dos movimentos do Aikido, a alma dada a cada um de nós e que representa a nossa mais verdadeira natureza, bem como as interpretações acerca das combinações de todas as coisas e a sabedoria para compreender a verdadeira condição da Grande Criação, serão incorporadas em nossa vida e em nossas ações. O Aikido ensina verdades que também se manifestam em todas as artes marciais tradicionais e autênticas, e nas atividades do Universo, isto é, na essência de onde esta arte se origina e que é a base de todos os caminhos e religiões que visam levar o homem de volta a Deus e à perfeição. A Arte está firmemente enraizada e expressa nas ações dos dois deuses xintoístas, Izanagi no Mikoto e Izanami no Mikoto, que podem ser entendidos como o Yin e o Yang, ou seja, a notável manifestação da interação do fogo e da água. Em outras palavras, a interação entre estas duas forças é produto da fonte original representada mitologicamente pelo deus "Ame no Minaka Nushi", que seria Jeová para os judeus, Alah para os muçulmanos ou o Tao para os taoístas, e são a manifestação da

Vontade Divina. Portanto, a Fonte Única Original deu origem às duas Fontes Originais. As manifestações de cada Fonte são a expressão da Vontade Divina e a manifestação da complexa e sutil interação entre o Céu e a Terra, isto é, a Vida do Universo, a respiração do Céu e da Terra. Não importa o tipo de corpo ou o tamanho, não há nada que não seja a manifestação da Vontade Divina. Tudo é a Vida do Universo. Todas as bênçãos deste Grande Universo são manifestadas, sem exceção, em todos os deuses e budas, em toda natureza, animais, e até mesmo nos insetos. Praticar o Aikido significa aceitar todas as bênçãos e leis do universo e cumprir as nossas obrigações como seres humanos.

Neste conceito, o fundador do Aikido escreveu este poema:
Esta aparência bela
Do Céu e da Terra
Tudo é uma só família
Criada pelo Senhor

No fundo, todas as religiões e bons caminhos dizem a mesma coisa. Devemos assimilar todas as verdades, mesmo quando executamos um simples movimento da espada ou com a mão. Enquanto executamos nossos deveres como seres humanos, formamos um círculo quando expiramos e um quadrado quando inspiramos. Então, deixamos o maravilhoso espírito do Universo, através de sua energia "KI", permear e purificar nossos sentidos, permitindo que estes ajam. Praticar Aikido é purificar nossos sentidos e nossa mente, e assim praticarmos ações e pensamentos de acordo com a vontade do Criador.

Yamada Sensei na casa do autor em 1999, bem como gosta quando está entre amigos, à vontade. Com suas sandálias, seu bom vinho, fumando seu cigarrinho e preparando guloseimas para seus alunos, mas mantendo sempre seu "charme" e elegância, que como disse Chiba Sensei: "Sempre encantou corações femininos." Ele tem um carisma e um poder em sua personalidade incrível, além da técnica clássica que possui talvez sejam estas as grandes razões por sua popularidade e carinho que seus alunos têm por ele, bem como a alta reputação de que desfruta como grande mestre na comunidade aikidoística internacional.

O MOVIMENTO

Sabaku
(Movimento)

Os guerreiros do Japão eram obcecados pelo movimento, "Sabaku". O kanji acima expressa pictograficamente a tesoura de um costureiro cortando a seda para fazer um quimono. Se ele não for muito preciso no corte o tecido fragmentará. Assim, "Sabaku" expressa agir corretamente ao se fazer um corte. Para isto, evidentemente exige-se o movimento correto. A expressão "Tai Sabaki" no Aikido significa mover o corpo com precisão. Um sushiman que corta com precisão os legumes, demonstra bom "sabaki". O mesmo ocorre quando se sobe ou desce o bokken e o movimento é forte e corta o ar. É necessário em "Sabaku" precisão ou o movimento não o contém.
Dave Lowry diz:
"Talvez "Sabaku" seja a capacidade de relaxar e de mover sem movimentos superficiais e deixar o poder concentrado no Hara para ser expresso exatamente no ponto e no momento necessário, potencializando-o ao máximo." É devido a "sabaku" que nas artes marciais os praticantes mais antigos continuam sendo admirados por sua técnica mesmo quando ficam velhos e já não têm a mesma velocidade e o vigor da juventude, pois eles demonstram precisão, eficiência em seus movimentos. Este é o caso do Aikido que pode ser praticado e desenvolvido até o fim de nossas vidas. Já não é o caso dos praticantes de esportes comuns, grandes atletas depois dos 50 anos só lhes resta se tornar técnicos e ficar no banco explicando como é que os atletas devem fazer para desempenhar bem seu "sabaku".

O corpo do ser humano é como um rio, pois está em constante movimento e transformação. Sua forma dissolve-se e recria-se a cada movimento, envolvendo milhões de células, fluidos corporais e a misteriosa e complexa rede de terminais que constitui o sistema nervoso. Os paradigmas e valores que norteavam a convivência e o comportamento das pessoas dentro da família, no trabalho, nas amizades, sexualidade etc, estão se transformando radicalmente. E toda grande mudança ou período de transição, evidentemente, gera desconforto, conflitos e desgastes generalizados. Mas, não temos alternativa, enquanto seres viventes e atuantes, senão a de compreender esta realidade e enfrentá-la, superando-a. Um dos grandes males destes conflitos é o "stress", que é um conjunto de respostas que damos em nosso cotidiano para atender as demandas e exigências que vêm do meio ambiente, do nosso corpo, da nossa mente, e que nos preparam para melhor enfrentarmos situações ameaçadoras, ou mesmo situações agradáveis que nos deixam felizes ou eufóricos. Diante do contínuo movimento em que vivemos e da conseqüente tensão, é muito importante que aprendamos a agir em nossas vidas exatamente como fazemos no Budô, ou seja, com uma atitude flexível diante dos acontecimentos e aceitando aquilo que não pudermos mudar, trabalhando com esforço e dedicação naquilo que podemos realizar e mudar, e acreditando em nosso potencial. Também é importante perceber, avaliar e evitar os fatores estressantes que negativamente atrapalham nossa vida, como o excesso de discussões, objetivos irreais, excesso de responsabilidades e compromissos, horas insuficientes de sono etc. Temos que aprender a valorizar as coisas boas e positivas que temos em nossas vidas, reconhecendo e valorizando nossas conquistas e vitórias. O grande segredo é ser sempre otimista, sem deixar de ser realista. Um Budô eficiente vitaliza a função dos órgãos e dos músculos, dos fluidos e da estru-

Uke: Wilson Umebala

tura óssea, e através de técnicas espiralíticas o praticante passa a conscientizar-se de que é um ser móvel e dinâmico, que com fluidez vai revelando a sua verdadeira natureza humana. Por esta razão deve-se praticar as técnicas com a base bem baixa, criando uma firme conexão com a terra, e a cabeça alta com a coluna ereta, deixando fluir nossa imaginação, mantendo o nosso eixo vertical e bem posicionado. Esta atitude nos dá autoconfiança e grande capacidade para, física e psicologicamente, lidarmos com as situações da vida e assim, vivermos mais produtivamente, nos movimentando com segurança.

Fabiano Yamada e Sensei Wagner Bull no Hombu Dojo - Japão (1997).

DESPERTANDO PARA A REALIDADE

Um amigo contou-me esta estória que transmite, exatamente, a maioria dos ensinamentos espirituais do Budô, os quais nos convidam a prestar a atenção no momento presente, acreditar que somos filhos do Universo e que, como tais, temos uma missão na terra. Que é nosso dever procurar a tendência natural que, por razão da falta de percepção e da educação errada que recebemos, fundamentada no consumismo e na vaidade, acaba não sendo cumprida, pois escolhemos uma vida falsa.

Eis a estória:

"Certa manhã, levantei chateado, pensando nos inúmeros problemas que teria para resolver naquele dia; um gosto amargo na boca, dores pelo corpo e uma angústia esquisita me invadia a alma, e dizia que eu não havia dormido bem. Eu parecia uma barata tonta, não tinha idéia de "por onde começar". Quando saí para a rua, fui surpreendido por um dia maravilhoso, um sol "gostoso" iluminava um céu azul quase sem nuvens, e eu tive a impressão de que Deus queria falar comigo. Continuei caminhando e, nas árvores da praça perto de casa, dezenas de passarinhos cantavam alegres e disputavam alimentos com uma barulheira festiva,... e senti que Deus queria falar comigo. Olhei para as flores daquele jardim e me lembrei de Jesus falando aos antigos: "Olhai os lírios no campo, como eles crescem; não trabalham, nem fiam; e digo-vos que nem ainda Salomão, em toda a sua glória, se vestiu como um deles."; e mais uma vez senti que Deus queria falar comigo. Angustiado com meus problemas, que pareciam ser sempre os mesmos, acreditei que nunca sairia daquele círculo de aflições. Então percebi que minhas pernas estavam me levando por todos os lugares que eu queria, mesmo sem que eu as ordenasse, que meus braços eram fortes e eu poderia utilizar essa força para o trabalho, que meu cérebro possuía ainda um raciocínio muito rápido... e mais uma vez percebi que Deus queria falar comigo.

Mais à frente, vi um menino de no máximo 3 anos, com os bracinhos esticados e nas pontas dos pés, pulando para alcançar uma maçã no alto de uma árvore. Mesmo com todo o seu esforço, empenho e alegria, percebi que ele nunca iria conseguir alcançar aquela maçã, e nesse momento eu ouvi Deus me falar que somos iguais àquela criança; na maioria dos nossos dias, colocamos nossa felicidade e nossos melhores sonhos, em lugares tão altos quanto aquela maçã estava para o menino. E perseguimos frutos que não estão ao nosso alcance, desprezamos o belo, as coisas boas que a vida nos oferece e nem lhes damos a devida atenção.

Percebi então, quanto tempo eu estava perdendo amando quem não me amava, trabalhando onde não me sentia feliz, fazendo coisas somente para agradar quem nunca mereceu, desejando coisas que eu nem sabia se me fariam feliz, buscando um Deus da guerra para vencer meus inimigos, quando Deus é só amor. Então, compreendi que a felicidade está onde nós estamos, onde está o nosso coração... e nesse dia eu ouvi Deus."

Esta estória maravilhosa, contém ensinamentos preciosos da sabedoria que todas as religiões e caminhos marciais tentam nos passar em seus treinamentos diários.

Nós não nascemos neste mundo sem uma programação para realizar determinadas atividades. Nosso cérebro e nossa imaginação nos foram dados para que possamos identificar, no meio em que vivemos, as maneiras mais adequadas para levar avante nossa meta. Como uma semente de maçã, que dentro de si tem o objetivo de se tornar uma grande macieira e produzir muitos frutos de boa qualidade, assim também é cada ser humano. Não podemos nos deixar levar pela tendência de usar qualquer meio para nossa necessidade de buscar fama, dinheiro, amor e poder. Todos querem estas coisas, mas é necessário consegui-las dentro de nossa vocação, dentro de nossa maneira de ser.

Somente seguindo nossa verdadeira vocação, na vida privada e na sociedade, poderemos ter a energia "Ki", necessária para atingir o êxito em nossos empreendimentos.

O autor e Cid H. P. Ribeiro praticando em Tóquio, no Hombu Dojo.

DECISÕES TOMADAS SOB A RAIVA

Na prática diária de um verdadeiro Caminho Marcial, uma das coisas que primeiro se aprende é que, ao ser atacado, deve-se relaxar o corpo e a mente, e jamais ir para um confronto sem estar calmo e desprovido de sentimentos como a raiva, a inveja, o ciúme e outros sentimentos menores.

Uma mente perturbada não consegue resolver seus problemas adequadamente e, invariavelmente, chega a soluções inadequadas e insatisfatórias. Abaixo uma estória interessante para nos fazer refletir sobre este importante aspecto de nosso dia-a-dia, e dos relacionamentos com nossos semelhantes:

"Mariana não podia brincar, pois iria sair com sua mãe naquela manhã. Júlia então, pediu à coleguinha que lhe emprestasse o seu conjuntinho de chá, para que ela pudesse brincar sozinha na garagem do prédio. Mariana não queria emprestar mas, com a insistência da amiga, resolveu ceder, fazendo questão de demonstrar todo o seu ciúme por aquele brinquedo tão especial.

Ao regressar do passeio, Mariana ficou chocada ao ver o seu conjuntinho de chá jogado no chão. Faltavam algumas xícaras e a bandejinha estava toda quebrada. Chorando e muito nervosa, Mariana desabafou:

"Está vendo, mamãe, o que a Júlia fez comigo? Emprestei o meu brinquedo, ela estragou tudo e ainda deixou jogado no chão."

Totalmente descontrolada, Mariana queria porque queria, ir ao apartamento de Júlia pedir explicações. Mas a mãe, com muito carinho, ponderou:

"Filhinha, lembra daquele dia quando você saiu com seu vestido novo todo branquinho e um carro, passando, jogou lama em sua roupa? Ao chegar em casa você queria lavar imediatamente aquela sujeira, mas a vovó não deixou. Você lembra o que a vovó falou? Ela falou que era para deixar o barro secar primeiro. Depois ficava mais fácil limpar. Pois é, minha filha, com a raiva é a mesma coisa. Deixe a raiva secar primeiro, pois ficará bem mais fácil resolver tudo."

Mariana não entendeu muito bem, mas resolveu seguir o conselho da mãe e foi para a sala ver televisão. Logo depois, alguém tocou a campainha. Era Júlia, toda sem graça, com um embrulho na mão. Sem que houvesse tempo para qualquer pergunta, ela foi falando: "Mariana, sabe aquele menino mau da outra rua, que fica correndo atrás da gente? Ele veio querendo brincar comigo e eu não deixei. Aí ele ficou bravo e estragou o brinquedo que você havia me emprestado. Quando eu contei para a mamãe ela ficou preocupada e foi correndo comprar outro brinquedo igualzinho para você. Espero que você não fique com raiva de mim. Não foi minha culpa." "Não tem problema", disse Mariana, "minha raiva já secou." E dando um forte abraço em sua amiga, tomou-a pela mão e levou-a para o quarto para contar a história do vestido novo que havia sujado de barro."

Nunca tome qualquer atitude com raiva. A raiva nos cega e impede que vejamos as coisas como elas realmente são. Assim, você evitará cometer injustiças e ganhará o respeito dos demais pela sua posição ponderada e correta diante de uma situação difícil.

Lembre-se sempre: deixe a raiva secar!

Muitas amizades boas e honestas, muitas oportunidades são perdidas e muitos aborrecimentos acontecem, por que nos deixamos levar pela raiva. A prática contínua de um Caminho Marcial nos ensina a relaxar, a sentir o centro e a deixar as energias físicas, psíquicas e emocionais fluírem naturalmente, de forma que a melhor conduta diante de uma situação difícil seja alcançada. Esta atitude ajuda enormemente a evitarmos perder grandes amigos. Todos podemos perder a calma em algum momento.

Assim, é necessário desenvolver o espírito de tolerância e compreensão, para podermos viver em harmonia.

Muteiko
(Não-resistente)

As palavras *"Ishin"* e *"Mushin"* expressas pelos *"Kanji"* abaixo refletem um conceito muito importante que foi discutido no volume 1 (A Teoria), no que tange a como agir e como realizar. A idéia de *"Ishin"* é de colocar todo nosso *"Kokoro"* em uma coisa, focando, concentrando, e a idéia de *"Mushin"* é colocar nosso *"Kokoro"*, em um vazio, em um nada.

No confronto entre guerreiros, se o pensamento ficar focado em perder ou ganhar isto vai gerar uma distração, e a conexão entre o corpo e a mente vai se quebrar, gerando fraqueza e *"Suki"* (aberturas) na guarda. Um mestre de artes marciais vai perceber estes momentos de distração e vai atacar exatamente nestes instantes e até mesmo vai criar estes momentos como ação preparatória. As pessoas querem se proteger de seu sentimento de culpa, logo, é fácil para quem sabe tocar nos "pontos fracos" psicológicos de alguém, tirar-lhe a serenidade e assim, confundindo sua mente, derrotar-lhe com um argumento. Os grandes executivos, sabem como ninguém fazer isto em reuniões. Daí a pratica das artes marciais internas serem de grande valia tambem para o mundo dos negócios e para os conflitos da vida.

O japonês pronuncia *"Mu"*, 無 , para este ideograma, que os chineses vocalizam com *"Wu"* (o nada), estado buscado pelos meditadores Zen, que acreditam que esvaziando a personalidade, o eu, a verdadeira essência, o verdadeiro "Eu" se manifestaria. Os japoneses nunca aceitaram bem esta idéia, e por isto o budismo japonês difere do indiano. *Ô Sensei* não gostava do Zen, embora ele tenha influenciado as artes da espada, como o Iaido e a esgrima. A ambigüidade que existe no ideograma *"Mu"* ou *"Wu"*, fica caracterizada no conceito taoísta do *"Wu Wei"*, ou seja, o fazer não fazendo nada. Lao Tsé diz que o verdadeiro governante nada faz, e tudo acontece como deve. Há ainda o provérbio que diz que o homem sábio faz sem alardes, agindo, e quando termina o seu mister todos dizem: "vejam que bom trabalho nós fizemos".

Ishin
(Concentração)

Ô Sensei segundo Kazuaki Tanahashi, na revista "Aikido Today Magazine" que *Ô Sensei* usava nas aulas que ele freqüentava a expressão: "Aikido é Muteiko", ou seja, não resistente. Na opinião do autor, isto causou uma confusão enorme em muitos alunos e até instrutores, que pensam que no Aikido não existe ataque, iniciativa, e que se deve aguardar o movimento do atacante ou agressor em uma atitude não reativa. Na verdade, o que ele queria dizer era que quando uma força vem em nossa direção nós não devemos responder com a mesma atitude. Em *"Muteiko"*, no entendimento do autor, o termo *"Mu"* indica uma forma de alto nível de lidar com as forças e agressões, ele não nega nem afirma o uso da força, mas simplesmente faz, o que tem que fazer dentro da idéia de *"Mu"* ou do *"Wu Wei"*. A ação na não ação. Aliás como sempre o autor menciona em suas aulas, a verdade e a forma correta de se fazer as coisas é sempre contraditória. É um "sem querer querendo", como diz um comediante na televisão, o Chaves, mas em termos filosóficos uma das maiores verdades até hoje entendida pela razão humana.

Mushin
(Esvaziar a mente)

OS BENEFÍCIOS DA PRÁTICA DO AIKIDO

Atualmente, em função da vida agitada, precisamos praticar algo que supra nossa necessidade de exercícios físicos, e do bem-estar mental e emocional. Através do treinamento contínuo do Aikido, vai surgindo uma nova maneira do praticante se relacionar com as pessoas e com o meio ambiente que o cerca, visto que a prática dentro do Dojo, acaba se estendendo para o dia-a-dia. Desenvolve-se a disciplina, fortalece-se o corpo, e os elevados valores do ser humano são estimulados a se manifestar, tais como a lealdade, a sinceridade, a gratidão, a espontaneidade, a tolerância e a paciência.

Grandes amizades acabam se concretizando, oriundas do companheirismo que naturalmente acontece no ambiente de treinamento, contribuindo para os diversos níveis de relacionamento social, do plano profissional ao afetivo.

Diferente da prática desportiva, onde há a necessidade de vencer os outros, ou provar suas habilidades, o que acaba trazendo rivalidade e, muitas vezes, provocando brigas, o treinamento do Aikido traz uma perspectiva de progresso mútuo e de auto-aperfeiçoamento, despertados pela busca incessante da perfeição na execução dos movimentos e na excelência na arte.

Os praticantes de Aikido treinam para aprender, e não apenas para massagear o ego. Esta postura, certamente, traz resultados altamente positivos. Com a continuidade da repetição das técnicas, até o plano espiritual é atingido, realizando a proposta da arte como um Caminho de Sabedoria "Michi".

Também ocorre uma melhora do sistema cardiovascular e respiratório, da coordenação motora e do condicionamento físico. Aparecem os benefícios de uma maior resistência e disposição geral, condicionando o corpo e permitindo adquirir mais flexibilidade e agilidade.

Dada a enorme diversidade de técnicas, uma grande gama de músculos é trabalhada, fazendo com que o indivíduo adquira saúde, fortalecendo o tônus muscular.

Com a prática freqüente, as toxinas eliminadas com o suor, melhoram a circulação sanguínea e fortalecem os músculos, trazendo o bem estar.

Após as aulas, a sensação de bem-estar geral, se mantém ao longo do dia, reduzindo a ocorrência de doenças psicossomáticas. A capacidade para o aprendizado e o raciocínio são ampliados, contribuindo para outras atividades, como o trabalho e o estudo.

A polícia de Tóquio, já há muito tempo, usa o Aikido como técnica de defesa pessoal, e em algumas unidades policiais de São Paulo, já estão sendo implementadas as técnicas para aplicação nas ruas pois, por poderem ser executadas sem causar dano no oponente, são ideais para aprisionamento e condução de prisioneiros.

São inegáveis as qualidades do Aikido como sistema de autodefesa.

Raramente, técnicas de luta aproveitam, de forma tão eficiente, a energia despendida no ataque de um agressor. O princípio da não-resistência e da utilização da força do oponente contra ele mesmo, é muito eficiente como sistema de autodefesa, mesmo contra ataque de várias pessoas, condição esta reconhecida por todos os que já tiveram contato com a arte do Aikido em uma academia capacitada.

AIKIDO DEVE SER PRATICADO COM NATURALIDADE

Meu aluno Ettore Semeghini, sempre comenta que eu e outros mestres dizemos que o treino de Aikido deve ser praticado de uma maneira natural, com movimentos leves e harmônicos, bem como, que tudo o que fazemos no dia-a-dia deve ser feito buscando, sempre, a naturalidade.

Então, pedi a ele que expressasse, no seu modo de ver, como seria isto, e ele fez uma analogia ao treino diário de Aikido e seus conceitos básicos estabelecidos pelo *Ô Sensei*, com um fato corriqueiro de nossos dias, que achei muito interessante e quero dividir com os leitores. "Treinar Aikido", disse ele, "pode ser comparado a descer uma escada no escuro. Quando não vemos os degraus, corremos o risco de rolar escada abaixo. Então, precisamos de certos cuidados. Para descermos com segurança, basta que saibamos onde está o primeiro degrau. Ao sentirmos o primeiro degrau, podemos saber onde ele começa e termina e, assim, programar o próximo passo. Isso é Mussubi (união e adaptação). É necessário um começo, uma união, para prosseguirmos. Antes mesmo disso, não se pode ir com muita sede ao pote. O degrau pode estar mais perto do que se imagina. Devemos manter nosso Maai (distância adequada). Então, começamos a descida. Como já sabemos onde estamos, podemos até descer num ritmo maior. Nosso corpo sabe o caminho por experiências passadas, pois já subimos e descemos muitas escadas por aí! Aprendemos rápido, e isso é Shugyo.

O treinamento diário e determinado, mesmo que inconsciente, vai se acumulando, e por isto é tão importante a experiência, e não apenas os conhecimentos teóricos. Mas, de repente, às vezes nos perdemos. Desaparece a noção do espaço, e surgem as perguntas: "E agora? Onde estou?" Essa é a hora de tomar uma decisão: ou vamos no mesmo ritmo e corremos o risco de rolar escada abaixo, levando um doloroso Kaeshi Waza (contra-golpe), ou usamos o pé e procuramos o próximo degrau; com cuidado e com a mente aberta, sem preconceitos damos alguns atemis (golpes traumáticos) no escuro e, pronto! Recuperamos o Mussubi e aplicamos nosso Henka Waza (técnica alternativa).

O importante é persistir e saber se adaptar fazendo "Aiki".

Assim, como no Aikido, é na vida. Para darmos uma longa caminhada temos que dar o primeiro passo, seja subindo ou descendo, e devemos fazê-lo com paciência, determinação, persistência e atenção, pois enfrentaremos muitos tropeços e dificuldades e temos que saber nos adaptar às novas situações, da mesma forma que agimos quando estamos no Dojo, praticando artes marciais.

Praticar Aikido é aprender a viver em toda a plenitude possível ao ser humano."

Seminário de Constantino Dellis, o "Costa", no Kitoji Dojo, no Rio de Janeiro.

O GRANDE PATRÃO

Conta-se que um velho analfabeto orava, todas as noites, com tanto fervor e carinho, que o chefe de uma grande caravana chamou-o à sua presença:

"Por que oras com tanta fé? Como sabes que Deus existe, quando nem ao menos sabes ler?"

O empregado fiel respondeu:
"Senhor, conheço a existência de nosso Pai Celeste pelos Seus sinais."

"Como assim?" - Perguntou o chefe. O servo explicou-se:
"Quando o senhor recebe uma carta de uma pessoa ausente, como reconhece quem a escreveu?"

- *"Pela letra"*.

"Quando o senhor vê uma jóia, como se certifica de quem a fabricou?"
- *"Pela marca do ourives"*.

"Quando ouve um tropel de animais ao redor de sua tenda, como sabe, depois, se foi um carneiro, um cavalo ou um boi?"
- *"Pelos rastros"*.

Então o velho convidou o chefe para fora da barraca e mostrou-lhe o céu, a lua brilhante, cercada por multidões de estrelas e exclamou, respeitoso: -"senhor, aqueles sinais, lá em cima, não podem ser dos homens!" E o chefe ajoelhou-se para orar também."

Deus, Alah, A Grande Força Motora... esta Força Maior do Universo, mesmo invisível aos nossos olhos, nos deixa sinais em todos os lugares... a manhã que surge calma, o dia que transcorre com o calor do sol, ou a chuva que irriga a terra com aquelas técnicas perfeitas que executamos, sem praticamente fazer força alguma, e com um resultado tão poderoso. Ele nada rejeita e, tolerantemente, aceita tudo como a Ele pertinente, e distribui sua energia a todos os pólos e a todas as cabeças.

Para os homens, não importando a raça, cultura ou religião mas, principalmente, para os aikidoístas, Deus é o grande Ki que move tudo no Universo, o nosso grande patrão. Nosso trabalho é procurar, através das técnicas do Budô, perceber esta grande força e procurar tomar nossas decisões de acordo com esta energia, sempre com justiça e sinceridade, o que nos trará paz e alegria.

Principalmente, nunca nos esqueçamos que a melhor maneira de ser feliz é acreditar na vida sem afastar-se dos sonhos, porque sem eles continuamos vivendo, mas deixamos de existir. Que, ano após ano, sintonizemos mais com este grande "Ki", fazendo as técnicas mais relaxados, unindo mais com o "Ki" do parceiro, e praticando a arte como um caminho de vida, como um "Missogui".

Lembremo-nos sempre que os anos começam com páginas em branco e que, a cada dia, transformamos sonhos em realizações.

Seminário de Alexandre Borges no Shugyo Dojo em Santos.

O PODER DO TENKAN

Meu aluno, Sidney Coldibelli, contou-me esta história que, a meu ver, representa o poder da não resistência:

"Foi na casa de um amigo que vi acontecer. Eu estava hospedado em sua residência no fim de semana em que ministrei, em sua cidade, uma palestra cujo tema era exatamente "A Arte da Convivência". Esse amigo é uma das pessoas mais teimosas que conheço. Humildade, definitivamente, não é o seu forte, mesmo porque ele tem consciência de que possui uma inteligência brilhante. Evito polemizar com ele sempre que possível, porque é muito difícil ganhar dele numa discussão.

Durante o café da manhã do sábado, presenciei a exposição de sua esposa sobre a compra de uma máquina de lavar pratos. Meu amigo começou a contradizê-la sobre o tamanho da mesma. Ela achava que deveriam comprar um modelo grande, porque resolveria de uma vez o problema da louça da família por um dia inteiro. Ele achava que deveria comprar um modelo pequeno, porque era mais prática, fácil de manejar e, sobretudo, por custar menos.

Conhecendo o meu amigo, eu já estava me preparando para ouvir uma discussão entre o casal, mas o que ela disse me pegou de surpresa, e acho que ao meu amigo também. "- Talvez você tenha razão", disse ela. "Eu não tinha analisado esses aspectos da questão! Vou pensar no assunto." A conversa mudou de rumo e, animadamente, trocamos muitas idéias sobre a palestra que eu iria ministrar. Até então, eu nem mesmo notara que haviam me dado uma aula de convivência, bem ali, debaixo do meu nariz. É impressionante como somos distraídos às vezes. Após o almoço, quando a louça foi recolhida, ela comentou, enquanto lavava os pratos: "- Que tamanho você disse que tem a máquina de lavar louça modelo pequeno, querido?" "-Cabem seis pratos", disse ele. "- Será que essa louça toda aqui caberia na máquina?" – perguntou ela sem se voltar. Ele olhou para a pilha de pratos, travessas e talheres e teve que admitir: "- Sei, não. Acho difícil."

Então pensei: é isso, ela esperou a melhor oportunidade para lembrá-lo das desvantagens do modelo pequeno. Esperei então, que ela continuasse com sua linha de argumentos em favor de sua opção, mas para minha surpresa, ela mudou de assunto e começamos a falar sobre amenidades. Seus planos eram outros, como pude ver mais tarde. No dia seguinte, após o término da palestra, ela preparou um lauto jantar, do qual participaram também seus pais, sogros e alguns amigos que haviam me ouvido. Não pude deixar de notar um certo exagero na quantidade de talheres, travessas e pratos que foram disponibilizados, mas só fui perceber que isto foi proposital, quando do após o jantar, as mulheres se reuniram para lavar a louça.

"- Vamos lá", disse ela sorrindo, "os homens enxugam!"

E lá fomos nós, em fila indiana, com os panos de prato em riste, para a cozinha. Quando meu amigo viu a pilha de pratos, desanimou. "- Vamos atravessar a noite lavando louça", disse ele, meio chateado. "- Não se preocupe. A partir de amanhã lavaremos só a metade. A outra metade a máquina lava", disse ela sorrindo. "- Nada disso", disse o meu amigo, "amanhã vamos ver também a máquina modelo grande. Se a diferença de preço não for muito grande..." "- Não acredito que a partir de amanhã não vou mais precisar lavar louça", disse ela abraçando-o e dando-lhe um

beijo". Meu amigo, piscando para mim, disse enquanto ela se afastava:
"- Mulheres são fáceis de agradar!"
Eu estava boquiaberto, ao perceber como ela planejara sua estratégia de persuasão. Não teve pressa, não insistiu. Simplesmente, deixou-se levar criando situações que demonstrassem seus argumentos, e ainda fez meu amigo pensar que estava no comando da situação. Uma redonda e completa vitória.

Yamada Sensei ensinando no Dojo central do Instituto Takemussu.
Esta cena vem se repetindo todos os anos desde o início da década de 90.

O VERDADEIRO AIKIDO

Gaku Homma Sensei diz que o mundo do Aikido não é governado, como outras artes marciais, por torneios que determinam quem é mais talentoso ou poderoso. Assim, qualquer um pode se aclamar instrutor e justificar suas interpretações pessoais.

Tenho observado "analistas" amadores retratarem esta arte com palavras, ao invés de prática, e para os quais a principal forma de experiência têm sido discussões, artigos e palestras, livros e teoria. Muitos instrutores fazem discursos maravilhosos, mas poucos são líderes ativos. Para mim, retirar-se do mundo, construir uma comunidade de Aikido e praticar Aiki nas montanhas, é mais um indicativo de auto-glorificação do que real entendimento do Caminho. Instrutores que pregam conceitos floreados, não baseados na realidade, não ajudam os outros a entenderem a si ou ao mundo. Usando as palavras do Fundador, vestem uma mortalha para se esconder, e revelam a falta de entendimento básico. É necessário termos consciência quando estamos aplicando os conceitos do Aikido em nosso dia-a-dia, em nosso trabalho e em nossa família. Praticando apenas no Dojo, não estaremos mudando ou melhorando o mundo à nossa volta.

Apenas a um passo fora do Dojo, você pode encontrar desabrigo, pobreza, drogas, desemprego, desentendimento, incompreensão, falta de empatia e crime de todo gênero. Praticar apenas tecnicamente, não mudará esse quadro. Toda vez que pisamos do lado de fora, estamos em contato com a vida real. Não podemos nos esquecer que Aikido é apenas uma pequena parte de um mundo grande.

Eu sempre deixo claro aos meus alunos, que o verdadeiro entendimento não vem somente da prática de artes marciais; precisamos ampliar nosso campo de estudo para, verdadeiramente, entendermos o papel que os Caminhos Marciais desempenham no desenvolvimento humano. Por isto, o Aikido é um *Budô* que visa levar o homem à Iluminação (Satori).

De onde vêm as artes marciais? Os seres humanos fazem as artes marciais; as artes marciais não fazem os seres humanos. Este é um ponto básico que deve ser entendido. É muito importante estudar como a história, a política e a ideologia têm afetado o desenvolvimento das artes marciais.

Sem compreender estes tópicos e suas aplicações, é impossível entender o propósito do Aikido.

Vivemos hoje uma fase de relativa paz no mundo, em termos de grandes guerras, apesar dos ataques terroristas e conflitos em áreas limitadas, e desta forma falamos de Aikido em termos de amor e paz. No entanto, ao longo da história do Japão e em outros países, cujas realidades políticas não têm sido tão estáveis, as artes marciais têm sido estudadas como meios de controlar os outros, ou como meios de sobrevivência. Há evidência disto na história de todas as artes marciais, inclusive na história do Aikido. Na Coréia e, principalmente, na China, o papel que as artes marciais vêm desempenhado na história, possui aspectos a serem lamentados.

É fundamental que os praticantes desta arte marcial coloquem os conceitos em seus relacionamentos e atitudes do dia-a-dia, para que a sociedade em que vivemos possa ser melhorada, com mais fraternidade e harmonia.

SEGUINDO AS LEIS DO UNIVERSO

In e Yo
(Yin e Yang)

O aikidoísta deve ter grande sensibilidade para In e Yo. Suas habilidades são um amálgama entre o duro e o macio, o lento e o rápido, o expansivo e o contrativo, a vida e a morte.

Os seres humanos são essencialmente bons, naturalmente puros, brilhantes, honestos, e gentis. No Japão, tal sentimento é expresso na palavra Makoto, cujo sentido literal pode ser entendido como "atos verdadeiros", denotando "a sinceridade natural, espontânea, livre da duplicidade e de artifícios".

Todos os dias da vida humana contêm alegria e ódio, dor e prazer, escuridão e luz, crescimento e decrescimento. A cada momento é delineado o grande plano da natureza. Não se negue ou se oponha à ordem cósmica das coisas; aguarde alegremente por cada dia, e aceite o que ele lhe oferecerá. A vida sempre é um julgamento, e todos nós estamos sujeitos à roda da fortuna: uma roda eterna de boa e má sorte, prosperidade e pobreza, saúde e doença, estabilidade e mudanças. A filosofia do Budô, ao nos encorajar a sermos mais virtuosos, sábios, amáveis e simpáticos, nos capacita para enfrentarmos desafios dolorosos e difíceis.

Não se deve olhar para o mundo com medo e desprezo, mas sim, aceitar bravamente e com gratidão, o que nos é oferecido pelo universo. Em situações extremas, o universo inteiro se torna seu adversário; em tempos críticos, unificação da mente e a técnica são essenciais. Acima de tudo, não se pode deixar o coração perder o equilíbrio!

Tal observação dos princípios naturais, leva a *makoto*. O bem consiste de coisas prazerosas na vida; o mal é tudo o que causa a infelicidade, azar e desarmonia. O Mestre Ueshiba enfatizou os três princípios filosóficos da unidade:
1. Sua mente deve estar em harmonia com o funcionamento do universo;
2. Seu corpo deve estar ajustado com o movimento do universo;
3. Mente e corpo devem ser um só, unificados com a atividade do universo.

Em outras palavras, não se deve fazer nada que seja contrário à natureza.

Se seu treinamento for *Makoto*, em primeiro lugar você não estará se opondo à natureza; por isto, é importante que cada um de nós tenha sempre presente o *"Nen"* (focalização concentrada nos princípios ideais), para permanecermos afinados em todos os níveis.

As técnicas marciais devem ser flexíveis e adaptáveis, e capazes de mudar constantemente; cada encontro é único e a resposta apropriada deverá emergir naturalmente. As técnicas de hoje serão diferentes das de amanhã. Não seja preso à forma e à aparência. Finalmente, você deve se esquecer da técnica e criar a ação adequada, no momento oportuno.

A VIOLÊNCIA NÃO É O CAMINHO

Os ataques suicidas de 11 setembro de 2001, ao World Trade Center em Nova Iorque e ao Pentágono em Washington, são parte do sintoma trágico da doença que acomete o mundo contemporâneo. Esta doença não pode ser derrotada por retaliação, pelo princípio do "olho por olho, dente por dente". As raízes da doença, jazem mais fundo que o fanatismo de terroristas e as reivindicações de fundamentalistas.

Matar um grupo de terroristas não resolverá o problema: enquanto persistir a doença, outros entrarão em seu lugar.

A doença do mundo de hoje é alimentada pela injustiça que reflete uma falha estrutural no sistema socioeconômico mundial. A globalização está integrando produção, comércio, finanças e comunicações, mas está produzindo uma reação social e ecológica, expressas no desemprego, no alargamento da diferença entre ricos e pobres, e da degradação do meio ambiente.

Os benefícios do crescimento econômico, que durante muito tempo foi o indicador principal do progresso, estão se tornando cada vez mais concentrados. Centenas de pessoas vivem num padrão material elevado, enquanto milhares vivem em condição miserável, habitando em favelas e guetos urbanos, à sombra da riqueza ostensiva. Isto fomenta o ressentimento e a revolta, traduzindo-se em violência.

A tecnologia atual criou o contato e a comunicação entre todos os povos do mundo, ajudando a construir solidariedade baseada em respeito e entendimento. Mas, redes de comunicação são dominadas por um grupo pequeno de magnatas da imprensa e dos negócios, cujos interesses pessoais dominam todos os outros propósitos. A Internet, a televisão e a mídia eletrônica e impressa, estão mais interessadas em suprir as demandas daqueles que têm os meios de entrar no mercado de informação, do que em dar uma voz ao povo todo.

Nestas condições, a paz duradoura não pode ser alcançada no mundo; quando muito, pode haver um interlúdio incerto entre atos de terrorismo e hostilidade em grande escala. Considerando que as pessoas estão frustradas, abrigando ódio e desejo de vingança, não podem relacionar-se umas com as outras num espírito de paz e cooperação. Se a causa é o ego ou o amor-próprio ferido das pessoas, se é o desejo de vingança pessoal ou uma guerra santa para a defesa de uma fé, o resultado é violência, morte e catástrofe. Atingir a paz na alma da pessoa, é uma condição prévia para atingir a paz no mundo.

Devemos vencer pela harmonia, e jamais pelo confronto.

Entendemos que a resposta sábia à violência e ao terrorismo, não é atacar os sintomas, mas erradicar a causa.

Isto significa criar paz na mente das pessoas, através de um esforço concentrado para retirar o desequilíbrio que está na raiz da sua doença. Trazer imparcialidade e justiça, promovendo a solidariedade e a vontade para cooperar, é o mais sábio e, de fato, o único caminho praticável para a paz na Terra.

TREINAMENTO PARA A VIDA

Luciano De Noeme, meu aluno, deixou-me feliz quando escreveu o texto abaixo:

"O objetivo real do treinamento marcial não é apenas lutar e destruir o inimigo exterior, mas servir como um espelho, capaz de refletir o inconsciente do praticante e mostrar onde estão seus *sukis*, suas aberturas e seus condicionamentos, sejam físicos ou psicológicos, e fazer do praticante um ser humano holístico, apto a atuar de uma forma construtiva na sociedade e, finalmente, favorecer uma mutação generalizada ao seu redor, irradiando sabedoria e anulando as atitudes extremadas, formando indivíduos mais inteligentes e dinâmicos no real sentido da palavra. O Aikido nos mostra, de forma pragmática, como realmente somos, e nos revela tanto os nossos pontos fracos, quanto os fortes, trazendo à tona um equilíbrio vivo em nossas existências, tornando-nos capazes de reconhecer as forças que atuam em nós, situando-nos corretamente nos relacionamentos com nossos semelhantes e com a natureza, da qual somos parte inseparável.

O primeiro passo, na prática regular e convencional em um *Dojo,* é não se deixar iludir pela aparência inofensiva oculta na movimentação circular e graciosa do Aikido, e buscar a cada aula, e no seu cotidiano, treinar e adestrar o ingrediente básico de nosso espírito: o instinto.

A primeira coisa que uma pessoa deve aprender quando ingressa no Instituto Takemussu é a atingir o relaxamento e a concentração de toda sua energia no "Hara". Em seguida, encontrar as posturas adequadas nas quais poderá mover seu corpo de forma a poder usar sempre, como fonte, todo o potencial acumulado em seu centro energético. Depois, o praticante tem que aprender a projetar a energia em qualquer extremidade ou ponto de seu corpo. Uma vez dominada esta fase, o passo seguinte é transmitir esta energia para o corpo de seu oponente ou companheiro de treino, em direções onde a postura apresente pontos fracos que permitam desequilibrar o oponente e controlá-lo com um mínimo de esforço, concretizando a máxima de Jigoro Kano, o fundador do Judô:

"Um máximo de efeito, com um mínimo de esforço."

Evidentemente, outros conceitos devem ser dominados, tais como: o "timing" correto, a percepção e o controle da intenção do agressor, e a capacidade de adaptação a qualquer situação.

O Aikido usa o conceito do espírito da água "Mizu no Kokoro" que, sem idéias preconcebidas, se adapta a qualquer situação, como a água que se encaixa em qualquer recipiente, preenchendo-o, para em seguida assumir o controle e a liderança. O que foi descrito acima retrata, aproximadamente, o que o praticante de Aikido deve desenvolver durante o tempo em que entra no Dojo, até adquirir a maestria. Ainda que este conhecimento lhe dê domínio físico sobre as pessoas, muito mais importante é que no processo de conquista destas habilidades, concomitantemente, desenvolvam-se as partes emocionais e mentais, tornando-o um indivíduo mais equilibrado, mais natural e, principalmente, mais maduro e útil à sociedade e a si próprio.

Praticar os caminhos marciais japoneses, como o Aikido, é uma receita certa para se evoluir na vida, sob todos os aspectos."

A GRATIDÃO É FUNDAMENTAL NA VIDA

O Aikido tem sido chamado de "a mais filosófica das artes marciais", e Morihei Ueshiba (1883-1969), o fundador do "Caminho da Harmonia", sempre dizia aos seus discípulos, "Sem filosofia, não há Aikido". Mestre Ueshiba foi um supremo artista marcial, mas sua busca durante a vida foi mais espiritual que marcial. Como em qualquer sistema filosófico, o Aikido é definido por um conjunto de princípios essenciais e, acima de tudo, enfatiza a importância das "quatro gratidões". São elas:

1. *Gratidão para com o Universo:*

Essa é a gratidão pelo presente da vida, um modo de ser muito precioso e difícil de se alcançar. "Quando você reverencia o Universo, ele o reverencia de volta; quando você chama pelo nome de Deus, ele ecoa dentro de você".

2. *Gratidão para com nossos ancestrais:*

Isso inclui ser grato para com as matriarcas e os patriarcas de nosso clã particular, e para com todos os grandes líderes, professores, inovadores, artistas e exploradores, que vieram antes de nós e criaram a cultura humana. Mesmo que nossos pais sejam contra ou obstruam os caminhos de nossa busca, ainda assim, devemos agradecê-los pelo presente de nosso corpo físico.

3. *Gratidão para com as plantas e animais que sacrificam suas vidas por nós:*

Nós existimos à custa de outros seres, dos reinos vegetal e animal, e devemos ser gratos por cada alimento que comemos.

4. *Gratidão para com o próximo:*

Não podemos viver sem a ajuda das pessoas que constroem casas, cidades e estradas; pessoas que fazem as coisas funcionarem; pessoas que cultivam e preparam nossa comida; pessoas que pagam nossos salários; pessoas que amam, criam e nos apóiam; pessoas com as quais brincamos e treinamos. Mestre Ueshiba, certa vez, disse aos seus alunos:

"Na verdade eu não tenho alunos... vocês são meus amigos, e eu aprendo com vocês. Devido ao seu treinamento vigoroso, eu cheguei até onde me encontro hoje. Serei sempre grato pelos seus esforços e cooperação. Por definição, Aikido significa cooperar com todos, cooperando com os deuses e deusas de cada religião."

As quatro gratidões também podem ser entendidas, como se fossem quatro dívidas: 1- estamos em débito com o universo, pela dádiva de seu grande propósito; 2- estamos em débito com nossos ancestrais pela dádiva de nossa existência física; 3- estamos em débito com os homens e mulheres sábios do passado, pela dádiva de toda cultura humana; 4- estamos em débito com todos os seres animados, pela dádiva de nos proporcionarem nosso sustento.

Gratidão é um antídoto poderoso contra o ressentimento que temos em relação aos outros, e contra o rancor.

No Aikido, não existem inimigos. O verdadeiro *Budô* é a utilização do amor.

O Caminho do Guerreiro não é a destruição e morte, mas experimentar a vida para, continuamente, criar. O amor é a divindade que realmente nos protege, e sem ele nada prospera. Se não existir amor entre os seres humanos, será o fim de nosso mundo, pois ele gera o calor e a luz que sustentam a humanidade.

AINDA HÁ TEMPO

TEN
(Céu)

Céu, Terra e Humanos: "Ten, Chi, Jin", são conceitos fundamentais em todas as artes japonesas sendo a idéia do homem como elemento de ligação entre o Céu e a Terra. "Ten" significa aquilo que é natural, divino, aquilo que não é criado pelo ser humano ou seja, a Providência, a divina Natureza. Existe uma palavra japonesa com este significado que é "Ame" ou "Ama"(Lugar Celestial). Ô Sensei em suas orações usava sempre a expressão "Ame" e também em suas palestras. Havia uma expressão que ele usava,"Ten no Toki", que significa "O tempo do Céu". Ou seja, tudo tem sua hora certa para ser executado e feito de acordo com o "Kokyu" universal, "Ten no Kokyu".

Violência, terrorismo, guerra ... Esta não é uma era que tenha conseguido superar estas coisas.

Neste exato momento, existem muitas pessoas no mundo envolvidas em crises.

Aquelas imagens ao vivo da destruição do World Trade Center e a perda instantânea de milhares de vidas nos EUA, símbolo da civilização moderna, fizeram com que nós, seres humanos, percebêssemos que aquilo era um problema da nossa própria realidade.

Vale a pena lembrar um texto escrito pelo Shihan Seishiro Endo, que diz:

"Em 1932 houve troca de correspondências entre Einstein e Freud. Einstein, a pedido da Liga das Nações (uma organização para a cooperação intelectual, sediada em Paris), remeteu carta à Freud questionando se a humanidade poderia se libertar das opressões das guerras. Ele colocou questões como: "Por que as pessoas são levadas à guerra tão facilmente?", "Existe algo de errado com a mente humana?", "Existem desejos guiados pelos instintos humanos?" e, "Existe o desejo, guiado pelo ódio, de se aniquilar os inimigos?". Usando sua teoria psicanalítica do impulso, Freud respondeu:

"No ser humano existe o impulso para preservar e unir (Eros) e um impulso para destruir e matar, sendo que o segundo possui duas faces: um instinto para atacar e um instinto para destruir. Estes impulsos são necessários em todas as pessoas; eles alimentam um ao outro e se opõem um ao outro, assim resultando nas muitas manifestações da vida. Se os humanos se engajam em guerras por causa do impulso destrutivo devemos, então, convocar o impulso oposto, Eros. Tudo aquilo que promove a união entre as emoções e as mentes das pessoas evita a guerra. Existem dois tipos de laços emocionais: um é a ligação com aquilo que é amado, e o outro surge do senso de aproximação e de pertencer. Se existir uma significativa similaridade e senso comum entre as pessoas, é possível uma conexão a nível emocional. Esta conexão é um suporte poderoso da sociedade humana."

Devido ao avanço da cultura, houve significativas mudanças na mente humana. Freud também escreveu sobre o papel do intelecto: "Um dos fenômenos mais marcantes, nascido da cultura humana, é a elevação do intelecto. Um intelecto forte controla os impulsos. Rejeição à guerra não é apenas rejeição a nível intelectual, tampouco apenas ao nível da emoção. Pacifismo é rejeição que brota do fundo do corpo e da mente. Eu não sei quanto tempo levará para que toda humanidade seja pa-

CHI
(Terra)

215

cifista. Contudo, a mente que pode vir a nascer do progresso da cultura e cautela quanto às novas crises de guerra, estas sim me dão a esperança de que a humanidade prosseguirá, em breve, para um futuro sem guerra. Eu não sei que tipo, nem qual caminho, tomaremos nesta jornada, mas espero poder apenas dizer isto: Se o desenvolvimento da cultura for encorajado, nós poderemos ver o fim da guerra!"

Para Morihei Ueshiba, "O segredo mais profundo do Budô é nos livrarmos de nossos próprios males, nos harmonizarmos com o trabalho do cosmos e nos unirmos a ele. O coração do cosmos é o grande amor que a tudo permeia. Qualquer Budô que não possa se harmonizar com o cosmos é destrutivo, não sendo assim um verdadeiro Budô. O verdadeiro Budô significa o caminho do amor. O seu objetivo não é lutar e matar, mas sim preservar e nutrir a vida. Este é o caminho do amor - criar e nutrir."

Existe alguém, eventualmente, tentando realizar essa idéia?

Eu acredito que poucos. Eu ainda tenho muito o que fazer para alcançar o ideal do fundador, e como escrevi em "Cosmos", tenho praticado e explicado, à minha maneira, essa concepção e a mente do "Do".

Nada me deixaria mais feliz do que ter sido capaz de proporcionar um espírito de união e um ambiente de paz, através da minha prática.

Podemos dizer que a história humana tem sido a repetição de lutas. Mesmo assim, eu quero acreditar na sabedoria da humanidade. Freud disse, que se elevarmos nosso intelecto e que se houver similaridades e pontos em comum entre as pessoas, obteremos conexão a nível emocional, dando suporte, assim, à sociedade humana. Devemos resgatar este caminho, para melhorar a vida de cada brasileiro e da sociedade, na senda da paz e da cooperação, e se tiver que haver conflitos, que suas resoluções sejam sempre tomadas visando o benefício comum, para todas as partes envolvidas.

Para Morihei Ueshiba, o Fundador do Aikido, este caminho estava intrisecamente ligado com o Xintoísmo, como deve ter ficado claro ao leitor ao ler o volume 1. Instrutores modernos ensinam fazendo uma dissociação desta conexão. Na visão do autor isto prejudica enormemente o entendimento e o alcance que o Aikido pode dar ao se treinar a arte com deslumbramento pelo divino como gostava de fazer o Fundador, que nesta foto realizou esta demonstração embaixo do Torii do Aiki Jinja em Iwama, Japão, na década de 60.

A ESSÊNCIA INDIVIDUAL

SEI
(A essência)

Uma das Leis Divinas do Princípio da Harmonia dita, que cada pessoa foi criada pelo Universo para ter uma função na Terra e, conseqüentemente, tem uma missão em sua vida. Assim, todos devem buscar entrar em harmonia com as grandes Leis Universais que governam o meio ambiente e as relações entre as pessoas. Acreditando-se nesta idéia, o grande problema para cada ser humano deveria ser o de descobrir qual é a sua missão no mundo, e o que está programado em sua essência vital. Infelizmente, devido à cultura voltada apenas para a razão, as pessoas não consultam seu interior para buscar a verdadeira resposta, através da intuição, com a integração do sentimento e o pensamento. A sociedade moderna cria modelos teóricos padronizados, apenas mentais, ou procura identificar pessoas notáveis, que devam ser seguidas como exemplo, como ídolos, indo exatamente contra esta necessidade fundamental, que é exclusiva. Ninguém pode ser igual a outro. Mesmo um clone, jamais vai ser exatamente igual ao ser vivo de cujo corpo a sua célula básica foi retirada. Hoje em dia, as escolas e os pais ensinam os filhos a irem atrás do dinheiro, do amor e da fama, e estes passam a ser os objetivos em cima dos quais os educadores procuram dirigir os programas educacionais. Uma vez adultos, os indivíduos continuam a seguir este esquema. Algum educador notável, no passado, criou uma fórmula, que a ele parecia ideal e conveniente, e se continua indefinidamente a seguir a mesma fórmula. Valoriza-se muito a memória, que é passado, desprezando-se a experiência individual, que é real e faz parte do momento presente. Quando, por força da coincidência, os objetivos da verdadeira missão do indivíduo coincidem com os de sua educação formal e profissional, a pessoa progride, tem sucesso, saúde e felicidade. Contudo, não é assim que ocorre na maioria dos casos. Assim, a infelicidade, o fracasso constante, a insatisfação e a doença, tornam-se a regra. A "indústria" da doença, dos medicamentos, dos planos de saúde etc., nunca faturaram tanto. Milhões de jovens recebem verdadeira lavagem cerebral nas universidades, para se tornarem um modelo que seus pais, professores, ou que a mídia propuseram. Isto é um grande erro, pois agindo-se desta forma, estar-se-á indo contra os desígnios do Universo e o fracasso, a doença e a infelicidade virão, inevitavelmente. Precisamos nos conscientizar de que somente podemos ser o que somos, e não devemos pretender copiar uma outra pessoa, no sentido de nos transformarmos em iguais. Quando se copia Sakyamuni (Buda), Cristo, ou algum

UCHU REI
(Mente Universal)
Tempu Nakamura achava que os homens eram os senhores do Universo e somente a humanidade tem consciência de que nasceu e que vai morrer, embora as plantas e os animais estejam unificadas com o universo como os homens e as mulheres, somente os humanos têm capacidade de interferir neste processo. Esta capacidade desvia o homem de seu estado natural, mas também permite que ocorra uma conscientização da unidade do homem com este mesmo universo.

SHIN SHIN TOITSU
(Unificação da mente e do corpo)
Ela é o caminho para a segunda união, que é aquela com os Kami. Esta segunda parte, de certa forma, o Aikido moderno procura evitar mencionar para não entrar em conflito com fundamentalistas religiosos.

grande homem, devemos copiar as suas atitudes em termos de buscar Deus e a iluminação, mas jamais devemos querer ser exatamente como eles. Uma semente de laranja, deve se transformar em uma laranjeira, uma de maçã em uma macieira. É claro, que em seus processos de transformação, algumas atitudes se identificam, mas nunca todas. Precisamos nos livrar do "lixo" cultural e educacional que inundam as universidades e a mídia, procurando nos fixar nas coisas pertinentes à nossa vida, e adequadas à nossa essência.

A estória abaixo ilustra este pensamento de forma metafórica: "Conta-se que vários bichos decidiram fundar uma escola. Se reuniram e começaram a escolher as disciplinas. O pássaro insistiu para que o vôo entrasse. O peixe, para que o nado fizesse parte do currículo também. O esquilo achou que a subida perpendicular em árvores era fundamental. O coelho queria, de qualquer jeito, a corrida. E assim foi...Incluíram tudo, mas cometeram um grande erro ... insistiram para que todos os bichos praticassem todas as disciplinas. O coelho foi magnífico na corrida, ninguém corria como ele, mas queriam ensiná-lo a voar. Colocaram-no numa árvore e disseram: "Voa, coelho". Ele saltou lá de cima e quebrou as pernas. Não aprendeu a voar e acabou sem poder correr também. O pássaro voava como nenhum outro, mas o obrigaram a cavar buracos como uma toupeira. Quebrou o bico e as asas, e depois não conseguia voar tão bem, nem cavar buracos. Somos diferentes. Não podemos forçar os outros a serem parecidos conosco. Desta forma, acabaremos fazendo com que eles sofram, e no final, não serão nem o que nós queríamos, nem o que eles eram em sua essência." A meditação é fundamental neste processo de descoberta. É preciso buscar em nosso interior os desígnios que o universo nos destinou, para que não tenhamos que descobri-los apenas através da tentativa e erro, pois esta fórmula nos traz insucessos e sofrimentos. Precisamos, pois, promover o encontro do indivíduo consigo próprio, e desenvolver o seu relacionamento com as pessoas e o meio ambiente, induzindo-o ao caminho da intuição e do sentimento. A prática do Budô, favorece esse encontro.

"Mi", ou "Shin"
(Corpo).
Um corpo tenso, desequilibrado e doente não pode responder eficientemente mesmo à mente mais concentrada, por isso o intelectual que não pratica exercícios dificilmente atinge seus objetivos, daí a grande vantagem do treinamento do Aikido para quem quer se iluminar.

Zen
(bondade natural)
Enquanto alguns hábitos podem ser ruins, a humanidade é naturalmente boa. A meditação é uma maneira de vermos a nossa natureza intrínseca e a do Universo. O objetivo é descobrir os reais valores da virtude, da compaixão e conexão com todas as coisas do Universo e não agir desta forma por pressão social ou por um ideal criado apenas na mente.

A IMPORTÂNCIA DA APARÊNCIA

No treinamento em um bom Dojo, dá-se muita importância à aparência externa. O ideal é que nosso exterior reflita, sempre, nosso interior.

Contudo, muitas vezes, devido ao meio social em que vivemos, isto não pode ser feito. Se estamos com raiva, ciúmes, ou nos sentimos inferiores, as pessoas que nos cercam não podem ser responsabilizadas por estas dificuldades, que surgiram devido à nossa incompetência para lidar com o Universo.

Salvo raros acidentes, normalmente nos sentimos mal quando contrariamos as leis do Universo, e por isto, não conseguimos realizar nossos planos.

Diz um provérbio japonês que "quem quer ocupar um lugar no mundo, que o universo não lhe destinou, atrai para si a fúria dos Deuses e dos Demônios."

É muito importante nos conhecermos bem, e aprendermos a conhecer nossos semelhantes, bem como sabermos identificar que atribuições devemos escolher nesta vida para termos êxito e, assim, nos tornarmos realizados. Por falta desta percepção funcionamos, freqüentemente, na base da tentativa e erro e, assim, é normal o fracasso ocorrer quando escolhemos mal. Quando ele vem, temos que ter consciência de que ele não ocorreu porque somos incompetentes e sem valor mas, simplesmente, porque escolhemos uma atividade que não condiz conosco, ou porque não usamos a técnica adequada.

Porém, se mesmo assim, não conseguirmos esconder a tristeza e a raiva que invadem nosso coração, temos que aprender a não transmitir isto às pessoas que estão a nossa volta.

Portanto, é muito importante manter sempre uma boa aparência geral, não nos descuidando dos cuidados com nosso corpo, cuidando de nossa roupa, nosso cabelo, nosso cheiro e, principalmente, da expressão de nosso rosto, e do tom e significado de nossas palavras. Devemos nos mostrar às demais pessoas como as flores se mostram, e por isto são sempre tão apreciadas. Um sorriso no rosto e uma aparência agradável atraem as pessoas, e suas companhias felizes nos dão conforto e calor humano. Devemos ter muito cuidado com as críticas. É melhor analisarmos nossos defeitos, do que procurar denunciar os dos outros. Uma cara sisuda afasta as pessoas e espanta oportunidades de negócios e de recebimento de atenção e carinho, coisas tão importantes para o ser humano.

O texto abaixo, extraído do folclore japonês, ilustra o que queremos dizer neste artigo:

"Tempos atrás, em um distante e pequeno vilarejo, havia um lugar conhecido como a casa dos 1.000 espelhos. Um pequeno e feliz cãozinho soube deste lugar e decidiu visitá-lo. Lá chegando, saltitou feliz escada acima, até a entrada da casa. Olhou através da porta de entrada, com as orelhinhas bem levantadas e a cauda balançando o mais rapidamente que podia. Para sua grande surpresa, deparou-se com outros 1.000 pequenos e felizes cãezinhos, todos com suas caudas balançando, tão rapidamente quanto a dele. Abriu um enorme sorriso, e foi correspondido com outros 1.000 enormes sorrisos.

Quando saiu da casa, pensou:

- Que lugar maravilhoso! Voltarei sempre que possível, um montão de vezes.

Neste mesmo vilarejo, um outro pequeno cãozinho, que não era tão feliz quanto o primeiro, decidiu visitar a casa. Escalou lentamente as escadas, e olhou através da porta. Quando viu 1.000 olhares hostis de cães que lhe fixavam, rosnou e mostrou os dentes e ficou horrorizado ao ver 1.000 cães rosnando e mostrando os dentes para ele.

Quando saiu, ele pensou:
- Que lugar horrível! Nunca mais voltarei aqui."

As pessoas refletem em seus rostos aquilo que emitimos para elas. Sejamos simpáticos e receberemos simpatia; sejamos honestos e receberemos honestidade; sejamos dignos e receberemos dignidade. Quem retribui coisas boas com atitudes más, está condenado ao pior dos infernos, e será muito infeliz e desprezado.

Por esta razão, nos Dojo tradicionais de ensino das artes marciais japonesas, exige-se dos praticantes que procurem vir ao treino sempre com seu Dogi (quimono) limpo e cheiroso, com boa aparência e tendo sempre uma atitude cortês no tatami.

O Universo não é bom, nem mau. Ele é o que é, e nós somos o que somos.

Nossa maneira de ver o mundo definirá se seremos felizes ou infelizes.

Aprender esta verdade e aplicá-la no dia-a-dia, é conhecer um dos pontos mais importantes para se alcançar a harmonia.

A turma das crianças no Dojo Central traz a alegria e a espontaneidade para o tatami e é a esperança de ser o celeiro dos futuros grandes aikidoístas do Instituto Takemussu, orientadas pelo instrutor André Luis de Oliveira Santos.

A IMPORTÂNCIA DE SEGUIR O CORAÇÃO

Kokoro
(Coração)
"Kokoro" em japonês significa: "coração", porém, não como no português, pois a palavra engloba também a mente. Talvez "personalidade" pudesse ser um vocábulo que desse um melhor entendimento para esta palavra. Diante dos conflitos, problemas e das dificuldades da vida e tantas vozes ecoando em nossos ouvidos por dentro e por fora é necessário ter um "Kokoro" limpo, para que possamos saber qual voz efetivamente representa a nossa missão ou a vontade do Universo.

É fácil falar mal da situação econômica, do governo, das pessoas que nos contrariam e culpar a todos, menos a nós mesmos. É cômodo dizer: "Por que eles não fazem algo a respeito?" Mas, será que uma pergunta melhor não seria: "O que é que eu posso fazer para mudar esta situação?"

Cometemos, muitas vezes, o erro de ficarmos sentados diante de nosso fracasso ou insatisfação, esperando que os outros façam por nós aquilo que queremos, achando que nada podemos fazer para interferir no processo. Temos que descobrir o que está errado em nós. O universo é perfeito e divino, e se algo vai mal o problema não está fora, mas dentro de nós.

Para início de conversa, podemos melhorar a nós mesmos procurando ser mais tolerantes, expandindo nossa consciência, nos tornando mais comunicativos, mais abertos, mais amorosos e, principalmente, aprendendo a ver os dois lados das questões. Podemos tentar eliminar os sentimentos de amargura, ciúme, ódio e inveja, que tanto prejudicam nosso relacionamento com os semelhantes e que, diretamente, nos trazem infelicidade e doença. Podemos aprender a fazer sempre aquilo que gostamos, sem entrar em conflito com nossos semelhantes. Aprender a fazer o que desejamos na hora certa e da maneira apropriada, sem grande esforço ou aflição, é o caminho certo para termos prazer e alegria nas atividades cotidianas.

Neste sentido, as crianças têm muito a nos ensinar, quando fazem as coisas sem inibições e restrições, preocupações ou timidez. Devemos ter como meta diária, evitar fazer coisas de que não gostamos, deixando de cumprir as obrigações, apenas porque nos trazem lucro e dinheiro. É muito bom ganhar dinheiro, mas fazendo aquilo em que realmente temos prazer, vontade e inclinação. Afinal, o que são a prostituição e a escravidão, senão oferecer algo contra nossa vontade em troca de bem material. Um trabalho realmente será executado com perfeição, podendo chegar a ser uma obra de arte, se for feito com prazer e como expressão de nosso interior, mas jamais como uma obrigação para se ganhar dinheiro.

Em todas as empresas existem serviços que se adaptam mais à nossa personalidade e à nossa forma de ser. Temos que procurar adaptar o trabalho à nossa tendência natural, e não o contrário. Querer fazer com que uma pessoa, que ama números e gosta de falar pouco, se torne um vendedor ou um demonstrador de produtos, por serem atividades onde o salário é mais alto, é condená-la ao fracasso.

Se ela for muito inteligente e conseguir êxito, virá a infelicidade, a insatisfação e a doença, pois estará indo contra sua própria natureza.

Portanto, temos que buscar o equilíbrio em tudo o que fazemos, e é por isto que devemos deixar a vida seguir seu curso, sem tentar forçar nada que contrarie esta tendência. Isto não significa que devemos nos acomodar e não fazer nada, ao contrário, temos que estar sempre alertas e com a consciência elevada, para aproveitar as oportunidades. Estando esta percebida, e identificado o local onde devemos colaborar com o fluxo natural, devemos nos dedicar com todo o empenho.

Assim, certamente teremos grande êxito, pois estaremos remando a favor da "maré da vida", ficando felizes e contentes.

A paz e a alegria começam no interior de cada um. Estão dentro de nós, como uma sementinha esperando para germinar, crescer e fluir, e necessitam apenas das boas condições para poder se desenvolver.

O universo, com suas leis, espera que cada um de nós cumpra sua função, e não que, egoisticamente, procuremos interesses e atividades fundamentadas no individualismo, na ganância, no sacrifício da alma e de nossas inclinações, apenas pelo interesse material.

Quando seguirmos o universo com absoluta fé e confiança, tudo acontecerá perfeitamente. E se as coisas não derem certo, é porque chegou a hora da mudança, como acontece nas estações do ano, e devemos assim meditar e visualizar claramente o que é necessário mudar, e fazê-lo de foram rápida e sem resistência, confiando que a mudança será para melhor.

Um verdadeiro Budô deve, fundamentalmente, levar o ser humano ao encontro consigo e com sua missão, e neste sentido corresponde a uma verdadeira religião, capaz de levar o homem a cumprir seu destino.

15/06/2003, dia em que Constantino Dellis, o "Costa" se tornou Sandan em seu Dojo de Sorocaba.

A ARTE DE VIVER BEM

O Budô ensina que existe uma interligação entre todas as coisas e seres do universo. A prosperidade, resulta da circulação da Sabedoria, das Leis Universais que existem em nós e em tudo que nos rodeia. Se nos tornamos avarentos ou egoístas, interrompemos a circulação de progresso que é o caminho para a riqueza.

São Francisco de Assis disse: "É dando que se recebe."

Por exemplo, quando inspiramos oxigênio, oferecemos de volta o gás carbônico, necessário para alimentar os vegetais, que por sua vez, nos devolvem o oxigênio. O mesmo se passa com todas as demais atividades. É preciso saber dar e receber, de forma contínua e generosa, para manter a harmonia.

Para sermos harmônicos, devemos policiar nossa mente e manter sempre pensamentos de paz e de gratidão, removendo os julgamentos vindos dos maus sentimentos, como o ódio, a vingança, a inveja, o ciúme e, principalmente, o sentimento de inferioridade oriundo da culpa adquirida em nossa infância, por uma educação ou influência erradas. Nada melhor do que o agradecimento por aquilo que a vida nos dá, para termos bons pensamentos e, conseqüentemente, gerarmos ações e sentimentos positivos de alegria e felicidade. Se mantivermos amor em nosso coração (Ai), saberemos nos colocar no lugar do outro (Aiki) e assim traremos compreensão e tolerância, promovendo a amizade que nos conforta e nos anima e que, também, é um importante fator de prosperidade.

São os nossos amigos e as pessoas que gostam de nós que sempre nos trazem as melhores oportunidades de sucesso. Por isto, é muito importante priorizarmos sempre o afeto em nosso dia-a-dia, não deixando de estar ao lado de nossos amigos e daqueles que bem queremos nos momentos importantes, tanto os de alegria quanto nos de tristeza. São nossos entes queridos, aqueles que, além de nos darem alegria com sua companhia, também nos dão o potencial para nosso bem-estar material.

Não é possível se ter harmonia quando se tem sentimentos negativos ou se está em desavença com alguém. A pessoa que tem tais sentimentos deverá, em primeiro lugar, mudar sua atitude mental e perdoar.

Mantendo um espírito limpo e positivo, teremos a alegria no coração.

Muitas pessoas sufocam a ira, a tristeza e a humilhação, e as mantêm remoendo na mente, sufocando seus sentimentos, os quais acabam refletindo em tensões no corpo e produzindo venenos que levam à doenças e à morte.

A autocrítica exagerada, também é um grande erro.

Mantendo a mente limpa, com pensamentos positivos, o "Ki" fica brilhante, e vem em nosso rosto o sorriso, e com ele, o bem-estar geral.

A ESCOLHA DO MESTRE DE AIKIDO

O objetivo real do Aikido é que a arte é algo para não apenas lutar e destruir o inimigo exterior, mas servir como um espelho capaz de refletir o inconsciente do praticante e mostrar onde estão seus suki, suas aberturas e seus condicionamentos, quer sejam físicos ou psicológicos, e fazer do praticante um ser humano holístico, capaz de atuar de um forma construtiva na sociedade e finalmente favorecer uma mutação generalizada ao seu redor, irradiando sabedoria e anulando as atitudes negativas, formando indivíduos mais inteligentes e dinâmicos no real sentido da palavra.

O Aikido nos mostra de forma pragmática como somos realmente e revela tanto nossos pontos fracos quanto fortes, trazendo à tona um equilíbrio vivo em nossa existência ao sermos capazes de reconhecer as forças que atuam em nós, situando-nos corretamente nos relacionamentos com nossos semelhantes e com a natureza da qual somos parte inseparável.

O primeiro passo na sua prática regular e convencional em um Dojo é não deixar se iludir pela aparência inofensiva oculta na movimentação circular e graciosa do Aikido e buscar a cada aula e no seu cotidiano treinar e adestrar o ingrediente básico de nosso espírito: o instinto. A primeira coisa que uma pessoa deve aprender quando ingressa em um dojo competente é o relaxamento e a concentração de toda sua energia no "Hara". Em seguida, encontrar as posturas adequadas nas quais poderá mover seu corpo de forma a poder usar sempre como fonte todo o potencial acumulado em seu centro energético. Depois o praticante tem que aprender a projetar a energia em qualquer extremidade ou ponto de seu corpo. Uma vez dominada esta fase, o passo seguinte é transmitir esta energia para o corpo de seu oponente ou companheiro de treino em direções onde a postura apresentar pontos fracos que permitam desequilibrar o oponente e controlá-lo com um mínimo de esforço, concretizando o lema " Um máximo de efeito, com um mínimo de esforço."

Evidentemente que outros conceitos devem ser dominados como o "timing" correto, a percepção e o controle da intenção do agressor, e a capacidade de adaptação a qualquer situação, o " Kokyu". O Aikido usa o conceito do espírito da água "Mizu no Kokoro", que sem idéias preconcebidas, se adapta a qualquer situação como a água se encaixa em qualquer recipiente, preenchendo-o, para em seguida assumir o controle e a liderança. O que foi descrito acima retrata aproximadamente o que o praticante de Aikido deve desenvolver durante o tempo em que entra no dojo até adquirir a maestria. Se bem que este conhecimento lhe dará domínio físico sobre as pessoas, muito mais importante é que neste processo de conquista destas habilidades concomitantemente vai desenvolvendo suas partes emocionais e mentais, tornando-se um indivíduo mais equilibrado, mais natural e, principalmente, mais maduro e mais útil à sociedade e a si próprio. Praticar os caminhos marciais japoneses, como o Aikido, é uma receita certa para se evoluir nesta vida em todos os seus aspectos.

Mas para isto temos que saber escolher nossa academia e nosso sensei, a pessoa que irá nos conduzir nos caminhos da arte marcial que escolhermos. Assim, é vital que prestemos bem atenção na pessoa que está ensinando.

Em primeiro lugar, ele será sempre uma pessoa simpática e tolerante. Pessoas arrogantes, seguramente não aprenderam a essência da arte. Em segundo lugar, ele será respeitado por seus alunos. Sua técnica será claramente eficiente como defesa pessoal, e ele ao ensinar, transmite principalmente ensinamentos filosóficos e de sabedoria e é capaz de se defender bem, é um lutador hábil.

O Aikido é um caminho de vida, e não simplesmente uma prática física mas nem por isto pode deixar de ser eficiente em termos de autodefesa.

Mas o melhor mesmo e conversar com os alunos mais antigos e ver o que eles pensam de seu professor. É possível enganar muitas pessoas por um determinado tempo, mas felizmente é impossível enganar todas as pessoas por todo tempo.

Outra coisa muito importante é saber quem foi a pessoa que promoveu o professor da academia que se está visitando com interesse em ingressar. De uma boa árvore, certamente sairão bons frutos. Maus professores dificilmente têm alunos antigos de longa data. Com o tempo a maioria acaba percebendo a qualidade real e o caráter de seu mestre, e se ele não for realmente competente, o abandonam ou param de treinar. Se um mestre tem bastante alunos antigos, com cerca de 10 anos de prática, que o respeitam, isto é um grande sinal de competência. Evidentemente que sempre alguns aprendem a arte e decidem parar ou são expulsos por mau comportamento.

Dojo que tem apenas faixas brancas e principiantes com mais de 2 anos de existência, é para se desconfiar. É claro que os maus professores sabem disto, por isto dão faixas elevadas rapidamente a quem não tem competência. Daí ser fundamental que um interessado em praticar Aikido visite sempre várias academias para poder perceber o nível técnico, e ter uma referência.

Muita gente aprende apenas a parte técnica do Aikido e se tornam altamente competentes, mas se esquecem de crescer também na parte espiritual. Eu acho que este é o erro mais freqüente que vejo no caminho dos mestres de Aikido.

Para se ensinar um "Do" (Caminho), tem-se que ser maduro e saber fazer as pessoas evoluírem como seres humanos. Isto exige experiência e tempo, muito tempo. O Fundador do Aikido disse que a iluminação vem devagar, com muito esforço e sem alardes. O Aikido é uma arte relativamente nova, começou a ser desenvolvida na década de 20 e foi formalmente estabelecida em 1942 por Morihei Ueshiba e reconhecida pelo governo japonês. Chegou ao Brasil no começo da década de 60, mas somente se desenvolveu em larga escala a partir do final dos anos 80 quando professores brasileiros foram formados e assim muitos dojo puderam ser criados, mas infelizmente, ainda existem pessoas colocando placas de ensino da arte em academias sem terem mestres devidamente qualificados.

Existem infelizmente muita "picaretagem", dentro das artes marciais. Todo cuidado é pouco. Fiscalize, denuncie, nos ajude a valorizar as artes marciais. Não é porque alguém tem olhos puxados e cara de oriental que isto é sinal de capacidade. Pode ser que ele seja apenas um bom pasteleiro, peixeiro ou feirante. Professor de arte marcial tem que ter história, tradição e ser apoiado por organizações idôneas e reconhecidas pelo público.

AIKIDO E "AIKIDOS"

Tenho visto que quando se menciona o Aikido para praticantes de outras artes marciais, eles têm a imagem de que este Budô, é muito bom para o espírito, que tem filosofia, que faz bem para a saúde, mas uma boa parte pensa que em termos de artes marciais o Aikido não seria tão eficiente como o Judô, o Karatê, o Tae Kwon Do, etc. E a verdade é que as coisas não são assim. Quem assistiu aos filmes de Steven Seagal, viu como a arte pode ser usada de forma muito violenta e eficiente em termos de defesa pessoal. Então eu me pergunto por que é que foi criada esta imagem errada de que o Aikido seria uma arte mais filosófica do que marcial?

A resposta a esta questão passa pelo fato de que quando o Aikido começou a ser ensinado aqui no Brasil, os primeiros professores tinham um nível técnico muito baixo, e assim as técnicas foram passadas incompletas, e mesmo às vezes até erradas para os que se iniciavam nesta arte. Quem se reciclou, e foi ao exterior aprender, conseguiu se desenvolver, mas quem permaneceu no estágio anterior, hoje tem faixas pretas de grau elevado, ganhos devido ao tempo e trabalhos feitos pela arte, mas continua, com a mesma ineficiência inicial deficiente visto que não se reciclou.

Outro problema, veio do exterior. Foram criados vários estilos no Aikido, mais leves, alguns preocupados apenas com a saúde, outros com o desenvolvimento e percepção da energia "Ki", outros com a parte filosófica, e estes deixaram o aspecto marcial de lado.

Se alguém que pratica outra arte marcial que enfatiza a defesa pessoal vai a um destes dojos, vai sair de lá com a impressão de que o Aikido não é eficiente como uma defesa pessoal.

Nós no Instituto Takemussu, desde o primeiro dia de aula estabelecemos como nossas metas praticar o Aikido sim, como um caminho de iluminação espiritual, dando valor à filosofia e à busca da energia "Ki", mas nunca descuidando do fato de que esta arte é marcial, e portanto a busca constante para a eficiência em caso de ataque físico tem que ser mantida.

Isto fez com que as pessoas que visitam o dojo Central do Instituto Takemussu, onde os professores têm já uma graduação elevada, a experiência da realidade marcial, e assim saem de lá com a impressão de que o Aikido é uma arte forte e eficiente também no plano físico, e que possui técnicas que claramente um observador de outras artes marciais vai verificar que são eficientes e boas para a defesa pessoal.

Uma prova da eficiência marcial do Aikido do Instituto Takemussu, é que atualmente criamos um curso para policiais e agentes de segurança que vem sendo aplicado com sucesso. Estamos treinando policiais para enfrentar bandidos nas ruas, e os resultados estão altamente satisfatórios, pois o Aikido permite que se domine uma suspeito sem lhe causar dano físico. Isto é muito importante atualmente no trabalho policial, devido a que freqüentemente os agentes de segurança sofrem processos por danos corporais, exigindo altas indenizações, quando agridem um suspeito, pensando inicialmente que fosse um marginal e posteriormente se descobre que era um cidadão honesto e que pode contratar bons advogados.

Quem assistiu aos filmes de Steven Seagal, pode ter uma idéia de como o Aikido pode ser usado eficientemente como defesa pessoal, mas se quiser aprender este lado do Aikido deve procurar as academias (Dojo) onde se ensina este estilo marcial eficiente como defesa pessoal, como no Instituto Takemussu. Os interessados desta arte devem ter presente de que não é porque alguém coloca uma placa em frente a seu estabelecimento dizendo que ensina Aikido, que esta marcialidade vai existir lá.

A sede central oficial do Aikido em Tóquio, à qual o Instituto Takemussu está oficialmente afiliado, dá liberdade a que cada instrutor pratique o estilo de Aikido que mais lhe agrade. Na sigla Aikikai vai se encontrar os que valorizam mais a filosofia, a saúde ou somente a eficiência marcial.

Assim, antes de treinar Aikido, é importante que o interessado primeiramente escolha que tipo de Aikido ele vai querer aprender.

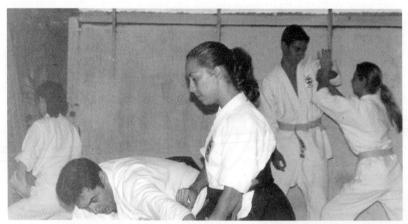

Ligia Narazaki, a inteligência e a sutileza feminina "on the mat".

Seminário de Ney Tamotsu Kubo no Michi Dojo em São José dos Campos - SP. Da esquerda para à direita: (em seiza) Alessandro, Ligia, Tamotsu, Fernando, Osmar e Roberto; (ajoelhados) Marcos, Arthur, Nádia, Mariana, Evelise, Gustavo, Marcelo Peres e Eloim; (em pé) Ana Lúcia, Fabiano, Guilherme, Marcelo Aragão, Matheus, Chandler, Durval e Marcelo Moura.

Seminário de Sakanashi Sensei no Dojo Central do Instituto Takemussu. Foi com Sakanashi Sensei que o autor descobriu como Yamaguchi Sensei fazia as técnicas fantásticas de desequilíbrio.

AS INFLUÊNCIAS DE NOSSO COTIDIANO NO TREINAMENTO. COMO MUDAR ISSO?

Meu aluno André Oliveira Santos, que ensina Aikido para crianças no Instituto Takemussu, escreveu um texto que vale a pena dividir com os leitores.

Tenho verificado a enorme dificuldade que alguns praticantes de Aikido e de artes marciais quando iniciam seu treinamento, incluindo as crianças, têm em colocar energia nas técnicas, principalmente quando estes estão na posição de Uke, ou seja, aquele que recebe a técnica ou que na verdade treina a queda. Isto talvez seja reflexo da grande tensão social, e castração à expressão individual em que vivemos hoje, principalmente nas grandes cidades. Temos medo de assaltos, assassinatos, seqüestros e muitos outros crimes que nos atingem direta ou indiretamente. Isto vai bloqueando as pessoas e tornando-as retraídas e, se esta tendência não for combatida, acaba arrasando com a criatividade e a capacidade de iniciativa das mesmas. Em São Paulo a agressividade da cidade nos deixa constantemente com medo e desconfiados. Isto sem percebermos é levado inconscientemente até às situações mais comuns onde o medo é revelado de forma um pouco diferente, mas continua presente nas atitudes como, no apego excessivo, na desconfiança, na avareza, o que leva à falta de solidariedade em um círculo vicioso. Por exemplo, na hora de emprestar algo a outra pessoa, como um livro, surge o medo de que ele seja danificado ou de que não retorne da mesma forma com que foi emprestado. Expressões como "Toma cuidado" já vem de antemão, mostrando desconfiança para com o outro que na maioria das vezes é um amigo. Desta mesma forma vejo acontecer no dojo algo muito semelhante, e os iniciantes trazem em sua história de vida, o medo de entregar sua energia ao outro, manifestado na dificuldade de ceder o seu corpo para que seu companheiro possa treinar, e vice-versa, ao praticar os "Kata". Uma das primeiras coisas que nos é dita no Dojo por nosso sensei é que quando treinamos com alguém estamos emprestando nosso corpo ao outro e por isto devemos ter o maior cuidado possível com ele, assim também nosso companheiro deverá ter o maior respeito e protegê-lo quando forem treinar juntos.

Mas talvez por termos tantos precedentes negativos em nossa vida cotidiana com experiências que envolvem traições, enganos, acaba se tornando algo extremamente difícil e até sacrificante, em alguns casos, desta generosidade surge o medo de se emprestar algo tão valioso como o próprio corpo a alguém e que este possa danifica-lo. No estágio em que estou, acredito que é justamente para isso que vamos ao dojo treinar, para aprender a perder alguns medos, aprenderemos a buscar a verdade e a transparência nas relações e principalmente para aprender a dar e receber confiança das pessoas. É verdade que não podemos confiar em todos, mas em algumas pessoas temos que fazê-lo ou a vida se torna um inferno. E a melhor maneira de descobrir a quem entregar nossa mente e nosso coração é começar confiando. Se a pessoa trair, terá sido ela a grande perdedora, pois deixou escapar a oportunidade de ter um amigo e colaborador sincero e saberemos logo nos primeiros relacionamentos que ela não pode fazer parte de nosso círculo de amizade. Não podemos esquecer que muitas vezes se esta "traição" ocorre em cima do tatami isto se dá porque algumas pessoas ao treinar, não se dão conta do extremo valor que está em suas mãos, ou seja, o corpo do outro; e acabam por machucá-lo e isto deve ser severamente punido pelo mestre.

É claro que acidentes podem ocorrer, mas devem ser muito bem esclarecidos para que a educação negativa do espírito não ocorra. Pessoas com este espírito de competição, de desejo de machucar os outros são definidos como "trituradores" e no Instituto Takemussu onde treino e ensino, eles são rigorosamente proibidos de agir desta forma por causarem atrasos em nosso treinamento e quando assim agem são suspensos das atividades e, na reincidência, expulsos. Ao treinarmos com alguém, devemos passar e sentir confiança, seja no contato visual ou no próprio toque, para que assim o Uke não tenha medo de entregar sua energia ao outro juntamente com seu corpo e que o Nague passe sempre sua intenção de que está tendo o máximo respeito e cuidado com seu companheiro de treino, a ponto de não usar sua energia com medo de machucar, ou de que o outro não faça a queda segura, mas sim com a certeza plena de que tudo sairá bem e em harmonia. No dia-a-dia deve haver um equilíbrio entre confiança e energia desprendida de ambas as partes, para que o treinamento seja sincero e proveitoso para ambos.

O Aikido quando ensinado para crianças forma adultos responsáveis, harmônicos, disciplinados, muito mais adaptados à vida em sociedade de forma contributiva e participativa, ensinando a trocar experiências e conhecimentos. Acreditamos que agindo desta forma estaremos realizando o verdadeiro treinamento espiritual que nos ajuda a termos mais autoconfiança e segurança para enfrentar o cotidiano.

Aikido é um Budô por excelência, cujo objetivo, quando foi criado no Japão, foi o de proteger e dar vida, e não como uma técnica de competição para humilhar os outros ou lhes causar danos físicos. Assim como o samurai no passado deveria proteger os cidadões, assim também deve agir atualmente o aikidoísta e o praticante de Caminhos Marciais dignos desta tradição.

A disciplina deve ser ensinada desde cedo às crianças, alternando com momentos de espontaneidade e liberdade (aula de Sábado para as crianças no Instituto Takemussu, dojo central).

AS COISAS IMPORTANTES DA VIDA

No ritmo frenético da cidade de São Paulo as pessoas levantam cedo, vão para o trabalho, almoçam com pressa, trabalham até a noite, vão para um curso, arranjam mil compromissos, sem tempo para nada. Quando aparece uma horinha de folga, então imediatamente para muitos começa a surgir um sentimento de culpa, com sensação de ociosidade e desperdício. Embora na crise atual, trabalhar com afinco e de forma dedicada seja fundamental para se sobreviver com dignidade,é sempre importante dar uma parada, de vez em quando, e questionarmos os objetivos reais que estamos buscando. Por isto, a atitude de "Mokuso" (meditação) na prática do Aikido é tão importante, pois quando nossa mente se aquieta, podemos perceber as verdadeiras necessidades internas que vão nos dar paz, saúde e felicidade. No corre-corre do dia-a-dia, as obrigações a cumprir são tantas que não paramos para refletir sobre as razões que estão nos levando a ocupar nosso tempo de forma tão intensa. Será que efetivamente temos que ter uma vida tão corrida? Será que para vivermos com mais tranqüilidade realmente temos que nos envolver em tantos projetos e conseguir ganhar mais dinheiro? O que estamos dando em troca para o saldo de nossa conta bancária aumentar no final do mês?

Estas perguntas necessitam ser feitas por quem pratica Aikido, e o melhor lugar para fazê-las é no ambiente tranqüilo e sereno do Dojo. Abaixo uma estória que vale a pena ler e refletir, pois ela poderá mudar a vida do leitor:

Um pequeno barco de peixes aporta numa vilazinha da costa mexicana. Um turista americano cumprimenta o pescador mexicano pela qualidade do pescado e pergunta quanto tempo ele levou para pegar aquela leva de peixes.

-Não muito tempo, respondeu o mexicano.

-Bom, então por que você não ficou mais tempo no mar e pegou mais peixes?, perguntou o americano. O mexicano explicou que aquela quantidade bastava para atender às suas necessidades e às de sua família.

O americano pergunta:

- Mas o que você faz com o resto do seu tempo?

-Eu durmo até tarde, pesco um pouco, brinco com meus filhos, descanso com minha esposa. À noite eu vou até a vila ver meus amigos, tomar umas bebidas, tocar violão, cantar umas músicas... eu tenho uma vida completa." O americano interrompe:

- Eu tenho um MBA em Harvard e posso te ajudar. Comece a passar mais tempo pescando todos os dias. Aí você pode vender todo o peixe extra que conseguir pescar. Com o dinheiro extra, você compra um barco maior. Com a receita extra que o barco maior vai trazer, você pode comprar um segundo e um terceiro barco, e assim por diante até possuir uma frota de pesqueiros. Em vez de vender seu peixe para um atravessador, negocie diretamente com as fábricas de beneficiamento ou quem sabe pode até abrir sua própria indústria de beneficiamento. Aí você pode deixar esta vila e ir morar na Cidade do México, Los Angeles ou até mesmo em Nova Iorque! De lá você toca seu imenso empreendimento!

-Quanto tempo isso iria levar?", perguntou o mexicano.

-Uns vinte, quem sabe vinte e cinco anos", responde o americano.

-E depois?

-E depois? Aí é que começa a ficar bom", responde o americano, rindo.

-Quando seu negócio começar a crescer de verdade, você abre o capital e faz milhões!!!

-Milhões? Sério? E depois disso?

-Depois disso você se aposenta e vai morar numa vilazinha da costa mexicana, dorme até tarde, pega uns peixinhos, descansa ao lado da esposa, brinca com seus filhos e passa as noites se divertindo com os amigos...

Michi Dojo - Dojo-cho: Fernando Sanchez

A saída lateral, um dos "Kuzushi" mais importantes, base para "Sode Dori" Gyaku Hamni.

OS CAMINHOS MARCIAIS E O LADO DE FORA

Nossa sociedade devido a distorções na educação, vive tão obcecada pela busca incessante pelo dinheiro, pela ostentação e pelo hedonismo, que a vida das pessoas transformou-se em eterna angústia. Em nome do poder econômico, tudo se justifica e destrói-se o meio ambiente, a decência, a integridade moral e física do ser humano. Já em nome do sexo, que se tornou obrigação, alguns obstinados se matam em academias enquanto outros se mutilam em sucessivas cirurgias plásticas, sem falar nas dietas constantes que transformam o ato de alimentar-se em frustração ou culpa. O resultado disso é que muitos já não sabem mais como usufruir dos pequenos prazeres. Um copo de suco de laranja natural, um encontro casual com alguém interessante, uma refeição em família, uma árvore, um jardim, um rio de águas limpas, um momento de descanso, um livro, um filme.

A sabedoria universal sempre ensinou que o cotidiano é mais importante do que os grandes feitos, os encantos da vida estão justamente no que é bom e acontece sem dificuldade. O equilíbrio emocional só é alcançado quando, em cada dia, é possível encontrar um pouco de beleza e amor. A felicidade resulta da paz, da harmonia interior e da integração com a natureza, com o "Daishizen", como se diz no Aikido.

Viver em um local limpo, arborizado e com um mínimo de estética pode significar um grande salto de qualidade de vida. No entanto, por incrível que possa parecer, a cada dia que passa, menos importância se dá a isto, principalmente nas grandes cidades .

Com tantas belezas naturais no Brasil, não é exagero considerar que poderíamos, apesar da pobreza, viver no paraíso. A preservação do meio ambiente, das áreas verdes e das águas poderia significar a diminuição das doenças, da violência e da fome. Mesmo no interior, vemos a falta de capricho com o que é público, o descaso com o que não é propriedade privada. As pessoas se esqueceram que o mundo pertence a todos e que se não for cuidado, todos sofreremos pelo desmazelo.

Basta abrir-se uma nova estrada que a vegetação dos arredores é destruída desnecessariamente. Em pouco tempo, o que era bonito torna-se horrível, desértico. A noção de pureza das águas tampouco existe e muitos não hesitam em fazer um esgoto clandestino para poluí-las. As cidades, grandes ou pequenas, estão cada vez mais desagradáveis por falta de vegetação, limpeza e estética. O problema social não é justificativa. A razão verdadeira de tantas mazelas é a ignorância, a falta de responsabilidade e consciência dos governantes, a deturpação do conceito de ordem pública.

A cultura atual de que nossos filhos, têm que ser os melhores, os numero um, e os campeões, fazem com que não se preocupem em se esforçar para consertar algo, ou dedicar tempo a algo que não agregue algo ao seu poder pessoal, à sua fortuna, a sua propriedade individual. Esta atitude, acima de tudo, acaba trazendo a incapacidade de valorizar os encantos da vida que não estejam ligados ao dinheiro, à ostentação e ao sexo. As pessoas necessitam mais olhar para dentro de si, e identificar os verdadeiros valores da raça humana, que vem sendo deturpados nos últimos cinquenta anos. É fundamental pensarmos também nos outros, e não apenas em nós mesmos.

Nunca os conceitos de Wabi e Sabi, tradicionais da cultura japonesa, de harmonia, simplicidade e beleza, são tão necessários para o povo brasileiro. Ninguém pode viver bem, onde existe desordem, falta de disciplina, e completamente esquecidos de um senso estético. As pessoas nas grandes cidades se preocupam muito com o que é privado, com o que vai dentro de seus muros, e se esquecem que na verdade vivem em áreas públicas. Se as ruas estão mal cuidadas, se as paredes externas estão sujas, se existe mau cheiro vamos viver mal, pois ninguém pode apenas ficar dentro de sua casa, o tempo todo. A rua é também uma extensão de nossa casa, assim como as demais pessoas são uma extensão de nossa família.

Quantos totalmente ignorantes de suas responsabilidades sociais na calada da noite munidas de tinta spray, picham as paredes e muros de pessoas que têm a consciência social e querem dar o prazer de que os outros se sintam melhor ao passar por sua rua, ou olhar para sua casa. Estas pessoas doentes, têm prazer em sujar e destruir, sendo incapazes de perceber o mal que estão fazendo a si próprias, são filhos destes novos tempos malucos, onde os verdadeiros valores da vida a cada dia são colocados em segundo plano.

A prática do Aikido pode ajudar muito a sociedade a desenvolver empatia e solidariedade, desenvolvendo o senso estético, de ordem, de disciplina, e de respeito a Natureza. O homem e a sociedade são filhos desta Natureza, e tem que copiá-la, seguir seu exemplo, e quando a modifica, derrubando árvores, fazendo queimadas, e colocando outras coisas em seus lugares originais devem fazê-lo de forma a manter as leis da harmonia deixadas em nosso interior pela mesma criando maior produtividade sim, mas também ordem e beleza e limpeza.

Quando se procura desenvolver a energia "Ki", através da prática diária no dojo das artes e caminhos tradicionais japoneses, os praticantes começam a sentir como é errado destruir a natureza, se cosncientizando de suas leis divinas e como é importante procurar trazer a beleza, a ordem e o respeito com os demais seres vivos, para o dia-a-dia e assim pensamentos positivos e construtivos passam a ser criados nas mentes, redundando em ações boas e construtivas, substituindo a influência negativa da cultura, materialista e individualista que se não for revertida acabará tornando o mundo um planeta cheio de sucata, lixo, com feiúra, desordem e incompatível para a vida do homem.

Ainda há tempo de nos educar corretamente e a nossos filhos.

Se cada um procurar tornar o lugar onde vive, seu muro, sua calçada um pouco mais bonita e harmônica, tudo poderá ser mudado.

No fundo, o problema é de falta de educação e de religião autêntica que o Budô tradicional sempre procurou ensinar a seus praticantes.

Elias, Mônica Morita e Cícero Vergetti.

O EGO

O Ego é algo muito importante para nós. Somente somos algo material porque existe uma força aglutinadora que, de forma organizada, forma nosso corpo e mente. O Ego é parte de nosso espírito que nos defende e protege e que faz com que sempre queiramos cuidar de nossos interesses em primeiro lugar.

Temos duas forças agindo em nós: uma centrípeta, que é o ego, defensora da nossa unidade, nosso centro, e outra centrífuga, que é nosso amor pelo universo, que permite o relacionamento com o mesmo provocando sentimentos de empatia e solidariedade. Estas duas têm que estar em equilíbrio e se desenvolverem cada vez mais para que nossa personalidade cresça e evolua. É o Ego que faz com que os átomos dos quais somos constituídos fiquem reunidos em torno de um centro que constitui o indivíduo e sua personalidade. É natural que queiramos ser os melhores, os mais bonitos, os mais ricos, etc. Este desejo é normal em todos os indivíduos. Uns por ensinamentos errados, ou por astúcia, disfarçam mostrando uma personalidade e comportamento totalmente altruísta, outros não, como políticos em época de campanha eleitoral. Há também aqueles que têm medo de se mostrar e assumir o que realmente sentem ou não têm consciência do que se passa em seu interior, como as pessoas tímidas.

Eu não simpatizo com pessoas que parecem sempre humildes e desinteressadas, pois para mim isto é astúcia ou neurose. Admiro pessoas que querem ser vencedores, mas que sabem perder. Têm que saber liderar como "Nague" e ser liderada como "Uke", como metaforicamente aprendemos ao praticar os movimentos do Aikido. Este é o único sentido que vejo de positivo na prática de esportes competitivos, além dos benefícios ao físico e à saúde, quando o praticante se conscientiza que o "importante é competir", embora isto raramente aconteça. O desportista em regra, vive atormentado pela possibilidade de derrota e o pensamento entre os dois opostos. Não há mal nenhum em se exibir, somos no fundo todos meio narcisistas. Uns gostam de mostrar que tem dinheiro, corpo bonito, inteligência, cultura, etc. e isto é algo sadio. O problema está em querermos mostrar que somos mais do que os outros, pois isto implica em um sinal claro de complexo de inferioridade. Acredito que o universo nos deu o Ego para nos ajudar a sobreviver, fazendo com que constantemente procuremos a excelência em tudo o que fazemos. Devemos entender a competição pela vida e os conflitos que assim são gerados, como um teste de adaptação para sabermos qual é nosso lugar no mundo e na sociedade e não como um processo seletivo, onde somente os mais competentes conseguirão as melhores posições. É importante que o homem certo esteja ocupado no lugar certo, e que ele aceite com gratidão o que o universo lhe destinou, e jamais ficar lamentando por não ser o que o outro é. Pelé, Bethoven, Einsten, Jesus Cristo e Sakyamuni não existem em duplicata, e não necessitamos ser como eles para termos valor.

Embora seja verdade que as pessoas sem consciência no mundo valorizem algumas pessoas mais do que outras, temos que entender que isto se trata de uma cegueira por parte destas, e que por pensarem assim, estarão condenadas a um sofrimento de inferioridade por toda a vida, que lhes impedirá de se sentirem bem e felizes com aquilo que realmente são. Precisamos de doutores, de grandes artistas, mas também de lixeiros e office-boys, cujas funções são indispensáveis para nossa vida. Todos merecem o maior respeito portanto. O Ego é muito bom, mas a consciência em aceitarmos o que somos também é primordial para mantermos o equilíbrio e nos sentirmos adequados e gratos ao universo por nos ter feito da forma que somos.

O grande problema ocorre quando nosso Ego adoece e passamos a fazer exibições a todo o momento apenas para nos sentirmos superiores às outras pessoas, não aceitando que elas sejam "mais" do que nós, até em outras áreas fora de nossa atuação profissional ou cotidiana, gerando uma competição constante para provar a superioridade. Este problema decorre normalmente de profundos sentimentos de inferioridade que nos faz desprezar quem é "menos". Precisamos aprender que todos somos importantes e descobrir a função que o universo nos destinou, a nossa vocação, e valorizá-la elevando nossa autoestima, o que nos permitirá evitar sentimentos desagradáveis de comparação. O próprio fato de existirmos já é por si só algo fantástico e importante. No Japão se diz que "o rio não critica a montanha porque ela está parada e esta não o diminui por ele estar embaixo".

Há também aqueles que gostam de esconder que tem Ego, criticando quem o demonstra, mas em todos os casos de pessoas assim que conheci, bem no fundo, também o tem, mas não percebem este fato e o mostram de forma indireta. Ao sermos indivíduos, automaticamente isto implica em se ter Ego. Estas pessoas usam expressões como: "eu sou modesto, humilde, vejam!" Isto é muito típico de alguns religiosos, normalmente pobres, ou de certos intelectuais que pregam a eliminação do Ego. Eu estava lendo a revista "Hakama", escrita por David Lynch, onde encontrei um desenho que explica bem o que a maioria destas pessoas realmente pensa a respeito do Ego (ver abaixo).

Ou seja: tem o Ego de parecerem "sem" Ego. Muitos religiosos e filantropos adotam esta postura. Por isso, no filme "O Advogado do Diabo", Lúcifer diz que seu pecado predileto é a vaidade, ou seja, o "ego doentio". O correto, a meu ver, é que devemos procurar ser o máximo em todas as coisas, e divulgar o que fazemos. Mas, quando encontramos alguém superior, devemos reconhecer e respeitar a sua superioridade como uma pessoa que nos vai guiar e orientar. Igualmente, quando encontramos alguém inferior, devemos respeitá-lo em suas limitações e usar nossa superioridade para servi-lo e orientá-lo. Como sempre digo em minhas aulas: "Mate a cobra e mostre o pau para todos!" Isto me ensinou um velho mestre de obras, quando eu iniciei minha carreira de engenheiro civil em São Paulo, e foi um dos melhores conselhos que recebi na vida. Como dizia o Chacrinha: "Quem não se comunica, se trumbica."

Dificilmente hoje em dia alguém consegue sucesso sem divulgar o seu trabalho. Dar o bom exemplo não basta, é preciso "vendê-lo". Cristo sabia disto quando ordenou para os apóstolos: "Ide ao mundo e pregai o evangelho a todas as criaturas".

É imaturidade fazer propaganda apenas para satisfazer a vaidade. Juntar as duas coisas me parece uma boa atitude de aikidoísta.

AIKIDO EXPLOSIVO

TÉCNICAS LETAIS
Por Luciano De Noeme

Tendo estudado por mais de uma década as artes marciais orientais, em especial o Aikido que aprendi como *uchideshi* do Prof. Wagner Bull desde 1992, e travado contato com diversos sistemas de combate e defesa pessoal visto que, no Instituto Takemussu, Sensei Wagner gosta de criar um ambiente marcial durante as aulas, observei que a tendência atual das artes marciais é de cada vez mais agregar-se ao marketing esportivo, relegando para segundo plano o combate real com contato pleno, sem regras preestabelecidas. Minhas experiências em outras lutas como o Boxe Tailândes, o Karatê *Kyokushin* e artes marciais internas chinesas, trouxeram-me à conclusão que o Aikido engloba tudo e é uma arte marcial perfeita quando praticada e treinada em sua plenitude, esgotando todas as suas possibilidades.

Parafraseando Miyamoto Musashi, um famoso espadachim do séc. XVI, autor do clássico *Go Rin No Sho*:

"Qualquer que seja o golpe, o objetivo básico e imutável é matar o inimigo, sem floreios ou requintes. Simplesmente cortá-lo e encerrar no menor tempo possível a luta, tendo a verdade como único escudo. Nisso consiste a essência da arte marcial."

Neste ponto, o Aikido pode ser didaticamente explorado e estudado no seu aspecto marcial puro aliado aos seus ideais pacifistas e de reconciliação, conforme legado pelo seu Fundador, Morihei Ueshiba. Por isso, para evitar enterrar as raízes marciais do *Budô* sobre um amontoado de técnicas e acabar por sufocá-lo com máximas e princípios sem embasamento prático em uma situação de combate real, é que este livro foi idealizado, e mostrar de forma contundente o lado oculto e não-ortodoxo do Aikido em se tratando de suas técnicas devastadoras e de aplicação ora simples, ora sofisticadas ao extremo.

Assim, localizamos o Aikido na escala da qual todas as artes marciais tradicionais ocupam: o da máxima periculosidade e eficácia comprovada em centenas de milhares de combates reais durante várias gerações e períodos de conflito ao longo da história. Também servirá como forma de alertar o praticante sobre alguns cuidados básicos em seu treinamento regular, da etiqueta reverente e atenta, da manutenção zelosa do tatami e da sua vestimenta, quer esteja executando ou recebendo a mais "corriqueira" das técnicas. Assim, ao chamar a atenção do praticante e do leitor para a necessidade de se treinar com seriedade e empenho, esta obra despertará simultaneamente em quem a ler um estado de vigília que, se corretamente assimilado, poderá ser uma ferramenta muito útil em qualquer situação do dia-a-dia, desde o ato de dirigir com segurança um automóvel até o relacionamento com estranhos dos quais dependemos em vários momentos de nossa vida. Por motivos óbvios de segurança, tanto pessoal quanto pública e do próprio leitor, algumas "chaves" serão omitidas, assim, apesar das técnicas serem demonstradas em fotos e desenhos, os detalhes que facilitam o encaixe do golpe e que minam a resistência do adversário serão propositadamente suprimidos. Restará ao leitor que se interessar em aprofundar-se seriamente na arte, a tarefa de buscar um mestre responsável e competente. Somente valorizando muito a si mesmo e ao seu próximo, estas técnicas se revelarão em sua totalidade e, com dedicação constante, o leitor finalmente verá que há muito mais no Aikido do que um mero instrumento de autodefesa, pois a Espada do Aiki é *Katsujinken*, a espada da Vida.

Como regra geral, o Aikido é uma arte marcial de combate corpo a corpo a média distância, com o praticante buscando juntar-se com o atacante em um único bloco de energia, anulando seus movimentos ofensivos, igual a uma aranha que aprisiona a mosca em sua teia pegajosa, sempre envolvendo o adversário e subjugando-o sem o desgaste da força excessiva. O *atemi* do Aikido visa os pontos nevrálgicos do corpo para desviar a atenção do oponente e facilitar o encaixe da técnica apropriada, quer seja de controle ou arremesso. Mas alguns *atemi* podem matar com um único golpe bem colocado ou provocar danos graves na estrutura humana. Na verdade, qualquer área do corpo atingida corretamente tornar-se-á vital e conseqüentemente acarretará seqüelas em quem for lesionado. Confira alguns golpes e pontos de pressão extraídos do *Kyusho* e do *Koppo Jutsu*, baseados tanto na Medicina Tradicional Chinesa quanto na medicina ortodoxa moderna.

1 – Ataque aos olhos, nariz e boca (*Shomenuchi* na fronte, pressionar os olhos com os polegares, rasgar cantos da boca, golpear o nariz com a faca da mão)

2 – Ataque ao plexo solar e processo xifóide (*Tsuki*)

3 – Ataque ao baixo-ventre (*Geri*).

4 – Soco na têmpora (com o dedo médio, *Uraken* ou *Tetsui Ken* –soco martelo)

5 – Golpes na área do pescoço (*Yokomenuchi Kiri Kaeshi*, *Kiri Oroshi* e *Shomenuchi*)

6 – Chute na espinha (*Yoko Geri, Mawashi geri, Mae geri*)

Quase sempre é preciso "amortecer" o oponente antes de dar o golpe fatal. Eis alguns exemplos da estratégia do Aikido com a intenção de abrir a guarda do oponente usando simplesmente os movimentos de *Tai Sabaki* e *Ukemi* de forma ofensiva e violenta, com súbita explosão de *Kokyu Ryoku* na seqüência.

1 – Golpes de pernas com travamento de joelho

2 – Pisões no pé e no calcanhar

3 – Chutes baixos

4 – Joelhadas (*Ikyo, Kaiten Nague*,etc)

5 – *Gyaku Aiki Nague* (que impede a queda natural do Uke)

Mesmo as técnicas básicas ensinadas aos principiantes em suas primeiras aulas podem transformar-se em golpes mortíferos se aplicados com os devidos ajustes e com a intenção premeditada de lesionar gravemente. Confira os mais comuns:

1 – *Ikyo* levando a cabeça e o rosto para o chão;

2 – *Shiho Nague* quebrando o cotovelo e arremessando o Uke de cabeça;

3 – *Irimi Nague* prendendo o pescoço ou golpeando a garganta com o antebraço;

4 – *Sumi Otoshi* agarrando a epiglote e puxando;

5 – *Kaiten Nague* golpeando a nuca e dando joelhada e arremessando para trás em Urá com a cabeça presa entre os braços;

6 – *Kotegaeshi* complementado com *Mawashi Geri*;

7 – *Tembi Nague* com quebramento de cotovelo;

8 – *Nikyo* com cotovelada e joelhada;

9 – *Sankyo* com arremesso do Uke contra a parede;

10 – *Sokumen Irimi Nague* prendendo o pescoço.

Além do corpo inteiro, no Aikido usamos as seguintes armas naturais:

1 – meio ambiente: use a parede para arremessar o oponente, jogue-o contra pontas e

saliências, arremesse objetos, use materiais de escritório e uso doméstico como arma: garrafas, copos de vido, canetas, lápis, cabos de vassouras, cintos, areia, cadeira, pesos de papel, bengalas, livros, lenços etc.

2 – estratégias de indução, a finta, o *jab* do boxe: a melhor arma é a mente, logo o alvo a ser atingido primeiro deverá ser a mente do atacante.

Entretanto, o objetivo real do Aikido não é lutar e destruir o inimigo exterior, mas servir como um espelho capaz de refletir o inconsciente do praticante e mostrar onde estão seus *Suki*, suas aberturas e seus condicionamentos, quer sejam físicos ou psicológicos, e fazer do praticante um ser humano integrado, capaz de atuar de uma forma construtiva na sociedade e finalmente favorecer uma mutação generalizada ao seu redor, irradiando sabedoria e anulando as atitudes extremadas, formando indivíduos mais inteligentes e dinâmicos no real sentido da palavra. O Aikido nos mostra de forma pragmática como somos realmente e revela tanto nossos pontos fracos quanto fortes, trazendo à tona um equilíbrio vivo em nossas existências ao sermos capazes de reconhecer as forças que atuam em nós, situando-nos corretamente nos relacionamentos com nossos semelhantes e com a natureza dos quais somos parte inseparáveis.

O primeiro passo na prática regular e convencional em um *Dojo* é não deixar se iludir pela aparência inofensiva oculta na movimentação circular e graciosa do Aikido e buscar a cada aula e no seu cotidiano treinar e adestrar o ingrediente básico de nosso espírito: o instinto.

Luciano De Noeme jogando Marco Aurelio Omena na praia de Pirajuçara em Maceió-AL, em 1994. Luciano foi a pessoa que por mais tempo treinou como Uchideshi junto ao Prof. Wagner Bull, ajudando-o enormemente com sua experiência em diagramação e desenhos na divulgação do Aikido do Instituto Takemussu. Figura sempre presente em todos os eventos, muito querido por todos a quem o autor lhe tem muita gratidão por sua presença, apoio e ajuda constante. Foi quem recebeu pela primeira vez a grande maioria dos componentes do Dojo Central quando vieram conhecer esta casa do Aikido tradicional brasileiro. Leitor ávido da literatura sobre Aikido, tem o apelido de "Stanley Pranin" brasileiro. Leu quase toda a biblioteca particular do autor.

> *"Se durante a vida inteira continuar de consciência tranqüila não precisará ter medo de uma batida na porta à meia-noite"*
>
> Provérbio Chinês

A Defesa Pessoal Propriamente Dita

Conforme já se disse em outras páginas, o "Aikido" é um extraordinário potencial de que dispõe o praticante para se defender, caso seja agredido, fisicamente falando. Quando defendemos a nossa vida, podemos e devemos usar todos os meios de que dispomos à mão, para efetuar esta defesa. Assim quando somos agredidos, se dispusermos de uma garrafa, uma faca, um pau, para nos defender, tudo deve ser usado. Nossa vida é por demais preciosa e importante para nós próprios, nossa família e para a sociedade, e mesmo para a própria natureza, para que corramos riscos desnecessários, se os pudermos evitar, principalmente se foram motivados pela vaidade.

Muitas vezes a vaidade, o preconceito ou orgulhos neuróticos, nos levam a comprar brigas que uma mente madura, seguramente evitaria.

Tentar-se-á estabelecer algumas regras básicas para defesa pessoal fisicamente falando:

1) Evite a agressão. Com palavras, com argumentos e mesmo até, se puder, correndo. Às vezes o agressor, tomou aquela atitude violenta em um momento de explosão, de raiva, e se formos compreensivos, provavelmente no dia seguinte nos pedirá desculpas por seu comportamento.
2) Se não puder evitar o combate, jamais ataque. Com exceção, se o agressor se aproximar dentro de sua esfera de defesa, formada pelos pontos onde a alcançam suas mãos e pés, e você não puder manter a "Maai".
3) Ao defender-se, não se concentre em nenhum ponto particular do agressor, mesmo que ele porte uma faca ou um revólver, imagine-o como um todo.
4) Procure seus pontos vulneráveis e quando ele entrar, desvie-se do ataque e bata nestes pontos.
5) Não pense em aplicar técnicas no agressor, previamente. Deixe que seu treinamento anterior haja com naturalidade e espontaneamente. Aplique aquilo que "sentir", no momento, o mais adequado para a situação, confie em seus reflexos.
6) Procure descobrir as reivindicações que levam o agressor a tomar a atitude violenta e se possível, atenda-as. Uma carteira, uma jóia, não valem o risco que se corre, ao tentar defender-se de um revólver, por exemplo, ou de uma navalha afiada.
7) Não se acovarde, não mude de convicções, use seu treinamento, não agressivo

e conciliatório, para fazer com que o agressor aceite o diálogo e o meio termo. Procure a justiça. (ver os lemas do "Aikido")

8) Ao aplicar os golpes, dose-os apenas o suficiente para evitar o ataque e acalmar o agressor, não exagere machucando desnecessariamente o agressor. Um golpe de "Aikido" pode facilmente matar uma pessoa, se aplicado com este intento.

9) Não se esqueça, que se alguém perde a calma e chega ao ponto da agressão, muito provavelmente, você também contrariou algum princípio natural, portanto também é responsável. Evidentemente há exceções.

10) Mantenha seu corpo sempre exercitado, treinando seus músculos, a velocidade e a respiração, fazendo alongamentos e treinando as mãos e pés para bater com energia e manter a flexibilidade.

11) Tudo o que foi dito acima vale como reflexão prévia, na hora da agressão, o mais importante é confiar e acreditar em seus reflexos e que tudo sairá bem.

A seguir serão apresentadas algumas formas de agressões a que às vezes são submetidas as pessoas, e algumas demonstrações de técnicas de defesa.

Conforme já foi dito, o aikidoísta, pelo seu elevado preparo físico e conhecimento geral da origem do "*Budô*", pode aplicar perfeitamente estas técnicas apresentadas, mesmo que golpes sejam unicamente para demonstrar para aquele iniciante que busca no Aikido, uma forma de ser bom de briga, que em treinando esta arte, poderá conseguir o que quer. Evidentemente, o autor almeja que após ler este livro o leitor perceba que existe algo de muito importante a aprender, mas de qualquer forma, ele pode atingir seu objetivo inicial.

Pedimos desculpas aos praticantes mais avançados e experientes ao colocarmos estas técnicas neste livro falando, tão materialmente, ao nível de defesa pessoal contra agressões físicas. Nosso objetivo, porém não é tão somente ensinar estas técnicas físicas. Acreditamos que o iniciante preocupado com a defesa pessoal física, tentando aprendê-la, acabará percebendo que existe uma potencialidade muito maior na arte, e que no fundo, é do que ele realmente está precisando. A defesa pessoal pode ser o portal por onde ele entrará. Como diz o pensamento que o autor fez, derivado de uma observação de Dale Carnegie: "*Se queres ajuntar mel modernamente, não jogue fora o abelheiro antigo, pelo contrário, ofereça às abelhas o que elas realmente querem e paralelamente, apresente-lhes uma nova forma de produzir. Produzindo mel da maneira que gostem, talvez, conhecendo uma nova forma mais evoluída, poderão aceitá-la e talvez, até esquecer da maneira anterior, primitiva*".

O mestre deve manter os princípios fundamentais, pequenas diferenças, desde que elas circulem em torno do mesmo centro, são insignificantes. O autor acredita mesmo que elas são até pertinentes, quando encaradas sob o prisma da amplitude das artes marciais, particularmente do Aikido. Temos visto nestes anos todos de prática, vários instrutores fracassarem por pecarem contra esta verdade natural e fundamental. Na natureza as coisas não deixam de ser harmônicas simplesmente pelo fato de serem diferentes. "Há vários caminhos para se chegar à Roma".

A obrigação do mestre é examinar o caminho e só ir contra a atitude do aluno, se verificar que o mesmo vai indo para "outra cidade". Porém, jamais o mestre deve obrigar o aluno que não se sente bem fazendo determinada técnicas de uma maneira, a continuar a fazê-la simplesmente porque esta é a sua maneira de fazer, principalmente após verificar que o caminho dele, também conduz "à Roma". Em uma entrevista que conhecemos de Shioda Sensei, um dos mais brilhantes, alunos de Ueshiba, ele dizia que *Ô Sensei* jamais criticava um aluno, ele somente dizia após o aluno executar uma técnica: "Bom, muito bom", e só. *Ô Sensei*, segundo Shioda, queria que as pessoas procurassem seu próprio meio de fazer as técnicas, talvez por acreditar que realmente, como os indivíduos são diferentes, também devem ser, suas maneiras de executá-las.

Finalizando, pode-se dizer que o primeiro grande princípio para a defesa pessoal e para qualquer tipo de defesa, é conhecer bem o inimigo, daí o valor da percepção. Qualquer processo de defesa consta de: percepção, avaliação, decisão e reação. Estas quatro etapas devem constar de qualquer programa de treinamento.

Um antigo livro japonês de defesa denominado *"Desho"*, dizia que existem 3 tipos de combate:

a)   Ataca-se como ação preventiva.

b)   Responde-se ao ataque agressor com uma defesa e uma técnica em seguida.

c)   A ação é espontânea, imediata, não existem etapas, os golpes de defesa se iniciam exatamente quando começa a agressão (qual imagem refletida em um espelho). Este é o estágio máximo que todos os *budoka* querem atingir.

Em termos práticos, de defesa pessoal dificilmente alguém consegue atingir o desenvolvimento *Sen-Sen-No-Sen* (o terceiro tipo, letra c). Portanto, na visão do autor é importante que o praticante de "Aikido", desenvolva conjuntamente com os *Kata*, os *Ate-Waza* (golpes traumáticos) e algumas técnicas de desequilíbrio (*Kuzushi*). Este treinamento será de grande importância, principalmente para o principiante, visto que mesmo que estes movimentos não sejam executados com precisão, e perfeição, eles provocam efeito devastador no agressor que os recebe.

É portanto, importante para aquelas pessoas que estejam de imediato interessadas em aprender algumas técnicas de defesa, que desenvolvam também este aprendizado.

O Aikido, conforme já se disse, é um extraordinário sistema de defesa pessoal, porém exige um desenvolvimento mais acentuado, do praticante, para que as técnicas sejam realmente eficientes em termos de defesa pessoal, fisicamente falando. Por esta razão é importante que os praticantes nunca se esqueçam ao executar os *kata* de aikido, de perceber e praticar os atemis que podem ser usados dentro dos movimentos, eles serão fundamentais, em uma situação de perigo na vida real.

Como última recomendação para aqueles que querem melhorar em termos de defesa pessoal rapidamente, que gostam de cursos rápidos, diremos que no mínimo, devem treinar relaxamento e consciência corporal, desenvolver a elasticidade dos braços e das pernas, aumentar a velocidade dos movimentos e tonificar seu corpo em geral. Dificilmente alguém consegue este desenvolvimento em curto espaço de tempo. Na visão do autor a proposta de técnicas de desenvolvimento de defesa pessoal, tipo "curso rápido", são obras de charlatanismo ou ignorância.

"Divina contemplação não pode
ser desculpa para desleixo"

Sabedoria Chinesa

As Técnicas de Defesa Pessoal

A seguir serão apresentadas uma série de técnicas de defesa pessoal, como é normalmente entendida pela população ocidental. Uma série de chaves, golpes, que um indivíduo pode utilizar diante de uma agressão. Nesta altura do livro o autor acredita que o leitor já sabe o verdadeiro sentido e significado da expressão "defesa pessoal", que evidentemente tem um sentido muito mais amplo. Porém, para aqueles que apreciam esta arte do *Budô*, são agora mostradas as principais técnicas usadas na maioria dos cursos tanto do Ocidente como do Oriente.

Estas técnicas podem ser aplicadas por qualquer praticante de lutas principalmente pelos judocas, e praticantes de luta livre. Basta que o indivíduo tenha alguma experiência em combates para poder aplicá-las com sucesso.

Já se disse uma série de vezes o que segue, porém não é demais repetir:

"O importante não é a técnica que se aplica, mas sim, a maneira com que se aplica, e no momento adequado".

O autor acredita ser interessante que estes golpes sejam introduzidos durante as aulas de Aikido, preferencialmente no final, a título de curiosidade e ampliação da cultura de *Budô* entre os praticantes. Os ocidentais, principalmente, adoram este tipo de abordagem do *Budô*, principalmente quando ainda são principiantes.

Defesas contra estrangulamentos quando se está deitado

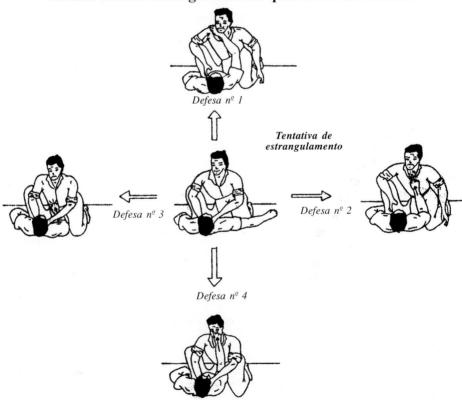

Técnicas que podem ser utilizadas na luta de solo

Defesas contra armas

Algumas técnicas de imobilização no chão

Outras defesas contra estrangulamentos no chão

Outras defesas contra estrangulamentos no chão

Defesa contra um boxeador estando-se deitado

Uso do rolamento frontal para atacar

Fingi-se abaixar e ataca-se

Defesas contra estrangulamento estando de pé

Defesa contra agarramento

Defesas contra um ataque de cão

Se o cão abocanhou nosso braço, damos um golpe no centro da cabeça

Esta é uma região frágil do cão

Defesa contra um adversário muito forte

Defesa contra um adversário que nos levanta do chão nos deixando sem apoio

Esta técnica deve ser aplicada bem rapidamente ou o adversário irá virar e cair por cima do defensor, deixando-o em pior situação.

Imobilizações clássicas

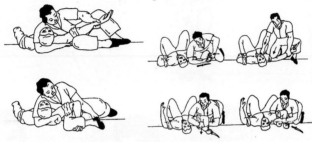

Defesas contra "gravatas"

Outras defesas contra agarramentos

Quando o adversário é muito forte, pode-se usar ataques contra seus pontos mais vulneráveis. Um golpe em baixo do nariz, penetrante, pode até matar o indivíduo.

Estes dois pontos são muito importantes de se conhecer, pois são extremamente doloridos.

Quebramento de joelho

Chave de pé

A melhor defesa contra uma arma de fogo é não enfrentá-la. Porém, se o agressor armado estiver muito próximo de nós então deixa de ser perigoso, pois é fácil sair da linha de tiro.

Mais defesas contra armas brancas

Defesas contra pauladas ou objetos compridos, bengalas, etc.

*Como regra geral, ao se defender de armas, não se deve se preocupar
com elas apenas, deve-se vislumbrar o agressor como um todo.*
JAMAIS SE DEVE OLHAR APENAS PARA A ARMA.
Uma vez aparado o golpe existe uma centena de técnicas que podem ser usadas.

Técnicas para evitar um esfaqueamento

Técnicas de imobilização de um indivíduo malfeitor

Técnicas de imobilização de um indivíduo malfeitor

Imobilização de um indivíduo em dupla

TEXTOS DOURADOS QUE OS INSTRUTORES DO INSTITUTO TAKEMUSSU LERAM

A importância do Indivíduo na Equipe

Apxsar dx minha máquina dx xscrxvxr sxr um modxlo antigo, funciona bxm, com xxcxcão dx uma txcla. Há 42 txclas qux funcionam, mxnos uma, o "x", x isso faz uma grandx difxrxnça.

Txmos o cuidado para qux a nossa xquipx não sxja como xssa máquina dx xscrxvxr x qux todos os sxus mxmbros trabalhxm como dxvxm.

Ninguxm txm o dirxito dx pxnsar: "Afinal, sou apxnas uma pxssoa x, sxm dúvida, não fará difxrxnça para o nosso grupo a minha falta dx colaboração".

Comprxxndxmos qux, para o grupo podxr progrxdir xficixntxmxntx, prxcisa da participação dx todos os sxus mxmbros.

Sxmprx qux vocx pxnsar qux não prxcisam dx vocx, lxmbrx-sx da minha vxlha máquina dx xscrxvxr x diga a si próprio: "Xu sou uma das txclas importantxs nas nossas atividadxs x os mxus sxrviços são multo nxcxssários.

Os homens caminham pela face da terra em fila indiana, cada um carregando uma sacola na frente e outra atrás.

Na sacola da frente, nós colocamos as nossas qualidades.

Na sacola de trás, guardamos todos os nossos defeitos.

Por isso, durante a jornada pela vida, mantemos os olhos fixos nas virtudes que possuímos, presas em nosso peito.

Ao mesmo tempo, reparamos, impiedosamente, nas costas do companheiro que está adiante, em todos os defeitos que ele possui.

Nos julgamos melhores que ele, sem perceber que a pessoa andando atrás de nós está pensando a mesma coisa.

Gilberto de Nucci

O Analfabeto Político

O pior analfabeto é o analfabeto político.

Ele não ouve, não fala nem participa dos acontecimentos políticos.

Ele não sabe que o custo de vida, o preço do feijão, do peixe, da farinha, do aluguel, do sapato e do remédio dependem das decisões políticas.

O analfabeto político é tão burro que se orgulha e estufa o peito dizendo que odeia a política. Não sabe o imbecil que da sua ignorância política nasce a prostituta, o menor abandonado, o assaltante e o pior de todos os bandidos, que é o político vigarista, o pilantra, o corrupto e lacaio das empresas nacionais e multinacionais.

Bertold Brecht

A POESIA DO AIKIDO

A Natureza tem seu ciclo nítido
De primavera e de outono.
A Terra tem sua rotação regular
E tudo isso acontece em harmonia
Com as eternas leis do Universo

Ainda que nublado esteja o céu
E soprem ventos furiosos,
O sol hoje de novo se levanta.
O jovem Sol que cresce na manhã
Com seu poder infinito,
Espalha a luz pela imensidão do espaço.

O Aikido é como o Sol.
E como o sol pode ser também a nossa fé.
Pela nobre estrada da sabedoria
Avançamos à frente, cheios de ânimo
Num testemunho de renovação.

Eu tenho uma missão, ela me cabe
Tens também a tua missão
Só tu podes cumpri-la.

Com os olhos cintilantes, músculos vigorosos,
Determinação tenaz, com o dogi da constância
Vamos ao trabalho de renovação total
O ferro é frio, os ventos são cortantes,
O ferro é pesado, o suor escorre.
Mas somente do labor e da missão
Nascerá o valor real da vida humana.

Somente uma fé inflexível
Enriquece a essência Humana
Na profunda busca do sentido da vida.
Temos que ter presentes que
Caminhando com a Verdade, fenecem as obsessões de suspeitas,
o medo, a inveja
O ciúme, a insegurança, a cobiça, a luxúria,
E floresce a natureza humana.

Com reverência juntemos as mãos,
E nos unimos à fonte de todos os seres.
Este simples ato é o ponto de partida

Para nosso crescimento.
À nossa mão direita nossa missão
Em nossa mão esquerda os propósitos do Universo.
Juntos, som e eco, assim devem ser todas as nossas ações.

Com o poder da verdade
E da lei fundamental
O homem sábio percebeu
O poder desta natural união.

Alguns, atraídos por sonhos fáceis
Desistem no meio da caminhada,
Outros acham muito escarpada a vereda
Que conduz ao píncaro do Monte Fuji e
Retornam às luzes sedutoras e enganosas do comodismo.

Não precisamos de medalhas de campeões
Pois sabemos que dentro de nós
Há um tesouro incalculável que temos
Deixado adormecido e acordá-lo
É nosso grande objetivo, a união com a
Grande energia "Ki" criativa e universal.

Haverá gente que talvez ache graça.
A arrogância dos poderosos que forem cegos, talvez venha
a nos ignorar, a frieza dos intelectuais,
talvez rejeitará este conceito.

Mas não te aflijas amigo.
Eles são incapazes de entender
Os desígnios que o universo lhes
Colocou no coração, afogados
Na arrogância, no orgulho, a imagem do universo
não refletirá em seus espelhos internos.
Voltados para si próprios,
Permanecem cegos diante da
Grandiosa fraternidade e interdependência
Existente na Grande Natureza.

O Sol se levanta hoje novamente
Como o fez ontem e o fará amanhã
Assim como nós seguiremos firme em
Nosso propósito trilhando o Aikido.

Adaptação livre do autor da poesia de Daisaku Ikeda.

"A AGUIA QUE (QUASE) VIROU GALINHA"

Era uma vez uma águia que foi criada num galinheiro. Cresceu pensando que era galinha.

Era uma galinha estranha (o que a fazia sofrer).

Que tristeza quando se via refletida nos espelhos das poças d'água - tão diferente! O bico era tão grande demais, adunco, impróprio para catar milho, como todas as outras faziam. Seus olhos tinham um ar feroz, diferente do olhar amedrontado das galinhas, tão ao sabor do amor do galo. E era muito grande, atlética. Com certeza sofria de alguma doença...

E ela queria uma coisa só: ser uma galinha comum, como todas as outras.

Fazia um esforço enorme para isso. Treinava ciscar com um bamboleio próprio. Andava meio agachada, para não se destacar pela altura. Tomava lições de cacarejo. E o que mais queria: que o seu cocô tivesse o mesmo cheiro familiar e acolhedor do cocô das galinhas. O seu era diferente, inconfundível. Todos sabiam onde ela tinha estado, e riam...

Sua luta para ser igual a levava a extremos de dedicação política. Participava de todas as lutas. Quando havia greves por rações de milho mais abundantes, ela estava sempre à frente. Fazia discursos inflamados contra as péssimas condições de segurança do galinheiro - aqueles enormes buracos na tela. (Nunca lhe passava pela cabeça aproveitar-se dos furos e fugir, porque o que ela queria não era a liberdade; era ser igual às outras, mesmo dentro do galinheiro). Pregava a necessidade de uma revolução no galinheiro. Acabar com o dono, que se apossava do trabalho das galinhas. O galinheiro necessitava de nova administração, galinácea. (Acabar com o galinheiro, derrubar as cercas, isto era coisa impensável. O que se desejava era um galinheiro que fosse bom, protegido, onde ninguém pudesse entrar - muito embora o reverso fosse "de onde ninguém pudesse sair".)

Aconteceu que, um dia, um alpinista que se dirigia para o cume das montanhas passou por ali. Alpinistas são pessoas que gostariam de ser águias. Não podendo, fazem aquilo que chega mais perto: sobem, a pés e mãos, até as alturas onde elas vivem e voam. E ficam lá, olhando para baixo, imaginando que seria muito bom se fossem águias e pudessem voar.

O alpinista viu a águia no galinheiro. E se assustou.

- Que é que você, águia, está fazendo no meio das galinhas?, ele perguntou.

Ela pensou que fosse caçoada e ficou brava.

- Não me goza. Águia é a vovózinha. Sou galinha de corpo e alma, embora não pareça.

- Galinha coisa nenhuma, replicou o alpinista. Você tem bico de águia, olhar de águia, rabo de águia, cocô de águia... É águia. Deveria estar voando... E apontou para minúsculos pontos negros no céu, muito longe, águias que voavam perto dos picos das montanhas.

- Deus me livre! Tenho vertigem das alturas. Me dá tonteira. o máximo, para mim, é o segundo degrau do poleiro, ela respondeu.

Há certas conversas que não levam a lugar algum, o alpinista percebeu. Suspeitou que a águia até gostava de ser galinha. Coisa que acontece freqüentemente. Voar é excitante, mas dá calafrios. O galinheiro pode ser chato, mas é tranqüilo. A segurança atrai mais que a liberdade.

Assim, fim de papo. Agarrou e a enfiou dentro de um saco. E continuou sua marcha para o alto das montanhas. Chegando lá, escolheu o abismo mais fundo, abriu o saco, e sacudiu a águia no vazio.

Ela caiu. Aterrorizada, debateu-se furiosamente, procurando algo a que se agarrar. Mas não havia nada. Só lhe sobravam as asas...

E foi então que algo novo aconteceu. Do fundo do seu corpo galináceo, uma águia, há muito tempo adormecida e esquecida, acordou, se apossou das asas e, de repente, ela voou...

Lá de cima olhou o vale onde vivera.

Visto das alturas ele era muito mais bonito.

Que pena que houvesse tantos bichos que só pudessem ver os limites do galinheiro.

Viu o galinheiro, onde, por muito tempo, ela tentara ser uma galinha. Mas havia outros construídos das mais variadas formas, parecidos com casas, escolas, igrejas, clubes, partidos políticos, empregos e, dentro deles, todos se esforçando para cacarejar da mesma forma. Foi então que ela passou sobre a superfície de um lago cristalino e viu sua imagem refletida. A mesma que vira, vezes sem conta, nas poças d'água do galinheiro. Só que dessa vez ela se achou muito bonita.

O alpinista, sentado, sorria, imaginando-se voando no corpo da águia.

Os *Upanishads*, surgidos na Índia por volta de 800 a 600 a.C. como uma expressão metafísica dos Vedas, esses de idade desconhecida, contém o *Katha Upanishad* onde está escrito:

"Sabei que o Eu é o cavaleiro, e que o corpo é a carruagem; que o intelecto é o cocheiro e que a mente são as rédeas. Os sentidos, dizem os sábios, são os cavalos; as estradas por onde passam são os labirintos do desejo. Os sábios consideram o Eu como aquele que se deleita quando está unido ao corpo, aos sentidos e à mente. Quando um homem não possui discernimento e sua mente está desgovernada, seus sentidos são incontroláveis, como os cavalos rebeldes de um cocheiro. Porém, quando um homem possui discernimento e sua mente está controlada, seus sentidos, como os cavalos, obedecem alegremente às rédeas. Aquele que não possui discernimento, cuja mente está instável e cujo coração está impuro, nunca alcança o objetivo e nasce sempre de novo. Mas aquele que possui discernimento, cuja mente está firme e cujo coração é puro, atinge a meta e, após tê-la alcançado, não nasce nunca mais. O homem que possui um entendimento sólido como cocheiro, uma mente controlada como rédeas - ele é que atinge o final da jornada, amorada suprema de Vishnu, o que tudo permeia. Os sentidos originam-se dos objetos físicos, os objetos físicos da mente, a mente do intelecto, o intelecto do Ego, o Ego da semente não manifestada e a semente não manifestada de Brahman - a Causa sem Causa. Brahman é o fim da jornada, Brahman é a meta suprema."

Procure viver como um cão...

1. Nunca deixe passar a oportunidade de sair para um passeio.
2. Experimente a sensação de ar fresco e do vento na sua face por puro prazer.
3. Quando alguém que você ama se aproxima, corra para saudá-lo.
4. Quando houver necessidade, pratique a obediência.
5. Deixe os outros saberem quando invadirem seu território.
6. Sempre que puder tire uma soneca e se espreguice antes de se levantar..
7. Corra, pule e brinque diariamente.
8. Coma com gosto e entusiasmo, mas pare quando estiver satisfeito.
9. Seja sempre leal.
10 Nunca finja ser algo que voce não é.
11. Se o que você deseja está enterrado, cave até encontrar.
12. Quando alguém estiver passando por um mau dia, fique em silêncio, sente-se próximo e gentilmente tente agradá-lo.
13. Quando chamar atenção, deixe alguém tocá-lo.
14. Evite morder quando apenas um rosnado resolver.
15. Nos dias mornos, deite-se de costas sobre a grama.
16. Nos dias quentes, beba muita água e descanse embaixo de uma árvore frondosa.
17. Quando você estiver feliz, dance e balance todo o seu corpo.
18. Não importa quantas vezes for censurado, não assuma a culpa que não tiver e não fique amuado... corra imediatamente de volta para seus amigos.
19. Alegre-se com o simples prazer de uma caminhada.

Isso foi feito por alguém que gosta muito de cachorrinhos...

O Céu e o Inferno

Um discípulo perguntou certo dia ao seu sábio:
- Mestre, qual a diferença entre o céu e o inferno?
O sábio respondeu:
- Vi um grande monte de arroz cozido e preparado como alimento. Ao redor dele estavam muitos homens famintos. Eles não podiam se aproximar do arroz, mas possuíam longos palitos de dois a três metros de comprimento. Pegavam o arroz, mas não conseguiam levá-lo à própria boca porque os palitos eram muito longos. Assim, famintos e moribundos, embora juntos, permaneciam solitários curtindo uma fome eterna, diante de uma inesgotável fartura.

Isso era o inferno.

- Vi outro grande monte de arroz cozido e preparado como alimento. Ao redor dele muitos homens famintos, mas cheios de vitalidade. Eles não podiam se aproximar do arroz, mas possuíam longos palitos de dois a três metros de comprimento.

Apanhavam o arroz, mas não podiam levá-lo à própria boca porque os palitos eram muito longos. Mas, com seus longos palitos, em vez de levá-los à boca, serviam-se uns aos outros. Assim, matavam sua fome insaciável numa grande comunhão fraterna, juntos e solidários. E isso era o céu.

(parábola chinesa)

Se fosse possível retornar

Se eu pudesse viver novamente a minha vida, na próxima trataria de cometer mais erros.

Não tentaria ser tão perfeito, relaxaria mais.

Seria mais tolo ainda do que tenho sido, na verdade bem poucas coisas levaria a sério.

Seria menos higiênico.

Correria mais riscos, viajaria mais, contemplaria mais entardeceres, subiria mais montanhas, nadaria mais rios.

Iria a mais lugares onde nunca fui, tomaria mais sorvete e menos lentilhas.

Teria mais problemas reais e menos problemas imaginários.

Eu, fui uma dessas pessoas que viveu sensata e produtivamente cada minuto da minha vida; claro que tive momentos de alegria.

Mas, se pudesse voltar a viver, trataria de ter somente bons momentos. porque, se não sabem, disso é feita a vida, só de momentos, não os perca agora.

Eu era um desses que nunca ia a parte alguma sem um termômetro, uma bolsa de água quente, um guarda-chuva e um pára-quedas; se voltasse a viver, viajaria mais leve.

Se eu pudesse voltar a viver, começaria a andar descalço no começo da primavera e continuaria assim até o fim do outono.

Daria mais voltas na minha rua, contemplaria mais amanheceres e brincaria com mais crianças, se tivesse outra vez uma vida pela frente.

Mas já viram, tenho 85 anos e sei que estou morrendo.

Jorge Luiz Borges

O que o aluno pensa de seu sensei

Quando entra no Dojo:
"O sensei, é um sábio, sabe tudo."
Quando fica faixa azul:
"Parece que ele se engana em certas coisas que diz."
Quando fica Faixa Preta:
"Ele está um pouco atrasado em suas teorias, não são desta época."
Quando fica Nidan:
"Ele está caducando, não sabe nada, decididamente."
Quando fica Sandan:
"Com minha experiência meu sensei seria um grande mestre."
Quando fica Yondan:
"Não sei se consulto meu sensei, neste assunto talvez me pudesse aconselhar."
Quando fica Godan:
"Que pena que estou longe de meu sensei, a verdade é que tinha umas idéias e umas clarividências notáveis."
Quando fica Shihan:
"Que saudade de meu sensei, pena que eu não posso mais estudar com ele, como lastimo tê-lo compreendido tão tarde. Ele era um sábio."

"...Você tem um guia dentro de você"

Você pode não vir a ser o presidente de um país, um primeiro-ministro, você pode não vir a ser um Henry Ford; mas não há necessidade, você pode vir a ser um belo cantor, pode vir a ser um belo pintor, e não importa o que você faça... você pode vir a ser um sapateiro.

Quando Abraham Lincoln se tomou o presidente da América...

Seu pai era um sapateiro e todo o senado estava um pouco embaraçado porque o filho de um sapateiro deveria presidir as pessoas mais ricas, pessoas de alta classe, que acreditavam que eram superiores porque tinham mais dinheiro, porque pertenciam a uma família tradicional.

Todo o Senado estava embaraçado, bravo, irritado; ninguém estava feliz que Lincoln tivesse se tomado presidente.

Um homem, que era muito arrogante, burguês, se adiantou antes que Lincoln desse seu primeiro discurso ao Senado e ele disse:

"-Sr. Lincoln, antes que o sr. comece eu gostaria de lembrá-lo que o sr. é o filho de um sapateiro". E todo o Senado riu. Eles queriam humilhar Lincoln; eles não podiam derrotá-lo, mas podiam humilhá-lo.

Mas é muito difícil humilhar um homem como Lincoln.

Ele disse ao homem: "Eu estou tremendamente grato por você ter me lembrado do meu pai, que está morto. Eu sempre me lembrarei de seus conselhos. eu sei que nunca serei tão bom presidente quanto ele foi sapateiro." Hove um silêncio sepulcral pela forma como Lincoln se comportou... e ele disse ao homem: "até onde eu sei, meu pai costumava fazer sapatos para sua família também. Se seus sapatos estão apertando ou com algum problema, muito embora eu não seja um grande sapateiro, aprendi a arte com meu pai desde a minha infância, eu posso consertá-lo. E o mesmo para qualquer um no Senado; se meu pai fez os sapatos, e eles necessitam de consertos, qualquer melhoria, eu estou sempre à disposição, muito embora uma coisa seja certa, eu não ser tão bom. Seu toque foi dourado."

E lágrimas vieram aos seus olhos ao lembrar de seu grande pai.

Não importa: você pode ser um presidente de terceira classe, você pode ser um sapateiro de primeira classe. O que satisfaz é que você esteja desfrutando daquilo que faz, que você esteja colocando toda a sua energia nisso; que você não queira ser outra pessoa; que isso é o que você quer ser; que você concorda com a natureza de que a parte que lhe cabe desempenhar neste drama é a correta, e que você não está pronto a mudá-la mesmo como um presidente ou um imperador.

Esta é a riqueza real. Este é o poder real."

Bhagwan Shree Rajneesh

Desiderata (anseios)

No meio do barulho e da agitação, caminhe tranqüilo, pensando na paz que você pode encontrar no silêncio.

Procure viver em harmonia, com as pessoas que estão ao seu redor.

Sem abrir mão de sua dignidade.

Fale a verdade clara e mansamente.

Escute a verdade dos outros, pois eles também têm a sua própria história.

Evite as pessoas agitadas e agressivas, elas afligem o nosso espírito.

Não se compare aos demais, olhando as pessoas como superiores ou inferiores a você, isso o tomaria superficial e amargo.

Viva intensamente os seus ideais e o que você já conseguiu realizar.

Mantenha o interesse no seu trabalho, por mais humilde que seja, ele é um verdadeiro tesouro na contínua mudança dos tempos.

Seja prudente em tudo o que fizer, porque o mundo está cheio de armadilhas.

Mas não fique cego para o bem que sempre existe. Há muita gente lutando por nobres causas. Em toda parte, a vida está cheia de heroísmo.

Seja você mesmo. Sobretudo não simule afeição e não transforme o amor em brincadeira, pois no meio de tanta aridez, ele é perene como a relva.

Aceite com carinho o conselho dos mais velhos e seja compreensivo com os impulsos inovadores da juventude. Cultive a força do espírito e você estará preparado para enfrentar as surpresas da sorte adversa.

Não se desespere com perigos imaginários, muitos temores têm sua origem no cansaço e na solidão. Ao lado de uma sadia disciplina, conserve para consigo mesmo, uma imensa bondade.

Você é filho do universo, irmão das estrelas e árvores, você merece estar aqui. E mesmo se você não pode perceber, a terra e o universo vão cumprindo o seu destino. Procure pois estar em paz com Deus, seja qual for o nome que você lhe dê. No meio de seus trabalhos e aspirações, na fatigante jornada pela vida, conserve, no mais profundo do ser, a harmonia e a paz.

Acima de toda mesquinhez, falsidade e desengano, o mundo ainda é bonito, caminhe com cuidado, faça tudo para ser feliz e partilhe com os outros a sua felicidade.

... Não devia.

Eu sei que a gente se acostuma. Mas não devia. A gente se acostuma a morar em apartamentos de fundos e a não ter outra vista que não as janelas ao redor. E porque não tem vista, logo se acostuma a não olhar mais para fora, a não abrir as cortinas. e à medida que se acostuma, esquece o sol, o ar, a amplidão.

A gente se acostuma a acordar de manhã sobressaltado, porque está na hora. A tomar café correndo, a ler o jornal no ônibus, por não poder perder tempo. A comer sanduíche porque não dá para almoçar. A sair do trabalho porque já é noite, a deitar e dormir pesado, sem ter vivido o dia.

A gente se acostuma a abrir o jornal e ler sobre guerra. E, aceitando a guerra, aceita os mortos e que haja números para os mortos. E, aceitando os números, não acredita nas negociações de paz.

A gente se acostuma a andar na rua e a ver cartazes. A abrir revistas e ver anúncios. A ligar a tv e a assistir comerciais. A ir ao cinema e engolir publicidade. A ser conduzido, desnorteado, lançado na infindável catarata dos produtos.

A gente se acostuma à poluição, às salas fechadas de ar condicionado e cheiro de cigarro, à luz artificial e seu ligeiro tremor. Ao choque que os olhos levam na luz natural. À contaminação da água do mar. À lenta morte dos rios. A não ouvir os pássaros, a não ter galo de madrugada, a não colher fruta no pé, a não ter sequer uma planta...

A gente se acostuma às coisas para não sofrer. Em doses pequenas tentando não perceber. Vai afastando uma dor aqui, uma revolta acolá. Se o cinema está cheio, a gente senta na primeira fila e torce o pescoço. Se a praia está contaminada a gente só molha os pés e sua no resto do corpo.

A gente se acostuma... para não se ralar na aspereza, para preservar a pele, evitar feridas, sangramentos. A gente se acostuma para poupar a vida. A vida que, aos poucos se gasta. E que, gasta de tanto se acostumar, se perde de si mesma.

Marina Colasanti

A inteligência sem amor, te faz perverso.
A justiça sem amor, te faz implacável.
A diplomacia sem amor, te faz hipócrita.
O êxito sem amor, te faz arrogante.
A riqueza sem amor, te faz avarento.
A docilidade sem amor, te faz servil.
A pobreza sem amor, te faz orgulhoso.
A beleza sem amor, te faz ridículo.
A autoridade sem amor, te faz tirano.
O trabalho sem amor, te faz escravo.
A simplicidade sem amor, te deprecia.
A lei sem amor, te escraviza.
A política sem amor, te deixa egoísta.
A vida sem AMOR... não tem sentido.

"Se...

Se és capaz de manter a tua calma quando
Todo mundo em redor já a perdeu e te culpa,
De crer em ti quando estão todos duvidando
E para esses no entanto achar uma desculpa,
Se és capaz de esperar sem te desesperares,
Ou, enganado, não mentir ao mentiroso
Ou, sendo odiado, sempre ao ódio te esquivares,
E não parecer bom demais, nem pretensioso,

Se és capaz de pensar - sem que a isso só te atires,
De sonhar - sem fazer dos sonhos teus senhores,
Se, encontrando a desgraça e o Triunfo, conseguires
Tratar da mesma forma a esses dois impostores,
Se és capaz de sofrer a dor de ver mudadas
Em armadilhas as verdades que disseste
E as coisas, por que deste a vida estraçalhadas,
E refazê-las com o bem pouco que te reste,

Se és capaz de arriscar numa única parada
Tudo quanto ganhaste em toda a tua vida,
E perder e, ao perder, sem nunca dizer nada,
Resignado, tornar ao ponto de partida,
De forçar coração, nervos, músculos, tudo
A dar seja o que for que neles ainda existe,
E a persistir assim quando, exausto, contudo
Resta a vontade em ti, que ainda ordena: Persiste!

Se és capaz de, entre a plebe, não te corromperes,
E, entre Reis, não perder a naturalidade,
E de amigos, quer bons, quer maus, te defenderes,
Se a todos podes ser de alguma utilidade,
E se és capaz de dar, segundo por segundo,
Ao minuto fatal todo valor e brilho:
Tua é a Terra com tudo que existe no mundo,
E - o que ainda é muito mais - és um Homem, meu filho!"

Rudyard Kipling

O Caminho Espiritual

O ser inteligente que percebe que viver é mais do que puramente satisfazer suas necessidades básicas de alimento, vestuário, conforto material e algumas vivências emocionais (as quais geram a ilusão de que se "está vivendo"), preocupa-se em trabalhar e em compreender sua própria estrutura como um todo, em busca de um aprimoramento que o conduza a um estado evoluído de ser humano. Nisto ele percebe que a grande dificuldade para a concretização do arquétipo a que se propõe é a prática.

Refletir sobre qual poderá ser o caminho para que não corra em círculos, errar e vagar no Samsara (ciclo eterno de vida e morte), é tentar descobrir o que nos coloca nessa condição, detectando quais e de onde provêm as forças inibidoras do desenvolvimento que nos compelem a "apalpar no escuro".

Ratnamal afirma:

"Das ações negativas provêm todas as frustrações,
E também todas as más formas de vida.
Das ações positivas provêm todas as formas felizes de vida,
E também toda felicidade em cada esfera de vida."

Logo, podemos concluir que, na trilogia Pensar-Sentir-Agir, encontraremos nossas respostas, e que a única rota que conduz à auto-realização é a disciplina do próprio pensamento, sentimento e ação. Um discípulo que sinceramente deseja servir e evoluir, deve ajustar seu viver cotidiano, de modo que disponha de tempo suficiente para a sua meditação e para seu "serviço", tanto em prol de si mesmo, vencendo hábitos antigos que o impedem de mudar, assim como em prol de sua comunidade social e espiritual. Para que a meta desejada possa ser alcançada, é exigido o correspondente investimento em esforço.

Fundamental no Caminho espiritual é o propósito firme e sincero. O princípio de tudo está em procurar conhecer-se, encarando-se com a mais profunda sinceridade e amor, entendendo que a personalidade não é a essência, apenas sua vestimenta; que ela pode ser transformada se assim quisermos, desde que trabalhemos com empenho e constância. Importante é nunca esmorecer. Pode parecer difícil, pode parecer demorado, mas nunca impossível.

Dar a máxima atenção e vigiar constantemente o pensamento, os sentimentos e as palavras é a prática da plena atenção, pois são eles que, justamente, geram a causa - o *Karma* - sejam bons ou maus.

Cada pensamento negativo, sentimento maldoso ou raivoso, cada palavra cortante, gera uma corrente de energia com substâncias que expressam frequências de baixa vibração, que se expandem na aura, principalmente quando essa vibração ou irradiação é dirigida a determinada pessoa ou situação. O retrocesso, ou retorno dessa energia, age *incontinenti* de forma negativa sobre, inclusive, o corpo físico de quem a gerou, refletindo-se também em sua vida material. A forma mais eficiente para disciplinar tais criações é regularmente praticar a meditação e constantemente procurar viver em plena atenção.

"É você mesmo quem deve fazer o esforço; os Budas apenas apontam-lhe o Caminho".

Pessoas São Um Presente

Vamos falar de gente, de presente. Existe, por acaso, algo mais espetacular do que gente? Pessoas são um presente. Algumas vêm em embrulho bonito, como os presentes de Natal, Páscoa ou festa de aniversário. Outras vêm em embalagem comum.

Há as que ficam machucadas no correio. De vez em quando até algumas vêm registradas, pois são presentes valiosos. Algumas pessoas trazem invólucros fáceis. De outras é dificílimo, quase impossível, tirar a embalagem. É fita durex que não acaba mais...

Mas... a embalagem não é o presente. E tantas pessoas se enganam, confundindo a embalagem com o presente. Por que será que alguns presentes são tão complicados para a gente abrir? Talvez porque dentro da embalagem haja algo de pouco valor. Um espaço vazio e solitário. Daí a decepção da gente é grande.

Também você, amigo. Também eu, somos presente para os outros. Você para mim, eu para você. Triste, se formos apenas um "presente embalagem", muito bem empacotado e quase sem nada lá dentro.

Quando existe verdadeiro ENCONTRO COM ALGUÉM, no diálogo, abertura e fraternidade, deixamos de ser uma mera embalagem e passamos à categoria de um presente real. Nos verdadeiros encontros de fraternidade, acontece alguma coisa muito comovente, essencial: mutuamente, nos vamos desembrulhando, desempacotando, revelando.

No bom sentido, é claro...

Você já experimentou essa imensa alegria de vida? A alegria profunda que nasce no recôndito da alma, quando duas pessoas se encontram, se comunicam, virando presente uma para a outra? Conteúdo interno é o segredo para quem deseja tornar-se presente aos irmãos de estrada e não apenas embalagem...

A verdadeira alegria, que a gente sente, e não consegue descrever, só nasce no verdadeiro ENCONTRO COM ALGUÉM.

Alexandre Bull em visita à Baixada Santista, no Instituto Takemussu Tenshi Dojo chefiado por Nelson Wagner dos Santos, em julho de 2003.

O Saber

*Se alguém não sabe,
e não sabe que não sabe...
É tonto. Fuja dele.*

*Se alguém não sabe,
e sabe que não sabe...
É humilde. Ensine-o.*

*Se alguém sabe,
e não sabe que sabe...
Está dormindo. Desperte-o.*

*Se alguém sabe,
e sabe que sabe...
É Sábio. Siga-o.*

Provérbio Chinês

SENSEI

O Kanji "Sensei" é originário das palavras "Sen" que significa "antecipar", "que vem antes" e da palavra "Sei", que significa "nascer, aquilo que faz a vida". Assim, "Sensei" originalmente significa alguém que nasceu antes e que portanto é um "sênior". No Japão e no Oriente em geral, este fato de se ter chegado antes tem grande importância e as pessoas mais velhas ou experimentadas são muito respeitadas como parte do processo cultural. "Sensei" também pode significar algo que revela uma situação de humildade, ou seja, a pessoa tem que se preocupar primeiro em cuidar de sua própria vida, ou sobrevivência antes de fazer qualquer outra coisa. A humildade seria de que a pessoa tem pouca potencialidade, e assim não pode descuidar de trabalhar por sua sobrevivência dedicando seu tempo a outras coisas. O termo "Sei" também sugere a questão em se saber o que havia antes da existência do Universo e da vida. Assim, uma tradução da palavra "Sensei" seria: Aquele que existe antes de você, ou alguém que tenha mais experiência, alguém que possa unificar o Céu, a Terra e a humanidade em algo puro, genuíno, aquele que esteja na vanguarda nas fronteiras da vida. Uma pessoa que realmente faça tudo isto é chamado de Ô Sensei. Infelizmente em muitas "academias", uma pessoa se diz "sensei", mas o que fez para merecer este título é ter treinado 1 ou dois anos algumas vezes por semana, pago por uma faixa preta consignada por uma escola duvidosa sem tradição e ensina rudimentos de arte marcial, dizendo que o estudante deve aprender a dar socos e pontapés e nunca fugir de uma briga para não envergonhar o seu "Dojo".

SENSEI

Inauguração Maruten Dojo - Instituto Takemussu (20/julho/2003)

O Verdadeiro *Budô* nos Torna *UM* com o Universo

Existem muitas pessoas no mundo que não percebem a verdade do Universo. Devido a isto, muitos não conseguem realizar seu verdadeiro potencial como seres humanos, por não estarem unificados com o Universo. Isto é algo que afeta boas pessoas em todos os lugares, e contribui para a miséria do mundo. As pessoas interessadas em entender o grande caminho para atingir a verdade da criação, devem clarificar as leis do Universo através de um planejamento que leve à unificação do ser e à defesa dos três reinos - Manifesto, Sublime e Divino - pelo desenvolvimento do Espírito Universal. Isto pode ser atingido através da prática do caminho da harmonização universal, o Aikido. Para atingirmos a verdadeira harmonia (Wa), é absolutamente necessário que não caminhemos contra as leis do Universo.

Assim como temos a mudança das quatro estações, Primavera, Verão, Outono e Inverno, as pessoas experimentam períodos de felicidade, tristeza, prazer e dor. Enquanto trabalharmos, é necessário seguirmos o progresso do Universo, jamais indo contra ele. Tanto o nascimento como a destruição seguem o caminho do Universo. Desta forma todas as ações fazem parte da ordem original e da energia do Universo: o Fogo do Céu liga-se à Água da Terra. Mente e corpo são partes desta ordem original. Todas as coisas fazem parte da verdade do Universo.

Aqueles que procuram refinar o Espírito Universal através do Aikido devem se atirar nesta empreitada com o desejo de levar a felicidade a todas as vidas, apoiando-se na verdade do Espírito do Universo, na proteção e no amor universais. Isto fará com que um dia se ouça a voz da felicidade universal. Esta felicidade é um dos resultados da prática do Aikido.

O Aikido é o caminho que está em perfeita harmonia com a verdade do Universo. Sendo assim, qualquer espírito de conflito com o Universo fica eliminado. A ausência deste espírito de oposição é uma parte fundamental se desejamos criar a vida e o desenvolvimento.

Morihei Ueshiba

Quando os filhos seguem o caminho dos pais, com alegria, isto significa que existe sinceridade e devoção no exemplo. Foto com Alberto e Pedro Coimbra, o presente e o futuro na liderança do Instituto Takemussu no Rio de Janeiro. Coimbra é o presidente da Federação de Aikido no Estado que segue as orientações do Shihan Wagner Bull, sendo Fernando Sant´Anna, aluno direto deste mestre, o diretor-técnico. Ambos são médicos e apaixonados pelo Aikido.

Parábolas do Caminho

O que é o *Do*?

Certa vez, um pequeno e jovem peixe perguntou a um peixe ancião:
- Ouço as pessoas falarem sobre o que chamam de mar. Mas, afinal, o que é o mar?

O peixe ancião respondeu:
- É tudo que o cerca.
- E por que não posso vê-lo?

Sabiamente o peixe ancião tornou a responder, explicando:
-O mar está em você e ao seu redor. Você nasceu, vive e morrerá no mar. Ele o envolve como as suas próprias escamas.

A onda iluminada

Uma ondinha no mar vivia aflita, dizendo:
- Oh, como estou sofrendo! As outras ondas são tão grandes enquanto eu não passo de um minúsculo agito. Algumas alcançam enormes alturas e eu sou tão desprezível...

Outra onda que estava ali por perto, ouvindo seus lamentos, confortou-a:
- Você acha que sofre porque não viu a sua forma verdadeira.

A ondinha perguntou:
- Se então eu não sou uma onda, o que eu sou?
- Uma onda é apenas uma forma passageira. Na verdade você é água pura!
- Água!?
- Sim. Quando perceber que sua essência é água, não ficará confusa em relação a ser uma onda. Nesta hora deixará de se lamentar.

Assim a ondinha teve um *insight* e disse:
- Ah, entendi! Eu, você e as outras ondas somos todas parte do mesmo mar!

Uma xícara de sabedoria

Um dia um estudioso saiu à procura de um mestre para perguntar-lhe sobre filosofia. Quando o encontrou, o mestre ofereceu ao visitante uma xícara de chá. Enquanto servia o chá, o estudioso ficou falando sobre suas próprias qualidades. Mas, quando a xícara já estava cheia, o mestre continuava entornando chá sem parar dentro dela. Assustado, o estudioso bradou:

- Mestre, basta! Está cheia!

Ao que o mestre respondeu:

- Você é como esta xícara: cheio de seus próprios pensamentos e idéias. Se não esvaziar-se antes, não poderei ensinar-lhe algo novo.

- Compreendo mestre.

Se sua mente estiver cheia com conceitos antigos, a verdade que outros mostram não será assimilada. A maioria das pessoas, quando conversa, procura rapidamente expressar a própria opinião e por isso só ouve a si mesma e nada aprende.

O efeito do *Satori*

Desde épocas remotas, muitos buscadores deixavam seus lares e amigos para atravessar os portões dos templos e estudar com os mestres. Estas pessoas gastavam muito tempo e energia em treinamento contemplativo disciplinado, mas o que ganhavam com isso? Se essa pergunta fosse feita aos mestres, provavelmente eles diriam juntos:

- NADA.

Logo, somente quando pararmos de diferenciar, de nos iludir e pensar, os obstáculos do pensamento linear e racional desaparecerão. Quando estivermos preenchidos de paz não haverá coisa alguma que não possamos entender.

Carregando uma mulher através de um rio

Um manhã quando dois monges iam atravessar um rio encontraram uma jovem em apuros. Ela precisava cruzar o rio mas não sabia nadar e era

muito pequena. O monge mais velho sem hesitar ofereceu sua ajuda. Pegou-a nos braços e a levou até a outra margem. Ela agradeceu e seguiu seu caminho. Os dois monges continuaram sua peregrinação, mas o mais jovem ficou pensativo durante todo o dia, até que perguntou:

- Pensei que nós, monges, não deveríamos tocar nas mulheres. Por que fez aquilo?

- Se você se refere à garota lá atrás, eu a coloquei no chão há muito tempo, mas parece que você ainda a está carregando. Eu a posso ter carregado, mas na minha mente ela não era uma mulher. Quem realmente a carregou foi você.

Os Portões do Céu e do Inferno são um só

Um xogum questionou um mestre:
- Céu e inferno existem de verdade?
O mestre replicou:
- Como você ganha a vida?
- Sou um general – respondeu orgulhoso o xogum.
O mestre desdenhou sua posição dizendo:
- Ora, que idiota lhe pediu para ser um general? Um lixeiro lhe seria mais apropriado. Há, há, há!
Furioso o general sacou a espada:
- Vou cortá-lo ao meio!!!
Neste instante o mestre solenemente apontou-lhe o dedo:
- Este é o inferno e você está entrando nele!
O xogum ficou paralisado por uns minutos até entender sua estupidez:
- Por favor... desculpe a minha ignorância.
Então o mestre completou:
- Agora você acaba de ingressar no paraíso. Saiba que o céu e o inferno não surgem após a morte. Existem aqui e agora e seus portões podem se abrir a qualquer tempo, bastando para isso um breve instante de pensamento.

Devagar é pressa

Um discípulo muito ansioso subiu a montanha para estudar com um mestre de esgrima. Ao encontrá-lo, sua primeira pergunta foi:

- Mestre, se eu estudar muito, precisarei de quanto tempo para dominar os segredos da espada?

- Uns dez anos - respondeu calmamente o mestre.

- Mas meu pai é velho e tenho negócios a tratar em minha terra. Se der o máximo de mim, quanto tempo gastarei?

- Neste caso, creio que uns trinta anos.

- Mas mestre, primeiro disse que dez anos bastariam e agora aumentou para trinta... estou disposto a sacrificar-me. Só quero aprender no menor tempo possível.

- Bem, neste caso terá de estudar comigo durante uns setenta anos. Se não apressar as coisas, atingirá seu objetivo mais rápido.

A porcelana do general

Um general estava em seu castelo admirando sua preciosa coleção de porcelana. Sem querer deixou uma das tigelas cair. Assustado ele gritou e ainda teve tempo de segurá-la antes dela se quebrar. Mas neste momento o general pensou:

- Já lutei em diversas batalhas e liderei milhares de homens, e nunca temi a morte. Por que hoje eu me assustei tanto por causa de uma mera porcelana?

Ao perceber que se assustara porque tinha feito escolhas erradas entre gostar e não-gostar, ele largou a tigela no chão e saiu despreocupado, sem se importar com os cacos, pois era a ansiedade com ganho e perda que lhe dera a sensação de felicidade e tristeza. Ao transcender os conceitos de bem e mal, sucesso e fracasso, a felicidade seria a ação conforme as circunstâncias, fossem elas quais fossem.

Aparentemente sem motivo

Três amigos viram um homem de pé, parado no pico de uma montanha, e intrigados foram lá perguntar:

- Ei, você está esperando alguém?

O homem parado no pico da montanha respondeu:

- Não.
- Então veio respirar ar puro?
- Não.
- Veio apreciar a paisagem?
- Também não.

Ainda mais curiosos, os três amigos perguntaram novamente:

- Então por que está aqui, sozinho, parado, sem nenhum objetivo e finalidade? - Ao que o homem respondeu sem hesitar:

- Apenas estou aqui. A maioria das pessoas vive num mundo dividido, e sua vida depende do exterior. Se a paisagem é bela, ficam felizes. Se não, ficam desapontados. Eis o problema.

O tigre, os ratos e os morangos

Um dia, enquanto caminhava por uma floresta, um homem encontrou um tigre feroz. Dando meia volta, saiu correndo até se deparar com um penhasco.

Vendo que o tigre estava no seu encalço, decidiu descer por um cipó, mas então percebeu que o abismo não tinha fundo. Acima dele o tigre o aguardava faminto e para piorar sua situação, dois ratos, um branco e um preto, apareceram e começaram a roer o cipó. Incapaz de saltar ou de voltar para a beira do precipício, ele ficou ali, pendurado, olhando as coisas à sua volta, aguardando seu fim. Mas neste instante viu morangos maduros e apetitosos ao seu lado, no barranco. Ele os colheu e os comeu, feliz com tamanha delícia encontrada em uma hora tão terrível.

Ele não se preocupou com o futuro. Aproveitou o momento e foi feliz agindo conforme as circunstâncias.

A grande Onda

Certa vez havia um lutador chamado *Tsunami*, que além de alto e forte, era exímio na arte de lutar. Nos treinos era insuperável e vencia até mesmo o seu técnico.

No entanto, durante as lutas era vencido pelo adversário mais fraco e era sempre surpreendido.

Sem saber o que fazer ele foi para as montanhas procurar um mestre. Ao achá-lo, contou-lhe seu dilema e o mestre disse:

- Seu nome tem um significado especial. Então imagine que você é uma onda irresistível derrubando tudo à sua frente, em vez de um lutador ruim com medo de adversários mais fracos. Se fizer isso logo será o melhor lutador do país. Você será invencível!

Sem esperança, mas disposto a tudo, Tsunami acatou o conselho do mestre. Foi para o templo e ficou a meditar, imaginando uma onda enorme vindo em sua direção.

A princípio foi difícil se concentrar, mas depois de algum tempo sentiu uma forte ventania. Algo estava vindo em sua direção. As ondas começavam a

se formar. Com a chegada da noite elas tornaram-se maiores até que arrastaram tudo ao seu redor, inundando o templo, cobrindo as estátuas e destruindo tudo.

Neste instante, alguém tocou o ombro de Tsunami. Era o mestre que viera acordá-lo de sua meditação.

Tsunami relatou-lhe seu sonho e o mestre disse:

- Agora nada o perturbará. Você pode ser como uma onda, forte e implacável.

- Obrigado mestre – agradeceu feliz o lutador, agora com ânimo renovado.

Depois desse episódio, durante as lutas, Tsunami imaginava que era uma onda e tornou-se o maior lutador do país, pois tudo que ele precisava fazer era reagir de um modo decidido e direto em qualquer situação.

Quando entre ele e o oponente não havia mais intervalo, ambos se tornavam um só.

O auto-aperfeiçoamento

Um homem perguntou a um mestre sobre o aperfeiçoamento pessoal e que tipo de pessoas precisavam ser melhoradas. O mestre respondeu:
- O aperfeiçoamente é necessário para pessoas como eu.
- Mas como um mestre como o senhor precisa disso?
- O aperfeiçoamento pessoal nada mais é do que comer e vestir-se.

- Mas faço isso todos os dias. Então onde está o aperfeiçoamento pessoal?
- Está no que eu faço sempre – foi a resposta final do mestre. Como todas as atividades diárias são um pretexto para quem quer se aperfeiçoar, cada pequena tarefa refletirá a verdade. Eis a lição desta pequena parábola.

Como aprender Aikido

Um aspirante a aluno buscou um mestre para aprender Aikido. Quando o encontrou perguntou-lhe como poderia aprender Aikido. O mestre falou que gostaria de lhe dizer mas lamentavelmente precisaria ir ao banheiro. Mas aproveitou a oportunidade para orientar o aluno:
- Pense sobre isto. Mesmo algo tão mundano como ir ao banheiro, ninguém pode fazer por mim. Logo, ninguém além de você mesmo pode entender as grandes questões da vida. Na verdade, aprender só depende unicamente do aluno, o mestre serve apenas para apontar-lhe a direção e servir de exemplo. Quem trilha o caminho é você.

Nascimento da Fundação Kobukai

Este texto é um resumo de um capítulo publicado na revista Aiki News nº 64 escrito pelo antigo Doshu Kishomaru Ueshiba.

Eu encontrei com um professor universitário no dojo de New York a poucos anos atrás. Quando perguntei-lhe por que ele estava tão interessado em Aikido, ele respondeu-me: "Eu tenho praticado Zen (meditação sentado na posição Zazen) por algum tempo... Mas... depois que comecei a praticar Aikido, senti como se o sentimento do Zen tivesse vindo direto para dentro do meu corpo. Eu descobri que isso deveria ser "Zen em movimento". A partir de agora, eu pretendo estudar ambos os caminhos ao mesmo tempo."

Surpreendentemente, muitas pessoas praticam Aiki e Zen relacionando-os a caminhos para a "iluminação", um representando o plano de ação e o outro o plano de quietude. Além disso, muitos acreditam que o Fundador praticou Zen, embora, em fato, o Fundador nunca tenha mostrado interesse neste assunto. Ele adimitiria humildemente o valor de um genuíno e profundo estudo do Caminho do Zen, mas ele fortemente discordaria de pessoas que praticassem por "modismo". Ainda, alguns grandes mestres Zen, como Sr. Daisetsu Suzuki, queriam se encontrar com ele. Dr. Suzuki, tempos mais tarde, relatou suas impressões ao Mestre Akitsuki, a pessoa que o apresentou ao Fundador:

"Eu não diria que o Sr. Ueshiba tenha experimentado Zen. Mas eu penso que (sua arte) é certamente uma forma de "iluminação oriental"... Aikido irá, definitivamente, se tornar mundialmente conhecido num futuro próximo. (Mas) será um pouco difícil fazer um retrospecto ideológico (como Ô Sensei fez) se uma pessoa usar apenas a terminologia do Xintô. Pode não parecer ao Sr. Ueshiba, mas seria bom se ambos, Aiki e Zen fortificar o Aiki com uma filosofia baseada no Budismo Mahayana, especialmente na sua forma Zen. Eu afirmo isto porque, do ponto de vista filosófico, Aiki e Zen naturalmente se correlacionam."

O Sr. Sogen Omori é conhecido atualmente como um grande mestre Zen, espadachim e Iai. Ele é também o autor de um famoso livro "A espada e o Zen" (The sword and Zen). Mestre Omori também conversou com Mestre Akitsuki sobre o Fundador:

"Eu estava numa reunião quando eu vi um senhor de estatura baixa, sentado à minha direita. Seu corpo não revelava qualquer tensão desnecessária e aparentava um completa e espontânea calma; ele não apresentava qualquer abertura em sua postura. Eu intuitivamente sabia que um artista marcial que sentasse dessa maneira só poderia ser o famoso Sr. Ueshiba. Eu estava correto."

Os amigos do Fundador vinham de muitas áreas de conhecimento mas ele não era do tipo de pessoa que adorava a todos igualmente. Ele tinha fortes preferências.

Sua acurada sensibilidade para determinar a honestidade das pessoas faziam dele uma pessoa severa e, algumas vezes, ele não permitia que certas pessoas se aproximassem dele. Por outro lado, sua experiência de atribulações e sua "busca por amar e proteger todos os seres" ajudaram-no a ver as pessoas, não de uma maneira crítica, mas com respeito. Tudo isto junto com seu natural caráter acolhedor, atraíam muitas pessoas a ele. Ele tratava as pessoas de acordo com sua personalidade interna e não pela aparência externa. Assim estas pessoas abriam seus corações com respeito.

O Fundador nunca pensou em amizade em termos de ganhos ou perdas, e não gostava daqueles que usavam outras pessoas. E, ainda assim, seu grande número de amigos o ajudaram muito. Não há muitos artistas marciais que tiveram tantos amigos bons e companheiros. Em 1939, o Sr. Fujita, o Sr. Okada e o Sr. Tomita propuseram que o Kobukan Dojo fosse incorporado em uma "Fundação Kobukai". A autorização veio menos de um ano depois graças a bondade de algumas pessoas inesperadas. Por exemplo, a famosa dançarina Renko Takayanagi trouxe um empresário chamado Sr. Shozo Miyazaka para o dojo por causa de seu interesse por Aiki na qual ela estava profundamente apaixonada. Ela apresentou este empresário para o Fundador e, no primeiro encontro, ele doou, incondicionalmente, vinte mil iens para a nova Fundação (talvez, quarenta ou cinqüenta milhões de iens hoje em dia = aprox. 160.000 a 200.000 dólares).

O Sr. Yoji Tomosue, então diretor do Setor de Educação Física do Centro de Força Física do Ministério da Saúde era um bom amigo do Fundador desde quando o Sr. Tomita o apresentou, por volta de 1934. Como chefe de polícia, ele sempre convidava o Fundador para dar demonstrações e seminários, além de consulta-lo sobre técnicas de aprisionamento para os livros da polícia. Logo que ele foi realocado para o Ministério, a proposta da "Fundação Kobukai" surgiu e sua assistência foi muito importante. O Sr. Tomosue criou um Conselho de Artes Marciais no Ministério e um "setor de Budô", creditando a profunda influência de Ô Sensei. O Fundador dizia que o Kobukai deveria agradecer ao Sr. Tomusue por ter recebido a permissão para tornar-se uma Fundação.

Com a incorporação, a administração e gerenciamento das finanças tornou-se mais fácil e, desde que a Segunda Grande Guerra começaria aproximadamente um ano e meio depois, foi muita sorte que um status de corporação tivesse sido obtido. O primeiro presidente foi o Almirante Takeshita e um general como vice-presidente. Pessoas proeminente faziam parte do mesa diretora. Um deles era o Marquês Sanatomo Maeda, ex-presidente do Colégio Militar que, mas tarde, foi morto em Borneo.

Marquês Maeda e Dr. Kenzo Niki eram popular no dojo. Marquês tinha empregados fazendo tudo por ele, até mesmo tirando seus sapatos ou colocando seu uniforme de treino. Mesmo Primeiros-Ministros o cumprimentavam humildemente, mas o Fundador nunca o tratou de forma especial. Quando um jovem professor de Kendo visitou o Fundador, ele veio dar as boas-vindas e mostrar a sala de visitas. Quando Marquês Maeda chegou para praticar um pouco mais tarde, o Fundador simplesmente cumprimentou-o com um movimento de cabeça e nem mesmo se levantou. Depois da aula, o Fundador não foi levar Marquês até a porta. O jovem professor de Kendo se sentiu embaraçado, mas o Fundador disse: "Você é meu convidado, mas aquele senhor é meu aluno." Eu escutei isso diretamente do Shihan que completou: "Eu nunca fiquei mais impressionado do que naquela vez".

Entrevista Fantástica com o Fundador do Aikido

A seguinte entrevista com *Ô Sensei* e seu filho, Kishomaru, teve lugar cerca de cinqüenta anos atrás e foi publicada no livro *Aikido*, por Kishomaru Ueshiba, Tokyo, Kowado, 1957, pp. 198-219. Foi vertida do japonês por Stanley Pranin e Katsuaki Terasawa e conduzida por dois jornalistas anônimos. Contém uma riqueza de lances valiosos da vida de *Ô Sensei*, da história e do desenvolvimento do Aikido.

A: *Quando eu estava no colégio, meu professor de filosofia nos mostrou o retrato de um famoso filósofo e agora estou impressionado com a semelhança entre vocês, Sensei.*

UESHIBA: *Entendo. Talvez eu devesse ter entrado no campo da filosofia ao invés. Meu lado espiritual é mais forte do que o lado físico.*

B: *Dizem que o Aikido é muito diferente do Karatê e do Judô.*

UESHIBA: *O Aikido é totalmente diferente daquilo que as pessoas em geral pensam a respeito das artes marciais.*

B: *Então, o que é o Aikido?*

UESHIBA: *Na minha opinião, pode-se dizer que é a verdadeira arte marcial. A razão disto é que ele é uma arte marcial baseada na verdade universal. Este universo é composto de muitas partes diferentes e ainda assim, o universo como um todo é uno como uma família e simboliza o estado último da paz. Por ter esta visão do universo, o Aikido não pode ser nada além de uma arte marcial da harmonia e de não violên-*

cia. Por isso, pode se dizer que o Aikido é mais uma manifestação do Criador do Universo. Em outras palavras, o Aikido é como um gigante (imenso em natureza). Portanto, no Aikido, o Céu e a Terra se tornam os campos de treinamento. O estado mental do aikidoísta deve estar pacificado e totalmente livre da violência. É dizer, aquele estado mental especial que transforma a violência em um estado de harmonia. E acho que este é o verdadeiro espírito das artes marciais japonesas. Esta terra nos foi dada para que a transformássemos num paraíso. A atividade guerreira é totalmente fora de contexto.

A: Então, ele é muito diferente das artes marciais tradicionais.

B: Então isto significa que o senhor esteve ligado a Tenryu durante algum tempo?

UESHIBA: Sim. Ele ficou em minha casa por cerca de três meses.
B: Isso foi na Manchúria?

UESHIBA: Sim. Eu o conheci quando fazíamos a ronda depois de uma celebração marcando o décimo aniversário da instalação do governo da Manchúria. Havia um homem de boa aparência na festa e muitas pessoas estavam curiosas, fazendo comentários como: "Este Sensei tem uma tremenda força. Que tal se testar contra ele?" Perguntei a alguém ao lado quem era ele. Foi-me explicado que era o famoso Tenryu que havia se afastado da Sumô Wrestler's Association. Fomos então apresentados. Finalmente, acabamos medindo nossas forças. Sentei e disse a Tenryu: "Por favor, tente me empurrar. Empurre forte, não há necessidade de se conter." Por conhecer o segredo do Aikido, eu não poderia ser movido uma polegada. Mesmo Tenryu pareceu surpreso com isto. Como resultado dessa experiência, ele se tornou um estudante de Aikido. Era um bom homem.

A: Sensei, o senhor esteve também na Marinha?

UESHIBA: Sim, por um longo período. Começando por 1927 ou 28, por cerca de 10 anos. Eu era professor em meio período na Academia Naval.

B: O senhor instruía os soldados na época em que ensinou na Academia Naval?

UESHIBA: Ensinei muito os militares, começando pela Academia Naval em 1927-28. Por volta de 1932 ou 1933, comecei uma aula de artes marciais na Escola Toyama para o Exército. Então em 1941-42, ensinei Aikido aos alunos da Academia de Polícia Militar. Além disso, em certa ocasião, dei uma demonstração a convite do General Toshie Maeda, Superintendente da Academia do Exército.

B: Já que o senhor treinou soldados, deve ter havido muitos tipos rudes e muitos episódios.

UESHIBA: Sim. Fui até mesmo emboscado, uma vez.

B: *Por considerarem-no um professor autoritário?*

UESHIBA: *Não. Não foi por causa disso. Era para testar a minha força. Foi no tempo em que comecei a ensinar Aiki para a polícia militar. Uma noite, enquanto caminhava pelos campos de treinamento, senti que alguma coisa estranha estava acontecendo. Senti algo errado. Subitamente, de todas as direções, de trás dos arbustos e depressões, muitos soldados apareceram e me rodearam. Começaram a me golpear com espadas e rifles de madeira. Mas eu estava acostumado com aquele tipo de coisa e por isso, não me incomodei. Enquanto tentavam me atingir, eu girava meu corpo desta e daquela forma e eles caíam facilmente enquanto os golpeava. Finalmente, todos ficaram exaustos. De qualquer modo, o mundo é cheio de surpresas. Outro dia encontrei um dos homens que tinham me atacado. Sou conselheiro na Military Police Alumnae, na Prefeitura de Wakayama. Durante um encontro recente, um indivíduo me reconheceu e veio sorrindo em minha direção. Depois de termos conversado alguns minutos, entendi que ele era um dos homens que haviam me atacado naquele dia, muitos anos atrás. Enquanto coçava a cabeça, contou-me o seguinte: "Sinto muito por aquele incidente. Naquele dia, discutíamos se o novo professor de Aikido era ou não realmente forte. Uma parte de nós, policiais militares de sangue quente, conversava a respeito e decidimos testar o novo professor. Cerca de 30 homens ficaram na espreita. Ficamos completamente assombrados com o fato de que 30 homens autoconfiantes não pudessem ter feito nada contra a sua força."*

C: *Houve outros episódios enquanto o senhor esteve na Escola Toyama?*

UESHIBA: *Medição de forças?... Um incidente teve lugar, acredito que antes do episódio com a polícia militar. Vários capitães que eram instrutores na Escola Toyama me convidaram para testar minha força contra eles. Todos estavam orgulhosos de suas habilidades dizendo coisas como: "Sou capaz de erguer tantos e tantos pesos", ou "parti um tronco de tantas polegadas de diâmetro". Se reuniram ao meu redor para testar meu poder. Expliquei a eles: "Não tenho força como vocês mas posso derrubar pessoas apenas com o meu dedo mínimo. Sinto por vocês se os arremessar. Então, vamos fazer isto, ao invés." Estendi meu braço direito e apoiei a ponta do dedo indicador na borda de uma mesa e os convidei a apoiarem seus ventres sobre o meu braço. Um, dois e então três oficiais se apoiaram sobre ele e naquele momento, todos arregalaram os olhos. Continuei até que seis homens estivessem apoiados e então pedi um copo de água ao oficial que estava em pé perto de mim. Enquanto eu tomava a água com a mão esquerda, todos estavam silenciosos, trocando olhares.*

B: *À parte do Aikido, o senhor deve ter uma tremenda força física.*

UESHIBA: *Na verdade, não.*

KISHOMARU UESHIBA: *É claro que ele tem força, mas ela deve ser descrita como o poder do Ki, mais do que força física. Algum tempo atrás, quando fomos a uma nova colônia no país, vimos sete ou oito lavradores tentando em vão levantar um enorme tronco de árvore. Meu pai parou para olhar por um instante e então pediu que*

se afastassem um pouco para que pudesse tentar. Levantou-o facilmente e de pronto, carregou o tronco. É totalmente inconcebível fazer este tipo de coisa usando mera força física. Também houve um incidente envolvendo um certo Mihamahiro.
B: *O mesmo Mihamahiro da Associação de Sumô Takasago Beya?*

UESHIBA: *Sim. Ele era da Província de Kishu. Quando estive em Shingu em Wakayama, Mihamahiro estava bem colocado nas classificações de Sumô. Tinha tremenda força e podia erguer três vigas que pesavam várias centenas de libras. Quando soube que Mihamahiro ia ficar na cidade, convidei-o para um encontro. Enquanto conversávamos, Mihamahiro disse: "Também ouvi dizer que o senhor, Sensei, possui grande força. Por que não fazemos um teste?" "Está certo. Ótimo. Posso imobilizá-lo apenas com o meu dedo indicador", respondi. Então deixei que ele me empurrasse enquanto eu estava sentado. Este sujeito, capaz de erguer pesos imensos, bufou e bufou mas não pode me mover. Depois, redirecionei sua força para além de mim e ele saiu voando. Quando caiu, prendi-o com o dedo indicador, ficando totalmente imobilizado. Foi como um adulto prender um bebê. Então sugeri que tentássemos outra vez e deixei que ele me empurrasse contra a testa. Entretanto, ele não pôde me mover de forma alguma. Então estendi minhas pernas para a frente e, balançando, tirei-as do chão e fiz com que me empurrasse. Mesmo assim, ele não pôde me mover. Ficou surpreso e começou a estudar Aikido.*

B: *Então, em Budô, não é bom ser forte. Desde a antigüidade a unificação do Ken e do Zen é ensinada. Sem dúvida, não se pode compreender a essência do Budô sem esvaziar a mente. Nesse estado, nem o certo ou o errado têm significado.*

UESHIBA: *Como eu disse antes, a essência do Budô é o Caminho do Masakatsu e Agatsu.*

B: *Ouvi uma estória sobre como o senhor se envolveu em um combate com cerca de 150 trabalhadores.*

UESHIBA: *Estive? Se me lembro... Deguchi Sensei foi à Mongólia em 1924 para realizar o seu objetivo de uma Comunidade Asiática maior, alinhada com a política nacional. Eu o acompanhei a seu pedido, embora estivesse convocado para o exército. Viajamos pela Mongólia e Manchuria. Neste último país, encontramos um grupo de bandidos montados e houve um pesado tiroteio. Devolvi o fogo com uma Mauser (pistola alemã) e então comecei a correr para o meio dos bandidos, atacando-os violentamente e eles se dispersaram. Tive sucesso em escapar do perigo.*

A: *Sensei, sabemos que o senhor tem muitas ligações com a Manchúria. O Senhor passou muito tempo lá?*

UESHIBA: *Desde aquele incidente, tenho ido à Manchúria com bastante freqüência. Eu era conselheiro para artes marciais na organização Shimbuden, bem como na Kenkyoku University na Mongólia. Por esta razão, sou bem recebido naquele país.*

B: *Hino Ashihei escreveu uma estória chamada "Oja no Za" na Shosetsu Shincho, na qual relata a juventude de Tenryu Saburo, dissidente do mundo do Sumô e do seu encontro com a arte marcial do Aikido e seu verdadeiro espírito. Isto tem algo a ver com o senhor, Sensei?*

UESHIBA: *Sim. Sem dúvida, é muito diferente. Se olharmos para trás no tempo, veremos o quanto as artes marciais têm sido maltratadas. Durante o Período Sengoku (1482-1558, "Sengoku" = países em guerra) os suseranos locais usaram as artes marciais como uma ferramenta de luta a serviço de seus próprios interesses e para satisfazer o seu orgulho. Acho isto totalmente inadequado. Embora eu mesmo, durante a guerra, tenha ensinado artes marciais a soldados para serem usadas com o propósito de matar, fiquei profundamente perturbado depois que o conflito terminou. Isto me motivou a descobrir o verdadeiro espírito do Aikido sete anos depois, ao tempo em que surgiu a idéia de construir um paraíso na terra. A razão disto foi que, embora o Céu e a Terra (isto é, o universo físico) tenha alcançado um estado de perfeição e seja relativamente estável em sua evolução, a raça humana (o japonês, em particular) parece estar em um estado de revolução. Antes de mais nada, devemos mudar esta situação. A compreensão desta missão é o caminho para a evolução do homem universal. Quando cheguei a esta compreensão, concluí que o verdadeiro estado do Aikido é do amor e da harmonia. Assim, o Bu (marcial) em Aikido é a expressão do amor. Eu estudei o Aikido para servir meu país. Desta forma, o seu espírito só pode ser o amor e a harmonia. O Aikido nasceu de acordo com os princípios de funcionamento do universo e portanto, ele é um Budô (arte marcial) de vitória absoluta.*

B: *O senhor poderia falar a respeito dos princípios do Aikido? O público em geral vê o Aikido como algo místico, como ninjutsu, já que o senhor, Sensei, derrubou oponentes enormes com a velocidade da luz e levantou objetos pesando várias centenas de libras.*

UESHIBA: *Ele apenas parece ser místico. Em Aikido usamos completamente o poder do oponente. Assim, quanto maior a força que ele usa, mais fácil é para você.*

B: *Então, nesse sentido, há Aiki em Judô, também, já que no Judô você se sincroniza com o ritmo do seu oponente. Se ele puxa, você empurra. Você se move de acordo com este princípio e o faz perder o equilíbrio e então aplica a sua técnica.*

UESHIBA: *Em Aikido, não existe agressividade, em absoluto. Atacar significa que o espírito já foi derrotado. Aderimos ao princípio da absoluta não-resistência, que equivale a dizer, não nos opomos ao atacante. Assim, não há oponente em Aikido. A vitória em Aikido é Masakatsu e Agatsu; desde que ela seja obtida sobre todas as coisas de acordo com a missão do Céu, você possui força absoluta.*

B: *Isto significa Go no Sen? (Este termo refere-se a uma resposta tardia a um ataque)*

UESHIBA: *Não, em absoluto. E tampouco é uma questão de Sen Sen no Sen. Se eu tentasse verbalizar, diria que você controla seu oponente sem tentar controlá-lo, isto* é, o estado de vitória contínua. Não existe nenhuma questão de vencer ou perder e neste sentido, não há oponente em Aikido. Mesmo que você tenha um, este se torna parte de você, um parceiro que se pode controlar facilmente.

B: Quantas técnicas existem em Aikido?

UESHIBA: Existem cerca de 3.000 técnicas básicas e cada uma delas tem 16 variações... Assim, existem milhares. Dependendo da situação, você cria novas técnicas.

A: Quando o senhor começou a estudar artes marciais?

UESHIBA: Com 14 ou 15 anos. Primeiro aprendi Tenshinyo-ryu Jiujitsu com Tozawa Tokusaburo Sensei, e então Kito-ryu, Yagyu-ryu, Aioi-ryu, Shinkage-ryu, todas formas de Jiujitsu. Entretanto, pensei que deveria existir uma verdadeira forma de Budô em algum lugar. Tentei Hozoin-ryu Sojitsu e Kendo. Mas todas estas artes estão voltadas para o combate um a um e não puderam me satisfazer. Assim, visitei muitos lugares no país procurando o Caminho e o treinamento... mas foi tudo em vão.

A: O treino ascético do guerreiro?

UESHIBA: Sim, a procura pelo verdadeiro Budô. Quando eu ia a outras escolas, não poderia nunca desafiar o Sensei do dojo. Uma pessoa responsável por um dojo tem obrigações com muitas coisas e assim é muito difícil para ele demonstrar a sua verdadeira habilidade. Eu lhe renderia o respeito adequado e aprenderia com ele. Caso me julgasse superior, renderia meus respeitos e voltaria para casa.

B: Então o senhor não aprendeu Aikido desde o começo.

UESHIBA: Não o chamávamos Aikido então. Estudei todas as artes marciais.

B: Quando foi que o Aikido nasceu?

UESHIBA: Como já disse, fui a muitos lugares buscando o verdadeiro Budô. Então, quando eu estava com cerca de 30 anos, estabeleci-me em Hokkaido. Em uma ocasião, durante uma estada no Hisada Inn em Engaru, Província de Kitami, encontrei um certo Takeda Sokaku Sensei do clã Aizu. Ele ensinava Daito Ryu Jujutsu. Durante os 30 dias em que aprendi com ele, senti algo como que uma inspiração. Mais tarde, convidei este mestre para vir à minha casa e junto com 15 ou 16 empregados, nos tornamos alunos, procurando pela essência do Budô.

A: O Senhor descobriu o Aikido enquanto aprendia Daito Ryu com Takeda Sokaku?

UESHIBA: Não. Seria mais preciso dizer que Takeda Sensei abriu meus olhos para o Budô.

A: Então, houve alguma circunstância especial envolvendo a sua descoberta do Aikido?

UESHIBA: *Sim. Aconteceu desta forma. Meu pai ficou seriamente doente em 1918. Pedi para deixar Takeda Sensei e fui para casa. No caminho, disseram-me que se eu fosse a Ayabe perto de Kyoto e dedicasse uma prece, qualquer doença seria curada. Assim, eu fui e lá encontrei Deguchi Onisaburo. Depois disso, quando cheguei em casa, soube que meu pai já estava morto. Embora tenha encontrado Deguchi apenas uma vez, decidi mudar-me para Ayabe com minha família e acabei por permanecer ali até o fim do período Taisho (por volta de 1925). Sim... Naquela época eu estava com 40 anos de idade. Um dia, eu me enxugava perto de um poço. De repente, uma cascata de ofuscantes luzes douradas desceu do céu envolvendo meu corpo. Então imediatamente meu corpo foi se tornando maior e maior, atingindo o tamanho do universo. Enquanto eu era dominado por esta experiência, subitamente compreendi que não se deveria pensar em tentar vencer. A forma do Budô deve ser a harmonia. É preciso viver em harmonia. Isto é Aikido, é a forma antiga da postura em Kenjitsu. Depois desta compreensão, fiquei emocionado e não pude conter as lágrimas.*

A: *Quando o senhor diz imobilizar alguém com um dedo, o senhor pressiona um ponto vital?*

UESHIBA: *Essencialmente o que faço é o seguinte: desenho um círculo ao redor da pessoa. Seu poder está dentro desse círculo. Não importa quão forte alguém seja; não pode estender a sua força para além desse círculo. Ele se torna fraco. Assim, se você a imobiliza enquanto você está fora desse círculo, pode prender a pessoa com o seu dedo indicador ou seu dedo mínimo. Isto é possível porque o oponente já se tornou fraco.*

B: *Mais uma vez, é uma questão de física. Também em Judô, quando você arremessa um oponente ou o imobiliza, você se coloca do mesmo modo. Em Judô, você se movimenta de várias maneiras para tentar posicionar o oponente da mesma forma.*

A: *Sua esposa é da Prefeitura de Wakayama?*

UESHIBA: *Sim. Seu sobrenome de solteira em Wakayama era Takeda.*

A: *O nome da família Takeda tem uma relação muito estreita com as artes marciais.*

UESHIBA: *Pode-se dizer que sim. Minha família tem sido leal à Casa Imperial por muitas gerações. E temos sido absolutamente sinceros em nosso apoio. Na verdade, meus ancestrais se desfizeram das propriedades e fortuna e mudaram-se a serviço da família imperial.*

B: *Deve ter sido bastante difícil para a sua esposa, já que o senhor também, Sensei, está constantemente se mudando desde a juventude.*

UESHIBA: *Eu estava muito ocupado e não tive muito tempo de lazer para passar em casa.*

KISHOMARU: *A família de meu pai era abastada e ele pôde se dedicar ao Budô Shugyo (treinamento rigoroso em artes marciais). E outra coisa, mais uma das suas* características é que ele se preocupa pouco com dinheiro. O seguinte incidente teve lugar em certa ocasião. Quando meu pai se estabeleceu em Tóquio em 1926, em sua segunda visita à capital, primeiro veio sozinho e depois, foi seguido pela família que veio de Tanba em 1927. Nos estabelecemos em Sarumachi, Shibashirogane em Tóquio. Alugamos aquele lugar com a ajuda do Sr. Kiyoshi Yamamoto, um dos filhos do General Ganbei Yamamoto. Naquele tempo, meu pai possuía muitas propriedades ao redor de Tanabe, incluindo tanto terras cultivadas como não cultivadas e terrenos montanhosos. Entretanto, tinha pouco dinheiro e teve que pedir emprestado. A despeito disto, nunca precisou vender qualquer terra. E mais, quando seus alunos traziam oferendas mensalmente ele dizia: "Não quero este tipo de coisa". Dizia-lhes que oferecessem ao Kami-Sama (uma divindade) e nunca aceitou dinheiro diretamente. E quando precisava, ele se apresentava humildemente em frente ao altar do Kami-sama e recebia presentes da divindade. Nunca pensamos em cobrar pelo Budô. A sala de treinamento na época era o salão de bilhar na mansão do Conde Shimazu. Muitos dignitários, incluindo oficiais tais como o Almirante Isamu Takeshita bem como vários aristocratas vinham praticar. O nome que usávamos era "Aikijujutsu" ou "Ueshiba-ryu Aikijutsu".

B: *Qual é a idade ideal para começar a treinar Aikido?*

KISHOMARU: *Você pode começar por volta de 7 ou 8 anos de idade, mas o treinamento sério, ideal, deve começar aos 15 ou 16 anos. Fisicamente falando, a estrutura do corpo se torna mais vigorosa e os ossos mais fortes nessa idade. Além disso, o Aikido tem muitos aspectos espirituais (é claro, assim como outras formas de Budô) e assim, nessa idade, começa-se a adquirir uma perspectiva do mundo e da natureza do Budô. Assim, por tudo isto, eu diria que 15, 16 anos é uma boa idade para começar o estudo do Aikido.*

B: *Comparado com o Judô, em Aikido há bem poucas ocasiões em que se se atraca com o oponente. Assim, não há necessidade de muita força física. Além disso, pode-se lidar não apenas com um, mas muitos oponentes ao mesmo tempo. Isto é realmente o ideal como Budô. Mas, por outro lado, ele pode ser também usado como ferramenta em briga de rua. Nesse aspecto, há também muitos "brigões" que vêm estudar Aikido?*

KISHOMARU: *É claro, este tipo de indivíduo aparece também. Mas quando este tipo pratica o Aikido com a intenção de usá-lo como ferramenta para brigar, não fica muito tempo. O Budô não é como dançar ou assistir um filme. Chuva ou sol, você deve praticar todo o tempo, durante o dia-a-dia para progredir. Em particular, o Aikido é como um treinamento espiritual praticado sob a forma de Budô. Não pode nunca ser cultivado como ferramenta para aqueles que o usariam para a briga. Também, indivíduos com tendência à violência param de agir assim quando aprendem Aikido.*

B: *Compreendo... Através do treinamento constante, eles param de se comportar como "brigões".*

UESHIBA: *Como o Aikido não é um Bu (método marcial) de violência mas uma arte marcial de harmonia, não se age violentamente. Você converte o oponente violento de forma gentil. Eles não podem se comportar assim por muito tempo.*
B: *Compreendo. Não é controlar a violência com a violência, mas transformar a violência em harmonia.*

A: *O que o senhor ensina em primeiro lugar como fundamento do Aikido? Em Judô, aprende-se Ukemi (queda)...*

KISSHOMARU: *Primeiro, a movimentação do corpo (Tai Sabaki) e então, o fluxo de Ki...*

A: *O que é o fluxo de Ki?*

KISHOMARU: *Em Aikido, treinamos constantemente o controle do Ki do nosso parceiro através do movimento de nosso próprio Ki, atraindo-o para o nosso próprio movimento. A seguir, aprendemos como girar o corpo, movendo-o juntamente com os braços e pernas. Então, o corpo se torna unificado e se move suavemente.*

B: *Assistindo à prática do Aikido, os alunos parecem cair naturalmente. Que tipo de treino vocês fazem para o Ukemi?*

KISHOMARU: *Diferente do Judô, onde você se atraca com o oponente, em Aikido quase sempre se mantém alguma distância. Conseqüentemente, um tipo mais livre de Ukemi é possível. Ao invés de cair com um baque como no Judô, fazemos quedas circulares, uma forma muito natural de Ukemi. Assim, praticamos aqueles quatro elementos com muita diligência.*

B: *Então vocês praticam Tai no Sabaki (movimentação do corpo), Ki no Nagare (fluxo de Ki), Tai no Tenkan Ho (giro de corpo), Ukemi e então começam a praticar técnicas. Que tipo de técnica o senhor ensina primeiro?*

KISHOMARU: *Shihonage, uma técnica para arremessar um oponente em muitas direções diferentes. Isto é feito da mesma maneira que a técnica de espada. É claro, usamos bokken (espadas de madeira) também. Como eu disse antes, em Aikido, mesmo o inimigo se torna parte do seu movimento. Posso movê-lo como desejar. Segue-se então, naturalmente, que quando se pratica com quaisquer meios que se tenha disponíveis, como um bastão ou uma espada de madeira, estes se tornam também uma parte de você, como um braço ou uma perna. Portanto, em Aikido, aquilo que você está segurando deixa de ser um mero objeto, para se tornar uma extensão do seu próprio corpo. Em seguida, Iriminage. Nesta técnica, você entra assim que o oponente tenta golpeá-lo e nesse momento, aplicam-se dois ou três atemi (golpes em pontos dolorosos). Por exemplo, o oponente ataca a lateral do seu rosto com um soco ou com a mão-espada (Tegatana). Usando a força do oponente, você faz uma abertura com o seu corpo para a esquerda e para trás, enquanto conduz a mão direita do atacante com suas duas mãos estendidas, continuando na direção do movimento. Então, segurando a mão do oponente, você a move em* *círculo ao redor da cabeça dele. Ele então cai com o braço "enrolado" ao redor da cabeça... Isto também é o fluxo de Ki. O oponente ataca com a mão direita; você move a mão na direção do Ki dele... Há várias teorias sofisticadas a respeito. O oponente fica totalmente enfraquecido, ou melhor, a força do oponente é dirigida na direção em que você quer levá-lo. Assim, quanto mais força o oponente tiver, mais fácil é para você. Por outro lado, se você se chocar com a força dele, não pode nunca esperar derrotar uma pessoa muito forte.*

UESHIBA: *Além disso, em Aikido, nunca se vai contra a força do atacante. Quando ele o ataca, golpeando ou cortando com uma espada, há essencialmente uma linha ou um ponto. Tudo o que você precisa fazer é evitá-los.*

KISHOMARU UESHIBA: *Depois fazemos as seguintes técnicas: Suwari Waza Shomenuchi Ikyo, Nikyo; então técnicas de articulação e imobilização, assim por diante...*

B: *O Aikido tem muitos elementos espirituais. Quanto tempo leva para adquirir uma compreensão básica do Aikido, desde o princípio?*

KISHOMARU UESHIBA: *Não posso generalizar, já que existem pessoas coordenadas e descoordenadas, mas quando alguém pratica por cerca de três meses, começa a ter alguma compreensão do que é o Aikido. E aqueles que tenham completado três meses de prática, treinarão por seis. Se praticar por seis, então poderá continuar por um tempo indefinido. Aqueles que têm apenas um interesse superficial desistirão antes dos três meses.*

B: *Vai haver um exame de Shodan no dia 28 deste mês. Quantos faixas pretas existem atualmente?*

KISHOMARU UESHIBA: *A graduação mais alta é a oitava e existem quatro deles. Há seis faixas pretas de sétimo grau . E os de primeiro grau são bastante numerosos, mas, é claro, isto inclui somente aqueles que contataram o Hombu Dojo depois da Guerra.*

B: *Sei que há um número considerável de pessoas aprendendo Aikido em países estrangeiros também.*

KISHOMARU UESHIBA: *O Sr. Tohei tem visitado o Havaí e os Estados Unidos com o propósito de ensinar Aikido. O Aikido é mais popular no Havaí onde há 1.200 ou 1.300 praticantes. Esta estimativa para o Havaí seria equivalente a 70 ou 80.000 aikidoístas em Tóquio. Há bem poucos faixas pretas na França também. Há um francês que começou a estudar Aikido depois de se machucar praticando Judô. Eles queria experimentar o espírito do Aikido mas não foi possível conseguir isto na França. Sentiu que para buscar o verdadeiro espírito do Aikido, teria que ir ao berço da arte. Por esta razão, veio ao Japão. O Embaixador do Panamá também está estudando Aikido mas parece que o clima no Japão é muito frio e não pratica no inverno. Há também uma senhora chamada Onada Haru que foi a Roma estudar escultura. Vem* ao Dojo desde o tempo em que era estudante na Escola de Belas Artes de Tokyo. Acabei de receber uma carta onde diz ter conhecido um italiano que pratica Aikido e a tratou muito bem.

A: *E a respeito da interpretação das técnicas do Aikido?*

UESHIBA: *Os pontos essenciais são Masakatsu, Agatsu e Katsuhayairi. Como eu disse antes, Masakatsu significa a "vitória correta" e Agatsu significa vencer de acordo com a missão celeste que foi dada a você. Katsuhayairi representa o estado mental da "vitória rápida".*

A: *O Caminho é longo, não é?*

UESHIBA: *O Caminho do Aikido é infinito. Estou agora com 76 anos de idade mas continuo a minha busca. Não é uma tarefa fácil dominar o Caminho no Budô ou nas artes. Em Aikido, você deve compreender cada fenômeno do Universo. Por exemplo, a rotação da Terra e o mais intrincado e longínquo sistema do universo. É um treinamento para a vida inteira.*

B: *Assim, Aiki é o ensinamento do Kami (Deus) tanto quanto um caminho marcial. Então, qual é o espírito do Aikido?*

UESHIBA: *Aikido é ai (harmonia). Você faz desta grande harmonia do universo o seu coração e então deve tornar sua própria a missão de proteção e de amor por todas as coisas. Realizar esta missão deve ser o verdadeiro Budô. O verdadeiro Budô significa vencer-se a si mesmo e eliminar o coração combativo do inimigo. Não, é um caminho de absoluta autoperfeição no qual o verdadeiro inimigo é eliminado. A técnica do aiki é o treinamento ascético e um caminho através do qual se alcança um estado de unificação do corpo e do espírito pela compreensão do princípio do Céu.*

B: *Então Aiki é o Caminho para a paz do mundo.*

UESHIBA: *O objetivo último do Aiki é a criação de um Paraíso na Terra. De qualquer modo, o mundo inteiro deve estar em harmonia. Então não teremos necessidade de bombas atômicas ou de hidrogênio. Poderá ser um mundo confortável e prazeroso.*

Kenjiro Kasuga, o Pioneiro Desconhecido

No dia 12 de junho de 1991, o autor viajou para Vitória-ES, com grande expectativa - iria se encontrar com um aluno de *Ô Sensei* Morihei Ueshiba quando o Aikido engatinhava, em Iwama em 1945.

Na época, um leitor do livro *"Aikido o Caminho da Sabedoria"*, Akira Ioshimoto, descobriu esta pessoa - Kenjiro Kasuga, que estava incógnito e era desconhecido de todos os aikidoístas brasileiros. Para nós, os primeiros aikidoístas a chegar ao Brasil foram Reishin Kawai e Teruo Nakatani, porém Kenjiro Kasuga chegou primeiro em 1955.

Assim que o autor chegou em Vitória foi procurar o senhor Kenjiro Kasuga em uma escola japonesa da qual ele era o administrador. O táxi o levou até a Sociedade Civil de Divulgação Cultural Japonesa, entrou pelo portão e, após ser anunciado foi encaminhado para o interior onde encontrou em uma mesa um velhinho de cabeça branca, sentado em uma postura ereta que arregalando os olhos perguntou: *"De onde o senhor me conhece?"* Após as apresentações e ao saber que o autor era praticante antigo de Aikido e divulgador da arte no país, sua face mostrou uma fisionomia alegre, colocando-se inteiramente à disposição.

Kenjiro Kasuga e Wagner Bull

Wagner Büll: Onde o senhor nasceu e em que ano?
Kenjiro Kasuga: Eu nasci em Osaka, no dia dez de outubro de 1925. Pratiquei várias artes marciais antes do Aikido; durante a guerra servi na marinha e quando terminou desliguei-me como tenente da marinha mercante.

WB: Como conheceu o Aikido?
KK: Eu era muito amigo do Tadashi Abe que é tio de Yamada Sensei e foi posteriormente enviado à França pelo Aikikai para desenvolver o Aikido lá. Abe treinava com *Ô Sensei* e um dia, em 1945, convidou-me para participar de um seminário, durante uma semana, em Iwama, cidadezinha do interior do Japão onde *Ô Sensei* cultivava a agricultura em sua propriedade. Nesta época eu era 2º *Dan* de Judô e Kendô e 1º *Kyo* de Sumô. Naquela época o Aikido se iniciava e havia poucas pessoas treinando. Não mais que oito ou nove.

Eram meus companheiros de treino o atual *Doshu*, Tohei, Abe e Saito.

Tohei era muito forte e talvez o melhor de todos. Kishomaru era um pouco fraco e não treinava intensivamente naquela época. Tohei e Abe eram 7º *Dan*. Saito era ainda um menino. Depois deste seminário voltei e treinei mais um mês, quando houve o casamento de Kishomaru. E, até 1949, continuei visitando *Ô Sensei* e com ele treinando quando era possível.

Em 1949 *Ô Sensei* me chamou para um seminário no Castelo de Osaka, que foi feito para a polícia local. Em seguida fomos fazer um seminário para a polícia de Kyoto durante uma semana. Nós ficamos hospedados na casa de um industrial, da empresa Ishihara que era fantástica. *Ô Sensei* era muito considerado e respeitado.

WB: Como era o treino com o Fundador do Aikido em Iwama?

Kenjiro Kasuga, aluno direto do Fundador

KK: Bom, a gente levantava às seis horas da manhã e assistia a cerimônia xintô feita por *Ô Sensei* e recitava o *Norito* até às sete horas. Aí começava o treino de uma hora. Das oito às oito e meia tomávamos o desjejum, depois íamos para a roça com o Fundador e juntos plantávamos verduras e batatas.

Ao meio-dia almoçávamos e depois voltávamos para a roça até às seis horas, depois jantávamos. A comida era pouca e depois fazíamos uma hora de treino. Em seguida *Ô Sensei* nos mandava ler textos xintoístas até a noite. No dia seguinte era a mesma coisa. Eu gostava muito dos treinos, mas das leituras do texto e da parte religiosa não. Era muito cansativo. Porém, reconheço que a energia, a força que sentíamos, segundo as palavras do Fundador, vinha das práticas religiosas que ele nos ensinava e pedia para repetir.

O *Norito* era muito importante. Ainda me lembro de parte, de tanto que o repetíamos.

WB: O senhor não achava que esta parte religiosa e esotérica era importante? Por que o senhor não a valorizava?
KK: Bom, eu era muito jovem e estava mais interessado em defesa pessoal. E aprendi. Por duas vezes, em São Paulo, fui atacado por ladrões e facilmente os dominei, entregando-os à polícia.

Eu, em 1950 até a ida de Abe para a França, treinei muito com ele, mas parei assim que ele viajou. Em 1955 vim para o Brasil para construir uma fábrica de seda em Bastos. Depois vivi em Americana e finalmente vim para Vitória.

WB: Por que o senhor não ensinou Aikido no Brasil?
KK: Política. Não me agradou a maneira dissidente de alguns mestres. Ora, se o Fundador designou seu filho e este seu filho, os praticantes deveriam respeitar essa hierarquia. Na verdade, alguns alunos devido a sua vaidade se separaram criando escolas. Isto me aborreceu. A única vez que voltei a ter contato com o Aikido foi em 1979, quando o *Doshu* visitou o Brasil. Estive no hotel falando com ele mas não participei das demonstrações.

Ao final da entrevista Kenjiro Kasuga aceitou o convite do autor para o Seminário com o Sensei Yamada, em outubro de 91, com enorme prazer. Sensei Yamada é sobrinho de seu grande amigo Tadashi Abe. Depois foram almoçar, quando o autor pôde conhecer melhor sua personalidade. Kenjiro Kasuga é calmo, alegre, amigo, gentil, porém, firme em suas convicções, um verdadeiro aikidoísta.

Nas mãos de Kenjiro Kasuga a energia "Ki" pode ser sentida. Ele disse ao autor que Ô Sensei não deixava ninguém treinar outras técnicas antes de conseguir fazer bem feito o Zagui Kokyu Ho através de teste.

Entrevista com Yamada Sensei

Por Wagner Bull Sensei

W.B.: Como o senhor se sente agora que está chegando aos 60 anos? Seus objetivos para o futuro mudaram?

Sensei: Eu me sinto melhor do que nunca. Acho que meu objetivo é ser curioso sobre quando vou poder me aposentar e parar de viajar tanto. Estou brincando... Francamente, meus objetivos não mudaram e são somente ser um bom mestre, assim como melhorar como pessoa.

W.B.: A USAF (Federação Americana de Aikido) se desligou da IAF (Federação Internacional de Aikido), mas o senhor permaneceu na IAF como indivíduo. Por quê decidiu ficar?

Sensei: Não tive escolha. Eu sou membro do conselho da IAF, uma posição designada para mim diretamente pelo Doshu.

W.B.: Por que a USAF se desligou da IAF?

Sensei: Simplesmente porque estávamos cansados das ações da IAF. Na forma que é hoje, a IAF é desnecessária.

W.B.: Qual a relação entre o Doshu Kisshomaru Ueshiba e a IAF?

Sensei: O Doshu é o presidente da IAF, essa é a ligação. No entanto, a IAF quer funcionar como uma organização completamente separada do quartel-general. Essa é uma das razões pelas quais me opus à IAF.

W.B.: O que o Hombu Dojo acha da USAF se desligar da IAF?

Sensei: Acho que é melhor perguntar ao Hombu Dojo.

W.B.: Todos os seminários que o senhor comparece no mundo inteiro são sempre grandes eventos. Na sua opinião, qual a razão dessa sua grande popularidade?

Sensei: Espero que pelo meu charme e simpatia... Bem, falando sério, eu realmente não acho que é por minha causa, mas pelos esforços dos organizadores dos seminários para promover o Aikido.

W.B.: O Aikido começou pequeno no Brasil. Após somente oito anos de sua ajuda, o Aikido tem crescido enormemente aqui. Por exemplo, 709 pessoas registraram-se no seminário de outubro de 97 em São Paulo, ministrado pelo senhor e Tamura Sensei. Foi um dos maiores eventos na história do Aikido. Qual a sua magia?

Sensei: É a mesma que eu mencionei na resposta anterior. É o trabalho do organizador promover o seminário, assim como reunir todos os membros do Aikido. Além disso, sinto que existe um desejo muito grande de estudar com discípulos diretos de Ô Sensei, como Tamura Sensei.

W.B.: O senhor é conhecido como uma pessoa que realmente aprecia a vida. Gosta de viajar, de comer bem, e de se divertir o máximo possível. Por outro lado, é também uma pessoa extremamente responsável e altamente comprometida com a disseminação do Aikido no mundo inteiro. O senhor acha que essa capacidade de combinar uma vida de diversão com uma vida de trabalho duro, de executivo de uma organização e Shihan é algo que o senhor desenvolveu ou é algo genético?

Sensei: Acho que nasci assim. Minha família inteira é assim também.

W.B.: Quando o senhor ensina o Aikido não enfatiza muito o treinamento com armas. Por quê?

Sensei: Em primeiro lugar, a verdade é que eu não sou muito bom no treinamento com armas. Meu interesse até agora tem sido o Aikido, e só. Mas quem sabe, talvez no futuro eu ensine com armas. Mas falando seriamente, quando eu era uchideshi, Ô Sensei nunca nos ensinou com armas, exceto quando explicava o Aikido. Para treinar com elas, todos nós tínhamos que praticar em segredo e individualmente. Além disso, não gosto de ver principiantes com muito interesse em armas, quer seja porque os fascina ou porque simplesmente lhes é oferecido. Na minha opinião, isso resulta em muito atraso no Aikido dos principiantes.

W.B.: Como o senhor acha que o Aikido deve ser organizado internacionalmente ? Se pudesse mudar alguma coisa no Hombu Dojo e na IAF, o que seria?

Sensei: Para responder a essa pergunta, por favor leiam minha palestra e posição oficial no último congresso da IAF (abaixo).

Palestra oficial proferida por Yamada Sensei na última reunião da IAF

"Esta é a sétima reunião da assembléia geral da IAF. Todos os participantes vieram aqui suportando despesas consideráveis de tempo e dinheiro.

Antes da reunião os EUA fizeram uma análise cuidadosa de como a IAF tem operado e qual é a sua situação atual. Como resultado, gostaríamos de apresentar aqui nossas opiniões.

Retornemos ao ponto inicial para considerarmos a verdadeira natureza da IAF. Nem é preciso falar que o nosso propósito não é criticar pessoalmente os mem-

bros do conselho, que até agora tem feito muitos esforços; e nem pretendemos causar confusão na IAF. Nosso objetivo é dialogar com todos sobre como vamos possibilitar a formação de uma IAF que possa satisfazer a todos, e na qual todos os praticantes de Aikido do mundo tenham voz ativa e possam se dar bem entre si.

Em primeiro lugar, permitam-me expressar a decisão feita pela USAF: se esta assembléia não procurar mudar e progredir, infelizmente a USAF se desligará dela.

Agora vou explicar a razão pelo qual esta decisão foi tomada. Mas antes de entrar direto no assunto, queremos que todos entendam certas coisas. Os Estados Unidos, assim como muitos outros países, só tomaram conhecimento da IAF depois da sua fundação. No entanto, não é nossa intenção reclamar disso especificamente. Também não queremos aqui reclamar do fato de que a idéia original de formar a IAF se tenha baseado na mentalidade e nas necessidades européias.

No passado, a USAF organizou uma assembléia geral. Acredito que foi a segunda assembléia. Naquela época, todos devem ter participado com prazer e interesse.

Sim, houve dias melhores e felizes. Depois disso, no entanto, a maior parte das reuniões têm se dedicado a assuntos internos e a disputas entre países europeus, problemas que são totalmente alheios à maioria dos demais países participantes. Como conseqüência, ao invés de virmos às reuniões para fazer amigos, fazemos inimigos. Eu, pessoalmente, também fiz inimigos sem necessidade, e perdi amigos. Talvez este discurso resulte em novos inimigos.

Com respeito ao conteúdo dessas reuniões, os principais assuntos discutidos são sobre quem tem direito a voto, qual organização de qual país está habilitada a participar, revisão de regras, reeleição de membros do conselho, e isso é tudo.

Vocês sabiam que o número de grupos de Aikido no mundo que não se associou ou que não são admitidos na IAF é maior do que o número de membros associados? Por exemplo, na França, Tamura Sensei é membro do conselho superior da IAF, mas à sua própria organização não é permitida a participação. É possível entender tal inconsistência? Todas as organizações que são reconhecidas pelo Aikikai Hombu deveriam ser aceitas pela IAF. É estranho que a IAF não dê a elas o reconhecimento que é dado pelo Hombu.

A questão do reconhecimento do Hombu apresenta ainda outras controvérsias. Tenho que lembrar àqueles que mantêm a idéia de "um país, uma organização reconhecida", que já existem mais de dez organizações reconhecidas pelo Hombu dentro dos Estados Unidos. Sinceramente, no princípio eu já não concordava com isso. E hoje não é como há trinta anos atrás quando o Aikido ainda não havia se disseminado e as pessoas não se movimentavam com tanta freqüência. Atualmente, não há como evitar que várias organizações diferentes se formem em cada país.

Dada a situação de hoje, pedir ao Hombu o reconhecimento exclusivo de um só grupo e a rejeição de outros é um ato egocêntrico. Eu acredito que o Doshu considera todo o estudante de Aikido como seu próprio estudante. Devemos usar agora o adágio "Nós, com os outros, juntos prosperamos", que foi dito por Kano Sensei do Judô.

Fui à Inglaterra em agosto para o seminário de verão. Membros de nove organizações diferentes da Inglaterra participaram e praticaram juntos. Acho que isso foi maravilhoso. Em contraste, tenho ouvido estórias tristes de outros países. Por exemplo, uma pessoa queria participar de um seminário em que o Doshu era convidado. Esse estudante foi rejeitado porque era filiado a uma organização diferente. Nes-

ses casos, acho que o organizador deveria permitir a participação de pessoas de fora. Se isso afeta, de alguma maneira, os organizadores, então, por exemplo, pessoas não filiadas devessem talvez pagar uns 10 dólares extras pela sua participação. De agora em diante, quando o Doshu estiver presente nesses seminários, que tais situações jamais se repitam, uma vez que ele é o líder mundial.

Eis outra estória semelhante que ouvi. Se um membro de uma organização participa de um seminário de um Shihan de outra organização, ele/ela estará impedido de participar dos seminários de sua própria organização por um ano.

Mesmo que dois Shihan não se dêem bem, a questão da participação em um seminário deve ser opção independente de cada estudante. Além disso, não há como criar uma IAF amigável com a mentalidade que acabo de descrever.

Voltemos ao assunto principal. Nossa preocupação é a de que há pessoas que consideram a IAF uma organização como outras organizações de artes marciais ou para a preparação dos jogos olímpicos. Portanto, tememos a possibilidade da IAF se separar do Hombu no futuro e continuar sozinha. Certa vez a IAF tentou até controlar os exames de Kyu e o sistema Shidoin de cada país.

Outra preocupação nossa é a de que a IAF corra o risco de tornar-se excessivamente política, pois há pessoas que usam esta organização para realizar ambições pessoais.O que não podemos esquecer é que as organizações de Aikido são fundamentalmente diferentes das de outras artes marciais como Judô, Karatê e outros esportes competitivos. Simplesmente falando, não há competição em Aikido. Neste grupo tão único, o relacionamento entre professor e estudante é mais importante, e a solidez desse relacionamento é mais poderosa do que qualquer outra coisa e é da mais alta prioridade. Em outras palavras, mesmo que a IAF estabeleça regras, cada estudante simplesmente seguirá as regras do seu próprio Sensei.

Não faz sentido a IAF discutir regras que sejam impossíveis de ser seguidas pelo Hombu Dojo. Se houvesse uma competição internacional, seriam necessários vários acordos internacionais. Mas nós não precisamos de tais acordos. A única coisa a ser padronizada internacionalmente são os graus de dan, e isso deve estar sob o controle restrito do Hombu, e não da IAF.

Nossa situação financeira também é diferente da de outras organizações baseadas na competição, que têm receitas como taxas de admissão e entrada. Não podemos contar com esse tipo de receita. Portanto, nossa organização naturalmente mostra diferenças em relação às demais.

O presidente da IAF é o Doshu. Se a IAF se tornar como as outras organizações e por esse motivo, ocorrer algum problema legal a nível internacional, o responsável legal também será o Doshu. Mas como não é este o caso, o Doshu permanece protegido dessas situações, mesmo sendo o presidente.

A postura da USAF é a de que não há necessidade de integrar o GAIF, nem de participar do World Games. Propaganda dessa natureza é dispensável. Da forma como tem sido até agora, é suficiente para o Aikido tornar-se amplamente conhecido - profundamente, mas sem muito alarde - e ser praticado.

Quanto aos World Games que aconteceram na Holanda há uns três anos atrás, nós na USAF, desde o início, fomos contra a idéia de participar. Mas perdemos na contagem de votos. Eu gostaria de saber, quando essa questão foi aberta a voto, quantos países representantes entenderam realmente as questões que votavam? Como resultado, a decisão foi que a IAF teria que cobrir o déficit se o país organizador ficasse devedor. A IAF, assim como os países, não se beneficiou das demonstrações de Aikido nos World Games. Poderia ter sido boa publicidade para o país organizador. Até aí, tudo bem. Então o déficit causado por falha de cálculo ou mau planejamento do país organizador teria que ser coberto pelo próprio país. É um absurdo pedir pagamento aos outros países, incluindo aqueles que estão impossibilitados de associarem-se à IAF.

Vamos falar da nossa segunda preocupação, que a IAF é usada para a realização de ambições pessoais. Vocês se lembram do que aconteceu na seleção do Vice Presidente? Um candidato de cada continente deveria ser escolhido. A América do Norte já havia escolhido um. O representante do México não foi escolhido como candidato. Depois houve um movimento para fazer o México parte da América do Sul, de maneira que essa pessoa pudesse ser candidata pela América do Sul. Para encerrar o assunto, durante uma assembléia geral, nós tivemos que determinar por voto se o México pertencia à América do Norte ou à América do Sul, geograficamente falando. Ganhou a proposta de ser parte da América do Sul. Para a nossa surpresa, cada país representante da América do Sul votou a favor. Isso foi pura política. Eu pessoalmente não me importo se o México é parte da América do Norte ou da América do Sul. Mas julgando pelo o que aprendi na escola primária, eu pensava que o Canal do Panamá dividia as Américas. Foi inacreditável decidir isso por voto numa assembléia geral. Parece que não existe um julgamento sensato.

Há mais um ponto. Não é certo discutir qualquer problema interno de um país na assembléia geral da IAF. A IAF não é uma corte de julgamento. Ninguém pode determinar qual dos vários Dojo num país é o certo e qual é o errado. Se alguém tem que tomar uma decisão, isso cabe ao Hombu Dojo.

Julgando pelo o que acabei de falar, os EUA não vêem no futuro da IAF nada mais do que desconfiança e incerteza. No entanto, ainda queremos achar uma forma de manter a IAF, uma vez que foi estabelecida com tanto esforço. O que mais gostaríamos de saber é se o Hombu está realmente satisfeito com a IAF atual. E gostaríamos sinceramente de ouvir opiniões e pedidos, se houver algum, do Hombu, no que se refere ao futuro da IAF. Prometemos a cooperar o máximo possível.

Os Estados Unidos propõem que a secretaria geral da IAF seja no Hombu. No momento, estamos preocupados, pois a comunicação entre o Hombu e a Secretaria Geral da IAF não é boa. Sobretudo esperamos que o Departamento de Assuntos Internacionais do Hombu seja fortalecido e enriquecido.

Para finalizar, quero lhes falar o seguinte. Recentemente, a pedido dos membros associados, organizei uma associação independente composta de países sul-americanos, apenas com o propósito de desenvolver a amizade entre eles. Não importa que essa associação sul-americana não seja reconhecida pelo Hombu, desde que cada Dojo ou grupo individual seja por ele reconhecido. Não há dinheiro envolvido, regras ou oficiais nessa associação. Existe somente um secretário geral. O título, secretário geral, soa respeitável, mas essa pessoa é, de fato, um assistente de todos, e seu papel é mandar informações a todos os membros. Pessoas que se dão bem se encontram, praticam juntas, bebem, conversam juntas e retornam para o seu país de origem. Isso é tudo.

Portanto, eu proponho uma idéia à IAF. Algo como, no futuro, qualquer grupo *no mundo poder se tornar membro, sem nenhuma condição. Cada país paga uma taxa de adesão estabelecida. Não há assembléia geral. Ao invés das regras existentes, ainda não determinadas, que se estabeleça um acordo simples e mútuo. Os membros se reúnem no Japão durante a All-Japan Aikido Exhibition na primavera, a cada dois ou quatro anos. Voluntários participam da demonstração. O Hombu organiza uma festa para os membros. O Doshu dirá palavras de encorajamento. E os participantes retornam a seus países com lembranças felizes.*

Alternativamente, o local da reunião, ao invés do Japão, poderia ser em qualquer país onde o Aikido precisasse ser promovido. Pode-se conduzir uma demonstração. Acho muito simples.

E, se vocês concordam comigo nesse direcionamento para o futuro da IAF, e decidirem segui-lo, eu ficaria feliz em aconselhar e conversar sobre maiores detalhes a qualquer hora.

Concluo, com a esperança sincera de não mais perder amigos.

Federação de Aikido dos Estados Unidos
Yoshimitsu Yamada"

W.B.: Na sua opinião, qual deveria ser o critério para promover pessoas a Shihan?

Sensei: Somente o Doshu pode dar o título de Shihan. Portanto, não tenho nenhum envolvimento, e não cabe a mim julgar a situação. Por favor perguntem ao Doshu.

W.B.: O Hombu Dojo recebe anualmente bastante dinheiro proveniente de certificados de Dan. Como eles usam esse dinheiro? Eles ajudam os Shihan locais a promover o desenvolvimento do Aikido em seus respectivos países?

Sensei: Eu não sei como eles gastam o dinheiro. Só desejo que eles o usem para promover o Aikido no mundo.

W.B.: O Hombu Dojo recebe alguma contribuição externa do governo japonês e também da IAF ?

Sensei: A IAF deve bastante dinheiro ao Hombu Dojo. Sei que Hombu recebe um tipo de suporte financeiro do governo japonês, mas não sei o valor exato.

W.B.: O senhor acha que a voz da IAF é a voz do Doshu hoje em dia?

Sensei: Não, não é.

W.B.: Quantos Dojo ou grupos de Aikido estão ligados ao senhor no mundo todo?

Sensei: Realmente não sei quantos, mas sei que são muitos.

W.B: Diz-se que a popularidade do Aikido se baseia no fato de não ser apenas uma arte de defesa pessoal, mas um modo de vida. É também algo que as pessoas estão procurando neste final de século e na transição para o próximo. Portanto, a filosofia do Aikido ou o seu lado religioso torna-se muito importante. Quando o senhor ministra seminários ou aulas, raramente fala sobre os conceitos Xintô em que se baseia o Aikido. O senhor favorece o lado técnico, enquanto parece não apreciar o aspecto da meditação ou da filosofia. Isso é simplesmente uma imagem que o senhor quer passar, ou acha desnecessário ensinar a teoria ou a filosofia que permeiam o Aikido? Antigos estudantes do Fundador dizem que Ô Sensei, com freqüência, ensinava filosofia Xintô.

Sensei: Em primeiro lugar eu não sou filósofo, ou uma pessoa religiosa. Ainda que Ô Sensei em sua idade avançada tenha sido extremamente religioso, nunca nos forçou a pensar do mesmo jeito. Compreendo e concordo que o Aikido não é somente uma arte marcial mas também um modo de vida. No entanto, Aikido é Budô. Portanto, creio que os praticantes de Aikido não devem colocar muito peso na sua relação como dogma espiritual ou cair na armadilha de transformá-lo em uma religião. A razão pela qual não falo sobre Xintô é porque não sou autoridade no assunto; e também acredito que Aikido, em si mesmo, tem pouco a ver com o Xintô.

Gosto de meditação. Para mim, a prática da meditação é algo que alguém deve fazer sozinho e não em público. No entanto, a meditação é também algo que podemos praticar em todos os momentos. Da forma como vejo, meditação é consciência, a consciência da vida. É a percepção da vida no momento. Podemos fazer da nossa vida uma meditação em todo e qualquer lugar, e a qualquer hora.

Eu não sei quem falou que Ô Sensei ensinava muito Xintô. Que eu saiba, não. Temos que compreender que as pessoas atualmente envolvidas com o Aikido têm maneiras diferentes de ser e pensar. Cada um vem com o seu próprio entendimento e credo, baseado na sua cultura, religião ou experiência de vida. Como resultado, cada pessoa se conecta e interpreta os princípios do Aikido a seu próprio modo, segundo direções baseadas em suas origens. As pessoas vêem e estudam o Aikido como uma manifestação de suas próprias crenças. Conseqüentemente, também usam seu aprendizado dos princípios do Aikido para melhorar ou aprimorar suas crenças. Por exemplo, um adepto do Xintô pode usar o seu conhecimento de Aikido para aumentar e melhorar o seu desenvolvimento e compreensão do Xintô. O mesmo se aplica aos budistas ou a qualquer pessoa de qualquer religião ou filosofia. Eu não tenho aspirações de ser um líder espiritual.

W.B: Muito obrigado.

Instituto Takemussu

São Paulo, Brasil, em 28 de outubro de 1997.

Para ser um Bom Instrutor

por Yoshimitsu Yamada 8º Dan

"Sobre este tema, eu gostaria de discutir o que se requer para ser um bom instrutor, assim como a mentalidade necessária para ser efetivo como professor. Não é necessário dizer que meu ponto de vista está puramente baseado na minha experiência como instrutor de Aikido. Tenho visto também alguns dos meus próprios alunos chegar a ser professores e é através deles e de meus próprios anos como Sensei que realizo algumas observações.

Um dos fatos mais importantes é que tem aspectos mais importantes que simplesmente habilidade técnica para chegar a ter sucesso na arte de ensinar. Tenho me dado conta que não necessariamente é sempre o mais talentoso aikidoísta que pode compartilhar o que ele ou ela conhece sobre a arte. Por exemplo, um excelente jogador de baseball não é necessariamente um coach efetivo. Esta idéia nos demonstra que geralmente se requer algo mais que habilidade física.

Um professor necessita ser respeitado e querido por seus alunos. Falando de respeito, freqüentemente escuto professores queixando-se de que seus alunos não lhes oferecem o devido respeito. Na minha opinião, o respeito não é algo que pertence, não se pode forçar a nada tê-lo. Deve ser ganho, na maioria da vezes através da experiência, confiança em si mesmo e respeito pelos demais.

Para ser um bom instrutor, seus alunos devem sentir seus anos de experiência comprometida e sua confiança no que está fazendo. Infelizmente, no meu caso, sempre lamentei ter me transformado em professor de Aikido sendo tão jovem, imaturo e relativamente inexperiente nos caminhos do mundo. Os chefes do Aikido não tiveram outra opção, já que o Aikido era uma nova arte e não tinham tantos praticantes dedicados a difundir o Aikido nesse momento. Eu era sincero, mas sem as habilidades necessárias para ser tão eficaz como podia ter sido. Enquanto alguém é jovem, suas técnicas podem ser fortes em razão de suas proezas físicas. No entanto, poderia precisar de outros fatores, que o ajudam a transforma-se em um líder. Por exemplo, a experiência social, como tratar as pessoas ou como atuar como um ser humano com qualidades que alguém aprende através do tempo.

Uma coisa que sempre tenho em minha mente quando ensino é que, entre os corpos dos alunos, há diferentes tipos de gente de diferentes campos, e que já estão estabelecidos e maduros em suas próprias profissões. Eles não são diferentes de mim. É bastante interessante que eu realmente comecei a me sentir satisfeito como professor quando me aproximei dos meus cinqüenta anos. Como disse anteriormente, além do tempo e da experiência, é também crucial ter confiança, para chegar a ser um bom instrutor.

Freqüentemente, tenho conhecido instrutores que não permitem a seus alunos nenhuma liberdade e os proíbem de ir a outros seminários dados por outros instrutores. Eles poderiam chegar tão longe como para dizer que ficar com eles é suficiente e que os alunos não necessitam se expôr a outras influências. Para mim, isso demonstra falta de confiança por parte do instrutor. Deixar seus alunos ver outros mundos, os mantém livres para utilizar seu próprio juízo. Essa classe de segurança em si mesmo é uma maneira importante de chegar a ser um líder.

Lembro claramente uma vez, quando em um grande seminário de diferentes Shihan de Aikido, havia um grupo de um Dojo em particular, que ao invés de treinar com o resto dos participantes, que é a essência da "experiência do seminário", somente treinavam entre eles mesmos. Seu professor, que não era um dos Shihan, que também assistiu ao seminário, os proibiu de interagir, para não comprometer seu Aikido.

Adicionalmente, em lugar de tratar de fazer o que estava sendo demonstrado, continuaram treinando como sempre faziam. Que triste é isso, tanto para os alunos, que poderia se beneficiar sentindo diferentes estilos, como para o professor que não tinha confiança suficiente em que seus alunos poderiam desenvolver seu próprio estilo através de outras influências e todavia ser dedicado a ele. Finalmente, eles não adquiriram a vantagem completa das possibilidades de crescimento.

É necessário dizer que os bons instrutores não necessitam se sentir como se precisassem provar a si mesmo para seus alunos. Nem ter que demonstrar quão fortes são. Presumivelmente, os alunos já sabem. Não é bom para os professores ver que as habilidades físicas de seus alunos são do mesmo nível que as suas. Em outras palavras, para evitar a comparação de si mesmos com seus alunos, os professores precisam se dar conta de que dez pessoas diferentes têm dez aptidões e condicionamentos físicos diferentes. Um sensei valioso demonstra carinho, generosidade e paciência enquanto trata com cada aluno apropriado e individualmente.

Um último conselho é não fazer seus alunos o verem como um ser superior. Se te rodeia de gente que vão lhe colocar em um pedestal, está se programando para a ilusão de que é superior às outras pessoas. A pessoa deve entender que fora do tatami é o mesmo ser humano que eles são. Não obstante, uma vez que está no tatami, pode demonstrar-lhes "quem é o chefe".

Quando lidero uma aula, sinto que sou o diretor de uma orquestra, cada um dos meus alunos está tocando um instrumento diferente, onde minha responsabilidade é criar uma boa harmonia entre eles. Algumas vezes, sinto que sou um chef de um grande restaurante que através de minhas receitas levo variedade e sabor aos meus alunos, e assim eles não se sentem cansados ou aborrecidos, sempre buscando dar-lhes inspiração.

Como Sensei de Aikido, sempre estou buscando a maneira de ser um melhor professor. É um processo de evolução que me ajuda a expressar minha humanidade e a aprender a ser um melhor ser humano. Depois de tudo, é o êxito de seus alunos que lhe faz um bom professor, contanto que um bom professor cria futuros praticantes fortes. Ensinar é uma relação de respeito mútuo e entendimento. Dessa forma, seus alunos sempre terão alguém para admirar e vice-versa. Para mim, isso é respeito ganho."

Entrevista com Sensei Tamura

Esta entrevista foi realizada pelo Prof. Wagner Bull, no Hotel Gávea, na cidade de Guarujá-SP, durante a visita dos professores Tamura e Yamada para realizar um grande seminário internacional na cidade de São Paulo em 1997, organizado pelo Instituto Takemussu Brazil Aikikai.

Tamura Sensei e Ô Sensei chegando no Havaí na única viagem que o Fundador fez ao Ocidente.

P: Como o Sr. conheceu o Aikido?
R: Eu o conheci através do mestre Osawa no Japão.

P: O Sr. tinha 20 anos naquela época, não?
R: Sim.

P: Qual é a sua lembrança mais marcante de Ô Sensei?
R: Seu olhar. Se você olhar para a foto do Ô Sensei, entenderá o porquê.

P: O senhor tem uma família. Quando o senhor se casou?
R: Em 1964, um pouco antes de eu vir morar na França.

P: Como o senhor conheceu a sua esposa?
R: Eu a conheci no Hombu Dojo, no Japão. Nós nos conhecemos um pouco depois que ela começou a praticar o Aikido.

P: O senhor era o professor dela naquela época?
R: Não, os professores eram Ô Sensei e Kishomaru Ueshiba, o atual Doshu.

P: Então foi uma estória de amor de Dojo?
R: Foi.(risos)

P: Quantos filhos o senhor tem?
R: Três homens.

P: Eles aprenderam Aikido?
R: Sim, eles estudaram por um tempo, mas eles não quiseram continuar e tampouco ensinam a arte atualmente.

P: Como o senhor sentiu as dificuldades ao chegar a França para se estabelecer como um estrangeiro, e ainda pelo fato de sequer falar a língua? Como esta experiência se desenvolveu?
R: Havia muitas diferenças, a língua, e também a alimentação que não era como no Japão.

P: Quando de sua chegada o senhor encontrou algum Dojo ou uma certa infraestrutura?
R: Sim, o mestre Minoru Mochizuki e o mestre Tadashi Abe já haviam estado na França alguns anos anes, bem como o mestre Murashigue. Tambem ensinavam nesta epoca o mestre Masamichi Noro. Eu devia ir a Paris e eu pensei que encontraria um Dojo lá, mas não havia nenhum. Assim eu me instalei em Marseille, no interior, e eu comecei a introduzir o Aikido nos Dojo onde já se ensinava o Judô. Eu conheci o Sensei Nakazono, que já estava no local e ele me facilitou um pouco as coisas, uma vez que ele me deixou ensinar em seu Dojo depois que ele partiu para Paris. Naquela época não havia sequer 60 pessoas praticando.

P: Sessenta pessoas na França?
R: Não, em toda a Europa (risos). Talvez, havia cerca de 1.000 ou 2.000 praticantes em toda a Europa... eu realmente não sei.

P: Os professores Mochizuki e André Nocquet ensinavam na França naquela época?
R: O Prof. Mochizuki já havia retornado ao Japão alguns anos antes, e o Sensei André Nocquet estava ligado a Federação Francesa de Judô. Quanto a mim e ao Sensei Nakazono, nos trabalhávamos em conjunto com a ACFA e ACEA.

P: Na época que o senhor começou a ensinar o Aikido já o fazia como uma espécie de "Missogui", uma forma de purificação?
R: Sim, mas agora eu ensino com uma visão mais profunda. Ao menos é no que eu penso que faço (risos). Na época, o Aikido era visto como uma arte mais leve, para as crianças, as mulheres e as pessoas mais idosas, e não como um método de autodefesa, uma arte que fosse conduzida mais para o lado físico e que não exigisse grandes esforços musculares. Haviam pessoas que praticavam Judô seriamente e que também se interessavam pelo Aikido praticando-o. Haviam outros que após assistirem as demonstrações da arte o achavam interessante e assim se interessavam. É assim que eu vejo. Quando eu cheguei na França haviam muitas pessoas que praticavam o Judô.

Em 1961, na época que Ô Sensei visitou o Havaí, a maioria dos professores de Aikido eram também professores de Judô. Mas pouco a pouco isto mudou, e o Aikido começou a ser praticado independentemente do Judô. E havia ainda um outro problema: de acordo com a lei francesa, somente os portadores de Diploma de Estado como professores do Judô poderiam ensinar o Aikido ou o Karatê, diretamente ao público naquela época. Passaram-se muitos anos até que as autoridades responsáveis francesas compreendessem que o Aikido não era a mesma coisa que o Judô. Naquela epoca para o governo francês, qualquer Budô deveria se enquadrar como Judô.

P: O que o senhor mais apreciou de diferente quando chegou à França?
R: No Japão, mesmo sem uma regra oficial, o comportamento usual das pessoas respeitava sempre uma etiqueta que restringia a espontaneidade, e na França isto era muito diferente. A gente se sentia mais relaxado e livre diante das convenções sociais. Havia um ar de Tahiti...(risos)

P: Na verdade o que o senhor mais apreciou foi a liberdade francesa, não foi?
R: Sim, certamente.

P: O senhor é Conselheiro Técnico Nacional da Federação Francesa de Aikido e de Budô - FFAB e também é Conselheiro Técnico da IAF. A FFAB não é afiliada a IAF (Internacional American Federation), por quê?
R: Eu sou como Yamada Sensei, conselheiro técnico da IAF. Mas na sua forma de organização, a FFAB, não é ligada a IAF. Surgiram problemas de regulamentação em um dos congressos no passado e nós fomos movidos a não nos afiliarmos.

P: Qual é o nome do Dojo onde o senhor ensina regularmente?
R: Eu ensino no Dojo Shumeikan que é administrado por uma associação (Escola Nacional de Aikido), que faz parte da FFAB. Eu dou cursos a nível nacional neste Dojo que está localizado bem perto de minha casa, a pequenos grupos de 20 ou 30 pessoas. Geralmente eu estou sempre viajando por toda a Europa ou a outros lugares. Vou lhe passar a minha agenda e você poderá constatar por si próprio. Quando eu dou estes cursos a estes pequenos grupos, temos o hábito de dormir e de comer juntos. Pargoid f'anciens eleves, de alto nível, cadres federaux, veteranos, etc... e organizam-se os seminários.

P: Mas comos os iniciantes podem ter a esperança de receberem seus ensinamentos?
R: Eu pratico com eles tambem, como eu fiz aqui no seminário do Brasil.

P: Então a solução é que eles devem seguir o senhor em suas viagens? (risos)
R: Sim. (risos)

P: Como o senhor gostaria de ver o Aikido no futuro?
R: Eu gostaria de vê-lo praticado por todas as pessoas como era o desejo do Ô Sensei.

P: O Fundador dizia que o Aikido iria criar uma sociedade melhor, o senhor pensa

que esta idéia ainda é possível em nossos dias?
R: Sim, é possível, desde que você imagine que isto seja possível. Quando se acredita que o Aikido pode purificar e melhorar as pessoas isto se torna uma realidade. Mas para que este progresso aconteça é necessário começar pelo indivíduo, pelas pequenas coisas. Hoje, todos nós, após termos participado do seminário que fizemos, eu acredito que estamos um pouco mais purificados.

P: Quando se vê os filmes de Ô Sensei, com o passar dos anos, pode-se observar que seus movimentos começaram a se tornar mais lentos e circulares, aparentemente menos marciais, mostrando uma preocupação maior com a harmonia. No seu ponto de vista qual é a causa disto? O senhor acha que se deve ao fato da idade avançada do Fundador ou porque tenha havido uma tranformação de sua visão da arte.
R: Eu penso que as duas coisas ao mesmo tempo causaram esta transformação.

P: O Aikido em suas raízes filosóficas está repleto de conceitos xintoístas, como "Mussubi", "Missogui", "Kannagara","Daishizen", "Kokyu" etc... O senhor pensa que o distanciamento do xintoísmo existente na tendência mundial de ensino do Aikido, é positivo? Em muitas escolas as pessoas não tem mais o hábito de bater as palmas, e tampouco se escuta falar mais de xintoísmo. Por que após a morte de Ô Sensei, começou um movimento de separação entre o xintoísmo e o Aikido, principalmente nos países ocidentais, mas também no Japão?
R: Quando eu praticava com Ô Sensei, eu era muito jovem e eu não tinha interesse pela filosofia de Ô Sensei e pelo xintoísmo. Eu somente queria vencer os mais fortes que eu, e penso que também era assim com meus companheiros naquela época. Eu pensava que o Aikido era cheio de mistérios, e que se eu aprendesse os seus segredos poderia enfrentar os mais fortes. Eu queria vencer os mais fortes, os praticantes de Judô, de Kendo, etc... Havia uma distância de 50 anos entre eu e o Fundador e nossos interesses eram muito diferentes. Hoje em dia quando eu me lembro daquilo que ele dizia eu começo a compreender o interesse que ele tinha por todos aqueles assuntos. Eu perçebo agora que o Fundador procurava nos ensinar como nos livrarmos das ilusões e começar a encontrar a verdade através do Aikido. Eu adoraria poder escutar o que ele nos dizia naquela época com a experiência que eu tenho hoje.

P: Às vezes o Fundador tinha o hábito de explicar as técnicas do Aikido com armas como o bokken. O senhor acha que é necessário se praticar com armas para se aprender a arte? Eu quero dizer, a utilização de armas é essencial, ou não?
R: Depende. Para mim o bokken e o Jô e as outras armas fazem parte do Aikido. A questão não é se deve-se utilizar ou não para aprender o Aikido! O Aikido engloba tudo, é uma totalidade, e eu utilizo bastante as armas em minha prática do Aikido. Ô Sensei, de acordo com seu humor utilizava o Jo, o Bokken, etc.. para explicar seus ensinamentos. Uma vez, Ô Sensei nos disse: "eu estou no caminho e eu penso que estou sendo acompanhado mas quando eu olho atrás de mim, qual é minha surpresa quando eu não encontro ninguem!" E nós pensávamos: "Puxa, nós treinamos com tanta devoção por todos estes dias. O que ele quer mais?" Na época nós não compreendíamos, nós éramos muito jovens. É tarefa dos alunos compreender o que ele queria dizer quando se expressava naquela linguagem. Para mim, Aikido é Ô Sensei,

aquilo que ele fazia, eu faço também. Isto é o que eu penso, outras pessoas podem ter um outro ponto de vista.

P:Alguma vez o Sr. testou Ô Sensei?
R: Agora eu acho graça, mas isto é um assunto sério. Eu me lembro de uma vez qundo eu treinava Jô com Ô sensei, e eu pensei: "O que aconteceria se eu lhe desse uma paulada na cabeça? Exatamente naquele instante Ô Sensei me olhou com uma fisionomia bem severa. Um outro uchideshi teve também uma experiência semelhante. Quando Ô Sensei estava muito doente, alguém devia tirar seu Hakama por trás para que ele pudesse urinar. O uchideshi que o ajudava pensou uma vez: "E se eu o atacasse agora, por trás?" - Imediatamente Ô Sensei virou-se e olhou com aquele mesmo olhar e fisionomia severa para o uchideshi. Porém, Ô Sensei nunca comentou nada e não se sabe se a experiência se devia à imaginação do uchideshi, misturada com sentimentos de remorsos, ou se realmente o Fundador havia captado algo. Um outro uchideshi pensou de fazer uma emboscada para o Fundador em um corredor por onde ele passava todos os dias. O uchideshi se escondeu atrás de uma parede com um Jô pronto para atacar quando o Fundador fosse passar. Na hora habitual, ele escutou os passos de Ô Sensei, mas de repente ele parou, e voltou. Assim como ninguém comentou nada, não se sabe por quê o Fundador não continuou seu caminho como de hábito.

P: Na maioria dos Dojo de Aikido no mundo se pratica "Kihon Waza", que se constitui de técnicas de base como "Katatetori Ikyo", "Nikyo", etc... Era esta a maneira que o Fundador usava para ensinar, a partir do "Kihon"?
R: É necessário que se compreenda o que se entende por "Kihon". Para mim, "Kihon" é minha postura, minha maneira de respirar, minha maneira de reagir diante de diversas situações, são nestes aspectos que os iniciantes devem se concentrar. As técnicas de base podem ser diferentes de acordo com os professores, mas elas devem ser desenvolvidas em cima dos conceitos básicos que mencionei. Esta é a minha maneira de ver as coisas e era sobre este gênero de "Kihon" que Ô Sensei insistia mais fortemente. É necessário compreender que o homem tem um espírito e um corpo, e é importante que eles trabalhem em harmonia.

P: Quando o senhor acha que uma pessoa pode começar a desenvolver suas próprias técnicas?
R: Ô Sensei disse que isto depende de cada pessoa. Há aquelas que necessitam de mais tempo, outras vão mais rápido, cada uma em seu próprio ritmo. Existem pessoas como eu, por exemplo, que depois de 40 ou 50 anos de treinamento, ainda não compreenderam como é que funcionam os elementos básicos! (risos)

P: Não diga isto, ou eu paro de treinar agora mesmo! (risos) Depois do que o senhor viu no Brasil, o que o senhor nos aconselha para progredirmos ainda mais?

R: A melhor coisa a fazer é procurar escutar muito bem o que Yamada Shihan ensina. Em seguida continuar a manter a atitude que vocês têm de querer aprender cada vez mais, e de descobrir coisas novas. Esta atitude é aquilo que eu mais gosto.

P: Agora uma pergunta feita por várias mulheres: o senhor pensa que as mulheres devem praticar com o mesmo vigor que os homens?
R: Eu acho que a coisa mais importante que as mulheres devem compreender é que a fragilidade feminina não é uma fraqueza. Quando ela se conscientiza disto, isto passa a ser uma grande vantagem. Eu não sou tão fisicamente forte, mas eu me sirvo de minha agilidade e de minha percepção para superar os obstáculos e as pessoas mais fortes, é com esta visão que as mulheres devem treinar.

P: Qual é o ensinamento mais importante deixado por Ô Sensei?
R: Ô Sensei dizia que o mais importante é o amor. Ele dizia que o Aikido tem por objetivo a harmonia entre os seres humanos.

Q: Muito obrigado, Sensei Tamura, graças à sua presença no Brasil, nós tivemos a possibilidade de reunir mais de 700 pessoas em um grande seminário de Aikido jamais realizado. Nós lhe agradecemos enormemente.

Ô Sensei com Tamura Sensei em um momento de descontração no Aiki Jinja em Iwama.

Palavras de Tamura Sensei - 8º Dan

Já fizeram planos para o novo milênio?
Desde a escola primária recordo-me de meu assombro à idéia desse longínquo terceiro milênio e me pergunto sem saber responder: "em que era estarei então, estarei ainda vivo?"
À idéia de que não resta mais que três anos para a data, vêm-me a vontade de ali estar para ver "o momento". Parece-me que a civilização materialista toca seu fim e que o alvorecer de uma civilização espiritual se anuncia. A civilização que nossos ancestrais cuidadosamente construíram ao longo dos séculos parece prenunciar um fim brutal. Se continuarmos na mesma direção grandes são as chances de que não somente a humanidade mas ainda todas as formas de vida desapareçam de nosso planeta.
Para ultrapassarmos esse perigoso cabo não deveríamos mudar radicalmente nosso modo de viver e pensar?
Se observarmos as nações e sociedades distinguimos somente conflitos e oposição. Os países ricos e poderosos impõem suas decisões aos países pobres, os ricos exploram os pobres pelo poder do dinheiro.
O poderoso abusa de seu poder na sociedade. O sistema educativo, as crianças que brigam entre si, o esporte, a política, o dinheiro, a guerra, tudo é oposição. Se aceitamos esse sistema torna-se imperativo ser vencedor se não se quer perder e ser explorado.
 Minha geração foi educada dentro da idéia de que era preciso estudar para ter uma boa situação, desenvolver o corpo para ser mais forte e esforçar-se sempre mais para não ser ultrapassado pelos outros. A·sociedade, os pais, os mestres, todos pensavam que essa era a melhor educação possível e uma maneira de viver justa.
 Não há dúvida de que o homem deve, dia após dia, almejar o cume. É o verdadeiro sentido da vida. Entretanto, não se deve esquecer que o "cume" é definido para e por si e não em função dos outros e em relação de competição com o exterior. Até os dias atuais se pensava que vencer era essencial mas parece-me que essa atitude começa a mudar. Deparamo-nos com desempregados diplomados pela melhores escolas. As reivindicações satisfeitas dos grevistas não se manifestam necessariamente por uma melhora na vida dos trabalhadores. E mesmo se ao inverso uma greve se resolve com uma vitória do capital ela não resulta igualmente em uma melhora da situação econômica. O vencedor de uma guerra, antes de se entregar à pilhagem econômica, é forçado a reconstruir a economia do país vencido. Não somente os bens, o dinheiro,

a terra, os produtos agrícolas mas mesmo os elementos como a água e o ar, que se acreditavam inesgotáveis, deixam entrever dramaticamente seus limites. Chegamos à época onde não se pode apoderar-se das coisas, mas onde se deve partilhar de maneira responsável e sem desperdício.

É a era onde vencer a si mesmo se torna mais importante que vencer os outros. É provavelmente o primeiro passo em direção à civilização espiritual.

Tornar-se um homem que saiba doar, partilhar sua alegria com os outros e inspirar gratidão, esse é o caminho da salvação.

Polir sua alma e fazê-la luminosa é o caminho para o progresso espiritual. Devem compreender que Ô Sensei repetia sem cessar:"O Aikidô é uma arte de purificação".

Os tempos onde nos será permitido viver de acordo com os ensinamentos do Aikido chegaram.

Era uma vez um Imperador da China que havia convocado ao palácio um sábio eremita que vivia retirado e consagrava suas jornadas à pesca de linha para ser indagado sobre a melhor maneira de governar o país. O sábio eremita lhe ensinou como controlar seu corpo. O Imperador reiterou sua questão. O sábio eremita lhe respondeu: "Se o Imperador controla seu corpo, ele não é exemplo para que o país se comporte mal".

No Oriente considera-se que a política não é campo para doutrina ou de doutrinamento, mas que o mais importante é o desenvolvimento espiritual dos dirigentes. Aquilo que se aplica às nações se aplica igualmente à empresa, às federações, associações, escolas e à família.

Deve-se corrigir a si mesmo antes de se criticar os outros. É o sentido da vitória sobre si mesmo.

O ensinamento fundamental do Aikido que Ô Sensei formulou desta maneira: "MASAKATSU AGATSU", a vitória justa, a vitória sobre si mesmo.

No momento em que se alcança 2.000 anos de história, não deixemos de embarcar na nave que nos levará à civilização espiritual.

"O arroz quando nasce tem a cabeça erguida, olhando por cima. Quando amadurece, dobra a cabeça e olha para baixo"

Tomio Mayeda

Os Conflitos São Pertinentes ao Aikido e Não Uma Incoerência

Hodoku
(Compaixão)
Um aspecto muito importante no Aikido e na vida é *"Hodoku"*. Os vencedores e privilegiados devem ter empatia e procurar entender e minorar as dores mesmo daqueles que nos prejudicam, pois esta é a visão de Deus, a quem a todos pertence. Por outro lado, os ganhadores de hoje serão os perdedores do amanhã. Somos todos irmãos na verdade e interdependentes.

O que será dito a seguir é uma opinião pessoal do autor, fruto de sua experiência limitada de vida, mas que precisava expressar. O autor um outro dia estava conversando com um praticante brasileiro, e um dos mais antigos, e este lhe disse algo que motivou este capítulo. Ele disse:

"Wagner, eu estou um tanto desiludido com o Aikido. Eu sei que após a morte de Ô Sensei, muitas pessoas com altos graus brigaram entre si, separando-se e fundando organizações próprias, e até hoje falam mal um do outro. Isto aconteceu no Japão, na Europa, nos Estados Unidos e inclusive aqui no Brasil. Portanto, eu pergunto: se as pessoas de altos graus não conseguem viver sem conflitos, se o egoísmo e a vaidade continuarem existindo em muitos praticantes então toda esta história de que o Aikido leva a uma harmonização, não será uma farsa?"

O autor respondeu-lhe que não, mas esta pergunta é tão importante em nossos dias e está tão presente na mente dos aikidoístas, que algo precisa ser dito. É preciso explicar esta contradição, e ser realista. Em primeiro lugar, o fato de existir conflito, não quer dizer que não exista harmonia, na verdade, o espírito do *Takemussu Aikido*, é o da existência da harmonia dentro do conflito. O que interessa considerar é saber se o conflito é positivo, criativo, ou está levando à destruição, à infelicidade. No primeiro caso, ele faz parte do processo natural da criação e construção do universo, no segundo caso porém, ele é produto do ego infantil, ignorante, ou doentio, de pessoas que não conhecem o Aikido em sua essência, e provavelmente possuem altos graus devido a ações políticas, que invariavelmente acabam por acontecer em qualquer grande organização, e o Aikikai é uma grande organização. Nenhum coelho deixa de lutar contra o gato que lhe quer devorar para sobreviver. O que interessa saber é se o gato está tentando devorar o coelho para sobreviver, ou se está apenas movido por desejos vaidosos em ser "o gato que mais come coelho do bosque". No primeiro caso o gato estará simplesmente agindo naturalmente para ter garantida sua sobrevivência, e assim, a da sua espécie, bem como a do coelho, evitando a superpopulação e purificando a espécie do mesmo, deixando que os mais rápidos sobrevivam em uma troca mútua de favores entre as espécies. No segundo caso, a ação é maléfica, pois o gato vaidoso, ao matar o coelho, estará prejudicando sua espécie por eliminar comida de outro eventual gato tão habilidoso quanto ele, e a mesma coisa estará fazendo com a espécie dos coelhos pois estará destruindo um reprodutor, desequilibrando um processo natural. O treinamento do Aikido é um processo contínuo de eliminação da vaidade e do Ego doentio. A vaidade e a falta de modéstia é um sinal característico de que um eventual alto grau somente aprendeu as partes técnicas e teóricas, faltou experimentação esotérica das grandes verdades. Não é verdade que somente se treinando o Aikido tecnicamente este fato seja suficiente para que ocorra uma alquimia interna no indivíduo acabando com seu egoísmo. É necessário muita reflexão, meditação com trabalho interior e que o praticante tenha um mestre maduro e competente de maneira a alertá-los nos erros e a a arrasar com o ego doentio do "*dechi*", toda vez que ele se manifestar. Somente assim, não encontraremos aikidoístas de altos graus que não sabem viver em harmonia, e sim egoisticamente. Todos podem e devem cultivar um grande Ego, mas este sadio, ou seja, que leve em conta todas as pessoas que o cercam, procurando ajudar e ser ajudado em um processo cooperativo de crescimento mútuo. Nada existe de errado em se querer ser o "número 1", se isto for feito por meio de esforço e mérito, o errado está em querer atingir uma posição de destaque, à custa de destruir as pessoas mais competentes, ou "puxar-se o tapete" de quem tem mais qualidades.

Assim, devemos lutar para que sejamos importantes, nossa família, nossa nação e nosso planeta, mas pensando sempre em todos, assim como procuramos proteger todas as partes de nosso corpo, assim devemos pensar nas pessoas de nosso relacionamento que fazem parte de nosso "Ego".

O maior crime que se pode fazer com um praticante de Aikido é conferir-lhe um grau somente pelo aspecto técnico, pois além de ele não ter que passar pelo sacrifício purificador, através do tempo de treinamento, ainda ser-lhe-á dada uma autoridade que não tem competência para exercer, prejudicando outros. Infelizmente, alguns mestres, por excesso de bondade, ou devido alguma fraqueza particular sempre cometem este erro, e daí o problema das brigas e desentendimentos. Se, com apenas alguns anos de prática, alguém pudesse eliminar completamente a vaidade e o egoísmo, não haveria necessidade para o paraíso terrestre, prometido pelas escrituras, após a morte para os cristãos. Bastaria fazer com que os fiéis treinassem Aikido, tornando-se *Shodan*, bem orgulhosos e tudo estaria resolvido em alguns anos de prática. A verdade é bem diferente, somente através de duro treinamento físico e espiritual é que pode ocorrer a transformação de um indivíduo, e com raríssimas exceções ela poderá ocorrer sem um mestre capacitado. Diante do acima exposto, é evidente a separação que está ocorrendo. Ela se deve na visão do autor a dois fatores (e isto acontece em todas as artes marciais): o primeiro ocorre entre mestres vaidosos e mestres maduros, sendo que os primeiros querem impor suas neuroses e métodos incompatíveis os quais evidentemente os mestres maduros não irão aceitar. O segundo, quando ambos os mestres são vaidosos e imaturos, e aí o conflito é natural, pois não conseguirão dividir e trabalhar de forma cooperativa. Neste caso, cabe aos mestres maduros tentarem contornar o problema, mas em últimos caso, como o próprio *Ô Sensei* dizia, existe tempos em que se tem que usar a espada para cortar aqueles seres que não merecem viver neste mundo. Este é o sentido de "*Katsu Jinken*", a espada que dá a vida conforme já se mencionou neste livro.

Cabe ao praticante iniciante, como regra fundamental, procurar observar seu mestre para identificar que tipo de pessoa ele é. Se sentir vaidade e egoísmo, deve imediatamente abandoná-lo. Se perceber que suas técnicas não funcionam e ele não querer admitir que ainda não as dominou, deve também deixá-lo. O iniciante deve procurar verificar como seu mestre vive, o que ele é, e não o que ele diz que é. Uma vez escolhido o mestre, porém, deve-se confiar nele integralmente como a um pai ou a um irmão mais velho, construindo a relação *Sempai-Kohai* (mestre-discípulo) que é fundamental para o aprendizado do Aikido.

Enryo
(estoicismo)

"Enryo" é uma afinidade ao estoicismo, um constante senso de controle das emoções. Um bom exemplo é o jogador de pôquer que não mostra seu jogo ou do lutador de Sumô, que ao vencer ou perder mantém o mesmo espírito inabalável. "Enryo" permite que um aikidoísta mesmo sendo mais competente e mais apto para ocupar determinado posto ou desfrutar de privilégio, ceder o benefício para outra pessoa a quem preza. É a capacidade do desprendimento e sinal de maturidade. Isto ocorre tanto de professor para aluno como também quando o aluno se torna mais competente que seu mestre, e isto é possível porque possui "Enryo". Mesmo que um aikidoísta tenha desenvolvido mais força e habilidade que seu professor, jamais deve usar suas qualidades superiores para se colocar acima do mesmo ou perante os outros. Fazê-lo é sinal de imaturidade e egoísmo. Da mesma forma o mestre não deve jamais pelo fato de ser superior, tolher seus alunos de desfrutar das oportunidades que aparecem ao longo de um trabalho conjunto. Houvesse mais "Enryo" entre os budoka e aikidoístas em geral, a maioria dos conflitos não teria sequer iniciado. A emoção descontrolada destrói mais do que qualquer guerra.

Ono Sensei e Makoto Arai, seu aluno, mostrando toda a cortesia e sentimento de respeito e amizade que deve existir entre Sempai-Kohai. A foto fala por si mesma.

Kawai Sensei jovem.

> "A História é o verdadeiro documento da competência de nossos líderes. Kawai Sensei faz parte da minha no Aikido, com seus erros e acertos, como qualquer ser humano que se propõe a realizar algo, e eu reconheço os dois lados; este capítulo é assim também minha forma de homenageá-lo pois ficará aqui registrada sua memória junto com a minha e a de outros tantos amigos e mestres que fizeram o passado do Aikido no Brasil."
>
> Wagner Bull

On Ko Shi Shin
(A saga do autor na busca do verdadeiro Aikido)

ON KO SHI SHIN

Este capítulo está sendo escrito para que os leitores possam ter conhecimento de minha história no Aikido que está diretamente ligada à história e origens no Brasil, desta arte tão nobre, o Aikido. Afinal, quando se lê um livro é preciso conhecer quem o escreveu e em que circunstâncias, pois estes dois fatores são basilares ao se analisar a fonte de qualquer informação. Pretendo com esta quase autobiografia, ser o mais sincero e honesto com o querido leitor que me honrou lendo até aqui sobre o que hoje entendo a respeito do Aikido. Se até este ponto, no entanto, escreveu o mestre de Aikido, doravante o escritor passa a ser Wagner Bull, o ser humano, com suas virtudes, seus defeitos, suas ambições, suas decepções, seus fracassos e seus êxitos. Quem não tiver interesse pelo lado profano, mas real, existente atrás de todo professor ou instituição de Aikido, pule este capítulo e vá para o seguinte. Kawai Sensei uma vez me disse, que em tudo na vida existe um lado luminoso e um sombrio. Serão aqui contados as duas faces acompanhadas dos fatos sobre as principais pessoas com as quais me relacionei, principalmente Kawai Sensei, Shikanai Sensei, Ono Sensei, Ueno Sensei, Yoshimitsu Yamada Sensei, Makoto Nishida Sensei e os demais meus companheiros nesta jornada em aprender, divulgar e ensinar o Aikido no Brasil. É claro que como testemunha presente nos fatos, acredito que este capítulo será muito importante para registrar a história do Aikido no Brasil com seus personagens e seus mitos.

Devido ao rápido crescimento da reputação do mesmo e a multiplicação dos locais de treinamento, ocorrida notavelmente na última década, torna-se praticamente impossível mencionar todos os fatos e pessoas que contribuíram na difusão e desenvolvimento do Aikido no Brasil nos últimos anos. Por outro lado, escrever sobre minha biografia relatando fatos isto implica no risco de tecer julgamentos, seguindo o ponto de vista de quem os descreve, e é claro, considerando que o autor foi personagem nos mesmos, devo alertar o leitor, a título de cautela: ela pode apresentar uma eventual visão parcial dos fatos pois meu julgamento está neles incluso. Assim não tome os fatos aqui descritos sem questionamento. Lembrem-se de que escrevo doravante também com meu coração e visão de minha própria história e de seus personagens. Contudo, sinceramente, fiz o possível para tentar descrevê-la o mais próximo possível da realidade e de forma imparcial.

Visando dar ao leitor maiores parâmetros para a sua interpretação e comparação, optei por transcrever, inicialmente, textos originais sobre a forma como cada organização, onde estão os líderes, vê a sua história e a imagem que fazem de seus líderes com relatos oriundos das outras três principais correntes do Aikido brasileiro escritos por pessoas idôneas e fortemente vinculadas com a história e administração das mesmas, de modo que sintetizassem o sentimento autêntico em cada organização, linha ou estilo e mantive literalmente o texto sem qualquer alteração para ser o mais fiel possível com o leitor.

Junto com a minha biografia no Aikido o objetivo deste capítulo foi também mostrar a história do Aikido no Brasil sob diversas perspectivas, sem a intenção de colocar um ponto final nos fatos e interpretações, ou dar por perfeita e correta a história publicada neste livro. Tentaremos, ao menos, dar as bases para que em obras futuras esta história possa ser aprimorada por outros autores criando, assim, um bom ponto de partida. Embora não tenha sido nossa intenção e propósito contrariar, destacar, diminuir, elogiar, elevar ou magoar quem quer que seja, salvo se isto decorrer de fatos reais efetivamente ocorridos, é certo que isso acontecerá, pois basta se expressar

Demonstração da FEPAI no Clube Palmeiras, provavelmente em 1979. Da direita para a esquerda: Makoto e Fumie Nishida, Ono Sensei, Fernando Takiyama, Severino Salles, Andres Jacab, Kazuo Ichikawa e Wagner Bull.

Teruo Nakatani, o primeiro professor de Aikido do Brasil que realmente aprendeu no Hombu Dojo em Tóquio.

uma opinião ou se contar um fato, para que, imediatamente, surjam versões e opiniões contrárias. Isto nos ensina o Aikido, quando mostra que o Universo é composto de forças opostas. Mas, é preciso que o leitor perceba que a natureza criou esta oposição para construir e potencializar a energia criativa, para que os opostos se complementassem, e não para que destruíssem um ao outro. Assim, quando ler esta autobiografia e análise histórica e efetuar seu julgamento formando sua opinião, o leitor deverá lembrar-se das causas, circunstâncias e época que levaram a esta ou àquela atitude ou fato, e jamais chegar a uma conclusão desprezando-se as origens dos acontecimentos. Entendo que em qualquer caso a minha contribuição aqui será muito importante ao registrar para as futuras gerações os nomes das pessoas que trabalharam em prol do Aikido no Brasil, para que seus feitos não caiam no esquecimento por falta de registros. Nada dói mais do que o esquecimento daqueles que deram o máximo de si para realizar algo de bom e positivo em qualquer área. Este pecado eu não vou cometer aqui, lhes garanto, guardadas as dimensões e escopo desta obra.

    Devido ao limitado espaço de um capítulo, nos fixaremos nos fatos mais significativos e nas maiores lideranças e grupos que tiveram relacionamento comigo, passando pelos nomes de Reichin Kawai, Teruo Nakatani, Ichitami Shikanai, Keizen Ono, Alfredo Pallacios, Eduardo Pinto, Makoto Nishida, Wagner Bull, Breno de Oliveira, José Lemos, José Fernando Santos, Bento Guimarães, Roberto Maruyama, Severino Silva, Ricardo Leite, Carlos Dutra, Daniel Bornstein, entre outros que serão citados no texto, pois são pessoas que estão ou estiveram mais envolvidas na organização da arte no país. Certamente, por falhas minhas, alguns instrutores antigos e atuais não serão citados, embora tenham tanta importância quanto as principais correntes e líderes ora mencionados. A estes o meu mais profundo pedido de desculpas. Podem estar certos de que não foi intencional a omissão.

    Iniciaremos o relato histórico citando as versões dos maiores grupos existentes. Iniciaremos com os de Kawai Sensei, Shikanai Sensei e Makoto Nishida Sensei, para somente a seguir passarmos à o do Instituto Takemussu - Brazil Aikikai, onde sou o líder, e aos demais grupos filiados a Yamada Sensei no Brasil. Entendi que esta é a maneira mais justa de descrever os fatos, de forma que a presente e as futuras gerações saibam como esta arte nasceu, cresceu e se desenvolveu, fazendo com que nosso país configure, hoje, como um dos mais importantes centros da prática do caminho de Morihei Ueshiba em todo o mundo.

    Quero deixar registrado que, ao expor claramente minha interpretação dos fatos, muitas vezes de forma humana, natural e espontânea sem me preoucupar às vezes em mostrar sentimentos ainda imaturos diferentes daqueles que eu deveria ter por minha posição como uma das maiores lideranças no Aikido na América Latina, quero deixar claro que tenho consciência de minha responsabilidade neste aspecto, mas é maior ainda aquela com a verdade. E se meu relato aqui puder ajudar o leitor e meus alunos a me conhecerem melhor, ficarei mais feliz, pois o que mais quero ao praticar e ensinar Aikido é treinar e exercer cada vez mais a transparência e coerência em minha vida. Assim, pensei estar contribuindo neste capítulo para a demonstração da realidade do mundo do Aikido que muitas vezes é mostrada com um ar de perfeição quase divina e de forma ideal, o que na maioria das vezes não procede. Creio que estes escritos, portanto, serão referências úteis para as futuras gerações de aikidoístas falando e entendendo a língua portuguesa, na busca pelo progresso e evolução no porvir, e ajudarão os discípulos a serem mais tolerantes com os "descuidos" de seus mestres, lembrando que eles também estão se aperfeiçoando. O Prof. Clóvis Mello uma vez me disse: "Quem procura defeitos em seus mestres e amigos, ficará sem os dois." Embora a imagem de superperfeito que os principiantes às vezes são atraídos por ela e assim é uma motivação para iniciarem no treinamento, pode ser uma faca de dois gumes, desestimulando-os mais adiante. Somos todos imperfeitos, uns mais, outros menos.

Acredito que com os olhos da experiência dos outros possamos ajudar a evitar que os erros do passado se repitam e que as causas dos acertos possam ser recriadas.

Embora existam, ainda hoje, rivalidades reais e naturais entre os professores e organizações aqui citadas, como líder de uma organização de Aikido no Brasil com sua forma particular de ver o Aikido nos aspectos técnicos, institucionais e espirituais, pretendo, tão somente, desvelar a verdade que eventualmente possa estar coberta com o manto da parcialidade e omissão de eventuais atitudes ou atos negativos, sem intencionar destacar este ou aquele líder, esta ou aquela organização. Como tenho mais fotos e dados disponíveis sobre o Instituto Takemussu, estas estarão aqui mais detalhadas e o leitor deve levar isto em consideração, entendendo como natural este fato. Também meu carinho natural pelos meus alunos estão presentes em toda esta obra, e aqui ocorrerá o mesmo, querendo vê-los aqui porque no fundo eles me ajudaram direta ou indiretamente a escrever esta obra e a criar o motivo que a originou. Assim, espero que o leitor de outros grupos me desculpe por eventuais omissões em contraste com a apresentação farta de imagens de mais aikidoístas ligados ao Instituto Takemussu. De qualquer forma lembro antecipadamente ao leitor crítico que este texto se trata de minha autobiografia e não da história do Aikido do Brasil, assim justificando uma certa preferência por eles, assim como naturalmente fiz com meu filho Alexandre e os alunos mais antigos e mais próximos, meus filhos adotivos no Aikido, que agora começam a me dar "*aiki*-netos". Mas esteja certo de que mencionarei os fatos considerados mais importantes e as fotos às quais tive acesso, principalmente naqueles eventos em que participei e testemunhei, e aqueles em que pude coletar informações seguras vindas de pessoas que julgo confiáveis e fidedignas.

Algumas fotos sobre Kawai Sensei foram extraídas de um livro escrito por Marco Natali, outras conseguimos de revistas e publicações, com amigos e colaboradores ou de nossos próprios arquivos, pois infelizmente não estou tendo acesso direto com Kawai Sensei por razões muito mais políticas do que pessoais que serão compreendidas pelo leitor na medida que ler esta obra. Em resumo, a história real poderá diferir em alguns detalhes desta, mas em linhas gerais, aqui serão certamente descritos os principais nomes e fatos. Quem quiser se aprofundar sobre cada personagem ou organização citada, basta inserir o nome que viu pela primeira vez neste relato em um site de busca na Internet, onde certamente poderá obter maiores informações.

Eu ficaria muito desapontado se este artigo e mesmo esta obra inteira, fossem entendidos apenas como uma propaganda de nosso grupo ou trabalho, e não com sua real intenção de contribuir para o registro histórico da verdade e de trazer ao público leitor a vasta e maravilhosa cultura que existe por detrás dos movimentos físicos do Aikido que, infelizmente, a grande maioria dos praticantes desconhece. Ao escrever este livro de forma tão rica em informações de toda sorte, tento diminuir o fosso existente entre a cultura japonesa e a brasileira, mostrando o que existe para se estudar e de que, realmente, se trata o Aikido e o *Budô* em geral. É certo que para se aprender *Budô* não é necessário falar a língua e viver no Japão, mas é imprescindível compreender a cultura e a linguagem usada no treinamento, pois do contrário as técnicas jamais poderão ser perfeitamente absorvidas.

Dessa forma, seguindo esta linha de pensamento, seria impossível falar sobre a minha biografia no Aikido, sem mencionar principalmente o Professor Reichin Kawai, que foi a pessoa mais presente todo o tempo de forma direta ou indireta. Embora Kenjiro Kasuga tenha sido o primeiro aluno do Fundador a chegar ao Brasil em 1955, fato que poucos sabem, ele não chegou a ensinar, daí ser justo atribuir-se a Kawai Sensei as condição de pioneiro e introdutor da arte no país, pois foi ele quem começou a ensinar Aikido há mais de 40 anos e é, ainda em 2003, um dos mais importantes líderes. Portanto, ele tem razão quando cobra de todos os aikidoístas brasileiros um certo dever de gratidão a ele neste sentido. Volto a mencionar que embora eu tenha provas da maioria dos acontecimentos que serão descritos neste texto, algumas informações vieram de terceiros e outras foram conclusões que eu tirei. O leitor não deve jamais aceitar tudo o que aqui foi dito como verdade incontestável, mas como eu vi, me informei e interpretei os fatos históricos.

No entanto, a existência desta necessidade de gratidão para com os mestres, "*Guiri*" como dizem os japoneses (ver no volume 1 desta obra - "*A Teoria*"), não implica que sejamos obrigados a aceitar todas suas ações do passado como perfeitas, tampouco deixar de constatar os seus erros ou gostar das mesmas coisas que eles, posto que como seres humanos, cometem erros e acertos de iguais grandezas. Alguns deles prejudicaram o desenvolvimento do Aikido no Brasil no passado, principalmente na década de 70 e 80, por causa da centralização excessiva demonstrada na administração e ensino da arte no país no sentido de não permitir que cada um procurasse praticar o Aikido conforme sua natureza, na forma mais adequada à sua personalidade e gosto.

Como filho do Xintoísmo, o Aikido implica no conceito de se "tolerar as diferenças".

Muitos não sabem o que, realmente, ocorreu no Aikido em nosso país desde o seu início, bem como os motivos que me motivaram a iniciar um movimento na metade da década de 80, e que contou com o apoio de outros aikidoístas, também descontentes com a situação da época. É provável que muitos dos leitores tenham conhecimento de apenas parte dos fatos, e é preciso vir à tona todas as versões, para que a tarefa e o direito de formar sua própria opinião, definitiva e imparcialmente, ser exercidos.

Coerente com a forma proposta, a seguir o texto sobre a participação do Prof.

Kawai Sensei na história do Aikido no Brasil, da maneira como foi descrita pelo Prof. Roberto Maruyama, 6º *Dan*, um dos principais líderes da organização do Prof. Kawai, e como foi publicado na revista brasileira de artes marciais Kiai nº 26, em 1997, com informações seguramente fornecidas por Kawai Sensei sobre sua biografia.

Também serão mostrados textos escritos pelo Prof. J. F. Santos, um dos principais líderes do grupo Aizen, liderado pelo Prof. Shikanai e, finalmente, um texto sobre a FEPAI elaborado por um de seus grandes líderes, o Prof. José Lemos, atualmente o praticante e professor mais idoso ainda na ativa, com seus 80 anos de idade e que testemunhou a maioria dos fatos e eventos políticos, principalmente os do final da década de 70 em diante.

Iniciemos com este texto sobre Kawai Sensei que é aproximadamente como é contada a sua estória para os membros de sua organização:

"Mestre Kawai nasceu no Japão em 28 de fevereiro de 1931, na província de Shimane, Yassugui-shi, filho de Tomonobu Kawai e Matsuo Kawai. Em virtude da fragilidade de sua saúde, iniciou muito cedo a prática do Budô, destacando-se entre eles o Sumô e o Kenjutsu. Por volta de 1945, quando tinha quinze anos foi acometido de uma forte inflamação nos joelhos e na impossibilidade de andar, submeteu-se a várias formas de tratamento, sem contudo alcançar o resultado almejado. Foi através da acupuntura, Shiatsu, Seitai Jutsu e regime alimentar que recuperou-se completamente. Isto motivou-o na pesquisa de processos de tratamento da Medicina Oriental.

Kawai Sensei iniciou seus estudos com o Professor Saito Torataro, com quem aprendeu também o Aikido. Mais tarde fez o cultivo desta arte junto ao Doshu Kishomaru Ueshiba. Comenta-se que o Professor Saito Torataro foi um grande mestre, de rico cabedal de experiências, e em certo período de sua vida, diagnosticado de portador de câncer no aparelho digestivo curou-se completamente apenas com "Danjiki", isto é, comendo pouco ou nada e isolando-se do convívio da civilização.

Aprendeu com o Professor Aritomo Murashigue, a princípio, o "Aikijutsu" e a Medicina Oriental e, posteriormente, o "Aikido", depois da criação desta arte pelo Grão-Mestre Morihei Ueshiba.

Kawai Sensei detinha o respeito de grandes homens como o Almirante Issoroku Yamamoto; Ministro da Marinha, Takarabe; Comandante Eisuke Yamamoto, com quem se relacionou e também com o Shihan Seko Seiti, e o Sr. Fujita Guinya. Na sua viagem à Europa em 1961, Professor Reichin Kawai, encontrou-se com o Professor Aritomo Murashigue, mestre de seu mestre, e aceitou a incumbência de representá-lo, no Brasil, para divulgação do Aikido. Já no Brasil, deu início aos trabalhos inaugurando a sua primeira academia, situada na Av. Senador Queiroz em São Paulo e, no ano de 1963, foi-lhe outorgado o diploma de "Shihan", isto é, Mestre do Aikido, pela autoridade suprema desta arte, o Grão-Mestre Morihei Ueshiba.

O Professor Kawai casou-se com dona Letícia Okubo Kawai, tendo o casal duas filhas: Cristina e

Aritomo Murashigue

Almirante Yamamoto, Shihan Seko Seiti e Fujita Guinya que deu forte apoio financeiro ao Fundador do Aikido durante a guerra, ajudando a manter a Kobukan. Segundo Kawai Sensei estas figuras importantes foram pessoas de seu relacionamento pessoal quando vivia no Japão.

Lilba. Foi Presidente da Nihon Kobudo Iho Fukyu Kai (Entidade de Pesquisas de Acupuntura Yamamoto e da Associação de Pesquisa de Medicina Oriental de Mishimassa Nishizawa). Atualmente é Diretor-Geral da União Sul-Americana de Aikido, foi o fundador da Federação Paulista de Aikido (FEPAI), e de 1976 a 1984 exerceu a função de 4º Vice-Presidente da Federação Internacional de Aikido (FIA).

Também foi Professor do Método Universal Superior de Acupuntura e Moxa da Faculdade de Medicina Oriental "Nihon Toyo I Do-In". Tem referências pessoais publicadas em vários jornais e revistas. Participou de vários congressos, dentre os quais um em 1976, em Tóquio, na 1ª Convenção Internacional de Aikido e outro, em 1980, no 3º Congresso Internacional de Aikido em Paris, tendo representado o Brasil em ambas as oportunidades.

Mestre Kawai formou diversos aikidoístas, que hoje são instrutores em Academias espalhadas pelo Brasil todo, cabendo citar: Keizen Ono, Roberto Maruyama, Herbert G. Pizano, Antônio Pádua, Prof. Dr. Célio Taniguchi, Flávia Taniguchi, Shinya Sato, Ricardo Leite, Paulo Nakamura, José Lemos, Makoto Nishida, Fábio Yamamura, Thomas, Miyazawa da Argentina, Edgar Novelino de Mar Del Plata, Orlando do Chile e tantos outros. Em outras palavras, com raríssimas exceções, todos os aikidoístas do Brasil são, ou foram, discípulos do Mestre Kawai.

ALGUNS PENSAMENTOS E ENSINAMENTOS DO SHIHAN REISHIN KAWAI

1. Dirigir o primeiro pensamento do dia a Deus e a Buda.
2. Rezar pela alma dos antepassados, mes

Ô Sensei com a láurea da Associação Interamericana de Imprensa, conseguida pelo Prof. Kawai, graças a seu bom relacionamento pessoal no Brasil.

315

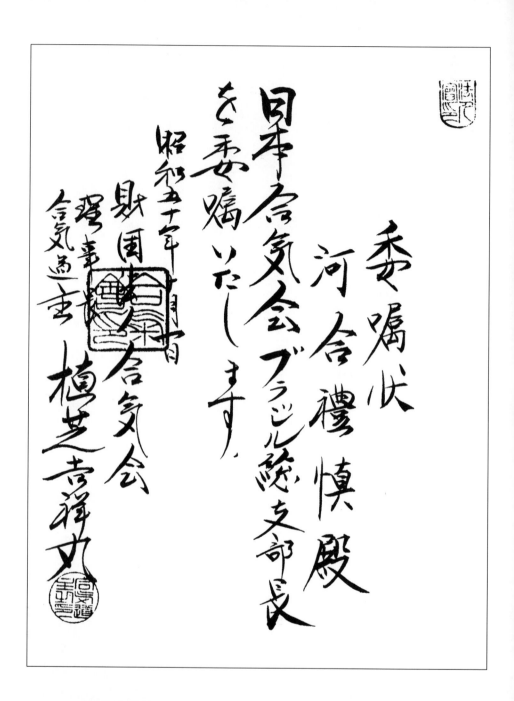

Cópia de diploma que nomeou o Prof. Reichin Kawai com o cargo de Diretor-Geral da Associação Aikikai do Brasil em 1º de outubro de 1975, assinado pelo Doshu Kishomaru Ueshiba. Assim, ele era na época a única pessoa que podia examinar praticantes para graus de faixa preta em nome desta organização.

(Fonte: Aikido, técnicas básicas -Marco Natali - Ediouro - Editora Tecnoprint, 1985)

tres e benfeitores, como retribuição pelos benefícios recebidos.
3. Defender a família acima de Todos.
4. Estar consciente de que a soberba é a origem do fracasso.
5. Nunca deixar de trabalhar enquanto viver.
6. Não lamentar a chegada da velhice e trabalhar com afinco enquanto tiver forças.
7. Não se considerar velho enquanto puder movimentar seu corpo.
8. Não lamentar as coisas que fez ou deixou de fazer no passado.
9. Encarar um fracasso como um ponto de partida para o sucesso.
10. Nunca guardar rancor de outrem.
11. Não ligar para a maledicência de terceiros.
12. Interpretar as maledicências como uma fraqueza indisfarçável daqueles que as emitem.
13. Aprender a vencer a si próprio em vez de vencer os outros.
14. Agradecer os períodos de provação, pois Deus está nos ensinando através do sofrimento.
15. Não carregar uma arma para outra vida, resultante da avareza durante a vida terrena. Lembrar que ao desencarnar nenhum bem material poderá ser levado consigo.
16. Desenvolver de modo resoluto a confiança em si próprio.
17. Ter sempre a coragem de reiniciar tudo, caso venha a perder toda a sua fortuna e títulos.
18. Honrar sempre seus compromissos."

Maiores informações sobre a organização do Prof. Kawai, poderão ser encontradas no site www.aikido.com.br.

O responsável pelo texto acima, Prof. Roberto Maruyama, supervisiona as academias conhecidas por Maruyama Dojo, que tiveram seu início em Porto Alegre - Rio Grande do Sul no ano de 1994, por iniciativa do responsável pelo Aikido naquela região, Roque C. Vargas F°, que é discípulo do Sensei Maruyama, e que foi o introdutor do Aikido naquela região. Vargas Sensei, em homenagem e por gratidão a Maruyama Sensei, decidiu nomear a sua primeira Academia, em local exclusivo, de Maruyama Dojo. Criada em 01/05/94, o primeiro Maruyama Dojo foi

As famosas fotos de Kawai Sensei entregando títulos para Morihei Ueshiba e seu filho Kishomaru no Aikikai Hombu Dojo em Tóquio. Um privilégio que Kawai Sensei teve, que seria certamente um sonho de qualquer aikidoísta se isto fosse ainda possível realizar.

Kawai Sensei com suas comendas e medalhas.

o embrião para a criação dos demais "Maruyama Dojo" que hoje existem em São Paulo (SP), Curitiba (PR), Joinville (SC), Porto Alegre (RS), Garibaldi (RS) e São Leopoldo (RS).

Natural de São Paulo, ROBERTO NOBUHIKO MARUYAMA nasceu no dia 26/09/1944. Discípulo do Mestre Reichin Kawai desde 1979, foi graduado Faixa Preta 1°grau em Abril de 1986, e representou o Brasil no Congresso Internacional de Aikido realizado em Tanabe - Japão, em agosto de 1988. Foi o introdutor do Aikido no Estado do Rio Grande do Sul, em 15/02/1989. Também foi o introdutor e responsável pelos treinamentos infanto/juvenis da Academia Central da União Sul-Americana de Aikido. Foi o fundador e orientador Geral das Academias Maruyama-Dojo em São Paulo, Rio Grande do Sul e Joinville (SC).

É o Vice-Presidente da União Sul-Americana de Artes de Aikido. Em 1995/96 recebeu treinamentos especiais do Shihan Massakazu Kitahira, responsável pelo Aikido em Hiroshima, Japão. Instrutor responsável pelos treinamentos de Aikido do Grupo de Operações Especiais e da Seccional Centro da Delegacia da Capital, ambas da Secretária de Segurança Pública do Estado de São Paulo. Em outras áreas, foi graduado em Administração de Empresas pela USP - São Paulo, e fez especialização em Finanças a nível de pós-graduação, FGV - São Paulo.

Prof. Roberto Maruyama, promovido a 6º Dan no começo de 2003.

Trabalhou como Gerente de Controle de Gestão nas Empresas: Santa Marina, 1988-1990 e Cibié do Brasil, desde 1990.

Para localizar o Prof. Maruyama pode-se contatar o site: www.aikidomaruyama.com.br

Foto recente de Ishitami Shikanai.

Outro grupo importante é o formado pelos Dojo associados ao Prof. Shikanai. Abaixo a descrição de sua história feita por J. F. Santos, um dos mais próximos e importantes líderes do grupo, lembrando que ele é formado em Métodos Quantitativos (UFRJ), tem Mestrado em Administração (COPEAD-UFRJ) e é formado em Direito pela UNICEUB-Brasília. É aposentado do Banco do Brasil, pratica *Iaido*, fez dois estágios de Aikido no Japão, no Kobayashi Dojo, e é faixa preta 5º *Dan* em Aikido.

A descrição abaixo foi fornecida pelo professor J. F Santos

Prof. J. F. Santos, um dos mais antigos e dedicados praticantes e professores de Aikido do Brasil.

atendendo gentilmente ao pedido do autor, para que uma versão escrita por alguém muito ligado ao Prof. Shikanai viesse a público, respeitando a fórmula escolhida para escrever esta história do Aikido do Brasil, apresentando a versão dos historiados:

A HISTÓRIA DO AIKIDO DO GRUPO SHIKANAI
Por J. F. Santos - (www.aizen.org)

Em dezembro de 1963, chega ao Rio, ao final de uma viagem de cargueiro de 90 dias, o emigrante japonês Teruo Nakatani, marcando o início do Aikido em terras cariocas, sem qualquer vínculo com o Aikido praticado em São Paulo.

Nakatani, formado pela Universidade Meiji, em Administração, praticava Aikido na Hombu Dojo e já chegou ao país como faixa preta 3º Dan, além de 1º Dan em Karatê; foi aluno de Ô Sensei e companheiro de Yamada sensei e Tamura sensei na Academia Central em Tóquio.

Após uma passagem efêmera em um pequeno Dojo na área portuária, começa a praticar num Dojo de Judô do Prof. Georges Mehdi, instalado em Ipanema. Entre os judocas que lá praticavam estava J. R. Martins, que viria a ser o introdutor do Aikido em Brasília.

Martins, com a ajuda do secretário da Associação de Faixas Pretas do Rio, Sr. Almeida, consegue espaço e horários na Academia do Mestre Nagashima (na Praça da Bandeira) para o Prof. Nakatani ensinar Aikido, às segundas, quartas e sextas-feiras, das 21:00h. às 22:00h. Este foi o primeiro local e prática regular de Aikido no Rio de Janeiro.

Os primeiros faixas-pretas de Aikido no Rio de Janeiro, como J. M. Ribamar Martins, Mark Berler, Eduardo Adler, Carlos Infante, Osvaldo Simon (O Guru), Otávio Oliveira, Luis Augusto Paraguassu, Pedro Gavião, Sinati, Getulio, Waldemar e, pouco depois, George Prettyman, são dessa época dourada.

O crescimento do número de alunos faz com que, em 1969, Nakatani mude para a R. Barata Ribeiro, nº 810, 3º andar, em Copacabana, local que acabou se transformando na Associação Carioca de Aikido. Havia um segundo local de prática de Aikido, no Rio, no Clube Caiçara (Lagoa), onde as aulas eram dadas pelo Guru, primeiro faixa preta de Nakatani.

Em 15 de julho de 1971, ingressa no Dojo de Copacabana, um praticante que viria a ter importante influência na continuidade do Aikido Carioca, o empresá-

Da esquerda para a direita, Prof. Torata, Shikanai, Kawai, Teruo Nakatani e Miyazawa, da Argentina. Foto em uma comemoração no Dojo da rua José Salier Peixoto, onde o autor recebeu o Shodan em um exame feito por Shikanai e Torata Sensei.

rio Adélio Andrade, português de Douro Litoral, na época com 28 anos, trabalhador, inteligente, hábil administrador, e que veio a suprir a lacuna da ausência de Nakatani gerada por suas atividades empresariais, tornando-se um expoente no Aikido do Rio de Janeiro.

Nakatani, de 1963 até 1973, torna-se figura lendária, sendo manchete em jornal ao prender assaltantes no Corte do Cantagalo, aparecendo em documentários, notícias da semana sobre esportes, e chegando a coadjuvante em filmes nacionais da época, como o Diamante Cor de Rosa, de Roberto Carlos.

Em 1972, Prof. J. R. Martins é removido pelo Banco do Brasil para Brasília e deixa o Dojo da Barata Ribeiro, tornando-se o introdutor do Aikido no Planalto Central. Nakatani se incumbe de, semestralmente, efetuar seminários e a avaliação dos seus alunos brasilienses.

É bom registrar que o Prof. Nakatani busca sua realização na sua área de formação, o que acarreta constantes viagens e ausências do Dojo de Copacabana. Então, uma contusão no joelho faz com que Nakatani comece a pensar a deixar a prática do Aikido.

Assim, Nakatani foi procurar no Japão, primeiro na Academia Central, e depois o mestre Yasuo Kobayashi, seu colega de faculdade, para que indicassem uma pessoa para ocupar o seu lugar no Dojo do Rio. Entre os dois principais alunos de Kobayashi, estavam Igarashi e Shikanai. Como Igarashi estava recém-casado, Shikanai se apresenta como voluntário para vir para o Brasil. Então, em junho de 1975, chega ao Rio, acompanhado por Yasuo Kobayashi, o Prof. Ishitami Shikanai, deixando o curso de Economia, da Universidade Meiji, sem nenhum conhecimento de língua portuguesa, solteiro, com 26 anos, 3º Dan de Aikido, 2º Dan Judô e de Iaido.

Shikanai assume o ensino do Aikido no Dojo de Copacabana, e sobrévem o choque cultural e a reação às mudanças, face ao Aikido praticado pelo novo instrutor. Os alunos, mais acostumados ao Aikido marcial, até mesmo grosseiro, do Prof. Nakatani questionam a nova forma, o que vem a se refletir na administração financeira da academia. O Prof. Adélio percebe os problemas e monta um Dojo em Niterói para ser dirigido diretamente por Shikanai, ficando a academia da Barata Ribeiro sob a direção dele, Adélio. Na ida para Niterói, acompanham dois faixas pretas que são importantes no Aikido do Rio de Janeiro: Pedro Paulo Coelho e Bento Guimarães.

Crise econômica, inflação desenfreada e os reajustes abusivos dos aluguéis, fazem com que a Associação Carioca de Aikido passe por sérios problemas, perdendo muitos alunos, o que culminou em seu fechamento, passando o Prof. Adélio a lecionar às terças e quintas feiras, na AABB-Lagoa. Sob a égide do Prof. Adélio, uma nova fase carioca se inicia, onde se formam os faixas pretas José Carlos, Renato Morrison, Valério Exposito e Marco Antonio Barcelos.

No Dojo de Niterói, onde Shikanai torna morada, escritório e academia, e que é administrado somente por ele, ingressam Antônio Augusto, Alberto Ferreira e Carlos Nogueira. Este último, mais tarde, emigra para Los Angeles, onde ingressa no Iwama-Ryu e hoje, tendo retornado, representa no Brasil a linha do Saito sensei.

Face à distância e por determinação do Prof. Shikanai, Pedro Paulo e Bento Guimarães iniciam turmas de Aikido em Laranjeiras na Academia Nissei, onde Shikanai comparece uma vez por mês, para treino periódico. Neste ciclo, formam-se Nelson Lisboa, Marcelo Guelman, César Silveira, Teresa Silveira, Antônio Peniche (Toko) e outros.

Em 1981, nasce em Niterói, a menina Minoli, filha do Prof. Shikanai, com sérios problemas locomotores. As dificuldades de realizar tratamento médico na filha, no próprio Dojo de Niterói, induzem Shikanai a aceitar sugestão de Sakai de mudar-se para uma casa em Belo Horizonte onde melhor poderia aplicar os exercícios na menina. Então, em 1985, Shikanai muda com a família para Belo Horizonte para uma casa térrea no bairro de Carlos Prates. O primeiro local de prática foi a residência da família, depois a Praça Raul Soares, num Dojo de Judô localizado sobre um posto de gasolina e, finalmente, na Savassi, onde se encontra até hoje.

No solo mineiro, surgem novos faixas pretas, como José Martins, José Almir, Daniel Spach, Vanessa, Paulo Pinheiro, Márcio, Marcelo, Dora, Kátia e outros. Em 2000, Vanessa - faixa preta 3° Dan, inaugura um Dojo campestre, na serra dos Jambeiros, local dos gashuku mineiros.

Cumpre destacar que no Rio, dois antigos alunos do Dojo da Barata Ribeiro, Laurentino Duó (missionário da Igreja Messiânica) e Cláudio Halfed se mudam para Barra Mansa e Natal, respectivamente, onde introduzem o Aikido e formam novos faixas pretas.

Aikido no Planalto Central

Em fevereiro de 1972, trazido pelo Prof. J. M. R. S. Martins, faixa preta do Prof. Nakatani, começa a saga do Aikido no Planalto Central onde, até 1975, era supervisionado pelo Prof. Nakatani, que ministrava seminários e exames.

O primeiro local foi no Dojo da AABB, na beira do lago Paranoá, existindo somente um horário, às 6 horas da manhã.

Ingressam no Aikido brasiliense, Rui Matos, Roberto Crema, J. F. Santos, Antônio Tibery e José Ribamar Nunes. Também em Brasília, praticava o almirante Parauaçu, depois tornado adido naval em Tóquio, e que viria a ter importante atua-

ção burocrática na vinda do Prof. Shikanai para o Brasil.

Ao final de 1975, a supervisão do grupo de Aikido de Brasília passa a ser feita pelo Prof. Shikanai. Faz-se importante frisar que a supervisão do Prof. Shikanai deu forte impulso ao Aikido de Brasília, devido a sua constante presença ministrando aulas e exames.

Assim, em 1978, são formados pelo Prof. Shikanai, os dois primeiros faixas pretas de Brasília, Antônio Tibery e J. F. Santos. Estes dois praticantes, mesmo antes de se graduarem, já possuíam um Dojo na Asa Norte, com a autorização do Prof. Shikanai e, ainda como faixas roxas, ministravam aulas de Aikido.

No Dojo da Asa Norte, ingressam Nelson Takayanagi, Iliana Takayanagi, Jackson Oliveira, Jorge Honda, José Ribamar Nunes, Alexandre Tibery, José Maurício e outros. Além destes, juntam-se os seguintes faixas pretas, na ordem cronológica: Sidney Silva, Kawano, João Alfredo, André Boechat, Narciso e Anderson.

Faz-se necessário citar a entrada de uma pessoa que impulsionaria, técnica e administrativamente, o Aikido de Brasília, o faixa preta Mário Coutinho, que sendo formado em Educação Física, implanta o núcleo de Aikido da UNB. Mário Coutinho, dinâmico e administrador incansável, coordena a parte organizacional do Aikido de Brasília.

Em 1988, inspirado em suas concepções, Tibery cria sua própria arte marcial, denominada "Ami" ou "Amijutsu" e se desliga do Prof. Shikanai.

Em 1993, o Prof. Santos leva e introduz o Aikido para Goiânia e, junto ao Prof. Ivan Reis, forma os faixas pretas Ivan Reis, Fernando Rassi Nader, Gustavo Santos, Luiz Flávio e Maria Ramos. Ainda na corrente de Brasília, o Prof. Santos estende o Aikido até Belém do Pará onde, após cinco anos, forma-se o primeiro faixa preta paraense, o Sr. Marcelo Marques.

A FEPAI (Federação Paulista de Aikido), representa o terceiro grupo mais importante na divulgação do Aikido no momento, além do Instituto Takemussu e dos grupos ligados a Yamada Sensei. Ela foi criada em 1978, sendo a primeira entidade oficialmente reconhecida pela prática e difusão do Aikido no país, graças aos esforços de Reichin Kawai Sensei e de alguns de seus alunos, em particular de José Gomes Lemos e Luís Pantaleão (Juiz de Direito), Breno de Oliveira e Makoto Nishida, e do Prof. Torata, um executivo da Toyota que veio trabalhar no Brasil no final da década de 70 e era aluno de Kobayashi Sensei, possuindo então o 3° Dan. Nessa época, para poder obedecer às leis esportivas vigentes no País, a FEPAI, conforme afirmava Kawai Sensei, muito a contragosto, precisou criar uma forma de competição entre os praticantes, o que foi feito através da comparação de *Kata*, movimentos predeterminados, realizados pelos aikidoístas, evitando-se com isso a necessidade de confronto físico, como o que ocorre na maior parte das lutas conhecidas. A FEPAI, até a segunda vinda do Doshu Kishomaru, era comandada por Reichin Kawai Sensei, que embora tenha cedido a presidência, eventualmente, para seus alunos e constituído uma diretoria, visto ser uma associação, mantinha esta condição como simbólica, posto que todas as decisões eram tomadas por Kawai Sensei, de forma centralizada.

A seguir, alguns comentários tecidos sobre a FEPAI pelo Dr. José Gomes Lemos, que gentilmente atendeu a solicitação de escrevê-los para este capítulo, que se restringiu a comentar os fatos a partir do final da década de 80. Ele é, certamente, a pessoa que melhor conhece esta instituição desde sua fundação, e que, ainda hoje, exerce grande influência nas decisões que são tomadas, agora sob a direção técnica do Prof. Makoto Nishida:

"A vinda do Doshu Kishomaru, no começo da década de 90, alterou profundamente a vida da Federação Paulista de Aikido. Estimulados pelo apoio do consulado Japonês a visita que teria a finalidade de aprofundar os laços culturais entre o Brasil e Japão, os membros dirigentes e todas as bases, se dedicaram à preparação dessa visita. O empenho de todos repercutiu bastante na divulgação da vinda do Doshu e obtivemos apoio de órgãos de divulgação (Rede Globo, TV Record, Jornais da colônia japonesa, Estadão, Folha de São Paulo, Gazeta Esportiva, jornais de bairro, etc.). Preparava-se uma grande festa, que afinal foi realizada.

Esse empenho coletivo estimulou os dirigentes da FEPAI, sob a presidência do Sensei Lemos e do diretor técnico, Sensei Makoto Nishida, a tomarem decisões e ampliar sua atividade, criando um novo clima de trabalho, com inúmeras iniciativas e ótimos resultados. A recompensa dessa união de esforços veio através da presença em massa que lotou o ginásio principal da sociedade Esportiva Palmeiras, em Abril de 1990. Visitando consulados, jornais, revistas e televisão, os membros da diretoria se desembaraçavam e surgiram oportunidades para que demonstrassem suas capacidades reais, justificando a posição que ocupavam.

A chegada do Doshu em São Paulo foi uma grande festa, contando com bandeirolas do Brasil e do Japão tremulando nas mãos de mais de uma centena de aikidoístas e flores oferecidas ao Doshu e seus acompanhantes (Osawa e Hori Sensei), na chegada ao aeroporto, e uma carreata os acompanhava no trajeto para o centro da cidade. Um filme de vídeo registrou todos os atos do Doshu em São Paulo, desde sua chegada até sua partida. Este registro mais detalhado da vinda do Doshu ao Brasil se justifica plenamente, porque a vida da FEPAI modificou-se a partir dessa época. O crescimento da FEPAI, daí por diante foi explosivo, e podemos separar a sua história como antes e depois da vinda do Doshu Kishomaru em 1990. Através do então vereador Mário Hato, o Doshu já havia recebido a homenagem da cidade, com a concessão da medalha Anchieta. Após a visita em 1990, o Doshu recebeu a honra de tornar-se Cidadão Paulistano, por proposição do vereador Mário Noda.

Nossa gratidão ao Doshu Kishomaru se amplia, porque nessa oportunidade ele já tinha sua saúde bastante abalada e não mediu sacrifícios para vir ao Brasil. A FEPAI cresceu, e com ela os seus dirigentes. Houve maior empenho de todos para a criação de novos Dojo, além do aumento do número de praticantes nas academias existentes. O "FEPAI News", boletim da entidade, procurava alicerçar esse crescimento com êxito. A FEPAI, em conjunto com o mestre Shikanai, convidou o Doshu e ele ministrou aulas no Rio de Janeiro, com a presença de aikidoístas de Brasília e Belo Horizonte.

Algum tempo após a vinda do Doshu, ainda sob o calor provocado por sua visita, Kawai Sensei solicitou sua demissão do cargo de vice-presidente da FEPAI, decidindo afastar-se da mesma em caráter irrevogável.

Mesmo solicitado a continuar com seus ex-alunos, disse da necessidade de buscar novos caminhos através de uma organização própria, mais adequada a seus

Efusiva recepção ao Doshu Kishomaru e comitiva em sua chegada no aeroporto de Guarulhos, por ocasião da segunda vinda ao Brasil.

objetivos. Com essa atitude do antigo mestre, adotamos uma nova sede à Avenida Vital Brasil e continuamos nossas atividades normais. As relações com o Hombu Dojo continuaram através do Nishida Sensei, indicado como Shihan pelo Doshu, prosseguindo no caminho junto ao Aikikai, cuja filiação se processou em 1978, e junto à IAF, à qual nos filiamos na mesma data.

Através do relacionamento do Shihan Nishida, recebemos as visitas, de dois em dois anos, do Sensei Kobayashi e do saudoso mestre Kawabe, que por quatro vezes veio trazer-nos seus ensinamentos. Anualmente, o Hombu Dojo nos enviou, até há sete anos, um mestre de seu quadro de instrutores. Tanto Kobayashi quanto Kawabe Sensei, sempre se fizeram acompanhar por alunos de 6º e 7º graus, que ampliavam seus contatos conosco através de aulas das quais tiramos imensos proveitos. Muitas dessas aulas foram registradas em fitas de vídeo, que estão à disposição de todos os interessados.

O intercâmbio com organizações nacionais e internacionais (Argentina, Uruguai, Paraguai) foi intensificado com trocas de visitas e delegações, e com o relacionamento permanente entre os dirigentes. Nacionalmente, foram realizados dois encontros promovidos pela FEPAI, com participação de várias entidades de São Paulo, Rio de Janeiro, Brasília, Argentina e Uruguai. Não deixamos de convidar o mestre Kawai e o mestre Ono para os mesmos.

O caminho da FEPAI nunca deixou de ser trilhado dentro dos princípios da Harmonia e da Paz, razão pela qual, nos últimos anos, estamos participando de inúmeras atividades com aikidoístas de diferentes organizações, além de seminários dos demais eventos promovidos pela FEFAI.

A FEPAI tomou a iniciativa de defesa das Artes Marciais contra a tentativa

A demonstração organizada pela FEPAI, então ainda sob o comando do Prof. Reichin Kawai, foi grandiosa e realizada no Clube Palmeiras.

dos Conselhos de Educação Física no sentido de se sobrepor às Confederações, Federações e Associações de Artes Marciais, e impedi-las de formar seus novos professores, condicionando aos já existentes uma filiação não legal a esses conselhos. Em conjunto com outras entidades de Aikido em São Paulo e outros Estados da Federação, estamos impedindo, por meios legais, a consecução desses objetivos, inclusive propondo aos parlamentares a aprovação de uma lei direcionada às Artes Marciais, respeitando as tradicionais organizações do ramo, Associações, Federações e Confederações, existentes e por existir.

    A FEPAI tem participado de todos os congressos da IAF e em conjunto com associações de outros estados criou a Confederação Brasileira de Aikido, com sede em São Paulo. Criou também em 1992, em conjunto com as Federações da Argentina, Uruguai, Paraguai e Chile, a Confederação Latino-americana de Aikido - Aikikai, cuja secretaria tem sede permanente no Chile e realiza seus congressos, alternativamente, nos outros países.

    Estamos indo em frente, buscando a Harmonia e Paz no ambiente do Aikido, na tentativa vitoriosa de melhorar a vida humana em nosso planeta."

Informações sobre a FEPAI podem ser encontradas no site www.fepai.org.br.

Nas páginas anteriores foram apresentadas situações da história, segundo a visão de componentes dos três principais grupos que não sofreram influência de Yoshimitsu Yamada Sensei, um dos fatores que marcaram uma nova fase da arte no país. O que segue agora, são comentários do autor, com complementos sobre outros grupos e pessoas, bem como a história do Instituto Takemussu e do grupo influenciado por Yamada Sensei, conforme foi proposto:

OS ACONTECIMENTOS HISTÓRICOS SOB A VISÃO DO AUTOR

Década de 50

A história do Aikido no Brasil passa inicialmente pelos nomes de Tomio Kikuchi e Toshio Kawai, que mais tarde mudou seu nome para Reichin. Ainda na juventude no Japão, Kawai Sensei aproximou-se de Saito Torataro, médico famoso por tratar, principalmente, da alta elite japonesa, buscando curar-se de uma doença. Tendo Saito Torato grande simpatia por Kawai Sensei, permitiu-lhe o acesso e o convívio com a clientela da alta sociedade que freqüentava seu consultório e sua casa. Foi nesta oportunidade provavelmente que Kawai Sensei aprendeu o traquejo de como circular entre políticos, conheceu pessoas importantes e aprendeu como vivia a alta sociedade e os poderosos no Japão. No final da década de 50, quando imigrou para o Brasil, mesmo sendo uma pessoa de classe média, a competência e traquejo social permitiram a Kawai Sensei relacionar-se com famílias tradicionais e poderosas de São Paulo, bem como tornar-se amigo e próximo de generais e políticos. Muitos de seus simpatizantes e alunos eram também seus pacientes, uma vez que a acupuntura que praticava já era moda entre a alta sociedade paulistana como medicina alternativa. No Brasil, Toshio Kawai encontrou-se com Tomio Kikuchi, um dos mais importantes discípulos de Georges Ohsawa, fundador da Macrobiótica, e durante algum tempo Kawai Sensei permaneceu a ele ligado; conheceram-se em Londrina-Paraná, devido a um grande favor que Kikuchi lhe fez, relacionado com a Acupuntura, conforme o Sr. Kikuchi contou pessoalmente para mim na presença de mais 10 participantes de uma reunião que fizemos quando da criação do grupo "guarda-chuva", cuja constituição será explicada mais adiante.

Foto do começo da década de 50 com Reichin Kawai, que naquela época ainda era Toshio Kawai, abraçado com o Prof. Tomio Kikuchi. O Sr. Kikuchi deve ser a pessoa hoje no Brasil que melhor conhece a verdadeira história do começo da atividade de Kawai Sensei como professor de Aikido no Brasil. Por isto o autor deste livro soube de tantos detalhes que por muito tempo ficaram desconhecidos.

Aritomo Murashigue, provavelmente no tempo em que Kawai Sensei o conheceu.

Tomio Kikuchi contou que ele estimulou Kawai Sensei à prática e ao desenvolvimento do Aikido no Brasil, certamente influenciado por Ohsawa, visto Kikuchi ter sido seu aluno e vindo para o Brasil, onde iniciou a divulgação do movimento Macrobiótico. Ohsawa, quando estava no Japão, treinou algum tempo com Morihei Ueshiba, *Ô Sensei*, se tornando um grande admirador da prática do Aikido, chegando a escrever um livro sobre esta arte, o qual compõe a biblioteca do autor. Posteriormente, Ohsawa foi morar na França, onde adquiriu grande reputação entre os intelectuais e pessoas interessadas em assuntos orientais, escrevendo livros e artigos com freqüência.

Dessa forma, Kawai, que havia chegado ao Brasil no final da década de 50, já contava com os ensinamentos de Saito Torataro, embora não tivesse praticado no Hombu Dojo do Japão ou com mestres e alunos diretos do Fundador, como o fizeram Nakatani, Shikanai e Yamada Sensei. Sobre o Prof. Kikuchi, vale informar que ele continua na ativa, estando com mais de 70 anos, goza de saúde perfeita, é figura respeitadíssima na comunidade nipônica paulista e reconhecido em toda a América Latina.

Dentro do movimento macrobiótico, tem renome internacional, e no Brasil recebeu o título de "Cidadão Paulistano", o maior título da municipalidade paulista, o que o torna merecedor de toda credibilidade no que tange às informações sobre Kawai Sensei e como ele se envolveu com o Aikido no Brasil. Kikuchi possui um restaurante macrobiótico no centro de São Paulo e um centro de treinamento num sítio localizado em Mairiporã, onde realiza freqüentes seminários e preside ainda, conferências internacionais.

    Em qualquer doença devemos começar com o estágio mais elementar que é baseado numa vida desregrada, temerosa e ingrata. Isto quer dizer que antes de tudo devemos ensinar ao doente a despertar a "capacidade infinita de ser humano", uma vida independente, completa e autônoma. Sem atacar a doença pela sua raiz não se conseguirá uma cura fundamental.

    A nossa progressão fisiológica deve-se desenvolver numa direção que é exatamente oposta àquela da doença. Lamentavelmente, muitas pessoas seguem a mesma direção da doença falsamente guiadas pela moderna educação e medicamentos profissionais e materialistas.

    Antigamente a educação do Extremo Oriente tentava desenvolver a constituição mental, principalmente sacrificando a constituição física. Nos tempos atuais muitos estudantes abandonam seus estudos por estarem sofrendo de tuberculose, nervosismo, neurastenia etc. Infelizmente isto é uma forma de seleção natural. É a luta pela vida. Mas, melhor do que unicamente proteger o estudante enfermo, será acabar com esta espécie de educação que produz tais estudantes. Desta maneira muitos podem ser salvos. Gostamos do espírito esportivo e do espírito de pioneirismo e os admiramos. Mas atualmente, quem é realmente forte deve e pode ser o vitorioso, feliz, sendo ainda mais forte o espírito de justiça absoluta. Quem é efetivamente forte somente o poderá ser se foi criado pela justiça, despertando a habilidade de discernimento superior.

    A medicina do Extremo Oriente é a verdadeira técnica para criar raças fortes, biológica e fisiologicamente providas de uma lógica sólida em observância ao Princípio Único. Eis por que todo o Extremo Oriente foi colonizado pelos ocidentais, física e intelectualmente, no decorrer somente de um ou dois séculos. A medicina é em parte responsável por isto porque esqueceu a teoria do Princípio Único. Teoria sem prática não tem nenhum valor mas a prática sem a teoria é mais perigosa.

    A velha medicina oriental foi desalojada pela jovem medicina ocidental que possui grande número de instrumentos sintomáticos.

    Tudo que tem um começo terá um fim. Os velhos médicos orientais, que esqueceram o Princípio Único, desapareceram. Entretanto, a medicina do Extremo Oriente, com o seu Princípio Único, é eterna e infinita.

    Tomio Kikuchi

Kurata Sensei
Katsutoshi Kurata Sensei, 7º Dan, é o presidente da Federação Aikikai da Argentina. Ele começou a praticar Aikido por volta de 1957 no Sankei Dojo em Tóquio, em uma época em que os melhores professores do Hombu Dojo iam ensinar neste local. Quando este dojo fechou foi treinar no Hombu Dojo. Ele chegou na Argentina em 1967 e começou a ensinar em seguida. Além de Kurata Sensei, na Argentina existem outros mestres importantes, como Kenzo Miyazawa, também japonês e que treinou no Japão, Masafumi Sakanashi e Juan Tolone, todos líderes de organizações ligadas ao Aikikai de forma direta ou indireta. Kurata Sensei é uma pessoa um tanto recatada e nunca gostou de se envolver em assuntos organizacionais ou políticos. Na década de 80 fez a ponte com o Hombu Dojo com o prof. Tomio Kikuchi e inclusive examinou o mesmo e seu filho Eichi, para 3º Dan antes deste se ligar a Yamada Sensei na década de 90. Kurata Sensei se interessava por Macrobiótica, assunto no qual o sr. Kikuchi é a maior autoridade na América do Sul e talvez do mundo. Por esta razão acabou influenciando, embora levemente, o Aikido brasileiro de forma indireta através de Tomio e Eichi Kikuchi.

Kawai Sensei acabou ficando muito próximo de Kikuchi, e este nos contou que numa viagem que Toshio Kawai fez à Europa em 1961, acompanhando uma excursão de pessoas ligadas a Kikuchi em uma missão liderada pelo Sr. Ryuji Nagata, conheceu Aritomo Murashigue apresentado pelo grupo de Macrobiótica através do Sr. Kaoru Yoshimi. Aritomo Murashigue era um famoso aluno do Fundador, sendo seu amigo particular, e havia sido enviado por ele à Europa, estando envolvido com as atividades da Macrobiótica devido a seu relacionamento com Ohsawa, e assim Kawai foi apresentado a ele pelos amigos do Prof. Kikuchi. Segundo Kikuchi, ele emprestou a Kawai Sensei um livro para estimulá-lo a se interessar pelo Aikido, e lhe recomendou a começar a praticar. Após cerca de 6 meses de treino com Murashigue, Kawai Sensei recebeu a incumbência de divulgar o Aikido no Brasil. No entanto, volto a mencionar que por ter estudado o princípio "*Aiki*" com Saito Torataro, certamente deve ter sido fácil para Kawai Sensei aprender as técnicas básicas de Aikido. Ele não era um principiante em "*Aiki*" quando se aproximou de Murashigue, ou teria sido impossível receber uma delegação para ensinar Aikido em um país com apenas 6 meses de treino, obviamente. Eu me lembro que embora as técnicas que Kawai Sensei praticava na época em que eu treinei com ele no final na década de 70 eram diferentes das que vi outros *Shihan* do Aikikai fazerem, elas continham sem dúvida marcialidade e ele não era uma pessoa comum neste aspecto. Murashigue era amigo pessoal do Fundador do Aikido, mas não consta que fosse algum delegado do Aikikai, que era dirigido pelo filho de Morihei Ueshiba, Kishomaru. Este sempre foi um problema político dentro do Aikikai, e perdura até hoje, pois existiam e ainda existem na prática, duas representatividades: as concedidas diretamente pelo Fundador, e aquelas dadas por Kishomaru Ueshiba como presidente da Fundação Aikikai. O Fundador delegava o direito de fazer exames aos *Shihan*, à pessoa física, o que era portanto uma delegação pessoal, os chamados "*Hombu Haken Shihan*" como Murashigue, Tamura, Yamada Sensei etc. O Aikikai, no entanto, sempre designou esta tarefa às instituições, às pessoas jurídicas. O regulamento interno do Aikikai é muito claro neste aspecto. Isto faz uma grande diferença, pois as organizações não podem examinar pessoas fora de seu país em nome do Aikikai, nem conceder certificados, enquanto os antigos *Shihan* que possuíam a delegação pessoal podiam fazê-lo em qualquer lugar do mundo. Felizmente foi graças a esta possibilidade que, posteriormente, Yamada Sensei pôde

329

De pé: a esposa de Tamura Sensei, Wagner Bull, Eichi Kikuchi. Sentados: Tamura Sensei, Tomio Kikuchi e Yoshimitsu Yamada. Foto feita no Hotel Gávea, em Guarujá (1998).

No Japão, tempo de treino e idade são muito importantes e levados em conta em termos de respeito hierárquico. Um japonês, quando atinge 60 anos, passa a ter uma deferência especial em sua comunidade, e é visto como alguem sábio e experiente, um conselheiro. Um exemplo desta atitude cultural, o autor pode citar quando presenciou um encontro de amigos, ver foto ao lado, no qual participaram Tamura e Yamada Sensei, 8º Dan, o autor e Kikuchi Sensei, que é o precursor na Macrobiótica no Brasil e possui 3º Dan do Aikikai, e tem um filho, Eichi, que é 4º Dan, promovido por Yamada Sensei. Devido à idade de Kikuchi Sensei, ficou claro para o autor na oportunidade, durante o encontro, que os dois mais famosos shihan do Ocidente se colocavam um pouco abaixo em termos hierárquicos, nos diálogos, embora nos assuntos relativos ao Aikido a opinião final fossem destes. Sabiamente os japoneses respeitam os mais velhos, talvez uma herança dos ensinamentos herdados de Confúcio.

ajudar os grupos dissidentes no Brasil, visto que a única organização oficial era a FEPAI, que havia sido comandada por Kawai no passado e atualmente tem como seu principal membro o *Shihan* Makoto Nishida e era a única entidade que podia oficialmente realizar exames de faixa preta no Brasil. O Aikikai não reconhecia organizações continentais, e quando o fazia, era apenas uma para cada país, naquela época. Somente em 2001, quando o Regulamento Internacional mudou, foi que o Instituto Takemussu conseguiu o seu almejado título de entidade oficialmente reconhecida, embora o Aikikai continue não reconhecendo organizações continentais em termos de concessão de certificados de promoção. Por exemplo, nem a Federação Européia de Aikido, e tampouco as duas federações latino-americanas, a F.L.A., cujo presidente é Yamada Sensei, e a F.L.A.A. com sede no Chile, são reconhecidas pelo Hombu Dojo e acredito que nunca o serão, pois isto seria ir contra a política adotada pelo Hombu Dojo de manter a verticalização. Existe uma federação internacional de Aikido, a IAF, mas ela tem muito pouca influência e ação prática, sendo no fundo apenas um local para as pessoas se reunirem e fazerem suas reclamações de forma indireta, visto que seria considerado uma falta de respeito se ir ao Hombu Dojo e contradizer as decisões do Doshu. Desta forma, a IAF serve como um "amortecedor" das tensões, onde os membros podem reclamar à vontade.

Até janeiro de 2001, o Instituto Takemussu estava reconhecido oficiosamente, pois estando sob a orientação de Yamada Sensei, nossos faixas pretas podiam receber os certificados assinados por ele, mas estes vinham através do *Shihan*, e não pelas vias normais institucionais previstas nos estatutos do Aikikai. E é assim, ainda, que graduamos nossos alunos no Exterior, ou seja, via Yamada Sensei. Yamada Sensei e Tamura Sensei usam, ainda hoje, este poder delegado pelo Fundador e podem examinar pessoas em nome do Aikikai em qualquer lugar do mundo, permitindo que sejam promovidas e recebam o diploma de faixa preta do Aikikai como as organizações reconhecidas no país o fazem. É por esta razão que ambos podem ter alunos filiados em todo o mundo. Quando eles se aposentarem nenhuma outra organização ou pessoa, poderá fazer isto e os aikidoístas só poderão fazer exames em organizações de um determinado país, se nele residirem. A razão está bem clara no regulamento do Aikikai, e estabelece que a organização reconhecida em um país não pode fazer exames em praticantes que residam em outro. A área de reconhecimento tem alcance nacional, é assim que o Aikikai deseja. Na minha observação sobre o que acontece na política do Aikido no mundo, o fato dos "*Haken Shihan*" concederem diplomas em nível internacional, atrapalha um pouco a política administrativa do Aikikai, que quer centralizar este aspecto no Japão e limitar a ação de cada organização, geograficamente, a apenas seu país. Quanto aos "*Hombu Haken Shihan*", esta política não os alcança, pois foi uma delegação do Fundador e, tradicionalmente, os sucessores de Morihei Ueshiba a tem acatado, tanto com Kishomaru, o filho, quanto o neto Moriteru. Portanto, a centralização na forma pretendida pelo Aikikai, ocorrerá somente no futuro. Segundo os estatutos do Aikikai, quando o líder de uma organização consegue o 4º *Dan*, se tiver apenas uma filial, e não for um Dojo isolado, poderá solicitar seu reconhecimento oficial e realizar exames de faixa preta, caso conseguir o mesmo, após um sindicância que a central japonesa faz nas atividades da organização e caráter do diretor-técnico responsável. É mantido em segredo como esta investigação é feita.

É muito importante lembrar que na década de 60, quando Kawai Sensei viajou para a Europa, havia grande interesse do Aikikai em expandir o Aikido por todo o mundo. Kishomaru fazia grande esforço para convencer os alunos que saiam das universidades onde se ensinava o Aikido, a voltarem a suas cidades de origem e abrirem seus Dojo de Aikido. Eu acredito que, tendo Murashigue pedido a Kawai Sensei que divulgasse o Aikido no Brasil, estaria este pedido sendo visto pela central japonesa com grande interesse, pois seria uma boa oportunidade para iniciar a divulgação da arte em um país com significativa colônia japonesa, como o Brasil, e como a concessão havia sido feita por um delegado do Fundador, nada mais certo do que conceder a Kawai Sensei o título de *Shihan* em curto prazo, considerando-se que, atualmente, isso exija cerca de 25 anos de treino e ensino da arte para se conseguir este título e isto na melhor das hipóteses. Pelo menos é isto o que, a lógica e os fatos históricos, levam o autor a deduzir. Guardadas as devidas proporções, a situação era

Em um livro, sob orientação de Kawai Sensei escrito por Marco Natali, esta foto era mostrada como sendo os jardins da casa onde Kawai Sensei havia nascido no Japão. A imagem que fazíamos naquela época de Kawai Sensei é que ele seria descendente da nobreza. Ele tinha uma postura incomum, sempre com a coluna reta e voz firme.

similar quando alguém me procurava vivendo em uma cidade onde ainda não existia nenhum professor de Aikido, e tendo um bom passado marcial, se propunha a iniciar grupos de treinamento e estudo.

O Instituto Takemussu se desenvolveu no passado seguindo esta fórmula, assim acho que sei o que se passava na cabeça do Doshu naquela época pois de certa forma vivi e ainda vivo o dilema. É claro que se corre um risco, pois se o líder não tiver um bom caráter e humildade, começará a dizer às pessoas que ele já é um mestre reconhecido e elas vão acreditar por falta de referências, surgindo problemas graves no futuro. É preciso portanto uma fiscalização enérgica, principalmente no sentido de que o líder não ostente e assegure ao público uma condição técnica que ele efetivamente ainda não disponha. Nos grupos de treinamento que constituímos no Instituto Takemussu, o líder sempre teve que dizer que era um aluno, até que o tempo passasse e ele adquirisse experiência efetiva para se graduar. Nunca promovemos alguém no Instituto Takemussu se ele não tivesse condições mínimas em níveis internacionais para receber o título que ostentasse. Nossos líderes de outras cidades treinaram em grupos de treinamento por mais de 10 anos para conseguirem a faixa preta, o *Shodan*, que pode ser conseguido em 3 anos no Dojo central em São Paulo se treinarem com regularidade.

É preciso lembrar que, nesta época, Murashigue não era o representante oficial do Aikikai na Europa, e sim o Prof. Nakazono que, posteriormente, foi sucedido por Nobuyoshi Tamura na França e Tada Sensei na Itália. O primeiro aikidoísta a ir para a Europa foi Minoru Mochizuki, e depois Tadashi Abe, primo de Yamada Sensei. A princípio Koichi Tohei seria designado para ir à Europa, mas como ele foi para o Havaí, Mochizuki foi designado logo em seguida. Naquela época, em São Paulo, Kawai Sensei adquiria grande reputação como acupunturista, tendo curado pessoas influentes com sua medicina alternativa, conseguindo tranqüilidade financeira e fama em São Paulo como praticante de medicina oriental, recebendo várias comendas, especialmente as vindas de uma ordem em que eram associados generais e outras figuras notórias.

Década de 60

Mesmo assim, já em 1963, o Prof. Kawai recebeu do Aikikai o diploma de *Shihan* e o título de 6º *Dan*, do Hombu Dojo, e neste mesmo ano fundou a primeira academia de Aikido em São Paulo, na Av. Senador Queiroz.

Como foi mencionado acima, ele não chegou a fazer exames regulares de faixa preta seguindo a ordem natural para receber este título, como é exigido atualmente, aguardando longos anos entre uma promoção e outra, como tivemos que fazer e esperar, eu e os demais líderes brasileiros, para atingirmos o 6º *Dan* que hoje possuímos. Naqueles tempos as promoções eram bem mais rápidas quando a situação o exigisse como pude observar analisando os graus daquela época dos *Shihan* que eram enviados pelo mundo para ensinar. Por exemplo, Koichi Tohei, com menos de 2 anos de estudos com o Fundador, já era enviado para ensinar em outros locais no Japão.

No final de 1963, proveniente do Japão, chegou ao Rio de Janeiro Teruo Nakatani, que havia também emigrado para o Brasil em busca de melhores

O fantástico Teruo Nakatani em ação.

oportunidades de vida, vindo o Aikido a se instalar na Cidade Maravilhosa.

    Antes de treinar o Aikido, Nakatani Sensei foi 3º *Dan* de Judô e 1º *Dan* de Karatê. No Aikido, foi aluno direto de *Ô Sensei* e atingiu o grau de 3º *Dan*, quando veio para o Brasil, com a finalidade de desenvolver sua carreira como administrador de empresas. Tinha uma técnica muito forte e impressionava todos os que o conheciam sob o ponto de vista marcial. Nakatani era efetivamente um *Sandan* competente e seu grau não era apenas honorífico ou por ter mais responsabilidades como dirigente, pois ele realmente havia treinado Aikido no Japão como companheiro de Yamada e Tamura Sensei. Era um tipo "duro na queda". Alguns reclamavam que ele não tinha uma técnica suave e artística, mas ninguém que o conheceu na época reclamou de sua eventual falta de marcialidade, muito pelo contrário. Tamura e Yamada Sensei testemunharam-me este fato e declararam gostar muito dele como pessoa. Disseram ao autor que ele sempre estava com idéias novas e tinha muita iniciativa, fato comprovado por sua imigração, movida pelo desejo de se tornar um empresário de sucesso aqui no Brasil.

    Os praticantes de Judô ficavam maravilhados ao ver aquele professor de Aikido arremessá-los com vigor por todos os lados, como revelou ao autor o Prof. Adélio, que foi um de seus principais alunos. Existem estórias de como Nakatani enfrentou e derrotou bandidos nas ruas, as quais foram, inclusive, figuradas em revistas de quadrinhos pela editora Escala. Quando os alunos reclamaram porque ele não fora aos jornais contar o fato, o que ajudaria a divulgar sua academia, respondeu com uma frase famosa: "E o que será da reputação do Aikido, se em uma próxima vez eu for

Foto histórica de Nakatani Sensei na década de 60. Quem conhece Aikido pode perceber claramente o alto nível na performance desta técnica extendendo a energia com a mão esquerda e ao mesmo tempo fazendo o Kuzushi, usando Aiki Age no cotovelo esquerdo do Uke de forma perfeita.

apanhado e roubado?" Ele realmente era um grande personagem e tinha o espírito aikidoísta do Fundador.

Contudo, Nakatani tinha os objetivos empresariais como prioridade em sua vida, embora amasse também a arte. Desta maneira, apesar do Aikido ter se iniciado em São Paulo, foram os cariocas que, primeiramente, receberam um professor que havia treinado regularmente na arte do Aikido, diretamente no Hombu Dojo, e que possuía nível técnico compatível ao seu grau na minha opinião e pesquisa. Na fase inicial em São Paulo, entretanto, havia pessoas que não pensavam assim, e achavam que o Prof. Kawai tinha iguais ou superiores habilidades técnicas aos melhores mestres do Japão.

Paralelamente às suas atividades profissionais, Nakatani iniciou o treinamento do Aikido na academia do francês Jorge Mehdi, na Praça Nossa Senhora da Paz, em Ipanema. Através do Sr. Martins, com a interferência do Sr. Almeida, responsável pela academia de Judô do Prof. Nagashima, na Praça da Bandeira, começou a ensinar às Segundas, Quartas e Sextas-feiras, das 21:00h. às 22:00h.

Nakatani Sensei, dotado de técnicas enérgicas e eficazes, dono de uma personalidade firme, em pouco tempo tornou-se conhecido, assim como o Aikido, tendo aparecido em revistas, jornais e documentários. Um destes filmes o autor assistiu em Curitiba, quando estava na universidade, na época em que se exibiam nos cinemas as notícias da semana, antes da película principal. Nesta época, começaram a ser formados os primeiros faixas pretas de Aikido no Rio de Janeiro, como Mark Berler, Eduardo Adler, Carlos Infante, Osvaldo Simon (o *Guru*), Otávio Oliveira, Luís Augusto Paraguassu, Pedro Gavião e, posteriormente, George Prettyman.

Em 1965, o Prof. Kawai transferiu sua academia para a Rua das Carmelitas, nº 166, 2º andar, no centro da cidade, onde o autor o conheceu no final da década de 60, sendo que no mesmo ano, a academia ficou sob a direção de um ex-aluno, o Prof. Keizen Ono, um dos primeiros discípulos de Kawai Sensei, que abriu um novo Dojo na Av. Bosque da Saúde.

Ono Sensei era, e ainda é, um homem de grande coração, maduro e muito respeitado por todos os seus alunos, inclusive por mim, pois fui um deles por mais de

Ono Sensei em ação, com sua técnica sempre buscando movimentos com Ki suaves e de forma relaxada.

6 anos, e nutro por ele enorme admiração e respeito por sua grande capacidade de conciliação, bondade, carinho pelos alunos e pelo conhecimento do verdadeiro espírito fraterno do Aikido. Na verdade, eu treinei em períodos diversos, intercalados, por quase 6 anos com Ono Sensei, e apenas cerca de 1 ano e meio com Kawai Sensei que vinha esporadicamente visitar o Dojo da Rua das Carmelitas, onde Sensei Ono ensinava regularmente, chegando quase no final das aulas, fazendo um *Jiu Waza* e dando explicações.

    A princípio, Ono Sensei trabalhava em uma fábrica, e quando se tornou aluno de Kawai, este lhe ensinou os segredos da acupuntura, profissão que até hoje exerce. Isto lhe gerou um "*Guiri*" em relação a Kawai Sensei, guardado por toda a vida. Acho que, passados tantos anos, eu posso revelar um segredo, qual seja, Ono Sensei possuía um título em outra arte marcial. Uma vez ele me mostrou um documento comprobatório disto. Suspeito que talvez fosse a arte marcial que Kawai Sensei treinara no Japão antes de saber Aikido e a ensinara a Ono. Embora, durante todos estes anos, Ono Sensei tenha discordado de muitas coisas com Kawai Sensei, seja no aspecto técnico, relacionamento com as pessoas, enfoques administrativos e políticos, o que confronta com sua abordagem direcionada mais em busca de um trabalho com a energia "*Ki*", na prática do Aikido, ele permaneceu fiel e sempre associado, mantendo-se ligado às organizações por ele criadas e sempre lhe dando apoio político e moral e exigindo o mesmo de seus alunos, sendo a mais ativa e conhecida a Maria Luíza Serzedello, a "Lila", hoje possuindo o 4º *Dan*. Ele também desenvolveu um grupo significativo em Vitória, mas algumas lideranças mais tarde preferiram optar por se ligar diretamente a Kawai Sensei. Todavia, as divergências entre os dois quanto a estilo e forma de ensino, são facilmente observadas nos seus respectivos alunos. Ono Sensei sempre foi uma pessoa simples, carinhosa e avessa à política.

Por seu Dojo, passaram e receberam sua grande influência, a maioria dos atuais líderes do Aikido do Brasil, pelo menos os mais antigos, como Makoto Nishida, Wagner Bull, Breno de Oliveira, Severino Salles, Maria Luíza Serzedello, Alfredo Pallacios, Eduardo Pinto e tantos outros.

Ono Sensei, em meados da década de 60, foi designado por Kawai Sensei para difundir o Aikido no Paraná, em Curitiba, onde existe uma enorme colônia japonesa, terra fértil para a expansão de sua organização. Porém, devido a dificuldades iniciais insuperáveis na época, acabaram por dissuadi-lo de seu intento, vindo ele a fixar-se definitivamente em São Paulo. Um parente de Kawai Sensei, o Prof. Noritaka, foi o primeiro instrutor do Aikido em Curitiba, formando a primeira academia. Em pouco tempo formou um faixa preta, o Sr. Jorge Dirceu Van Zuit, que era oficial da polícia e um grande praticante de defesa pessoal. Quando Noritaka saiu de Curitiba, o Dojo foi entregue a Van Zuit, e Kawai Sensei lhe conferiu o grau de *Nidan* pela responsabilidade do cargo, agindo coerentemente com a política que lhe foi aplicada, qual seja, dar *Dan* (grau) para seus alunos quando estes assumiam responsabilidades.

Foi com Van Zuit que eu comecei a treinar em 1968, época em que eu fazia o curso de Engenharia Civil na Universidade Federal do Paraná. O Dojo ficava no primeiro andar na Rua Hermelindo de Leão, quase em frente a um cinema. Embora Van Zuit fosse um excelente lutador, não possuía conhecimentos técnicos como os *Nidan* japoneses praticantes de Aikido no mesmo período no Japão, pois não teve um professor com o mesmo padrão técnico dos existentes naquele país.

Assim, eu como seu aluno, aprendi o "velho Aikido", como Van Zuit chamava o que praticava, e que na verdade continha muito do seu excelente conhecimento sobre técnicas de defesa pessoal. Mas somente mais tarde eu pude perceber isto quando evoluí dentro da arte do Aikido. Esta influência marcial, de viver a situação de "combate" durante a aplicação de técnicas foi marcante em minha formação como aikidoísta e eu sempre busquei em minha prática e aulas no Instituto Takemussu jamais deixar de lado o aspecto marcial, ou seja, aquela situação de vida ou morte que entendo deve existir ao se praticar o Aikido, embora, infelizmente para meu desagrado, o Aikido moderno estar deixando de treinar nesta forma. Percebo que a cada dia a tendência mundial é transformar a prática em um treinamento de relaxamento e desenvolvimento da percepção do "*Ki*" e do centro, um tipo de "*Haraguei*" (desenvolvimento do *Hara*). Por isto, quando

Major Jorge Van Zuit, o primeiro mestre de artes marciais do autor.

fundamos o Instituto Takemussu, procuramos sempre a marcialidade e neste aspecto somos diferentes de outras escolas mais suaves existentes atualmente no Brasil, o que nos deu fama de marciais para alguns, e "brutos" ou "violentos" para outros, de acordo com as informações que receberam a nosso respeito.

Em 1966, Kawai Sensei fundou a academia na Av. Bosque da Saúde em São Paulo. Em 1968, iniciou-se na prática Breno de Oliveira, que veio a conhecer o Aikido através de seu dentista, o Sr. Pedro Fukuda, que por sua vez havia aprendido Aikido com Jorge Van Zuit em Curitiba, e naquele instante treinava Aikido com Ono e Kawai Sensei em São Paulo no Dojo das Carmelitas.

Quando Van Zuit adoeceu em 1970, pediu-me para assumir o Dojo que na época tinha uns 30 alunos e ficava na praça Zacarias, junto com uma academia de Judô e Karatê Wado Ryu, liderada pelo Prof. Taura, com quem eu treinava, conjuntamente ao Aikido. Eu estava nesta época no 4º ano de Engenharia Civil na Universidade Federal do Paraná. No Brasil, então, havia três professores famosos de Karatê Wado Ryu: os professores Suzuki, Buyo e Taura. Eu não tinha ninguém para me orientar em Curitiba, assim praticava Karatê, Judô e Boxe, para tentar trazer estes ensinamentos para minhas aulas de Aikido, como um autodidata. Tinha em mãos apenas o primeiro livro de Kishomaru Ueshiba que Van Zuit tinha me presenteado em japonês e os 4 livros de Tohei Sensei, que tinham poucos detalhes sobre técnicas mas impregnados de filosofia, que eu adorava e a transmitia aos alunos. Como eu necessitava de ensinamentos sobre Aikido, nos feriados estudantis prolongados e sempre que tinha disponibilidade, vinha de ônibus a São Paulo, para aprender na academia da Rua das Carmelitas onde Ono Sensei era quem ministrava a maior parte das aulas, e foi com ele que eu me afeiçoei, guardando bons sentimentos e amizade, até hoje.

Na época tive um problema com Kawai Sensei. Pediu para eu o segurar em uma demonstração para um professor de Judô que visitava a academia, e eu o fiz usando uma técnica de solo de Judô, e ele não conseguiu sair da chave. Isto gerou uma certa tensão entre eu e ele desde este incidente. Só me afastei do convívio com Ono Sensei posteriormente no final da década de 80, para evitar que ele tivesse atritos com Kawai Sensei, que não queria me ver por perto de Ono Sensei após ele ter exigido que eu me afastasse de sua organização por razões que serão explicadas mais adiante. Este fato é muito importante para mim. Eu não me desliguei de Kawai Sensei, foi ele que, em um momento decidiu me afastar de sua organização por não permitir que eu estudasse *Takemussu Aikido* com Ueno Sensei conforme será explicado. Hoje, mais experiente, eu entendo as razões que o levaram a agir daquela forma, mas entendo também que lhe faltou tato para lidar com a situação. Eu tinha por ele muito respeito, e se ele tivesse sido mais hábil e me explicasse melhor o que havia, talvez eu tivesse tomado uma decisão diferente e a história do Aikido no Brasil teria sido outra, pois eu fui um vetor muito importante na mesma como o leitor saberá após terminar a leitura deste capítulo.

Ainda em 1968, Kawai Sensei foi a Tóquio e entregou a medalha Hipólito José da Costa, que conseguiu que a Associação Inter-americana de Imprensa consignasse a *Ô Sensei*. Fato interessante a ser contado, é a existência de uma foto antiga, pendurada nas paredes do Dojo onde o autor treinou no final da década de 70, na qual o Prof. Kawai e *Ô Sensei* seguram juntos um diploma. Quem vê a foto fica confuso, sem saber quem está entregando o diploma para quem, e muitos que praticavam no Dojo de Kawai Sensei, e eu era um deles, achavam na época que a foto registrava o momento em que Kawai estava recebendo seu título de *Shihan*, o que era um equívoco. Na verdade, Kawai Sensei, graças a seus relacionamentos políticos, havia conseguido títulos para Morihei Ueshiba e seu filho Kishomaru aqui no Brasil, e foi entregá-los no Japão, e o momento da entrega deste diploma ao Fundador foi registrado com esta foto singular. Muitas pessoas fizeram confusão, inclusive eu, sendo no entanto esta foto uma prova que Kawai Sensei tinha de ter havido algum relacionamento seu com o Fundador. De qualquer forma, o ocorrido foi um privilégio que Kawai Sensei teve, e orgulharia qualquer aikidoísta ter um momento como aquele registrado em foto num álbum de recordações, sem dúvida alguma. Infelizmente, para todos nós na época, Kawai Sensei não havia tido a oportunidade de ouro de treinar Aikido no Hombu Dojo, como teve Teruo Nakatani, outro pioneiro do Aikido no Brasil.

No entanto, esta foto registrava pelo menos que ele realmente conheceu e teve relacionamento com o Fundador, o que é algo significativo e importante. Vale ressaltar que o próprio Prof. Kawai fez questão de, publicamente, esclarecer a origem desta famosa foto, em uma reportagem na revista Kiai, por volta de 1996, diminuindo eventuais dúvidas posteriormente, que foram levantadas quando coloquei a questão em público em um artigo na mesma revista. Na época havia reportagens escritas por pessoas ligadas a Kawai Sensei dizendo que Fujita Sensei, a quem Kawai Sensei pediu apoio político quando renunciou a seu comando na FEPAI, ainda seria o secretário geral do Hombu Dojo, e isto não era mais verdade, visto que este cargo havia sido extinto na central japonesa.

No Rio de Janeiro, em 1969, foi aberta uma academia na Rua Barata Ribeiro, nº 810, que acabou se transformando na Associação Carioca de Aikido, a qual o autor visitou quando foi encontrar-se com Horiê Sensei para treinar Aikido, um fantástico mestre que tive oportunidade de conhecer e do qual falarei mais adiante. Além desta academia central, havia uma segunda então no Rio de Janeiro, na Lagoa Rodrigo de Freitas - no Clube Caiçaras, que era dirigida pelo *Guru*, primeiro *Yudansha* de Nakatani, seu aluno predileto e desdobrador de suas aulas. Guru havia sido 3º *Dan* de Judô e campeão meio-pesado na modalidade. Foi nesta época que, infelizmente, foi acometido por uma contusão no joelho e começou a pensar em parar de ensinar Aikido, contrariando a expectativa de Nakatani em torná-lo seu grande divulgador do Aikido no Rio de Janeiro.

No final de 1969, iniciou-se na prática outro importante elemento na história do Aikido de São Paulo: Alfredo Pallacios, argentino, que veio a se tornar um dos alunos mais próximos de Kawai e Ono Sensei.

Década de 70

No começo da década de 70, Alfredo Pallacios viajou ao Japão com Ono Sensei, e constatou a diferença técnica entre o Aikido que praticava em São Paulo conforme correspondência que enviou e que tenho em meu poder, doada por Luís Nelson, um amigo em comum, e que são documentos históricos importantes, onde relatou o que enxergou nos mestres em Tóquio, ficando muito impressionado com Tohei Sensei, a ponto de retornar ao Brasil com sua opinião completamente mudada.

Lembro-me que Pallacios contou que Tohei deu um soco em sua direção a metros de distância e que chegou a sentir a dor no estômago, entre outros relatos "fantásticos", que impressionariam qualquer um. Tohei tinha, na minha opinião, a habilidade de um mágico, ou seja, sabia realizar truques e habilidades especiais como se fossem coisas produzidas por poderes ocultos, e isto magnetizava as pessoas e lhe dava grande carisma.

Eu também me impressionei com seus testes de *"Ki"* que o vi fazer naquela época nas imagens em vídeo e nos livros, além dos relatos de Ono Sensei e Pallacios, que lembravam ter contatado um mago conferindo com o que dizia nestes livros que eu mencionei. Porém, 20 anos depois, percebi que nada havia de sobrenatural naquelas demonstrações, e que era tudo uma questão de habilidade técnica adquirida após o desenvolvimento da percepção. É claro que se precisa desenvolver o *"Ki"* para se produzir estes efeitos, mas eles são resultado de aumento da percepção e domínio do corpo, e não de um poder sobrenatural.

Na verdade, os efeitos mecânicos são mais o resultado físico das alavancas e polias que se pode construir quando se domina esta habilidade, o *"Ki"*, aproveitando-se o peso, a extensão dos músculos, gerando braços de alavancas com a ação da gravidade. Algumas destas proezas podem ser vistas em fotos nas quais as demonstro e também Juan Tolone, e que se encontram nos volumes 1 e 2 desta obra. Aliás, Juan Tolone, que ensina Aikido na Argentina, estudou bastante as técnicas e conceitos de Tohei Sensei e é impressionante ver o que ele, uma pessoa magrinha e com cerca de 60 quilos, consegue fazer. Chega a ser inacreditável para quem não conhece como a coisa funciona mecanicamente, presenciar uma demonstração de Juan. É fácil iludir as pessoas dizendo que o resultado mecânico seja devido a algum poder misterioso ou sobrenatural, se a pessoa quiser impressionar os espectadores. Eu prefiro usar o mesmo linguajar de Juan quando faço demonstrações similares, o qual honestamente afirma que faz "mágica", enquanto eu explico que há uma técnica atrás do feito fantástico e que não é nada sobrenatural, diferente de como ainda fazem alguns "mestres", que gostam de se passar por pessoas com poderes místicos. Por ser engenheiro, eu expliquei claramente como as coisas acontecem no volume 2 desta obra. Quem ler com cuidado, e praticar, aprenderá também como realizar estes feitos, pois a base teórica está lá na parte técnica.

Por fim, conclui-se que, já naquela época, Tohei pensava em separar-se do

Breno de Oliveria, Alfredo Pallacios, Reishin Kawai, Kaizen Ono e Chiuzo Oya, no começo da década de 70.

339

Aikikai e, assim, deve ter vislumbrado em Pallacios um possível representante no Brasil. Tohei havia sofrido influência de Tempu Nakamura, que tinha uma associação criada para estudo e desenvolvimento do "*Ki*", chamada "*Tempukai*". Por volta de 1972, Tohei rompeu com o Doshu Kishomaru que era seu cunhado, separando-se do Aikikai e criando a *Ki Society*, provocando grande celeuma no mundo do Aikikai, visto que os praticantes no mundo todo ficaram no dilema, eu inclusive, entre seguir Tohei que tinha sido até aí o diretor-técnico geral do Aikikai e era quase o "Pelé" do Aikido, ou permanecer com Kishomaru Ueshiba e preferir ter meus títulos e ensinamentos dali para a frente virem santificados com o sangue da linhagem de Morihei Ueshiba. Tadashi Abe, primo de Yoshimitsu Yamada Sensei, foi um dos maiores acusadores de Tohei como ingrato à família Ueshiba e eu imagino a dificuldade de Yamada Sensei em tomar uma decisão naquela época visto que ele era um dos alunos mais próximos de Tohei. No primeiro livro de Yamada Sensei o prefácio escrito por Tohei e as fotografia e posturas de Yamada Sensei no livro refletem claramente a influência e o estilo deste grande mestre. Na época a briga foi feia e o Doshu Kishomaru mandou retirar a foto de Tohei de todos os Dojo. É claro que havia uma ameaça séria de grande parte dos alunos passarem para Tohei devido ao seu grande carisma. Ao final acabou prevalecendo a força do sangue do Fundador. Aliás, de certa maneira no final da década de 90 quando o Doshu Kishomaru faleceu, nuvens negras e fofocas começaram a surgir sobre quem seria o sucessor. O resultado foi o mesmo e o neto do Fundador assumiu com o apoio da maioria, silenciando eventuais vozes dissidentes.

Em 26 de abril de 1970, foi fundada a Associação Carioca. Nesta época, ingressou na academia uma importante figura: o Sr. Adélio Mendes de Andrade. Também já praticavam dois iniciantes históricos, Bento Guimarães e Pedro Paulo, que viriam a se tornar o futuro do Aikido no Rio de Janeiro. Em função dos compromissos particulares que aumentavam e da antiga contusão no joelho, Nakatani Sensei tomou sua decisão final e foi obrigado a delegar o comando da academia a outro, escolhendo o português Adélio Andrade. Adélio, pessoa de personalidade, comerciante hábil, boa condição técnica, envolvente e com grande capacidade de relacionamento humano, desenvolveu enormemente a academia de Nakatani, sendo supervisionado pelo mesmo. Pouco tempo depois de assumir o Dojo, em 1974, tinha mais de 200 alunos conforme me relatou.

Em função de todo o crescimento impulsionado, principalmente, pela ação de Adélio, fazia-se necessária a presença de uma pessoa do Aikikai com maior nível técnico, visto que Nakatani não podia mais ensinar. Então, Nakatani decidiu trazer alguém do Japão e foi aí que Ichitami Shikanai, um jovem aluno dos "Yasuo Kobayashi Dojo", imigrou para o Brasil.

No final de 1971, quando concluí o curso universitário, mudei-me para São Paulo,

Breno de Oliveira, Pedro Paulo e Bento Guimarães, os três últimos alunos de Shikanai Sensei do Rio, provavelmente no meio da década de 70.

Horiê Sensei em sua demonstração de Iaido em Curitiba, em 1970, que encantou o autor e todos os presentes.

deixando o Dojo de Curitiba nas mãos do Prof. Van Zuit, que retomou os treinamentos.

Eu era faixa azul naquela época e, em uma de minhas vindas a São Paulo, em 1970, eu solicitei a Kawai Sensei para me fazer uma avaliação visando verificar se eu teria condições de fazer exame para faixa marrom uma vez que eu estava ensinando em Curitiba e precisava de um grau um pouco mais compatível com a função. Foi então que Kawai Sensei me ofereceu a faixa preta, devido a "minha responsabilidade" como instrutor no Paraná, como ele sempre agia nestes casos, mas eu não a aceitei. Isto me custou 8 anos de atraso em minhas promoções, pois somente consegui minha faixa preta muitos anos depois, embora continuasse treinando, mas sem ensinar, posteriormente em São Paulo.

Makoto Nishida estava iniciando seus treinamentos no Aikido como aluno de Ono Sensei em 1970. Nesta época, visitou Curitiba o Prof. Horiê, 5º *Dan* de Aikido, amigo dos três professores do *Wado Ryu* já mencionados e que tinha uma técnica maravilhosa, e foi então que eu fiquei realmente sabendo o que era Aikido de alto nível. Na primeira vez que visitou Curitiba ele apareceu um dia no Dojo com um

Horiê Sensei praticando no Dojo das Carmelitas em 1970.

Comemoração do recebimento da Comenda que Ono Sensei recebeu na casa do Prof. Kawai por volta de 1975. Na foto, Eduardo Pinto ao lado de Breno de Oliveira, e o Prof. Maruyama que ensinava em Osasco entre Chiuzo Oya e Alfredo Pallacios, eu estou sentado. Kawai Sensei fez a foto.

Hakama xadrez parecendo uma figura saída de um livro de estórias feudais do Japão, e tinha uma técnica muito eficiente e bonita. Na segunda vez que visitou a capital paranaense ele fez uma demonstração com Kengo Adachi, que na época treinava com Ono Sensei, em um campeonato de Karatê em Curitiba, impressionando a todos os presentes com sua performance e me encantando com sua personalidade. Sabendo que eu necessitava de ensinamentos, permaneceu duas semanas em Curitiba apenas para me instruir e ajudar, e eu era apenas um simples estudante universitário, sem nada para lhe oferecer em termos materiais. Ele revezava entre São Paulo e Rio, ora ensinando na academia das Carmelitas, ora na Rua Barata Ribeiro no Rio de Janeiro. Os professores de Karatê e seus amigos o respeitavam muito como artista marcial e eu o vi ensinando Karatê um dia, substituindo o professor que havia faltado. Quando me mudei para São Paulo, se o motivo racional foi fazer uma pós-graduação em engenharia na Universidade Politécnica, o do coração foi poder treinar com Horiê Sensei. Nesta época, treinavam neste Dojo, entre outros, Chiuzo Oya, Luiz Nelson e Kengo Adachi. Este último estava aprendendo o Aikido de Horiê Sensei, junto com Chiuzo, Breno de Oliveira, Alfredo Pallacios e tantos outros. Kengo Adachi também treinou Wado Ryu, o que lhe causou um sério problema com Kawai Sensei, em um dia que abandonou uma aula com a permissão dos alunos em uma tarde de sábado para ir fazer um exame de Karatê. Infelizmente, ele, que era um grande talento, parou de treinar.

Em 1972, em Curitiba, começou a treinar Aikido o Sr. Lima. Entusiasmado, em pouco tempo absorveu os movimentos básicos e, juntamente com Tadashi e Fumio continuou a arte, uma vez que o Prof. Jorge Van Zuit, por razões particulares, foi obrigado novamente a interromper a prática. Para desenvolver-se, Lima viajava para São Paulo para buscar conhecimento treinando no *Dojo* de Ono Sensei, na Rua das Carmelitas como fez o autor anteriormente. Nelson Ferrone começou Aikido com ele. Breno de Oliveira foi promovido para *Shodan,* bem como Chiuzo Oya e Alfredo

Registro do momento em que o Prof. Reishin Kawai recebia das mãos do representante da Câmara Municipal de São Paulo, a láurea Padre José de Anchieta, que foi outorgada ao Grão-mestre Kishomaru Ueshiba. É preciso ter um trabalho significativo e muita experiência no trato com políticos para se conseguir um título como este. Kawai Sensei tinha estes méritos e os colocou a serviço do Aikido que ele tanto amava e pelo qual trabalhou e trabalha até hoje. À direita da foto pode-se ver Ono Sensei sempre dando seu apoio como um fiel aluno.

Pallacios, em 1972. Nesta época, iniciaram a prática Eduardo Pinto, Andrés Jacab e Reinaldo Guido. Kawai Sensei gostava muito de Alfredo Pallacios e lhe presenteou com o seu famoso *Hakama Marrom,* manifestando, neste ato, toda a sua afeição, enquanto este lhe servia com toda a deferência e carinho, tal como um *"deshi"* japonês. Esta condição mudou, depois que ele foi ao Japão, conforme já relatado e conheceu Tohei Sensei e não quis mais treinar o que Kawai ensinava e mais tarde, quando Tohei saiu do Aikikai, foi acompanhado por Alfredo, tornando-se o primeiro líder da *"Ki Society"* no Brasil ao aceitar um convite para ser o representante em um seminário realizado em Nova Iorque conforme relatou-me pessoalmente. Na época, Alfredo contou ao autor que Tohei disse-lhe: *"I want you!"*, lembrando o cartaz de alistamento do *"Uncle Sam"* na II Guerra, e ele aceitou o convite, passando a ser o introdutor da *Ki Society* e do *Shin Shin Toitsu* no Brasil.

Naquela época os alunos adiantados, como o autor, mesmo não sendo faixas pretas podiam usar o *Hakama* e Alfredo possuía então a faixa marrom. Por esta razão mais tarde adotamos o mesmo procedimento no Instituto Takemussu, principalmente quando soubemos as verdadeiras razões pelas quais atualmente na Central japonesa eles são designados apenas para os faixas pretas conforme explicado no volume 1 desta obra por Okumura Sensei. Neste ano, Breno de Oliveira foi delegado para ensinar fora da Academia, no Colégio Anglo-Latino. Breno foi o primeiro brasileiro oficialmente convidado a ensinar Aikido em São Paulo por Kawai recebendo o título de *Shidoin*.

Foto na época da fundação da FEPAI, com os principais alunos e professores de Aikido do Brasil, onde se vê de pé o Sr. Kazuo Ichikawa, Sr. Silvano, Luiz Pantaleão e José Lemos. Sentados, da esquerda para a direita: Prof. Udo, Bento Guimarães, Breno de Oliveira, Prof. Torata, Prof. Ono, Prof. Kawai, Prof. Shikanai, Prof. Shishido e Makoto Nishida. O Aikido brasileiro naquela época basicamente gravitava em torno destas poucas pessoas.

O estilo "pesado" de Breno Sensei na Academia Central, gerado por sua estrutura física alta e forte, e por gostar de treinar pesado, como o autor, levou-o a ser convidado a dar aulas na Academia Tao, em São Paulo, onde treinavam Chiuzo, Fernando, Cristina, Jussara, Arlete e Sérgio (capitão do exército). Após um ano, a academia Tao encerrou as atividades e Breno foi ensinar em Osasco, para ajudar o Prof. Maruyama, um mecânico de automóveis que abriu uma academia naquela cidade e foi com quem o Prof. Brasil, hoje dedicado membro da FEPAI, iniciou seus treinamentos. O Prof. Shishido que era engenheiro, tendo sido aluno de Yamaguchi Sensei, veio para o Brasil e apareceu no Dojo das Carmelitas para treinar, a princípio aceitando a liderança de Kawai, embora tivesse um estilo que contrastava com o do Prof. Kawai, intrigando a todos com as diferenças. Ele, Breno e Eduardo Pinto eram muito amigos e Kawai Sensei pediu que Shishido e Breno fossem ensinar juntos na Academia Mizuki na região Sul de São Paulo.

O Aikido em Curitiba já funcionava, então, no Instituto Brasileiro localizado na região Norte da cidade. No *Dojo* de Ono Sensei, Lima conheceu Alfredo Pallacios, e quando Tohei Sensei o convidou para ser o representante do *Shin Shin Toitsu Aikido* no Brasil, como se falou acima, Lima o seguiu. A propósito, Alfredo acabou mudando-se também para Curitiba dez anos mais tarde, onde vive até hoje (2003).

Nesta época Tohei Sensei começou a fazer uma grande propaganda internacional para divulgar a *"Ki Society"*, dizendo ter muitas organizações afiliadas, como uma alternativa no mesmo nível do Aikikai, colocando em seus livros e panfletos que possuía sedes e filiais em vários lugares do mundo. Por exemplo, o endereço da Sede Nacional Central da *"Ki Society"* no Brasil era o apartamento de Pallacios em

São Paulo. Esta história está bem contada em um livro escrito por um discípulo de Tohei nos EUA, chamado Roy Suenaka. Alfredo nunca gostou muito de organizações, voltando-se mais para seu treinamento individual, e embora tenha estudado muito sobre artes marciais e esoterismo, apenas um de seus alunos atingiu relativo sucesso como professor de Aikido, o Lima. Este acabou iniciando no Aikido, como se falou, um outro personagem, que se tornou parte da história no grupo de Yamada Sensei, o Nelson Ferrone, que foi diretor do Banco Real, braço direito de Breno de Oliveira, quando este se mudou para Ribeirão Preto, constituindo uma organização com muitos Dojo naquela região.

O maior impulso no *Shin Shin Toitsu* no Brasil, foi dado por uma americana que se mudou para Belo Horizonte, chamada Lael. Atualmente, um antigo aluno de Nakatani e Shikanai Sensei, chamado George Prettyman, também está vinculado ao *Shin Shin Toitsu*. Quanto a Alfredo Pallacios, a última vez em que me encontrei com ele, disse-me que neste instante estava "tendo o Universo como seu professor".

Tive notícias que existe atualmente também o *"Shin Shin Toitsu"* em Santa Catarina.

O Aikido chegou à Brasília em 28 de fevereiro de 1972, levado por José Maria R. S. Martins, funcionário do Banco do Brasil que havia sido aluno de Nakatani no Rio de Janeiro. Supervisionado por Nakatani, que fazia viagens eventuais para a Capital Federal, e iniciando com um Dojo à sombra dos ciprestes da Associação Atlética Banco do Brasil, em 1988 já possuía no mesmo local um centro de treinamento com mais de 120 tatamis, e com uma diretoria somente para o Aikido.

Martins Sensei formou os primeiros faixas pretas do Planalto, Tibery e J. F. Santos. Estes três homens, com grande força de vontade e amor pela arte, desenvolveram enormemente o Aikido na região e tiveram enorme sucesso no Planalto Central. O Prof. Tibery escreveu, inclusive, dois livros sobre o Aikido, sendo um deles sobre o bastão *Jo*. Mais tarde, desentendeu-se com Shikanai Sensei e inventou um novo estilo de luta, a qual batizou de *"Ami Jutsu"*.

Shikanai Sensei ainda supervisiona as academias do Planalto Central, através de viagens que faz de Belo Horizonte, e continua com fortes laços com o Hombu Dojo e com o Prof. Kobayashi.

No Planalto Central, a figura que vem mais se destacando, como já se mencionou, é a do professor J. F. Santos, que além de desenvolver um excelente trabalho na região de Brasília, também apóia e supervisiona um Dojo no Pará, onde existe forte colônia japonesa, e no Estado de Goiás. Martins continua ensinando regularmente, mas com atividade organizacional de expansão mais reduzida.

Para se ter um idéia da personalidade de Santos Sensei, embora realizado como funcionário público e homem de exatas especializado em computação, aos 60 anos decidiu voltar a estudar, ingressando no curso de Direito, no qual deve se graduar ainda em 2003. Embora sejamos de organizações diferentes, tenho bom relacionamento com Santos Sensei desde o meio da década de 80 quando eu viajava semanalmente para Brasília por assuntos profissionais sendo diretor de uma grande empresa que tinha assuntos a tratar com o Governo brasileiro e aproveitava para visitar seu Dojo. Foi com Santos Sensei que adquiri o hábito de fazer chá para se tomar depois dos treinos, e ele é também um antigo praticante de *Iaido* e *Jodo*, aprendido de Shikanai Sensei. Agora já posso dizer que Santos me estimulou a lutar em favor de

345

maior liberdade para a prática do Aikido pois ele também não concordava na época com a centralização excessiva de Kawai Sensei, mas não tomava atitude concretas, embora tivesse todas as condições para isto, porque entendo, tinha que respeitar a posição de seu professor, Shikanai, que decidira aceitar as decisões de Kawai Sensei em silêncio.

Em 1973, a academia das Carmelitas passou por sérios problemas pois, naquela época, Pallacios abandonara Kawai Sensei decidindo seguir Tohei, deixando o *Dojo* apenas nas mãos de Ono Sensei que também estava fortemente influenciado por Tohei, mas ele permaneceu fiel a Kawai, mantendo seu *"Guiri"*, mesmo contrariando sua preferência pela linha do *Ki Society* como eu pude constatar claramente. Depois da ida de Ono Sensei ao Japão sua forma de treinar mudou muito, passando a buscar sempre o estudo do *"Ki"* como energia produtora de ações manifestas nas técnicas e como medicina alternativa. Nesta ocasião, Kawai Sensei havia se transferido para um pequeno *Dojo* às margens do Rio Pinheiros, e permanecia fiel ao Aikikai (ver primeiro volume desta obra para entender como o japonês vê o *"Guiri"*).

Também nesta época treinava Aikido com Kawai Sensei em outro Dojo o dedicado Osvaldo Pavanello, que era seu contador e de Ono Sensei, e que, inclusive, viajou com Kawai Sensei para o Japão em 1976, como seu secretário, na ocasião da fundação da IAF (International Aikido Federation). Durante esta 1ª Convenção Internacional de Aikido, através de uma manobra política, Kawai recebeu a responsabilidade de orientar toda a prática na América Latina, tendo sido eleito o 4º Vice-presidente. Inicialmente, a idéia era deixar a América do Sul também com o Prof. Yoshimitsu Yamada dos EUA. Porém, com a argumentação das dimensões continentais da América, resolveu-se por dividir a América em Sul e Norte. Pavanello, segundo depoimento que me deu pessoalmente, teve trabalho influente nesta decisão política, auxiliado por amigos importantes no Japão ligados à Sede Central. Fernando Takiyama também é personagem desta época. Posteriormente Pavanello se desentendeu com Kawai Sensei, que não lhe permitiu usar o nome Aikido quando abriu um Dojo e tentou treinar da forma que viu os professores no Japão. Diante da proibição, como Tibery fez em Brasília, ele criou um novo estilo de Aikido, o *"Jukido"*, em São Paulo. Tirou a foto do Fundador da parede e colocou a de Jesus Cristo, mas continuou a fazer quase as mesmas técnicas de Aikido. Aliás, o Aikido de Pavanello era de boa qualidade. Certa vez Ueno Sensei visitou seu Dojo e elogiou a forma pela qual ele fazia os *Ukemi*. Seu Dojo ainda existe em Santo Amaro. Eu também cheguei a treinar lá algumas vezes como visitante para experimentar e conhecer o seu trabalho, e gostei, pois era muito sério e as técnicas eram fortes.

Kawai Sensei e seu fiel aluno Kaizen Ono. Uma vez Kawai Sensei disse: "Eu sou o pai e Ono Sensei a mãe do Aikido do Brasil."

Em l975, Kawai Sensei transferiu sua academia para a Rua José Salier Peixoto, no Jardim Previdência, zona oeste de São Paulo.

Posteriormente na década de 80, Kawai Sensei, como delegado na IAF para a América Latina, viajou para a Argentina e outros países latino-americanos tentando coordenar as atividades continentais, mas não obtendo grande sucesso. Conforme vim a saber através de meus amigos na Argentina, quando Kawai Sensei teve contato com eles, dificuldades ocorreram devido ao fato de seu estilo ser diferente daquele praticado pelos *Shihan* do Hombu Dojo que estes haviam conhecido, como Sakanashi, Miyazawa e Kurata. Miyazawa, mais político, até que desenvolveu certo relacionamento com ele criando alguma integração. Hoje, Miyazawa junto com Makoto Nishida, Jorge Rojo no Chile, Salla no Uruguai entre outros, criaram uma segunda Federação Latino-americana, a F.L.A.A. com sede em Santiago do Chile.

Naqueles tempos Kawai liderava o Aikido brasileiro com mão de ferro. Para se ter um exemplo de como as coisas funcionavam, um japonês executivo de uma multinacional do ramo telefônico veio trabalhar no Brasil. Ela era 4º *Dan* do Aikikai quando chegou ao Brasil e se chamava Massaki Tani. No princípio, procurou Kawai Sensei para se relacionar, mas logo identificou incompatibilidades. Assim, abriu um Dojo e tentou ensinar de forma independente sem o consentimento de Kawai Sensei e decidiu organizar uma demonstração pública em uma praça de esportes. Poucos minutos antes do evento iniciar, com as arquibancadas cheias, chegou a polícia enviada por Kawai e simplesmente impediu o evento, ameaçando de prisão quem não obedecesse as ordens. Dali para frente ninguém mais ousou contradizer Kawai Sensei, principalmente os membros da colônia japonesa e japoneses que vinham para trabalhar no Brasil.

O destino dá voltas e Massaki Tani acabou se tornando 7º *Dan* do Aikikai e hoje responde pelo Departamento Internacional do Hombu Dojo. Poliglota e muito competente é um dos braços direitos do novo Doshu Moriteru. Ele tem sido um bom amigo e ajuda bastante atualmente no meu relacionamento com a central japonesa.

Por volta de 1976, chegou ao Brasil o Prof. Torata, *Sandan*, aluno de Yasuo Kobayashi, e que muito contribuiu para a evolução da técnica do Aikido em São Paulo principalmente no que me diz respeito. Ele possuía um estilo bem parecido ao praticado na central de Tóquio. É importante salientar que nesta época o Prof. Kawai adquiriu controle institucional total no comando do Aikido, através das amizades que possuía com generais, seus pacientes do tempo do regime militar como se falou, e estabeleceu uma centralização em sua pessoa, de tal forma que ninguém poderia abrir um Dojo de Aikido ou demonstrar a arte ao público sem sua autorização ou teria que pagar elevadas multas e enfrentar a polícia. Também ele era a única pessoa, no Brasil, que podia realizar exames de faixas pretas com reconhecimento da central japonesa. Por esta razão, mesmo os japoneses que chegavam ao Brasil e não queriam acompanhá-lo por razões técnicas ou por diferenças pessoais, não podiam abrir Dojo próprios. E aí aconteceu o grande problema, através de artifícios legais e institucionais, contrariando a evolução natural das coisas, foi freada a diversificação no ensino do Aikido que deveria ter ocorrido no Aikido do Brasil, como ocorreu nos EUA e na Europa. Acho que está certo o líder de uma organização de Aikido, como fazia o Prof. Kawai estabelecer que seus alunos precisem de sua autorização para abrir Dojo, mas se eles decidirem mesmo assim abrir de forma independente, é errado tentar impedi-los usando prerrogativas outras que não as naturais. No Aikido deve-se deixar o "rio seguir seu curso normal". No entanto, as coisas não eram assim e usava-se o rigor da lei contra quem quisesse trabalhar isolado, usando o nome Aikido.

Legalmente o que ocorreu foi que com a criação da FEPAI (Federação Paulista de Aikido) em 1978, e posterior reconhecimento oficial da mesma pelo CND (Conselho Nacional dos Desportos), tendo Kawai Sensei como presidente lhe era dado poder para convocar a polícia para interditar locais que julgasse inadequados para a prática. Assim, além da centralização que Kawai Sensei até então conseguia manter no Aikido pelo fato de ser ele o único na época autorizado a graduar faixas pretas do Aikikai, passou também a receber endosso oficial do governo brasileiro pois bastava ele dizer para a polícia que um local era inadequado para a prática para a polícia agir. Lembro que nesta época vivíamos sob o regime ditatorial que tinha leis que favoreciam monopólios e oligarquias. Na política do Aikido, Kawai Sensei era muito respeitado internacionalmente na época, junto ao Doshu e à IAF (International Aikido Federation) e podia controlar tudo em suas mãos.

Vale aqui apresentar detalhes legais que envolveram o Aikido brasileiro naquela época, para explicar sobre a criação da FEPAI e ter sido possível legalmente e com difíceis alternativas para impedi-la, a centralização ocorrida em torno da pessoa de Kawai Sensei. Ele registrou o nome "*AIKIDO*" no registro de marcas e patentes – INPI, para que nenhuma outra instituição pudesse usá-lo. Em seguida, procurou o Ministério da Educação, através do CND (Conselho Nacional de Desportos), para reconhecer nacionalmente a arte sob sua liderança, já que a lei brasileira, na oportunidade, somente permitia o registro legal de esportes competitivos, pois dizia que "*esporte era uma atividade predominantemente física com fins competitivos*". Como no Aikido não existiam competições, Kawai Sensei as criou na arte e registrou o Aikido como *Desporto Competitivo*. Visto que os princípios do Aikido eram desconhecidos no país, os Conselheiros e Técnicos do CND nada questionaram sobre o aspecto da competitividade, pois certamente lhes parecia natural na época que um esporte fosse competiti-

Foto de Tani Sensei ao lado de Somemya, secretário da FIA, tirada recentemente no Japão. Tani Sensei agora trabalha no departamento internacional do Hombu Dojo em Tóquio.

Acima, fotos de Tani Sensei ensinando e fazendo demonstrações no Brasil.

vo. Eu examinei os papéis do processo e percebi que anexou-se "documentação pericial" atestando a competitividade da arte em nível internacional, o que não era verdadeiro. É preciso salientar no entanto para que Kawai Sensei não fique na história como um vilão, que tudo isso foi feito com o consentimento da maioria de seus alunos, pois o objetivo seria de alguma maneira driblar o aspecto legal que exigia que apenas esportes competitivos pudessem ser oficializados no Brasil. Os objetivos iniciais para esta ação eram reconhecer a arte oficialmente a assim evitar que pessoas despreparadas pudessem abrir academias onde diziam que ensinavam Aikido sem terem a devida habilitação.

Assim, com o registro no CND e com a propriedade da marca "*Aikido*", no posto de presidente da única organização brasileira reconhecida pelo Hombu Dojo do Japão e detentor do mais elevado grau de Aikido na América Latina, Kawai Sensei tinha controle total sobre a prática do Aikido no Brasil. Soma-se ao fato de que ele era também o 4º vice-presidente da IAF e possuía excelentes amizades com políticos e empresários, como os Klabin e o Dr. Gervásio, que era presidente da Cooperativa Agrícola de Cotia, a mais poderosa união de agricultores japoneses do Brasil na época, entre outras pessoas importantes. Isto lhe dava uma autoridade ainda maior. Sua esposa, Dona Letícia, era uma mulher muito educada, uma professora universitária, que falava e escrevia bem o português, e era perfeita assessora para ele manter sua posição forte, dando-lhe apoio em todo o trabalho burocrático, administrativo e no de relações humanas com a comunidade brasileira e assuntos correlacionados. Infelizmente, ela veio a falecer na década de 90, mas vale lembrá-la, posto que era muito admirada e querida por todos os alunos de Kawai Sensei e deu grande contribuição pessoal ao Aikido do Brasil com seu apoio constante ao lado de seu esposo.

Hoje, mais maduro, eu acho que entendo por que Kawai tomou esta decisão. Ele entendia que recebera a delegação de manter a moral e a reputação do Aikido no Brasil em alto nível, intocável, e na sua maneira vertical de pensar, nada melhor do que criar mecanismos que impedissem que qualquer outra pessoa pudesse vir a macular o trabalho no Brasil, no qual tinha assumido responsabilidade. Kawai Sensei certamente conviveu no Japão com aquele espírito militar da Segunda Guerra, quando quem falhasse devia cometer suicídio ("*Seppuku*"). Provavelmente agiu assim para proteger o Aikido e a si mesmo. O problema é que ele não percebeu o risco de cair "em tentação do Ego" quando se tem poder absoluto e à custa de coação, acabar-se caindo na prepotência e no desrespeito aos sentimentos, desejos e até mesmo, direitos naturais dos subordinados. Isto lhe causou muitos aborrecimentos.

Um pouco antes deste reconhecimento oficial, eu parei de freqüentar o Dojo das Carmelitas, onde treinava com Ono Sensei, e fui treinar somente no Dojo de Kawai Sensei no Jardim Previdência, visto que trabalhava no Jaguaré em São Paulo, e este Dojo era o único que viabilizaria meu treino diante das dificuldades em se chegar ao centro da cidade na hora do "*rush*".

Na época da criação da FEPAI, como eu estava por perto, tive a oportunidade de acompanhar toda a movimentação de criação da entidade, embora não tenha sido convidado para participar da diretoria da nova entidade, pois não tinha a intimidade e a confiança de Kawai Sensei. Kawai era mais próximo de José Lemos, do Dr. Luís Pantaleão, de Breno de Oliveira e de Kazuo Ichikawa, que era o seu orador e porta-voz, e havia sido 4º *Dan* de Judô, além de meu grande amigo. Kawai Sensei tinha conhecimento que estava saindo um pouco da linha ao inventar as competições na arte, mas justificava a idéia com o argumento de driblar a legislação, ou o Aikido não teria como ser reconhecido pelo CND. Mais tarde eu consegui isto e o Instituto Takemussu foi reconhecido como a entidade divulgadora do Aikido não-competitivo (ver a publicação da página do Diário Oficial no volume 1 - A Teoria). Ainda me lembro que, quando foi questionado o aspecto da introdução da competição, Kawai Sensei me chamou e perguntou minha opinião. Na época eu disse:

"- Bem, isto não é algo certo. Mas se o senhor falou com o Doshu e ele está de acordo, então espero que funcione, pois o senhor diz que isto vai realmente ajudar o Aikido, e afinal necessitamos de um reconhecimento oficial, sem dúvida."

Este meu sentimento era o mesmo das demais pessoas na época. Na verdade, não era bem assim. Este seria o caminho mais fácil, mas o correto deveria ter sido procurar as autoridades e buscar uma forma de legitimação oficial do Aikido como prática não desportiva, talvez vinculada ao Ministério da Cultura ou coisa assim. Mas somente percebi isto mais tarde quando fui estudar o problemas mais a fundo para me defender.

Desta forma a FEPAI pôde ser constituída como uma entidade reconhecida oficialmente, graças à necessidade da oficialização e reconhecimento do Aikido pelo governo, que todos sentíamos como necessária. Afinal, esta organização havia sido criada para ser uma entidade nacional representativa, com um fim nobre e construtivo na oportunidade, recebendo o apoio de todos na época. Ela idealizava o elevado espírito de servir aos aikidoístas como uma organização oficial vinculada ao governo e visava evitar que farsantes usassem indevidamente o nome do Aikido. Mas para isto foi necessário fornecer ao Estado um parecer técnico de um perito e este atestava que no Aikido havia competições e que "o desportista Kishomaru Ueshiba" era o líder deste "esporte".

São desta época, Luiz Pantaleão, José Lemos, Kazuo Ichikawa, Paulo Nakamura, Fernando, Herbert, Silvano, Udo, Brasil. Severino Salles ingressou um pouco mais tarde por volta de 1974, na academia das Carmelitas treinando sob a supervisão de Ono Sensei. Ricardo Leite, Carlos Eduardo Dutra e Daniel Bornstein começaram a treinar no final da década de 70.

Depois de algum tempo, Kawai Sensei falou para eu prestar exame para *Shodan*, em 1978, onde fui examinado por uma banca composta por Torata Sensei, Shikanai Sensei e Kawai Sensei, tendo sido aprovado. Eu havia recusado a faixa preta quando ele me quis concedê-la por "recomendação" em 1970, e agora a conquistava por mérito em cima do tatami. No mesmo dia fez exames para *Shodan* o Sr. José Gomes Lemos, que hoje, quase 25 anos depois, possui 5º *Dan* e continua na ativa aos 80 anos. Embora no dia do exame Kawai Sensei tivesse feito críticas a meu desempenho, no dia seguinte, no meio de todo o grupo, ao final da aula disse:

"Realmente, Wagner-san está preparado para enfrentar a vida, pois não desiste diante das adversidades. Eu fiz muitas críticas e ele suportou com dignidade e gratidão. Está de parabéns."

Esta foi uma das poucas vezes em que Kawai realmente me emocionou, pois deu a entender que havia me tratado com dureza e rispidez até aquele ponto para temperar o meu espírito. Por atitudes assim, dignas de um grande mestre, é que todos ficavam meio que "amortecidos", pois Kawai Sensei às vezes agia como uma pessoa prepotente e outras vezes fazia e dizia coisas dignas de grandes sábios. Até hoje eu não compreendi muito bem Kawai Sensei, e suas reações sempre foram imprevisíveis. Yamada Sensei, na oportunidade que o conheceu, logo depois que eu o levei para dar uma aula no Dojo de Kawai Sensei por volta de 1993, disse-me:

"Ele é um japonês que pensa à moda antiga", e talvez ele tivesse razão.

Alguns anos após a chegada de Shikanai, em Jandira, foi inaugurada uma academia de Aikido no templo da religião Oomoto coordenada por ele, onde ensina até hoje, quando visita São Paulo, pois tem participação ativa neste movimento.

Em São Paulo, no entanto, espelhados em Shikanai, que vinha freqüentemente a Jandira e era convidado por Kawai a ir dar aulas, somente nestas ocasiões raras no Dojo Central muitos dos praticantes procuraram observá-lo com muita atenção, e iam modificando as técnicas, conscientes de que eram mais eficientes e modernas. Alguns alunos acabavam indo para o Japão, como foi o caso do Prof. Nishida, que adquiriu uma técnica excelente, com forte influência do estilo de Iwama, quando lá permaneceu por um ano. Eu me lembro que na época Makoto Nishida vendeu propriedades para poder usar o dinheiro na viagem e aprender o Aikido no Japão. Este sacrifício talvez muitos hoje não saibam, é uma das razões para que hoje ele seja um dos principais líderes do Aikido brasileiro no comando da FEPAI.

Quando o Prof. Torata foi indicado por Kawai Sensei para ensinar no centro de treinamento do Ibirapuera, próximo ao Tribunal de Contas, eu que já estava desapontado com Kawai, pedi sua autorização e acompanhei o Prof. Torata. Junto comigo foram o Brasil e o Kazuo Ichikawa. Outros permaneceram treinando com Kawai, como Ricardo Leite e Herbert Pizano (ambos *uchideshi*), e também o Sr. Silvano, mas havia muitos insatisfeitos na época.

É preciso salientar que nem todos achavam errados as atitudes e comportamentos de Kawai Sensei. Alguns o admiravam e ficavam muito contentes em ver a pessoa por quem tinham respeito, assumir aquela posição centralizada, quase lembrando um *"xogum"* do Japão medieval e que agia no comando do Aikido do Brasil com mão de ferro. O hoje Prof. Ricardo Leite, um dos aikidoístas de alto grau no Brasil, foi seu *"Uchideshi"* por quase 8 anos e lhe serviu fielmente, em seu Dojo na década de 80, embora já treinasse Aikido como *"Sotodeshi"*, antes.

Severino Salles Silva, também foi um outro faixa preta que acabou fazendo história no Aikido brasileiro. Ele foi aluno de Ono Sensei no Dojo das Carmelitas e teve um bom relacionamento com Kawai Sensei no final da década de 80, visto que Kawai Sensei admirava sua condição de bom político, e pelo fato dele ter conseguido relativo sucesso quando abriu um Dojo na região central de São Paulo. Assim, por volta de 1990, Kawai Sensei o promoveu para 4º *Dan* no começo da década de 90, presenteando-o com o certificado do título que é pago no Hombu Dojo. Aliás, quando o prof. Kawai gostava e confiava em alguém, ele era muito generoso e não fazia questão de gastar dinheiro para ajudar quem lhe respeitasse e admirasse. Ele ajudou muita gente materialmente e usando suas amizades de forma significativa quando sentia que estas pessoas tinham admiração por ele e o respeitavam.

No final da década de 70, chegou ao Brasil Massanao Ueno, que era aluno de Toshinobu Suzuki, 6º *Dan* do Aikikai e pastor xintoísta, que no começo da década de 80 desligou-se, por desentendimentos com Kisaburo Osawa, fundando sua própria organização, denominando a arte de *"Takemussu Aikido"*, deixando Ueno Sensei no

351

Ueno Sensei, de costas, quando trabalhava em conjunto com Kawai Sensei logo que chegou ao Brasil.

mesmo dilema que muitos passaram quando Tohei saiu do Aikikai.

Nesta época aconteceu algo pitoresco.

Quando Ueno visitou pela primeira vez o Dojo do Prof. Kawai este, para "verificar sua competência", pediu que dois faixas pretas o atacassem. Ueno Sensei, pensou que seria um daqueles testes duros que vemos em filmes, aplicados quando um novato chega num Dojo, e se preparou para o pior; ao ser atacado, reagiu severamente, machucando os dois, chegando a quebrar o braço de um deles que é inclusive hoje um importante professor atualmente no Brasil e meu amigo.

Conforme contou ao autor, ele agiu em legítima defesa, mas Kawai Sensei não entendeu assim, e o repreendeu severamente, achando que havia usado técnicas de Karatê. Na verdade, Ueno Sensei tinha uma energia incrível, tendo um Aikido forte e poderoso em termos de defesa pessoal. Chegava a ser assustador quando queria fazer as técnicas de forma forte e lembrava aqueles mestres de Karatê antigos que quebravam tábuas e pedras com seus punhos e pontapés, embora não tivesse normalmente uma personalidade agressiva, mesmo ao executar as técnicas normalmente no Dojo. Mas quando adotava um postura de "*Kime*" era assustador. Ele foi um dos poucos aikidoístas que contatei que me fez sentir medo ao receber suas técnicas.

Mais à frente, ele e Kawai Sensei se entenderam, tendo inclusive Kawai Sensei concedido o 3º *Dan* do Aikikai, com a promessa que deixaria de divulgar o *Takemussu Aikido* no Brasil. Mas isto não foi suficiente, pois Ueno Sensei passou, a meu ver, a ser um problema para Kawai Sensei em seu Dojo, pois ele tinha tudo o que parte dos alunos de Kawai Sensei queriam. A técnica era forte, ele tinha muito "*Ki*" e como era um pastor xintoísta, conhecia bem as bases espirituais do Aikido, além de ter um carisma que lhe era algo natural, espontâneo. Dificilmente alguém que se aproximasse de Ueno Sensei não acabava gostando muito dele. Era uma espécie de poder especial que até hoje eu não compreendo como ele emanava aquela capacidade de atrair as pessoas de jeito tão simples, mas ao mesmo tempo impondo um respeito muito forte.

Aproveitando-se da oportunidade que surgiu de levar o Aikido para o Clube da Sociedade Esportiva Palmeiras devido ao fato de José Lemos ser influente no clube graças a seu relacionamento com a diretoria, Kawai pediu para Ueno ir para lá e assumir o Dojo e recomendou que Daniel Bornstein e Carlos Dutra fossem com ele. Ambos acabaram se tornando no futuro muito ligados a Ueno, tornando-se seus fiéis discípulos. Na época, Ueno também me convidou, mas devido a minhas atividades profissionais como engenheiro, a distância era inconveniente para mim, contrariamente a Daniel e Carlos Dutra que treinariam perto de onde moravam.

Primeira vinda do Doshu Kishomaru no final da década de 70 no Rio de Janeiro. De pé, da esquerda para a direita, o primeiro é José Santos e o terceiro Pedro Paulo. Sentados, Bento, Shikanai Sensei, Doshu Kishomaru, Reichin Kawai e George Prettyman.

Foto tirada na primeira vinda do Doshu Kishomaru ao Brasil. Da direita para a esquerda, Seigo Yamaguchi, Kishomaru Ueshiba, Tomio Kikuchi, Massaki Tani e Osvaldo Pavanelo.

Doshu Kishomaru, acompanhado de Shibata Sensei, sendo apresentado na televisão brasileira por ocasião de sua primeira vinda ao Brasil.

Homenagem de Kawai Sensei ao Doshu Kishomaru em sua primeira vinda ao Brasil. À esquerda, atrás de Kishomaru, o prof. Shikanai, à direita, mestre Miazawa, da Argentina.

Em 1979, visitaram o Brasil o Doshu Kishomaru Ueshiba, Seigo Yamaguchi e Shibata Sensei, dando demonstrações em vários locais. O Prof. Kawai contou-me que arcou sozinho com todas as despesas da viagem e segundo ele estes gastos chegaram a um montante em torno de US$ 20.000,00. Todos os eventos que os visitantes fizeram foram abertos sem a cobrança de qualquer taxa ou ingresso.

Este fato é prova inegável do desprendimento de Kawai Sensei de bens materiais quando se tratava de investir no Aikido. O autor discorda politicamente e tecnicamente de Kawai Sensei em muitas coisas, mas ninguém pode negar que Kawai Sensei dedicou toda sua vida ao Aikido do Brasil. Tivesse ele uma personalidade mais flexível, seria hoje um dos mais importantes *Shihan* do mundo e continuaria amado por todos. Embora seja certo que ele conservou a gratidão nos seus alunos mais antigos, mesmo aqueles que o abandonaram, exatamente por esta sua seriedade, dedicação e amor incondicional à arte do Aikido, demonstrados em seu esforço em desenvolvê-lo no Brasil apesar de manifestar às vezes atitudes e tomar decisões que desagradavam a muitos.

Década de 80

Em 1980, Kawai Sensei viajou ao Japão e entregou ao Doshu Kishomaru Ueshiba a medalha Padre José Anchieta, concedida pela Câmara de Vereadores de São Paulo.

Em 1981 visitaram o Brasil os *Shihan* N. Ichihashi, M. Yassuno, T. Miyamoto e N. Tsuji, que fizeram várias demonstrações, inclusive na academia de polícia, tendo o assunto aparecido na imprensa.

A administração de Kawai na FEPAI continuava centralizada. Por exemplo:

Usar a própria força do adversário para vencê-lo, a técnica do aikidô

Amanhã, exibição dos mestres do aikidô

Quatro dos mais destacados praticantes do aikidô, da Academia Central e Tóquio, todos faixas-pretas, são os destaques da exibição que a Federação Paulista programou para amanhã, às 9 horas, no ginásio de esportes da Sociedade Esportiva Palmeiras, com entrada franqueada ao público. Os aikidoístas japoneses, que chegaram ontem, são: I. Ichihashi (faixa-preta, 7° grau), M. Yasuno (5° grau), T. Miyamoto (4° grau) e N. Tsuji (4° grau). A promoção é do Consulado Japonês e da Secretaria Municipal de Esportes. Eles ainda fazem um treino especial, hoje à tarde, com a participação de todas as academias de São Paulo, e uma demonstração na Academia de Polícia (cidade Universitária), na segunda-feira.

Esporte, arte marcial e filosofia representam as características do aikidô, que, segundo a tese do seu fundador, Morihei Ueshiba, falecido em 1969, não é uma técnica para lutar contra um inimigo ou derrotá-lo, mas, sim, tem como objetivo fazer com que seu praticante, após muitos treinos, se conscientize de que tudo se baseia no princípio da não-resistência. Ou seja: ao contrário das outras artes marciais, o aikidoísta, desde que bem treinado, não busca dominar o seu adversário à base da força. Ele apenas espera o golpe do seu oponente, para, então, aplicar a técnica adequada e dominá-lo, derrubando-o com movimentos rápidos e precisos. Assim, nas exibições que estes mestres japoneses e os praticantes desse esporte no Brasil farão, nada poderá ser considerado um fenômeno, como o caso de uma criança ou mulher derrubar um homem pesado. Na defesa de uma agressão, o praticante do aikidô nunca usa da força para dominar o adversário, mas sim a dele.

De acordo com os ensinamentos deixados por Ueshiba e que são seguidos por um milhão de pessoas (700 mil no Japão), o praticante do aikidô tem condições de enfrentar muitos adversários ao mesmo tempo e vencê-los em poucos segundos. Geralmente utiliza as mãos para a defesa, sabendo perfeitamente usar o corpo tanto pela direita como pela esquerda e usa os pontos fracos do adversário para dominá-lo. Não há limite de idade para a prática do aikidô, tanto assim que o fundador dessa arte marcial, professor Morihei Ueshiba, fez demonstrações até praticamente os 86 anos, quando morreu. No Japão, as crianças com três e cinco anos já começam a praticar o esporte, mas a idade ideal é de 12 a 13 anos. O aikidô começou a ser praticado no Brasil em 1964, com a vinda do professor Reishin Kawai, faixa-preta do 6° grau, que fundou a Academia Central, no bairro da Previdência. Existem mais 3 academias em São Paulo, além de duas em Brasília, uma em Curitiba, uma em Niterói e uma no Rio de Janeiro.

Notícia que saiu no jornal em 9/03/1981, por ocasião da visita de Ichihashi Sensei do Hombu Dojo ao Brasil, mais os professores M. Yasuno, T. Miyamoto e N. Tsugi, em uma promoção do Consulado Japonês e da Secretaria Muncipal de Desportos de São Paulo. Eles fizeram demonstrações para a academia de polícia militar e seminários. Nesta época, segundo o jornal, havia apenas 3 academias em São Paulo, uma em Curitiba, uma em Niterói e uma no Rio de Janeiro. Vivíamos o começo da década de 80 e o Aikido caminhava a passos de tartaruga em São Paulo e no Brasil, onde havia uma colônia japonesa com mais de 1 milhão de membros.

Aikidô: mais que uma luta. Uma arte marcial.

Nesta luta, o importante é a força interior, não a física.

Movimentos simultaneamente tranqüilos e rápidos caracterizaram a Demonstração Internacional de Aikidô, que aconteceu ontem pela manhã, no Ginásio do Palmeiras, patrocinada pela Federação Paulista de Aikidô, pela Fundação Japão e pela Sociedade Esportiva Palmeiras.

Segundo Letícia Kawai, "o Aikidô é uma arte marcial que visa fundamentalmente à afirmação moral e espiritual do homem em harmonia com seus semelhantes, através dos movimentos". Fundado por Morihei Ueshiba, falecido em 69, o Aikidô vem sendo utilizado pela polícia japonesa como forma de defesa pessoal, nunca tomando a iniciativa do ataque.

— O Aikidô significa, para mim, a própria vida. Para praticá-lo, é necessário, acima de tudo, o amor ao próximo — esclarece N. Ichihashi, um dos mais avançados praticantes (7º grau, faixa preta), recém-chegado do Japão, presente à demonstração de ontem.

Além dele, compareceram M. Yasuno, T. Miyamoto e N. Tsuji, também vindos do Japão, responsáveis pelo número final, o mais aplaudido pelo público presente ao ginásio. As outras performances couberam aos alunos das cinco academias paulistas da Aikidô — Central, Palmeiras, Jabaquara, Carmelitas e Ibirapuera —, entre os quais havia homens, mulheres e crianças, de diversas idades e níveis.

— O Aikidô não exige força física — explica Reishin Kawai, presidente da Federação Paulista — podendo portanto ser praticado por pessoas de qualquer idade. A força utilizada é uma energia interior, resultado de concentração e, na maioria dos casos, o defensor faz uso da própria força do adversário, derrubando-o.

Uma das diferenças principais entre o Aikidô e outras artes marciais — karatê ou judô, por exemplo — é que o Aikidô não é imbuído do espírito competitivo nem da agressividade que envolve as lutas mais conhecidas.

— Pratico Aikidô há sete anos. — conta Kasu Ishikava, de 56 anos — Antes disso praticava o judô, que não me trouxe um milésimo dos benefícios mentais obtidos nestes sete anos. Na realidade, o Aikidô proporciona o refinamento da mente humana de uma forma fantástica.

Mesmo assim, o Aikidô é ainda

Nesta luta, a idade não é tão...

... importante. Nem a força física.

pouco divulgado e somente após a Segunda Guerra é que se tornou mais popular, saindo da estreita faixa que o praticava — a nobreza do Japão. — Atualmente, é praticado em 43 países e calcula-se que, no Brasil, cerca de duas mil pessoas freqüentam as academias espalhadas entre São Paulo, Rio de Janeiro e Brasília.

— O Aikidô, sendo arte, é também filosofia e religião, algo muito profundo, insiste Kawai. Nesse sentido, são imprescindíveis muitos anos de dedicação para chegar-se a um bom nível e são raros os que alcançaram o grau 10 da faixa preta, como o grão-mestre Kisshomaru Ueshiba, filho do fundador e presidente da Fundação Aikikai do Japão, que vem divulgando esta arte pelo mundo.

— O contato com o Aikidô, que pratico há cinco anos, trouxe-me uma incrível autoconfiança, paz de espírito e capacidade de concentração, afirma Silvano, de 42 anos, aluno da Academia Central, no que é seguido por seu colega Wilson, de 33 anos:

— Pratico Aikidô há um ano e meio e fisicamente sinto-me muito bem, além de ter-me tornado mais persistente nas coisas que faço.

Na demonstração de ontem, que foi o primeiro passo para a divulgação do Aikidô no Brasil, ficou claro que durante as lutas os adversários praticamente não se tocam, embora sempre o atacante seja derrubado. Este fato é absolutamente coerente com a filosofia correspondente, que acredita que "na verdade, o adversário está sempre sendo beneficiado em sua formação como homem".

**Vivien Lando,
especial para o JT**

Foto Luiz Gevaerd

A exibição dos mestres do aikidô, um sucesso

Aikidô encerra exibições

Com uma exibição, ontem, na Academia da Polícia Militar, os quatro mestres japoneses do aikidô encerraram a série de demonstrações em São Paulo, com o objetivo de divulgar este esporte. Eles ainda viajam para o Rio e depois seguem para o México, onde continuam sua programação pelo Exterior.

Anteontem, a presença dos quatro faixas-pretas de Tóquio transformou a demonstração no ginásio do Palmeiras em grande sucesso: Cerca de 1.200 pessoas, além dos 120 praticantes das várias academias (bairro da Previdência, rua dos Carmelitas, Centro Esportivo do Ibirapuera, Jandira, Palmeiras e estação Conceição do Metrô), assistiram ao espetáculo.

N. Ichiashi, faixa-preta do 7º grau, 41 anos de idade e aikidoísta há 23, foi a grande atração do grupo, impressionando pela facilidade com que aplicava seus golpes para dominar seus adversários — os outros integrantes de delegação, M. Yasuno, T. Miyamoto e N. Tsuji, também faixas-pretas. O público teve uma melhor compreensão da técnica do aikidô, já que antes de cada demonstração Ichishi explicava como iria proceder. Diante do interesse provocado pela exibição, o presidente da Federação Paulista, Reishin T. Kawai, acredita que a tendência, agora, é as academias ganharem novos praticantes.

Boxe

Francisco de Jesus e Diógenes Pacheco, os finalistas do programa de boxe da próxima sexta-feira, no ginásio do Pacaembu, fazem hoje um treino público de luvas, contra diferentes "sparrings", a partir das 16h30, na academia do BCN, na rua Varnhagen.

Notícias que saíram no Jornal da Tarde por ocasião da visita do Shihan Ichihashi em cuja foto inferior ele aparece. Na página anterior, na foto de cima, vê-se o Prof. Torata que era um executivo da Toyota, ex-aluno de Kobayashi Sensei que parou de treinar Aikido, descontente com a administração vigente, somado a suas atribuições profissionais. A informação dada ao jornal de que havia mais de 2 mil praticantes no Brasil era falsa, pois se havia apenas 3 academias em São Paulo, uma em Curitiba, uma em Niterói, duas em Brasília e uma no Rio de Janeiro, como poderia haver 2 mil praticantes? A verdade é que não devia haver mais do que 150 praticantes em todo o Brasil no começo da década de 80.

Os quatro professores que vieram enviados pelo Japão através de uma entidade de apoio cultural, liderados por Ishihashi Sensei que o autor reencontrou posteriormente em 1999 no Panamá.

nas demonstrações públicas, os alunos mais graduados, e mesmo os demais professores japoneses, tinham um ou dois minutos para se exibir, e o resto do tempo, às vezes quase uma hora, era reservada para a demonstração de Sensei Kawai que seguia um padrão constante tornando-se monótona. Isto desagradava aos praticantes, aos professores japoneses de Aikido e de outras artes marciais, mas nada se dizia, por razões óbvias. Aliado a isso, outro fato que desagradava aos outros mestres ligados à FEPAI, era que os votos e opiniões dados nas reuniões da entidade, não eram levados em conta na hora da implementação, se contrariassem as de Kawai Sensei. O Aikikai exigia uma banca examinadora para aprovar os faixas pretas, mas na prática, era aprovado ou reprovado somente quem Kawai Sensei queria.

    O Dojo do Ibirapuera fechou e eu fiquei sem treinar por quase um ano, época em que me casei (1980). Quando retornei ao Dojo Central onde Kawai ensinava, para retomar os treinos levando minha esposa para treinar, tive minha faixa preta cassada. Uma faixa preta não é um título; é uma conquista que está gravada nos nervos, na mente e no coração. A justificativa para esta penalidade era o fato de eu haver deixado de treinar por algum tempo nas reuniões de faixas pretas em função de minhas obrigações profissionais, pois Kawai Sensei havia estabelecido esta penalidade para quem faltasse a mais de 3 reuniões por ano. Acredito que ele agiu assim comigo para dar exemplo para os demais *Yudansha* e visto que na época eu não estava ajudando-o em absolutamente nada.

    Aliás, a cassação de meu grau de *Shodan* por faltar em reuniões, foi um fato inédito na história das artes marciais no Brasil, visto que tradicionalmente ninguém perde uma faixa preta depois que a recebe, principalmente pelo motivo de não comparecer em reuniões. Kawai fazia as pessoas assinarem um documento antes de conceder a faixa preta onde os praticantes declaravam renunciar a seus títulos caso deixassem de seguir suas orientações. Coisas semelhantes deste tipo aconteceram naquela época com outras pessoas. Desgostoso com a atitude de Kawai, eu fui treinar no Dojo de Makoto Nishida, que antes de me aceitar pediu a permissão de Kawai, e uma vez concedida recebeu-me como um amigo e antigo companheiro de treino, com muito respeito, até me dispensando do pagamento de mensalidades, e o ambiente era ótimo. Ele me ensinou as novidades que havia aprendido no Japão, visto que tinha treinado lá por um ano. Naquela época Nishida Sensei entendia que o Aikido era praticar incansavelmente os *Kata*, e ensinava as técnicas básicas contando "um, dois, três". Foi assim que ele me ensinou a sua forma de fazer *Shiho Nague*. Devo ter treinado uns 8 meses aproximadamente com Nishida Sensei e treinava com faixa branca e sem *Hakama*.

Acabei decidindo voltar a fazer o exame *Shodan*, pois no Dojo de Nishida Sensei, treinar com uma faixa branca apesar de já ser um veterano, criava uma situação um tanto inusitada pois meu desempenho técnico estava longe de ser o de um principiante.

Assim, decidi recuperar meu direito de usar a faixa preta e o único caminho era submeter-me a um novo exame com Kawai Sensei. O fato é que além de passar pelo ridículo de ter a faixa preta cassada por Kawai, ao tentar recuperá-la, mesmo tendo sido recomendado por Nishida Sensei, ele exigiu que eu fizesse por mais duas vezes meu exame de *Shodan*, pois fez questão de me reprovar na primeira tentativa em meu reexame, somente me aprovando na segunda, 6 meses mais tarde. Hoje penso que talvez ele tivesse uma intuição que eu acabaria lhe fazendo oposição no futuro e inconscientemente tentava me fazer desistir, "batendo" em meu ego. Algum tempo depois, fui obrigado a parar de treinar, pois como estava casado com Marília

RELAÇÃO DOS FAIXAS-PRETAS CREDENCIADOS PELA FEPAI (dez.1983)	
Prof. Reishin Kawai	7º grau faixa preta
Prof. Keizen Ono	4º grau faixa preta
Prof. Kengo Adachi	3º grau faixa preta
Prof. Yoshio Torata	3º grau faixa preta
Prof. Makoto Nishida	3º grau faixa preta
Prof. José Gomes Lemos	3º grau faixa preta
Prof. Kazuo Ishikawa	3º grau faixa preta
Prof. Toshiyuki Kobayashi	3º grau faixa preta
Noboru Kitagawa	2º grau faixa preta
Luiz Pantaleão	2º grau faixa preta
Paulo Naoki	2º grau faixa preta
Koji Nagumo	2º grau faixa preta
Fumie Nishida	2º grau faixa preta
Severino Sales da Silva	2º grau faixa preta
Ricardo Leite da Silva	2º grau faixa preta
Herbert Gomes Pizano	1º grau faixa preta
Wagner José Bull	1º grau faixa preta
Silvano Corrêa	1º grau faixa preta
Yuriko Yoshioka	1º grau faixa preta
Kumiko Inoue Silva	1º grau faixa preta
Vera Lúcia Ragucci Farinelli	1º grau faixa preta
Mary Miyata	1º grau faixa preta
Sumiyo Nagumo	1º grau faixa preta
Sérgio de Oliveira Nobre	1º grau faixa preta
Júlio Hoshiko	1º grau faixa preta
Macoto Arai	1º grau faixa preta
José de Azevedo Silva	1º grau faixa preta
Carlos Roberto dos Santos	1º grau faixa preta
Sook Hyun Sun	1º grau faixa preta

Nesta época, a relação de faixas pretas existentes em São Paulo na FEPAI, depois de quase 20 anos de ensino de Aikido, onde existia uma colônia japonesa com mais de oitocentos mil membros, e em uma cidade com cerca de 10 milhões de habitantes era bem pequena como se pode ver na lista ao lado. A estatística nesta relação fala por si mesma, como uma prova inequívoca dos problemas que havia no Aikido brasileiro naquela época. Afinal, após mais de 25 anos de ensino do Aikido, deveria haver muitos mais alunos graduados. E mesmo nesta relação havia pessoas que não estavam mais na ativa. Em 1984, Yamada Sensei festejou a comemoração de seus 20 anos de chegada nos EUA com mais de 20.000 aikidoístas e relativamente ao que ocorria no Brasil o trabalho era insignificante.

*Kawai Sensei no começo da década de 80, na faixa dos 50 anos.
O estilo de Kawai Sensei diferia daquele ensinado em Tóquio.
Ele dizia que praticava um Aikido mais antigo, mais enérgico.*

Sallum, e havia constituído uma empresa de engenharia e também havia nascido meu primeiro filho, sobrava-me pouco tempo disponível para treinar. Por outro lado, havia outro fator desanimador que era meu descontentamento com a liderança, que pouco tinha a ver com o espírito do Aikido na forma como eu entendia. Eu estava com 34 anos, era um engenheiro, tinha minha própria empresa e não via mais sentido em treinar Aikido tendo por líder alguém que parecia apenas estar desnecessariamente preocupado com títulos e cultivo da personalidade e sem deixar que seus instrutores expandissem sua imagem junto ao público, impedindo que buscassem outras fontes de conhecimento diversas da que ele propunha. Eu estava procurando algo mais espiritual, que me trouxesse maturidade com autoconhecimento para levar avante minha vida que naquele momento começava a exigir de mim pesadas responsabilidades. O próprio Torata Sensei também havia parado pelos mesmos motivos, como vim a saber posteriormente, tendo uma discussão e desentendimento muito forte com Kawai Sensei, embora a alegação oficial tivesse sido que ele resolvera parar por "problemas profissionais".

Aliás, na época, um boa parte dos alunos mais antigos já sabiam que o estilo do Prof. Kawai não era o mesmo praticado em Tóquio no Hombu Dojo, e não gostavam da forma como exercia sua liderança, mas seguiam juntos, uns por conveniência, outros por não terem outra alternativa para continuarem treinando, visto que amavam o Aikido e não queriam parar e ainda alguns outros, até por serem tolerantes e

Kawai Sensei aplicando Kotegaeshi no então seu "uchideshi", hoje 5º Dan, Prof. Ricardo Leite.

entenderem que isso fazia parte de seu treinamento espiritual. Havia é claro, como em todos os lugares, os "sanguessugas", que bajulavam Kawai Sensei para receber benesses, e estes mais à frente, foram os primeiros a traí-lo na hora em que ele mais deles necessitou, revelando o caráter de oportunistas. Estes fracos de espírito aproveitaram-se da generosidade de Kawai Sensei ao máximo, enquanto puderam, para fazê-lo crer que lhe ajudariam em seus planos e que o admiravam como grande mestre, mas na primeira chance de se juntar a uma alternativa mais conveniente "pularam rapidinho do barco", principalmente quando viram que ele começava a fazer água. Alguns, infelizmente, ainda andam por aí e por isso que eu digo que não é em todo lugar que existe uma placa dizendo na frente do estabelecimento que se ensina Aikido, que se vai efetivamente encontrar algo mais do que simplesmente aprender técnicas e movimentos e sem o espírito elevado dos verdadeiros mestres no Caminho. Quando não se gosta de algo, e não se pode tolerá-lo, é loucura diante da lei de Deus, continuar convivendo com o mesmo. Embora, aparentemente possa parecer compensador, paga-se um preço muito caro por esta infidelidade, ou seja, perde-se a alma. A principal causa pela qual eu condeno a prostituição sem qualquer falso moralismo, mas como um professor de Aikido, é exatamente esta. Por isso, sempre digo a meus alunos: "Ganhem dinheiro ou bens materiais com o Aikido, mas jamais prostituam o Caminho!"

O Dojo do Palmeiras, onde Ueno Sensei estava ensinando, cresceu em pouco tempo e quando estava com cerca de 90 alunos, José Lemos comentou com Kawai Sensei que sentia que Ueno estava criando dissidências, e que isto poderia gerar problemas na organização. Embora eu nunca tenha ouvido dizer que Ueno falara mal publicamente de Kawai, o fato é que quando Ueno ia ensinar no Dojo Central às 2ªs feiras o tatami ficava cheio de gente. Em suas aulas no Palmeiras às vezes havia 30, 40, até mais pessoas treinando. É claro que críticas começam a surgir espontaneamente em situações desta natureza, e se Lemos observou que houvera surgido um clima de "dissidências", isto provavelmente, acredito, deve ter surgido entre os próprios

Ueno Sensei quando dava aulas na Sociedade Esportiva Palmeiras. O tatami se enchia de praticantes. Quando ele ia dar aulas nas Segundas-feiras no Dojo Central de Kawai Sensei a assistência também era grande e havia muito interesse em estudar com ele devido às suas técnicas fortes e grande carisma pessoal. Um fato interessante que esta atração que ele exercia nas pessoas era algo magnético em sua personalidade, pois ele era uma pessoa que falava pouco e irradiava uma energia de amizade, carinho, algo bom, forte, mas amigo, que as pessoas captavam e gostavam de ficar perto dele.

Mestre Makoto Nishida junto com sua dedicada esposa e companheira, Fumie Nishida.

praticantes. Afinal, eu mesmo tinha consciência muito clara que o Aikido de Ueno Sensei me deixava muito mais entusiasmado de treinar do que aquele que Kawai Sensei ensinava. Isto enfureceu Kawai Sensei, e com razão, visto que Ueno Sensei assumira, por documento escrito, o compromisso e a promessa de seguir e respeitar Kawai Sensei. Certa vez, eu comentei isto com Ueno e ele disse-me que seu professor Suzuki havia saído do Aikikai depois que ele houvera assumido o compromisso com Kawai Sensei, assim ele teve que optar entre a palavra dada a Kawai e a lealdade a seu professor Suzuki, optando pelo segundo. Assim, provavelmente com receio de que Ueno fosse desestabilizar a organização, fruto de sua ligação com o Prof. Suzuki, caso ele decidisse mudar de idéia e dizer para os alunos seguirem o *"Takemussu Aikido"*, já que seu mestre não mais estava no Aikikai, Kawai Sensei, o expulsou do Clube, usando o prestígio de Lemos com a diretoria, embora houvesse protesto dos alunos, incentivados por Carlos Dutra e Daniel Bornstein que na época estavam muito próximos e deslumbrados com Ueno Sensei como era comum com quem o conhecia mais de perto. Uma coisa é certa, com a admiração que Ueno tinha dos alunos naquele Dojo do Palmeiras, naquela época seria bem fácil fazê-los sair da FEPAI e se juntar a ele. A meu ver, Lemos na época optou em preservar a unidade da organização, a FEPAI, em torno de Kawai, à qual pertencia e havia ajudado a constituir, e passou a ver a perspectiva clara de que esta organização estaria ameaçada pelo carisma de Ueno e, principalmente, pelo fato real de ser ele aluno de um professor que houvera se desligado do Aikikai. Dutra e Daniel por muito tempo argumentaram que o problema havia sido algo pessoal, apenas entre Lemos e Ueno. Meu palpite é que deve ter ocorrido ambas as coisas. Embora eu deva admitir que administrativamente Lemos agiu corretamente, afinal ele tinha que defender os interesses do Aikikai e qualquer dirigente nesta situação veria em Ueno uma ameaça. O Prof. José Lemos sempre foi uma pessoa muito importante sob o ponto de vista administrativo e político no Aikido e sempre defendeu a FEPAI e o Aikikai com todas suas forças. Eu compreendo Lemos, assim também como posso entender Dutra e Daniel atualmente, mas porque eu conheci e treinei com Ueno e sei que ele somente sob uma pressão muito forte, como eu lhe coloquei anos à frente e vou contar ainda neste capítulo, não trairia o compromisso com Kawai. No meu modo de ver, ele jamais seria capaz de induzir os alunos a se desligar da FEPAI e se juntar a ele, como temia Lemos. Se decidisse difundir o estilo e organização de seu professor, Suzuki, o faria de forma clara e expressa como acabou fazendo no final da década de 80.

Assim, Ueno teve que sair de lá, ficando o Dojo sob o comando organizacional de Lemos e técnico de Makoto Nishida que foi convidado por Kawai para assumir o Dojo acumulando com suas obrigações em sua academia no Jabaquara. Carlos Dutra e Daniel seguiram Ueno indo treinar na Rua Santa Cruz que foi para onde Ueno mudou seu Dojo.

Foi na Sociedade Esportiva Palmeiras que iniciou outra importante figura da história do Aikido brasileiro, o advogado José Carlos Cremona, que ajudou muito a FEPAI nos aspectos legais e administrativos, e até hoje é um importante apoio nesta área, sendo que possui um Dojo de Aikido na região da Casa Verde em São Paulo, possuindo o nível de 3º *Dan*.

Assim, tendo rompido ostensivamente com Kawai e saído do Palmeiras, o Prof. Ueno passou a divulgar sua arte que era o *"Takemussu Aikido"*, tendo como líder seu professor Suzuki, mas sem deixar isto claro para as pessoas. Ele dizia que tinha um estilo diferente, mas que ele e o Doshu Kishomaru eram muito amigos, e que os problemas com Kawai Sensei deviam-se apenas a questões pessoais, mas que em termos de Aikido não havia problema nenhum entre ele e o Aikikai. Na minha opinião ele não queria brigar com o Aikikai, mas como seu professor rompeu, ele ficou em uma situação complicada. Inicialmente o *"Takemussu Aikido"* foi ensinado apenas na Rua Santa Cruz em São Paulo e depois Ueno Sensei mudou seu Dojo para dentro de uma igreja xintoísta, onde também ministrava cerimônias religiosas dentro de sua missão de trazer o Xintoísmo para o Brasil. Assim, passou a ter por meta criar uma organização chamada *"Nambei Daijingu"*, ou seja, construir um grande templo xintoísta no Brasil. Havia interesse da Associação de Templos Xintoístas do Japão em difundir esta religião na América Latina, partindo da construção de um grande templo em São Paulo. Na verdade, esta era a razão para a qual Ueno Sensei foi enviado para São Paulo, ou seja, criar uma base sólida para o desenvolvimento do Xintoísmo na América Latina, iniciando uma agregação de pessoas e a construção de um grande templo, nos moldes dos existentes no Japão.

Esta igreja ficava na Rua Percílio Neto, no bairro paulistano Bosque da Saúde, onde o Prof. Kawai não podia usar de suas prerrogativas legais para impedi-lo, ainda que detivesse o registro da marca *"Aikido"*, pois a legislação desportiva não atingia o interior de templos e para efeitos legais o *Takemussu Aikido* estaria sendo praticado não como um esporte mas como uma prática religiosa.

Eu não recebi a notícia de que Ueno havia se mudado, pois fiquei distante do Aikido por um período e me afastei dos praticantes devido a minhas atribuições pessoais e nova condição familiar devido ao meu casamento, e mesmo este templo estando a 300 metros de minha casa no Jardim da Saúde, eu não soube que por ali se treinava Aikido, pois por precaução Ueno Sensei não colocou qualquer placa ou anúncio no local, devido ao receio de represálias legais vindas de Kawai Sensei. Tendo ficado quase 2 anos sem praticar Aikido ou exercícios físicos, eu acabei tendo problemas com o coração

Reunião da FIA em Paris, onde Kawai Sensei compareceu e fez uma demonstração pública que, segundo ele, impressionou os convidados com seu Aikido enérgico.

O autor em uma demonstração no Clube Ipiranga, organizada por Ueno Sensei.

devido a *"stress"* por problemas difíceis pelos quais passei em minha vida na ocasião, e o médico pediu-me que eu voltasse urgentemente a praticar exercícios físicos. Por isso decidi voltar a treinar artes marciais, e ao procurar uma academia de qualquer *Budô*, que fosse próxima à minha casa, ao passar em frente de uma igreja de seita japonesa, vi pessoas treinando com *Hakama*, e percebi que era Aikido. Pedindo para chamar o instrutor para falar com ele, deparei-me com Ueno Sensei.

Foi uma alegria, pois eu admirava muito sua técnica poderosa quando o conheci e ele inclusive havia me convidado para ir treinar com ele no Clube Palmeiras quando foi para lá, conforme mencionei, embora não fosse conveniente para mim na época. O destino parece que conspirava para que eu me encontrasse com ele. Eu lhe expliquei que havia decidido voltar a treinar para recuperar minha saúde e ele me aceitou. Ele contou que estava ali na igreja porque Kawai o perseguiria se ensinasse em outro local. Como eu conhecia de perto o problema, nem fiz mais perguntas e iniciei no dia seguinte. Depois de 6 meses de treino eu já estava recuperado fisicamente treinando a todo vapor e com entusiasmo para seguir avante na carreira do Aikido, principalmente porque Ueno Sensei conhecia muito bem a relação entre o Aikido e o xintoísmo, que é a essência desta arte. Eu sempre gostei de religião e filosofia e Ueno Sensei estava me oferecendo tudo isto junto com o Aikido. Foi uma maravilha. E pela primeira vez, eu pude ver alguém realizar, na prática, os ideais do Aikido. Aquele Dojo foi como um mosteiro para mim, e meus olhos para o que *Ô Sensei* queria realmente ensinar foram finalmente abertos, depois de quase 17 anos de prática em "água morna".

Ueno Sensei mostrou-me o esoterismo que havia no Aikido, o poder real do *"Ki"*, a maneira religiosa e cultural do japonês ver o mundo e todo aquele sentimento maravilhoso que existe na prática do Aikido como um caminho de comunhão e harmonia com as forças do Universo, os *Kami*. Havia cerimônias xintoístas que Ueno realizava, e eu podia sentir a concentração incrível que ele conseguia quando realizava os ritos e tudo aquilo me tocava profundamente. Eu me entusiasmei e comecei a ler e a pesquisar sobre tudo o que havia ao meu alcance no mundo, em termos de Aikido, sendo ajudado pelo meu conhecimento da língua francesa, inglesa e espanhola, ou com ajuda de tradutores em livros japoneses. Em 1995 descobri Stanley Pranin e adquiri tudo o que ele tinha disponível para a venda e para empréstimo. Importei livros europeus, americanos e japoneses, vídeos, filmes, enfim, tudo o que minha condição financeira permitia. J. F. Santos, na oportunidade, foi quem me falou de Pranin pela primeira vez, e deu-me um grande número de cópias de vídeos que possuía de Tohei Sensei, Saito e outros mestres japoneses. Santos também me mostrou algo sobre Bernie Lau, um praticante de *Aiki*

Jujutsu e Aikido com quem eu me correspondi e com o qual me mostrou vários caminhos que estavam se abrindo nos EUA. Inclusive cheguei a Lovret Sensei e a praticantes autênticos de *Daito Ryu* e técnicas derivadas aplicadas para o trabalho policial. Dali para frente eu não parei mais de pesquisar. Hoje, tenho mais de 300 livros sobre Aikido e cerca de 400 vídeos sobre o assunto que foram todos consultados e dificilmente alguma coisa neles existentes não foram inseridas nesta edição desta obra em 3 volumes. É claro que o interesse pelo esoterismo a partir dali levou-me a estudar outras tradições, e eu que somente me interessava por engenharia e filosofia cartesiana e aristotélica, passei a ser um amante do religioso, do misterioso e do oculto. Tudo isto foi motivado por Ueno Sensei.

Meu filho Alexandre também começou a treinar nesta época e comecei a ensinar Aikido para crianças, com o aval de Ueno Sensei, pois meu filho Alexandre, com menos de 4 anos, quis treinar Aikido e fez sua mãe pedir seu ingresso para Ueno que autorizou, e assim eu me tornei professor de crianças para não deixá-lo se machucar treinando no meio do adultos, ou eu ter que ficar tomando conta dele no horário e atrapalhar meu próprio treinamento.

Quando eu o encontrei na igreja pela primeira vez, conforme mencionei, Ueno Sensei havia me dito dos problemas que havia tido com Kawai, mas que entre ele e o Doshu Kishomaru havia grande amizade e que eu não teria problemas em treinar o *Takemussu Aikido* e permanecer no Aikikai pois o Doshu aprovaria esta forma de Ueno treinar ligando as técnicas ao Xintoísmo visto ele mesmo, o Doshu, ser um adepto desta religião e sendo Ueno um bispo tudo estaria bem. Eu disse-lhe que não queria sair do Aikikai e ele concordou. Eu não suspeitei de nenhum problema, na época, porque

O autor e Breno de Oliveira. Treinam Aikido desde 1969. Foto na casa do autor durante uma visita de Breno sensei por volta de 1989.

Ueno Sensei no Clube Ipiranga.

quando ele me promoveu para *Nidan* um ano depois, deu-me dois diplomas: um de *Takemussu Aikido* assinado por Suzuki Sensei, e outro do *Aikikai*, assinado pelo Doshu, ambos oficiais e que estão pendurados na parede do Dojo Central do Instituto Takemussu atualmente. Assim, eu sempre pensei que o desentendimento de Ueno com Kawai Sensei houvera sido apenas devido à personalidade do mesmo e dos problemas que eu conhecia muito bem, não me preocupando com este aspecto e com os detalhes nesta época. Devo confessar também que Ueno nunca, em nenhum momento, tentou seduzir-me para sair do Aikikai e entrar na organização de seu professor Suzuki com exclusividade, pelo contrário, disse-me que se eu queria treinar com ele, esta questão de organização não teria a menor importância.

Ueno Sensei realmente conhecia o Aikido muito bem e em sua essência, estimulando-me a treinar quase todos os dias, e me mostrava como era o sentimento do xintoísmo na prática. Foi uma fase muito importante em minha vida, e decidi motivado pelas circunstâncias à retomar o projeto de concluir o livro que eu havia iniciado em 1977, o "Aikido - o Caminho da Sabedoria". Depois de quase 1 ano e meio de treino, e desejoso de rever meus antigos companheiros, pedi licença para Ueno Sensei, para treinar também no Dojo das Carmelitas com Ono Sensei, e este concordou sem questionar, provando que realmente pelo menos aparentemente ele nunca quis seduzir gente ligada ao Aikikai. Lá chegando, fui recebido com muitas honras e amizade por Ono Sensei, que sempre foi um grande amigo. Eu contei-lhe que estava treinando com Ueno Sensei e que estava aprendendo muito, mas que queria retornar a treinar também com meus amigos na FEPAI. Durante um mês a situação foi normal, porém quando Kawai soube que eu estava treinando com Ueno Sensei, deu ordem para Ono Sensei, no sentido de que eu fosse imediatamente afastado dos treinamentos no Dojo das Carmelitas e excluído da organização, a FEPAI. Como Ono Sensei não quis atender ao pedido, o fato gerou grande tensão no relacionamento entre os dois. Assim, decidi ir falar pessoalmente com Kawai Sensei para tentar resolver a situação e fui a seu Dojo. Na oportunidade ele não quis falar comigo, e pediu para o Ricardo Leite, que na época era *"uchideshi"*, dizer que eu não seria mais bem recebido em seu Dojo e grupo estando cancelada minha inscrição como associado à FEPAI, pois havia me juntado com Ueno Sensei, usando um adjetivo não muito digno para classificá-lo. Na ocasião, eu fiquei muito aborrecido com Kawai Sensei, pela forma com que me tratou na visita que lhe fiz para "esclarecer as coisas", pois nem sequer se dignou a falar comigo, visto que eu estava com a melhor das boas intenções e me portei como um cavalheiro. Afinal, Ueno Sensei era um grande mestre, e era a chance que eu tinha de aprender o que queria, e ele não me havia feito qualquer exigência, inclusive havia concordado que eu poderia permanecer na FEPAI se desejasse e que as diferenças que ele tinha com Kawai Sensei seriam pessoais e não haveria portanto razões para eu ser envolvido no problema. Mas Kawai Sensei tinha ainda fresca em sua memória os acontecimentos do Clube Palmeiras, e assim descarregou sua ira em mim. Ele na verdade, conforme anos mais tarde me contou Ricardo Leite, havia pedido para que Ricardo me atendesse, e ele assim o fez, e que me dissesse que eu não era mais bem-vindo na organização e que eu estava agindo de má-fé ao tentar me aproximar da mesma estando a treinar com Ueno e inclusive autorizou o uso de força por Ricardo, caso eu insistisse em permanecer no Dojo. No entanto, Ricardo como tinha respeito por mim, disse mais ou menos o mesmo, mas em um tom educado. Por ser muito jovem Ricardo era meu *Kohai* e até fui seu patrão por um pequeno período em minha empresa de engenharia onde ele trabalhou no início de sua vida profissional como mensageiro.

Como eu não sabia que Ueno Sensei havia assinado um documento de comprometimento com Kawai e não tive conhecimento da gravidade da briga que ele tivera com Kawai no incidente do Palmeira, e no entendimento de Kawai não ter cumprido o prometido, não pude entender os motivos que o levaram a agir daquela forma tão rigorosa e até descortês na ocasião. Assim, fui embora e me despedi de Ricardo, decepcionado. Para evitar problemas para Ono Sensei, eu expliquei-lhe o que havia ocorrido em minha visita a Kawai Sensei, e disse-lhe que iria me retirar para não lhe criar mais problemas. Surpreendentemente, Ono Sensei disse que não seria necessário e que se eu quisesse poderia ficar treinando em seu Dojo. Assim, eu permaneci, até que algumas semanas depois Makoto Arai, que fazia a ponte do Dojo de Ono com Kawai, chamou-me em particular e disse que minha presença ali estava causando grande tensão entre Ono e Kawai Sensei e logo naquele momento que eles estavam começando a se reacertar estava surgindo esta situação conflitante. Assim, para não prejudicar Ono Sensei por quem eu tinha e ainda tenho grande respeito, afastei-me dos treinos nas Carmelitas, embora tenha ficado triste por não poder mais treinar com ele e com meus amigos na FEPAI.

Assim, continuei treinando com Ueno Sensei. Quando ele saiu da Igreja em que ensinava, em 1986, pois o proprietário do terreno disse que iria construir um prédio no local, foi para um local isolado do público no bairro da Saúde em um prédio de um amigo meu, o Maurício Coalheta. Posteriormente, Maurício passou a necessitar deste espaço e Ueno foi obrigado a se mudar para uma academia de Judô aberta ao público no bairro do Ipiranga. Neste período eu convidei Eduardo Pinto, Nelson Ferrone e Breno de Oliveira que não treinavam mais com Kawai Sensei, para se juntarem a Ueno, e eles vieram.

Com Breno, veio o Fernando Salvador que fora seu antigo aluno no tempo em que ele era um professor do grupo de Kawai Sensei. Breno foi a primeira pessoa no Brasil a receber o título de *Shidoin*, também dado por Kawai Sensei. Nesta

Ueno Sensei e uma de suas alunas no Clube Ipiranga.

época, o principal aluno de Ueno, além dos citados, era Léo Reisler que às vezes substituía Ueno Sensei na condução dos treinos, bem como Cecília Barros, que hoje é uma das mulheres mais graduadas no Aikido do Brasil. Eu havia começado a ensinar Aikido para crianças no Dojo de Ueno Sensei uma hora antes do treino e adultos, porque meu filho Alexandre queria treinar e entre os adultos se tornaria perigoso para ele, mas até aí, Ueno Sensei era o mestre, eu apenas um professor auxiliar.

Todavia, algumas semanas após este novo início, no novo Dojo, o professor de Judô colocou uma faixa com o nome "Aikido" na fachada. Ueno Sensei recebeu algumas semanas depois uma notificação judicial enviada pela organização de Kawai Sensei, ameaçando-o de pagar uma alta indenização e interromper a prática e uso da palavra "*Aikido*". Eu também fui notificado, sendo processado por Kawai nos mesmos moldes, visto que me recusei a parar de ensinar. Com aval de Ueno, decidi contratar um advogado e resistir. Neste ponto comecei a planejar como eu poderia evitar que Kawai Sensei continuasse com aquela sua ação radical e centralizadora. A conclusão que cheguei foi que eu tinha que agir em três frentes, mudar a legislação conseguindo amparo legal, arranjar algum *Shihan* do Aikikai que decidisse apoiar um movimento contra Kawai mas ligado ao Hombu Dojo e finalmente fazer crescer o grupo para ter peso e representatividade, na comunidade brasileira e junto ao Doshu.

Conversei com Ueno sobre o plano e ele concordou. Redigi um estatuto de uma entidade que Ueno batizou de "*Shimbukan*", escrevi para todos os *Shihan* do Aikikai no mundo pedindo apoio, e tentei fazer crescer a organização. Redigi os estatudos de uma entidade chamada Instituto Shimbukan com o grupo filiado do Takemussu Aikido, pois era necessário se ter uma organização formalizada para enfrentar ameaças futuras e se conseguir o apoio do Hombu Dojo pois para enfrentar o "*status quo*" opressor, não bastaria resolver a questão legal no Brasil, havia ainda a questão institucional brasileira e internacional junto ao Aikikai Hombu Dojo.

Este fato foi o que mais tarde acabou criando oficialmente o Instituto Takemussu, pois na verdade eu somente venci a ação porque os advogados de Kawai cometeram um erro técnico no processo, e eu percebi que haveria necessidade de se constituir uma organização formal e reconhecida pelo Hombu Dojo do Japão. Graças à forma de evolução do processo, consegui que Kawai Sensei desistisse da ação e ele foi forçado a celebrar um acordo em juízo. Alguns meses antes eu já havia começado a pensar em transformar a turma de crianças em um novo Dojo, filiado a Ueno com o nome de "*Ki Kon Tai*", e assim me mudei provisoriamente para a igreja onde Ueno havia ensinado que ainda não havia sido demolida dando seqüência ao meu plano de fazer crescer o número de Dojo associados.

Foram estas crianças os primeiros alunos do Instituto Takemussu. Flávio Lasterbasse, Alexandre Bull, Maurício Coalleta, Otávio Pascolli, Irineu e Nilson Nakamura e Ivan Lasterbasse. Foram eles realmente os pioneiros lá pelos idos de 1987. Estejam onde estiverem passaram a fazer parte da história do Aikido brasileiro e principalmente do Instituto Takemussu.

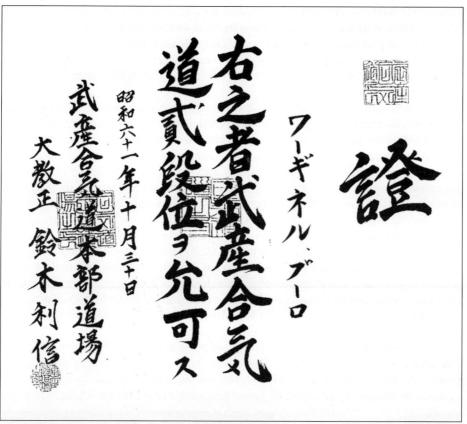

Diploma de "Takemussu Aikido" que o autor rececebeu de Ueno Sensei, junto com o diploma de Aikido do Aikikai e isto o convenceu do bom relacionamento de Ueno Sesnei com o Doshu Kishomaru. Pareceu-lhe assim, que as dificuldades eram apenas pessoais entre ele e Kawai Sensei.

      A linha Aikikai era a que tinha reputação e era entendida como "oficial", pois tinha sido reconhecida no Brasil, no Japão e possuía uma federação internacional. Afinal, naquela época, Aikido e Aikikai eram quase sinônimos para o público marcial, e eu não queria sair desta organização internacional, que sucedeu a Fundação Kobukan criada pelo Fundador Morihei Ueshiba. Kawai Sensei era 7º *Dan* e tinha o apoio total do Hombu Dojo para toda a América do Sul e possuía centenas de alunos que estavam a seu lado. Por outro lado ficava claro para mim que não haveria forma de progredir uma organização de Aikido no Brasil, que não fosse reconhecida pelo Aikikai de Tóquio. Meus advogados na época me disseram que seria totalmente inviável tentar fazer o governo brasileiro reconhecer uma organização desconhecida que praticasse um estilo ou luta sem uma federação internacional constituída, na forma da legislação vigente. Outras organizações e pessoas dissidentes do Aikikai tentaram isto no mundo e apenas a *Yoshinkan* e a *"Ki Society"* conseguiram sucesso relativo, mas mesmo assim, porque tinham pessoas incríveis em sua direção, ou seja, Gozo Shioda e Koichi Tohei, enquanto Suzuki Sensei era uma pessoa quase desconhecida em termos de reputação marcial. Eu pedi para Stanley Pranin pesquisar quem ele era, e este não achou nenhuma referência. Ueno forneceu-me um endereço de um grupo de

Suzuki que havia na Inglaterra, eu escrevi para lá e recebi resposta de um aluno falando mal da organização, e que o Dojo havia se mudado. Praticamente me convenci que havia problemas com a organização. De qualquer maneira, a única informação favorável que recebi foi que o filho de Suzuki estaria treinando com Saotome Sensei nos EUA. Ele pode ser visto em fotos do primeiro livro de Saotome, o "*Aikido and the Harmony of Nature*".

Meu raciocínio era simples: se Ueno era um homem espiritualista que não via problemas em trabalhar junto com o Aikikai, desde que encontrasse uma pessoa que lhe permitisse praticar o Aikido como *Takemussu* conforme queria seu professor, então o problema estaria resolvido, bastaria encontrar um *Shihan* do Aikikai mais flexível, principalmente pelo fato de que Ueno dizia que o Doshu Kishomaru lhe respeitava. Assim, eu disse para Ueno Sensei que iria reunir todos os dissidentes e descontentes do Aikido no Brasil em uma organização, e que ele seria o líder técnico e que eu iria tentar conseguir no exterior um *Shihan* do Aikikai para nos apoiar, ficando responsável pelo grupo como Kawai fora anteriormente e assim conseguirmos os diplomas de faixa preta oficialmente. Ueno seria nosso mestre, em uma organização reconhecida, grande e com apoio do Aikikai através de um *Shihan* do Aikikai que se dispusese a resolver os problemas que havia no Brasil que eu já sabia que os japoneses tinham conhecimento, pois inclusive recebi uma carta de Minoru Mochizuki, onde ele não fez boas referências a Kawai. Mochizuki não fazia mais parte do Aikikai, mas era considerado um dos maiores mestres de artes marciais no Japão.

No entanto apareceram resistências de pessoas no grupo de Ueno para formalizar esta organização, o *Instituto Shimbukan*, pois a maioria dos componentes do grupo tinha pouco tempo de treino, e não estava tão bem informada quanto eu sobre a questão política e institucional de como funcionava o mundo do Aikido, visto que

Primeira visita de Wagner Bull ao Rio de Janeiro no dojo do Prof. Clóvis Mello em 1988.

não tinha acesso às informações de Stanley Pranin dava, que antes ficavam restritas ao fechado círculo dos mestres japoneses. Eu comecei a sentir uma certa indisposição de Ueno com minha insistência em querer colocar no estatuto que a organização praticaria o Aikido tradicional. Ele preferia que constasse *"Takemussu* Aikido". Foi aí que comecei a sentir que havia alguma resistência em Ueno. Mas ignorei e fui avante, pois já tinha progredido muito e não tinha mais como recuar. Havia contratado advogados, escrito para o mundo inteiro, aberto um Dojo e convidado amigos para se juntarem, enfim, eu estava comprometendo-me com muitas pessoas e assumindo compromissos sérios.

As pessoas não se decidiam em assinar os estatutos, e eu não conseguia registrar a organização em Cartório. Falei novamente com Ueno, e ele disse que ele não queria se envolver nesta parte burocrática pois não entendia disso. Assim, tomei uma decisão, juntei meus alunos e os pais deles, e simplesmente alterei a nome para Instituto Takemussu nos estatutos e registrei a organização, colocando como objetivos tudo aquilo que eu entendia que deveria ter uma organização autêntica de Aikido e segui avante com a idéia de colocar Ueno como chefe, pois pensei que a resistência não partia de Ueno, mas de Léo Reisler e de Cecília que eram os dois líderes em que Ueno mais confiava. Daniel e Dutra, apesar de Ueno na época ter grande afeição por eles, estavam meio afastados do grupo envolvidos com questões profissionais, e Léo e Cecília eram os mais próximos de Ueno e eram seus Kohai, pois tinham sido alunos de Ueno antes de mim. Hoje, refletindo sobre a situação, acredito que Ueno deva ter mencionado para Léo e Cecília que não queria o nome da entidade ligada aos estatutos do Hombu Dojo para resolver o problema de filiação ao Aikikai, embora não me tivesse nunca dito isto até então. Por outro lado, conforme eu falei, eu entrei em contato com vários *Shihan*, e finalmente Tamura Sensei pediu-me para procurar Yamada Sensei, que me escreveu uma carta dizendo que ele ficaria responsável pelo nosso grupo, sendo que na época Ueno Sensei seria o professor-chefe conforme eu havia combinado com ele.

O proprietário do imóvel onde ficava a igreja que neste instante era ocupado pelo religioso Maeda, que havia sido aluno de Xintoísmo de Ueno, quis finalmente iniciar a demolição do prédio, como projetado, e assim construí um pequeno Dojo na Rua Jussara ao lado de minha casa e mudei a então sede do Instituto para aquele local. Além de tentar resolver a questão institucional, meu grande sonho que eu tinha claro na mente se fazia necessário criar uma organização que procurasse treinar o Aikido da forma pela qual o Fundador do Aikido a havia criado, ou seja, um caminho de vida, através da prática de um *Budô* cujas técnicas deveriam ser eficientes como defesa pessoal exatamente como Ueno fazia. O tempo foi passando e as coisas ficaram meio tensas entre meu Dojo e o de Ueno, no que tange ao relacionamento com os demais grupos. Ueno vinha no meu Dojo examinar os alunos, mas eu não recebia visitas de ninguém do grupo.

Neste mesmo período eu viajava freqüentemente à Brasília para pressionar o CND. Finalmente, o primeiro obstáculo foi vencido, e através da resolução 020/88 do CND (Conselho Nacional de Desportos), que pode ser lida no primeiro volume desta obra, e graças à amizade que eu, afortunadamente, possuía com deputados e senadores que se sensibilizaram com o problema, além de um gasto absurdo com advogados, viagens e outras despesas. Dezenas de reuniões eu tive que fazer com

Breno Sensei e Alexandre Bull em uma visita que fez a seu amigo na antiga rua Jussara no final da década de 80.

burocratas e altos escalões do Governo para conseguir este reconhecimento. Um segundo fator, importantíssimo, foi eu ter a sorte de receber apoio internacional através de um pedido de ajuda que fiz a Tamura Sensei, que me recomendou para Yamada Sensei. Naquela época, ele estava informado de que Kawai Sensei estava tendo muitas dificuldades de administrar o Aikido no Brasil e me escreveu uma carta dizendo isto. Esta filiação ao Aikikai e a IAF, foi fundamental na época para o reconhecimento, conforme se pode ler no texto da resolução, 020/88 .

Aí surgiu um fato inesperado. A reunião com os demais professores dissidentes a ser marcada em meu Dojo, sob a liderança de Ueno, havia sido marcada. A princípio, Ueno Sensei se mostrara de acordo com minha idéia de buscar algum *Shihan* internacional do Aikikai para lhe dar o apoio político que Kawai lhe negara, ficando ele como o chefe do grupo no Brasil. Mas quando percebeu que o Governo havia reconhecido o Instituto Takemussu e que Yamada Sensei iria efetivamente dar o apoio internacional através de uma carta que me enviou, ele voltou atrás e me surpreendeu não querendo mais presidir o primeiro treino e reunião que eu havia marcado com as demais pessoas que tinham tido problemas com Kawai Sensei, como falei acima, a saber: Clóvis Mello, André Jacab, Breno de Oliveira, Carlos Dutra, Daniel Bornstein, Tomio e Eichi Kikuchi e que estavam dispostos a se juntar em uma organização de resistência. E me disse isto em uma Quinta-feira, a reunião seria no Domingo. Breno de Oliveira assistiu este diálogo, pois ele tinha vindo antecipadamente de Ribeirão Preto para participar da reunião no Domingo que eu havia marcado e estava no apartamento de Ueno, visitando-o quando eu cheguei.

Depois de minha insistência por um esclarecimento definitivo, ele finalmente assumiu que não queria mais nenhum envolvimento com o Aikikai e que estava no Brasil para desenvolver o *Takemussu Aikido* da linha de seu mestre Suzuki. Pela primeira vez ele admitiu isto claramente para mim. Até ali, ele me havia passado a idéia de que treinava o Takemussu Aikido porque seu mestre abandonara o Aikikai, mas que no fundo, ele tinha simpatia pela organização e pelo Doshu Kishomaru e embora tenha demonstrado algum mal-estar nos últimos meses, não tinha deixado isto claro e definitivo como neste instante. Eu disse então para Ueno Sensei que eu não tinha mais como voltar atrás e que o movimento não tinha mais volta. Então ele disse-me para eu seguir sozinho. Neste dia Breno foi dormir na minha casa e no Sábado de manhã a Cecília, que era secretária do Ueno, telefonou para o Breno dizendo-lhe que ele estava sendo convidado para assumir uma função importante na organização e avisando-o de que Ueno marcara um exame geral de faixas para a Segunda-feira, um dia depois da reunião.

Última aula da por Ueno no Dojo do Ipiranga, antes de voltar ao Japão em 21/1/1988.

Foi aí que eu percebi que Kawai Sensei tinha lá suas razões quando ficou furioso comigo pelo fato de eu estar com Ueno, pois a verdade é que ele estava efetivamente trabalhando em prol de seu mestre Suzuki, embora de forma velada e não tivesse deixado isto claro para mim e para outros, mas nunca tentou nos afastar do Aikikai. Na verdade, acho que ele efetivamente tinha amizade e era respeitado por sua condição de alta autoridade xintoísta com alguns mestres do Aikikai, e talvez com o próprio Doshu Kishomaru devido à sua condição de bispo xintoísta, mas em termos políticos de Aikido, ele saíra do Aikikai, de fato e de direito. Ueno Sensei foi um mestre perfeito para mim, mas neste aspecto ele me confundiu, pelo menos foi assim que senti, pois eu sou mais direto e claro naquilo que quero. Ele não deixou claro, desde o início, o seu desinteresse em trabalhar também para o Aikikai, e somente o fez quando foi obrigado pelas circunstâncias da reunião que agendei onde compareceria um japonês importante como Tomio Kikuchi, que certamente exigiria uma posição clara da parte dele, pois assim são os japoneses até em seu idioma, onde não existe dúvidas de interpretação quando falam e escrevem pois suas palavras são "desenhadas" através de *Kanji*. O português ou o silêncio ocidental permitem que o interlocutor tenha interpretações dúbias. Enfim, o fato de Ueno Sensei ter contemporizado seu desejo real de trabalhar para seu mestre Suzuki e não mais para o Aikikai, levou-me a cometer grave erro de avaliação, conduzindo-me para um caminho não muito adequado em minha estratégia inicial.

Ou seja, meu projeto acabou falhando em um ponto crucial, em querer que Ueno liderasse o movimento ingressando no grupo internacional de Yamada Sensei, respeitando-o como líder do Aikikai e assim ele poderia desenvolver o *Takemussu Aikido* dentro do Aikikai como ele dizia querer fazer com Kawai dentro da FEPAI e não podia, alegando apenas problemas de relacionamento pessoal com Kawai. Aliás, depois disso aprendi que japoneses quando não gostam de alguma coisa não reclamam como nós brasileiros descendentes de portugues, italianos e espanhóis. Eles simplesmente se calam. O silêncio do japonês é o seu protesto. Isso é muito importante ao lidarmos com professores orientais. Posteriormente fiquei sabendo que o diploma de *Nidan* do Aikikai que Ueno me deu, na verdade veio de um professor de Osaka que era ligado ao Aikikai e seu amigo particular. Descartada esta única vez, que eu considerei na época como uma falha, de qualquer forma, Ueno Sensei foi o maior mestre de Aikido que eu conheci até hoje, em termos de saber a verdadeira essência do Aikido. Suas técnicas eram simples, mas muito poderosas, chegavam a ser assustadoras tamanha era energia e o "*Ki*" que possuía como já relatei. Na época, eu fiquei extremamente desapontado, e somente não abandonei o projeto, porque havia assumido compromissos com muitas pessoas e me envolvido de forma irreversível, ou teria continuado com ele. Por outro lado, eu já tinha meu Dojo, com meus alunos e eles passaram a ser meu estímulo. Nesta hora foi que efetivamente o Instituto Takemussu começou a existir.

Refletindo hoje com mais vivência e experiência, concluo que no fundo o que estragou a harmonia com Ueno foram problemas políticos importados do Exterior, e é claro a personalidade inflexível de Kawai Sensei, mas mesmo esta, de certa forma, hoje compreendo, coerente neste caso, pois estava baseada nos compromissos

Segunda vinda de Ueno Sensei para o Brasil em 1988 na recepção que alguns de seus alunos mais próximos foram fazer a ele no aeroporto. Da esquerda para a direita, de pé: Lincoln, esposa e filho, Wagner Bull, Shiguê, Eduardo Pinto. Sentados: Zezé, Ueno segurando Alexandre Bull, Carlos Dutra e sua filha e Cecília Barros, que apoiou, ajudou e sempre esteve ao lado de Ueno Sensei, sendo atualmente 4º Dan e uma das responsáveis pelo grupo de Takemussu Aikido de Ueno Sensei no Brasil.

Luiz Rovella na foto à esquerda era aluno de Ueno Sensei e seu tesoureiro no Dojo e decidiu dar apoio ao autor na parte administrativa do Instituto Takemussu, tendo ajudado muito neste aspecto no princípio.

que tinha assumido no exterior em defender os interesses do Aikikai no Brasil como sua autoridade máxima no país junto ao Doshu. Se o professor de Ueno rompera com o Aikikai, ficaria muito complicado politicamente para Kawai manter um professor carismático como Ueno controlando o coração da maioria dos alunos associados à FEPAI, pois isto causaria conflitos entre os alunos estragando o ambiente do Dojo, gerando más influências no sentido da coesão do grupo. Hoje isto está bem claro em minha mente, depois de viver estes anos todos a política que existe nas organizações de artes marciais. Na verdade, faltou tato a Kawai quando falou comigo, bem como a percepção que eu era uma pessoa sincera, honesta e bem-intencionada e que somente queria aprender Aikido de qualidade, mas que não tinha vivência em situações similares e não era do tipo de seguir ordens sem estar convicto de suas validades, principalmente quando contrariavam meu coração e intuição.

Assim, eu fui para a reunião dois dias após a conversa com Ueno, na qual compareceram Eichi Kikuchi, Tomio Kikuchi, Clóvis Mello, Breno de Oliveira, Carlos Eduardo Dutra, Daniel Bornstein, Andrés Jacab, entre outros, e expliquei a situação. Então, decidimos criar um grupo democrático de professores sem um único líder e eu seria apenas o coordenador do grupo. Na época eu não tinha carisma suficiente nem liderança para conduzir as pessoas que faziam parte deste grupo, que eram todos veteranos praticantes e professores. Eu podia oferecer no entanto para eles o que eles sempre queriam. Seriam reconhecidos e apoiados por Yamada Sensei e com a resolução do CND eu poderia lhes dar amparo legal no Instituto Takemussu caso Kawai os processasse ou chamasse a polícia como fez comigo e com Massaki Tani na década de 80. Luís Cláudio de Oliveira, na época aluno de Clóvis Mello, fez exame de faixa preta neste dia da reunião. No dia seguinte à reunião que tive com os faixas pretas, na Segunda-feira, Ueno fez um exame de faixas e promoveu todos os seus alunos para graus mais altos, mas agora deixando claro para mim que me via como um problema para sua organização. Breno de Oliveira e Léo Reisler receberam o 4º *Dan* em *Takemussu Aikido*. Eu pessoalmente acabei não fazendo o exame para 3º *Dan* que estava previsto. Quando Ueno na Quinta-feira afirmou que não queria trabalhar mais com o Aikikai, eu no calor da emoção e no sentimento de perda que tive, pois não podia mais voltar atrás em minha ação, perguntei-lhe se eu poderia então, pelo menos, continuar treinando com ele, pois o admirava muito como mestre e ele disse que sim. Mas depois do que vi acontecer no final de semana conforme relatei, onde no meu entender ocorrera um "festival de promoções de faixas", percebi que isto seria impossível, pois eu seria visto dali para frente como um concorrente em seu grupo. Por ironia, no fundo ali estava surgindo o mesmo sentimento que eu havia tanto criticado em Kawai

375

Sensei quando recusou que eu treinasse na FEPAI e também com ele. Alguns meses depois, eu procurei Shikanai Sensei, e disse-lhe que agora que eu estava no Aikikai, convidei-lhe se ele poderia vir ensinar no Instituto Takemussu, ao que ele me respondeu: "Bom, Ueno é a única pessoa no Brasil com quem eu posso realmente conversar sobre certos assuntos, mas ele não está no Aikikai. Você está ligado a Yamada Sensei, então teoricamente está tudo bem, mas na prática, se eu for tomar cerveja em seu Dojo, ela não vai descer bem por minha garganta." Na oportunidade não o compreendi, hoje sim. Estas experiências acabaram sendo muito úteis para mim anos à frente quando assumi a direção de grandes grupos de Aikido, pois percebi que no fundo, eu fui ingênuo, ao achar que é possível se treinar simultaneamente com dois professores no *Budô* ou querer se passar por cima de desentendimentos sérios que produziram sentimentos antagônicos entre as pessoas. Sentimentos como orgulho, inveja, ciúmes, amor, despeito, fazem parte das pessoas, e nem todos conseguem deixar isto de lado e fazer o que é racional. Se eu posso eventualmente agüentar uma situação dessas, a maioria das pessoas não pode. Mas mesmo assim percebam que eu usei o verbo "agüentar", acima, ou seja, acaba não valendo a pena, pois quem resiste não o está fazendo de forma descontraída e fluida e, como disse Shikanai, "a cerveja perde o sabor". Somente alguém totalmente destituído do desejo de posse e das paixões humanas pode ter um coração realmente generoso. Por isto, Cristo disse que "é impossível se servir a dois senhores". Aprendi isto ali, na prática, apesar de minha cultura livresca, idealista e teórica de que o coração podia ser posto de lado, se houvessem interesses comuns. Não pode. Hoje sei que se o coração não está 100% em um lugar, é impossível a harmonia verdadeira. É preciso escolher, embora intelectualmente a razão possa imaginar que seja possível uma pessoa treinar em dois grupos cujos professores não sejam amigos, na prática o coração não entende desta maneira e quem quer estar com o pé em dois barcos, acaba caindo na água e sendo obrigado a nadar sozinho. Hoje, se algum aluno meu quiser treinar com outro professor e ao mesmo tempo em meu Dojo, eu, como Kawai e Ueno, simplesmente não aceito. Aprendi isto na prática. Freqüentemente alguns alunos devido às suas inexperiências que geram ilusões e não compreendendo o que é o Ego que o Fundador propunha, pensam que dentro do espírito do Aikido não deve existir sentimentos de posse, de grupo, de bandeira e criticam-me por hoje pensar assim, atribuindo-me sentimentos de ciúmes e posses. Eu lhes respondo para abrir um Dojo e experimentar na prática as suas idéias e depois de muito trabalho, para procurar a resposta em seu coração no momento em que um aluno seu lhe pedir autorização para treinar em um Dojo de um professor desconhecido ou de outra facção política. Recentemente li em uma reportagem que quando *Ô Sensei* não gostava de uma pessoa, não lhe dava atenção e o tratava diferente, principalmente quando percebia falta de sinceridade no mesmo. Por isto insistia tanto em *"Masakatsu Agatsu"*, a meu ver, e no valor de *"Sunao"* e *"Makoto"*.

Assim sendo, naquela mesma semana procurei Ueno em seu apartamento localizado na continuação da Conselheiro Furtado e lhe disse que embora eu achasse que o Aikido que ele fazia era o correto, havia o problema institucional, e os compromissos que eu houvera assumido inclusive com Yamada Sensei e eu não tinha como voltar atrás e que eu preferiria dali para frente afastar-me dele. Ele ficou satisfeito com minha decisão, e disse que finalmente eu tinha entendido, e inclusive leu meu futuro no *I Ching* afirmando que eu teria enorme sucesso no Aikido desde que eu não me juntasse a outras pessoas e levasse avante as idéias em que eu acreditava. A princípio eu até cheguei a pensar que aquilo tivesse sido algo político, mas com o passar dos tempos vi que ele tinha toda a razão em seu aconselhamento, e na verdade até o último momento ele foi para mim o mestre que mais admirei, considerando todos os aspectos pois me ensinou as coisas mais importantes que aprendi no Aikido.

A partir daí segui avante e sozinho com o Instituto Takemussu pois eu queria que mais pessoas no Brasil praticassem aquele Aikido que Ueno Sensei fazia e me ensinava, mas praticando dentro do Aikikai e não fora dele. Isto me motivou a desenvolver a entidade e tentar torná-la uma organização nacional. Procurei usar a mídia e o marketing que aprendi na Fundação Getúlio Vargas para divulgar esta idéia, afinal, do outro lado estava um vice-presidente da IAF, Federação Internacional de Aikido, reconhecido mundialmente como único representante oficial de Aikido no Brasil, era japonês e tinha centenas de alunos que o defendiam, sendo que a maioria me via como um rebelde. Como eu tinha um "bom produto", ou seja, a profundidade do Takemussu Aikido que Ueno Sensei me havia ensinado e o apoio de Yamada Sensei que era o mais famoso *Shihan* do Ocidente, eu precisa fortalecer junto ao público a minha imagem como mestre competente de Aikido ou não teria como desenvolver força suficiente no curto prazo que a situação legal e circunstancial exigiam. Muita gente ao ver minha imagem em entrevistas, capas de revistas, televisão e mídia em geral, pensava que eu fazia isso por exibicionismo ou porque queria apenas elevar meu Ego. Estavam totalmente equivocados, a maioria não sabia o que corria pelos bastidores, embora os líderes sim, mas calados se resignavam a seguir a orientação dominante que existia desde a década de 60. Estava claro para mim que Ueno Sensei estava ensinando algo muito acima do que existia disponível na época para se praticar no Brasil, em termos de Aikido. Neste pequeno Dojo da Rua Jussara vieram treinar muitas pessoas, inclusive algumas famosas, como o Cônsul Adjunto do Japão Sr. Nakae, que fez questão em pedir que eu escrevesse um capítulo em seu livro, o grande professor de Karatê, Johannes, que foi vice-campeão mundial, o mestre de Hap Ki Do, Mielle, o mestre de Tae Kwon Do, Cláudio Ribeiro, e vários mestres famosos de artes marciais freqüentaram o Dojo da Rua Jussara, mais interessados na parte filosófica de alto nível pela qual estávamos divulgando o Aikido graças aos ensinamentos de Ueno Sensei. Eles chegavam no endereço do Dojo que era muito simples em uma construção improvisada, orientado pela publicação da primeira edição desta obra, "*Aikido - O Caminho da Sabedoria*", no qual tive a supervisão de Ueno Sensei, livro este que ora estamos revisando e ampliando, mas que mesmo na sua forma original teve um sucesso imenso no Brasil e até no Exterior, chegando às mãos de gente importante no mundo do Aikido como John Stevens no Havaí por exemplo. Stevens viu no livro um desenho que eu retirara de uma obra de Itsuo Tsuda, feito por *Ô Sensei* mostrando a relação entre o fogo e a água, quando afirmou que naquele esboço estaria a essência do Aikido. Eu mandei cópias das páginas do livro de Tsuda para John Stevens e lhe recomendei estudar o assunto. Anos mais tarde ele publicou pela editora japonesa Kodansha, para minha surpresa, um livro praticamente inteiro sobre o desenho, explicando tudo em detalhes. Faço votos que a partir desta revisão este livro continue na mesma perspectiva e mais pessoas como você, querido leitor, interessadas no Aikido, venham a lê-lo. Por outro lado, dificilmente

Cerimonia xintoísta no Dojo da rua Jussara (1987).
Fernando Takiyama, o autor e seu filho Alexandre, Eduardo Pinto e Luiz Rovella

Antigo Dojo da rua Jussara

Ovídio e Flávio Rovella, filhos do Sensei Luiz Rovella.

Os primeiros tempos do dojo na Rua Jussara, por volta de 1988. O autor, Ilza Kushida, Eduardo Pinto e Erdei.

Antigo Dojo do Instituto Takemussu na Rua Jussara, no final da década de 80. Da esquerda para a direita: Eduardo Maruyama, Manoel de Souza Lima, Nilson Assy, Sílvia Marangão, Prof. Wagner Bull, Escaleira e, por último, o Antônio Fontan.

Foto no final da década de 80 em um dia que Breno de Oliveira Sensei fez uma visita ao Instituto Takemussu; nesta época, Eduardo Pinto, Luis Rovella e Fernando Takiyama eram professores que ajudavam o autor no ensino nesta organização.

Ovídio Rovella e Fernando Takiyama, dois faixas pretas que se tornaram alunos do autor na década de 80, treinando no antigo Dojo da Rua Jussara por volta de 1989.

uma revista de artes marciais era publicada sem ter um artigo meu sobre Aikido, devido a um intenso trabalho que fiz de assessoria de imprensa. Estes fatos ajudaram bastante a difundir o Aikido por todo o Brasil, beneficiando todos os praticantes e Dojo. Jorge Kishikawa, mestre de Kendo, também foi meu aluno de Aikido no Instituto Takemussu, mas mais tarde, praticando na Rua Mauro, quando construímos a nova sede, e acredito que ele se inspirou em nosso modelo organizacional ao criar o seu Instituto Ninten também com bastante sucesso.

Quando foi organizado o primeiro festival de artes marciais nacional que foi acompanhado pela televisão no Brasil, pelo Sr. Mauzler Paulinetti, o Instituto Takemussu foi o representante do Aikido convidado e este fato deu grande destaque a nosso trabalho na época, pois o evento foi transmitido por 5 emissoras de televisão. O Prof. Akira Tsukimoto, que tinha alta graduação no estilo *Katori Shinto Ryu* também freqüentava e ensinava na Rua Jussara, e isto ajudou a abrir as portas para a colônia japonesa e fomos várias vezes convidados para representar o Aikido em festivais nipônicos como o das cerejeiras em Campos do Jordão, até hoje as províncias japonesas nos convidam para o grande Festival do Japão, onde são convidadas as maiores expressões culturais do Japão para se apresentarem no Ibirapuera, em evento patrocinado pelas multinacioanais japonesas onde acorrem sempre grande público, acima de 200 mil pessoas.

Infelizmente, para todos nós que fomos seus alunos, logo depois destes fatos descritos, Ueno Sensei teve problemas administrativos sérios na organização religiosa xintoísta da qual ele era um bispo. Houve desvio de dinheiro que veio do Japão para construir o templo na Rua Estado de Israel, próximo ao Metrô Vila Mariana, onde um terreno foi comprado e o projeto de milhares de dólares foi iniciado em sua execução pela Construtora Toda, e embora eu tenha certeza de que ele não era o responsável pelo problema, como era o líder, acabou sendo responsabilizado e passou tempos muito difíceis. Nada pior para um homem como Ueno, que sempre foi desprendido das coisas materiais, do que ser responsabilizado por um crime tão grave e que não cometera. A cons-

Clóvis Mello no antigo Dojo da Rua Jussara na época de formação do grupo "guarda-chuva".

Eduardo Pinto fez questão de tirar esta foto em 1988, na época com os 3 alunos que mais prometiam "acontecer" no futuro do Instituto Takemussu: Cid Ribeiro, André Erdei e Alexandre Bull. Acho que ambos se beneficiaram visto que hoje ele é um pioneiro histórico no Brasil, e os meninos foram longe, como ele previu.

Alexandre Bull demonstrando Aikido para as crianças na TV no programa do Sérgio Mallandro junto com Miura seu sempre constante Uke, Lineo e Cássio nossos vizinhos que treinavam na turma de crianças. O cônsul Nakae tambem os levou a fazer uma famosa demonstração no programa de Jô Soares, para provar a teoria em seu livro de que uma pequena força como o Japão com a tecnologia adequada poderia vencer uma mais forte e poderosa. No caso, Alexandre representaria o Japão e Miura talvez os EUA. Na ocasião Jô disse "Ué... mas o japonês no caso é o outro!!) provocando risos. Alexandre e Miura fizeram uma demonstração que encantou a todos e teve grande repercussão nacional

trução foi interrompida porque o dinheiro para pagar as faturas da obra sumiu. A notícia vazou para os jornais japoneses e o fato foi apresentado com grande negatividade à colônia japonesa, deixando Ueno Sensei em uma situação muito desconfortável para quem teria a missão de ser um líder religioso junto a esta mesma colônia. Ele teve assim que retornar ao Japão perdendo seu posto no Brasil. Os superiores dele no Japão sabiam que ele não era responsável direto pelo desvio, tanto que hoje continua chefe de um grande templo em Shizuoka, mas acabou "pagando o pato" e sendo o bode expiatório normalmente como ocorre nestes casos. Certamente, alguém lucrou em cima da confiança que ele depositou nos assessores que cuidavam da parte financeira. Ele que havia sido escolhido para ser o "papa" do Xintoísmo do Brasil, acabou tendo que retornar ao Japão. Uma vez ele me disse: *"Meu professor me disse que somente quando eu não quiser mais nada, é que eu vou realmente atingir o ponto perfeito, mas infelizmente ainda eu quero algumas coisas"*. Acho que ver o Xintoísmo implantado no Brasil de forma consolidada tendo ele como centro era um de seus sonhos que ele se referiu quando fez esta frase, e que acabou não se concretizando. Ele certamente sofreu com isto.

Ueno Sensei era uma pessoa totalmente desligada de controles. As próprias mensalidades e as contas do Dojo eram controladas pelo Sr. Luís Rovella. Na minha opinião, Ueno gostava de ensinar pelo exemplo, trazendo felicidade às pessoas que o cercavam. Ele era um grande líder espiritual, mas um péssimo administrador, e eu como alguém que estudou administração e gerenciei muitos projetos de engenharia, tenho certeza que ele estava errado naquela posição em que fora colocado por seus superiores. Não era o homem certo para a função certa, salve, e vou fazer aqui agora um clima de detetive, se quem realmente pegou o dinheiro viesse de cima e já o tivesse colocado no posto porque sabia que os controles seriam relaxados. Sei lá, o próprio Ueno chegou a voltar ao Brasil para tentar apurar e buscar provas contra as pessoas em que ele suspeitava, mas pelo menos no que eu soube, infelizmente ele não conseguiu. Lembro-me que ele um dia disse-me: *"Eu acho que sei quem fez isso."* Uma pessoa para implantar uma filial religiosa como a Nambei Daijingu, que pretendia ser continental, teria que ser um executivo, uma pessoa que segue os padrões normais, que levante às sete da manhã, coloque uma vestimenta formal, que procure contato com os poderosos e que mantenha as aparências como uma pessoa séria e recatada para não surgirem críticas de pessoas de visão estreita, evitando assim que a sociedade o rejeite. Ueno era uma pessoa totalmente diferente das outras. Dormia até mais tarde, adorava se reunir com seus alunos e gente simples, mecânicos, pessoas sem qualquer reputação ou dinheiro, valorizando-as pelo seu lado humano e nunca pensando em tirar proveitos de relacionamento pessoais, fazendo "lobby" com autoridades e líderes comunitários, como seria natural. Ueno gostava de reunir seus amigos todos os dias depois das aulas e em restaurantes onde ficava conversando, bebendo, comendo até altas horas da noite, onde transmitia aquela alegria de viver que surge no contato das pessoas e no interesse mútuo, gerando uma cumplicidade, uma irmandade, similar àquela proposta pelo Cristianismo. Ueno, a meu ver, não queria ensinar as pessoas a serem felizes com palavras, ele mostrava à elas através do exemplo, da convivência do dia-a-dia onde está a verdadeira alegria de viver. Por isso era tanto amado. Seus inimigos ou gente de visão estreita viam este comportamento como típico de um "bon vivant" que eventualmente estaria sendo alimentado com doações em seus privilégios. Esta cegueira também foi um fator que causou-lhe uma reputação não muito favorável. Freud já dizia que um dos grandes problemas da psicanálise é que seus pacientes não queriam enxergar as razões para suas curas, negando veementemente suas propostas medicinais de mudança de comportamento. O verdadeiro homem iluminado ou gênio será sempre visto pela sociedade como um rebelde ou um excêntrico, assim como aconteceu com Cristo, Buda, Einstein, Mozart, Bethoven, Deguchi, e no fundo, o próprio *Ô Sensei*, pois se não fosse seu filho Kishomaru, que era uma pessoa normal que seguia os padrões perfeitamente aceitos pela sociedade, jamais o Aikido e o Aikikai teriam crescido e se consolidado. Sempre foi assim, é preciso um rebelde e depois um executivo para administrar o movimento, adequando-o à sociedade bitolada. A igreja católica somente perdurou por séculos até hoje porque teve um Cristo rebelde e um Imperador Constantino conservador.

Ueno deveria ter vindo numa fase posterior, depois que o templo estivesse pronto, para despertar nas pessoas o sentimento religioso, mas nunca para arrecadar dinheiro, cuidar de obras, lidar com as autoridades etc. Entendo que, como ele não gostava de controles, delegou esta parte financeira a alguém, e este o traiu, quase lhe destruindo a vida. De seus alunos, salvo o Eduardo Maruyama, Luís e Ovídio Rovella, Lincoln e Shiguê que me seguiram quando ele retornou ao Japão, os demais remanescentes se aglutinaram em torno de Léo Reisler e Maria Cecília Barros. Léo era a pessoa de maior confiança de Ueno Sensei na época, talvez devido à sua idade e alto nível educacional, e creio que era seu aluno mais graduado, pois na época tinha 4° *Dan*. Léo havia aprendido Aikido com Massaki Tani anteriormente.

Em 1988 eu viajei para Nova York para acertar pessoalmente as coisas com Yamada Sensei. Permaneci em seu Dojo por cerca de 1 mês como um "*uchideshi*". Foi quando tive contato direto com as técnicas de Yamada Sensei que tinha outra mentalidade. Era uma pessoa pragmática, que colocava a ênfase no desenvolvimento e na prática das técnicas. Lá parecia para mim uma escola de alto nível de arte de Aikido fisicamente falando, cheia de detalhes, posturas etc. Havia 5 aulas todos os dias, sendo uma dada ao meio-dia por Yamada Sensei. Donovan Waite vivia lá como "*uchideshi*" e me ajudou bastante pois eu tinha mais liberdade de perguntar-lhe detalhes técnicos e minhas dúvidas. Yamada Sensei, embora tivesse já assumido compromisso por escrito comigo através de uma carta, percebi que fez vários testes comigo, para ver se eu efetivamente estava comprometido com o Aikido e com ele, principalmente vendo até que ponto eu seria capaz de deixar minha vaidade de lado em favor da causa que eu propunha defender no Brasil. Quando se convenceu de minhas sinceras intenções convidou-me para jantar junto com sua família e os seus "*uchideshi*" e deste ponto para frente tratou-me sempre como um irmão mais velho, ajudando em tudo o que eu dele necessitei e passou a formalmente apoiar todas minhas iniciativas no Brasil promovendo-me para *Sandan* e, principalmente, deixando eu praticar o Aikido aliado ao Xintoísmo conforme era meu desejo. A idéia seria ele assinar os certificados de promoção de *Kyu* do Instituto, e eu poder realizar exames de faixa preta desde que quando ele viesse ao Brasil anualmente para fazer seminários, os visse e não colocasse objeções em minha decisão.

Logo após meu retorno juntaram-se a mim Eduardo Pinto e Fernando Takiyama. Depois, Carlos Dutra e Daniel Bornstein saíram do Takemussu Aikido de Ueno e aderiram ao grupo "guarda-chuva" que criamos apoiados por Yamada Sensei.

Risa Yamada, filha caçula de Yamada Sensei na secretária do New York Aikikai, em 1988 (foto tirada antes do incêndio).

Quarto dos uchideshi onde o autor ficou em 1988 no Dojo de Yamada Sensei. Donovan Waite dormia no quarto ao lado e treinava quase todas as aulas, além de ensinar particularmente para alguns alunos que podiam lhe pagar. Naquela época ele era 4º Dan e veio a treinar com Yamada Sensei depois de ter sido aluno de Chiba Sensei na Inglaterra onde viveu como imigrante da Jamaica.

Os primeiros alunos avançados que surgiram no Instituto Takemussu em uma demonstração no Ginásio do Ibirapuera no final da década de 80. Da direita para a esquerda: Marcos Fontan, Alexandre Bull, Mário Escaleira, Fontan, Manoel, Sandra, Silvia Marangon, Eduardo Maruyama, Carlos Villablanca, Márcio Satio Miura e Cid Hamilton P. Ribeiro.

Depois de alguns anos, Yamada Sensei deve ter percebido o rigor que eu sempre tive ao examinar os alunos, e praticamente autorizou-me a examinar e aprovar quem eu achasse que merecia sem questionamento. Fez o mesmo com os outros professores a ele associados. É claro que para promoções mais altas eu sempre o consultava antes.

Dali para frente passei por um longo período de quase 10 anos estudando como Yamada Sensei e seus alunos mais próximos faziam as técnicas e as fui adaptando ao curriculum e aulas que dava no Instituto Takemussu. As últimas técnicas constantes de nosso programa de exames de faixas, são exatamente aquelas exigidas para exames de *Kyu* no New York Aikikai. Todos os anos a partir daí ele veio ao Brasil, e o relacionamento entre nós foi se estreitando. Eu lhe ajudei bastante na idéia e na constituição da FLA (Federação Latino-americana de Aikido). Os estatutos da entidade foram feitos por Miguel Moralez-Bermudez, do Peru, e Juan Tolone da Argentina, sendo que o nome da entidade e seu símbolo foram idealizados por mim com aprovação de todos. Yamada Sensei havia iniciado o movimento na América Latina com ações em Porto Rico e no México, onde apoiou a Moreno, que depois se desligou dele e vinculou-se diretamente ao Hombu Dojo. Em 1989, Yamada Sensei foi fazer um seminário no Equador convidado por Mishy Lesser, que havia estudado com ele em Nova York e com o apoio do Consulado Japonês no Equador, conseguiu os fundos para realizar o evento. Eu, Eduardo Pinto, Carlos Dutra e Ovídio Rovella fomos então para Quito, onde conhecemos outros líderes e participamos da demonstração pública.

Kawai Sensei em uma de suas visitas internacionais na América Latina, desta vez visitando o Peru. Na foto, ele ao lado de Rony, Thomas e Miguel Moralez, que naquela época ainda não havia se filiado a Yamada Sensei. Rony era o líder do grupo.

Primeiro festival de artes marciais realizado no Ginásio do Ibirapuera no final da década de 80.

Logo em seguida fomos ao Peru, pela primeira vez, quando foi comigo Fernando Takiyama, Márcio Miura e Cid Ribeiro em um seminário de Yamada Sensei a convite de Miguel Moralez, que naquela época estava descontente em seu relacionamento com Kawai Sensei, que inclusive havia estado já no Peru e Miguel houvera decidido seguir-lhe junto com Rony Garcia. Houve uma exibição pública e Cid e Miura fizeram uma demonstração de *Jô* muito bonita. Na oportunidade Jorge Rojo era aluno de Yamada Sensei e também participou dos eventos. Posteriormente ele saiu e se ligou diretamente ao Aikikai como Moreno.

Depois da segunda visita do Doshu Kishomaru ao Brasil, antes da primeira vinda de Yamada Sensei ao país, Eduardo Pinto se desligou do Instituto Takemussu e se filiou à Yoshinkan, em uma viagem que fez primeiramente aos EUA onde visitou Saotome Sensei e posteriormente foi ao Canadá, por não acreditar que o Hombu Dojo, efetivamente, reconheceria o Instituto Takemussu no mesmo nível que fazia com Kawai de imediato como eu prometera. Veio de lá como 3º *Dan* do Yoshinkan se não me falha a memória e como representante da organização de Shioda Sensei no Brasil. Eduardo tinha razão no curto prazo, pois a situação era muito complexa, embora ele estivesse errado no longo, pois a princípio o Hombu Dojo não nos via com bons olhos embora associados a Yamada Sensei, e continuou a prestigiar fortemente a FEPAI, na época ainda dirigida por Kawai Sensei. Dali para frente o relacionamento entre mim e Eduardo esfriou. Antes conversávamos muito, pois Eduardo gosta de esoterismo e é uma pessoa muito culta, passávamos horas e horas conversando sobre assuntos de toda ordem. Quando ele assumiu a liderança da Yoshinkan eu disse-lhe que admirava muito Shioda Sensei e que na condição de representante eu apenas lhe pediria que realmente fizesse o possível para aprender bem e eu sei que ele se dedicou bastante a isto, tendo viajado ao Japão várias vezes, e acabou escrevendo até um livro sobre o estilo. Embora nunca tivéssemos brigado, deste então ficamos sempre afastados, e eu agi assim porque houvera aprendido que quando o coração está em outro lugar, não adianta querermos procurar relacionamento e proximidade, porque simplesmente não funciona, visto os interesses divergirem. Podemos respeitar um concorrente, mas trazê-lo para nossa empresa para que ele veja nosso *"modus operandi"* isto ninguém faz.

Quando o Doshu veio pela segunda vez ao Brasil, convidado por Kawai

Alexandre Bull e Márcio Satio Miura junto com o Cônsul Nakae foram ao programa de Jô Soares em uma entrevista que causou muitos comentários entre os aikidoístas. As crianças foram brilhantes em sua demonstração atingindo o objetivo de Nakae, comprovando sua teoria no livro "Vale a pena lutar pelo Brasil" no qual ele publicou uma entrevista feita com o já então reconhecido Prof. Wagner Bull.

Sensei, eu escrevi para o Doshu e pedi que ele fosse jantar com nosso grupo, mas ele politicamente respondeu dizendo que eu deveria falar com Kawai visto que como seu convidado havia uma agenda a cumprir. Eduardo Pinto entendeu isto como uma declaração de que seria impossível ter o apoio do Aikikai com Kawai Sensei sendo o chefe máximo, e assim decidiu procurar outro rumo. Mas após 15 anos de trabalho duro, sério e consistente, finalmente conseguimos o que parecia impossível e em 13 de janeiro de 2002 o Instituto Takemussu foi reconhecido oficialmente como um Dojo associado à central japonesa podendo examinar candidatos à faixa preta e pro-

*Recepção na casa de Miguel Moralez - Lima, Peru (1989).
Jorge Rojo, na foto, nesta época estava ligado à Yamada Sensei.*

Grupo da demonstração de Aikido e Iaido em Campos do Jordão no Festival das Cerejeiras.

Foto do autor na grande demonstração no Ginásio do Ibirapuera no final de década de 80, onde o Instituto Takemussu participou representando o Aikido, e os convidados Severino Salles, Eduardo Dutra, Ricardo Leite e Fernando Takiyama.

movendo até o nível de 5º *Dan* (segundo os estatutos, a entidade pode examinar até dois graus abaixo do grau de seu diretor técnico, e recomendar até um grau abaixo). Yamada Sensei foi decisivo neste processo, já que, sem ele, isto jamais teria acontecido, pois foi através dele que o Hombu Dojo passou a depositar confiança em meu trabalho e dos líderes do Instituto Takemussu (ver certificado de reconhecimento no Volume I).

Massaki Tani Sensei, também foi fundamental neste processo, ajudando-me sobremaneira graças a seu conhecimento real dos problemas existentes no Aikido brasileiro. Foi a primeira vez que uma organização liderada por um *"Gaijin"* (não-japonês) foi reconhecida no Brasil como uma legítima divulgadora da arte da família Ueshiba. Isto acabou com um "tabu", pois muitos pensavam que o Aikikai somente prestigiaria japoneses. Minha promoção para 6º *Dan* e consequente acesso ao título de *Shihan* e o reconhecimento do Instituto Takemussu provou que isto não era verdade.

Yamada Sensei foi muito liberal comigo, dando-me todo o apoio que eu necessitava e permitiu que eu continuasse a treinar e divulgar o Aikido junto com o xintoísmo na forma que eu havia aprendido com Ueno Sensei e fez apenas uma exigência: eu e meus alunos deveríamos aprender a fazer também as técnicas dele para que não se sentissem embaraçados quando ele viesse ao Brasil realizar seminários ou aulas. Nada mais justo e procedente. Afinal, se somos ligados a um mestre, no mínimo temos que estudar sua forma de praticar o *Budô*. Assim, procedi e inseri as técnicas exigidas em Nova York no curriculum do Instituto Takemussu e passaram a ser exigidas nos exames de faixa preta na forma que Yamada Sensei as ensinava e ainda ensina. Isto resolveu o problema e passei a convidar todos os anos Yamada Sensei para vir ao Brasil e ministrar seminários sendo que todos tiveram sempre grande número de participantes.

Quanto ao Rio de Janeiro, Shikanai Sensei deixou o Aikido carioca, em 1985, sob a supervisão de Bento Guimarães e Pedro Paulo, ambos 3º *Dan*, que trabalhavam de forma bem afinada, e também com Adélio, que realizava seu trabalho um tanto distante dos dois primeiros, porém obedecendo à hierarquia e respeitando Shikanai como seu *Sempai*. Eu penso que no coração de Adélio, seu professor sempre foi Nakatani e ele provavelmente teve dificuldade emocional em aceitar Shikanai de coração, embora racionalmente sempre o tenha respeitado de forma impecável. Shikanai Sensei, em nível nacional, demonstrou excelente caráter e conduta irrepreensível, mas na época era jovem, falava mal o português, não conhecia nossos costumes e, portanto, tinha certa dificuldade em lidar com as situações de conflito e problemas políticos e certas decisões, corretamente tomadas, sob o ponto de vista de um mestre de Aikido tradicional, eram entendidas como intransigentes, o que, na opinião do autor, prejudicou o desenvolvimento mais rápido de sua organização. Shikanai Sensei tinha uma técnica perfeitamente atualizada na forma em que se praticava no Japão e eu não tenho dúvidas que se ele tivesse tido liberdade total para trabalhar e divulgar o Aikido em São Paulo desde que chegou ao Brasil, em pouco tempo todos os praticantes ficariam atualizados neste sentido. Nakatani era uma pessoa mais velha, mais experimentada e tinha um carisma especial, mas como se falou, não havia colocado, como Shikanai, o Aikido em primeiro plano em sua vida.

Na minha opinião, Shikanai Sensei nunca agiu de forma política enquanto jovem, sempre foi fiel e inflexível dentro de suas convicções, como um "japonês tradicional". Por outro lado, sua formação educacional, de rígida obediência à hierarquia, o fazia seguir as instruções de Kawai Sensei, mesmo quando discordava destas, ainda que deixasse claro em sua fisionomia o seu descontentamento. Ademais, como tinha família para cuidar e vivia em condições financeiras precárias pois decidiu viver apenas do Aikido e cumprindo a missão que lhe fora confiada, penso que lhe ficava difícil reagir contra Kawai Sensei. Talvez por isto, Shikanai Sensei evitou abrir Dojo em São Paulo, onde atuava Kawai Sensei de forma mais intensa. No final da década de 80, estimo que não devia haver mais do que 400 aikidoístas praticantes em todo o Brasil.

Década de 90

No começo da década de 90, o Doshu Kishomaru retornou ao Brasil, tendo recebido uma recepção grandiosa no Clube Palmeiras, onde foram convocados, praticamente, todos os praticantes, seus familiares e simpatizantes. Isto gerou um evento de porte, desfile com bandeiras perante grande público e uma efusiva recepção ao Doshu no Aeroporto. Na verdade, aquela demonstração grandiosa foi possível, graças ao apoio que José Lemos deu ao evento, vindo a ser esta a última e maior demonstração de força política que Kawai Sensei pôde dar, até ocorrer um movimento de contestação por parte de seus principais alunos. Embora Kawai Sensei tivesse cometido alguns erros, isto não significava que não tivesse realizado grandes coisas em prol do Aikido brasileiro. Efetivamente Kawai fez um grande esforço pessoal e no começo da década de 90, apesar de todos os problemas, ele ainda continuava como o grande líder do Aikido do Brasil. Porém, o convívio com os demais professores já estava desgastado e havia muitos sentimentos reprimidos contra ele, e o Doshu saiu do Brasil sabendo que haveria dissidências em breve, pois foi informado pessoalmente dos problemas, por líderes locais.

Na oportunidade, como líder da FEPAI, Kawai Sensei tinha apenas o apoio aparente da maioria dos membros, enquanto fazendo resistência fora desta organização estavam os dissidentes, entre eles Breno de Oliveira, Eichi Kikuchi, Wagner Bull, Osvaldo Pavanello, Clóvis Mello, Andrés Jacab, Daniel Bornstein, Eduardo Dutra e outros, alguns juntos, outros separados, trabalhavam resistindo às pressões. Os que estavam comigo e Yamada Sensei fundamos uma organização paralela, a FPA (Federação Paulista de Aikido Tradicional), inicialmente criada por mim com integrantes do Instituto Takemussu. A FPA foi um vetor que mudou os rumos do Aikido do Brasil, realizando grandes eventos com o apoio de Yamada Sensei, e que chegou a possuir mais de 180 Dojo em todo o país, visto que acabou estendendo suas ações para todo o Brasil, gerando a denominação

Prof. Kawai na vinda de Kobayashi Sensei ao Brasil, com suas medalhas e condecorações homenageando Kobayashi Sensei.

Doshu Kishomaru em 1990 em sua visita ao Brasil acompanhado de Horie que é Uke nesta foto. No fundo vê-se Ono Sensei, Shikanai Sensei e Makoto Nishida. Eu escrevi uma carta antes de sua visita para ele convidando-o para um almoço, dizendo-me ligado a Yamada Sensei. Ele gentilmente, de forma política, disse que eu deveria consultar Yamada Sensei, pois era quem o tinha convidado e certamente tinha um programa já estabelecido na visita. Esta aparente recusa foi a gota dágua pela qual Eduardo Pinto decidiu não acreditar que efetivamente receberíamos o apoio do Aikikai e a partir dali se desencantou com a possibilidade de que o Instituto Takemussu pudesse ser efetivamente reconhecido tal e qual Kawai Sensei o era.

Doshu Kishomaru ensinando na Sociedade Esportiva Palmeiras, então dirigida por José Gomes Lemos. Uke: Hayato Osawa, hoje o diretor responsável pelos assuntos adminstrativos no Aikikai em Tóquio. Atrás de José Lemos vê-se Nagao, Roberto Maruyama e Herbert Pisano. Ao seu lado esquerdo, da direita para a esquerda, Prof. Ishitami Shikanai, Paulo Cremona e Prof. Ono, entre outros.

Foto formal na demonstração feita no ginásio do Clube Palmeiras: Doshu Kishomaru ladeado por Nishida Sensei, Kawai Sensei, José Lemos, Paulo Cremona e Prof. Humberto. Nesta época o autor estava na arquibancada como platéia visto que estava com problemas políticos com Kawai Sensei e já ligado a Yamada Sensei.

BRAZIL AIKIKAI que era uma marca do Instituto Takemussu.

Diante das reclamações feitas ao Doshu Kishomaru por ocasião da sua visita de forma privada por líderes, a respeito do descontentamento geral que havia com relação à centralização exagerada de Kawai Sensei, sua resposta foi que os descontentes tivessem paciência e que continuassem treinando e ensinando, pois esta situação se modificaria no futuro. E, de fato, isto acabou ocorrendo naturalmente na própria FEPAI, pois logo depois da vinda do Doshu ao Brasil, Kawai Sensei renunciou a seu posto na federação, visto que seus subordinados se negaram a seguir a política que ele decidira dar à organização durante uma famosa reunião. Suponho que o Doshu Kishomaru deva ter assegurado algo aos líderes da FEPAI, pois tomaram uma decisão enérgica e em bloco logo depois de seu retorno ao Japão. Daí em diante, a FEPAI passou a ser dirigida por Makoto Nishida apoiado, principalmente, por José Lemos, Paulo Nakamura, Ricardo

Chiuzo Oya, companheiro do autor na época do dojo das Carmelitas, estimulou o autor a abrir um dojo, dando-lhe seu apoio moral de 3º Dan na época. Chiuzo Sensei foi o aluno de Kawai Sensei que mais recebeu influencia técnica de Horie Sensei enquanto esteve no Brasil. Foto no dojo da Rua Jussara.

Eduardo Pinto começou a treinar Aikido com o Prof. Kawai e Ono no dojo das Carmelitas. É um dos poucos praticantes antigos, como o autor, que continua até hoje na ativa. Parou de treinar por alguns anos, retornou a convite do autor treinando sob orientação de Ueno Sensei. Quando o Instituto Takemussu foi fundado, Eduardo Pinto foi um dos primeiros instrutores desta organização. No ano em que o Doshu Kishomaru veio ao Brasil este ficou descontente com a questão política nas circunstâncias e viajando ao Canadá, acabou se filiando ao Yoshinkan, e ostenta o privilégio de ter sido o introdutor do estilo no Brasil, embora em Manaus um japonês 2º Dan, funcionário de uma multinacional, ter ensinado naquela cidade, antes de Eduardo, mas não o fez de uma forma tão organizada quanto este. Ele escreveu um livro sobre o estilo Yoshinkan e continua como o representante brasileiro do Yoshinkan Aikido (2003). Eduardo é bioquímico e um grande estudioso de esoterismo e fez parte de várias associações esotéricas.

Segunda vinda do Doshu Kishomaru ao Brasil.

Leite, Severino Salles, Paulo Cremona e outros praticantes mais antigos.

Ricardo Leite, que havia sido *"uchideshi"* do Prof. Kawai por cerca de 8 anos e Severino Salles, algum tempo depois, decidiram ficar independentes, visto que Nishida assumiu a condição de diretor-técnico centralizando a função e eu acredito que como eles tecnicamente sentiam que possuíam nível idêntico, decidiram seguir seus próprios caminhos. O fato é que conversamos e eu os apresentei e recomendei à Yamada Sensei, e assim eles se afiliaram diretamente a ele, juntando-se ao "grupo guarda-chuva". É claro que isto provocou um temor e uma grande rivalidade da FEPAI comigo e com Yamada Sensei, pois Severino e Ricardo eram dois dos mais graduados professores da FEPAI e acho que se sentiu ameaçada. Por outro lado, quando Yamada Sensei fez seu primeiro seminário, veio com Donovan Waite que eu fiz questão de trazer junto e como ele é muito forte e tecnicamente de alto nível, o seminário foi um sucesso pois nunca se havia visto no Brasil aquele Aikido espetacular mostrado por Yamada Sensei, tendo Donovan como Uke. Muitas pessoas começaram a questionar tecnicamente o Aikido que vinham praticando até ali e houve muitas adesões. Era, portanto, justificada a rivalidade e eu, na oportunidade, passei a ser

Mestres presentes na segunda vinda do Doshu Kishomaru ao Brasil realizada na Sociedade Esportiva Palmeiras. Da direita para a esquerda: Sensei Shikanai, Sensei Ono, Makoto Nishida, José Lemos, Kazuo Ishikawa, Paulo Nakamura, Bento Guimarães e Severino Sales. Atrás, Paulo Cremona, Herbert Pizzano, Roberto Maruyama, Makoto Arai, Julio Hoshiko, Nagao entre outros.

Reunião no antigo dojo da rua Jussara do grupo "guarda-chuva" quando Alexandre Bull fez seu exame de shodan, na presença dos líderes que por amizade , vieram prestigiar o seu exame.

visto provavelmente na FEPAI como a pessoa que estava liderando uma ameaça à sua integridade pelos líderes. Breno Sensei também aderiu ao "grupo guarda-chuva" algum tempo depois a quem também apresentei e recomendei à Yamada Sensei. Algumas pessoas pensavam que estes professores estivessem subordinados a mim mas a coisa não era assim. Eu simplesmente os apresentei à Yamada Sensei e eles se filiaram diretamente a ele. Embora seja verdadeiro nesta época, administrativamente e politicamente, eu tomava todas as decisões e era quem agia em nome do grupo.

Com a nova situação política, embora Nishida Sensei fosse o novo delegado oficial do Aikido do Aikikai Hombu Dojo no Brasil, como sucessor de Kawai e com quase os mesmo poderes que ele possuía, manifestou uma mentalidade muito mais aberta, não criando qualquer obstáculo ao desenvolvimento de outros grupos. Apenas colocou-se como líder técnico e principal figura da organização, a FEPAI. Talvez por isto Ricardo e Severino saíram da FEPAI, pois tinham planos próprios.

Mais tarde, Breno de Oliveira também saiu do grupo remanescente de Ueno Sensei, e decidiu se juntar ao grupo "guarda-chuva", no qual eu era o presidente, sob a supervisão internacional de Yamada Sensei.

Também, há que se dizer que, logo que Kawai Sensei renunciou ao comando que possuía na FEPAI, houve um problema entre o grupo "guarda-chuva" da FPA com a FEPAI, pois haviam pendências administrativas a serem resolvidas, com a existência de duas federações de Aikido em São Paulo com o mesmo nome embora uma fosse competitiva e a outra não. Eu solicitei ao CND que reconhecesse a FPA da mesma forma que o fizera com o Instituto Takemussu mas isto não foi possível porque este era uma entidade de nível nacional ao qual a FPA deveria se filiar e os membros do "grupo guarda-chuva" não queriam ficar subordinados a mim no Instituto Takemussu, ou estariam na mesma situação que estavam antes na FEPAI, subordinados a Nishida Sensei. Eu tentei filiar o "grupo guarda-chuva" à FEPAI na época, mas eu queria que Yamada Sensei continuasse como nosso *Shihan* e isto evidentemente não se enquadrava nos moldes da proposta da FEPAI. Assim, a única alternativa foi denunciar ao CND que a FEPAI estava irregularmente registrada pois ela estava filiada ao Aikikai Hombu Dojo e este não permitia as competições. Afinal não era justo que a FEPAI pudesse continuar reconhecida pelo governo brasileiro e FPA não, sendo que esta se propunha a fazer o Aikido tradicional não-competitivo. Foi por esta razão que a FEPAI se distanciou do "Grupo Guarda-Chuva" embora fôssemos todos amigos e companheiros de tatami. Naquela época, foi impossível a fusão entre as duas organizações, por razões pessoais e políticas. Houve conflitos entre elas até a metade da década de 90, pois a FEPAI embora fosse reconhecida pelo governo tinha um "calcanhar de Aquiles", pois segundo seus estatutos a FEPAI divulgava o Aikido competitivo. O fato é que esta situação levou-me, representando a FPA, e do outro lado Paulo Nakamura e José Gomes Lemos, representando a FEPAI, a uma célebre reunião em uma tarde ensolarada na sede do CND no Rio de Janeiro. Por uma sorte da FEPAI, o mesmo relator que analisou o cancelamento da FEPAI houvera sido o que, 13 anos atrás, no tempo da Ditadura, relatara o processo de reconhecimento da FEPAI como entidade competitiva iludido que foi pelo documento apresentado pelo perito que eu havia neste caso denunciado. Assim, ele não quis se contradizer e admitir que fora ludibriado, assim, no meio de uma série de argumentos evasivos, propôs manter a situação como estava. Aí, novamente a FEPAI teve sorte pois no meio de uma mesa redonda com 8 ou 9 conselheiros presentes, iniciou-se a votação no sentido dos ponteiros do relógio, onde o primeiro a votar foi o Carlos Alberto Torres, o capitão da seleção brasileira na copa do mundo de 1970 no México. Como ele não entendia nada de artes marciais e muito menos de legislação, quando consultado a votar, deu um sorriso como quem dizendo: "puxa, tenho que votar?" e balbuciou algumas coisas e disse: "Bom, bom, bom.... eu... eu.... voto com o relator." Os que lhe seguiram na votação naquela ordem também eram pessoas ligadas ao futebol que envolvia maiores interesses e assim os quatro seguintes disseram: "tam-

Mestre Makoto Nishida fazendo demonstrações no 6º Congresso da Federação Internacional de Aikido.

bém votamos com o relator", pois estavam desinteressados por aquele assunto de artes marciais e queriam resolver logo o problema. No entanto, os últimos dois votantes que eram efetivamente juristas fizeram uma verdadeira crítica ao relator dizendo que se Aikido era competitivo, jamais poderia a FEPAI permanecer no CND, pois não era esporte na forma prevista pela lei. Mas, como foram só 2 votos e me pareceu que o presidente estava também querendo se livrar do impasse, manteve a votação dizendo-me que se eu quisesse, poderia procurar a justiça comum. Eu achei que não valia a pena pois o fato é que a FEPAI não poderia usar de suas prerrogativas contra nós porque os dirigentes agora sabiam que se fôssemos para o Tribunal, venceríamos, pois os documentos comprovatórios não deixariam dúvidas diante de uma análise minuciosa e correta.

Como eu era o responsável pela parte legal e política na FPA passei a ser visto com reserva e inimizade pela diretoria da FEPAI, surgindo muita animosidade minando velhas amizades. É claro que em uma situação desta, é natural que os líderes transmitissem seus sentimentos para os alunos e isto gerou um antagonismo entre as duas entidades e seus instrutores e alunos em geral. Na verdade, hoje posso afirmar, era que nossa situação era cômoda. Podíamos falar em juntar os grupos, em fazer seminários em conjuntos, etc. porque tínhamos algo muito bom para "vender", que era Yamada Sensei e o Aikido nível internacional de "última geração" e bem mais acessível pois Nova York ficava bem mais perto do que o Japão de onde a FEPAI poderia trazer mestres importantes como Kobayashi, Kawabe e seus alunos. Para nós era muito mais fácil trazer *Shidoin* americanos. Assim, hoje, eu compreendo claramente que era conveniente também para os dirigentes da FEPAI na época, manterem um certo distanciamento de nosso grupo para evitar sedução natural e dissidências inconvenientes, principalmente porque a FEPAI necessitava de um tempo para se consolidar. Isto foi entendido e sentido como um ataque direto meu contra todos os meus amigos na FEPAI, provocando ressentimentos. Mas na verdade eu não sentia assim. Para mim a questão era burocrática, institucional e

Foto no Clube de Regatas Tietê em São Paulo: Kawai Sensei gentilmente aceitou o convite que o autor lhe fez para dar uma aula no 1º seminário de Yamada sensei no Brasil. Ono Sensei e Nakatani Sensei também compareceram.

1ª Reunião de Yamada Sensei com os membros do grupo "guarda-chuva" na casa do autor em 1991 por ocasião da primeira vinda de Yamada Sensei ao Brasil. Da direita para a esquerda: Yamada Sensei abraçado com Alexandre Bull, Donovan Waite, Daniel Bornstein, Thomaz Moller, Ricardo Leite, Eduardo Dutra e o autor. Foi o autor quem juntou estes professores e os apresentou a Yamada Sensei. Eles nunca pertenceram ao Insituto Takemussu, e sempre se reportaram diretamente a Yamada Sensei.

Foto na entrevista para a imprensa que Yamada Sensei concedeu em sua primeira visita ao Brasil em 1991 junto com Donovan Waite. Logo que ele chegou no hotel, o autor organizou esta reunião com os demais membros do grupo guarda-chuva. Nesta época alguns ainda não tinha se decidido se comprometer com ele pois não o conheciam direito. A revista KIAI estava iniciando e fez uma grande reportagem sobre este encontro, junto com uma entrevista.

organizacional. Eu nunca senti raiva de nenhum de meus antigos companheiros de tatami da FEPAI e nunca falei mal de nenhum deles, e sempre tive enorme respeito por Makoto Nishida como praticante e homem, que sempre agiu corretamente e com lealdade comigo até aquele ponto. Havia no entanto um problema organizacional, político, e eu, diante das circunstâncias, tinha que tomar medidas as mais convenientes para o "grupo guarda-chuva". Era uma questão política, nada tinha a ver com amizade pessoal ou sentimentos.

Mas infelizmente nem todos viam o processo deste modo.

De qualquer modo o fato real, repetindo, é que seria injusto que a nossa

1º seminário de Yamada Sensei no Brasil quando os líderes e outras pessoas que ainda não o haviam conhecido, eliminaram todas as suas dúvidas no sentido de se filiarem a ele, convencidos pelas técnicas eficientes e de alto nível e do poder de seu aluno Donovan, que na época a palavra "assombroso", era o que ficou na memória de quem participou daquele seminário.

federação não fosse reconhecida pelo governo por não praticar competições seguindo os preceitos do Aikido, enquanto a FEPAI o fôsse admitindo as competições, embora na verdade estas não existissem de fato, visto que o Aikido praticado na FEPAI não era esportivo e seguia religiosamente os preceitos internacionais preconizado pelo Hombu Dojo no Japão como sua entidade oficialmente reconhecida. Deste fato surgiu um mal-estar entre as duas organizações, e que perdurou até quase o final da década. Eu sempre tive grande amizade por Nishida Sensei, Paulo Nakamura, José Lemos, Brasil e outros líderes da FEPAI, pois eram todos meus antigos companheiros de tatami e, portanto, foram apenas estas questões que motivaram o desentendimento temporário embora no calor do conflito da época fossem criadas acusações pessoais indevidas, de ambos os lados, como é habitual nestes casos de rivalidade entre grupos marciais, chegando até a ir para a imprensa.

1º Seminário de Yamada Sensei no Brasil organizado pelo Instituto Takemussu no Clube Tietê. O autor pediu para Yamada Sensei trazer Donovan Waite que havia conhecido quando ficou como "uchideshi" por um breve período em 1988 no New York Aikikai. Donovam voltou depois e por vários anos seguidos até 1998 veio ao Instituto Takemussu ensinar os nossos alunos.

Ocasião na segunda vinda de Yamada Sensei, onde ele foi dar uma aula no Dojo Central de Kawai Sensei. Nesta época quase Kawai Sensei se associou ao "grupo guarda-chuva" conforme manifestou em uma correspondência de próprio punho ao autor.

Voltando ao começo da década de 90, quando Kawai Sensei renunciou à liderança da FEPAI, evidentemente sua reputação no Japão ficou abalada. No primeiro seminário de Yamada Sensei, no Brasil, eu o procurei e o convidei para comparecer ao seminário e se juntar ao grupo de Yamada Sensei, e ele até concordou. Mas repentinamente Kawai Sensei passou a novamente se isolar e querer trabalhar sozinho. Um dia em que o visitei em sua casa por volta de 1993, ele foi ríspido comigo e disse que não queria mais contato. Eu fiquei surpreso e desconcertado pois não entendi o que acontecera.

Algum tempo mais tarde, soube-se que Kawai Sensei houvera conseguido o apoio do Massatake Fujita, que havia sido o Secretário-Geral do Hombu Dojo. Há ainda uma outra informação a este respeito que vou comentar mais adiante. Uma das filhas do Prof. Kawai foi estudar no Japão e aproveitou para treinar no Dojo de Kitahira *Shihan* e o convidou a visitar o Brasil. Como este era ligado a Fujita Sensei, ocorreu a apresentação natural a Kawai. É importante lembrar que, embora Fujita Sensei tivesse fama de muito poderoso e fosse uma figura histórica no Aikikai, ele perdeu o seu posto de Secretário Geral do Hombu Dojo, onde tinha grande influência, e era quem lidava com o governo japonês na concessão de subsídios. Mas, quando apoiou Kawai Sensei já não era mais secretário geral, embora fosse divulgado em várias revistas por gente ligada a Kawai Sensei de que ele ainda o era, para aumentar o prestígio da filiação. Eu na época fiz questão de deixar isto público, e muitos entenderam erroneamente que eu estaria fazendo intrigas, quando na verdade estava querendo que a verdade fosse divulgada. Embora Fujita Sensei ainda continue sendo um *Shihan* importante e de grande prestígio, não é mais detentor do poder de influência que tivera até o início da década de 90 mas ainda é certamente um grande protetor político em termos do Aikikai e os alunos de Kawai Sensei podem, a meu ver, ficar tranqüilos atualmente neste aspecto pois têm "as costas quentes".

Quem ingressou na FEPAI após 1990, certamente ouviu muitos comentários negativos a meu respeito, embora os favoráveis estivessem é claro na memória de meus amigos que lá sempre estiveram. Afinal eu representava uma ameaça real à unidade da FEPAI naquela oportunidade e isto era um fato. Eu podia compreender claramente o sentimento deles e aceitá-los com naturalidade, pois se sentiram amea-

Kawai Sensei abraçando seu amigo Kitahira e Massatake Fujita que passou a vir ministrar frequentes seminários no Brasil.

çados, afinal Yamada Sensei era um *Shihan* muito carismático e poderoso, assustando a nova diretoria da FEPAI que, de certa forma, acredito, temia um eventual desejo dos professores ligados a Yamada Sensei em querer desestabilizar a organização, aceitando membros da FEPAI como acontecera com Ricardo Leite e Severino Salles. Afinal, Yamada Sensei tinha grande prestígio e trazia uma técnica moderna, eficiente, aprendida diretamente como o Fundador do Aikido. Embora naquela época houvesse realmente o interesse na FPA de engrossar o grupo, da parte de Yamada Sensei não havia esta intenção. Quando ele veio pela primeira vez, quis ter um contato com o Prof. Nishida, mas como este não ocorreu, a tensão acabou surgindo naturalmente entre os dois. Na época Yamada Sensei me pediu para entregar a Nishida uma nota protestando pelo fato dele não ir encontrá-lo no hotel onde estava hospedado. Shikanai Sensei também contatou Yamada Sensei na oportunidade, mas eu não soube se houve um encontro e na época ficou claro para mim que o contato não fora muito satisfatório embora Yamada Sensei não tenha comentado sobre os detalhes. Eduardo Pinto deixou uma garrafa de vinho de presente para Yamada Sensei no hotel mas não foi ao seminário. Ao contrário do que pensavam os líderes locais, na verdade o que Yamada Sensei queria mesmo era juntar muitos praticantes em seus seminários e assim realizar grandes eventos em suas vindas e ver todos praticando juntos e em harmonia. Yamada Sensei, contrariamente à grande maioria dos instrutores de Aikido do Brasil, fez do ensino do Aikido sua profissão, e assim evidentemente o que lhe interessava como profissional, seria juntar quanto mais pessoas possível em seus seminários e não afastá-las, além do que, como um *Shihan*

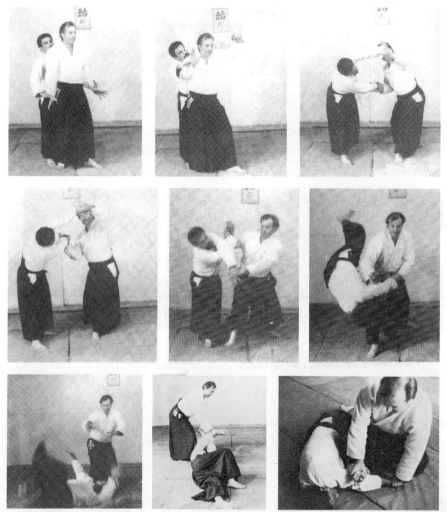

Seqüência feita pelo autor para seu 2º livro, aproximadamente por volta de 1991 tendo como Uke o Prof. Severino Salles Silva, que na época era membro, assim como o autor, de uma organização "guarda-chuva", composta pelos líderes que decidiram se afiliar a Yamada Sensei no Brasil. No final de década de 90, o Prof. Severino constituiu uma organização própria, individual em nível nacional, a FEBRAI (Federação Brasileira de Aikido), e o autor fundou a Confederação Brasileira de Aikido, reunindo as federações estaduais ligadas ao Instituto Takemussu - Brazil Aikikai, que havia sido oficialmente reconhecido pelo governo brasileiro em 1988. Atualmente (2003), o Prof. Severino não possui qualquer ligação com o autor ou com o Instituto Takemussu, realizando trabalho independente e promovendo diretamente seus alunos através de Yamada Sensei que lhe recomendou para o nível de 6º Dan na mesma época que o autor. Muita gente no Brasil faz confusão pensando que o Prof. Severino Salles foi filiado no passado ao Prof. Wagner Bull. Isto nunca ocorreu e tampouco com os demais líderes que decidiram se afiliar diretamente a Yamada Sensei na época. Todos sempre trabalharam de forma autônoma, cada um em sua organização, reportando-se diretamente a Yamada Sensei. O que houve no passado foi uma somatória de esforços para se poder melhor representar e organizar as atividades do Aikido no Brasil, realizadas pelos professores ligados a Yamada Sensei, ou seja, Fernando Takiyama, Severino Salles, Ricardo Leite, Breno de Oliveira, Carlos Eduardo Dutra, Daniel Bornstein, Nelson Ferrone e eu que os apresentei e recomendei à Yamada Sensei. Dos antigos praticantes, apenas Fernando Takiyama e Ovídio Rovella efetivamente se filiaram ao Instituto Takemussu, bem como Eduardo Pinto, mas este no final da década de 90 decidiu desligar-se, afiliando-se à Yoshinkan e carrega a honra histórica de ter sido o introdutor do estilo no Brasil, sendo um de seus representantes. Somente quem está ligado ao Insituto Takemussu recebe a orientação direta do Prof. Wagner Bull. A FEBRAI em seu site se propõe a seguir fielmente o ensinado por Yamada Sensei similarmente ao que ele faz em seu Dojo, o New York Aikikai.

Prof. Wagner Bull e Daniel Bornstein praticando no começo da década de 90 na rua Cerro Corá. Quando Daniel começou a treinar o autor era ainda faixa marrom na academia do Prof. Kawai no Bairro do Jardim Previdência. Ele, Carlos Dutra e Ricardo Leite começaram praticamente na mesma época a praticar o Aikido no dojo de Kawai Sensei no Jardim Previdência.

do Aikikai, este era seu dever. Por várias vezes ele me pediu que procurasse cessar todo tipo de antagonismo e buscar um trabalho conjunto, mas isto ficou muito difícil em função da desconfiança que passou a existir entre todos os líderes depois de tanta confusão. Naqueles tempos todos estavam muito desconfiados e assustados, pois foi uma época muito turbulenta, quando aconteceram grandes transformações.

Outro fator separatista que aconteceu alguns anos mais à frente, iniciada um pouco antes da metade da década de 90, ocorria em função da situação da política internacional. Nishida Sensei estava ligado diretamente ao Doshu Kishomaru, que queria ver seu filho Moriteru como seu sucessor em sua obra. Embora Yamada Sensei também fosse muito ligado a Kishomaru por ter sido seu aluno, politiqueiros no Japão faziam intrigas no sentido de deixar o grupo ligado ao então Waka Sensei temeroso de que Yamada como grande líder do Aikido do Ocidente prentendia formar uma organização mundial e se separar da central japonesa quando do provável falecimento de Kishomaru Ueshiba e seu filho Moriteru assumisse.

Kishomaru Ueshiba estava ficando velho, e sendo Yamada Sensei um *Shihan* muito forte, com muitos alunos e organizações afiliadas em todo mundo, poderia sempre ser visto por alguns como uma ameaça ao sucessor, e acredito que políticos no Japão ligados a Moriteru Ueshiba, vendo a presença forte de Yamada Sensei na América Latina, na América do Norte e na Europa, temiam que este poder viesse criar-lhes problemas no futuro, e assim certamente recomendavam um certo distan-ciamento de Yamada Sensei. Eu soube posteriormente que no começo da década de 90 disseram isto para Kawai Sensei pedindo que se afastasse de Yoshimitsu Yamada, e acredito que deve ter sido esta também uma razão pela qual ele não mais procurou Yamada Sensei depois da vez que eu o levei para fazer uma aula no Dojo

Prof. Severino Salles em seu dojo em São Paulo na A.A.A.O.C.

O "grupo guarda-chuva" teve o privilégio raro de assistir uma aula de Jô e Bokken com Yamada Sensei, coisa que certamente uma grande parte dos aikidoístas norte-americanos nunca viram, pois Yamada Sensei não vê necessidade em se treinar armas para se aprender Aikido conforme manifestou em uma entrevista que o autor fez com ele e que foi publicada na revista Aikido Today Magazine nos EUA.

Miguel Moralez Bermudez, Peru.

Masafumi Sakanashi Sensei, 6º Dan e seu ex-aluno Juan Tolone, ambos ligados a Yoshimitsu Yamada Sensei e dirigentes de organizações na Argentina, Centro de Difusion del Aikido e Fundacion Aikikai Argentina.

Seminário de Miguel Moralez no Instituto Takemussu em dezembro de 1999.

Juan Tolone visitou o Instituto Takemussu - Kokoro Dojo em Sorocaba em novembro de 1996. Na foto com Constantino Dellis, hoje, em 2003, Sandan e tendo seu dojo próprio.

1º Seminário de Sakanashi Sensei realizado no Clube Regatas Tietê organizado pelo Instituto Takemussu em 1992. Foi aí que os líderes brasileiros tomaram consciência que embora Sakanashi Sensei tivesse um Aikido diferente do usual, era muito forte e eficiente. O autor ficou muito excitado na época porque viu em Sakanashi Sensei as bases técnicas e conclusivas que houvera observado em Yamaguchi Sensei, que embora o tivesse impressionado muito quando veio ao Brasil em 1979, ficou incompreensível. Este entusiasmo devia-se que ele poderia estudar estas bases aqui pertinho, na Argentina, e com um amigo. Foi o que fez nos últimos dez anos e isto complementou sobremaneira sua forma de ver e treinar o Aikido.

Prof. Severino Salles, 6º Dan, e Thomaz Moller, 4º Dan, em uma foto fantástica de Aikido. Ambos foram membros atuantes do grupo "guarda-chuva". Thomaz, que é professor de inglês, foi o tradutor nos eventos e reuniões com Yamada Sensei no Brasil na década de 90 neste grupo. Severino tem trabalhado bastante para desenvolver o Aikido em nível nacional, como presidente de sua entidade, a FEBRAI. Com a dissolução do grupo "guarda-chuva", surgiram diferenças pessoais.

de Kawai Sensei em 1993 por ocasião de sua segunda vinda ao Brasil. Nesta época inclusive eu convidei Kawai Sensei para se unir ao "grupo guarda-chuva", ficando ele subordinado a Yamada Sensei e ele concordou desde que o Presidente da organização no Brasil fosse o próprio Yamada. O presidente era Severino e não concordamos com esta exigência. Eu tenho esta carta de Kawai Sensei escrita de próprio punho. Esta preocupação com Yamada Sensei, que em tese poderia trazer problemas, manifestada por políticos japoneses, gerou uma certa tensão velada, mas que de fato era improcedente. Este temor era infundado, pois quando o Doshu Kishomaru faleceu, Yamada Sensei, junto com os demais *Shihan* do Estados Unidos, como Chiba, Kanai, Shibata,

"Eu queria que o Aikido fosse praticado no Brasil como Ueno Sensei me ensinara: eficiente como uma arte marcial mas impregnado da filosofia e do respeito às forças do Universo ensinadas no Xintoísmo, por isso criei o Instituto Takemussu."

Sensei Rovella, o primeiro faixa preta a se juntar ao Instituto Takemussu, tendo à sua esquerda, o Alexandre. Sensei Rovella era o "terror" da criançada devido à sua personalidade enérgica.

O domínio precoce das técnicas do Aikido de Alexandre sempre impressionou muito os visitantes. Na foto ele projeta o Fernando Sant'Anna, que devido à sua pequena estatura, era um excelente Uke. Hoje, Fernando é Sandan e instrutor de Aikido em Cabo Frio - RJ, onde tem sua clínica de cardiologia, sendo um dos mais afamados e competentes angioplastas do Brasil.

1ª visita de Donovan Waite no antigo dojo do Instituto Takemussu na rua Jussara em 1992.

Demonstração do Instituto Takemussu sob o sol do Guarujá para a TV Manchete, quando convidamos Carlos Eduardo Dutra e seu aluno Luís para "reforçar o time". Fábio Campi, Sérgio Ricardo Coronel, Nelson Wagner, Carlos Eduardo Dutra, Wagner Bull, Alexandre Bull, Márcio Miura, Alexandre Borges, Fernando Sant`Anna, Cícero e Luís Scorza.

Alexandre Bull e Donovan Waite em sua primeira vinda ao Instituto Takemussu em 1992.

Tamura entre outros, procuraram Moriteru e prometeram segui-lo como o novo Doshu, respeitando o desejo de seu pai e tornando a sucessão tranqüila. Afinal, Kishomaru havia sido professor de todos eles e decidiram respeitar seu desejo em ver seu filho como seu sucessor na herança da tradição. Em uma famosa reunião no Keio Plaza em Tóquio, o novo Doshu tomou posse (ver foto no volume 1 desta obra), no meio de uma grande demonstração de apoio internacional vinda de todos os lugares do mundo e também de altas autoridades do governo japonês. Com isto, acabaram-se as divergências políticas, as fofocas e as tensões internacionais que proliferaram a partir do começo da década de 90 em todo o mundo do Aikido, havendo uma acomodação geral, ficando as coisas como deviam ser tradicionalmente, e permanecendo a liderança do Aikido com o sangue de Morihei Ueshiba que continuou assinando os diplomas de *Yudansha* de todos os promovidos para faixa preta.

Quem apostou que o Aikikai iria implodir após o falecimento de Kishomaru, perdeu e feio. A organização está mais forte do que nunca esteve.

Por volta de 1999 eu reuni Yamada Sensei com Makoto Nishida Sensei em um encontro no Hotel Hilton em São Paulo para um reatamento de relações. Eles conversaram, tudo se esclareceu e ficou aberta as portas para o retorno à normalidade. Depois desta reunião em todas as vindas de Yamada Sensei ao Brasil, Nishida Sensei compareceu e até passou a ministrar aulas nos seminários, trazendo de volta a harmonia e a possibilidade do reatamento das velhas amizades. Assim, felizmente, quase

Ueno Sensei em seu Dojo no Japão em 27 de Abril de 1993.

Seminário em São Paulo de Yamada Sensei em 1994, organizado pelo "grupo guarda-chuva".

Seminário organizado pelo Brazil Aikikai com Yamada Sensei no Clube Tietê em 1996, que passou a vir ao Brasil todos os anos desde 1991 ensinar sua técnica e realizar promoções.

Foto pitoresca de Yamada Sensei sentado em uma cadeira (1997), visto que no final da semana anterior sofreu um acidente na Argentina quando brincava com o cachorro de Sakanashi Sensei e este o mordeu na perna. Improvisou-se a vinda de Peter Bernarth que deu conta do recado.

Peter Bernath no Dojo Central do Instituto Takemussu.

Seminário de Jane Ozeki (fevereiro de 1996). Embora no Aikido a disciplina do Shugyo, o respeito hierárquico sejam fundamentais na prática do Aikido, eles nada servem se não forem ferramentas para criar a alegria, que é o maior dos tesouros.

Seminário de Donovan Waite em Juiz de Fora-MG.

Jane Ozeki no Dojo Central (abril/1998)

Seminário de Donovan Waite em Itapetininga-SP.

Seminário de Donovan Waite em Sorocaba-SP. O Costa ainda tinha uma boa cabeleira. Foto de 1996.

1º Seminário de Peter Bernarth, 6º Dan, no Instituto Takemussu em 1996.

Seminário de Donovan Waite no clube de Regatas Tietê, onde participaram componentes do "grupo guarda-chuva" e seus alunos. Este foi um dos poucos eventos em que Léo Reisler participou promovidos por este grupo. Ele está ao lado de Luiz Fernando Salvador e o autor sendo o terceiro da direita para a esquerda.

Seminário de Requena Sensei, líder do Aikikai na Venezuela, realizado na sede central do Instituto Takemussu em 1997.

uma década depois prevaleceu o respeito mútuo culminando com o grande Seminário da Amizade organizado pela FEPAI e pelo Instituto Takemussu em maio de 2003. No entanto, foram necessários quase 10 anos se passarem para que algo como o Seminário da Amizade pudesse acontecer e mesmo assim isto só foi possível porque finalmente o quadro político internacional do Aikido se definiu e não havia mais sentido se fazer política, nem no Brasil por aikidoístas tupiniquins ou por aqueles de olhos puxados que vivem no país do Sol Nascente. De hoje em diante, entendo eu, quem gosta de poder ou quiser ter muitos alunos, tem que ter caráter, ser honesto e dar o exemplo como pessoa e em cima do tatami e ser um bom aikidoísta.

Voltando ao "grupo guarda-chuva", logo em seguida, decidi indicar Severino Salles como presidente da FPA. Ela era dirigida por um conselho onde cada líder teria poder de voto proporcional à quantidade de alunos sob sua orientação, segundo os estatutos, e sem alguém que decidisse de forma autocrática. Eu tive esta concepção da estrutura porque desta maneira o poder seria efetivamente democrático, pois cada professor seria um tipo de deputado de seus alunos, votando por eles e representando suas vontades.

O grupo de Ueno Sensei continuou a existir, tendo como principais figuras, Léo Reisler, Maria Cecília Barros e Luís Fernando Salvador, e o nome *"Takemussu Aikido- Shimbukan Dojo"*, mas não quiseram se juntar na FPA, reportando-se diretamente a Ueno Sensei no Japão.

A primeira diretoria do grupo "guarda-chuva" era composta por Carlos Dutra, Daniel Bornstein, Breno de Oliveira, Nelson Ferrone, Fernando Takiyama, Ricardo Leite, Severino Salles e eu. A partir deste ponto, mais nada havia que impedisse a abertura de uma academia de Aikido no Brasil e os líderes poderiam dar as faixas pretas a seus alunos sem problemas, pois quem quisesse agir de forma mais radical ou injusta com algum aluno estaria no fundo transferindo-o para nossa organização que naquela época aceitava a todos que quisessem dela fazer parte oferecendo o apoio de Yamada Sensei. Assim, havia disponíveis na época para se treinar os Dojo pertencentes ao grupo "guarda-chuva", via Yamada Sensei, e os ligados a Nishida Sensei diretamente como o novo representante oficial, bem como Shikanai Sensei com suas ligações com o Hombu Dojo e Kobayashi Sensei. Este novo *status quo* possibilitou uma verdadeira revolução no Aikido do Brasil, pois a democracia e a liberdade de escolha de professores e estilos começou a ser praticada, e um "Boom" ocorreu, além do que os professores brasileiros, antes "amarrados" pela centralização anterior ficaram livres para trabalhar, fazendo com que o Aikido crescesse enormemente, em quantidade de alunos e Dojo.

Daí para frente tudo mudou para melhor e o Aikido do Brasil começou a respirar a brisa fresca e motivadora da Liberdade!

O fato de Kawai Sensei ter me processado, como já foi relatado inicialmente e parecesse ser algo muito negativo, acabou se tornando a alavanca para o processo de abertura, canalizando as forças descontentes e produzindo a mudança para melhor.

Deve-se esclarecer que em 1991, após renunciar a seu cargo e desligar-se da FEPAI, Kawai Sensei criou uma outra organização chamada "União Aikikai do Brasil", começando esta nova entidade com alguns dos alunos que permaneceram com ele, como Keizen Ono, Toshiuki Kobayashi e Herbert Pizano, entre outros. Nesta organização, destacou-se o Prof. Roberto Maruyama, despontando como o grande

Um dos maiores seminários feitos no Nordeste foi organizado pela União Aikikai do Brasil. grupo do Prof. Kawai, em Fortaleza, por ocasião da visita à Fortaleza por Fujita Sensei, Kitahira Sensei e Seki Sensei, sob a direção de Herbert Pizzano que foi Uchideshi do Prof. Kawai por longos anos em São Paulo e um de seus mais leais e fiéis alunos. Esta foto foi extraída de revista Kiai nº 31.

líder, visto que desenvolveu o Aikido no Rio Grande do Sul com alunos em Santa Catarina e Curitiba formando o núcleo "Maruyama Dojos" dentro da organização do Prof. Kawai e que é, atualmente, a sua grande força e apoio.

Herbert Pizano, um dos mais antigos e leais alunos de Kawai Sensei na ativa, e que ficou junto de Kawai Sensei como *uchideshi* por longo período (ele vinha de uma família tradicional e seu irmão é um conhecido ator de telenovelas). Herbert decidiu abraçar o Aikido entregando a sua vida para a prática e ensino da arte com total comprometimento, sendo na minha opinião, talvez o mais apaixonado defensor e seguidor que Kawai Sensei teve. Nunca admitiu qualquer questionamento com relação a Kawai Sensei, tendo uma atitude admirável de lealdade e respeito a seu mestre conforme se ensina no *Budô*, embora, no meu entender, faltou-lhe admitir que toda regra pudesse ter uma exceção, e que mesmo mestres podem errar, pois também são humanos. Entendo que está correto se defender o mestre mesmo quando ele erra, ficando ao seu lado contra seus inimigos, mas também é dever do *deshi* refletir sobre as decisões do mestre e até aconselhá-lo quando perceber que algo não está correto. Na metade da década de 90, em uma reportagem na revista Kiai, ele me agrediu fortemente com palavras em um artigo, o que motivou uma réplica veemente de minha parte no número subseqüente esclarecendo toda a situação para o público. Na época, o assunto causou grande mal-estar em toda a comunidade aikidoísta. Talvez um japonês tivesse se calado e não tivesse respondido, mas em minhas veias corre sangue alemão e italiano, e nunca fugi de nenhum desafio, embora procure sempre transformar o conflito em algo construtivo. Graças aos céus, após este incidente, e depois de ter vencido a segunda ação judicial à qual o Prof. Kawai me processou, desta vez pelo uso da marca "Aikikai', recebi um recado vindo do Prof. Kawai, dizendo que *"Fudô Myo Sama"* (ver página inicial do 2º volume desta obra) o havia recomendado a parar com todas as ações e ataques a mim, e que pretendia doravante retornar à paz e à harmonia. Eu fiquei muito feliz com esta decisão e acho que também todos os aikidoístas do Brasil. Nunca mais tive qualquer problema desde então com Kawai Sensei, graças aos Céus!!

Talvez, com esta atitude, tenha começado uma nova fase de relacionamen-

Uma vez Yamada Sensei ter decidido dar apoio técnico e político ao autor na segunda metada da década de 80, este convidou outros professores a se juntar a Yamada Sensei, e os apresentou a este, que em os aceitando, juntos todos constituiram o Brazil Aikikai em sua fase inicial. Na década seguinte, embora todos trabalhando em entidades separadas do Instituto Takemussu, sempre deram suporte aos seminários e eventos promovidos pelo Instituto Takemussu e vice-versa. Este apoio foi muito importante principalmente para consolidar o novo grupo do Aikikai que surgia no país, cujos líderes eram todos nascidos no Brasil e caucasianos. Da direita para a esquerda os profs. apresentados referidos: Ricardo Leite, Carlos Dutra, Daniel Bornstein, Yamada Sensei, Breno de Olibeira, Severino Salles e o autor. Esta união política gerou alguma confusão e algumas pessoas julgaram em algum momento que estes professores estivessem trabalhando sob a direção técnica do autor, e isto a bem da verdade e do esclarecimento público, nunca ocorreu. É importante lembrar que cada um destes professores acima tem e sempre teve sua maneira própria de ver e ensinar o Aikido, e tem todos atualmente altos graus e examinam diretamente seus alunos para graduações de Dan e Kyu. Têm e sempre tiveram suas organizações próprias, nenhum recebeu instrução direta do autor e tampouco pertencem ao Instituto Takemussu, salvo evidentemente o autor que é o diretor técnico desta entidade que ora está reconhecida oficialmente pelo Aikikai Hombu Dojo de Tóquio.

Reunião de instrutores do Instituto Takemussu em 1996, no Dojo Central.

to de Kawai Sensei com os demais mestres, seus alunos. Eu ficarei muito feliz no dia em que todas as organizações ligadas ao Aikikai treinarem juntas em eventos nacionais ou internacionais e poder ver Kawai Sensei ser devidamente recompensado por todos os seus esforços em prol do Aikido, sendo honrado como o pioneiro desta arte no país.

    O Prof. Herbert Pizano foi enviado para Fortaleza, depois que Kawai Sensei disse ter tido uma visão, conforme me contaram e que lhe disse para enviar Herbert para o Nordeste. Kawai Sensei gostava de consultar uma senhora que era seu oráculo espiritual sempre ouvindo-a quando tinha que tomar uma decisão importante e me disseram

Seminário de Sakanashi Sensei no Brasil, realizado no dojo central do Instituto Takemussu em São Paulo.

Última visita de Donovan Waite ao Instituto Takemussu em 1998 depois de muitos seminários e aulas. Donovan Waite foi quem ensinou aos membros do Instituto Takemussu os Ukemis sem barulho, protegendo as articulações. Esta foi sua maior contribuição no currículo técnico do Instituto Takemussu.

José Gomes Lemos, 5º Dan Aikikai, e Wagner Bull, que fez exame de Shodan na mesma data com o autor no final da década de 70, hoje é o mais idoso praticante de Aikido do Brasil que continua na ativa. Aos 80 anos, permanece ensinando seus inúmeros alunos em seu Dojo, um dos mais representativos da FEPAI. José Lemos tem sido figura sempre participativa e constante na liderança desta Federação. Principalmente no Aikido paulista deu grande contribuição ao desenvolvimento e difusão desta arte graças à sua experiência e cultura visto que é também engenheiro e administrador, além de ter sido professor de muitos instrutores atuais. Faz parte da "velha guarda" na história do Aikido brasileiro.

(foto tirada em novembro de 2002 em seminário promovido pelo Instituto Takemussu, com Yamada Sensei, que recebeu apoio da FEPAI)

Mestre Makoto Nishida junto com seus grandes amigos e orientadores Yasuo Kobayashi e Kawabe Shihan.

que esta lhe orientou neste sentido. Herbert foi para Fortaleza e conseguiu formar um grande grupo e ficou para a história como o pioneiro do Aikido no Ceará conforme mencionado.

Quanto ao grupo "guarda-chuva", eu o havia reunido no começo da década de 90 e enquanto exerci a liderança, até os meados de 1995, o grupo se manteve unido e progrediu muito. Eu havia apresentado e recomendado os líderes para Yamada Sensei e forneci todo o "*Know How*" para a organização dos eventos e condução dos assuntos políticos. Por esta razão, muitos professores de outras organizações fizeram confusão e pensaram que Severino, Ricardo, Breno, Dutra e Daniel Bornstein teriam se tornado meus alunos, mas devo esclarecer que isto nunca ocorreu e que eles sempre foram totalmente independentes. Somente Fernando Takiyama e Luís Rovella eram meus "*Deshi*" e me respeitavam como seu *sensei*.

Nós tentamos, na época, fazer treinos de professores em conjunto, visando uma uniformização técnica, mas isto revelou-se impraticável, pois cada um insistia em continuar mantendo sua forma anterior e como a entidade se propunha a ser democrática e livre, ninguém era pressionado para mudar. Por outro lado, embora os demais líderes gostassem de minha característica pessoal como grande realizador, e tenham sempre me apoiado nas iniciativas, não queriam seguir-me no aspecto técnico, bem como dentro da linha que eu havia estabelecido para o Instituto Takemussu. A maioria não estava em busca da defesa pessoal e também não tinham interesse em praticar Aikido junto com o Xintoísmo de forma tão declarada como eu. Ademais,

Aula especial para adiantados do Prof. Yoshimitsu Yamada no Dojo Central do Instituto Takemussu em 1999.

Fotos do Seminário de Yamada Sensei realizado em 1999 e organizado pelo Instituto Takemussu.

Alexandre Sallum Bull fazendo Shiho Nague em Cid Ribeiro quando fez seu primeiro exame de faixa preta de forma precoce devido à sua intensa dedicação e nível técnico alto que atingiu para sua idade. Foi o faixa preta mais jovem até hoje reconhecido na América Latina reconhecido pelo Hombu Dojo tendo recebido o seu diploma de Shodan exatamente aos 16 anos de idade no dia 25 de janeiro de 1997.

como sou mais administrador que político, gosto de fazer as coisas de forma mais centralizada, e isto os incomodava, pois queriam decidir tudo através de votação. Eu não tinha a paciência para discutir cada detalhe com cada um. Até cartazes e textos de panfletos eram motivos para reclamações dos membros. No fundo eu acho que o grande problema foi que o Instituto Takemussu cresceu muito mais que todos os demais grupos, e eles começaram a imaginar que estavam sendo usados por mim e que eram parte da causa do crescimento do Instituto, o que não tinha fundamento. Afinal o Instituto crescia porque a sua técnica ensinada era boa e a proposta de alto nível, além do meu constante investimento de divulgação na mídia. O crescimento tinha um resultado prático, pois quem tivesse mais alunos acabava tendo mais força na hora das decisões dentro do grupo, não somente devido aos estatutos mas até pela própria condição de mobilizar mais pessoas e dispor assim de maiores recursos. Eu tentei resolver o problema indicando Severino Salles, confiando nele para presidente do grupo, mas devido à minha capacidade

O autor com Yamada Sensei (1999).

persuasiva, bem como por ser o professor que tinha mais alunos, e pelos estatutos que previam que o quantidade de votos do membro do conselho seria igual aos alunos que possuísse e como eu sozinho tinha mais alunos que todos eles juntos eu acabava sempre ganhando as votações, prevalecendo minha opinião no término das reuniões. Isto desagradava quem saía vencido nas discussões das reuniões. Este fato começou a incomodar demais e começou a surgir a idéia de mudar os estatutos preestabelecidos quando o grupo foi formado. Eles queriam fazer as votações de forma que cada professor contasse apenas com um voto independente do número de alunos que tivesse. Se a nova proposta prevalecesse eu, que tinha sob minha responsabilidade quase 1.000 alunos, teria apenas um voto nas reuniões, e Eduardo Dutra e Daniel Bornstein, que lideravam apenas um Dojo com cerca de 25 alunos teriam dois votos. Isto não era a democracia a que nos propusemos, mas uma ditadura de um grupo minoritário. É evidente que eu não podia aceitar tal condição pois geraria um poder falso, distorcido da maioria democrática tão fundamental para a estabilidade das organizações quando não se tem um líder forte que todos respeitam. Criou-se então um dilema e uma situação tensa, principalmente entre eu, Daniel Bornstein e Severino Salles.

Então, elegemos Carlos Dutra como presidente em uma tentativa de conciliar o impasse. Para ajudar, eu espontaneamente saí da diretoria executiva, assumindo apenas parte no Conselho. Em 1997, impuseram a mudança do critério de votação, e eu fui obrigado a aceitar e o fiz mediante a ameaça, sob pena do grupo "rachar", e a pressão aconteceu exatamente meses antes do Seminário de Tamura Sensei, no qual eu havia assumido compromissos pessoais sérios com Yamada Sensei e Tamura Sensei, e onde a reputação de todo o meu trabalho estava em jogo. Aquele evento teria que ser grandioso como havíamos programado, e assim concordei com a mudança em função de que o referido seminário tinha que acontecer como planejado. Concluído o seminário com sucesso, em 1998 as diferenças ficaram insustentáveis e o grupo foi desfeito. Assim Severino Salles articulou uma estratégia e quando Yamada Sensei veio ao Brasil em 1998 em um jantar com ele foi proposto "rachar" o grupo ficando eu de um lado, e todos os demais do outro liderado por Severino. Isto foi aceito por Yamada Sensei e eu também concordei, e mais adiante com minha exigência da extinção da FPA, Severino tentou levar os demais líderes para a organização que ele havia criado, a FEBRAI, mas acabou ficando sozinho, porque cada um foi para seu canto. Eu não tive alternativas e criei a CONFEDERAÇÃO BRASILEIRA DE AIKIDO-BRAZIL AIKIKAI reunindo as federações regionais existentes ligadas ao Instituto Takemussu, composta apenas com meus alunos diretos, e onde todos me aceitavam naturalmente como o presidente geral por eu ser o *sensei* de todos os membros e presidentes regionais e onde não havia a necessidade de se criar um conselho para votar nas decisões. Quando existe um centro forte esta é a melhor forma de administração de qualquer governo, pois todos aceitam as decisões sem muitas contestações, o que é diferente quando se vota, pois quem perde quer sempre revidar e aí, faz política, intrigas e joga um contra o outro para ter maioria nas votações como é na política comum do Senado e da Câmara dos Deputados. Evidentemente que este conflito gerou um grande distanciamento entre eu e Severino Salles, embora ambos continuássemos tendo relacionamento com Yamada Sensei. É importante esclarecer que distanciamento não significa ausência de harmonia. Assim como na vida quando duas pessoas são muito diferentes, o melhor é que fiquem distantes. Meu Aikido, minha forma de fazer política e mesmo o enfoque que dou ao Instituto Takemussu é diferente do Professor Severino. No Instituto Takemussu optamos por seguir a visão de nossa instituição, ou seja, praticar um Aikido como um caminho espiritual, quase uma religião, mas fazendo técnicas as mais marciais possíveis, sempre vendo-as como estratégias de defesa pessoal. Parece-me que o professor Severino em sua organização, a FEBRAI, pelo menos é isso que diz em seu site e o que observo na prática, decidiu copiar e seguir integralmente aquilo que Yamada Sensei faz em Nova Iorque. Devo dizer também que existem ainda outras diferenças que não quero aqui descrever, mas o importante é que o leitor saiba que atualmente (2003), eu e Severino estamos em lados diametralmente opostos.

Em 1998 eu pedi para Yamada Sensei avaliar minha condição para a promoção de 6º *Dan*. O Instituto Takemussu estava com muitos Dojo e alguns professores já profissionais, e eu necessitava entrar para a elite do Aikikai para poder garantir-lhes seu futuro, pois infelizmente o apoio e a vida de Yamada Sensei não seriam eternos.

Ele compreendeu esta necessidade e decidiu pedir ao Doshu esta promoção em 1998. Muita gente na América Latina e no Brasil aceitou minha promoção, visto eu ter mostrado grande trabalho em prol do Aikido brasileiro e também por ter mais de 30 anos de prática, mas estranharam porque Yamada Sensei decidira promover também a Severino Salles junto comigo e não promover também os demais líderes latino-americanos que na época tinham condição técnica e organizacionais inclusive similares ou maiores que ele, como Juan Tolone, na Argentina, Nelson Requena na Venezuela, e também os demais 5º *Dan* brasileiros, como Ricardo Leite, por exemplo, que sempre esteve nivelado com Severino e visto como um dos melhores aikidoístas brasileiros tecnicamente falando. Eu imagino que, o fato de Severino Salles ter sido avaliado por Yamada Sensei como o segundo líder de seu grupo no Brasil, fez com que ele recebesse na mesma época o mesmo título. Como Yamada Sensei precisava promover-me, não quis gerar desarmonia política em seu "grupo guarda-chuva" no Brasil. Digo isto baseado no fato de que lembro-me que ao confirmar minha promoção ele disse: *"Ok, Wagner eu vou lhe promover, mas terei que promover Severino também!"*

Oficialmente o Hombu Dojo, no entanto, somente promoveu a mim e a Severino em janeiro de 2001, visto que havia necessidade de respeitar um tempo mínimo entre a promoção anterior para 5º *Dan*. Hoje em dia os intervalos de tempo mínimos entre uma promoção e outra são muito respeitados. Situação bem diferente no tempo de *Ô Sensei*, quando uma pessoa treinava 3 anos e podia ter altos títulos. Foi depois da década de 70 que as promoções passaram a ser mais exigentes quanto ao tempo mínimo para recebê-las. Hoje em dia para se ir de 6º *Dan* para 7º *Dan* demora 12 anos. Como estou com 54 anos, aos 66 poderei chegar a 7º *Dan* e se eu tiver saúde, recebo de bengala o 8º *Dan* com 81 anos, visto que demora mais 15 anos para a promoção seguinte. Eu creio que o fato do Instituto Takemussu ter progredido tanto e eu ter feito tantas realizações em prol do Aikido foi a razão principal para a minha promoção para o nível mínimo exigido para alguém ser *Shihan* e sou grato a todos meus alunos e professores do Instituto Takemussu por isto. Estes japoneses, que hoje têm 8º *Dan*, em sua maioria ganharam seus altos graus quando eram bem jovens e em uma época que as promoções demoravam menos tempo.

Assim, eu acredito que quando Yamada Sensei decidiu promover-me para 6º *Dan*, não quis deixar Severino com grau inferior ao meu. Eu necessitava ser promovido em função de minhas responsabilidades reais como dirigente de um grande grupo do Aikikai no Brasil, além do que eu havia sido o primeiro líder que havia apoiado firmemente Yamada Sensei na América do Sul e fora quem o trouxera para o Brasil, ajudando-o a constituir a FLA (Federação Latino-americana de Aikido), e ele era grato por isto. Isto ficou comprovado, principalmente após o grande seminário que o Instituto Takemussu promoveu em 1998 com mais de 500 pessoas no SESC Consolação. Yamada Sensei entendeu que a promoção era merecida em função de tantas realizações, devoção ao Aikido, dedicação e lealdade a ele, centenas de alunos e instrutores associados a mim, e uma vez que a parte técnica também estava com o nível mínimo compatível com o grau a ser consignado, além de termos aprendido bem todas as técnicas de Yamada Sensei na forma ensinada em Nova York, graças a quase 10 anos de estudos de adaptação que fizemos, viajando para os EUA, participando de seminários, escrevendo livros e convidando Yamada Sensei e seus melhores alunos para ministrarem cursos no Instituto Takemussu, realizando grandes eventos com reputação intenacional. Por outro lado eu era a pessoa mais próxima de Yamada Sensei na América Latina na ocasião. Ele inclusive havia me levado no ano anterior ao Japão, apresentando-me a todo o "staff" do Aikikai com alta recomendação, inclusive convidando-me para um jantar na mesma mesa com Waka Sensei, o atual Doshu Moriteru. Foi por isto que, na minha avaliação, outros mestres na América Latina com condições técnicas e até organizacionais semelhantes ou maiores que Severino, somente foram promovidos bem mais tarde do que ele. Descrevo estes detalhes ao leitor porque é um depoimento real de como as coisas aconteceram, pois entendo que é preciso esclarecer como ocorrem as promoções depois do 5º *Dan*. Acredito que isto será um estímulo para que os professores pensem também em trabalhar para fazer crescer a arte, criando grandes organizações, formando muitos faixas pretas e permanecendo leais a seus mestres, mantendo elevada reputação e não somente apenas se dedicarem à parte técnica, é claro, se desejarem ter altos graus no Aikido. É preciso que haja dedicação e trabalho em prol da arte, devoção e lealdade a seu mestre e não somente habilidades técnicas para ser um *Shihan* de Aikido, caminho em que o desenvolvimento da personalidade, do caráter e da liderança conta mais do que o meramente técnico. Por esta razão é que no passado foi possível à Kawai Sensei receber o 6º *Dan* com conhecimentos técnicos diferentes dos que eram exercitados no Japão naquela época conforme se explicou anteriormente. Há que se levar em conta ainda o interesse do Aikikai nos anos 60 na disseminação da arte em todo o mundo.

É preciso se ter presente que, após o 5º *Dan*, o Aikikai leva em conta o trabalho de cada um em prol da arte, prevalecendo esta parte sobre a questão meramente técnica, embora para esta o tempo de treino continue sendo critério suficiente para as promoções no Aikikai. Se alguém for tecnicamente muito bom, certamente será promovido, mas se for alguém que tenha realizado muitas coisas boas em prol da arte, também o será.

No começo de 2002, Ricardo Leite, Breno de Oliveira e Carlos Dutra, uniram seus três grupos, o Instituto Shimbukan de Breno, a Bushinkan de Ricardo e o Dojo de Dutra e decidiram constituir uma organização separada, chamada Federação Inter-Cultural de Aikido, mantendo-se ligados à Yamada Sensei. Daniel Bornstein decidiu ficar independente, associando Aikido à terapia e massagem, atividade na qual ganha sua vida profissionalmente, criando o "Aikido Terapia".

Nelson Ferrone, no final de 2002, após receber o 4º *Dan*, decidiu separar-se de Breno de Oliveira. Severino Salles, sozinho, consolidou a FEBRAI, uma organização com Dojo em várias cidades do Brasil e continua, em 2003, também subordinado a Yamada Sensei e à F.L.A. (Federação Latino-americana de Aikido). O Instituto Takemussu cresceu muito no país e organizou federações estaduais, culminando com a criação da Confederação Brasileira de Aikido - Brazil Aikikai, com conexões internacionais. Atualmente, embora os líderes destas organizações continuem se relacionando informalmente, realizam trabalhos completamente independentes e não têm mais qualquer vínculo entre si, salvo a ligação ao Aikikai, sendo uns de forma direta, como o Instituto Takemussu e outros, indiretamente, através de Yamada Sensei como *"Hombu Haken Shihan"*, e todos podem realizar exames de faixa preta reconhecidos pelo Hombu Dojo de Tóquio.

Quando Yamada Sensei visita o Brasil em seus seminários, normalmente todas estas organizações e seus líderes comparecem, mas fora destes eventos pouco relacionamento têm entre si, devido a várias diferenças, entre elas, quanto ao aspecto técnico, didática e personalidade de seus líderes, e foram estes, no fundo, os fatores que impediram que o "grupo guarda-chuva" se transformasse em uma só organização, com comando único, como no começo da década de 90 quando realizaram grandes feitos em conjunto.

Decidi contar esta história em detalhes, e peço desculpa aos demais líderes do "grupo guarda-chuva", pois quis levar aos leitores a realidade de como funcionam, na prática, as organizações de Aikido. Tenho viajado por vários países do mundo, e quase sempre surgem os mesmos problemas acima relatados. Espero que este depoimento sirva como experiência e de forma didática instrua aos futuros membros de organizações sobre os cuidados que devem ter. O grande problema é que o *Budô*, em suas origens, não permitia decisões democráticas, e toda vez que se vota, com as pessoas colocadas em nível hierárquico igual, acabam surgindo problemas inevitáveis. Minha opinião atual é que, no Aikido, quando o praticante não respeita alguém como seu *sensei*, é melhor que se separe e constitua uma organização independente. Duvido que organizações horizontais possam ter sucesso no mundo do Aikido. Por isto, é muito importante respeitarmos um *"Doshu"* e acatarmos sua decisão, mesmo parecendo ela incorreta, é melhor que "democratizar" a forma decisória, pois isso, invariavelmente, provoca brigas e dissoluções.

É justo ressaltar agora duas figuras históricas de grande importância para o Aikido brasileiro: Makoto Nishida e José Lemos. Makoto Nishida começou a treinar no Dojo do Prof. Ono, nas Carmelitas, em 1970, quando eu estava no Paraná e era faixa verde, 3º *Kyu*. Conheci Nishida quando eu era seu *"Sempai"*. Posteriormente, a situação se alterou e devido à sua dedicação singular ao Aikido, Nishida Sensei foi promovido mais rapidamente que o autor e acabou conseguindo o 6º *Dan*, ficando hierarquicamente perante o Aikikai, num nível um pouco superior, devido à anterioridade na promoção para *"Rokudan"*, que é o nível mínimo exigido para ser *Shihan* reconhecido, além do que Nishida Sensei é um pouco mais velho do que eu.

Embora eu tenha sido promovido por Yamada Sensei em 1998, o Aikikai somente reconheceu minha promoção oficialmente em 2001, em função da questão de se ter que obedecer intervalos de tempo entre uma promoção e outra. Como foi dito anteriormente, hoje em dia é muito difícil se conseguir um 6º *Dan*. Esta diferença agora deve permanecer para o futuro, pois as promoções para 7º e 8º graus que são

421

as últimas, são feitas em função do tempo e o Aikikai, contrariamente ao que fazia no passado, não abre mão do tempo mínimo para realizar as promoções. A história de Nishida Sensei foi sempre dedicada ao aprendizado correto e à pesquisa do Aikido bem-feito. Depois que recebeu a faixa preta de Kawai, no final da década de 70, viajou ao Japão para estudar Aikido e voltou com uma técnica bastante aprimorada. Nishida Sensei é engenheiro e projetista de máquinas, pessoa inteligente e honesta. Foi o fundador da academia da Av. Eng. Armando de Arruda Pereira, bairro onde ensina até hoje, juntamente com sua esposa Fumie.

Já José Lemos teve importante atuação na área político-administrativa do Aikido, de início assessorando o Prof. Kawai e, posteriormente, a Makoto Nishida, e não houve cerimônia ou fato político do qual não participasse, que eu me lembre, que ele não tenha estado sempre na mesa da frente com o microfone na mão, orientando e participando das reuniões, visando buscar a melhor solução para a FEPAI. A razão por ele estar sempre à frente, é que começou a treinar já com quase 50 anos, e na época já tinha nível de gerência em sua atividade profissional como engenheiro, além de ser uma pessoa bastante culta. Desta forma, era uma pessoa que naturalmente seria requisitado para ajudar o Prof. Kawai, atuando como seu braço direito, até quando este renunciou à FEPAI e Lemos passou a colaborar com Makoto Nishida, praticamente como um segundo líder em termos institucionais. Até hoje sua palavra tem

Isoyama Shihan, aluno direto do Fundador em Iwama, convidado demonstrando sua extraordinária técnica no seminário promovido e organizado pela FEPAI em 2001, no qual o Instituto Takemussu participou como convidado.

Isoyama Sensei aplicando Kotegaeshi no autor, durante sua visita ao Brasil.

Shigeru Kawabe, 8º Dan. Influenciou bastante o Aikido brasileiro ajudando seu amigo Prof. Makoto Nishida. Ele era discípulo de Saito Sensei.

Foto geral do seminário de Isoyama Sensei promovido pela FEPAI

peso nas decisões da FEPAI.

Sem falsa modéstia, o autor afirma que, se nesta data existe a liberdade para a prática do Aikido no Brasil, com dezenas de opções de professores e organizações, a comunidade aikidoísta deve em parte a ele e às demais pessoas mencionadas acima, principalmente Makoto Nishida e demais componentes do "grupo guarda-chuva" ligados a Yamada Sensei que, direta ou indiretamente, contribuíram também para a mudança, trazendo a liberdade e fazendo com que, em 1992, houvesse três grupos fortes, e que mais tarde conseguiram se tornar independentes da centralização do Prof. Kawai: o Instituto Takemussu, unido ao grupo apoiado por Yamada Sensei, à FEPAI e ao Prof. Shikanai. Este foi um fato significativo que mudou todo o quadro político e administrativo do Aikido brasileiro em termos oficiais e práticos.

A FEPAI, sob a direção de Makoto Nishida, por ter sido a primeira organização formalmente reconhecida pelo governo brasileiro, bem como pelo fato das outras agremiações difusoras do Aikido até pouco tempo não estarem estruturadas em entidades reconhecidas oficialmente, acabou por representar o país em diversas ocasiões. Como, pelos regulamentos da International Aikido Federation (IAF), só um representante oficial do país é aceito, a FEPAI, justamente por ter sido durante muitos anos a única entidade reconhecida pelo governo, continua com a exclusividade oficial ligada à IAF. No entanto, estas regras da IAF estão em discussão atualmente e deverão ser alteradas no futuro, permitindo o ingresso de outras entidades reconhecidas pelo Aikikai do Japão, como o Instituto Takemussu.

Assim, a FEPAI participou, tanto do 6º Congresso da IAF (1992), em Taiwan, quanto do 7º Congresso da IAF (1996), no Japão. Em 1997, a FEPAI mandou uma delegação de quatro aikidoístas, capitaneada pelo diretor-técnico Makoto Nishida, para Lathi, na Finlândia, para participar da 7ª edição do World Games. Também, em maio daquele ano, uma delegação foi ao Japão para participar das festividades ligadas

Nishida Sensei e o autor são companheiros de tatami e se conheceram no antigo e famoso Dojo na Rua Carmelitas, no Centro de São Paulo há mais de 3 décadas, quando Nishida Sensei começou a treinar Aikido. Nesta época o autor era Sempai e treinava em Curitiba mas vinha em suas folgas à São Paulo treinar Aikido sempre que podia e possuía a faixa verde, 3º Kyu.

No final de 1971 o autor mudou-se para São Paulo como engenheiro para fazer Pós-graduação na USP, e havia já adquirido o nível de 1º Kyu, faixa marrom, e por seu professor Van Zuit ter sido afastado por doença era o instrutor de cerca de 30 alunos em Curitiba que ficaram sob a orientação do Sr. Fumio que era o aluno mais adiantado na época. Posteriormente este grupo ficou subordinado ao Sr. Lima como é até hoje. Neste período foi que a amizade com Nishida Sensei foi nascendo.

Algum tempo mais tarde, Nishida Sensei foi treinar com Kawai Sensei em seu novo Dojo na zona oeste no começo da Rodovia Raposo Tavares, e acabou se dedicando de corpo e alma ao Aikido, conseguindo o nível de Shodan. Entusiasmado com a arte, Nishida Sensei foi para o Japão para se aperfeiçoar, ficando cerca de um ano treinando lá, e quando retornou ao Brasil, abriu seu próprio Dojo ajudado por sua esposa Fumie, que também é praticante avançada. Em 1982 por estar descontente com o Prof. Kawai os papéis se inverteram e o autor inclusive chegou a treinar por seis meses com Nishida Sensei em seu Dojo no Jabaquara, quando o dojo do Ibirapuera onde o autor ensinava e treinava juntamente com Torata Sensei fechou. Em 1984 o autor foi treinar com Ueno Sensei mudando sua história conforme já se falou. Com o passar dos anos, no início da década de 90, Nishida Sensei tornou-se o líder da organização representante oficial da IAF, a FEPAI, no lugar de Kawai Sensei, com apoio do Doshu Kishomaru e Kobayashi Sensei, visto que Kawai Sensei havia renunciado a seu posto como presidente, decidindo criar outra organização que até hoje existe, a União Aikikai do Brasil. Nishida Sensei passou então a conduzir tecnicamente a FEPAI e deu início a uma nova fase nesta organização, ajudado por José Lemos, Paulo Nakamura, Paulo Cremona e outros mestres. Principalmente por problemas políticos internacionais esta organização acabou trabalhando em separado do Instituto Takemussu que nesta época já havia sido criado pelo autor e recebia apoio de Yamada Sensei. Os dois mestres da foto acima voltaram a se reaproximar por volta do ano 2000, coincidindo com o falecimento do antigo Doshu e tendo ficado definida a sucessão no Aikikai, retornando o desfrute de uma longa amizade iniciada quando muitos aikidoístas de hoje não haviam sequer nascido. Por seus méritos, Nishida Sensei conseguiu o 6º Dan do Aikikai, título este que lhe deu acesso à condição de Shihan, inclusive alguns anos antes do que o autor, ficando um pouco acima em termos hierárquicos dentro das regras do Aikikai em função de seu tempo de promoção neste nível.

Sua amizade com aikidoístas da região de Akita, tem contribuído bastante para trazer o conhecimento de mestres do Aikido tradicional ao Brasil como Kawabe Shihan e outros que foram influenciados pelo estilo Iwama. Nishida Sensei é amigo pessoal de Yasuo Kobayashi Shihan e é muito respeitado no Hombu Dojo, constando da lista dos shihan japoneses que ensinam no exterior, embora tenha iniciado sua prática no Brasil, o que é um orgulho para o Aikido brasileiro. Lidera centenas de alunos e dezenas de professores, principalmente no Estado de São Paulo. Possui uma técnica suave, porém precisa, e é especialista em armas seguindo o estilo de Saito Sensei na prática das mesmas.

Em termos de hierarquia do Aikikai, no Brasil, existem mais duas pessoas com nível acima, que são Kawai Sensei, 8º Dan, e Shikanai Sensei, 7º Dan, cujas biografias podem ser encontradas no volume 1, A Teoria.

A mais famosa demonstração mundial do Aikido é realizada no ginásio Budokan em Tóquio. O autor assistiu a uma similar à da foto em 1996. Quase 10 mil aikidoísta participam.

aos trinta anos de fundação do Kobayashi Dojo. Nishida Sensei também participou da demonstração pan-japonesa de Aikido, maior evento patrocinado pela fundação AIKIKAI e que reúne praticantes de todo o mundo.

Makoto Nishida havia se desenvolvido bastante em termos técnicos e por ser uma pessoa de bom caráter conquistou o apoio total do Hombu Dojo e do Doshu Kishomaru, passando a ser, juntamente com Shikanai Sensei, um dos dois representantes oficiais da entidade no Brasil. Uma nova fase se iniciava no Aikido do Brasil. Com o apoio de Yoshimitsu Yamada, que é o presidente da Federação Norte Americana de Aikido, aluno direto do Fundador e um *Shihan* de enorme prestígio político em todo o mundo, que vem apoiando a mim e aos seus demais alunos no Brasil, o Instituto Takemussu realizou, em conjunto com o "grupo guarda-chuva", grandes eventos, inclusive um com Tamura e Yamada Sensei em 1997, no SESC Pompéia, tendo sido um dos maiores seminário de Aikido até hoje feitos no mundo,

Recepção à Tamura Sensei no aeroporto (1997).

425

A chance de ser fotografado ao lado de um grande mestre. Alexandre Bull, Tamura Sensei e Wagner Bull no seminário realizado em 1997 promovido pelo grupo "guarda-chuva".

Nobuyoshi Tamura Sensei no grande seminário que fez no Brasil em 1997 promovido pelo grupo de Yamada Sensei no Brasil, o Brazil-Aikikai, e o filho do autor Alexandre Sallum Bull.

Grande seminário com Tamura Sensei organizado pelo Brazil Aikikai em 1997 pelo grupo "Guarda-Chuva".

Uma das aulas do Seminário de Tamura Sensei no Brasil.

Os faixas pretas presentes no Seminário de Tamura Sensei em 1997.

No seminário de Tamura Sensei em 1997, veio uma grande delegação da Argentina com cerca de 60 pessoas. Na foto está uma boa parte deles ao redor de Tamura Sensei.

Foto com a maioria dos faixas pretas presentes no grande seminário realizado pelo Instituto Takemussu com Seichi Sugano Sensei, em maio de 1998.

Foto do seminário de Sugano Sensei com os principais líderes do Instituto Takemussu em seminário organizado em maio de 1998 no Clube Regatas Tietê.

contando com a participação de 710 pessoas, gerando notícia internacional com divulgação nas principais revistas nacionais e internacionais de Aikido e, inclusive, no jornal do próprio Hombu Dojo que foi entregue a todas as sedes e Dojo importantes do Aikido no mundo.

Além de Tamura Sensei, muitos outros mestres do grupo de Yamada Sensei vieram ao Brasil em seminários organizados pelo Instituto Takemussu e de seu grupo, como Sugano Sensei, Donovan Waite, Peter Bernath, Jane Oseki, Masafumi Sakanashi, Juan Tolone, Nelson Requena e Miguel Moralez. O grupo de Yamada Sensei no Brasil é composto pelo autor, Severino Salles, Ricardo Leite, Daniel Bornstein, Carlos Dutra e Breno de Oliveira, que foram também aceitos pelo Hombu Dojo do Japão, oficialmente podendo realizar exames de faixas pretas reconhecidos pelo Aikikai, via Yamada Sensei. Fatos que encheram o autor de orgulho e de satisfação, por ver seu trabalho culminado com pleno êxito, foi sua promoção para 6º *Dan* em 2002, e ver o reconhecimento oficial do Instituto Takemussu e da Confederação Brasileira de Aikido - Brazil Aikikai, presididos pelo autor, junto à Fundação Aikikai, nos mesmos moldes da FEPAI, além de poder realizar exames de faixa preta oficiais, e assim solicitar graus promocionais e diplomas, diretamente da central japonesa, o Aikikai Hombu Dojo.

Em maio de 2003 ocorreu um grande evento histórico, chamado "Seminário da Amizade", promovido em conjunto com FEPAI e o Instituto Takemussu, e no qual participaram mais de 400 pessoas, comprovando o início de um movimento de união entre os grupos do Aikikai, que promete gerar uma nova fase do Aikido no Brasil, muito mais compatível com o espírito que *Ô Sensei* queria para sua arte. Neste seminário ministraram aulas os dois 6º *Dan* responsáveis tecnicamente pelas organizações, Instituto Takemussu e FEPAI, o autor e Makoto Nishida, respectivamente. Pela primeira vez, as duas organizações realizaram um evento em conjunto. Foi um sinal dos bons tempos de harmonia e do retorno de uma velha amizade entre mim e Makoto Nishida, José Lemos e Paulo Nakamura, e quem sabe, uma evolução para um futuro entendimento entre todos os professores do Aikikai, inclusive com o grupo de Kawai Sensei. Eu ficaria muito feliz se, no futuro, Kawai Sensei, agora na experiência de seus 70 anos, pudesse se juntar a nós na idéia de realizar tudo que for possível de forma unida, desde que não percamos nossa individualidade e liberdade.

O PANORAMA ATUAL

Desde 2003 o Aikido vem se expandindo por todo o país, numa velocidade espantosa. Em quase todas as principais cidades brasileiras, existe um ou vários Dojo, orientados por alguns dos aikidoístas históricos já mencionados. Novamente, o autor pede desculpas se alguém que, efetivamente, esteja autorizado a ensinar o Aikido no Brasil, não tenha sido mencionado.

Atualmente, o Aikido Brasileiro está se desenvol-

470 pessoas da FEPAI e do Instituto Takemussu realizaram este evento magnífico em 16 de maio de 2003 que selou o retorno da amizade entre Makoto Nishida e Wagner Bull e as organizações que lideram.

A maioria dos professores da FEPAI e do Instituto Takemussu presentes no grande Seminário da Amizade em 17 de maio de 2003 no SESC Consolação.

Alguns dos principais líderes da FEPAI e do Instituto Takemussu. Da esquerda para a direita: Felizberto Conde, Ney Tamotsu Kubo, José Gomes Lemos, Wagner Bull, Makoto Nishida, Paulo Nakamura, Fumie Nishida e Constantino Dellis.

vendo em grupos: a Confederação Brasileira de Aikido - Instituto Takemussu Brazil Aikikai, liderada pelo autor; as organizações dos demais professores ligados a Yamada Sensei: as de Breno de Oliveira (Shimbukan), Severino Salles (FEBRAI), Carlos Eduardo Dutra, Daniel Bornstein e Ricardo Leite (Bushinkan); a Escola Mussubi, sob o comando de Tomio e Eichi Kikuchi; a FEPAI, liderada por Makoto Nishida.

A União Aikikai do Brasil, liderada pelo Prof. Kawai, é bastante forte e nela se destaca Roberto Maruyama, que criou um grupo chamado "Dojos Maruyama", entre outros instrutores com menos Dojo associados, como Prof. Bueno e uma aluna de Ono Sensei, Profa. Maria Luíza Serzedello, que são bastante conhecidos. Outro grupo muito importante no Aikido do Brasil é a organização "Aizen", do fantástico professor Ishitami Shikanai, que além de aikidoísta é um grande conhecedor de *Iaido* e de *Jodo*. Com sede em Belo Horizonte, possui como principais professores, J.F. Santos e Martins em Brasília, Bento, Pedro Paulo e Adélio, no Rio de Janeiro, além de muitos Dojo em várias cidades brasileiras. Shikanai Sensei formou muitos professores competentes no que tange ao espírito correto do Aikido ensinado pelo Aikikai. O Prof. Severino Salles tem uma organização razoável em todo o Brasil, a FEBRAI, com Dojo no Nordeste, São Paulo, Rio de Janeiro e Rio Grande do Sul e que está em franco crescimento com sua sede em Campinas - SP. Há também um 4º *Dan* no Rio chamado Carlos Nogueira, que treinou com Saito Sensei em Iwama.

O Tomiki Aikido chegou ao Rio no final da década de 90, com o Prof. Tada, que veio trabalhar no Rio de Janeiro, organizando este estilo no Estado. O *"Shin Shin Toitsu"* também esteve presente no Rio, iniciando seu desenvolvimento através de um ex-aluno de Shikanai, Sr. Clóvis Mello, na década de 80, muito embora quando este veio a falecer, seu principal aluno e sucessor, Luís Cláudio Freitas da Silva se juntou ao Instituto Takemussu. Em Belo Horizonte houve uma representante de Tohei que ficou muito conhecida devido aos seminários internacionais que promoveu, chamada Lael. Georges Prettyman, um ex-aluno de Nakatani e Shikanai Sensei, também está filiado à *Ki Society*, que é a Instituição que existe por trás do estilo *Shin Shin Toitsu*.

É importante salientar o trabalho histórico de Breno de Oliveira, que ensinou também em Poços de Caldas, Sociedade Palmeiras, Ibirapuera e Franca, tendo sido professor da maioria dos atuais *"Yudansha"* que ensinam o Aikido e que praticam há longo tempo. Também existem as academias não filiadas ao Aikikai, como a de Alfredo Pallacios, Lima, e da Profª. Lael, que são ligadas a "Ki Society"; a Yoshinkan trazida ao Brasil por Eduardo Pinto e as academias de Takemussu Aikido ligadas a Ueno Sensei; existem, ainda, algumas ligadas a Steven Seagal, e também ao Tomiki Aikido, no Rio de Janeiro.

O Instituto Takemussu começou no Rio de Janeiro com o Luís Cláudio e depois com o Nelson Alves. Quando este, por problemas particulares, necessitou parar de ensinar, assumiu a liderança o Luís Cláudio que deu grande impulso ao Instituto Takemussu no Rio de Janeiro, até o final da década de 90. Quando Luís Cláudio parou de ensinar o Aikido, assumiu a Federação de Aikido do Rio de Janeiro, ligada ao Instituto Takemussu, o Dr. Alberto Coimbra, e a direção técnica o Dr. Fernando Sant'Anna, ambos médicos - o segundo foi aluno direto do autor por longos anos e tem nível de *Sandan*, sendo o diretor-técnico da Federação de Aikido do Estado do Rio filiada ao Instituto, com um Dojo em Cabo Frio, onde possui uma famosa clínica de angioplastia, chegando a ser notícia de TV em rede nacional por

Primeiro seminário internacional de Yamada Sensei em Ribeirão Preto em Outubro de 2002, organizado pela Federação Inter-Cultural de Aikido que foi criada pelos líderes do grupo "guarda-chuva" a saber: Breno de Oliveira, Carlos Dutra e Ricardo Leite. Nesta organização Breno de Oliveira representa a grande força com talvez mais de 70% dos membros sendo seus alunos. Ricardo Leite está cuidando, em 2003, da parte técnica, visto ser um dos poucos professores realmente profissionais no Brasil que vivem exclusivamente da prática e do ensino do Aikido. O autor assistiu a este evento como convidado, mas o Instituto Takemussu não participou porque um dias antes realizou também um seminário internacional com Yamada sensei no qual participaram 450 pessoas no Clube de Regatas Tietê em São Paulo. Atualmente no Brasil, o grupo "guarda-chuva" se dividiu em 4 associações: A Federação Inter-cultural, A FEBRAI, dirigida por Severino Salles, o Instituto Takemussu e os que estão trabalhando individualmente como Eichi Kikuchi que está ligado à organização do "Princípio Único" do Prof. Kikuchi, e Daniel Bornstein, que criou o "Aikido Terapia", vinculando a arte à associação de terapeutas corporais existente no país.

Prof. Breno de Oliveira e seus principais alunos. Ele, juntamente com o autor, Alfredo Pallacios e Ono Sensei, são os mais antigos praticantes e professores de Aikido brasileiros, que começaram a prática na década de 60 e continuam na ativa.

Seminário de Sugano Sensei organizado pelo Instituto Takemussu em maio de 1998, quando o autor pôde desfrutar de dias de convívio muito próximos com Sugano Sensei.

Prof. Tada, introdutor do Tomiki Aikido no Brasil.

suas habilidades na Medicina.

Alberto Coimbra tem seus dois filhos praticando Aikido e o mais velho, Pedro, desponta como uma grande promessa. No Rio existem vários Dojo ligados ao Instituto Takemussu, comandados por outros instrutores, como Antonino Barreto, João Alcântara, Geraldo Luís Garcia, Carlos Alexandre Cirto Martins, em Niterói, Wagner Castelo, Mauro Salgueiro, Guilherme Borges, Paulo Augusto Cirto Martins e Sérgio na academia Top Defense, e com academias próximas às estações do Metrô como em Maria das Graças, Botafogo, Niterói, Copacabana e também em Cabo Frio como se mencionou.

O mais importante, para os leitores que pretendam iniciar-se na prática do Aikido, é que tenham consciência da importância em se treinar em uma entidade que seja reconhecida oficialmente pelo Hombu Dojo, a Central no Japão, seja esta do Aikikai, da Yoshinkan ou da "*Ki Society*", visto que, juntas, as três entidades representam cerca de 80% de todo o Aikido praticado no mundo. As demais organizações, com raras exceções, são lideradas por pessoas dissidentes ou de organizações inexpressivas, e para quem quer fazer uma carreira na arte, ter o apoio de uma organização forte e internacionalmente reconhecida como o Aikikai é fundamental. Isto não significa que não existam excelentes professores de Aikido atuando como independentes. Eles existem sim, mas são raros.

O Aikikai é a organização legada pelo Fundador do Aikido, que após sua morte foi dirigida pelo seu filho Kishomaru e, atualmente, após sua passagem, é comandada por Moriteru Ueshiba, o terceiro Doshu. Assim é a grande origem institucional do Aikido.

O Instituto Takemussu, bem como outras organizações, possui representantes em vários estados e capitais do Brasil, e também na Europa, em Portugal.

Pelas informações que o autor tem, na cidade do Rio de Janeiro sob o ponto de vista político, onde os atuais líderes do grupo Shikanai são Bento e Pedro Paulo, as coisas continuam similares como na década passada, embora tenha ocorrido expansão com vários outros Dojo a ele ligado no interior do

Gaku Homma, o último uchideshi do Fundador em Iwama, e sua esposa Emily Bush, visitou o Brasil em 2001, a convite da FEPAI, realizando um seminário no qual o autor participou onde ele contou detalhes pitorescos sobre a vida com o Fundador naqueles tempos.

Grande recordação para o autor e Alexandre ao terem tirado esta foto ao lado de Nakatani Sensei, o segundo pioneiro do Aikido no Brasil, e aluno direto de Morihei Ueshiba.

estado, sendo hoje uma organização forte em todo o Brasil. Seu esforço foi recompensado, afinal. É importante lembrar que um dos fatores importantes para este sucesso tem sido o trabalho de um de seus mais dedicados alunos, o mestre J. F. Santos que atua em Brasília e por quem o autor tem respeito, amizade e carinho, embora mantidas as diferenças organizacionais.

Em Curitiba, um aluno de Kawai Sensei chamado Rodolfo Reolon, tem feito um bom trabalho de divulgação, tendo um Dojo com muitos alunos leais e filiais em outras cidades paranaenses. No Paraná, o Instituto Takemussu tem um centro de treinamento afiliado em Londrina, coordenado por Marcelo Sakai e Elton Lombardi. Quando Alexandre Barros, aluno direto do autor foi transferido para Curitiba por razões profissionais, quase o Instituto se instalou de forma definitiva na capital paranaense, pois ele abriu um *Dojo* no centro da cidade e em pouco tempo tinha mais de 40 alunos. Infelizmente, teve que ser transferido para São Paulo, e como não havia tempo para formar um professor, o grupo praticamente se dissolveu. Há também em Curitiba uma pessoa chamada Anhume Guérios, que foi promovido a *Shodan* pelo Prof. Nishida, e que posteriormente se desligou e se filiou a Steven Seagal, e que vem tentando formar um grupo sólido nesta cidade, e atualmente parece estar ligado a Larry Reynosa, que se separou de Seagal e está formando uma organização internacional aceitando alunos dissidentes que o procuram. Guérios chegou a organizar seminários internacionais em Curitiba com Matsuoka Sensei que era o famoso Uke de Steven Seagal em seus filmes quando fazia o *"Irimi Nague"* e com Larry Reynosa, no tempo em que ambos ainda estavam ligados a este artista de cinema notório no mundo do Aikido, graças ao personagem "Nico".

Na Bahia, um antigo praticante de artes marciais chamado Ubaldo Alcântara e seu filho Renato começaram a treinar Aikido com um grupo do Prof. Severino e junto com seu aluno Carlos Alberto criaram uma

Prof. Luis Claúdio, que deu grande impulso ao Instituto Takemussu no Rio de Janeiro.

Seminário no Rio de Janeiro (1994)

Seminário de Wagner Bull Sensei no Rio de Janeiro (1995)

Foto com alguns dos instrutores do Instituto Takemussu do Rio de Janeiro, liderado por Alberto Coimbra e Fernando Sant'Anna, em um seminário de Wagner Bull Sensei na Cidade Maravilhosa. É claro que a foto tinha de ser descontraída como o espírito carioca.

organização em Salvador. Posteriormente eles se desentenderam com o Prof. Severino e seguiram independentes em um pequeno Dojo chamado Shintokai Dojo. Eles tiveram o mérito de convidarem William Gleason para um seminário em Salvador no qual compareceram cerca de 40 pessoas. Infelizmente eu não pude comparecer por questões políticas na época, visto que Gleason era ligado ao mestre Saotome residente nos EUA com os quais Yamada Sensei, que é o *Shihan* a quem respeito, não mantém relações e eu, uma pessoa internacionalmente conhecida na época como seu representante no Brasil, entendi que o colocaria em uma posição embaraçosa se comparecesse, embora eu tenha grande admiração por Gleason pelo extraordinário livro que escreveu e que me ajudou bastante (ver Volume 1 - A Teoria). Fiz questão de citar as razões da minha ausência neste seminário para que os leitores praticantes de Aikido entendam que quando são alunos de alguém, têm o privilégio de desfrutar das amizades e benesses de quem os orienta e apóia, mas têm também o dever de entender que ao fazer isso assumem também as inimizades e os problemas políticos desta pessoa a quem se filiaram.

O Instituto Takemussu tem um *Dojo* afiliado na Capital Federal, que é dirigido pelo instrutor Carlos Villablanca, e supervisionado diretamente pela Confederação Brasileira de Aikido, o Brazil – Aikikai, reportando-se diretamente ao autor, mas é um grupo relativamente pequeno se comparado ao de Shikanai.

A propósito, atualmente, em Niterói, há um grupo ligado ao Instituto Takemussu com os instrutores Carlos e Geraldo, e também um excelente 4º *Dan* do *Iwama Style* chamado Carlos Nogueira, que ficou no Japão três anos

Alberto Coimbra, responsável pelo Kitoji Dojo e presidente da Federação de Aikido do Rio de Janeiro.

Em março de 1997, o Instituto Takemussu organizou um seminário no Rio de Janeiro, supervisionado pelo Prof. Luis Claúdio Silva juntando Peter Bernath e Donovan Waite, no Dojo do Forte de Copacabana. Eduardo Luis de Portugal estava presente.

Nelson Alves era aluno de Shikanai Sensei. Foi uma das poucas pessoas que pertenceu ao Instituto Takemussu (ver foto acima) e posteriormente se desligou. Foi quem deu impulso inicial ao Instituto Takemussu no Rio. Luis Claúdio Freitas, Uke na foto esquerda, o sucedeu com brilhantismo formando um grande grupo.

Seminário de Wagner Bull em Cabo Frio, Rio de Janeiro (1998).

Seminário de Wagner Bull no dojo da academia Top Defence, Rio de Janeiro (2000).

Seminário de Wagner Bull em Del Castilho, Rio de Janeiro (2000).

Seminário de Wagner Bull na Argentina, realizado no dojo de Sakanashi Sensei em Buenos Aires.

Aula de Wagner Bull Sensei em Caracas - Venezuela

Seminário de Wagner Bull Sensei em Córdoba na Argentina (Julho / 1999)

Aula de Wagner Bull Sensei na Colômbia

Seminário de Wagner Bull Sensei em Havana - Cuba (Março / 1998)

Seminário Wagner Bull Sensei em no Peru (Fevereiro / 1998)

Aula de Wagner Bull Sensei em Quito - Equador (1999)

438

Seminário de Wagner Bull Sensei em Lisboa - Portugal - (Novembro / 1997).

Detalhe do Seminário de Wagner Bull no clube dos bombeiros em Estoril, Portugal.

Seminário de Wagner Bull em Lisboa (1998).

Seminário de Wagner Bull em Lisboa, no clube Estrela Amadora (1998).

Segunda visita do autor ao Instituto Takemussu de Portugal liderado por Paulo Farinha, ajudado por sua esposa Amália (2001).

Paulo Farinha, responsável pelo Instituto Takemussu de Portugal.

como aluno de Saito Sensei.

Levado a Minas Gerais pelo Prof. Shikanai em 1985, Belo Horizonte desfruta do privilégio de dispor, na opinião do autor, do primeiro mestre de Aikido realmente com uma excelente técnica do estilo Hombu Dojo, e que influenciou a prática deste estilo no Brasil com suas demonstrações. Houve outros como Torata, Horiê, Tani e Shishido, mas não continuaram com seu trabalho na contribuição à evolução da arte. Não se pode deixar de citar Massanao Ueno Sensei, que ficou na história do Aikido brasileiro como quem trouxe a conexão xintô e deu o exemplo vivo da energia e do poder da arte criada por Ueshiba Morihei, possuindo alguns Dojo afiliados diretamente a ele. O *"Shin Shin Toitsu"* também está em Belo Horizonte e no Paraná.

O Prof. Luiz Ricardo Silva preside a Federação Mineira de Aikido, com um Dojo central em Juiz de Fora e outros em várias cidades do interior mineiro. Foi aluno do autor, e é um dos mais importantes líderes do Instituto Takemussu, tendo formado excelentes faixas pretas até aqui.

Em Maceió, a Federação Alagoana de Aikido, ligada ao Instituto Takemussu, é comandada por Cícero Vergetti e Luís Coutinho, tendo também alguns Dojo ligados a FEBRAI e a Larry Reynosa, ex-aluno de Steven Seagal. O pioneiro do Aikido Alagoano foi

Steven Seagal sua mulher e sua mulher Fujitani Sensei quando vivia no Japão na década de 70.

440

Larry Reynosa e Matsuoka quando ainda estavam ligados a Steven Seagal. O primeiro se tornou independente e o segundo se filiou a Tadashi Abe, 9º Dan. Anhume Gérios (á direita) se filiou a este grupo e vem tentando desenvolver o Aikido no Brasil a ele ligado.

Carlos Humberto Barbosa Gomes, que no final da década de 80 procurou-me em São Paulo, aprendendo a arte quase por correspondência e como autodidata, por vídeos e viagens minhas para Maceió, a ponto de formar os principais líderes dos Dojo neste estado, que são Cícero Vergetti, Fernando Coutinho e Paulus Tertius Omena. Carlos Humberto foi a única pessoa que até hoje foi promovida no Instituto Takemussu mesmo fazendo as técnicas bem diferentes do padrão do Instituto. Esta exceção se deu porque o autor reconheceu que, embora ele não pratique o Aikido na forma do Instituto, acabou criando uma técnica espontânea e que tem seu valor, além de ter mostrado maturidade e lealdade para com o autor no que tange a ajudar a desenvolver o Aikido em Alagoas, estimulando seus alunos a continuarem firmes a procurar os ensinamentos do Instituto. Na Bahia, o Instituto Takemussu tem um Dojo em Itabuna, sob a direção de Thiago Campello, que foi meu *uchideshi* em São Paulo e que começou a treinar quando o filho do Prof. Luís Rovella, Flávio, mudou-se para Itabuna, começando um trabalho do Instituto por lá mas que infelizmente faleceu tragicamente em um acidente de moto.

No Nordeste, existem Dojo ligados ao Prof. Kawai, Prof. Shikanai, Severino e eu, e também há um belga chamado George Stobbaerts cujo núcleo está em Recife, que se separou do Aikikai criando uma organização independente com filial em Pernambuco. Também no Pará, existe

Haruo Matsuoka visitou o Brasil a convite de um curitibano chamado Anhume Guérios que recebeu o shodan do Prof. Nishida e posteriormente filiou-se a Steven Seagal. Este contato acabou trazendo também Larry Reynosa, que esteve em Curitiba e Maceió, ex-aluno de Chiba e Kanai Sensei, que havia se filiado a Seagal. Quando Seagal praticamente parou de treinar o Aikido e tornou-se Budista Tibetano, alguns filiados no Brasil seguiram Reynosa em uma organização internacional que criou filiada ao Aikikai. Matsuoka atualmente está filiado a Seiseki Abe, 10º Dan, calígrafo, amigo e grande conhecedor da filosofia do Aikido.

Luis Ricardo Silva, presidente da federação mineira de Aikido e responsável pelo Instituto Takemussu em Minas Gerais.

Wilton Alves foi o introdutor do Aikido do Instituto Takemussu em Montes Claros, MG, supervisionado pelo Prof. Luis Ricardo Silva.

um grupo ligado a Shikanai Sensei, que é coordenado pelo Prof. J. F. Santos de Brasília. Há muitos outros Dojo e professores de Aikido em várias cidades, e atualmente, tudo é muito dinâmico.

    Muitos perguntam porque é tão difícil o trabalho conjunto, e a resposta é que, como se não bastassem as diferenças locais, existem algumas outras, ainda mais difíceis de serem superadas, que são internacionais, pois Kawai Sensei é apoiado por Massatake Fujita. Shikanai foi aluno de Yasuo Kobayashi e o Instituto Takemussu é estreitamente ligado a Yoshimitsu Yamada, os dois primeiros no Japão e o último em Nova York têm divergências entre si. O autor vem defendendo a idéia de que, embora cada grupo respeite suas conexões internacionais, temos que separar a política brasileira da internacional ou nunca chegaremos ao ideal do trabalho em conjunto. Não podemos importar problemas. Bastam os nossos. Esta forma de pensar é a única que pode permitir a união entre as organizações no Brasil, ou seja, temos que separar a política internacional da nacional. Já existem divergências naturais suficientes entre os mestres brasileiros. É melhor deixar as internacionais de fora se quisermos praticar o espírito do Aikido.

    É necessário que o leitor entenda que a liberdade conquistada no Aikido brasileiro trouxe um problema, e que a pessoa interessada em se iniciar no Aikido deve ter o devido cuidado. Muitos donos de academias de musculação ou clubes de ginástica, devido ao crescente interesse da população pelo Aikido, pedem para pessoas mal preparadas ministrarem cursos de Aikido em seus espaços. Algumas compram uma faixa preta e se intitulam "mestres" de Aikido. Isto vem causando um sério problema em todo o Brasil, uma vez que os leigos procuram estes cursos sem conhecimentos suficientes para saber o que é um bom professor devidamente habilitado. É importante se ter consciência que não é porque existe uma placa em frente de um prédio dizendo que lá se ensina Aikido, que isto efetivamente ocorre. O interessado deve procurar saber quem é o professor, seu passado e suas conexões internacionais, e verificar se são fidedignas, para não comer "gato por lebre".

    Há também outros estilos, que não pertencem ao Aikikai, criados por mestres que se separaram quando o Fundador estava vivo, e outros depois de sua morte, que estão no Brasil, como o *Tomiki*, o *Shin Shin Toitsu* e o *Yoshinkan Aikido*.

É lamentável uma pessoa ficar em cima do muro, apenas para não se envolver e ficar livre para somente tirar o melhor de cada líder ou organização, jogando-a fora quando não tem mais nada que lhe interesse. Pessoas assim são interesseiras, frias, sem coração e sem bandeira. São como macacos que ficam pulando de galho em galho e o curioso é que quando conversamos com eles, eles pensam que são espertos e inteligentes porque não assumindo compromissos com ninguém são livres para ir e vir sem nenhum compromisso. Coitados, não sabem que quando chegam perto de um mestre que conhece seu passado, este jamais vai lhe oferecer o que tem de melhor e nunca vai mostrar-lhes o que sabe de mais importante, reservando isso para seus alunos fiéis e dedicados. Esta é a realidade das organizações de *Budô*. Por essa razão, fazemos questão que todos os alunos do Instituto Takemussu usem o símbolo da organização no peito, para que onde forem todos saibam quem são, de onde vieram e para aonde querem ir, e que se orgulhem disso. Palmeirense tem que usar camisa verde, Flamenguista as cores rubro-negras.

Penso que se isola quem não escolher lados e acaba ficando sem ninguém que o apoie com segurança. O Aikido é um caminho de treinamento e envolvimento do "*Kokoro*", onde a mente e o corpo, o interesse e o prazer têm que ter uma bandeira, uma camisa. Sem isso, a coisa fica "insossa", neutra, calculista, e onde não há sentimento falta a essência para a manifestação do "*Ki*" em vida alegre, envolvente e feliz. É claro que eu entendo que há pessoas que não conseguem seguir ninguém, são muito inteligentes ou presunçosas e assim preferem seguir um caminho solitário. Nos EUA eu percebi que existem muitos grupos de Aikido caminhando desta forma, sem se ligar ao Doshu ou algum aluno direto do Fundador. Até hoje não encontrei ninguém que escolheu esta opção que tivesse algo interessante para transmitir. O que percebi foram inovações introduzidas no Aikido que acabam se distanciando da proposta do Fundador e no final acabam perdidos e sem rumo.

No panorama latino-americano, há que se salientar que, na década de 90, foram fundadas duas federações latino-americanas de Aikido, uma por Yamada Sensei chamada F.L.A., com afiliados em 22 países latino-americanos e da qual o Instituto

Foto no começo da década de 90 tirada em Maceió nos primórdios do Instituto Takemussu em Alagoas.

Carlos Humberto Barbosa Gomes, o pioneiro do Aikido em Alagoas, aluno de Wagner Bull.

443

Seminário de Wagner Bull em Maceió, Alagoas (1998)

Cícero Vergeti, responsável pelo Instituto Takemussu e presidente da federação alagoana de Aikido, Nidan (em 2003).

Takemussu faz parte, tendo como associadas organizações na Argentina, Uruguai, Chile, Peru, Equador, Bolívia, Venezuela, Curaçao, Cuba, México, Guatemala, Costa Rica, Nicarágua, entre outros, e uma outra federação - a F.L.A.A., cujos principais membros são Makoto Nishida e José Lemos representando o Brasil, Cela do Uruguai, Miyazawa da Argentina e Jorge Rojo do Chile. A FEPAI é a única representante oficial da IAF – Federação Internacional do Aikido, enquanto perdurar a política de apenas uma entidade representativa por país. Está em estudo a admissão de mais de um representante por país e isto deverá mudar em 2005, e neste caso, haverá outros representantes afiliados no Brasil.

O autor e o Instituto Takemussu estão empenhando grande esforço no sentido de acabar com a rivalidade entre os grupos ligados ao Aikikai no Brasil.

Para se saber os endereços dos Dojo de todo o país, basta acessar um dos vários sites de busca da Internet. Outra alternativa é entrar em contato com a Confederação Brasileira de Aikido - Brazil Aikikai pelo site:www.aikikai.org.br, ou entrando em contato com o Instituto Takemussu, onde se pode obter informações dos mestres e *Dojo*, mesmo os de outras organizações. É incrível a quantidade de *Dojo* e instrutores associados ao Aikikai existentes na atualidade e à disposição no Brasil. De qualquer forma, a maioria deles estará ligada a um destes seguintes mestres: Wagner Bull (Instituto Takemussu), Makoto Nishida (FEPAI), Reichin Kawai (União Aikikai do Brazil), Ricardo Leite e Breno de Oliveira (Instituto Shimbukan), Severino Salles (FEBRAI), Ishitami Shikanai (Organização Aizen), J.F. Santos (Brasília), Roberto

Seminário de Wagner Bull Sensei em Maceió-AL (Novembro/2002).

Maruyama (Dojos Maruyama), Keizen Ono, José Lemos, Prof. Tada, Eduardo Pinto, Alfredo Palácios e Instituto do Princípio Único (Eichi Kikuchi), que são os principais líderes no país em 2003. Existem alguns outros instrutores independentes, mas há poucos *Dojo* associados.

A Confederação Brasileira de Aikido - Brazil Aikikai, se dispõe a dar informações seguras sobre quais são as academias e professores confiáveis, sem bairrismo, pois temos em nossos registros e em nossos quadros, informações sobre quase todos os Dojo reconhecidos, embora o Brasil seja muito vasto e fique quase impossível saber o que está acontecendo em todo o seu território.

A situação atual é muito diferente da existente quando o autor iniciou seu treinamento em 1968 e não havia mais do que quatro *Dojo* em todo o país. O Brasil entra no século XXI como uma potência mundial da prática desta arte, graças ao esforço de pioneiros como Kawai Sensei, Nakatani Sensei, Ono Sensei, Shikanai Sensei e é claro, dos alunos que souberam levar avante, em sua essência, o legado que lhes foi passado.

COMENTÁRIOS FINAIS

Na história do Aikido do Brasil, Kawai Sensei é o personagem central.

Uma vez Kawai Sensei disse: *"Eu sou o pai do Aikido e Ono Sensei é a mãe"*, fazendo uma metáfora de que seriam necessárias a rigidez e firmeza do pai e a tolerância e flexibilidade da mãe.

Evidentemente teria sido muito melhor se no passado um aluno direto do Fundador houvesse iniciado o Aikido no Brasil, mas Kawai Sensei fez tudo que estava a seu alcance, é claro dentro de suas características, possibilidades e personalidade. Se este começo não foi ideal pelo menos foi o possível, e mais tarde com o tempo cada um procurou se adequar e evoluir da melhor forma. O Aikido acabou se consolidando em seu elevado nível no início da década de 90, quando novas lideranças assumiram como fruto das contingências. Eu não acredito que Kawai tenha cometido erros por ser pessoa de maus princípios, mas sim, devido à maneira em que entendia como deveria funcionar sua liderança nesta arte e assim agia parecendo um

Georges Stobbaerts, um belga que fundou uma organização em Portugal e comseguiu um 8º Dan, mas não do Aikikai. Iniciou um trabalho em Recife-PE, formando alguns instrutores.Há várias pessoas como ele no mundo que decidem ser independentes e criar o seu próprio caminho. Na visão do autor a maioria é pretensiosa e quer ocupar um lugar de forma precoce ao invés de pacientemente seguir um mestre e depois de trinta, quarenta anos de treino, quando este lhe confere o título de "Shihan", então sim pode pretender ser um modelo. Nem todos têm esta paciência, mas não lhes falta arrogância e vão em frente. O autor não conhece Stobbaerts pessoalmente, portanto este comentário pode não se aplicar a ele.

"*xogum*" feudal para nós, ou seja, o que ele decidisse deveria ser feito sem questionamento ou contrariedade. Mas Kawai, eu entendo, pensava que aquela seria a melhor forma para levar avante a enorme responsabilidade que havia assumido de desenvolver e evitar que o Caminho do Aikido se distorcesse no Brasil. Aliás, este aspecto vertical da cultura japonesa foi motivo de problemas em vários países ocidentais. Não foi apenas no Brasil que surgiram conflitos e problemas no início da implantação do ensino desta arte. Em diversos países ocorreram problemas semelhantes. Seu equívoco maior a meu ver, foi que, quando algumas pessoas decidiram não mais segui-lo, em vez de dar liberdade, quis impedi-los de praticar na forma que achassem melhor, e fez isto usando a polícia e ações judiciais. Mas ele fez grande esforço pessoal para fazer do Aikido algo muito importante no Brasil.

Kawai Sensei teve muitas vitórias e trouxe vários benefícios ao Aikido brasileiro, ao procurar ensinar o espírito do guerreiro feudal, o samurai japonês, a formalidade e a disciplina nipônica existentes no país do Sol Nascente antes da ocupação pelos EUA do Japão, chefiada pelo General MacArthur, no pós-guerra em meados de 1946. Eu visitei vários Dojo pelo mundo afora, e verifiquei que em muitos do Ocidente as pessoas praticam Aikido sem a formalidade e a etiqueta tradicionais, diferentemente da forma praticada no Brasil, nos Dojo comandados por pessoas que foram educadas na etiqueta do Prof. Kawai. Atualmente, com a influência americana, mesmo no Japão e na grande maioria dos Dojo, não se pratica a indispensável disciplina e ordem no tatami, e o respeito ao Kamiza, o "*Reigi Saho*", como Kawai Sensei ensinou a todos os praticantes da "Velha Guarda" do Aikido Brasileiro, dentre tantas outras coisas oriundas da etiqueta japonesa. Há Dojo atualmente em que entram cachorros e gatos acompanhados de seus donos, pessoas trazem a bicicleta para a sala de recepção, conversam em cima do tatami em voz alta durante as aulas, se esquecem das reverências e cometem o "sacrilégio" de pisar no tatami com sapatos ou chamarem o *Dojo-cho* pelo primeiro nome, como se fosse um companheiro de folguedos. Se continuar assim, vão acabar chamando o instrutor de "*tio*". Kawai Sensei foi quem me ensinou a jamais tolerar este tipo de coisas.

Na opinião do autor, esta foi a contribuição mais importante de Kawai Sensei para o Aikido brasileiro bem como procurar desenvolvê-lo mais dentro da linha do

Aikikai. Se, hoje, no Instituto Takemussu, guardamos de forma rigorosa estes princípios, devemos isto a Kawai Sensei. Por estes ensinamentos, de disciplina e etiqueta, por nos ensinar a ter enorme respeito pelo Aikido, por estes e outros aspectos é que entendo que todos os praticantes que foram seus alunos, devem efetivamente guardar-lhe grande respeito e gratidão. Porém, isto não significa que em determinados momentos Kawai Sensei não tenha cometido excessos e tomado decisões erradas, motivando mesmo aqueles que por ele tinham gratidão, a se afastarem ou se posicionarem contrários e rebeldes, em várias instâncias e circunstâncias. Kawai Sensei, eu acredito, tinha resistências inconscientes para aprender nossa cultura e nossa língua, pois não se explica como ele, sendo uma pessoa inteligente, até hoje ainda não tenha aprendido a falar razoavelmente o português e mesmo sua esposa sendo uma professora da USP. Ele queria se manter dentro das tradições culturais que havia visto no Japão de seu tempo, saudoso da época antes da era Meiji quando começou a ocidentalização do Japão. Este foi, acredito, o fator mais importante que nos atrasou muitos anos em relação a outros países, no que tange à técnica, que era bem diferente da praticada no Japão pelos alunos diretos do Fundador, pois não nos era permitido buscar livremente outras formas de treinar. Todos deviam fazer as coisas exatamente como ele propunha, sem questionamentos. Somente no final da década de 90 o Aikido brasileiro começou a se nivelar ao melhor Aikido europeu, americano e japonês graças a alunos abnegados que fizeram esforço pessoal enorme para ir atrás no Exterior, comprar livros, filmes etc. Somente no começo no novo milênio é que começaram a se formar *Shihan* que iniciaram seus estudos no Brasil, como Makoto Nishida, eu entre outros, e mesmo assim, à custa de muito esforço autodidata que foi necessário para se atingir o nível técnico da elite do Aikido.

Se parte dos acontecimentos improdutivos foram aqui descritos, a intenção foi a de não camuflar a verdade histórica, a fim de que esta possa ser compreendida pelas novas gerações, pois estas não testemunharam os fatos. Como dizem os japoneses, é compreendendo o passado que podemos entender o presente (*"On Ko Shi Shin"*).

Na Europa, havia Tamura Sensei e nos EUA Yamada Sensei, ambos tendo sido alunos diretos do Fundador. Os professores de Judô na França ficaram maravilhados quando conheceram o Aikido, e a arte cresceu, basicamente, dentro das organizações de Judô, tamanha era a eficácia que percebiam nesta arte, seu valor como defesa pessoal e caminho de vida. No Japão, o próprio Jigoro Kano havia mandado seus melhores alunos aprenderem o Aikido, e tornou isto público, como se pode ver no Volume 1 desta obra. É evidente que isto fez uma enorme diferença comparando com o Brasil, em termos de desenvolvimento. Nos EUA existem mais de 80.000 aikidoístas, na França mais de 90.000 e no Brasil, apesar da enorme colônia japonesa, mesmo o Aikido representando os mais elevados aspectos culturais do Japão, até a década de 80, não havia mais que 400 praticantes em todo o país, mesmo após quase 20 anos de ensino até aquela data. Hoje, a situação é outra mas não foi Kawai Sensei o único responsável para que o Aikido brasileiro atingisse o estágio atual. No meu modo de entender o maior mérito está nos líderes, embora é claro ele tenha dado grande parcela de colaboração na forma que pôde.

Eu estou descrevendo o panorama antes da década de 90. De lá para cá, Kawai Sensei, seus alunos e instrutores receberam muitas influências e tiveram contato com grandes mestres, mudando muito o panorama técnico de sua organização e,

*Os alunos de Yamada Sensei no grande evento de 1994 em Hamilton - NY.
O autor está no centro superior esquerdo.*

mesmo no final dos anos 90, já havia praticantes com níveis de *Dan* compatíveis aos internacionais, como Ricardo Leite, Herbert Pizano, Severino Salles, Makoto Nishida e muitos outros. Este é um fato indubitável. Há um vídeo, da segunda visita do Doshu Kishomaru ao Brasil, que deixa isto evidente para quem o assistir. O Prof. Maruyama, por exemplo, que começou a treinar no final da década de 70, e que é, atualmente, o mais graduado aluno de Kawai Sensei, desenvolveu um bom Aikido, e hoje tem 6º *Dan*, figurando entre vários outros que o autor conhece, e que possuem bom nível técnico. Mas é claro que a influência que o *Shihan* Massataki Fujita exerceu na organização do Kawai Sensei atráves dele mesmo e do acesso que ele permitiu aos alunos ao Hombu Dojo e seus *Shihan* foi determinante. Quem quiser analisar por si mesmo deve assistir os filmes daquela época, comparando com a atualidade e vai chegar a esta mesma conclusão, sem ler nada a respeito. Hoje, a maestria e a fluidez de um professor 6º *Dan* de Aikido, em termos atuais, quando a expansão rápida da arte não se faz mais necessária, leva muitos anos para se conseguir, não sendo nada fácil adquirir um diploma neste nível.

    Mesmo na década de 60, quando Yamada Sensei treinava como *uchideshi* todos os dias, ele só foi enviado aos EUA após 8 anos de treinos contínuos com o Fundador, e possuía apenas o 4º *Dan* embora ele fosse bem jovem. Para Kawai Sensei foi diferente, haja visto a necessidade do Aikikai de expandir-se e ele ter sido muito bem recomendado conforme se explicou anteriormente. Naqueles tempos, quando ele chegou no Brasil, seus estudantes de Aikido em São Paulo admiravam-no como professor de artes marciais e tinham respeito por ele neste sentido, principalmente por sua postura de "samurai" da antiga, sempre muito formal, e devido às histórias da sua amizade com membros da realeza japonesa, militares e ministros, assinando os certificados de promoção de seus alunos como um Comendador (ver uma cópia de certificado no volume 1 desta obra). Massaki Tani mandou-me uma carta dizendo que quando ele veio ao Brasil Kawai Sensei exigia ser chamado de "Conde". O prof. J. F. Santos uma vez contou-me que Nakatani achava estranho este título que Kawai clamava para si, porque no Japão não haviam "condes".

Kawai Sensei sempre se colocou como um competente representante técnico da tradição, exibindo seus certificados para quem duvidasse. Naquela época, não era como hoje, que existem dezenas de livros, vídeos e Internet, onde facilmente se pode obter e ver informações por todos os lados. Se alguém se comunicasse com a Central Japonesa por escrito, protestando ou pedindo informações, esta entidade, dentro de uma rígida hierarquia, pedia para o reclamante procurar Kawai, e isto quando respondia. Mesmo atualmente, embora seja muito mais fácil para quem não é japonês se relacionar com o Hombu Dojo, com a permissão para um 4º *Dan* ser representante de uma organização reconhecida do Aikikai, o diálogo não é fácil, principalmente para quem não fala japonês. É preciso ficar claro que ainda hoje o Aikikai Hombu Dojo é extremamente hierárquico e é preciso alguém ter muito valor para se relacionar de forma menos protocolar, de maneira informal com os dirigentes. Na minha maneira de ver, a central japonesa está agora começando a realmente abrir as portas para o Ocidente, mas o faz de forma lenta e cautelosa, como é característico da cultura oriental. Imagine o leitor como era 34 anos atrás quando eu comecei a praticar Aikido. As técnicas exóticas de Kawai Sensei e sua personalidade muitas vezes inflexível, na visão do autor, foram a grande causa dos problemas de relacionamento que ele teve com os professores japoneses do Aikikai que vieram ao Brasil, como Tani Sensei, Torata Sensei, Shishido, Ueno e outros, bem como com grande parte dos demais

Wagner Bull Sensei visitando o Hombu Dojo em 1997 na comitiva de Yamada Sensei.

mestres de Aikido latino-americanos, pois, embora estes fossem obrigados a respeitar o alto título que Kawai ostentava, não o reconheciam como autoridade sob o ponto de vista técnico no mesmo nível institucional. Isto foi o que causou a rebeldia de alunos, pois os brasileiros não têm esta cultura de submissão e aceitação incondicional da autoridade como são educados os japoneses, e somos mais voltados para o relacionamento democrático, horizontal. Este é um elemento que necessitava ser compreendido na cultura tradicional e Kawai Sensei nunca abriu mão disto tentando se adaptar e deixar os alunos exporem seus pontos de vista livremente. É por isto que Kawai Sensei reclama tanto do "*Guiri*" de seus ex-alunos, quando alguns se afastaram dele e lhe fazem concorrência atualmente. O líder, se é diretor técnico, deve ser respeitado a todo custo no "*Budô*". Mas também é verdade que a liderança institucional tem que fazer por merecer este respeito também em cima do tatami. Quando os alunos começam a questionar o mestre tecnicamente e este não mantém uma atitude de humildade, caso eles tenham razão, certamente ele vai acabar criando inimigos. Ono Sensei, por exemplo, sempre se colocou como alguém que estivesse aprendendo e em busca do Aikido de alto nível, tanto que batizou seu Dojo de Academia Pesquisa. Sempre esteve pesquisando em todo o tempo que lhe conheci, e sempre se colocando como um aprendiz, e não um mestre que já tivesse dominado tudo. Nunca conheci sequer um aikidoísta brasileiro que falasse mal de Ono Sensei. Por isto, digo que faltou flexibilidade à Kawai Sensei, e tudo teria sido diferente para ele e para os antigos praticantes.

Este problema nos ensinou muito, e assim, no Instituto Takemussu, jamais promovemos alguém sem que tivéssemos certeza de que o candidato tivesse competência equivalente em níveis internacionais. Quando uma promoção é apenas por honra ou responsabilidade elevada, isto deve ficar bem claro publicamente para evitar mal-entendidos e interpretações errôneas. Por exemplo, no passado todos os jornais publicaram o caso de uma escola de Karatê que na época em que Collor era Presidente queria lhe dar o 7º *Dan*, porque ele era o Presidente da República e havia praticado um pouco de Karatê em sua juventude. Este tipo de atitude, a de promover nas artes marciais por honra ao mérito e qualidades pessoais, e não necessariamente por desempenho técnico compatível, era comum no Japão, embora nós brasileiros discordemos dela. Por isto, vamos encontrar pelo mundo muitas pessoas com altos *Dan* no Aikido e em outras artes marciais, sem efetiva competência técnica equivalente ao grau recebido. Como pesquisou o autor, *Ô Sensei* dava altos graus com relativa facilidade, pois para ele, os *Dan* não tinham a menor importância. Ele mesmo treinou com faixa branca toda sua vida. Foi Kishomaru Ueshiba, seu herdeiro, que passou a ter critérios mais exigentes nas promoções, na forma de hoje. Além do que, atualmente, existem tempos mínimos de treino entre as promoções e o Aikikai não abre mão disto. Quando Yamada Sensei quis me promover para *Rokudan* eu fui testemunha de que ele pressionou o Aikikai com sua força política de ter dezenas de milhares de alunos a ele associados, mas o Aikikai não cedeu, e eu tive que aguardar até 2002, quando completou o tempo mínimo necessário. Não importa quando a pessoa foi promovida, a contagem é sempre feita a partir da data em que o diploma foi registrado no Japão. Eu houvera sido promovido a 5º *Dan* bem antes da data do registro constante na central mas isso não é levado em conta. Até a morte de *Ô Sensei*, em 1969, muitas pessoas foram promovidas a altos graus com menos de 5 anos de

Aula do Prof. Wagner Bull no grande seminário organizado pelo Instituto Takemussu feito em 2000, quando compareceram mais de 500 pessoas, onde Makoto Nishida e Masafumi Sakanashi Sensei deram aulas também.

Aspecto do grande seminário de 2000 promovido pelo Instituto Takemussu no SESC Consolação.

treino efetivo, o que em termos atuais seria um absurdo.

Quando comecei a divulgar o Aikido, em meados da década de 80, o fato de eu ter treinado com Massanao Ueno um Aikido marcial (*Takemussu Aikido*), ajudou a mudar a imagem do Aikido como uma arte marcial eficiente como defesa pessoal no Brasil. Escrevi em revistas, fiz demonstrações, fui à televisão etc., e tratei de ajudar a desenvolver a reputação de que o Aikido praticado no Instituto Takemussu teria eficiência técnica, procurando, ao mesmo tempo, relacionar-me bem com os demais mestres de artes marciais, sempre respeitando-as e considerando-as como sendo tão boas quanto o Aikido, em todos os aspectos, salvo no que tange à competição. Este discurso foi bem aceito pelo público e o Instituto cresceu bastante e a imagem da arte vem mudando muito desde aquela época. Principalmente escrevi muitos artigos filosóficos em revistas, vários livros e tenho uma coluna quinzenal no Jornal *São Paulo Shimbum,* desde 1997, mostrando o aspecto "*Do*", tão importante nas artes marciais, que muitos *Budô* deixam de lado. Isto atraiu praticantes de outras artes marciais como estudantes mais conscientes, espiritualizados e que buscaram no Aikido uma complementação no que haviam aprendido. Muitos professores de outras artes marciais hoje se tornaram mestres de Aikido no Instituto Takemussu. Em nosso Dojo, nunca fugimos da atitude marcial que se encontra nas lutas de Karatê, Tae Kwon Do etc. Temos procurado em nossos treinos fazer o Aikido funcionar dentro de uma situação real de combate e estruturamos nosso treinamento e curriculum com esta atitude. Embora saibamos praticar o estilo "redondinho", treinamos sempre usando o máximo de energia e procurando realizar as projeções e imobilizações dentro dos limites que o parceiro possa suportar. É impossível se treinar "socialmente" no Instituto Takemussu. Este espírito marcial, é coerente com o outro lado que entendemos complementar o Aikido, que é o de um caminho de iluminação espiritual. Steven Seagal, com seus filmes, também ajudou bastante quanto à imagem de marcialidade do Aikido embora distorcendo um pouco no que tange a um excesso de agressividade que não faz parte dos elevados princípios desta arte. Outros mestres de Aikido no Brasil, tiveram a mesma atitude, mas não todos, e procuraram trazer a marcialidade em seus treinamentos e demonstrações públicas. Infelizmente, no entanto, ainda existem Dojo que praticam a arte como uma dança, ou apenas um treinamento para desenvolver as energias, e no meu modo de entender, embora eles tenham o direito de fazer isto, não é a proposta do Fundador, como se pôde apurar ao longo da leitura desta obra. É preciso que se diga que isto não é invenção deles, porque infelizmente, no próprio Japão está havendo também uma tendência em "suavizar" o Aikido, e muitos Dojo treinam as técnicas de forma bem leve, quase como uma ginástica para executivos. Eu não gosto disto e acho que o Fundador também não gostaria de ver sua arte sendo praticada desta forma. Saito Sensei em Iwama foi a pessoa que por mais tempo treinou com o Fundador e tinha também a mesma reclamação e me disse isto pessoalmente no Japão na presença de 4 testemunhas. Ele disse: "Existem pessoas matando o Aikido do Fundador, aqui mesmo no Japão".

Uma coisa é certa, Kawai Sensei nunca gostou de treinar sem marcialidade, seus movimentos poderiam ser criticados por falta de atualização, mas nunca por desprezar ou treinar sem marcialidade.

Kawai Sensei sempre foi uma pessoa muito política e muito habilidosa nas relações com pessoas da alta esfera como já dito, conseguindo comendas e títulos que foram entregues ao próprio Fundador e seu filho Kishomaru, reforçando a confiança nele depositada e traduzindo a enorme gratidão dos mesmos com relação a Kawai Sensei. É claro que esta consideração beneficiou bastante o Aikido brasileiro em termos formais e de representatividade, e ele sempre foi mencionado pelo Doshu Kishomaru em seus livros e panfletos, com respeito e valor. Os alunos de Kawai Sensei sempre tiveram as portas abertas para treinar no Hombu Dojo do Japão. A Câmara Municipal de São Paulo chegou a entregar a Kishomaru Ueshiba o título de "Cidadão Paulistano", graças ao excelente relacionamento de Kawai Sensei com vereadores e deputados ligados à colônia japonesa. Kishomaru Ueshiba dava grande valor a este título, conforme mencionou a Yamada Sensei, e era grato a Kawai Sensei pela excelente forma com que ele sempre soube se manter ao se relacionar com o Hombu Dojo. É claro que isto ajudou a fortalecer a imagem de que o Aikido era uma arte de elite, trazendo orgulho a todos que a praticavam aqui no Brasil, e isto foi algo muito positivo, e cujos méritos são de Kawai Sensei. No entanto, no final da década de 90, não era segredo no Japão que havia sérios problemas políticos no Brasil na condução da arte. Stanley Pranin publicou na "Enciclopédia do Aikido" a situação de centralização excessiva que havia na época, trazendo para o público o que o Hombu Dojo já sabia há muito tempo.

Por outro lado, nós os ocidentais entendemos que há outras formas de pagar por benefícios recebidos, diferente de entregar a própria alma ou de não se poder ter o prazer de fazer as coisas como se gosta. Entendo que, se alguém ensina Aikido para outrem, este não pode negar os benefícios que recebeu de seu professor e lhe deve gratidão. Mas, se ele passa a ver as coisas de forma diferente de seu professor, tem que ter a liberdade para fazê-las como deseja. Falta de gratidão não é buscar seu próprio caminho, mas o é não reconhecer as coisas boas que se recebeu, negando suas origens, ou não tentar retribuir a altura o favor recebido. É muito feio quando um aluno se diz competente em uma arte marcial e esquece de quem aprendeu esta competência. Os mestres pedem pouco mas não aceitam ingratidão e esquecimento. Volto a repetir que meu afastamento de Kawai Sensei foi uma decisão que partiu dele e eu fui obrigado a aceitar pois não permitiu que eu fosse buscar técnicas e conhecimentos com Ueno Sensei que na época eu julgava, e ainda julgo, de alto nível técnico e profunda espiritualidade. Depois ele me perseguiu, como já descrito, e só então teve minha reação. Mas, mesmo assim, anos mais tarde, no começo da década de 90, quando os ânimos se apaziguaram, eu tentei uma reaproximação e o convidei a participar no primeiro grande seminário de Yamada Sensei no Brasil, por mim organizado, e ele veio, e estava inclusive disposto a fazer parte da organização "guarda-chuva" através de uma carta que guardo com carinho. Infelizmente,

Kawai Sensei é uma pessoa que tem este mérito: sempre foi capaz de, nas situações difíceis da sua vida, reorganizar suas energias encontrando as soluções para os problemas que lhe afligiam. Por exemplo, no começo da década de 90 renunciou à FEPAI, ficando praticamente com muito poucos alunos. Criou uma nova organização, a União Aikikai do Brasil, e que hoje é uma das mais importantes do país.

Fernando Takiyama à direita junto com o autor e Ono Sensei que foi mestre dos dois, deu grande apoio ao Instituto Takemussu na fase inicial visto que era um experiente e reconhecido praticante que decidiu ministrar aulas no antigo Dojo da Rua Jussara. O autor e o Instituto Takemussu lhe devem muito pelo apoio moral e suporte técnico numa época difícil quando o Instituto Takemussu era desconhecido e não tinha a popularidade e reconhecimento que hoje desfruta.

ele mudou de idéia quando surgiu oportunidade de ter o apoio de Massataki Fujita, que politicamente tem lá suas diferenças com Yamada Sensei. Espero que no futuro, ainda as rivalidades possam diminuir e todos venham a ter relacionamento amistoso e colaborador. De minha parte quando Kawai Sensei quiser, eu aqui de público faço-lhe um convite, para "colocarmos uma pedra em cima do passado", e começarmos uma nova relação de amizade onde ambos, agora mais experientes, poderemos realizar ainda coisas muito interessantes e produtivas que certamente vão ajudar nossos alunos e organizações para benefício mútuo. Não podemos mudar o passado mas sim fazer o futuro diferente.

O Aikido que pratico foi muito influenciado por Ueno Sensei, e tive sempre portanto, diferenças com aquele ensinado por Yamada Sensei tanto no aspecto técnico como filosófico, mas elas sempre foram encaradas por Yamada Sensei como naturais e, após muita conversa, sempre acabamos encontrando um ponto comum, favorável a ambos, em uma atitude aikidoísta isenta de radicalismo. Eu tive, no final da década de 90, divergências com Yamada Sensei, mas por outra razões, e elas foram questões fora do Aikido devido a intrigas de pessoas que ficaram incomodadas com o sucesso do Instituto Takemussu, e o fato de eu ser uma pessoa muito próxima a ele. Assim alguns quiseram implodir meu relacionamento com ele, distorcendo alguns fatos, pouco antes do Instituto Takemussu ser reconhecido oficialmente pelo Hombu Dojo em 2001. A situação ficou muito tensa, eu fui à Nova York, sentamos, conversamos e eu humildemente como seu *"deshi"*, fui explicando minhas razões e ao final acabamos nos entendendo e ele finalmente entendeu o que ocorrera na verdade. Infelizmente, no Japão se diz que basta juntar três pessoas para que duas se reúnam para fazer a terceira ficar abaixo delas. Assim, estamos juntos até hoje, embora o ensino do Aikido no Instituto Takemussu tenha um enfoque espiritual e xintoísta, voltado para a defesa pessoal, o que difere um pouco de como ele ensina em Nova York. Eu o respeito como meu Sensei, e não faço nada de importante, principalmente no que tange a ações internacionais, sem antes ter o aval dele. Aí está a grande diferença entre Kawai Sensei e Yamada Sensei, pois o segundo soube respeitar e aceitar as diferenças entre seus alunos. Este foi seu grande erro como líder do Aikido brasileiro no passado na

Prof. Carlos Dutra em seu Dojo ao lado de seu filho Ricardo Rosso Dutra, em 20.05.03 junto com seus alunos entre os quais Vera Lúcia Sugai, a famosa escritora do livro: "O Caminho do Guerreiro".

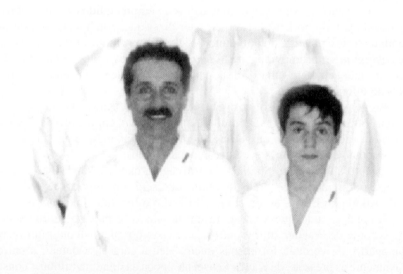

Mais um aikidoísta brasileiro que vê seu filho
trilhando o caminho da harmonia.

minha avaliação, e por isto ele hoje não tem tantos seguidores como Yamada Sensei, Tamura Sensei ou Kobayashi Sensei. Faltou a Kawai Sensei perceber a necessidade de se respeitar as individualidades, e esta é a grande lição que aprendi com o que vi no Aikido do Brasil.

Existem mais de 1 milhão e meio de descendentes de japoneses em São Paulo, ele foi o pioneiro, tinha apoio irrestrito do Hombu Dojo para toda a América Latina e gostava do que fazia e tinha enorme respeito de centenas de dedicados alunos, que o respeitam até hoje, de certa forma, como eu. Mas, mais do que isto, ele amava o Aikido. Poderíamos atualmente ter uma quantidade muito maior de praticantes se ele tivesse sido mais flexível no meu entender. De certa forma o mesmo aconteceu em toda a América Latina. Sempre fomos deixados em segundo plano, ao sabor do destino. O Hombu Dojo poderia ter enviado alguns de seus *Shihan* para viver e ensinar no Brasil dando-lhe autoridade. Quando eu reclamei disto, ouvi que a central japonesa nunca interferiu na legislação dos países e se Kawai Sensei estava do lado da lei, nada podiam fazer. Se bem que é verdade que assim que conseguimos mostrar a eles que não havia problemas legais, o apoio veio imediato. Por isto eu digo que a Resolução do CND que consegui em 1998, foi a "carta de alforria" do Aikido do Brasil e o apoio que o Doshu Kishomaru deu a Makoto Nishida foi a base para que não houvesse dispersão no grupo até então representativo da arte no país. A verdade é que ninguém quer ser forçado a nada nesta vida, nem a fazer as coisas contra a própria vontade. Cedo ou tarde reagem, e o opressor acaba sofrendo sempre pesadas represálias. Na opinião do autor, tivesse Kawai Sensei o espírito que tem hoje, sendo mais tolerante, prestigiando mais seus alunos, respeitando seus desejos e projetos, mesmo que contrariando eventualmente os seus, talvez a história do Aikido brasileiro para ele tivesse sido muito diferente e muito mais grandiosa, e seria ele recompensado como mereceria, pelo pioneirismo e enormes esforços empreendidos na implantação e divulgação do Aikido no Brasil. Isto não quer dizer que, atualmente, Kawai Sensei não continue forte e prestigiado por muitos. Ele tem uma grande organização e alunos fiéis, e conseguiu ser promovido para 8º *Dan*, quando estava para completar 70 anos, embora isto não seja nem uma décima parte do que poderia ter sido, se a história tivesse sido diferente.

Eu penso que o futuro da organização do prof. Kawai passa por Roberto Maruyama, que foi recentemente promovido para 6º *Dan*, em janeiro de 2003, e não tem fatos em seu curriculum que desagrade à central japonesa e até onde sei ele é muito respeitado como professor e líder por seus alunos.

Quanto ao grupo de Shikanai Sensei, agora que tem total liberdade e seus alunos estão atingindo altos graus, acredito que será um importante vetor para o futuro do Aikido no Brasil, assim como a FEPAI e o Instituto Takemussu.

É por isto tudo que vem agora um desabafo: é preciso se entender que, embora o nome de Wagner Bull e outros, seja visto por alguns como um rebelde e revolucionário, na verdade foi apenas quem "deu a cara para bater", e enfrentou ostensivamente as pressões de Kawai Sensei na época da ditadura militar e conseguiu ter sucesso nesta empreitada. Na verdade outras pessoas trabalhavam também na mesma direção mas ficaram ocultas. O descontentamento com a administração de Kawai era geral no Brasil e no Japão, e muitos trabalharam não somente eu, direta e indiretamente, para a mudança que ocorreu entre 1989 e 1990. Somente porque a indispo-

456

sição era sentida por muita gente que minhas ações deram certo. Makoto Nishida e sua disposição para não continuar a praticar o Aikido na forma como estava no Brasil, como declarou ao Doshu na época de sua segunda visita ao Brasil, junto com outros antigos praticantes da FEPAI, representando companheiros como Paulo Nakamura, José Lemos, Severino Salles, Ricardo Leite e outros foi, também, muito importante para a mudança, pois o Doshu ficou sensibilizado em buscar uma solução alternativa para trazer a paz e principalmente a alegria ao Aikido brasileiro tão importante em sua prática. Eu fiz questão de trazer a público estes assuntos, mostrando que "nem tudo foram flores cheirando a rosas" na prática do Aikido brasileiro, embora alguns me aconselhassem a não falar sobre estes fatos desagradáveis, achando que pudessem não ser construtivos.

Mas, refletindo melhor e coerentemente, dentro da filosofia do Instituto Takemussu, entendi que a verdade precisava ser conhecida e tornada pública, a bem da transparência e de "*Masakatsu*" (vitória correta e verdadeira), como dizia o Fundador, conforme o espírito que o Aikido exige, sem "esconder debaixo do tapete" os erros ocorridos. Feito assim, entendi que ela será benéfica e construtiva. A verdade precisa ser praticada, além do que, sem se compreender os fatos históricos, a situação presente pode ser mal interpretada, e julgamentos incorretos, sobre pessoas e fatos, podem ser feitos se desconhecidos os motivos e razões que levaram as pessoas a tais atos.

Os alunos mais novos, do Instituto Takemussu e das demais organizações do Aikikai do Brasil, devem saber que se o Aikido é o que é hoje no país, devemos sempre manter a memória de Kawai Sensei acesa, e honrá-lo naquilo que fez de bom e de positivo, embora devamos tomar consciência também dos erros, para não repeti-los. O valor da história é exatamente este, mas para isto é preciso mostrar os dois lados dos fatos, foi o que tentei fazer neste capítulo. O autor ainda nutre esperanças de que, no futuro, as mentes possam se abrir e um grande entendimento nacional possa ocorrer; que as organizações do Aikikai se juntem e passem a trabalhar cooperativamente, pelo menos em tudo o que tiverem de comum, e quem sabe, eu possa voltar a se relacionar com Kawai Sensei. Têm muita sorte, aqueles que começam a treinar com um professor e podem com ele permanecer até o final de sua vida. Por isto, é muito importante se escolher bem um professor, antes de ingressar em um Dojo. Ele ficará para sempre na vida do praticante, seja bom ou não. Muitos principiantes não sabem o erro que cometem escolhendo um Dojo de *Budô*, simplesmente devido à proximidade de sua casa ou de seu trabalho. Entrar em um Dojo, é como ingressar em uma família quando se casa com algum membro dela, é algo que ficará marcado por toda a vida a relação *Sempai-Kohai* (mestre-discípulo). Assim, fiz questão de colocar Kawai Sensei neste livro, e mencionar seu nome provavelmente mais de 100 vezes, nos três volumes, pois ele faz parte de meu Aikido, com seu lado bom e ruim. A sua história é também parte da minha, e vice-versa. Entendo que eu seria ingrato se deixasse de mencioná-lo, como fazem aqueles que querem fazer a história esquecer de um personagem quando isto não lhes convém.

Alguns pensarão que eu nesta obra, desejei fazer apenas críticas a Kawai Sensei, e quem pensar assim estará enganado, apenas quis fazer um análise crítica histórica do que ocorreu em minha história no Aikido brasileiro, que hoje chega a quase 35 anos. Eu quis trazer a verdade a públlico, e também fazer justiça a Kawai Sensei, mostrando seu erros nestas páginas, mas também seu enorme trabalho,

457

Mestre Reishin Kawai
(foto recente)

reconhecendo que todos os aikidoístas do Brasil de hoje lhe devem gratidão, inclusive eu, por tudo o que ele fez de positivo pela arte do Aikido em nosso país. Mas, a justiça somente se faz com a verdade, ainda que esta envolva situações desfavoráveis, assim, fiz questão que o leitor a conhecesse por completo, pois com ela se poderá construir uma base sólida para o futuro do Aikido brasileiro. Também quero homenagear as centenas de praticantes dedicados que vem trabalhando para fazer florescer o Aikido no Brasil, mencionando seus nomes e sempre que possível exibindo suas fotos.

Quanto às brigas e conflitos, temos que lembrar, a vida é assim mesmo e sem conflitos nada se constrói. O importante é aceitar a verdade do passado, corrigir os erros, continuar com os acertos, desenvolver o espírito do *Takemussu Aiki* e encarar os conflitos e as brigas como uma fonte de energia para produzir projetos e ações que levem ao benefício geral de todos os envolvidos. Estou certo de que foi isto o que a comunidade aikidoísta brasileira fez, afinal, somos todos homens e, como tal, temos imperfeições. O importante é que procuremos, a cada dia, diminuir estas imperfeições, sempre com o espírito do iniciante *"Hibi Shoshin"*.

Esta história sobre o Aikido brasileiro é também minha forma de homenagear Kawai Sensei, Ono Sensei, Ueno Sensei, Yamada Sensei, Shikanai Sensei, Nishida Sensei, meus alunos e amigos e todas as demais pessoas que ajudaram e ajudam a continuar difundindo este caminho maravilhoso para a comunidade brasileira. Não existe maior ingratidão ou castigo que o esquecimento. Este pecado eu não quero cometer. Onde eu ensinar Aikido haverá sempre uma foto de Kawai Sensei na parede e ele será lembrado com suas qualidades e com seus defeitos. Embora isto pareça paradoxal para a lógica de alguns, não o é para a minha, pois entendo que é preciso colocar a mente a serviço do coração, e não vice-versa. Pensasse eu o contrário, teria ficado calado, e ele e aqueles que hoje não fazem parte do Instituto Takemussu não seriam mencionados neste livro, que acredito será um importante registro histórico para as futuras gerações e no qual coloquei o melhor de mim, e que espero, ajude muitos aikidoístas, antigos e novos, a compreenderem melhor o fantástico caminho aberto por Morihei Ueshiba.

Hoje, o Aikido de nosso país verde e amarelo é um dos mais representativos do mundo. Estamos todos nós, aikidoístas brasileiros, de parabéns!

SHOSHIN
(espírito de iniciante)

"Quando todos os líderes tiverem "Sho-shin", o orgulho e a arrogância não vão existir e muitos conflitos políticos acabarão... será?"

Wagner Bull
(5 de março de 2003)

Meus Velhos Companheiros de Armas

Meu aluno e amigo Sidney expressou neste texto como me senti quando escrevi o capítulo anterior "On Ko Shi Shin". Peço ao leitor que faça dele as minhas palavras.

Sidney Coldibelli

"Outro dia tive um sonho. Não um daqueles sonhos que a gente tem quando está dormindo, e sim daqueles de se ter de olhos abertos, quando se está fazendo barba, ou preso em um congestionamento ou sentado na varanda de uma casa no campo. Neste sonho eu vi vocês, companheiros de treino e reconheci, em cada um de vocês, velhos espíritos guerreiros. Espíritos que, durante muitas vidas, se dedicaram à arte da evolução espiritual participando de inúmeros conflitos ao longo da história. Guerreiros honrados, valentes e destemidos que, depois de terem passado por muitas batalhas, aprenderam que o conflito, apesar de enriquecê-los, não foi o bastante para atingirem a iluminação final. Aquela que irá nos levar de volta ao encontro do Grande Espírito Criador. Hoje, todos nós nos reunimos em mais uma etapa de nossas várias vidas para realizar aquela que talvez seja uma das nossas últimas jornadas juntos. A de compreender que a vida é resolver os conflitos de forma harmônica, quer com a natureza ou com as pessoas que nos cercam. Percebi também que, em algum momento das muitas das minhas vidas, estive com vocês. Com muitos cruzei armas em batalhas ou duelos temíveis onde sabíamos que estávamos nos testando e não nos combatendo. Muitos de vocês, com certeza me derrotaram. Mas pude notar que, quando fui atingido pelo golpe fatal, seu olhar era de respeito. Da mesma forma com que, ainda agonizante, olhei nos seus olhos e agradeci a lição que me era aplicada. Outros talvez foram derrotados por mim. Mas, ao sobrepujá-los tenho a certeza de que, mesmo me vangloriando em fazê-lo, sabia que ali também havia uma lição a ser aprendida e pude reverenciar a habilidade e coragem de cada um. Em outras ocasiões, combatemos lado a lado, unidos por propósitos vários mas apenas com uma única certeza. Éramos irmãos em espírito cuidando um do outro como só os verdadeiros irmãos são capazes de fazer. E nas marchas, nas cavalgadas, nas lutas, nas emboscadas, na alegria da vitória, no desolamento da derrota e até mesmo no triste momento em que vi cada um de vocês partir, vítima de um inimigo mais poderoso, senti que estávamos juntos. E que aquela separação era momentânea, pois iríamos nos encontrar novamente, para terminar a obra que um dia havíamos começado. E hoje estamos aqui. Unidos novamente pelo mesmo propósito e fazendo aquilo que sempre fizemos. Combater. Só que hoje em busca de uma vitória muito maior. A vitória sobre nossas limitações e a libertação dos grilhões que nos prendem a este mundo repleto de belezas e de tristezas. Não sou capaz de dizer se o que tive foi um sonho, uma visão, uma alucinação ou um ataque de pretensão. Mas de uma coisa eu tenho certeza: é muito bom encontrar e conviver de novo com **MEUS VELHOS COMPANHEIROS DE ARMAS.**"

Kage
(sombra)

Significa as coisas difíceis, às vezes dolorosas, não admiradas, que o guerreiro tem que passar para chegar em sua plenitude e maturidade, bem como o lado oculto que nos ajuda. Um grande homem tem sempre uma grande mulher a seu lado.

Aikido e Nacionalismo

Este artigo foi escrito por Peter Goldsbury, atual presidente da IAF (2004). Foi inicialmente publicado no Aikido Journal nº 118 quando a revista era impressa. Decidi incluí-lo neste volume 3 desta obra, porque como presidente da Federação Internacional de Aikido sua visão tem enorme valor para que os professores e dirigentes do Aikido, e também os alunos, possam ter uma idéia de como as questões políticas e estruturais da arte se organiza no mundo, e assim fazê-los refletir em busca da melhor alternativa para o futuro, de forma que o Aikido continue preservando suas raízes, mas sem limitar-se a um nacionalismo que limitaria o alcance de tão importante disciplina:

Aikido, como todos nós sabemos, é uma arte marcial sem conotação política na qual não há distinção entre diferentes nacionalidades e credos. Por outro lado, como uma organização mundial, o Aikido é dividido, principalmente, de acordo com fronteiras nacionais e muitos dos problemas que afetam a arte parecem ser disputas (sobre graduação, por exemplo) que surgem por causa destas fronteiras. O assunto discutido abaixo envolve questões sérias sobre compreender as diferenças culturais, que reside na raiz do nosso entendimento da arte e porque nós a praticamos. A discussão é uma expansão de assuntos discutidos anteriormente no Aikido Journal e tem como objetivo examinar possíveis "tabus" e provocar reflexões e reações, não querendo fornecer qualquer conclusão definitiva.

Provavelmente o melhor lugar para se começar uma meditação sobre Aikido e nacionalismo é o Japão, país onde tudo começou. O Japão é único por duas razões. É o lugar onde o Aikido nasceu e, desde que o "espírito" e técnicas da arte são expressas em japonês, portanto sempre terá um lugar especial no mundo do Aikido. Segundo, o conceito de nacionalismo é levado muito seriamente. O Japão é único no sentido de considerar sua própria história e cultura. Para um japonês, ter nascido com uma determinada raça e ser completamente participativo numa cultura altamente tradicional não é a mesma coisa. O fato de possuir uma relativamente grande "bagagem cultural", na forma de conhecimento de nuances da língua (especialmente a escrita) e do conhecimento da sua região natal numa estrutura social quase-tribal, é uma característica essencial da "japoneidade", mas há também algo mais, na qual um enorme volume de conhecimento literário, como "Nihonjinron" (estudo do janonês) foi escrito e sua carga cultural afeta o modo com que os japoneses tratam os estrangeiros.

Em 1920, Morihei Ueshiba abriu um Dojo em Ayabe, Prefeitura de Kyoto, na qual era dedicado a prática de sua nova arte marcial, ainda sem um nome definido. No ano anterior, Ueshiba teve um encontro crucial com o fundador da Oomoto Kyo, Onisaburo Deguchi e então a prática teve, distintamente, uma dimensão espiritual, na qual foi adicionada a arte mais do que o treinamento físico que ele havia recebido de Sokaku Takeda, a quem encontrou em 1915. Mais tarde, o termo "Aiki" começou a ser usado quando as pessoas descreviam a arte, mas foi por volta de 1942, quando o Japão estava a caminho de ser derrotado na Segunda Guerra Mundial, que foi dado o seu nome atual.

O período de gestação do Aikido que durou por volta de 30 anos, e durante todo o desenvolvimento de sua arte marcial, Morihei Ueshiba foi extremamente auxiliado pela Marinha Imperial Japonesa e, especialmente, pelo Almirante Isamu Takeshita.

Nós não sabemos quais eram os objetivos do Almirante Takeshita em apoiar esta nova arte marcial, mas parece improvável que eram simplesmente para apoiar o Aikido, sem nenhuma outra consideração. Nós sabemos que Morihei Usehiba abriu um Dojo em Iwama em 1940 e tem sido dito que assim o fez para registrar sua desaprovação da apropriação militar das artes marciais. Por outro lado, Ô Sensei nasceu em 1883, no meio da Era Meiji e no seu período mais criativo durante os turbulentos anos que as fundações da expansão militar foram construídas. Para mim é bastante improvável, visto que sua educação e treinamento estavam nas mãos de dois expoentes da tradicional cultura japonesa, que ele não teria se associado com o emergente nacionalismo japonês.

Claro que a história das origens e desenvolvimento do Aikido, baseado num exame objetivo e imparcial de todas as evidências disponíveis, tem ainda que ser escrito e talvez seja ainda muito cedo para tal história. Além disso, desde que o Aikido tornou-se reconhecido como um meio poderoso de auto-desenvolvimento pacífico, é certamente fora de moda hoje em dia, e talvez seria auto-destrutivo, retratar o Fundador como um ardente partidário do militarismo japonês. Mas militarismo e nacionalismo não são realmente a mesma coisa e existe um perigo de que Ô Sensei seja removido do seu verdadeiro contexto histórico e referenciado como uma espécie de ícone. Eu não acho que seja errado aceitar o Ô Sensei como um homem de seu tempo e como um patriota, que queria dar sua contribuição ao nacionalismo japonês, como ele o entendia.

Essa opinião recebeu algum estranho apoio de um inesperado quadrante. Poucos anos atrás, depois de um dos cursos de treinamentos regulares em Hiroshima ministrado por Seigo Yamaguchi Sensei, houveram algumas discussões gerais sobre o Fundador. O discussão era, evidentemente, conduzido em japonês e eu era o único estrangeiro presente. Foi lembrado pelo meu professor de Aikido, e todos concordaram, que eu nunca teria permissão de chegar a 100 milhas de distância de um Dojo de Aikido na pré-guerra. Foi só depois da guerra, e da derrota do Japão, que o Aikido foi aberto aos estrangeiros. Houve uma estranha pausa e o gelo foi quebrado quando alguém ironicamente lembrou que eu tinha estado em Hiroshima por tanto tempo que eu poderia ser considerado japonês (quase!). Eu descobri que meu professor tinha perdido quase toda sua família com a bomba atômica em 1945, mas ele não tinha râncor. Ele é conhecido por falar o que lhe passa pela cabeça, sem considerar as conseqüências. É um fato não muito conhecido fora do Japão que para praticar no Dojo de Ueshiba na época anterior a guerra, um candidato tinha que ser recomendado por duas pessoas eminentes conectadas a militares ou políticos. Estrangeiros simplesmente não teriam entrado na equação. "Mas", você pode protestar, "você equacionou cultura com nacionalismo e isto não é certo". O críquete é um esporte tradicional inglês (embora os ingleses hoje em dia sejam muito ruins neste esporte) com regras arcáicas, mas qualquer pessoa pode tornar-se proficiente no jogo. Especialistas em críquete podem existir sem mesmo o mínimo conhecimento da cultura inglesa e a integridade da nação inglesa nunca foi ameaçada por estrangeiros que são especialistas em críquete. Embora o esporte pareça ser governado por anglos-saxões velhos e brancos, pessoas de outras variedades e grupos etários são sempre bem-vindos e, de fato, desde que o críquete na Inglaterra parece estar num estado de declínio, a continuidade do desenvolvimento do esporte está majoritariamente nos ombros de estrangeiros. Futebol, que também foi inventado pelos ingleses, é um exemplo ainda mais convincente.

No Japão, por outro lado, a situação é de algum modo diferente. A experiência de Konishiki no Sumô mostrou que existe um elo muito forte entre cultura e nacionalismo. Konishiki, como será lembrado, avançou em rumo aos mais altos ranques do Sumô num curto intervalo de tempo e, eventualmente, parou na promoção para Yokozuna, o mais alto ranque no Sumô. Ambos, os mais conservativos elementos no Sumô e a mídia de esportes japoneses, uniram forças em oposição à promoção de Konishiki, usando como base que os estrangeiros não possuíam, nem poderia ser esperado que entendessem, a qualidade especial denominada "Hinkaku" (que significa algo como "graça", "integridade", "dignidade") considerado essencial para um Yokozuna. Ele era chamado de "navio negro", uma referência xenofóbica ao grande tamanho do lutador e a esquadra do Almirante Perry que apareceu no Japão em 1853. Konishiki colocava seu ponto de vista de uma maneira direta: ele foi impedido de receber a promoção por ser estrangeiro. Claro, o fato de ele ter aberto a boca e dito isto foi tomado como prova definitiva que Konishiki não possuía esta qualidade essencial.

De fato, foi provado que Konishiki estava errado. A promoção de Akebono e Musashimaru para yokozuna é evidência que estrangeiros podem possuir Hinkaku, embora possam ter somente uma vaga noção sobre a valorizada qualidade que possuem. A situação deles é, provavelmente, similiar a muitos não-japoneses que praticam Aikido com relação ao entendimento do conceito de Ki. Ocasionalmente, alguns japoneses leigos (que invarialvelmente não sabem nada de Aikido) dizem que eu não posso entender o conceito de Ki pois eu sou estrangeiro. Porém, (1) entender alguma coisa e ser capaz de expressar o conteúdo deste entendimento em outra língua são coisas bem diferentes e (2) a noção de que as pessoas são incapazes de aprender alguma coisa porque elas são estrangeiras deve ser visto como realmente é: nada mais do que preconceito.

Então, mesmo no Japão, Aikido é mais aberto a participação de estrangeiros do que Sumô, mas sua organização é mais conservadora. Embora os dois estrangeiros Yokozuna tornaram-se cidadãos japoneses, eles alcançaram o ranque máximo através de competições. Este caminho não é aberto no Aikido e, embora a prática no Hombu Dojo seja aberta a estrangeiros de forma regular, todas as decisões tomadas estão nas mãos de japoneses. Eu acho que é bastante improvável que eles permitiriam o Aikido seguir o caminho do críquete inglês. A razão é muito simples: o Aikido se originou no Japão (o que é verdade), portanto seu gerenciamento deve estar nas mãos de japoneses (afirmação falsa, ou ao menos, não é verdadeira por esta razão). Mas, e sobre o Aikido em todo mundo?

Foi Kisshomaru Ueshiba quem decidiu tornar o Aikido uma arte marcial internacional, ao alcance de qualquer pessoa. Mas, eu não tenho certeza se o antigo Doshu percebeu as conseqüências de sua decisão. Uma conseqüência é que o desenvolvimento internacional do Aikido como um "nova" e "pacífica" arte marcial japonesa pós-guerra expandiu no mesmo compasso da economia japonesa do pós-guerra. Mestres de Judô, como Kenshiro Abe, ensinavam técnicas de Aikido para seus alunos no exterior, que mais tarde requisitaram ao Hombu Dojo que mandasse instrutores japoneses de Aikido. O antigo Doshu fez o melhor possível para atender estes pedidos e uma série de instrutores altamente habilitados chegaram a Europa,

Estados Unidos e Austrália durante a década de 60 e começaram a ensinar Aikido. Estes "missionários" tiveram que abrir Dojo e criar organizações, cuja premissa principal era que, em princípio, o instrutor era um profissional e não teria nenhuma outra fonte de renda. O Doshu apoiou pessoalmente esta expansão internacional fazendo freqüentes viagens ao exterior.

Os novos instrutores não receberam nenhum treinamento especial da língua local ou de comunicação inter-cultural e eu suspeito que não houve nenhum planejamento do Hombu Dojo para as organização do Aikido neste países "missionários". Claro que, dizendo isso não pretendo colocar a culpa nos instrutores envolvidos. Um Shihan como Yamada Sensei, por exemplo, quando chegou em Nova Iorque, não tinha a menor idéia do que o esperava. Eu estou certo que ele me corrigirá se estiver errado mas, eu acho que criar uma organização de Aikido abrangendo todo o leste dos Estados Unidos era a última coisa que ele considerava. Mesmo assim, ele fez isto e, de fato, foi instrumento para a construção de uma organização nacional americana. Pela virtude do grande tamanho e pelo fato de que em 1964 Yamada Sensei era o único Shihan do Hombu Dojo nos Estados Unidos, este país não teve imediatamente uma organização nacional de Aikido, mas isto foi uma excessão à tendência comum. Geralmente, o desenvolvimento seguia um padrão japonês e o resultado era uma rede de organizações nacionais.

Existem boas razões para que a estrutura do Aikido mundo afora tomasse esta forma. O Shihan japonês era o praticante com o maior ranque da arte e também a única ligação destes países "adotados" com o Hombu no Japão. Por outro lado, estas organizações de Aikido ainda imaturas, tinham que se relacionar com as organizações esportivas governamentais, como comitês olímpicos e federações de Judô, e estes invariavelmente eram organizações nacionais.

Porém, existem muitas importantes conseqüências da decisão do Doshu. Uma é que uma antiga tradição sofreu uma distorção. As ligações no Aikido são geralmente ligações verticais de professor para professor e de Dojo para Dojo, e tais ligações não dependem de qualquer fronteira (sem considerar o fato que no Japão os Shihan não competem entre si na mesma localidade). Essa tradição não foi quebrada pelos Shihan que foram mandados para ensinar fora do Japão. Eles abriram Dojo, atrairam membros, e os treinaram como se eles estivessem treinado no Japão. Os Dojo tinham uma estrutura vertical. Porém, a inovação é devido a uma certa ambiguidade no conceito de organização nacional. Uma organização nacional pode ser simplesmente o que ela sugere: uma organização que existe em certo país, lado a lado com outras organizações. Mas no mundo do Aikido isto usualmente sugere muito mais: uma organização que é de alguma forma representativa do Aikido naquele país. Então a liberdade do Shihan para ensinar e graduar estava confinada em certas fronteiras, mas estas fronteiras eram nacionais ou continentais e eles eram os únicos representantes do Hombu dentro destas fronteiras.

A noção de "caráter nacional", onde existem características exclusivas e especiais de uma cultura, é notoriamente construído com dificuldade, especialmente em relação a uma atividade supostamente não-política como o Aikido, na qual liberdade, criatividade, falta de definição e universalidade são sua força. Ainda assim, algo como isto parece ser a base para a corrente organização internacional do Aikido. Eu sugeri acima que o Aikido no Japão se apresenta como um caso especial, primeiro *porque o Japão é o país onde o Aikido surgiu e segundo porque existem certas características especiais da cultura japonesa. Foi dito que o Hombu no Japão realmente não entendeu a atual situação dos outros países e que o Aikido na França, por exemplo, deveria ser conduzido pelos franceses, o Aikido na Alemanha pelos alemães, e assim por diante. Isto é muito natural, mas existe um perigo no qual as características supostamente únicas das organizações de Aikido "nacionais" serão atribuídas a arte: o fato de o Aikido na Escócia ser praticado por um escosês, tenha características especiais que não são partilhadas pelos ingleses do outro lado da fronteira. Mas, porquê o Aikido na Escócia deveria ter a mínima diferença do Aikido na França, Austrália, Finlândia ou Japão? Os nomes das técnicas são somente uma dificuldade superficial. O japoneses sentem que o espírito e as técnicas de Aikido devem ser expressos em japonês e isto é razoável. Como eu disse anteriormente, não faz muito sentido que a maioria dos não-japoneses simplesmente não conseguem captar a ressonância cultural dos termos como Omote, Ura, Hara ou Ki. Kotegaeshi e Shihonague seriam termos inconvenientemente grandes se expressos em inglês, por exemplo, mas isso é tudo. Eu acho que é pouco provável que qualquer pessoa discutiria que é essencial para a integridade do Aikido na Espanha, por exemplo, que o espírito e as técnicas sejam expressas em espanhol.*

As técnicas por si só não apresentam nenhuma característica especial. Portanto, a habilidade requerida para praticar as técnicas de Aikido não variam de país para país e se o instrutor foi devidamente treinado, as técnicas praticadas em Boston deveriam ser tão eficientes quanto as praticadas em Budapeste.

Uma distinção precisa ser feita entre a arte em si e a organização da arte. Aikido no Japão é praticado num contexto cultural na qual os japoneses entendem e aceitam completamente. A organização do Aikido no Japão é também japonesa em caráter e os dois se sobrepõem completamente. Sem considerar aparências superficiais, a sociedade japonesa é também vertical em caráter.

Da mesma forma, o Aikido fora do Japão é também praticado num contexto cultural japonês na qual poucos estrangeiros entendem completamente, mas que muitos aceitam como parte do pacote. Porém, a organização do Aikido fora do Japão não é japonesa em caráter, ou seria apenas uma ilusão um Shihan japonês tentar administrar uma organização fora do Japão de um modo japonês. Não há uma evidente sobreposição entre a arte e a cultura na qual ela opera.

Mas tudo isto significa que as razões porque as organizações de Aikido fora do Japão têm um "caráter nacional" é que elas estão fora do Japão e que os japoneses são minoria. Uma conseqüência é que os Shihan japoneses podem não estar felizes com o modo que as decisões são tomadas, mas eles têm que aceitá-las. Porém, uma área onde considerações "nacionalistas" podem obstruir mais fortemente envolve os aspectos da organização do Aikido no que concerne as relações internacionais e as graduações de Dan.

Uma pessoa pode mudar-se de um país, onde ele/ela treinou durante anos com o Shihan A, para outro país e uma estrutura baseada na nacionalidade exigiria que ele/ela devesse agora transferir sua "lealdade ou filiação" para o Shihan B. Considerações práticas, tais como distância, determinaria que essa transferência de "lealdade" fosse inevitável, mas ainda assim há uma quebra da ligação que para alguns é essencial para a integridade do Aikido. A relação pessoal com o Shihan A e com o Shihan B depois de se mudar para o novo país irá quase que certamente envolver graduação de Dan e, é bem provável, surgirão algumas tensões. A graduação é uma expressão vertical do relacionamento entre estudante e professor mas é também um objetivo (isto é, baseado horizontalmente) de indicar uma proficiência pessoal e, portanto, da maneira de se ensinar e da maneira de se examinar de uma organização. Numa organização de base nacional, isto certamente destruiria a autoridade do Shihan B se a pessoa insistisse em ser graduada pelo Shihan A.

Para concluir, eu acredito que o Aikido é uma atividade que contém um fim em si mesma e de tal forma é moralmente neutra. Claro que a prática pode ter outros efeitos benéficos, mas estes estão separados e não deveriam ser tomados como automáticos. Desde que é praticado por seres humanos em grupos, Aikido terá sempre uma dimensão cultural e política, mas o Aikido não é de maneira nenhuma como um movimento religioso ou político e, em minha opinião, não deveria ser usado como suporte de objetivos políticos. A organização do Aikido em grupos nacionais tem boas razões históricas e é algumas vezes necessária, mas deveria servir como um propósito puramente pragmático e utilitário e não ter nenhuma ligação essencial com a arte em si.

(Nota: as posições aqui expressas são opiniões pessoais minhas, Peter Goldsbury e não devem ser entendidas como posições ou política da Federação Internacional de Aikido ou IAF, da qual o autor é um representante)

A idéia de controlar o centro e o espírito de quem ataca o aikidoísta
é a mesma que havia nas artes de esgrima japonesa antiga.

O Aikido na América Latina

FEDERAÇÃO LATINO-AMERICANA DE AIKIDO - FLA

Yamada Sensei, no início da década de 90, decidiu ajudar o desenvolvimento do Aikido latino-americano, e, posteriormente, o Brasil, Venezuela, Argentina e Peru acabando por influir em quases todos os demais países constituindo uma Federação Latino-americana, a F.L.A. Ensinou as técnicas para os instrutores e lhes examinou, concedendo certificados de faixa preta do Hombu Dojo do Japão, visitando-os todos os anos, enviando alunos, convidando outros *Shihan* seus amigos, como Tamura Sensei, Sugano Sensei, Kanai Sensei, Ishihashi Sensei e Kawahara Sensei para visitas aos países da America Latina, e assim melhorar o nível técnico.

A Federação Latino-americana de Aikido ou F.L.A. (Latin American Aikido Federation) foi fundada em 21 de Abril de 1996, na cidade de Caracas, capital da República da Venezuela. A reunião de fundação foi constituída de representantes dos seguintes países: Argentina, Brasil, Bolívia, Colômbia, Curaçao, Peru, Porto Rico, Uruguai e Venezuela.

A idéia original da criação da FLA surgiu no Brasil, um ano antes da fundação, que foi na Venezuela, quando ocorreu um importante seminário com Yamada Yoshimitsu *Shihan*, onde estavam representantes de diversos países. Nesta reunião foi discutida a situação geral do Aikido na América Latina e concluiu-se que ele cresceria muito no futuro neste continente devido ao apoio que Yoshimitsu Yamada *Shihan* estava dando aos diversos países, bem como outros *Shihan* e o grande esforço de outros mestres latino-americanos que haviam atingido alto nível no domínio desta arte. Através de suas técnicas excelentes e tendo a reputação de aluno direto de Fundador combinado com uma atitude humilde, Yamada Sensei estabeleceu uma relação muito comunicativa com os membros da F.L.A. Os atuais membros entenderam que, com os anos de experiência em seus respectivos países, fazia-se necessário aglutinar as atividades e esforços, não somente para desenvolver e difundir o Aikido, mas para proteger e preservar, através da prática tradicional do Aikido, o caminho que Morihei Ueshiba

Miguel Moralez-Bermudez na reunião de criação da F.L.A.

A primeira reunião de constituição da FLA na Venezuela em 1996, quando foram aprovados e assinados os estatutos redigidos por Miguel Morales e Juan Tolone.

Líderes sulamericanos presentes em foto formal na reunião de constituição da FLA.

Foto da aula de Wagner Bull no seminário da Venezuela quando a F.L.A. foi criada em Caracas.

Luis Aldana sensei, Colômbia.

Felipe Berrios sensei, Porto Rico.

Frank Wong Sensei, Curaçao

Sensei Nelson Requena, Venezuela.

indicou para a humanidade.

Antes de Yamada Sensei, poucos *Shihan* tinham vindo desenvolver o Aikido na América Latina e as pessoas que vinham, de uma maneira geral, não entendiam nossos pensamentos e sentimentos. O continente estava meio abandonado. Com o passar do tempo, em quase todos os países os instrutores acabaram se envolvendo em muitos conflitos e deixaram uma história com muito egoísmo e lutas por poder. Mesmo sendo verdade que conflitos são inevitáveis, como ocorrem em qualquer associação de pessoas com níveis similares, houve um entendimento maduro e responsável entre os líderes da F.L.A. de que se poderia viver com isso, com a condição de se ter tolerância e boa-fé entre os membros e o desejo genuíno de uma unidade, possibilitando assim diminuir as diferenças. Um fator importante na F.L.A., é que existe um centro forte, que é Yamada Sensei, que no fundo é quem dá a palavra final, e desta forma, impede que ocorram dispersões e antagonismos insuperáveis como existem em organizações totalmente "democráticas". Basta se começar a votar, que surgem grupos contra grupos, gerando política visando poder. Graças à liderança firme e sábia de Yamada Sensei e o respeito que todos os líderes têm por ele, os conflitos vêm sendo superados e canalizados de forma construtiva.

Yamada *Shihan* não foi somente uma pessoa que entendeu o modo que os diversos líderes latino-americanos viam o Aikido, mas foi a pessoa que abriu as portas para que muitos *Shihan* também viessem visitar os diversos países, convencendo-os a ver os líderes sob uma nova ótica, o que não havia até então de forma intensa. Assim, os líderes associados a Yamada Sensei na última década tiveram acesso e aprenderam Aikido de um dos mais importantes *Shihan* do mundo, em seminários que foram organizados em toda América Latina, com grande esforço, bem como através de viagens aos EUA com facilidades de acesso a ensinamentos e eventos. A sede prática e real da F.L.A. é em Nova York, e quem estiver interessado em ingressar

Dr. Miguel Moralez-Bermudez, 5º Dan, líder do Peru Aikikai, no seminário de Sugano Sensei organizado pelo Instituto Takemussu, por coincidência quando ele fez aniversário. O autor presta aqui uma homenagem a Miguel por seu grande esforço pessoal e dedicação em secretariar Yamada Sensei na primeira gestão, logo depois que a F.L.A. foi criada, possibilitando as bases iniciais do grupo. Ele também não poupou uma grande parte de sua vida para levar ao Peru o Aikido de alto nível através de Yamada Sensei, sendo um dos líderes latino-americanos de Aikido muito próximo deste grande Shihan. Se funcionasse na prática uma federação de Aikido com um dirigente único, sem ser Sempai dos subordinados como somos de Yamada Sensei, certamente ele seria meu candidato para presidente permanente. Infelizmente em organizações de Aikido a democracia não funciona e por mais que se tente sempre haverão conflitos. Deus que nos ajude na F.L.A. quando Yamada Sensei se aposentar!

Ocorreu em Lima, Peru, nos dias 28, 29 e 30 de Junho um seminário internacional com Yamada Sensei e ao mesmo tempo a reunião anual da FLA. Compareceram representantes da Argentina, Brasil, Colombia, Perú, Curaçao, Venezuela, Equador, Porto Rico, entre outros. Na foto o Prof. Wagner Bull representando o Instituto Takemussu.

Foto da primeira ida de Yamada Sensei ao Peru no começo da década de 90. Da esquerda para a direita: Raul Mendoza, de Córdoba, Yamada Sensei, Sakanashi Sensei e Jorge Rojo, então ainda aluno de Yamada Sensei de que recebeu o 5º Dan, e Peter Bernarth. Yamada Sensei chegou a ir ao Chile e visto que inicialmente Jorge Rojo fazia parte do grupo latino-americano ligado a Yamada Sensei, mas posteriormente decidiu seguir ligado diretamente ao Hombu Dojo vindo no final da década de 90 a somar no grupo da F.L.A.A., uma federação constituída por membros da IAF (International Aikido Federation), que tem como outros líderes principais Makoto Nishida no Brasil, Manuel Cela Caruso no Uruguai, Rojo no Chile, Miyazawa na Argentina e Moreno no México. Rojo, Moreno e Nishida têm todos 6º Dan. Moriteru Ueshiba, quando era Waka Sensei, visitou este grupo fazendo um seminário na Argentina. Fizeram em 2002 uma reunião com seminário no Clube de Regatas Tietê, onde cada professor deu aula, inclusive José Lemos, Paulo Nakamura, José Panhan entre outros. Mais à frente há um capítulo com mais detalhes sobre esta agremiação, a F.L.A.A.

A "humildade" dos nossos irmãos argentinos claramente exposta na foto da reunião da F.L.A. no Peru em 1997. Juan Tolone (abraçando o filho mais jovem de Miguel Moralez), Wong, Wagner Bull, Aldana e Berrios.

Jantar com os líderes da F.L.A. (Peru / 1997).

No mês de Outubro de 1998, houve em São Paulo a 3ª reunião da Federação Latino-americana de Aikido. Compareceram os principais líderes do Aikido latino-americano: Miguel Moralez Bermudez Field, Raul Mendoza representando Masafumi Sakanashi, Juan Tolone, Nelson Requena, Frank Wong, Philip Berrios e os líderes nacionais

entre os quais o prof. Wagner Bull, Breno de Oliveira, Carlos Dutra, Ricardo Leite, Severino Salles, Daniel Bornstein e os Profs. Tomio e Eichi Kikuchi. Foram discutidos assuntos gerais sobre a entidade e o agendamento das atividades para 1999. A foto acima mostra novamente algumas das pessoas mencionadas na Colômbia.

Yamada Sensei, Sakanashi Sensei, o autor e Ishihashi Sensei em um momento de descontração no Panamá em Seminário promovido pela F.L.A.

nela deve contatar diretamente Yamada Sensei, no seu endereço na 142 West 18th Street , NY 10011. Existe um secretário, para a organização, mas sua função é de apenas cuidar de rotinas administrativas e auxililar Yamada Sensei em suas decisões e nunca para ficar como intermediário, exatamente para evitar que surjam desejos de usar o grupo para benefício exclusivo de qualquer líder. Na F.L.A. todos respeitam e dão a Yamada Sensei a palavra final, embora se possa opinar e discutir, e na maioria das vezes os líderes são atendidos em suas reivindicações quando visam o bem-estar geral do grupo. Esta estrutura dirigente, administrativa, inteligente e prática, tem mantido a organização unida e a cada ano fica maior. Isto não quer dizer que pessoas associadas a outros *Shihan* não possam nela ingressar, podem, mas deve haver um entendimento dos mesmos com Yamada Sensei. A princípio, o autor achava que isto era um pouco limitante, mas a experiência da prática lhe mostrou que sem um centro forte, as federações acabam se tornando instrumento de politiqueiros que querem usar os outros para seus interesses pessoais.

Graças a Yamada *Sensei* e outros *Shihan* que ajudaram no processo, hoje em dia, muitos *Shidoin* da USAF (United States Aikido Federation) vêm para a América Latina ensinar, incluindo Harvey Konigsberg (Woodstock Aikido), Peter e Penny Bernath (Florida Aikikai), Claude Berthiaume (Aikido De La Montagne, Montreal), Robert Zimmermann (Toronto Aikikai), Donovan Waite e Jane Ozeki (New York Aikikai) entre outros de organizações diversas. Os países da América Latina têm agora muitos instrutores de alto nível, conseqüência deste esforço.

Quando a F.L.A foi constituída, foram convidados todos os aikidoístas latino-americandos que constavam de nossos registros a participar desta Federação, e comunicamos o fato da criação da F.L.A para todos. Em alguns países o crescimento é acelerado e em outros encontra-se muita dificuldade, mas todos estão unidos num só objetivo. Os preceitos básicos que regulam a Federação são conseqüência do que foi aprendido e dos objeti-

O autor com Norihiko Ishihashi, 8º Dan, no Panamá.

472

Ichihashi Shihan demonstrando no Japão. Falecido recentemente.

vos da organização: através de ações conjuntas dos países membros, contribuir para a difusão, desenvolvimento e organização do Aikido, de acordo com as bases idealizadas por Morihei Ueshiba.

Sensei Yoshimitsu Yamada, *Shihan* do Hombu Dojo de Tóquio, 8ª Dan, foi eleito como presidente de honra da F.L.A, criada através deste acordo. Os membros da F.L.A, concordaram em designar sensei Yamada *Shihan* do Hombu Dojo de Tóquio, 8ª Dan, como conselheiro técnico. Os membros também concordaram que a F.L.A. agiria fundamentalmente como uma organização sem fins lucrativos, sem objetivos políticos internos, baseado na boa vontade e amizade dos países representantes. Tais intenções foram buscadas de maneira a proteger o desenvolvimento do Aikido com valores éticos, morais e espirituais transmitidos pelo Fundador do Aikido. A F.L.A. é uma entidade de filiação voluntária, aberta e sem discriminação de qualquer natureza, na qual busca-se integrar todos os grupos de Aikido dos países onde sua referida atividade é desenvolvida sob a liderança de Yamada Sensei ou de outro *Shihan* com quem este tenha afinidades.

Sendo a F.L.A. integrada por organizações ligadas ao Hombu Dojo de Tóquio e a Fundação Aikikai, constitui-se numa organização que tem o propósito adicional de suporte às atividades do Hombu Dojo de Tóquio (Aikido World Headquarters). Os representantes dos países membros concordam em estabelecer a referida atividade nos países da América Central e América do Sul, sem exceções. O Aikikai não reconhece até o momento da publicação deste livro, organizações continentais, assim elas quando constituídas devem procurar o reconhecimento oficial individualmente ou então se filiarem, como no caso da F.L.A., a um *"Hombu Haken Shihan"* que pode examinar qualquer pessoa em qualquer lugar do mundo como um legítimo herdeiro do Fundador Morihei Ueshiba, e o canditado aprovado receberá o seu diploma oficial do Aikikai assinado pelo atual Doshu.

Os líderes da F.L.A. na Colômbia (Junho/ 1999)

O autor e Miguel Moralez em Cuba.

Eduardo Coello, membro da F.L.A. em Camaguey, Cuba.

Wagner Bull e Miguel Moralez na segunda visita a Cuba (1998)

Vista geral dos participantes do encontro da F.L.A. na Colômbia.

474

1º Seminário de Yamada Sensei em Buenos Aires na Argentina.

Miguel Moralez no seminário de Yamada Sensei em Quito.

Seminário de Yamada Sensei em Quito - Equador, organizado pela F.L.A.

2ª Reunião da F.L.A. em 1997 no Peru

Seminário da reunião da FLA na Colômbia, 1999, organizado pelo Prof. Aldana.

Nos dias 27 e 28 de outubro de 2001 ocorreu a 6ª Reunião anual da F.L.A. (Federação Latino-americana de Aikido) em Buenos Aires. O evento foi organizado pelo Centro de Difusion del Aikido e pelo Buenos Ayres Aikikai, liderados respectivamente pelos mestres Masafumi Sakanashi e Juan Tolone. O Instituto Takemussu enviou uma delegação com 19 pessoas que viajaram de avião e foram magnificamente recebidos pelo pessoal do Centro de Difusion no aereoporto que transportaram a delegação até os respectivos alojamentos. O Sensei Wagner ficou a princípio no mesmo hotel de Yamada Sensei, o Hotel Presidente, onde seria realizada a reunião formal dos líderes latino-americanos e os demais membros foram para um hotel próximo do metrô "Medrano". Posteriormente, Wagner Sensei juntou-se ao grupo após a reunião ocorrida no Sábado à tarde. Participaram delegações dos vários países associados a F.L.A. entre eles, a Venezuela, Peru, Chile, Brazil, Curaçao, Argentina e Panamá. O Seminário ministrado por Yamada Sensei foi reallizado nas amplas instalações do CENARD (Centro Desportivo Estatal), que foi pequeno para as quase 400 pessoas que subiram no tatami no primeiro dia do evento na Sexta-feira à noite. Nas aulas de Sábado e Domingo os praticantes se alternaram e a prática se realizou com maior facilidade.

De 28 a 30 de Abril de 2000 reuniram-se na cidade de Panamá, os delegados representantes dos 22 países latino-americanos no Hotel para a reunião anual e treino conjunto. O evento foi realizado no Hotel EL PANAMÁ, um dos maiores 5 estrelas do Panamá. Excelentemente bem organizado pelo representante da F.L.A. no Panamá, o Dr. Manuel Ruiz, as atividades iniciaram-se na sexta-feira à noite com uma aula geral para os cerca de 100 aikidoístas presentes dirigida primeiro por Yamada Sensei e em seguida por Ichihashi Shihan, 8º Dan, que ensinava no Hombu Dojo em Tóquio. Seguiu-se um jantar ao ar livre próximo à piscina do Hotel, onde foram apresentadas danças típicas do Panamá, musicadas com Cumbias, e outros ritmos caribenhos. No Sábado de manhã mais duas aulas sendo a primeira com Sakanashi Sensei, 6º Dan representante da F.L.A. na Argentina, enfatizando o trabalho do controle da linha central. Já Yamada Sensei insistiu nos detalhes das técnicas básicas que formam a base do Aikido. Seguiu-se um tour pela rica e moderna cidade praiana, que apesar de seu ar latino, tem forte influência da arquitetura e paisagismo americanos. À tarde ocorreram mais duas aulas dos dois Shihan, e depois houve a reunião formal dos delegados onde foram apresentados e discutidos os diversos projetos, sugestões e correções no rumos da F.L.A. Um novo parceiro do México ingressou na organização que cresce dia a dia. El Salvador, Costa Rica e Nicarágua também mandaram seus principais dirigentes para o encontro. À noite houve um jantar no salão do hotel seguido de apresentações de danças típicas e depois um baile para todos participarem. No domingo de manhã, as duas últimas aulas dos Shihan, bem como os encontros individuais de Yamada Sensei com cada líder presente. Após o almoço foi feito um tour ao famoso canal do Panamá onde todos puderam presenciar um navio descendo 17 metros pela eclusa de Miraflores, e assistir a uma palestra sobre a construção e operação do Canal de Panamá, que é realmente uma coisa que todos que tiverem a oportunidade não devem deixar de conhecer e ver o poder criativo do homem diante das adversidades do meio ambiente. Foi uma grande festa, inesquecível, que ficará marcada para sempre na memória dos aikidoístas.

Principais componentes da Federação Latino-americana de Aikido, a F.L.A., ligada à Yoshimitsu Yamada *Shihan:*

Yoshimitsu Yamada, *Shihan*
New York Aikikai - 142 West 18th Street
New York, NY - USA - 10011 212-242-6246

Argentina
Centro de Difusion del Aikido
Av. Cordoba 1785 1er Piso
Buenos Aires, Argentina 1055
Tel: 4811-8152 - Fax: 4293-1661
Instrutor: Sakanashi Masafumi

Fundacion Aikido de Argentina
Echeverria 1582 (1428)
Ciudad de Buenos Aires - Argentina
Tel: 54-11-4421-5342 (Gustavo),
54-11-4470-4817 (Juan) Fax: 54-11-4781-7187
Instrutores: Juan Tolone, Ricardo Corbal, Gustavo
Tolone

Dojo Zanshin
Luis M. Campos 311
1426 Buenos Aires - Argentina
Tel:4773-7277, 4773-1837, 15-5693-9836
Instrutor: Damian Ravagni

Seishin Dojo
Av. Independencia 1178 - 1er piso
1100 Capital Federal
Argentina
Tel: 54-11-4941-7652
Fax: 54-11-4702-1825
Instrutor: Ernesto Ruben Burman

Aruba
Aikikai de Aruba
Tel: (00-5999) 737-7225
Instrutor: Frank Wong Loi Sing

Bolivia
Centro de Difusión del Aikido de Bolivia
Saavedra 1555 - La Paz - Tel: (591) 227-6174
Instrutores: Mario Colomo Aparicio, Miguel
Condori Yave

Brasil
Confederação Brasileira de Aikido
Instituto Takemussu - Brazil Aikikai
Instrutor: Wagner Bull

Instituto Shimbukan de Brasil
Instrutor: Breno Paiva de Oliveira

Academia Paulista de Aikido
Instructor: Eduardo Dutra

Associação Bushinkan Aikido
Instrutor: Ricardo Leite

Associação de Aikido de São Paulo
Instrutor: Daniel Bornstein

Febrai
Instrutor: Severino Sales da Silva

Instituto de Educação Vitalícia
Instrutor: Eichi Kikuchi

Chile
Nampou Dojo
Instrutor: Elson Olea

Colômbia
**Asociación de Cultura Tradicional Japonesa -
Aikikai de Colombia**
Tel: 613-0854
Instrutor: Luis Fernando Aldana

Centro de Difusión del Aikido de Colombia
Tel: 57-1-214-1531
Instrutor: Gustavo Sanín

Costa Rica
Aikikai de Costa Rica
Tel: 269-4425 - Fax: 269-4456
Instrutor: Manuel Ruiz Médica

Cuba
Asociacion Cubana de Aikido - Aikikai Cuba
Egido No.511, Habana Vieja - Cuba
Tel: (53-7) 66-9876, 55-8688
Fax: (53-7) 66-9876
Instrutor: Carlos Manuel Sosa Zayas

Associação de Aikido de Camaguey
Instrutor: Eduardo Coello Gonçalez

Curazao
Aikikai de Curazao
Tel: (00-5999) 737-7225
Instrutor: Frank Wong Loi Sing

Equador
Aikido Guayaquil
Nueva Kennedy Calle D 102
Guayaquil, Ecuador
Tels.: (593-4) 228-4402; (593-4) 239-6322
Instrutor: Herbert Chock

Aikikai del Ecuador - Zentro Dojo

Av. 10 de Agosto 5991
Centro Comercial "La Y"
Casilla 17-15-755C - Quito, Ecuador
Tels.: (593-2) 2678-634; (593-2) 2254-369
Instrutor: Acenet Pacheco

Aikikai del Ecuador
Luis Cordero 1838 y 9 de Octubre
Quito, Ecuador
Tel/Fax: 593-2-230-590
Instrutor: Santiago Portilla

El Salvador
El Salvador Aikikai
Tel: 503-263-2476
Instrutor: Armando de la Rosa

Guatemala
Guatemala Aikido Club
c/o Miami Aikikai
251 B SW 22nd Avenue - Miami, FL 33135
Tel: 786-271-8956
Instrutor: Tim Antrim

México
Aikido de Guadalajara
Paseo de los Virreyes 4279
Colonia Villa Universitaria
C.P. 45110 Zapopan, Jalisco, México
Tel: (0052-3) 647-4207
Instrutor: Raul Blackaller Palacios

Aikido de Puerto Vallarta
Morelos 676, Centro
Puerto Vallarta, Jalisco, México
Fax: (052-3) 222-0738, 222-1822
Instrutor: Erik Saracho Aguilar

Aiki Calli A.C. (Aikido para la Paz)
Oriente 172 No. 509 - Colonia Sinatel,
Delegacion Ixtapalapa - 09470, México
Tel: (5) 532-6663, (5) 401-7904
Fax: (5) 532-6663
Instrutor: Carlos Cordero Blancas

Panamá
Aikikai de Panama
Apartado Postal 6-2847 - El Dorado, Panama
Republica de Panama
Tel: 269-4425 - Fax: 269-4456
Instrutor: Manuel Ruiz Médica

Peru
Asociación Peruana de Aikido-Centro Aikikai
Av. La Encalada 661 – 4to Piso
Monterrico – Lima, Peru
Tel: 241-8820, 969-8885, 437-9171
Instrutor: Miguel Morales Bermudez

Porto Rico
Centro de Aikido de Puerto Rico
Tel: (787) 783-3889, (787) 409-5090
Fax: (787) 788-1977
Instrutor: Phillip Berrios

San Juan Aikikai
Ave. Andalucía #527, Puerto Nuevo
Puerto Rico, 00920
Tel: (787) 783-7314, (787) 720-8249
Fax: (787) 774-4837
Instrutor: Javier Vásquez

Republica Dominicana
Santo Domingo Aikikai
Tel: (787) 783-3889, (787) 409-5090
Fax: (787) 788-1977
Instrutor: Phillip Berrios

St. Marten
St. Marten Aikikai
A.TH. Illidge Road 2, Philipsburg
St.Maarten, Netherlands Antilles
Tel: (00-599) 5-22154, (00-599) 5-70951
Fax: (00-599) 5-22154
Instrutor: Antonio Gummels

Uruguai
Seimei Dojo
Juan Paullier 1757
Montevideo - Uruguai
Tel: (598-2) 908-2572, 312-3303
Instrutor: Luis Seifong

Venezuela
Venezuela Aikikai Caracas
Dojo Aikido Santa Fe - Calle Carlos Bello
P.B. Iglesia Nuestra Sra. del Pilar
Urb. Santa Fe Norte, Caracas, Venezuela
Tel/Fax: (58-212) 976-1060
Instrutor: Nelson Requena
Tel. (58-414) 327-9389

Dojo Central de Aikido
Colegio de Abogados del Distrito Federal
Av. Páez del Paraíso
Caracas, Venezuela
Tel:(02) 372-2472, (02) 908-7111,
(016) 628-6656
Instrutor: Luis Ramón González Trujillo

Aikido Zenbu Dojo - Caracas D.F. Aikikai
Teatro Teresa Carreño, final Paseo Colon
Sotano 1, sala Beracasa
Caracas, Venezuela
Tel: (02) 564-8067, 012-721-1280
Instrutor: Jesus Alberto Gonzalez

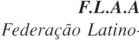

F.L.A.A.
Federação Latino-americana de Aikido - Aikikai

Kenzo Miyazawa
7º Dan - Argentina

Manuel Cela Caruso
5º Dan - Uruguai

Otilia A. Velásquez
4º Dan - Panamá

José F. Panhan Jr.
4º Dan - Brasil.

Pelo fato do autor não ser membro desta federação, tem poucas informações a seus respeito, mas de qualquer forma é importante mencionar que existe uma segunda federação latino-americana chamada F.L.A.A. De 6 a 8 de março de 1998 foi realizada na cidade de Montevidéo, no Uruguai, a primeira reunião do Comitê Diretivo da F.L.A.A. criada com o objetivo de ser uma federação latino-americana vinculada à IAF (Federação Internacional de Aikido), constituindo a segunda organização continental de Aikido da América Latina.

Durante o mês de janeiro de 1999, a F.L.A.A. destacou sua presença na República do Panamá recepcionando oficialmente no continente latino-americano a delegação japonesa proveniente do Hombu Dojo encabeçada por sensei Seijuro Masuda. Aulas e demonstrações públicas foram realizadas com a presença da F.L.A.A. tanto na capital do Panamá quanto em Santiago de Veraguas. Sensei Jorge Rojo na qualidade de pioneiro do Aikido no Panamá foi o anfitrião. De 10 a 14 de fevereiro de 1999 teve lugar em Montevidéo, Uruguai, o 2º Congresso da F.L.A.A. Na Argentina a F.L.A.A. recebeu o então *Waka Sensei*, Moriteru Ueshiba, para um seminário ocorrido em Buenos Aires. A F.L.A.A. fez também uma reunião no Brasil em 2002. Paralelamente às reuniões houve o Seminário Internacional Latino-americano onde compartilharam ensinamentos os *Shihan* Kenzo Miyazawa, Makoto Nishida e os professores Manuel Cela Caruso, José Gomes Lemos, Carlos Cela Vila e Jorge Rojo Gutiérrez.

Nos dias 30 e 31 de março e 1º de abril de 2000, teve lugar em Santiago do Chile um Seminário Internacional Latino-americano ministrado pelos Shihan Kenzo Miyazawa, Makoto Nishida, Miguel Moreno e os profesores José Gomes Lemos, Manuel Cela Caruso, Manuel Cela Vila, Jorge Rojo Gutiérrez, e a 2ª Reunião do Comitê Diretivo.

Principais Componentes da F.L.A.A.:

Manuel Cela Caruso (Uruguai), Eduardo Pérez (Argentina), Jorge Rojo Morales (Chile), Kenzo Miyazawa (Argentina), Makoto Nishida (Brasil), José Gomes Lemos (Brasil), Jorge Rojo Gutiérrez (Chile), Miguel Moreno Segura (México), Otilia Arroyo Velázquez (Panamá), Arnaldo Ruiz Díaz (Paraguai) e Carlos Cela Vila (Uruguai).

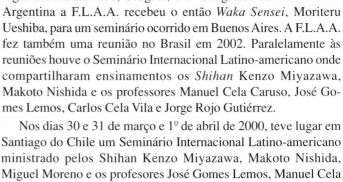

IAF - International Aikido Federation à qual a F.L.A.A. está vinculada.

Alguns dos principais membros da F.L.A.A., entre eles Makoto Nishida, José G. Lemos, Manuel Cela, Miyazawa e Jorge Rojo. A F.L.A.A. pode ser contatada examinando-se o site www.fepai.org.br, dirigida por Makoto Nishida, amigo do autor.

Encontro da F.L.A.A. no Brasil em 2002, realizado no Clube de Regatas Tietê, em São Paulo.

Kenzo Miyazawa

Um dos pioneiros do Aikido na Argentina, Kenzo Miyazawa, 7º *Dan*, ensina Aikido em Buenos Aires. Quando ele começou a treinar Aikido em 1959, haviam apenas 3 dojos em Tóquio. Ele começou a treinar no Sankei Dojo. Ele recebeu aulas da nata dos mestres do Hombu dojo como Tada Sensei, Tamura Sensei, Arikawa Sensei, Koichi Tohei e Yamaguchi Sensei. Como ele próprio afirma em entrevistas, por ter treinado com tanta gente, ele não tem um estilo definido. Ele praticou até 1964 no Japão, quando se mudou para a Argentina. Possui uma organização com dezenas de dojo. Viajou várias vezes ao Brasil, sempre que havia algum acontecimento importante e é uma pessoa que se preocupa com os relacionamentos institucionais e políticos.

Jorge Rojo Gutiérrez

Demonstração de Jorge Rojo, 6º Dan, Aikikai Chile, membro da FLAA, a segunda federação latino-americana criada, onde ele, Makoto Nishida e Miazawa são os principais líderes.

Embora o prof. Jorge Rojo não tenha influência direta sobre o Aikido do Brasil, ele faz parte da F.L.A.A., a segunda organização latino-americana, e veio ao Brasil em 2002 participar do seminário internacional desta entidade. O autor o conheceu no princípio da década de 90 em um seminário que foi realizado no Peru, onde fizeram uma demonstração pública juntos sob a liderança de Yamada Sensei. Naquela época, o Prof. Rojo estava próximo deste grande mestre. Na revista ATM nº 36 extraiu-se os seguintes dados: Jorge Rojo tinha 8 anos quando começou a treinar Aikido. Ele vivia na Bélgica e o local onde ele treinava seguia a linha de Tamura Sensei. Aos 13 anos ele retornou ao Chile com seus pais e descobriu que o Aikido era totalmente desconhecido no Chile. Assim ele decidiu começar a ensinar aos chilenos o que ele havia aprendido e sempre que podia, quase todos os anos viajava para a Europa e treinava com Tamura Sensei. Em 1978, com ajuda de seu pai, fundou o Aikikai do Chile, e quando em 1982 sua família mudou temporariamente para o Panamá, ele começou o Aikikai do Panamá. Aos 24 anos ele era 4º Dan. No começo da década de 90 ele se aproximou de Yamada Sensei, com quem Tamura Sensei tem grande amizade, e passou uma temporada de cerca de 3 meses no Dojo de Nova York onde conseguiu ser promovido para 5º Dan. Posteriormente decidiu seguir independente e sua organização atualmente está oficialmente recohecida pelo Hombu Dojo de Tóquio e possui o grau de 6º Dan. Possui graduações em *Jodo* e *Iaido* e profissionalmente é professor de matemática.

Prof. Makoto Nishida, 6º Dan, e seu aluno José F. Panham, 4º Dan, ambos membros brasileiros da F.L.A.A., junto com Paulo Nakamura, José Lemos e indiretamente os seus alunos e membros das federações que representam no Brasil.

> *"Mesmo que possuas dez mil acres, só podes comer algumas medidas de arroz por dia. Mesmo que possuas mil quartos, só precisas de oito pés para dormir".*
>
> Sabedoria Chinesa

Conclusão

As séries de exercícios apresentados nas páginas deste e dos outros volumes são praticados nas academias de Aikido, quase que diariamente, e é fantástica a transformação que se observa nos indivíduos à medida que o tempo vai passando e eles vão se aperfeiçoando na arte. Além de melhorar na aparência externa a postura, a pele, deixando os praticantes mais esbeltos e elegantes, ocorrem outras alterações importantes nos indivíduos. Os movimentos ficam mais suaves, o andar mais relaxado, a face mais descontraída e a aparência geral mais saudável, também a personalidade vai se tornando mais flexível, o praticante vai demonstrando mais segurança em suas atitudes, menor timidez e mais confiança em si mesmo.

Nas academias de Aikido, encontramos gente de todas as raças e idades. Meninos, velhos, mocinhas, senhoras, jovens vigorosos, pessoas doentes. As mulheres adaptam-se muito bem ao Aikido, por não exigir força bruta mas sim, suavidade de movimentos. A arte encaixa, no espírito feminino de leveza de movimentação, porém, sem perder a energia e poder que encantam os lutadores masculinos de espírito marcial. Quero aqui fazer uma homenagem ao sr. Kazuo Kondo, que iniciou-se na prática aos 72 anos até seu falecimento aos 74. Ele progredia a cada dia que passava quase como um jovem de 20 anos. Outro caso notável é o Alexandre Sallum Bull, meu filho, que começou a praticar com 3 anos e meio e aos 8 anos fazia demonstrações para a televisão de técnicas avançadas de Aikido, ou da Cristina Ribeiro Godoy, que iniciou a prática aos 52 anos e se tornou faixa preta com nível internacional aos 60 anos. Estes casos entre muitos outros fazem parte do folclore do *Dojo*.

São inúmeras as pessoas que contam da cura de várias doenças que sofriam antes de iniciarem a prática e que hoje gozam de perfeita saúde. Em geral, quase todas as pessoas que praticam o Aikido relatam a melhoria em sua vida após o início da prática. Acredito ser importante lembrar que o Aikido não tem uma aparência de luta agressiva, e o leigo, ao assistir uma demonstração, não consegue perceber a energia existente nas técnicas, e mesmo às vezes, iniciando a prática, acaba desistindo, cometendo grave erro, conforme foi já explicado em páginas anteriores. Normalmente estas pessoas têm pouca paciência e deixam de aproveitar a grande oportunidade que lhes foi oferecida. Somente após haver a integração entre a mente e o corpo é que o indivíduo começa efetivamente a perceber e a sentir o que é Aikido, e realmente valorizá-lo. Assim, mesmo que a movimentação externa do iniciante nas práticas seja idêntica ao do faixa preta experimentado, o que raramente vai acontecer, internamente faltará o fluxo da energia *"Ki"*, que é a base, a essência de tudo, no Aikido e no Universo. É esta integração entre o corpo e o espírito onde ocorre uma concentração de todas as nossas energias, a fonte prodigiosa do poder do Aikido, que somente pode ser adquirida após a contínua, e longa, muito longa repetição dos movimentos e das técnicas.

Portanto, concluímos este nosso trabalho, que realmente foi exaustivo, mas altamente compensador, pois tenho a certeza de que esta obra contribuirá enormemente para o desenvolvimento e consolidação do Aikido no Brasil. Um último conselho: peço aos leitores e principalmente aos que são ou que vierem a se tornar aikidoístas, que mantenham uma qualidade fundamental para o Aikido e para a vida: a Paciência. Da vida é a paciência o exército vencedor de todas as batalhas. Nada resiste ao esforço paciente, disciplinado e constante.

Aos graduados, meus alunos, peço também a Persistência, pois eu cheguei até aqui e nesta obra dividi com vocês tudo o que eu podia, sobre o que aprendi no Aikido e que foi possível colocar no papel, para que nunca mais esquecessem o que repetidamente eu ensinei em minhas aulas. Mas, se realmente entenderam o que eu lhes quis comunicar, isto tudo não passa de apenas um primeiro pequeno passo. Cabe a vocês a responsabilidade, o dever e minha esperança de que com os pés firmes neste alicerce seguro que eu lhes dei, construir o grande edifício do entendimento completo do Aikido e assim correspondermos nós, aikidoístas brasileiros, às expectativas de Morihei Ueshiba quando abriu este caminho do Aikido como uma ponte entre os homens e o mundo divino.

Aos mestres longa vida, para que continuem sua brilhante missão, na divulgação e ensino desta trilha, que sem dúvida alguma é senda certa para a felicidade e para a harmonia, permitindo a realização máxima de um ser humano nesta existência, cumprindo-se materialmente as diretrizes estabelecidas pelo nosso símbolo que carregamos no peito para lembrarmo-nos de nosso destino.

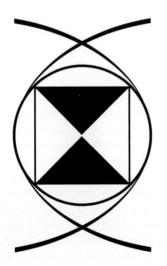

São Paulo, 5 de março de 2003,
há 54 anos após o Universo ter me
feito surgir nesta Terra e me atribuído a missão de escrever este trabalho
que embora não tão bem-feito como
deveria é o máximo que pude fazer
por enquanto. Minhas sinceras
desculpas ao leitor pelas limitações.

Wagner Bull

*"Melhor que os ignorantes são os que lêem livros.
Melhor que estes são os que retêm o livro na memória.
Melhores ainda são aqueles que entendem o que lêem.
Mas os melhores de todos são os que começam a agir."*

Sabedoria Oriental

Bibliografia Específica
(esses livros fazem parte da biblioteca particular do autor e foram consultados para realização desta obra)

Abundant Peace "The Biography of Morihei Ueshiba (Founder of Aikido) John Stevens
A Filosofia "Materialista" Chinesa - Associação Macrobiótica de Porto Alegre - 1977
A Magia da Espada Japonesa – George Guimarães
A Medicina Nishi "Princípios de Saúde Prática" – Katsuzo Nishi
A Religião Omoto – Tadao Umesao
A Saúde Brota da Natureza - Prof. Jaime Brüning
Ah... To Be a Kid – Michael Friedl
Aiki News (1994) Dojo Finder - Stanley A. Pranin & Diane Skoss
Aiki News (1996) Dojo Finder – Stanley A. Pranin
Aiki News Vol. 01 à 117
Aikibudo – Hisashi Nakamura
Aikido – Christian Tissier
Aikido - El Desafio del Conflito - Masafumi Sakanashi
Aikido - Kishomaru Ueshiba
Aikido – Kozui Tsuruyama
Aikido – Moriteru Ueshiba
Aikido – Moriteru Ueshiba
Aikido – Tadashi Abe
Aikido (exercises for teaching and training) – C. M. Shifflett
Aikido "Curso Básico" – Wagner Büll / Luciano Noeme
Aikido "Enseignements Tradidionnels" – M. Souleng
Aikido "Etiquette Et Transmission" – Tamura Nobuyoshi
Aikido "In Training" – K. Crane
Aikido "Initiliation" – Christian Tissier
Aikido "Its Heart and Appearande" – Morihiro Saito
Aikido "La Voie de Maitre Ueshiba" – Dominique Balta
Aikido "O Caminho da Sabedoria" – Wagner J. Büll
Aikido "Recherche Du Geste Urai" – Gérard Blaize
Aikido "Techniques & Tactics" (The Ultimate System for Street Defense) – Gary Bennet
Aikido "Técnicas Básicas" – Marco Natali
Aikido "Técnicas de Defesa Personal" – André Lemonnier
Aikido "The Way of Harmony" – John Stevens
Aikido "Traditional and New Tomiki Free Fithing Methods" – Nobuyoshi Higashi
Aikido "Un Art Martial, Une Autre Maniére D´êntre" – André Pratin
Aikido 01 "una forma de vida através del arte marcial – Sensei Massafumi Sakanashi
Aikido Aikikai – Kishomaru Ueshiba
Aikido and Chinese Martial Arts – Tetsutoka Sugawara and Lujian Xing
Aikido and the Dynamic Sphere - A. Westbrook and O. Ratti

485

Aikido and the Harmony of Nature – Mitsugi Saotome
Aikido and the New Warrior – Richard Strozzi Heckler
Aikido Básico – Kishomaru Ueshiba
Aikido Básico – Sato Nagashima
Aikido Book – Gozo Shioda
Aikido Complete – Roy Suenaka with Christopher Watson
Aikido Complete – Yoshimitsu Yamada
Aikido e a harmonia da Natureza – Mitsugi Saotome
Aikido en Bandes dessinees Vol. 01, 02 e 03 – Nguyen Ngol My
Aikido Fondamental – Christian Tissier
Aikido Fondamental "Culture et Traditions" – Christian Tissier
Aikido Fondamental Vol. 04 – Christian Tissier
Aikido for Life – Gaku Homma
Aikido for Self Discovery - Stan Wrobel, PhD.
Aikido in América – John Stane & Ron Meyer
Aikido JiuJitsu – Seigo Okamoto
Aikido Kannagara Dojo Handbook – Koichi Barrish
Aikido Keiko Ho "Aikido Training Method" – Masatake Fujita
Aikido La Harmonia Universal – José Santos Nalda
Aikido Masters "Prewar Students of Morihei Ueshiba" – Stanley A. Pranin
Aikido Misogi – Koichi Barrich
Aikido no Kokoro – Kanchu Sunadomari
Aikido Nyumon – Gozo Shioda
Aikido Nyumon – Hisashi Nakamura
Aikido Nyumon – Kenji Tomiki
Aikido ou La Peur Vaincue – Michel Piédove
Aikido Records – Edit Aikikai Hombu Dojo
Aikido Sketch Diary "Dojo 365 Days" – Gaku Homma
Aikido Talks "Conversations With American Aikidoists" - Susan Perry & Roland Rubin
Aikido The Art of Peace – John Stevens
Aikido Today Magazine- Edited by Susan Perry
Aikido Tomiki – Bunken Live Guide
Aikido Total "La Dinamica Marcial Del Arte de La Paz" – Yoshimitsu Yamada
Aikido With Ki – Koretoshi Maruyama
Aikido Y Autodefensa – Koichi Tohei
Aikido Yoshinkan – Gozo Shioda
Aikido: "Traditional Art & Modern Sport" – Brian N. Bagot
Aikido: Heart & Sword – André Nocquet
Aikido: La Ciencia de La Defesa Personal – Thomas H. Makiyama
Aikido: La Pratica – Kishomaru Ueshiba
Aikido: Su Arte Y Su Tecnica – Koichi Tohei
Aikido: The Heavenly Read – Kenji Shimizu
Aiki-Jo "Techniques de Baton" – Christian Tissier
Artes Marciais (Mitos – Deuses – Mistérios) – Peter Payne
Atemi-Ju Jitsu Self Modern Defense – Bernard Pariset
A Beginner´s Guide to Aikido – Larry Reynosa and Joseph Billingierre
Ban Kyo Dokon – Oomoto Readings
Between Heaven and Earth – Japan Series
Beyond The Known "The Ultimate Goal Of The Martial Arts" – Tri Thong Dang
Bokken "art of the japanese sword" – Dave Lowry
Book of Ki: Co-ordinating Ming and Body in Daily Life – Koichi Tohei
Budo (ensinamentos do fundador do Aikido) – Morihei Ueshiba
Budo "Commentary on the 1938 Training Manual of Morihei Ueshiba" - Morihiro Saito
Budo "Teachings of the Founder of Aikido" – Kisshomaru Ueshiba
Budo Esotérique ou La Voie Des Orta Martisuy – Michel Coquer
Budo Renshu – Morihei Ueshiba
Budo Secrets (Teachings of the Martial Arts Masters) – John Stevens
Budo Training Aikido – Morihei Ueshiba

Bushido "The Warriors Code" – Inazo Nitobe
Center "The Power of Aikido" – Ron Meyer and Mark Reeder
Children and the Martial Arts - Gaku Homma
Criação da Alegria de Viver – Hidemaru Deguchi
Daito Ryu Aikijiujitsu - special edition – Seigo Okamoto
Daito-ryu Aikijujutsu – Katsuyuki Kondo
Daito-ryu Aikijujutsu – Stanley A. Pranin
Daito-ryu Aikijujutsu Hiden Mokuruku Ikkajo – Katsuyuki Kondo
De l´Aikido Moderne à l´Aikibudo "du débutant ou Yudansha 1º dan" – Alain Floquet
De´couvrir l´Aikido – M. G. Biashopur
Dicionário de Artes Marciais, em apêndice: Judô para crianças de 5 a 13 anos Christopher Otoshi
Dueling With Ô Sensei – Ellis Amdur - "Grappling With the Myth of the Warriors Sage"
Dynamic Aikido – Gozo Shioda
Effortless Combat Throws – Tim Cartmell
El Aikido – José Santos Nalda
El Blanco Invisible (el Zen em Las Artes Marciales) – Pascal Fawlliot
El Espiritu Del Aikido – Kishomaru Ueshiba
El Libro del Ki – Koichi Tohei
El Ultimo Horizonte del Budo – Alfredo Tucci
First Steps in Aikido – Wendy G. Walker
Giving in To Get Your Way – Terry Dobson
Go Rin no Sho - Miyamoto Musashi
Golden Key to Happyness – Massami Saionji
Goodbye Bad Backs – Judith Scott
Guia Prático de Auto Defesa – Daniel Dubois
Hakama – David Lynch
Hakkoryu Jujutso – Jacques Quero
Handbook of Shinto – Stuart D. B. Picken
Hikari Dojo "Guia Básico" – Eduardo Pinto
História Ilustrada do Japão - Augusto Yamazato - Editora 5 cores
How to Pratice Zazen – Mumon Yamada
I Ching, o jogo da vida – Marlene Deon
Iaido - "A Arte de Enfrentar o Desconhecido" – George Guimarães
Iaido (the way of the sword) - Michael Finn
Invencible Warrior – John Stevens
Japanese Knives and Knife Fighting - Russel Maynard
Jo "The Japanese Short Staff" – Dan Zier and Tom Lang
Journey to center – Thomas F. Crum
Judo and Aikido – Kenji Tomiki
Kado "Ancient Ways" – Kensho Furuya
Kami no Michi – Yukitaka Yamamoto
Karatê-dô Nyumon – Ed. Pensamento - Gichin Funakoshi
Katodama – M. Nakazono
Kenjutsukai Aikido (japanese art or self-defense) – Thomas H. Makiyama
Ki in Aikido "A Sample of Ki Exercises" – C. M. Shifflett
Ki Meditations – Koichi Johei
Ki Meditations – Koichi Tohei
Ki-Aikido on Maui "A Training Manual" – Christopher Curtis
Kiatsu – Koichi Tohei
Kodokan Judo – Jigoro Kano
Koryu Aikido – Nobuyoshi Higashi
Kyusho Jitsu – George A. Dillman
L´aikido "Méthode Nationale" – Nobuyoshi Tamura
La Estructura del Aikido – Gaku Homma
La Maravilhosa Existencia de La Enfermedad - Santiago Portilla
La Prática Del Zen – Taisen Deshimaru
La Voie Des Dieux – Itsuo Tsuda
Le Dialogue du Silence – Itsuo Tsuda

Le Jeu Des Energies – J. D. Lauhepe et A. Kuang
Le Ki "Dans La Vie Quotidienme" – Koichi Tohei
Le Livre du Judo – Georges Ohsawa
Le Yoseikan budo – Hiroo Mochizuki
Les Arts Martiauxx Interiorises ou L´Aikido De La Sagesse - J. D. Cauhepe at A. Kuang
Lessons et L´energie Humaine – J. Tomas Zeberio
Living Aikido – Bruce Klickstein
Manual Técnico do Aikido – Wagner Büll
Martial Arts Training in Japan "A Guide for Westerners" – David Jones
Moving Toward Stillness "Lessons in Daily Life Fron The Martial Ways of Japan" – Dave Lowry
Mugai Ryu - Darrell Max Graig - YMAA Publication Center
Naked Blade – Toshishiro Obata
Nao Deguchi – Sakao Oishi
Nihongi (Chronides of Japan fron the Earliest Times to A. D. 697) – W. G. Aston
Nippon-Tô "a espada japonesa" – Laerte E. Ottaiano
No Silêncio do Coração "Uma Descoberta Interior" – Fernando Fasoli
Notas de Aikido – Prof. Clóvis Mello
Nutrição, Controle de Peso e exercícios – Frank I. Katch / Willian D. AcArdle
Nyumon "O Portal do Caminho" – José Ortega
O Cérebro Japonês – Raul Marino Jr.
O Crisântemo e a Espada- American readings
O Espírito do Aikido – Kishomaru Ueshiba
O Livro do Ki – Koichi Tohei
O Melhor do Karatê "visão abrangente – Práticas" – M. Nakayama
O Melhor do Karatê"Fundamentos" – Ed. Pensamento - M. Nakayama
Oomoto "A Vida de Nao e Onisaburo Deguchi" – Eizo Itoo
Os Fundamentos Espirituais do Aikido – William Gleason
Os Segredos do Aikido - Ed. Pensamento - John Stevens
Perguntas a un Maestro Zen – Taisen Deshimaru
Remembering Ô Sensei - Susan Perry - Shambala Editora
Revistas Aikido Today Magazine – desde nº 1 – Editor Susan Perry
Rolfing Movement Integration – Mary Bond
Rumos Divinos – Onisaburo Deguchi
Samurai – Mitsuo Kure
Samurai Aikijutsu – Toshishiro Obata
Secrets of the Samurai "The Martial arts of Feudal Japan" - Oscar Ratti and Adele Westbrook
Shinkage-ryu Sword Techniques – Todashige Watanabe
Shinto – Yukitaka Yamamoto
Shinto "The Kami Way" – Sakio Ono
Speaking Peace to the Nations – Yuritaka Yamamoto
Sword and Brush – The Spirit of the Martial Arts – Dave Lówry
T´ai-Chi Touchstones "Yang Family Secret Transmissions" – Douglas Wite
Taijutsu Tactics: Ninja Grapplings – Omoto Saiji
Takemussu Aikido Vol. 01 – Morihiro Saito
Takemussu Aikido Vol. 02 Basics – Morihiro Saito
Takemussu Aikido Vol. 03 Basics Concluded – Morihiro Saito
Takemussu Aikido Vol. 04 Kokyu Nage – Morihiro Saito
Takemussu Aikido Vol. 05 Bukidori & Ninindori – Morihiro Saito
Tamura Aikido - Nobuyoshi Tamura
Tao and T´ai Chi Kung – Robert C. Sohn
The Aiki News (1995) Dojo Finder - Stanley A. Pranin & Diane Skoss
The Aiki News Encyclopedia of Aikido – Stanley A. Pranin
The Aikido Student Handbook – Greg O´Connor
The Anatomy of Change – Richard Strozzi Heckler
The Big Book of Sumo – Mina Hall
The Book of the Samurai (Hakagure) – Yamamoto Tsunegomo
The Complet Guide of Aikido – Stanley A. Pranin
The Complete System of Self-Healing, Internal Exercises Dr. Stephen T. Chang - Tao Publishing - 1986

The Elements of Aikido – George O´Connor
The Essence of Aikido – Bill Sosa and Bryan Robbins
The Essence of Aikido – John Stevens
The Future of Mankind – Masahiro Goi
The Great Onisaburo Deguchi – Kyotaro Deguchi
The History of Aikijujutsu - Budo Lybrary
The Intuitive Body "Aikido as a Clairsentient Practice" – Wendy Palmer
The Kojiki – Basil Hall Chamberlain
The Kotodama Principle - M. Nakazano
The Magic of Conflict – Thomas F. Crun
The New Aikido Complete "The Arts of Power & Movement" – Yoshimitsu Yamada
The Philosophy of Aikido – John Stevens
The Samurai Sword "A Handbook" – John M. Yumoto
The Secret of the Target – Jackson S. Morisawa
The Secrets of Aikido – John Stevens
The Secrets Of Hakkoryu Jujutsu (Shodan Tactics) - Dennis G. Palumbo
The Shambhala Guide To Aikido – John Stevens
The Shogun Scrolls "Shogun no Kin" – Stephen F. Kaufman
The Spirit of Aikido – Kishomaru Ueshiba
The Spiritial Foundations of Aikido – Willian Gleadson
The Struture of Aikido – Gaku Homma
The Sword & The Mind – Hiroaki Sato
The Way of Aikido (life lesons from an american sensei) – George Leonard
The Way of Energy – Lan Kan Chuen
The West point Way of Leadership – Col. Larry R. Donnithorne
This is Aikido – Koichi Tohei
This is Aikido – Koichi Tohei
Three Budo Masters – John Stevens
Tomiki Aikido – Sports Course
Tomiki Aikido Book 01: Randori – Dr. Lee Ah Loi
Tomiki aikido Book 02: Koryu no Kata – Dr. Lee Ah Loi
Total Aikido "The Master Course" – Gozo Shioda
Tradicional Aikido Vol. 02 Advanced techniques – Morihiro Saito
Tradicional Aikido Vol. 03 Applied Techniques – Morihiro Saito
Tradicional Aikido Vol. 04 Vital techniques – Morihiro Saito
Tradicional Aikido Vol. 05 Training Works Wonders – Morihiro Saito
Tradicional Aikido Vol. 1 Basic Techniques – Morihiro Saito
Training the Masters - "Lesson With Morihei Ueshiba–Founder of Aikido" – John Stevens
Tratado de Alquimia Y Medicina Taoísta – Zhao Bichen
Tsubarashi Aikido – Kishomaru Ueshiba
Ultimate Aikido "Secrets of Self-Defense and Inner Power" – Yoshimitsu Yamada
Um retrato do Japão – Osvaldo Peralva
Unidade da Vida - Edson Hiroshi Seó - Edição Espade
Universo Polar – José Maria Barrio
Unlocking the Secrets of Aiki-Jujutsu – H. E. Davey
Women in Aikido – Andrea Siegel
Xintoísmo "O Caminho dos Deuses" – Sérgio Bath
Yoshinkan Aikido "Introduction to Basic Techniques Vol. 01" – Kyoichi Inoue
Zen and Aikido – Shigeo Kamata / Kenji Shimizu
Zen Combat "And The Secret Power Called Ki" – Jay Gluck
Zen em Quadrinhos – Tsai Chih Chung

Com este texto encerramos a parte do terceiro volume, intitulado
"DOBUN - História e Cultura". Convidamos o leitor à continuação desta obra
nos outros 2 volumes que a complementam, *"A Teoria"* e *"A Técnica"*.

Apêndice

O Instituto Takemussu

Yamada Sensei e Alexandre Bull na casa do autor em 1991.

O "Birudo" com Ueno Sensei por volta de 1987. Alexandre exigia estar presente mesmo levantando no dia seguinte com sono para ir à escola.

A verdadeira história do nascimento do InstitutoTakemussu aconteceu devido à insistência do filho do autor, Alexandre, que aos 3 anos e meio, teimava em treinar junto com o pai no Dojo de Ueno Sensei. A solução familiar foi iniciar uma turma de crianças 1 hora antes do treino. As crianças vizinhas foram convidadas pela esposa do autor para formar a primeira turma e ele foi transformado em professor. Dois anos mais tarde os adultos começaram a freqüentar as aulas e estas foram transferidas para um templo xintô no bairro da Saúde em São Paulo. Foi então que Yamada Sensei decidiu apoiar o trabalho do Prof. Wagner Bull. Ueno Sensei voltou para o Japão e o pequeno grupo então passou a se integrar ao Aikikai de Tóquio e daí ao ponto de se tornar uma organização internacional foi um "estalar de dedos", evidentemente graças ao trabalho conjunto de muitas pessoas que acreditaram na proposta do autor de se treinar no Brasil o Aikido o mais próximo possível do ensinado pelo Fundador. Desnecessário mencionar que estas pessoas hoje na sua maioria são instrutores do Instituto e estão divulgando o Aikido Tradicional (Takemussu Aiki) por todo o Brasil com sucesso.

O Instituto Takemussu é uma das entidades oficiais no Brasil representante do Aikido Tradicional criado por Morihei Ueshiba no Japão e filiado ao Aikikai, Hombu Dojo do Japão, entidade internacional reconhecida pela governo japonês com sede no endereço 17-18 Wakamatsu-cho Shinjuku-ku Tóquio 162-Japão.

O Instituto Takemussu tem por principais objetivos:

- Resgatar no Brasil as verdadeiras tradições do Aikido criado por Morihei Ueshiba, corrigindo eventuais distorções;
- Difundir este Aikido Tradicional no Brasil, formando professores e criando novos locais de treinamento;
- Dar apoio a todas as pessoas no País que queiram desenvolver a arte filiados ao Aikikai;

- Dar suporte legal às organizações nacionais que tenham objetivos similares, formando professores capacitados neste caminho de vida;
- Procurar manter o espírito do Fundador em seus treinamentos e aulas de maneira a preservar os ensinamentos de Morihei Ueshiba;
- Divulgar a idéia de que o Aikido, além de um excelente exercício para a saúde do corpo, da mente e do estado emocional é também um caminho que aproxima os homens de Deus, que usa uma arte marcial eficiente como ferramenta de treinamento para atingir seus propósitos.

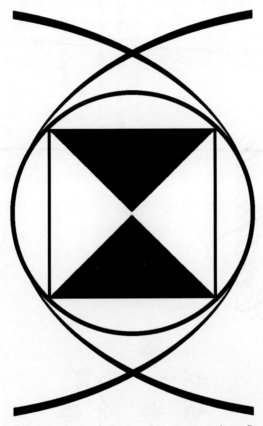

Símbolo do Instituto Takemussu nas dimensões exatas a ser usado no Dogi (7 cm x 10 cm)

"A energia do Céu e da Terra, a ligação horizontal entre as forças, os princípios do triângulo, do quadrado e do círculo, o Nen, o Sumi-Kiri gerando a energia Ki, através do Kokyu Universal."
Nesta "mandala" estão contidos todos os ensinamentos e técnicas do Aikido. Foi criado pelo autor em 1986 a partir do desenho que Ô Sensei mostrou ao Prof. Itsuo Tsuda como um resumo contendo a essência do Aikido, conforme explicado neste livro.

Com este texto encerramos a parte do primeiro volume, intitulado "A Teoria". Convidamos o leitor à continuação desta obra nos 2 volumes que a complementam, "A Técnica" e "DOBUN, História e Cultura".

Certificado do Instituto Takemussu de promoção de grau Kyu (faixa). O de faixa preta vem sempre do Japão, pedido diretamente ao Hombu Dojo devido ao fato do Instituto ser reconhecido oficialmente como organização autorizada a difundir o Aikido no Brasil. Este diploma é de Luciano L. M. de Noeme, que começou a treinar como Uchideshi (aluno interno), possuindo hoje a graduação de Nidan, e foi quem diagramou todas as páginas deste livro a quem o autor e os leitores interessados no Aikido do Instituto Takemussu devem um favor inestimável, pois sem sua dedicação esta edição revisada e ampliada jamais teria tido esta riqueza de detalhes e informações

Sede Central do Instituto Takemussu

ENDEREÇO PARA CORRESPONDÊNCIA
R. Mauro, 323 - São Paulo - SP - CEP 04055-040
Tel.: (11) 5581-6241 - Fax: (11) 276-8416
www.aikikai.org.br
Aulas diárias, inclusive sábados e domingos.

Área social do Instituto, sala de chá, refeitório, biblioteca e "Kamiza" do Dojo do piso inferior

AIKIDO TODAY MAGAZINE

Doshu Moriteru e Suzan Perry

PO Box 1060
Claremont, CA 91711-1060 USA
909-624-7770
800-445-AIKI (order line)
(fax)909-398-1840
atm@aiki.com
http://www.aiki.com

Submission should be sent to the above.
Please allow 4-6 weeks for acknowledgement.

PUBLISHER
Arete Press
EDITORS
Susan Perry - Ronald Rubin

Doshu Moriteru e Stanley Pranin

O *Aikido Journal* criado e mantido por Stanley Pranin, foi publicado por mais de uma década, inicialmente na Califórnia e depois no Japão com o nome de *"AIKI NEWS"* e *"Aikido Journal"*, através de uma revista com excelentes informações sobre o Aikido. Atualmente a revista não é mais editada da forma impressa e o trabalho continua no site abaixo.

http://www.aikidojournal.com.br

ORDER ONLINE OR CALL
(702) 837-7657 (9am to 6pm PST)

Email: **questions@aikidojournal.com**

Alternatively, 1-702-837-7657. Fax orders to: 1-413-403-0172. Mail orders to: Aikido Journal, 2564 Wigwam Parkway #231, Henderson, Nevada 89014, USA.

O autor, ao escrever esta obra revisada, obteve muitas informações destas duas revistas acima e de seus editores. Centenas de vídeos, livros e excelente material sobre a arte podem ser encontrados nestas duas editoras. Elas são as mais importantes fontes do Aikido na mídia impressa e eletrônica atualmente. Juntamente com a bibliografia citada neste volume, parte da coleção particular do autor com mais de 300 livros exclusivamente sobre Aikido e quase mil outros sobre assuntos correlatos não citados na bibliografia, foram lidos para revisar esta obra. Estes tratam sobre artes marciais, filosofias e artes do Oriente e do Ocidente, e assim pode ser feita uma comparação e adaptação dos ensinamentos e conceitos de forma que pudessem os assuntos ser perfeitamente compreendidos pelo leitor e assim permitir uma melhor apreciação deste caminho extraordinário de vida que é o Aikido.

Para os que querem realmente entender o que se leu nesta obra, lembro que nada substitui a experiência própria. Procure um bom e tradicional Dojo e se matricule se quiser realmente entender o que leu. Hoje, há bons professores no Brasil, escolha um sério, reconhecido e um novo mundo se abrirá. Desejo-lhe boa sorte na escolha!

Wagner Bull, em 20/05/2003.

Outros 2 Volumes desta série que completam esta obra

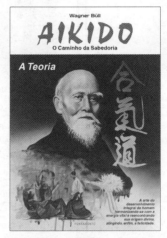

AIKIDO - O Caminho da Sabedoria
A Teoria

Edição Revista, Atualizada e Ampliada

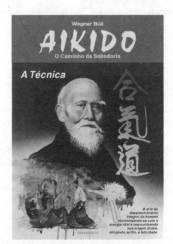

AIKIDO - O Caminho da Sabedoria
A Técnica

Edição Revista, Atualizada e Ampliada

Editora Pensamento